四部要籍選刊·經部
蔣鵬翔 主編

阮刻春秋公羊傳注疏

四

〔清〕阮元 校刻

浙江大學出版社

本册目録

卷第十八

卷第十九

卷第二十

卷第二十一

卷第二十二

卷第二十三

監本附音春秋公羊注疏成公卷十八 起十一年盡十八年

休學

十有一年春王三月公至自晉○晉侯使郤州來聘己丑及郤州盟○郤州本亦作犨尺由反【疏】晉侯至州盟○解云上三年冬晉侯使荀庚來聘丙午及荀庚盟傳云此聘也其言盟何聘而言盟者尋舊盟也注云以不舉重連聘而言之知尋繹舊故約誓也書者惡之二國既脩禮相聘不能相親信反復相疑故舉聘以非之今此亦然而無傳注者從彼可知故省文案桓十四年夏鄭伯使其弟語來盟注云與者從內爲王義明王者當以至信先天下是以春秋之例莅盟來盟悉書時即僖三年冬公子友如齊莅盟之屬是也今此經及上三年荀庚盟之屬皆書日者蓋以既脩禮相聘不能相親信反。相疑是故不與信辭耳○夏季孫行父如晉○秋叔孫僑如如齊○冬十月十有二年春周公出奔晉周公者何天子之三公也王者無外此其言出何自其私土而出也私土者謂其國也此起諸侯入爲天子三公也周公驕蹇不事天子出居私土不聽京師之政天子召之而出走明當并絶其國故以出國録也不月者小國也

【疏】周公者何○解云既是周臣自周無出而經書出故執不知問○注私土不聽至小國○解云春秋之例大國君奔例皆書月即桓十六年十有一月衛侯朔出奔齊之屬是也小國例時者即昭三年冬北燕伯款出奔齊及此經書春皆是也又王制云天子三公之田視公侯既視公侯何言小國者據其私土之言也周公本是小國諸侯而入爲天子三公於王畿之内雖有采地但從私土而去故從小國例○

夏公會晉侯衛侯于沙澤○沙澤素禾反又如字二傳作瑣澤定七年同○秋晉人敗狄于交剛○冬十月

十有三年春晉侯使郤錡來乞師○郤錡魚綺反○三

月公如京師月者善公尊天子〔疏〕注月者善公尊天子者○解云正以朝聘時故也

夏五月公自京師遂會晉侯齊侯宋公衛侯鄭伯曹伯邾婁人滕人伐秦其言自京師何據僖公二十八年諸侯遂圍許不言自王所〔疏〕五月至自京師○解云公下自上有至字者衍文○注據僖公至自王所○解云僖二十八年冬公會晉侯以下于溫天王狩于河陽壬申公朝于王所諸侯遂圍許是也然則彼亦朝天子而往圍許言自王所與此異故難之公鑿行也以起公鑿行也鑿猶更造之意○鑿在洛反造意也公鑿行奈何不敢過天子也時本欲直伐秦塗過京師不敢過天子而不朝復生事脩朝禮而後行故起時善而褒成其意使若故朝然後生事也間無事復出公者善公鑿行○復出扶又反〔疏〕注生事脩朝禮而行者○解云生事之上亦有復字者衍文○注間無復出至鑿行○解云昭十三年秋公會劉子晉侯以下于平丘八月甲戌同盟于平丘注云不言劉子及諸侯者間無異事可知矣然則彼

以閒無事不勞重舉劉子及諸侯此亦閒無事但言夏五月遂會晉侯以下伐秦足矣而重舉公者善公鑿行故也定四年召陵之會再言公者彼注自具〇曹伯廬卒于師〇廬力吳反本亦作盧〇秋七月公至自伐秦月者危公幼而遠用兵〔疏〕注月者危公幼而遠用兵者解云正以凡致例時故如此解〇冬葬曹宣公

十有四年春王正月莒子朱卒莒大于邾婁至此乃卒者庶其見殺不得卒至此始卒又不得日〔疏〕注莒大于至不得卒〇解云正以莊十六年冬十有二月邾婁子克卒二十八年夏四月丁未邾婁子瑣卒春秋之序莒常在上而至此乃卒者正由文十八年莒弒其君庶其是以不得書其卒矣〇注至此始卒又不得日〇解云邾婁子瑣之卒所以書日者非直行進其邾子克往前已卒是以春秋得詳錄之今此始卒故不得書日曹書月者何氏云老使世子來朝春秋敬老重恩故爲魯恩錄之尤深是也然則此注何以不言故不得日而言又者欲道曹伯終生雖亦始卒但於魯有恩是以書日今此莒子非直始卒又無善行是以不日〇夏

衞孫林父自晉歸于衞○秋叔孫僑如如齊逆女凡娶早晚皆不譏者從紀履緰一譏而已○凡取本又作娶

疏注秋叔孫僑如如齊逆女○解云隱二年注云不親迎例月重錄之今此不月者蓋以成公即位十有四年始娶元妃非重繼嗣之義故畧之○注凡娶早至譏而已○解云隱二年九月紀履緰來逆女傳云外逆女不書此何以書譏何譏爾譏始不親迎也始不親迎昉於此乎前此矣前此則曷爲始乎此託始焉爾曷爲託始焉爾春秋之始也然則宣公元年春公子遂如齊逆女喪服未除是其大早也成公十四年秋始使僑如如齊逆女非重繼嗣之義是其大晚也故言凡娶早晚矣但畧舉一二人則相公三年娶于齊文公四年娶于齊合在其間也然則諸侯之法合親迎而魯侯悉使大夫所以不復發傳云何以書譏何譏爾譏不親迎者正欲從隱二年紀履緰之一譏而已是以不復發傳以解之舊解云隱二年履緰之下注云內逆女常書外逆女但疾始不常書者明當先自詳正躬自厚而薄責於人故畧外也然則外之娶妻莫問早晚其不親迎者皆不復書而譏之者悉從履緰之經一譏而已所以此處注之者正以內逆女常書之末是以於此處決之更有或解不足逆也

○鄭公子喜率師伐許○九月僑如以夫人婦姜氏至自齊○冬十月庚寅衛侯臧卒○秦伯卒

十有五年春王二月葬衛定公○三月乙巳仲嬰齊卒仲嬰齊者何疑仲遂後故問之疏注疑仲至故問之○解云何氏欲解弟子問所不知之意何者欲言仲遂之子宜稱公孫今經稱仲故執不知問公孫嬰齊也未見於經爲公孫嬰齊今爲大夫死見於經爲仲嬰齊○未見賢徧反下同年末及注皆同疏注未見於經至仲嬰齊○解云未見於經者謂未作大夫不得見于經當爾之時猶爲公子之子故爲公孫嬰齊矣今爲大夫而死得見于經更爲公子之孫孫以王父字爲氏故爲仲嬰齊矣其更爲公子之孫之事其說在下公孫嬰齊則曷爲謂之仲嬰齊爲兄後也爲兄後則

曷爲謂之仲嬰齊据本公孫〔疏〕注据本公孫。解云言其本公孫昭穆須正雖代兄爲大夫寧得更爲公孫之子乎故難之爲人後者爲之子也更爲公孫之子故不得復氏公孫。復氏扶又反年内同爲人後者爲其子則其稱仲何据氏非一孫以王父字爲氏也謂諸侯子也顧興滅繼絶故紀族明所出然則嬰齊孰後後歸父也歸父使于晉而未反宣公十八年自晉至檉奔齊訖今未還。使于所吏反及下使乎同何以後之据已絶也叔仲惠伯傅子赤者也叔仲者叔彭生氏也文家字積於叔叔仲有長幼故連氏之經云仲者明春秋質家當積於仲惠謚也。長丁丈反〔疏〕注叔仲者叔彭生氏也。解云即文十一年叔彭生之氏族也。注文家字積於叔至謚也。解云知如此者正以大姒之子皆稱叔唯有聃季而已是文家字積於叔之義也注言此者欲道彭生之經所以不連仲之意也云叔仲有長幼故連氏之者注言此者欲道彭生之傳所以連叔仲之意也何者彭生之祖生於叔氏其父武仲又長幼當仲是以彭生遠而言之雖非正禮要是當時之事是以傳家述其私稱連言仲矣○注經云仲至積於仲○解云注言此者欲道嬰齊此經何故不連其父歸父之字而單言仲者欲明春秋當質正得積於仲是以不得更以佗字連之

文公死子幼子赤幼也公子遂謂叔仲惠伯曰君幼如之何願與子慮之叔仲惠伯曰吾子相之老夫抱之禮大夫七十而致事若不得謝則必賜之几杖行役以婦人從適四方乘安車自稱曰老夫○相之貞亮反下同

疏注禮大夫至稱曰老夫○解云皆上曲禮文鄭氏云致其所掌之事於君而告老謝猶聽也君必有命勞若辭謝之其有德尚壯則不聽耳几杖婦人安車所以養其身體也安車坐乘若今小車也老夫老人稱也亦明君貪賢春秋傳曰老夫耄矣是也

何幼君之有公子遂知其不可與謀退而殺叔仲惠伯弒子赤而立宣公殺叔仲惠伯不書者舉弒君爲重叔仲惠伯事與荀息相類不得爲累者

有異也叔仲惠伯直先見殺爾

【疏】注叔仲惠伯至息死之

不如荀息死之○殺子音弑

解云：僖十年春，晉里克弑其君卓子及其大夫荀息。傳云：及者何？累也。弑君多矣，舍此無累者乎？曰：有，孔父、仇牧皆累也。舍孔父、仇牧無累者乎？曰：有。有則此何以書？賢也。何賢乎荀息？荀息傳云：驪姬者，國色也，獻公愛之甚，欲立其子，於是殺世子申生。申生者，里克傳之。獻公病將死，謂荀息曰：士何如則可謂之信矣？荀息對曰：使死者反生，生者不愧乎其言，則可謂信矣。獻公死，奚齊立。里克謂荀息曰：君殺正而立不正，廢長而立幼，如之何？願與子慮之。荀息曰：君嘗訊臣矣，臣對曰：使死者反生，生者不愧乎其言，則可謂信矣。里克知其不可與謀，退弑奚齊。荀息立卓子，里克弑卓子，荀息死之。若然，桓二年宋督弑其君與夷及其大夫孔父，案彼傳文，則孔父亦先見殺，與此正同，而得爲累者，正以孔父生存，殤公不可得而弑，故於是先攻孔父之家。殤公知孔父死，已必死，趨而救之，皆死焉。孔父正色而立于朝，則人莫敢過而致難於其君者，孔父可謂義形于色矣。然孔父雖先見殺，而事君之正義形于顏色，豈如惠伯但爲傳子赤而客之，公子遂但欲弑子赤而殺之，不畏惠伯，衞若寧得類於孔父乎？若然，内之弑例皆諱不書，假令成累，安可作文而注言此者，雖不言弑，宜言冬十月子赤及叔彭生卒。

案今文公十八年經直言冬十月子卒故言不得爲累矣宣公死成公幼臧宣公。者相也臧孫許宣謚君死不哭聚諸大夫而問焉曰昔者叔仲惠伯之事孰爲之諸大夫皆雜然曰仲氏也其然乎於是遣歸父之家時見君幼欲以防示諸大夫○雜七合反又如字〔疏〕注時見君至諸大夫○解云於時見君幼少恐有禍變欲以有防衛之義示其諸大夫然後哭君歸父使乎晉還自晉至檉聞君薨家遣墠帷哭君成踊反命于介自是走之齊魯人徐傷歸父之無後也徐者皆共之辭也關東語傷其先人爲惡身見遂絕不忿懟也於是使嬰齊後之也弟無後兄之義爲亂昭穆之序失父子之親故不言仲孫明不與子爲父孫〔疏〕注弟無後兄至爲父孫○解云案異義公羊說云質家立世子弟文家立世子子而春秋從質故得立其弟以此言之嬰齊爲兄後正合諸春秋之義何得謂之亂昭穆之序者正以質家立世子弟者謂立之爲君而已豈謂作世子之子乎今嬰齊後之者若爲歸父之子然故爲亂昭穆之序言失父子之親者若後歸父即不爲仲遂之子故云失父子之親矣〇癸丑公會晉侯衛侯鄭伯曹伯宋世子成齊國佐邾婁人同盟于戚〇世子成音恤本或作成晉侯執曹伯歸之于京師爲篡喜時〇爲于僞反疏注爲篡喜時者即昭二十年傳云何賢乎公子喜時讓國也其讓國奈何曹伯廬卒于師注云在成十三年傳又云公子喜時見公子負芻之當主也逡巡而退是也公至自會〇夏六月宋公固卒不日者多取三國媵非禮故畧之疏注不日者多至畧之〇解云即上九年伯姬歸于宋之時衛人來媵晉人來媵齊人來媵傳云三國來媵非禮也是宋得用天子禮而非之者其婚娶當從諸侯故也雖於伯姬爲榮而宋公有失故死畧之〇楚子伐鄭

○秋八月庚辰葬宋共公○共音恭○宋華元出奔晉○宋華元自晉歸于宋不省文復出宋華元者宋公卒子幼華元以憂國爲大夫山所譖出奔晉晉人理其罪宋人反華元誅山故繁文大之也言歸者明出入無惡

疏注不省文至文大之言○解云襄三十年秋鄭良霄出奔許自許入于鄭彼則省文不言鄭良霄自許入于鄭今則不省文故決之必知不省文是大之者正以孔子曰書之重辭之復嗚呼其中必有美者焉不可不察故知也言華元以憂國爲大夫山所譖出奔晉者皆春秋說文也○注言歸者明出入無惡○解云即上桓十五年傳例云復歸者出惡歸無惡復入者出無惡入有惡入者出入惡歸者出入無惡是也

○宋殺其大夫山不氏者見殺在華元歸後嫌直自見殺者故貶之明以譖華元故

疏注不氏者至華元故○解云襄二十三年夏陳殺其大夫慶虎及慶寅陳侯之弟光自楚歸于陳注云前爲二慶所譖出奔楚楚人治其罪陳人誅二慶反光故言歸宋大夫山譖華元貶此不貶者殺二慶而光歸譖光可知然則今此華元歸後山見殺故須貶山以見其義矣山者魚石之親若其不貶宜言魚山也○

宋魚石出奔楚與山有親恐見及也後得言復入者出無惡知非君漏言魚石不殺山〈疏〉注與山有親恐見及也○解云知如此者襄二十年秋蔡殺其大夫公子燮蔡公子履出奔楚同稱公子親眘明矣今此宋殺其大夫山宋魚石出奔楚文與彼同故知山之親也但山以譖華元而見貶是以不得言魚矣○注後得言復至不殺山○解云復入者即下十八年夏宋魚石復入于彭城是也言復入者出無惡者桓十五年傳文案文六年冬晉殺其大夫陽處父晉狐射姑出奔狄傳云晉殺其大夫陽處父則狐○射姑曷爲出奔射姑殺也射姑殺則其稱國以殺何君漏言也彼注云自上言泄下曰漏其漏言奈何君將使射姑將陽處父諫曰狐射姑民衆不說不可使將於是廢將陽處父出射姑入君謂射姑曰陽處父言曰射姑民衆不說不可使將射姑怒出刺陽處父於朝而走注云明君漏言殺之當坐殺也以此言之若由君漏言魚石殺山而走出是出有惡不復言復○入今魚石之奔下言復入知非君漏言魚石不殺山也

冬十有一月叔孫僑如會晉士燮齊高無咎宋華元衛孫林父鄭公子鰌邾婁人會吳于

鍾離曷爲殊會吳據楚不殊○燮息協反咎其九反鰌音秋〔疏〕注據楚不殊解云即僖二十一年秋宋公楚子陳侯蔡侯鄭伯許男曹伯會于霍是也外吳也曷爲外也據襄五年不外之〔疏〕注據襄五年不外之○解云其經云秋公會晉侯宋公以下齊世子光吳人鄫人于戚是也春秋內其國而外諸夏內諸夏而外夷狄內其國者假魯以爲京師也諸夏外土○諸侯也謂之夏者大總下上言之辭也不殊楚者楚始見所傳聞世尚外諸夏未得殊也至於所聞世可得殊又卓然有君子之行吳似夷狄差醇而適見於可殊之時故獨殊吳○傳直專反行下孟反差醇初賣反下音純〔疏〕春秋內其國而外諸夏解云即經云叔孫僑如會晉士燮齊高無咎以下是也云內諸夏而外夷狄者即經序諸大夫訖乃言會吳于鍾離是也○注不殊楚者楚始至得殊也○解云即僖二十一年秋宋公楚子陳侯蔡侯鄭伯許男曹伯會于霍之屬是也○注至於至之行解云即宣十一年夏楚子陳侯鄭伯盟于辰陵者是不殊楚之經也言卓然有君子之行者即彼注云不日月者莊王行霸約諸侯明王法討徵舒善其憂中國故爲信辭也然則討

敚舒明王法勝鄭而不取令之還師佚晉寇之屬皆是卓然有君子之行矣

王者欲一乎天下曷爲以外内之辭言之 据大一統 〔疏〕注据大一統○解云即元年傳云何言乎王正月大一統也注云統者始也摠繫之辭夫王者始受命改制布政施教於天下自公侯至於庶人自山川至於草木昆蟲莫不一一繫於正月故云政教之始然則王者施政欲其遠近徧及海内如此而殊外内故難之

言自近者始也 明當先正京師乃正諸夏諸夏正乃正夷狄以漸治之葉公問政於孔子孔子曰近者說遠者來季康子問政於孔子孔子曰政者正也子帥以正孰敢不正是也月者危錄之諸侯既委任大夫復命交接夷狄○葉公舒涉反下文同說音悅 〔疏〕注子帥以正孰敢不正是也○解云帥長也言子爲諸侯之長而爲正誰敢不爲正乎亦是先正於近乃始及遠之義故引之

○許遷于葉

十有六年春王正月雨木冰雨木冰者何雨而木冰也何以書記異也 木者少陽幼君大臣之象冰者凝陰兵之類也

冰脅木者君臣將執於兵之徵也〔疏〕雨木冰者何○解云雨與木冰理不相類如此作經故執不知問○注木者至之象○解云木始於東方故曰少陽陽比君故有幼君之義震爲六子之宗乃是乾之長子故爲大臣之象也〇

夏四月辛未滕子卒滕始卒於宣公日於成公不名邾婁始卒於文公日於襄公名俱葬於昭公是以知滕小〔疏〕注滕始至滕小○解云滕始卒於宣公者即宣九年秋八月滕子卒是也其日于成公者即此注云辛未滕子卒是也二者皆不及名故曰不名其邾婁始卒于文公者即文十三年夏五月邾婁子蘧蒢卒是也其日于襄公者即襄十七年春王二月庚午邾婁子瞯卒是也書蘧蒢與瞯故曰名也云俱葬于昭公者即昭元年六月丁未邾婁子華卒秋葬邾婁悼公昭三年春王正月丁未滕子泉卒五月葬滕成公是也然則春秋於所聞之世始錄微國之卒名書日書名明其大小滕子卒葬皆在邾婁之後邾婁之君名於所聞之世于滕則未是以知其小于邾婁也何氏所以不于會序比之而據其卒葬者會是主會次之未得其義其大小仍自難明故如此解若然案莊十六年十二月邾婁子克卒二十八年夏四月丁未邾婁子瑣卒然則邾婁始卒書日書名並在莊公之世而邾婁卒于文公日于襄公名者彼是

傳聞之世小國之卒例不合書而莊公之時邾婁之君得書卒者何氏於克卒之下注云小國未嘗卒而卒者爲慕霸者。有尊天子之心行進也頊卒之下注云日者附從霸者朝天子行進以此言之直是行。而得書卒書日非其常例故不取之

○鄭公子喜帥師侵宋○六月丙寅朔日有食之是後楚滅舒庸晉厲公見餓殺尤重故十七年復食○復扶又反

【疏】注是後楚滅舒庸者解云在下十七年冬十二月○注晉厲公見餓殺○解云即下十八年春王正月庚申晉弒其君州蒲是也春秋說以爲厲公猥殺四大夫臣下人人恐見及正月幽之二月而死故此注云見餓殺也○注故十七年復食○解云即十七年十有二月丁巳朔日有食之是也

○晉侯使欒黶來乞師○欒力官反○黶於斬反

甲午晦晦者何冥也何以書記異也此王公失道臣代其治故陰代陽○冥亡定反又亡丁反治直吏反

【疏】晦者何○解云欲言月晦例所不書欲言且冥文。不言書故執不知問

○晉侯及楚子鄭伯戰于鄢陵楚子鄭

師敗績。敗者稱師，楚何以不稱師？据宋公戰于泓敗績稱師。○鄢，於晚反，又於建反。泓，烏宏反。疏注据宋公戰至稱師○解云：即僖二十二年冬十有一月己巳朔，宋公及楚人戰于泓，宋師敗績是也。王痍也。王痍者何？傷乎矢也。時為飛矢所中。○痍音夷，傷也。所中，丁仲反。疏王痍者何○解云：王有三軍之衞，而身見傷，似非其類，故執不知問。然則何以不言師敗績？据王痍。未言爾。未，無也。無所取於言師敗績也。凡舉師敗績為重衆，今親傷人君，當舉傷君為重，以言戰又言敗績，知非詐，當棠上日也。○為，于偽反，下為代公同。疏注以言戰至上日也○解云：正以《春秋》之義，偏戰者日，詐者月。令狐、鄢陵之經言戰言敗績，知非詐，故當棠上日甲午矣。○楚殺其大夫公子側。○秋，公會晉侯、齊侯、衞侯、宋華元、邾婁人于沙隨，不見公。公至自會。不見公者何？公不見見也。不見見者，恚乞師不得，欲執之○恚一睡反〔疏〕不見公者何○解云公會晉侯是與會之文言不見公疑其非類故執不知問○注不見見者恚乞師不得欲執之即下傳云其代公執奈何前此者晉人來乞師而不與公會晉侯將執公是也

公不見見大夫執何以致會

據不得意不致會公失序不致〔疏〕注據不得意者解云正以莊六年傳云得意致會不得意致伐何氏云此謂公與二國以上也公與二國以上出會盟得意致會不得意不致今會不得意而致會故據而難之○注扈之會公失序不致○解云即文七年秋公會諸侯晉大夫盟于扈傳云諸侯何以不序大夫何以不名公失序也公失序奈何諸侯不可使與公盟眣晉大夫與公盟也是也然則彼是公不得意不書致今此亦不得意而反致故難之

不恥也曷爲不恥

據扈之會公失序恥

公幼也

因公幼殺恥爲諱辭不書行父執者公不見見已重矣〔疏〕注因公幼殺恥爲諱辭○解云實不見今而致會詐若得意然故言爲諱辭耳○注不書行父執者○解云是時累代公執而下經但書其一故此注不書行父執者公不見見已重矣

○公會尹子晉侯齊國佐邾婁人伐

鄭〇曹伯歸自京師執而歸者名曹伯何以不名而不言復歸于曹何据曹伯襄復歸于曹〔疏〕注据曹伯襄復歸于曹〇解云在僖二十八年冬易也易故未言之不復舉國名〇易以豉反注及下同復扶又反下而復同其易奈何公子喜時在內也公子喜時在內則何以易据本篡喜時也〇喜時左傳作欣時公子喜時者仁人也內平其國而待之和平其臣民令專心于負芻〇令力呈反外治諸京師而免之訟治于京師解免使來歸其言自京師何据僖二十八年晉人執衛侯歸之于京師後復歸于衛俱天子所歸不言自京師不連歸問者嫌自京師天子有力文言甚易欲并問力文與上說喜時錯〔疏〕注据僖二十八年至言自京師〇解云即僖二十八年冬晉人執衛侯歸之于京師三十年秋衛侯鄭歸于衛是也〇注不連歸問至喜時錯〇解云問者之意欲道僖三十年衛侯鄭歸于衛亦是天子所

歸不言自京師今曹伯亦爲天子所歸獨言自京師文相違背故問之若連歸問云其言歸自京師何即嫌歸自京師者乃是天子有力之文似若僖二十八年冬衛元咺自晉復歸于衛傳云自者何有力焉者也然上詭言其所以易正猶公子喜時之力若此處并問天子有力之文即與上詭喜時之力自相違

言甚易也舍是無難矣言歸自京師者與內據臣子致公同文欲言甚易也舍此所從還無危難矣主所以見曹伯歸本據喜時平國反之書非錄京師有力也執歸書者賢喜時爲兄所篡終無怨心而復深推精誠憂免其難非至仁莫能行之故書起其功也○舍是音捨注同下傳舍臣放此無難乃旦反注同

【疏】注言歸自京師者至致公同文○解云與上十三年公至自京師相似○注執歸書者至起其功也○解正以僖十九年宋人執滕子嬰齊二十一年執宋公之屬皆不書其歸也若然僖二十八年春晉侯執曹伯以畀宋人冬晉人執衛侯歸之于京師曹伯襄復歸于曹三十年秋衛侯鄭復歸于衛皆是被執而書之者曹伯之下注云執歸不書書者名惡當見衛侯之下注云執歸不書主書者名惡當見是也前此者晉人來乞師而不與者即上十六年夏六月晉侯使欒黶來乞師晉侯及楚子鄭伯戰于鄢陵楚子鄭師敗績

於戰之經不見魯師則知不與矣○九月晉人執季孫行父舍之于招丘執未可言舍之者此其言舍之何仁之也曰在招丘悕矣悕悲也仁之者若曰在招丘可悲矣閔錄之辭○招丘章遥反又上饒反二傳作苕丘悕音希悲也執未有言仁之者此其言仁之何代公執也其代公執奈何前此者晉人來乞師而不與不書者不與無惡

疏注不書者不與無惡○解云若其書之宜言晉侯使欒黶來乞師公不許之今無此經故言不與不書也言不與無惡者僖二十六年公子遂如楚乞師之下傳云乞者何卑辭也曷爲以外內同若辭重師也曷爲重師師出不正反戰不正勝也何氏云兵凶器戰危事不得已而用之爾乃以假人故重而不暇別外內也者是其不與無惡之義

公會晉侯會沙隨也將執公季孫行父曰此臣之罪也於是執季孫行父成

公將會厲公謂上伐鄭言謚者別嬰齊所請也明言公會晉侯者嬰齊所請事也故下與嬰齊傳合同○別彼列反〔疏〕於是執季孫行父○解云此以上道今年秋會于沙隨之時事○注謂上伐鄭至傳合同解云下十七年公孫嬰齊卒于貍軫之下傳云前此者嬰齊走之晉公會晉侯將執公嬰齊爲公請公許之反爲大夫歸至于貍軫而卒然則上言公會晉侯將執公者乃是上經沙隨之事故下與嬰齊傳文合言成公將會晉厲公言謚者欲別於嬰齊所請之事明其是上伐鄭時也案此傳沙隨之事時行父亦請而特言嬰齊所請事者欲言行父再請而嬰齊三請俱在沙隨故也會不當期將執公季孫行父曰臣有罪執其君子有罪執其父此聽失之大者也今此臣之罪也舍臣之身而執臣之君吾恐聽失之爲宗廟羞也於是執季孫行父善其過則稱已美則稱君累代公執在危殆之地故地言舍而月之者痛傷忠臣不得其所爲代公執不稱行人者在君側非出使

○出使所吏反〔疏〕此聽失之大者也○解云：言聽獄者失之大者矣。○注故地言舍至得其所○解云：言故地言舍而月之者，即經書九月晉人執季孫行父，舍之于招丘是也。言月則爲傷痛之文者，正以凡執例時故也，即僖四年夏齊人執陳袁濤塗，五年冬晉人執虞公之屬是也。○注爲代公至非出使○解云：正以文十四年冬齊人執單伯之下傳云「執者曷爲或稱行人，或不稱行人」，注云「此問諸侯相執大夫所稱例」。傳云「稱行人而執者，以其事執也」，注云「以其銜命奉國事執之，晉人執我行人叔孫舍是也」。傳又云「不稱行人而執者，以已執也」，注云「已者，已大夫自以大夫之罪執之，分別之者，罪惡當各歸其本」。以此言之，則知自爲已執者乃不稱行人。今此行父爲代公執，而亦不稱行人者，正以其在君側非出使故也。

○冬十月乙亥，叔孫僑如出奔齊。○十有二月乙丑，季孫行父及晉郤州盟于扈。行父執釋不致者，舉公至爲重。〔疏〕注行父執釋不致者舉公至爲重○解云：正以昭十三年秋晉人執季孫隱如以歸，十四年春隱如至自晉；二十三年春晉人執我行人叔孫舍，二十四年春叔孫舍至自晉，皆書其至。今此不書至，故言舉公至爲重。○

〇公至自會〇乙酉刺公子偃〔疏〕乙酉刺公子偃〇解云即僖二十八年注云內殺大夫例有罪不日無罪日者正謂此文是也考諸舊本此經之下悉皆無注若有注者衍字耳

十有七年春衛北宮結率師侵鄭〇夏公會尹子單子晉侯齊侯宋公衛侯曹伯邾婁人伐鄭〇六月乙酉同盟于柯陵〇柯古河反〇秋公至自會〇齊高無咎出奔莒〇九月辛丑用郊用者何用者不宜用也九月非所用郊也周之九月夏之七月天氣上升地氣下降又非郊時故加用之〔疏〕用者何〇解云正以上下之郊例不言用此獨違例故執不知問然則郊曷用郊用正月上辛魯郊博卜春三月言正月者因見百王正所當用也三王之郊一用夏正言正月者春秋之制也正月者歲首上辛猶始新皆取其首先之意日者明用辛例不郊

則不日○因見賢徧反下同【疏】注魯郊博至所當用○解云僖三十一年傳云魯郊非禮也彼注云以魯郊非禮故卜爾昔武王既沒成王幼少周公居攝行天子事制禮作樂致太平有王功周公薨成王以王禮葬之命魯使郊以彰周公之德非正故卜三卜吉則用之不吉則免牲者是其魯郊博卜春三月之義也而此傳止言正月者因見其自今后百代之王正所當用之月也○注三王之郊至制也○解云三王之郊一用夏正者易說文也既用夏正而此傳特言用正月上辛者但春秋之制也春秋因魯以制法令自今以後之郊皆用周之正月故也○注不郊則不日○解云即僖三十一年夏四月四卜郊不從乃免牲猶三望成七年春王正月鼷鼠食郊牛角改卜牛夏五月不郊猶三望之屬是不郊則不日之文也

或曰用然後郊

或曰用者先有事存后稷神名也晉人將有事於河必先有事於惡池齊人將有事於泰山必先有事於蜚林魯人將有事於天必先有事於泮宮九月郊尤悖禮故言用小大盡譏之以不郊乃譏三望知郊不得譏小也又夕牲告牷后稷當在日上不當在日下○惡如字又火吳反池如字又大河反蜚芳尾反又音配泮音判本又作郊拴音全【疏】注晉人將有事至於泮宮○解云即禮器云魯人將有事於上帝必

先有事於泮宮注云上帝周所郊祀之帝謂蒼帝靈威仰也魯以周公之故得郊祀上帝與周同先有事于泮宮告后稷也告之者將以配天先仁也泮宮郊之學也詩所謂泮宮也字或爲郊宮晉人將有事於河必先有事於惡池鄭注云惡當爲呼聲之誤也呼池嘔夷并州川齊人將有事於泰山必先有事於配林注云配林林名是也○注以不郊至識小也解云即僖三十一年夏四月四卜郊不從乃免牲猶三望傳云猶者何通可以已也識不郊而望祭也何氏云識尊者不食而卑者獨食也○注又夕牲告至在日下○解云言古禮郊之前日午后陳其牲物告牲之牷于后稷則知此經宜云九月用辛丑郊○晉侯使荀罃來乞師○罃乙耕反○冬公會單子晉侯宋公衛侯曹伯齊人邾婁人伐鄭

十有一月公至自伐鄭月者方正下壬申故月之〔疏〕注月者方至月之○解云正以凡致例時故此解之言正下壬申者欲正壬申爲十月之日是以不得不言十一月以來之○壬申公孫嬰齊卒于貍軫非此月日也曷爲以

此月日卒之據下丁巳朔知壬申在十月○貍力之反軫之忍反左氏作脤穀梁作蜃〔疏〕卒于貍軫者○解云正本作貍辰字○注據下丁巳至十月解云即下十有二月丁巳朔日有食之是也十二月丁巳朔逆而推之則丁亥爲十一月朔日又逆而推之即丁卯爲十月十一日矣即從丁卯數之戊辰己巳庚午辛未壬申然則壬申乃爲十月十六日故云據下丁巳朔知壬申在十月矣待君命然後卒大夫曷爲待君命然後卒大夫據昭公出奔卒叔孫舍〔疏〕注據昭公至孫舍○解云即昭二十五年九月己亥公孫于齊冬十月戊辰叔孫舍卒三十二年冬十二月公薨于乾侯是也前此者嬰齊走之晉不書者以爲公請除出奔之罪也○爲于僞反下文爲公同〔疏〕注不書者至之罪也○解云其請公者謂上沙隨時也公會晉侯將執公嬰齊爲公請公許之反爲大夫歸至于貍軫而卒十月壬申日貍軫魯地無君命不敢卒大夫國人未被君命不敢使從大夫禮

公至十一月至是也。疏注十一月至是也。解云十有一月公至自伐鄭是也。若以上傳言之，則嬰齊之請，魯侯許之，皆是沙隨時也。若在沙隨會時即在伐鄭之上，何故待公伐鄭之還乃始卒之？正以成公許之實在沙隨，但嬰齊未還，公又伐鄭，伐鄭未歸，嬰齊已卒，國人不聞公命，未敢卒之，亦何傷。曰吾固許之反為大夫。許反為大夫，即受命矣。然後卒之。善其不敢自專，故引其死日下就公至月卒之，起其事，所以激當世之驕臣。○激，古狄反。○十有二月丁巳朔，日有食之。○邾婁子貜且卒。○貜且，俱縛反，下子餘反。○晉殺其大夫郤錡、郤州、郤至。○楚人滅舒庸。舒庸，東夷，道吳圍巢。疏注舒庸東夷道吳圍巢。解云出左氏，考諸舊本，亦有無此注者。

十有八年，春，王正月，晉殺其大夫胥童。○庚申，晉弒其君州蒲。日者，二月庚申日，上繫於正月者，起正月見幽，二月庚申日死也。厲公猥殺四

大夫臣下人人恐見及以致此禍故日起其事深爲有國者戒也

【疏】注日者至申日○解云正以文十八年冬莒弑其君庶其傳云稱國以弑者衆弑君之辭注云一人弑君國中人人盡喜故舉國以明失衆當坐絶也例皆時者畧之也然則稱國以弑者例書時而此書日故解之而昭二十七年夏四月吳弑其君僚何氏云月者非失衆見弑故不畧是也云云之説在彼知庚申二月日者亦以上十二月丁巳朔言之也去年十二月丁巳朔則知今年二月丙辰朔也何者以長歷推之今年正月小故也二月丙辰朔數之丁巳戊午己未庚申則庚申爲二月五日矣正月之中寧得有之乎故知庚申二月日也○注上繫于正月至[illegible]死也○解云春秋説云厲公猥殺四大夫臣下人人恐見及正月幽之二月而死是也○注厲公猥殺四大夫者解云即去年殺三郤是歲殺胥童是也

○齊殺其大夫國佐○公如晉○夏楚子鄭伯伐宋○宋魚石復入于彭城不書叛者楚爲魚石伐取彭城以封之本受于楚非得于宋故舉伐於上起其意也楚以封魚石復本繫于宋言復入者不與楚專封故從犯君錄之主書者其專封○復入扶又反注同爲于僞反下爲失

同

疏 注不書叛者至其意也○解云如此注者欲決昭二十一年宋華亥向甯華定自陳入于宋南里以畔之文故也○注楚以至君録之○解云桓十五年傳云復入者出無惡入有惡故言從犯君録之何者魚石出時直爲與山有親耎無實罪故曰出無惡也今犯君而入故爲人惡從犯君録之○注主書者至專封○解云言楚子伐宋下即言魚石復入于彭城是起其專封之義必起其專封者正欲責之故也

○公至自晉○晉侯使士匄來聘○匄古害反

○秋杞伯來朝○八月邾婁子來朝○築鹿囿何以書譏何譏爾有囿矣又爲也剌奢泰妨民天子囿方百里公侯十里伯七里子男五里皆取一也○鹿囿音又

疏 注天子囿至取一也○解云孟子文司馬法亦云也

○己丑公薨于路寢○冬楚人鄭人侵宋○晉侯使士彭來乞師○士彭二傳作士魴襄十二年同

○十有二月仲孫蔑會晉侯

宋公衞侯邾婁子齊崔杼同盟于虛朾不日者時欲行義爲宋誅魚石故善而爲信辭或喪盟署○杼直呂反虛朾起魚反下勑丁反○丁未葬我君成公

監本附音春秋公羊注疏成公卷十八

武寧盧氏 宣旬校定

[illegible]嘉慶二十年重栞 宋本[illegible]藏本校

江南蘇松督糧道方體栞

公羊注疏卷十八挍勘記　　阮元撰盧宣旬摘錄

公羊注疏成公卷十八

十有一年

晉侯使郤州來聘　唐石經諸本同釋文郤州本亦作犨九經古義云世本郤豹生義義生步揚生州州郤犨也與公羊合左傳魏武子犨世本亦作州司馬貞云州犨聲相近字異耳

不能相親信反相疑　閩監毛本同本或反下有復字

十有二年

何言小國者據其私土之言也　浦鏜云疑當疊小國二字

十有三年

公自京師　解云公下自上有至字者衍文

言自王所與此異　閩監毛本同按言上當脫不字

復生事脩朝禮而後行　疏中標注作生事脩朝禮而行解云生事之上有復字者衍文

注生事脩朝禮而行者　閩監毛本作生事修朝禮而後行○

注閒無復出至鑿行　閩監毛本作注閒無事復至鑿行此脫事字

十有四年

凡娶早晚皆不譏者　鄂本同此本疏標起訖亦作娶閩監毛本改取非釋文作凡取云本又作娶閩監毛本蓋據此

鄭公子喜率師伐許　唐石經鄂本閩監本同毛本率改帥

十有五年

然則嬰齊孰後後歸父也　唐石經鄂本監毛本同此本閩本脫一後字今補正

唯有耼季而已　閩本同監毛本耼作聃

是以不得更以佗字連之　閩監本同毛本字誤事

何賢乎荀息傳云　浦鏜云傳云二字衍何煌云何賢乎荀息下當有奚齊卓子者驪姬之子也荀息傳焉十五字傳云二字誤

臧宣公者相也　閩監毛本同誤也鄂本作臧宣叔宣十八年疏引此傳同當據正唐石經缺

諸大夫皆雜然曰　唐石經諸本同宣十八年疏引作雜言曰

仲氏也　鄂本氏誤如

豈謂作世子之子乎　閩本同監毛本謂誤得

公會晉侯衛侯鄭伯曹伯宋世子成　鄂本元本同唐石經閩監毛本成作戌釋文世子戌音恤本或作成

晉侯執曹伯歸之于京師　唐石經諸本同僖廿八年注作歸于京師無之字傳文方辨別歸之于歸于二者之不同然則石經此處有之字其誤甚矣左氏穀梁亦無之

注爲篡喜時者　閩監毛本刪者下有解云

宋華元出奔晉　唐石經諸本同鄂本奔作犇下同

注不省文至文大之言　閩監毛本言作也此言字蓋誤衍注中當本無也字

射姑殺也射姑殺則其稱國以殺何　閩監毛本同此本射姑殺則四字剜擠

狐射姑民衆不說　按今傳無狐字

注據楚不殊　閩監毛本下有解云此脫

外土諸侯也　此本閩監本土誤士鄂本毛本不誤今訂正

大揔下上言之辭也正閩監毛本同誤也鄂本上作土當據

解云即元年傳云按元上脱隱字

一繫於正月何校本作一一繫於正月

欲其遠近徧及海内如此閩監毛本作如一此誤

十有六年

即此注云辛未滕子卒是也浦鏜云經誤注

書蘧蒢與瞯閩監毛本蒢作篨

直是行而得書卒書曰浦鏜云行下當脱進字

晉厲公見餓殺九堊閩監毛本九誤猶鄂本餓作弑誤九字與此本同

注是後楚滅書庸者閩監毛本者改〇

文不言書　浦鏜云當作又不言晝

易故末言之　鄂本同閩監毛本末誤未

訟治于京師　閩監毛本同鄂本訟作說誤

正猶公子喜時之力　浦鏜云猶當由字誤

晉侯執曹伯以畀介宋人　浦鏜云以介二字衍

前此者晉人來乞師而不與者　閩監毛本作前此者至不與○解云移此疏於執未有言仁之者節注下此本在執歸書者至起其功也節疏下

此其言含之何仁之也　唐石經諸本同浦鏜云禮記表記注引此仁之也作人也疏云欲人愛此行人

此其言人之何　唐石經諸本作仁之何此與表記注合○按此誤字而有合於古者也公羊本三云人之

後來皆改作仁之則此作人之爲誤字矣

故重而不暇别外内也者　閩本同監毛本暇誤假

成公將會厲公　唐石經作晉厲公此脫晉字

謂上伐鄭　鄂本下有也字

齊人執陳袁濤塗　閩本同監毛本袁誤轅

以其銜命奉國事執之　浦鏜云所銜誤銜命

乙酉刺公子偃　解云考諸舊本此經下無注若有注者衍字耳

十有七年

魯郊博卜春三月　鄂本閩監本同此本疏標起訖亦作博毛本誤作傳疏同按博卜者廣博卜三月也浦鏜按本作轉卜非

上辛九始新　閩監毛本同鄂本作猶是也

先有事存后稷神名也　浦鏜云名衍字從續通解挍

必先有事於蜚林　釋文蜚林芳尾反又音配惠棟云古配字讀爲妃故配林一作蜚林音相近

必先有事於泮宮　釋文泮本又作郊按禮記禮器注云泮宮字或爲郊宮

公孫嬰齊卒于貍軫　釋文軫之忍反左氏作脤穀梁作蜃解云正本作貍辰字

舒庸東夷道吳圍巢　解云考諸舊本亦有無此注者

十有八年

楚爲魚石伐　鄂本下有宋字此脫

主書者其專封　鄂本者下有起此脫解云起其專封之義

天子囿方百里　鄂本百作伯

晉侯使士彭來乞師　釋文士彭二傳作士魴襄十二年同

公羊注疏卷十八挍勘記終

工部屯田司員外郎胡[illegible]謙挍

監本春秋公羊注疏襄公卷第十九 起元年盡七年

何休學

元年，春，王正月，公即位。○仲孫蔑會晉欒黶、宋華元、衛甯殖、曹人、莒人、邾婁人、滕人、薛人圍宋彭城。宋華元曷為與諸侯圍宋彭城？据晉趙鞅以地正國加叛文，今此無加叛文，故問之。○殖，市力反。

疏 注据晉至問之○解云：即定十三年秋，晉趙鞅入于晉陽以叛，冬，晉荀寅及士吉射入于朝歌以叛，晉趙鞅歸于晉。傳云：此叛也，其言歸何？注云：据叛與出入惡同。以地正國也。又注云：軍以井田立數，故言以地。傳又云：其以地正國奈何？晉趙鞅取晉陽之甲，以逐荀寅與士吉射。荀寅與士吉射者，曷為者也？君側之惡人也。此逐君側之惡人，曷為以叛言之？無君命也。注云：無君命者，操兵鄉國，故初謂之叛，后知其意欲逐君側之惡人，故録其釋兵，書歸救之。君子誅意不誅事。今華元與諸侯操兵鄉國，而不加叛文，故難之云宋華元曷爲與諸侯圍宋彭城而不加叛文與趙鞅異乎然則趙鞅以采地之兵逐君側之惡人以正其國其意實善而春秋必加叛文者正以人臣之義本無自專之道若其許之恐惡逆之臣外託興義之兵內有覬覦之意是以雖爲善不得與之

爲宋誅也故華元無惡文○爲宋于僞反下爲宋楚爲幷注同　疏注故華元無惡文○解云雖云操兵鄉國但禀宋公之命與諸侯之師逐去叛人以衞社稷春秋善之故無惡文也

其爲宋誅奈何魚石走之楚楚爲之伐宋取彭城以封魚石魚石之罪奈何以入是爲罪也說在成十八年書者善諸侯爲宋誅雖不能誅猶有屈彊臣之助

疏注魚石之楚○解云即成十五年宋魚石出奔楚是也○楚爲至魚石○解云即成十八年夏楚子鄭伯伐宋宋魚石復入于彭城是也○以入是爲罪也○解云言魚石於成十五年初出之時直是與山有親恐見及是以辟而去非其大罪也至成十八年外託鄭楚之兵以伐取君邑遂居彭城與君相拒失人臣之義非順行之道故曰以入是爲罪也○注說在成十八年○解云即謂成十八年經具說楚子鄭伯伐宋宋

魚石復入于彭城之事言上舉楚鄭伐宋下即言魚石復入復入者出無惡之文明其出奔楚時非其罪也但倚託楚鄭伐取彭城爲大惡故此傳云以入是爲罪矣非謂成十八年更有解注○注書者至之助○解云傳云爲宋誅而知不能誅者正以助其君討叛臣義之高者若能誅之理應在見似若昭四年經書執慶封殺之今但言圍而無殺文故知不能誅雖不能誅猶有屈魚石之功是以春秋書之善其爲宋誅矣

楚已取之矣曷爲繫之宋 据莒人伐杞取牟婁后莒牟夷以牟婁來奔不繫杞 疏 注据至繫杞○解云莒人伐杞取牟婁在隱四年春其后來奔者即昭五年夏莒牟夷以牟婁及防兹來奔是也

不與諸侯專封也 故奪繫于宋使若宋邑者楚救不書者從封内兵也 疏 注故奪至邑者○解云案僖二年春王正月城楚丘傳云不與諸侯專封也然則不與諸侯專封取事一也所以或繫於宋或不繫於衛者彼以衛國已滅故無所繫不言桓公城之者不與諸侯專封故也今此魚石受楚之封人邑而叛是以奪而繫國以示不成然則不與之言雖同其不與之理實異是以齊侯封衛春秋實與楚封魚石繫宋以抑之云云之說在僖二年○注楚救至兵也○解云經傳無文而知楚救

者正以楚人去年封之故也楚人是時并兵于魚石魚石之叛抑而不成今華元討之即是宋國封内之兵也封内之兵例所不録是以楚救魚石不得書之知封内之兵例所不録者正以定公八年傳云公斂處父帥師而至經不書之是也若然哀三年衛石曼姑帥師圍戚亦是封内之兵而得書者彼以國夏爲伯討是以得書故彼傳云齊國夏曷爲與衛石曼姑帥師圍戚伯討也然則春秋不與蒯聵之直故令國夏得討之國夏得討之則非封内之兵也今此魚石不成叛是以與彼異也○夏晉韓屈。帥師伐鄭○仲孫蔑會齊崔杼曹人邾婁人杞人次于合刺欲救宋而後不能也知不救鄭者時鄭背中國不能救不得刺。于合二傳作鄗背音佩

疏注夏晉韓屈。解云左傳穀梁屈作厥字也。次于合者左氏合作鄗字也。注刺至得刺。解云知如此者正以莊三年冬公次于郎傳云其言次于郎何刺欲救紀而後不能也今此下文即有楚人侵宋言次于合魯人在其間故知與彼宜同例亦是初欲救宋而後不能是以春秋書其止次譏之○秋楚公子壬夫帥師侵宋○九月辛酉天

王崩○邾婁子來朝○冬衛侯使公孫剽來聘○剽匹妙反○晉侯使荀罃來聘〔疏〕九月辛酉至來聘○解云諸侯爲天子身服斬衰三年是以曾子問云諸侯相見揖讓而入門不得終禮廢者幾孔子曰六請問之曰天子崩大廟火日食后夫人之喪雨霑服失容則廢然則天王九月崩而四國得行朝聘禮者杜氏云辛酉九月十五冬者十月初也天王崩赴未至皆未聞喪故各得行朝聘之禮是也若然則四國行朝聘之時王之赴告未至於魯經書天王崩得在朝聘之上者公羊之義據百二十國寶書案而爲經雖四國未知何妨先書乎

二年春王正月葬簡王〔疏〕二年至簡王○解云隱三年傳云天子記崩不記葬必其時也而此書者即文公九年傳云不及時書過時書我有往者則書彼注云謂使大夫往也惡文公不自往故書葬以起大夫會之然則簡王去年九月崩至今年正月但始五月矣所謂不及時是以書之○鄭師伐宋○夏五月庚寅夫人姜氏薨○六月庚

辰鄭伯睔卒不書葬者諱伐喪○睔古困反〔疏〕注不書至伐喪○解云春秋之內諸侯之卒不書其葬非止一義而已或諱背殯用兵或譏其篡或刺不討賊枉殺大夫案鄭伯襄公之子繼體爲君復非篡立從成十五年即位以來未有罪惡之事明其不書葬者不爲上事明也而下又云冬仲孫蔑會晉荀罃以下云云于戚遂城虎牢傳云虎牢者何鄭之邑也其言城之何取之也取之則曷爲不言取之爲中國諱也曷爲爲中國諱諱伐喪也然則既不爲上事下即有諱伐喪之文則知不書葬者正爲諸侯諱其伐喪故也○晉師宋師衛甯殖侵鄭○秋七月仲孫蔑會晉荀罃宋華元衛孫林父曹人邾婁人于戚○己丑葬我小君齊姜齊姜者何齊姜與繆姜則未知其爲宣夫人與成夫人與齊姜者宣公夫人九年繆姜者成公夫人也傳家依違者襄公服繆姜喪未踰年親自伐鄭有惡故傳從內義不正言也○繆音穆人與音餘〔疏〕齊姜者何○解云欲

言成母謚不言宣欲言成妻與成謚別故孰不知問○注齊姜至正言也○解云左氏以齊姜成公夫人繆姜宣公夫人而何氏不然者正以齊姜先薨多是姑繆姜後卒理宜爲婦實無文據以順言之也且九年襄公伐鄭不書其至若非親母不應貶之至此矣言襄公服繆姜喪未踰年親自伐鄭者即襄九年五月辛酉夫人姜氏薨秋八月癸未葬我小君繆姜冬公會晉侯以下伐鄭是也然則襄公母死未期已爲兵首無恩之甚是故爲諱若爲祖差輕可言是以彼注云不致者惡公服繆姜喪未踰年親自伐鄭故奪臣子辭是也舊云傳言惡襄公喪服用師故以祖爲親母所以甚責內是以何氏順傳文也者非也公羊之義口授相傳五世以後方著竹帛是以傳家數云無聞焉爾以此言之容或未察止作公羊氏實不分明何以不得而要知傳序經意依違之者正以文與桓公九年曹世子射姑同故也案桓公九年冬曹伯使其世子射姑來朝傳云諸侯來曰朝此世子也其言朝何春秋有譏父老子代從政者則未知其在齊與在曹與注云在齊者世子光也時曹伯年老有疾使世子行聘禮恐卑故使自代朝雖非禮有尊厚魯之心傳見下卒葬詳錄故敘經意依違之也然則彼刺曹世子而傳序經意不正言之今此文正與彼同故知亦依違言之○

孫叔豹如

宋○冬，仲孫蔑會晉荀罃、齊崔杼、宋華元、衛孫林父、曹人、邾婁人、滕人、薛人、小邾婁人于戚，遂城虎牢。虎牢者何？鄭之邑也。以下戍繫鄭。

〔疏〕虎牢者何○解云：欲言鄭邑，今不繫鄭；欲言他邑，有城虎牢之文，故執不知問。○注以下戍繫鄭者○解云：即下十年冬戍鄭虎牢是。

其言城之何？據外城邑不書。

〔疏〕注據外至不書○解云：正以春秋上下無外城邑之經故也。而何氏兼邑言之者，正以外城國都亦有書者，是以不得直言據外城國都。其書之者，即城邢、城楚丘、城緣陵、城成周之屬是也。其外城國都雖非常例，要自數數有經，是以何氏據邑言之。

取之也。取之則曷爲不言取之？據取牟婁。

〔疏〕注取牟婁○解云：即隱四年二月莒人伐杞取牟婁是也。

爲中國諱也。曷爲爲中國諱？據莒伐杞取牟婁不爲中國諱。○爲中，于僞反，下及注并下文鄭爲皆同。諱伐喪也。曷爲不繫乎鄭？爲

中國諱也大夫無遂事此其言遂何歸惡乎大夫也使若大夫自生事取之者即實遂但當言取之○楚殺其大夫公子申

疏注諱伐喪也○解云考諸古本皆無此注且與下傳文煩重若有注者是衍字也○曷爲爲中國諱○解云正据莒人取牟婁不爲中國諱矣而何氏不注之者以上文已据取牟婁是以不能重出曷爲不繫乎鄭者正据下十年冬戍之時繫鄭也爲中國諱也者若繫于鄭還有伐喪之義故云中國諱也○注即實至取之○解云若實大夫自生事即非諸侯使之取是以不勞爲諸侯諱依實書之亦無傷故言即實遂但當言取之

三年春楚公子嬰齊帥師伐吳○公如晉○

夏四月壬戌公及晉侯盟于長樗○樗勑居反公至自晉盟地者不于都也以晉致者上盟不于都嫌如晉不得入故以晉致起之不別盟得意者成公比失意如晉公獨得容盟得意亦可知○別彼列反

疏注盟地至可知○解云文三年冬公如晉十有二月已巳公及

晉侯盟彼不舉地者以其在國都故也今此舉長樗故言不于都矣云以晉至起之者昭二十八年春王三月公如晉次于乾侯二十九年春公至自乾侯居于運何氏云不致以晉者不見容于晉未至晉然此經上言盟于長樗今若又言至自長樗即嫌似次于乾侯然亦不得入晉都故以晉致起其文也云不別至可知者公與二國以上出會盟得意致會不得意不致公與一國出會盟得意致地不得意不致然則此襄公得與晉侯盟宜直致地不致地者以其可知也言成公比失意於晉者即成公十六年秋公會晉侯以下于沙隨不見公傳云前此者晉人來乞師而不與公會晉侯將執公季孫行父曰此臣之罪也於是執季孫行父經又云公會尹子晉侯以下伐鄭傳云成公將會晉厲公會不當期將執公季孫行父曰臣有罪執其君子有罪執其父此聽失之大者也今此臣之罪也舍臣之身而執臣之君吾恐聽失之爲宗廟羞也於是執季孫行父是也

○六月公會單子晉侯宋公衛侯鄭伯莒子邾婁子齊世子光已未同盟于雞澤

盟下日者信在世子光也

疏 注盟下至光也○解云言信任在於世子光若如盟日定否世子光制之

然是以下日以近之由。如文十四年注云盟下日者刺諸侯微弱信在趙盾之類何氏何以數言信在正以下十六年傳云諸侯皆在是其言大夫盟何信在大夫也舊解云齊光亢諸侯之禮晉侯貴致大國衆人畏之故却日以待之非也

陳侯使袁僑如會其言如會何据曹伯襄言會諸侯鄫子言會盟。僑其驕反

疏 注据曹伯襄言會諸侯者即僖二十八年冬曹伯襄復歸于曹遂會諸侯圍許是也云鄫子言會盟者即僖十九年鄫子會盟于邾婁是也

後會也不直言會盟者時諸侯不親與袁僑盟又下方殊及之

疏 注不直至及之。解云若其諸侯親與之盟宜云公會單子晉侯以下盟于雞澤陳侯使袁僑來會盟正由諸侯不新與之盟故止得言如會矣云又下方殊及之者即下云及諸侯之大夫及陳袁僑盟是也言下方殊文道及陳袁僑盟是以此處未勞道會盟

戊寅叔孫豹及諸侯之大夫及陳袁僑盟曷爲殊及陳袁僑据俱諸侯之大夫也言之大夫者辟諸侯與大夫皆盟

爲其與袁僑盟也陳鄭楚之與國陳侯有慕中國之心有疾使大夫會諸侯欲附

疏不復備責遂與之盟共結和親故殊之起主爲與袁僑盟也復出陳者喜得陳國也不重出地有諸侯在臣繫君故因上地○爲其于僞反注同不復扶又反下同重直用反

【疏】注陳鄭至國也○解云即宣十一年夏楚子陳侯鄭伯盟于辰陵是也知有慕中國之心者正謂使大夫如會是也且僖八年鄭伯乞盟之下注云時鄭伯欲與楚不肯自來盟處其國遣使挹取其血而請與之約束無汲汲慕中國之心故抑之使若叩頭乞盟者也不録使者方抑鄭伯使若自來也然則鄭伯無慕中國之心抑言乞盟又不録其使則今不言乞盟又録其使則有慕中國之心明矣又知有疾者非直以其不自來又見下四年三月陳侯午卒矣云復出陳者喜得陳國也者欲決成二年及國佐盟于袁婁之經彼不重言齊今重言陳者喜得陳國故也孔子曰書之重辭之復嗚呼不可不察其中必有美者焉是以僖四年傳云曷爲再言盟喜服楚也故此注云復出陳者喜得陳也春秋意必如此者正以楚人強盛諸夏微弱陳侯背楚故喜得之所以奪夷狄之勢益諸夏之榮也○注不重出地○解云正決襄二十七年夏叔孫豹會晉趙武楚屈建以下于宋秋七月辛巳豹及諸侯之大夫盟于宋彼所以再出地者正以上無君故也今諸侯在臣繫於君故因上地矣下十六年春公會晉侯以

下于溴梁戊寅大夫盟之下不重出地者亦以為諸侯在臣繫于君得因上地故彼注云不重出地者與三年雞澤大夫盟同義是也○秋公至自會○冬晉荀罃帥師伐許

四年春王三月己酉陳侯午卒○夏叔孫豹如晉○秋七月戊子夫人弋氏薨○弋氏以職反莒女也左氏作姒氏〔疏〕四年至夫人弋氏薨○解云左氏經作姒氏字聲勢與此同○定弋者何○解云欲言君母謚不言成欲言是妾卒葬並見故執不知問○葬陳成公○八月辛亥葬我小君定弋定弋者襄公之母也定弋莒女也襄公者成公之妾子○定弋左氏作定姒〔疏〕注定弋至妾子○解云正以鄫世子巫者莒之外孫下五年傳意以為與襄公為舅出故知弋氏為莒女也○冬公如晉○陳人圍頓

五年春公至自晉○夏鄭伯使公子發來聘

○叔孫豹鄫世子巫如晉外相如不書此何以書据晉郤克與莊孫許同時而聘于齊不書。○巫，亡扶反。

疏注据晉至不書○解云成二年傳云云者是也然則臧孫許不書者自是恥之故也而郤克聘齊不書之者是外相如例不書故也是以据之若然桓五年夏齊侯鄭伯如紀傳云外相如不書此何以書何氏云据蔡侯東國卒于楚不言如也何氏彼据蔡侯此据郤克者欲逐其相類故也何者彼齊侯鄭伯是君且事不干魯故据蔡侯卒于楚不言如矣此鄫世子巫事非親且叔孫豹卒之故據晉大夫與臧孫許俱行者所引譬連類得其象也且其齊鄭如紀州公如曹皆得書者彼文悉有成解

爲叔孫豹卒而與之俱也以不殊鄫世子俱言如也。○爲，于僞反。

疏注以不至如也○解云正以不言及鄫世子與叔孫共作一文故知叔孫率之矣

叔孫豹則曷爲率而與之俱据非內大夫。蓋舅出也巫者，鄫前夫人襄公母姊妹之子也，俱莒外孫，故曰舅出。

疏蓋舅出也者○解云謂巫是襄公舅氏之所出姊妹之子謂之出也言蓋者公羊子不受于師故疑若下傳蓋

欲立其出也之類或言此蓋宜訓爲皆若隱三年傳云蓋通于下似蓋云歸哉之類言襄公與巫皆是一舅姊妹之子也

莒將滅之故相與往殆乎晉也殆疑凝讞于晉齊人語○凝讞魚竭反

莒將滅之則曷爲相與往殆乎晉據當以兵救之取後乎莒也其取後乎莒奈何莒女有爲鄫夫人者蓋欲立其出也時莒女嫁爲鄫後夫人夫人無男有女還嫁之于莒有外孫鄫子愛後夫人而無子欲立其外孫主者善之得爲善者雖揚父之惡救國之滅者可也○仲孫蔑衛孫林父會吳于善稻不殊衛者晉侯欲會吳于戚使魯衛先通好見使畀故不殊蓋起所恥○善稻左氏作善道好呼報反

〔疏〕注書者善之○解云六年秋莒人滅鄫然則不能救滅而得善之者雖不能救有言之功故也

○秋大雩先是襄公數用兵圍彭城城虎牢三年再會四年如晉踰年乃反○又賦斂重恩澤不施所致○數所角反斂力驗反

〔疏〕注先是至所致○解云圍彭城在元年春即經云仲孫蔑

會晉欒黶以下圍彭城是也其城虎牢者在上二年冬遂城牢是也云三年再會者蓋爲三年六月公會單子晉侯以下同盟于雞澤下云戊寅叔孫豹及諸侯之大夫及陳袁僑盟是也雖是一出行頻有二事停車費重而致旱緣是之故得作然解云四年如晉踰年乃反者即上四年冬公如晉五年春公至自晉是也其元年夏仲孫蔑會晉荀罃以下于戚於此諸二年秋叔孫豹如宋冬仲孫蔑會齊崔杼以下次于合事豈不爲費而注不言之者正以元年舉圍彭城二年舉城虎牢三年舉再會四年舉如晉年舉一事備而言之見其致旱之由而已其餘不足舉者文略不悉耳其三年再會並舉之者以其皆會事可以一言而盡故也

楚殺其大夫公子壬夫○公會晉侯宋公陳侯衞侯鄭伯曹伯莒子邾婁子滕子薛伯齊世子光吳人鄫人于戚吳何以稱人據上善稻之會不稱人〔疏〕楚其大夫公子壬夫○解云春秋之内君殺大夫皆至葬時别有罪無罪今吳楚之君例不書葬不作他文以别之者蓋以略夷狄故之也

吳鄫人云則不

辭孔子曰言不順則事不成方以吳抑鄫國列在稱人上
不以順辭故進吳稱人所以抑鄫者經書莒人滅鄫文
與巫訴巫當存惡鄫文不見見惡必以吳者夷狄尚知父死
子繼故以甚鄫也等不使鄫稱國者鄫不如夷狄故不得與
夷狄同文○惡鄫烏
路反不見賢徧反
〔疏〕注所以抑至不見○解云經書言
莒人滅鄫者在下六年秋其經稱
人似貶黜之云文與巫訴者即上文世子巫如晉是也許之
訴即合存之義然則上下二經皆非鄫咎故曰惡鄫文不見
也

公至自會○冬戍陳孰戍之諸侯戍之曷
爲不言諸侯戍之據下救陳
言諸侯
〔疏〕注據下救陳言諸
侯○解云謂歷敘
諸侯即下文云公會
晉侯以下救陳是也

離至不可得而序離至離別前
後至也陳坐
欲與中國被強楚之害中國宜雜然同心救之乃解怠前後
至故不序以刺中國之無信○雜然七合反又如字十年注
同解古
賣反
〔疏〕注陳坐至無信○解云其與中國者謂欲得與
中國即上三年陳侯使袁僑如會是也其被強
楚之害者正見
諸侯戍之故也

故言我也言我者以魯至時書與魯微
者同文微者同文者使若城

楚丘辟魯獨戍之戍例時〔疏〕注與魯微者同文解云以不載名氏及國直言其事者若莊公二十八年冬築微之文故云與魯微者同文矣云微者同文者使若城楚丘辟魯獨戍之者城楚丘在僖二年彼時亦直言城楚丘作魯微者之文魯之微者焉能獨城乎明其更有餘國是以書月見其非內城今此戍陳之經亦作魯微者之文魯之微者焉能獨戍乎明其更有餘國矣故曰使若城楚丘辟魯獨戍之云戍例時者正以此文直書冬十年冬戍鄭虎牢故知例時也

〇楚公子貞帥師伐陳〇公會晉侯宋公衛侯鄭伯曹伯莒子邾婁子滕子薛伯齊世子光救陳十有二月公至自救陳〇辛未季孫行父卒〔疏〕十有二月公至自救陳〇賈氏云月爲下卒起其義也

六年春王三月壬午杞伯姑容卒始卒更名日書葬者新黜未忍便略也〔疏〕注始卒至略也〇解云案僖二十三年冬十有一月杞子卒而於此言始者彼注云卒者桓公

存王者後功尤美故爲表異卒録之然則傳聞之世小國之卒未合書見非其常例矣至所聞之世始合書卒是以於此言始矣文十三年夏五月邾婁子蘧篨卒宣九年秋八月滕子卒其名日與葬皆未書今此盡録故解之也言新黜未忍便略也者即莊二十七年冬杞伯朝注云杞夏後不稱公者春秋黜杞新周而故宋以春秋當新王者以其稟氣先王聖人胄嗣雖其微弱未忍便略之

○夏宋華弱來奔○秋葬杞桓公

○滕子來朝○莒人滅鄫莒稱人者莒公子鄫外孫稱人者從莒無大夫也言滅者以異姓爲後莒人當坐滅也不月者取後于莒非兵滅

疏注莒稱人者○解云從莒無大夫即莊二十七年傳莒無大夫此何以書是也○注不月者○解云比兵滅者例書月即莊十年冬十月齊師滅譚十三年夏六月齊人滅遂之屬是也今此非兵滅故書時矣以此言之即知僖二年晉滅下陽僖十年狄滅温之屬皆蒙上月矣僖十七年夏滅項彼注云不月者桓公不坐滅略小國僖二十六年秋楚人滅夔何氏云不月者略夷狄滅微國也以此言之則知僖十二年夏楚人滅黄文五年秋楚人滅六之屬亦是略之故也其衞侯燬滅邢楚子滅蕭蔡歸生滅沈之屬皆當文

自釋不勞備說注据譚子言奔者即莊十年齊師滅譚譚子奔莒是也〇冬叔孫豹如邾婁〇季孫宿如晉〇十有二月齊侯滅萊曷爲不言萊君出奔据譚子言奔〇曷爲于僞反〇國滅君死之正也明國當存不書殺萊君者舉滅國爲重〇重直用反〔疏〕注不書至爲重〇解云欲決定四年四月庚辰蔡公孫歸生帥師滅沈以沈子嘉歸殺之文也彼注云滅舉滅爲重書以歸殺之者責不死位也是也

七年春郯子來朝〇郯音談〇夏四月三卜郊不從乃免牲〇小邾婁子來朝〇城費〇費音秘〇秋季孫宿如衛〇八月蝝先是郯小邾婁來朝有賓主之賦加以城費季孫宿如衛煩擾之應〇蝝音終一音鍾〇冬十月衞侯使孫林父來聘王戌及孫林父盟〇楚公子貞帥師圍陳〇十

有二月公會晉侯宋公陳侯衛侯曹伯莒子邾婁子于鄬〇鄬于委反字林凡吹反鄭伯髡原如會未見諸侯丙戌卒于操操者何鄭之邑也諸侯卒其封内不地此何以地據陳侯鮑卒不地〇髡原苦門反左氏作髡頑操七報反一音七南反〔疏〕鄭伯髡頑如會者〇解云正本作頑字亦左氏作鄵有一本作原字非也〇操者何〇解云欲言鄭邑封内不地欲言外邑文不繫外故執不知問其鄵字者非正本也〇注據陳至不地〇解云即桓五年正月甲戌己丑陳侯鮑卒傳曰曷爲〇二日卒之怴也甲戌之日亡己丑之日死而得君子疑焉故以二日卒之是封内卒不地者故據而難之隱之也何隱爾弒也孰弒之其大夫弒之曷爲不言其大夫弒之據鄭公子歸生弒其君夷書〇殺也音試下及注皆同〔疏〕注據鄭至夷書〇解云在宣四年夏六月書者謂書大夫名氏矣爲中國諱

也曷爲爲中國諱据歸生弒君不爲中國諱○爲中于僞反下及注皆同鄭伯將會諸侯于鄬其大夫諫曰中國不足歸也則不若與楚鄭伯曰不可其大夫曰以中國爲義則伐我喪据城虎牢事【疏】注据城虎牢者○解云上二年經云遂城虎牢傳云虎牢者何鄭之邑也其言城之何取之也取之曷爲不取之爲中國諱也曷爲爲中國諱諱伐喪也是也以中國爲彊則不若楚言楚屬圍陳不能救○屬音燭【疏】注言楚至能救○解云即上文云楚公子貞帥師圍陳終無救文是也於是弒之𣩵由中國無義故深諱使若自卒○𣩵由音禍鄭伯髡原何以名据陳侯如會不名【疏】注据陳至不名○解云即僖二十八年五月公會晉侯以下于踐土陳侯如會是也傷而反未至乎舍而卒也舍昨日所舍止處也以操定邑知傷而反也未見諸侯尚往辭知未至舍也云爾者古者保辜諸侯卒名故於

如會名之明如會時爲大夫所傷以傷辜死也君親無將見
辜者辜內當以弑君論之辜外當以傷君論之○處昌慮反
見辜賢
徧反
【疏】注以操定邑知傷而反也者○解云正以操是
鄭邑操本去鄭彌遠是以知其見傷而還○注
未見諸侯至舍也者○解云凡言未見者有欲見之理知尙
往辭若其迴還至舍便絕未見之義經不應得言未見故如
此解○注君親無將○解云莊三十二年傳云君親無將將
而必誅故此注引之其弑君論之者其身梟首其家執之其
傷君論之其身斬首而已罪不累家漢律有其事然則
知古者保辜者亦依漢律律文多依古事故知然也

未見諸侯其言如會何致其意也 鄭伯欲與中國意未達而見弑故養逐而致之所以達賢者之心

【疏】未見諸侯其言會何○解云上陳侯如會袁僑如會之輩皆是至會今鄭伯既言未見諸侯而言如會故据未見而難之

陳侯逃歸 起鄭伯欲與中國卒逢其禍諸侯莫有恩痛自疾之心於是懼然後逃歸故書以剌中國之無義加逃者抑陳侯也孔子曰夷狄之有君不如諸夏之亡不當背也○背音佩

八年春王正月公如晉 月者起鄭之會鄭伯以弑陳侯逃歸公獨脩禮於大國得

自安之道故善錄之〇以殺音試〇夏葬鄭僖公賊未討何以書葬爲中國諱也探順事上使若無賊然不月者本實當去葬責臣子故不足也〇爲中于僞反去起呂反疏賊未討何以書葬〇解云正以隱十一年傳云春秋弑君賊不討不書葬以爲無臣子也是以弟子據而難之〇注不月者〇解云本實當去葬責臣子故不足也者正以卒日葬月達於春秋大國之例今鄭爲大國不月故如此解〇鄭人侵蔡獲蔡公子燮此侵也其言獲何據宋師敗績獲宋華元戰乃言獲也〇燮素協反疏獲蔡公子燮者穀梁作公子濕〇注據宋至獲也〇解曰即宣二年春宋華元帥師及鄭公子歸生帥師戰于大棘宋師敗績獲宋華元是也公羊之義以爲觕者曰侵故如此解侵而言獲者適得之也時適遇值其不備獲得之易不言取之者封内兵不書嫌如子糺取一人故言獲起有兵也又將兵禦難不明候伺雖不戰鬭當坐獲〇易以豉反難乃旦反伺音司又息嗣反疏注易不言取之者〇解云春秋之義取爲易辭故隱十年鄭伯伐取之傳云其言伐取之何易

也者是春秋之義封内之兵例不書之故定八年傳云公斂處父帥師而至經不書之是也莊九年齊人取子糾殺之者者是取一人之文凡言獲者用兵之文即獲宋華元獲陳夏齧之輩是也然則此傳言適得之即是易之甚者所以不言取之者其人是時將兵拒鄭但未至鬬戰封内之兵例所不書既不得書有蔡師若言鄭人侵蔡取公子燮則嫌如莊九年齊人取子糾殺之然但取一人而已故言獲起其文是時亦將兵來云又將兵禦難不明何候雖不戰鬬當坐獲者以謂蔡公子燮當以被獲爲坐罪何者以其於守禦之道不足故也

○季孫宿會晉侯鄭伯齊人宋人衛人邾婁人于邢丘○邢音刑○公至自晉○莒人伐我東鄙○秋九月大雩由城費公比出會如晉莒人伐我動擾不恤民之應

〔疏〕注由城至之應○解云城費在七年夏也公比出會者即五年冬公會晉侯以下救陳七年十二月公會晉侯以下于鄬是也如晉者即今年正月公如晉是也莒人伐我者即今年夏莒人伐我東鄙是也或者公比出會者即七年公會晉侯以下于鄬今年季孫宿會晉侯以下于邢丘是也然則季孫宿會而

言公比出會者略舉以○冬楚公子貞帥師伐鄭○言之是以不復別也

晉侯使士匄來聘

九年春宋火曷爲或言災或言火大者曰災小者曰火大者謂正寢社稷宗廟朝庭也下此則小矣災者離本辭故可以見火○宋火二傳作宋災離力智反見賢徧反疏言火者○解云左傳穀梁作宋災曷爲或言災者莊二十年夏齊大災襄三十年宋災之類是○大者曰災小者曰火○解云五行書云害物爲災不害物爲異者謂雪霜水旱蠜螽之屬非謂火害與否與此非妨矣○注災者至見火○解云本實是火而謂之災離其本體故曰離本辭災者害物之名故可以見其大於火也然則何氏以爲春秋之義不記人火火者皆是天害也但害於大物則言災害於小物則言火且不如左氏人火曰火故如此注所以然者正以春秋之義重於天道略於人事人火之難何足記也

然則內何以不言火据西宮災不言火疏注据西至言火○解云即僖二十年夏五月乙巳西宮災傳云西宮者何

小寢也彼注云西宮者小寢內室楚女所居也以其非正寢社稷宗廟朝廷故謂之小若然桓十四年秋八月壬申御廩災亦應是小所以不据之者以其御用於宗廟之物於小義不強豈似西宮爲小寢內室乎**內不言火者甚之也**春秋以內爲天下法動作當先自克責故小有火如大有災**何以書記災也外災不書此何以書爲王者之後記災也**是時周樂已毀先聖法度浸疏遠不用之應○爲王于僞反浸子鴆反

〔疏〕外災不書○解云莊十二年秋宋大水之下傳云外災不書此何以書注云据漷移不書是也○爲王者之後記災也○解云春秋之義詳內而略外是以外災例不錄而書皆善文又皆有傳釋不勞備載也○注是時至之應○解云宣十六年夏成周宣謝火傳云成周者何東周也宣謝者何宣宮之謝也彼注云宣宮周宣王之廟傳云何言乎成周宣謝災樂器藏焉爾注云宣王中興所作樂器天災中興之樂器示周不復興是也然則宣公十六年時周樂已毀而宋是王者之後先聖法度所存今復災之是法度浸疏遠不用之應也

夏季孫宿如晉○五月辛酉夫人

姜氏薨○秋八月癸未葬我小君繆姜○冬公會晉侯宋公衛侯曹伯莒子邾婁子滕子薛伯杞伯小邾婁子齊世子光伐鄭十有二月己亥同盟于戲事連上伐不致者惡公服繆姜喪未踰年而親伐鄭故奪臣子辭○戲許宜反惡烏路反

疏注事連至子辭○解云莊六年傳得意致會不得致伐者謂公與二國以上會伐並有之時若公與二國以上出會盟得意致會不得意不致也然則今此若直同盟于戲而已容或不致今事連上伐若其得意宜致會若其不得意宜致伐無不致之理而今不致者惡其毋服未期親自用兵不子之甚故不書致言奪臣子辭者正以凡書致者皆是臣子喜其君父脫危而至今不書致似若不脫然故曰奪臣子辭

楚子伐鄭

十年春公會晉侯宋公衛侯曹伯莒子邾婁子滕子薛伯杞伯小邾婁子齊世子光會吳

于柤。柤莊加反○夏五月甲午遂滅偪陽。偪音福又彼力反

疏 遂滅偪陽。解云左氏經作偪字音夫目反一音逼近之逼而南州人云道仍有偪陽之類如逼近之逼矣

公至自會滅日者甚惡諸侯不崇禮義以相安反遂爲不仁開道彊夷滅中國中國之禍連蔓日及故疾錄之滅比于取邑例不當書晉書致者深諱若公與上會不與下滅○惡烏路反道音導蔓音萬公與音預下同

疏 注滅日至下滅。解云凡滅例月即莊十年冬十月齊師滅譚十三年夏六月齊人滅遂之屬是今乃書日故如此解也言反遂爲不仁者則此經遂滅偪陽是也云開道彊夷者昭八年夏楚人執陳行人于徵師殺之冬十月壬午楚師滅陳執公子招放之于越殺陳孔瑗十一年冬四月丁巳楚子虔誘蔡侯般殺之于申楚公子棄疾帥師圍蔡冬十有一月丁酉楚師滅蔡執蔡世子有以歸用之三十年冬十有二月吳滅徐徐子章禹奔楚定十四年楚公子結帥師滅頓以頓子牄歸十五年春楚子滅胡以胡子豹歸之屬皆是強夷迭害諸夏故言連蔓日及是以變例書日疾而錄之云滅比云云者春秋之義主書致者正欲别其得意以不故莊六年傳曰得意致會不得意致伐是也若取邑例不書致所

以然者取得他邑得意明矣何勞書致以見之乎是以僖三十三年夏公伐邾婁取叢何氏云取邑不致者得意可知例是也然則滅得他國義如取邑故曰滅比取邑亦不當致而致之者深爲内諱使若公不與滅事故也

○楚公子貞鄭公孫輒帥師伐宋○晉師伐秦○秋莒人伐我東鄙○公會晉侯宋公衞侯曹伯莒子邾婁子齊世子光滕子薛伯杞伯小邾婁子伐鄭○冬盜殺鄭公子斐公子發公孫輒不言其大夫者降從盜故與盜同文○斐芳尾反左氏作騑

【疏】冬盜殺云云○解云凡春秋之事君殺大夫稱國即僖七年鄭殺其大夫申侯之屬是也大夫相殺稱人即文九年晉人殺其大夫先都之屬是也今此士殺其大夫故言盜矣是以文十六年傳云大夫弒君稱名氏賤者窮諸人注云賤者謂士也士正自當稱人大夫相殺稱人賤者窮諸盜注云降大夫使稱人降士使稱盜者所以別死刑有輕重也者是其士殺大夫稱盜之義也○注不言

其至同文○解云士正自當稱人宜言鄭人殺其大夫某甲今不言其大夫者正以士既降從盜故與盜同文也其盜殺者即哀四年春盜弑蔡侯申傳云弑君賤者窮諸人此其稱盜以弑何賤乎賤者也賤乎賤者孰謂謂罪人也彼注云罪人者未加刑也蔡侯近罪人卒逢其禍故以爲人君深戒不言其君者方當刑放之與刑人義同然則盜殺蔡侯申不言其君今此士殺大夫降之言盜亦不言其大夫與實盜同故云降從盜故與盜同文也而哀四年注云當刑放之與刑人義同者襄二十九年夏五月閽弑吳子餘祭傳云閽者何門人也注云以刑人爲閽非其人故變盜言閽君子不近刑人近刑人則輕死之道也注云不言其君者公家不畜士庶不友放之遠地欲去聽所之故不繫國不繫國故不言其君然則刑人所止不常厥居若故出奔任其所願由此之故不合繫國既不繫國則君臣義盡是以春秋去君父以見之其殺蔡侯者由未加刑而亦不言其君者方當刑放故與刑人同義也

○戍鄭虎牢孰戍之諸侯戍之曷爲不言諸侯戍之離至不可得而序故言我也刺諸侯既取虎牢以爲蕃蔽不能雜然同心安附之○爲蕃方元反

疏戍鄭虎牢云云○解云五年陳戍之下已有傳而復發者蓋嫌國邑不同故也注既取虎牢者即二年冬遂城虎牢傳云虎牢者何鄭之邑也其言城之何取之也取之曷爲不言取之爲中國諱也曷爲爲中國諱諱伐喪也是也

諸侯已取之矣曷爲繫之鄭據莒牟夷以牟婁來奔本杞之邑不繫于杞疏注據莒至于杞○解云即昭五年莒牟夷以牟婁及防茲來奔是也云本杞之邑即隱四年二月莒人伐杞取牟婁是也**諸侯莫之主有故反繫之鄭**諸侯本無利虎牢之心欲共以距楚爾無主有之者故不當坐取邑故反繫之鄭見其意也所以見之者上諱伐喪不言取今刺戍之舒緩嫌於義反故正之云爾○諸侯莫之主有絕句見其賢偏反下同疏注所以見之者○解云上諱伐喪不言取者即二年冬遂城虎牢傳云云是也不言取諱之似不合取既不合取戍之舒緩即不合刺而今刺之義似違是以春秋繫之於鄭見無主有明欲拒楚實無貪利即諸侯取之不合罪坐也故云不當坐取邑耳○**楚公子貞帥師救鄭**○**公至自伐鄭**

十有一年春王正月作三軍三軍者何三卿也

爲軍置三卿官也卿大夫爵號大同小異方据上卿道中下故揔言三卿○爲軍于僞反年末同

【疏】作三軍○解云公羊以爲王官之伯宜半天子乃有三軍魯爲州牧但合二軍司徒司空將之而已今更益司馬之軍添滿三軍是以春秋書而譏之故曰作三軍是以隱五年注禮天子六師方伯二師諸侯一師是其一隅也何氏之意以軍與師得爲通稱而臨時名耳是以或言軍或言師不必萬二千五百人爲軍也○三軍者何也○解云欲言先有不應言作欲言先無軍是常役故執不知問○注爲軍至官也○解云魯人前此止置司徒司空以爲將下各有小卿二人輔助其政其司馬事省蓋揔監而已故但有一小卿輔之今更置中軍司馬將之亦置二小卿輔助其政故曰爲軍置三卿官也然則問者云三軍者何師荅之云三卿也者謂言作三軍者正是致司馬之職三卿之官爲軍將也○注卿大至小異卿大夫者皆是爵號但大同小異而已若揔而言之皆曰卿大夫若別而異之乃貴者曰卿賤者曰大夫耳如此注者欲道一卿二大夫所以揔名三卿之意也○注方据至三卿○解云言卿與大夫析而言之其實有異而皆謂之卿者方据

上卿言其中下者遂得卿稱故得通言三卿也其二小卿謂之中下者蓋二者相對有尊卑若似大司馬敘官云大司馬卿一人小司馬中大夫軍司馬下大夫然**作三軍何以書**欲問作多書乎作少書乎故復全舉句以問之○復扶又反【疏】注欲問至問之○解云欲道所以不直言何以書而舉作三軍者弟子之意欲問春秋之義書其作三軍者爲是嫌其作軍大多而書乎爲是嫌其大少而書乎故復全舉經文一句軍之頭數問之若直言何以書但問主書無以見其數故言此也**譏何譏爾古者上卿下卿上士下士**說古制司馬官數古者諸侯有司徒司空上卿各一下卿各二司馬事省○上下卿各一上士相上卿下士相下卿足以爲治襄公委任強臣國家內亂兵革四起軍職不共不推其原乃益司馬作中卿官踰王制故譏之言軍者本以軍數置之月者重錄之○省所景反相上息亮反下同治直吏反共音恭【疏】注說古制○解云言古者司馬一官但上卿一人下卿一人上士一人下士一人而已所以爾者以其事省不作軍將故也○注古者至爲治○解云何氏之意知古者但有司徒司空典事者正以詩云乃召司徒乃召司空不見司馬故知司馬事省揔監而已然則司

徒卿一人其大夫二人司空卿一人其大夫二人司馬卿一人其大夫一人所謂諸侯之制三卿五大夫矣云襄公委任強臣者謂三家季孫宿之徒是也云國家内亂者謂舉事不由君命即下十二年遂入運之屬是也云乃益司馬作中卿官踰王制故譏之者言乃益司馬謂添益其職内也作中卿官者謂於司馬内更作一卿官尊于小卿故曰作中卿官也言踰王制者謂過于先王舊制云言軍者本以軍數置之求其實置中卿而言作三軍者言本所以置此中卿官者正欲令助司馬爲軍將將三軍故曰本以軍數置之云月者重錄之者此事無例不可相决但言重失禮故詳言之○夏四月四卜郊不從乃不郊成公下文不致此致者襄公但不免牲爾不怨懟無所起○懟直類反【疏】注成公至所起○解云成十年夏四月五卜郊不從乃不郊傳云其言乃不郊何不免牲故言乃不郊也下云五月公會晉侯以下伐鄭注云不致者成公數卜郊不從怨懟故不免牲不但不免牲而已故奪臣子辭以起之者是其成公下文不致之文也今何氏難明前義故令上下相曉也○鄭公孫舍之師師侵宋○公會晉侯宋公衛侯曹伯齊

世子光莒子邾婁子滕子薛伯杞伯小邾婁子伐鄭○秋七月己未同盟于京城北○京城北左氏作亳城北〔疏〕同盟于京城北○解云穀梁與此同左氏經作亳城北服氏之經亦作京城北乃與此傳同之也公至自伐鄭○楚子鄭伯伐宋○公會晉侯宋公衛侯曹伯齊世子光莒子邾婁子滕子薛伯杞伯小邾婁子伐鄭會于蕭魚此伐鄭也其言會于蕭魚何據伐鄭常難今有詳録之文○難乃旦反〔疏〕注據伐至之文○解云謂以上伐鄭多以伐致作不得意之文故曰常難言今有詳録之文者謂録其會蕭魚并下文公至自會之屬是也與前經異故難之蓋鄭與會爾中國以鄭故三年之中五起兵至是乃服其後無干戈之患二十餘年故喜而詳録其會起得鄭爲重○與音預〔疏〕注中國至爲重○解云即上文九年冬公會晉侯以下伐

鄭同盟于戲一也十年秋公會晉侯以下伐鄭二也冬戍鄭虎牢三也今年公會晉侯以下伐鄭同盟于京城北四也通此則五矣故曰三年之中五起兵耳云至是乃服者非直鄭人與會下文公以會致亦是其服文矣云其後無干戈之患二十餘年者謂鄭之遂服不復伐之不謂不伐餘國即下十四年夏叔孫豹會晉荀偃以下伐秦十八年公會晉侯以下同圍齊之屬是言二十餘年謂不滿得三十年至昭公之時屬楚滅陳蔡蠻夷内侵乃是諸夏之患故言此

公至自會○

楚人執鄭行人良霄○霄音消○冬秦人伐晉爲楚救鄭

〔疏〕注爲楚救鄭○解云爲楚救鄭之義出左氏傳矣

監本春秋公羊注疏襄公卷第十九

江南蘇松督糧道方　體栞

公羊注疏卷十九挍勘記　阮元撰盧宣旬摘録

公羊注疏襄公卷十九　唐石經襄公第九卷入

元年

后知其意欲逐君側之惡人　閩監毛本同按后當作後

猶有屈彊臣之助　閩監毛本同誤也鄂本助作功解亦云雖不能誅猶有屈魚石之功當據以訂正

書者至之助　鄂本助作功

后莒牟夷以牟婁來奔　閩監毛本同鄂本后作後當據正下注同疏中亦誤作后

齊國夏曷爲與石曼姑帥師圍戚　浦鏜云石上脫衛○按浦說與哀三年傳合

夏晉韓屈帥師伐鄭唐石經諸本同解云左傳穀梁屈作厥

次于合釋文于合二傳作鄶解云左傳合作鄶字

秋楚公子壬夫帥師侵宋唐石經公子壬夫四字磨改

揖讓而入門今禮記無而字

二年

鄭伯睔卒唐石經諸本同釋文伯睔古困反九經古義云古今人表鄭成公綸師古曰綸音工頑反又冷淪氏服虔曰淪音鯀鯀與昆同音故綸淪字皆讀爲鯀

爲中國諱也疏中標注有諱伐喪也四字解云考諸古本皆無此注且與下傳文煩重若有注者是衍字按今本無此注是也

据莒伐杞取牟婁不爲中國諱諸本同按此注當衍釋文本有此疏本無之是也釋

文音傳爲中云于僞反下及注并下文鄭爲皆同此陸本有注之證解云正据莒人取牟婁不爲中國諱矣而何氏不注之者以上文巳据取牟婁是以不能重出此疏本無注之證淺人襲疏語爲之而未覺其與上複也

諱伐喪也　鄂本諱上有注字

三年

公至自晉　鄂本與上長樗合爲一節

成公比失意如晉　鄂本如作于此誤疏云言成公比失意於晉者于作於爲是當據正

由如文十四年注云　浦鏜云由當作猶按由與猶通

注据曹伯襄言會諸侯者　閩監毛本無者字有解云

起主爲與袁僑盟也　鄂本無與字

今重言陳者　毛本陳誤成

四年

夫人弋氏薨　唐石經諸本同解云左氏經作姒氏字聲勢與此同

五年

据晉郤克與莊孫許　閩監毛本同誤也鄂本莊作臧當據正疏中作臧孫許不誤

蓋舅出也者　閩監毛本删者字是也

凝讞于晉　閩監毛本凝作疑此誤按釋文疑魚竭反如作凝不得音魚竭反矣此本載音義亦誤凝

主者善之　監毛本同閩本作書者善之鄂本作主書者善之之閩監毛本互脱一字

恩澤不施所致　鄂本施下有之此脱

圍彭城在元年春　閩本同監毛本春誤是

圍彭城是也　閩本同監毛本是誤春

蓋爲三年六月浦鏜云爲當謂字誤

蓋以略夷狄故之也閩監毛本脫之按故之當作之故

邾婁子唐石經諸本同左氏穀梁作邾子

文與巫訴鄂本同閩監毛本文誤叉䟽同

冬戍陳唐石經閩本同監毛本戍誤戌下同

公會晉侯宋公衞侯鄭伯曹伯莒子邾婁子滕子薛伯唐石經諸本同左氏無莒子邾婁子滕子薛伯穀梁與此同無婁字

六年

始卒更名日書葬者鄂本更作便

楚人滅蘷浦鏜云公羊經作隗公穀作夔

不勞備說注据譚子言奔者閩監毛本分注据譚子以下疏文於齊侯滅萊傳注下

滅舉滅爲重閩監毛本作舉國滅爲重脱國字

七年

鄭伯髡原如會唐石經作髡原釋文髡原左氏作髠頑疏本作髠頑解云正本作頑字一本作原非也按疏文所據之本較之釋文多得其正

鄭伯髠頑如會者閩監毛本删者

曷爲二日卒之按桓五年傳二上有以字

鄭伯曰不可唐石經諸本同昭十二年疏引作鄭伯不可無曰字

則伐我喪按昭十二年疏引作即伐誤

注据城虎牢者閩監毛本者作事是也案事下當有者字

取之曷爲不取之傳作則曷爲不言取之○補案此本此疏諱伐之下喪也之上空二格當是此句有脫

禍由中國無義鄂本同閩監毛本禍作旤釋文亦作旤音禍

以操定邑鄂本定作鄭此誤

其傷君論之下當脫者字

故養逐而致之監毛本同誤也鄂本閩本逐作遂當據正

未見諸侯其言會何毛本作其言如會何與傳合

八年

探順事上鄂本作上事

春秋弑君賊不討　閩監毛本作君弑今傳同

獲蔡公子燮　唐石經鄂本閩本同監毛本燮作爕非疏云穀梁作公子濕毛本改作溼

嫌如子糺取一人　鄂本同閩監毛本糺作糾

不明伺候　閩監毛本作候伺注及釋文同

九年

故可以見火　諸本同浦鏜云大誤火按解云災者害物之名故可以見其大於火也浦校是

先聖法度　鄂本先誤失

成周宣謝火　浦鏜云災誤火○按宣十六年經作災

十年

遂滅偪陽　唐石經諸本同釋文偪音福又彼力反解云左氏經作偪字音夫目反一音逼近之逼左氏音義偪

陽徐甫目反又彼力反本或作逼按左氏經當本作福陽穀梁作傅陽九經古義云古今人表作福陽漢書地理志及續漢志皆作傅陽

不當書晉　鄂本晉作致此誤

深諱若公與上會　鄂本諱下有使字此脫○按正義本有使字

五年陳戍之下　浦鏜云戍陳誤倒○按浦說是也又按戍字从人戈戌字从戊一版本多亂前後皆當以此正之

十有一年

三軍者何也　閩監毛本無也字

若似大司馬敘官云　何按本同閩監毛本似改是○按隱三年疏亦云若似蓋云歸哉言若似者重累言之

襄公委任强臣　閩監毛本同鄂本强作彊按公羊注彊弱字皆作彊今本彊强錯出

軍職不共　鄂本共作恭釋文不共音恭

同盟于京城北　唐石經諸本同解云穀梁與此同左氏經作亳城北服氏之經亦作京城北九經古義云京城地在滎陽隱元年傳謂之京城大叔是也亳城無考當從公穀爲正

公羊注疏卷十九挍勘記終

工部屯田司員外郎胡祖謙校

監本春秋公羊注疏襄公卷第二十

起十二年盡二十四年

長沙嘉氏宦白校刊

何休學

十有二年春王三月莒人伐我東鄙圍台邑不言圍此其言圍何伐而言圍者取邑之辭也伐而不言圍者非取邑之辭也外取邑有嘉惡當書不直言取邑者深恥中國之無信也前九年伐得鄭同盟于戲楚伐鄭不救卒爲鄭所背中國以弱蠻荆以强兵革亟作蕭魚之會服鄭最難不務長和親復相貪犯故諱而言圍以起之月者加責之○台他來反又音臺背音佩亟去冀反難乃旦反長丁丈反

疏 傳云邑不言圍○解云隱五年冬宋人伐鄭圍長葛傳云邑不言圍注云据伐於餘丘不言圍也今此不注者從彼可知矣○注外取至責之○解云凡外取魯邑有所嘉有所惡皆當書見昭二十五年冬齊侯取運傳云外取邑不書此何以書爲公之也彼注云爲公取運以居公善其憂内故書者是其有嘉而書也宣元年六月齊人取濟

西田傳云外取邑不書此何以書所以賂齊也曷爲賂齊爲弑子赤之賂也注云子赤齊外孫宣公篡弑之恐爲齊所誅爲是賂之故諱使若齊自取之者月者惡内甚於邾婁子益者是其有惡書也故言外取邑有嘉惡當書也然則外取魯邑有所嘉有所惡當書取今亦有所惡所以不直言取邑而言圍者深恥中國之無信故也云前九年伐得鄭知九年伐得鄭者以上言公會晉侯以下即言同盟于戲是其伐得之也言楚伐鄭不救者即下文楚子伐鄭經無救鄭之文是也言卒爲鄭所背者即十年夏楚公子貞鄭公孫輒帥師伐宋是其背諸夏之文云兵革亟作者即前年注云三年之中五起兵是也云蕭魚之會服鄭最難者正以三年之中五起兵然後得之直會于蕭魚蕭魚鄭人與會而已經無同盟之文故知服鄭最難矣云故諱而言圍以起之者不直言取而諱之言圍作無所嘉惡之文者欲以起禍深不可言故也知此莒人伐我東鄙圍台之經爲○文者正以此傳作常文釋之云伐而言圍者取邑之辭也伐而不言圍者非取邑之辭也下十五年夏齊侯伐我北鄙圍成十七年秋齊侯伐我北鄙圍洮齊高厚帥師伐我北鄙圍防之屬皆從此文而不釋故知常文明矣若此是義之經至齊高厚之下傳當解之云月者加責之者欲道下十七年秋齊侯伐我北鄙圍洮及高厚圍

防之屬皆不書月故知此特月加而責之故也而十五年圍成之下注云俱犯蕭魚此不月十二年月者疾始可知者正以去此勢近故令從此義十七年者差遠故不復解之

〇季孫宿帥師救台遂入運入運者討叛也封內兵書者爲遂舉討叛惡遂者得而不取與不討同故言入起其事〇

【疏】注入運討叛也〇解云昭元年三月取運〇運者何內之邑也其言取之何不聽也何氏云不聽者叛也不言叛者爲內諱故書取以起之然則運者是內邑而季孫入之故知討叛也〇注封內兵書者爲遂舉〇解云春秋之義封內之兵例所不書〇注即定八年傳云公斂處父帥師而至經不書是也今書救台與入運者爲惡季孫之遂是以舉之〇注討叛至其事〇解云春秋之義大夫出竟有可以安社稷利國家者專之可也然則討叛之事可以容其專之而惡其遂者正以得而不取與不討莫異知得而不取者正以經書入故也是以隱二年夏莒人入向之下傳云入者何得而不居也案下注云季孫宿遂取鄆以自益其邑然則此言得而不取者謂雖得運不取以入國家非謂全不取也言故書入起其事者以起其不取運以入國家之事也

大夫無遂事此其言遂何公不得

爲政爾時公微弱政教不行故季孫宿遂取鄆而自益其邑疏大夫無遂事云云○解云莊公十九年公子結之下已發此傳今此復言之者嫌討叛不惡遂故明之○注季孫宿至其邑○解云遂者專事之辭言季孫自專取鄆故言遂取鄆也知以自益其邑者正以討叛邑而不入國家故知以自益其邑也夏晉侯使士彭來聘○秋九月吳子乘卒至此卒者與中國會同本在楚後賢季子因始卒其父是後亦欲見其迭爲君卒皆不日吳遠于楚○迭人結友○疏夏晉侯使士彭來聘○解云考諸正本皆作士魴字若作士彭者誤矣○注至此至其父○解云案宣十八年秋楚子旅卒而吳至是乃書卒者正以其與中國會同本在楚後是以春秋略之不書卒但因季子之賢乃始卒其父矣僖十九年冬會陳人蔡人楚人鄭人盟于齊二十一年春宋人齊人楚人盟于鹿上秋宋公楚子陳侯以下會于霍成十五年冬叔孫僑如會晉士燮以下會吳于鍾離然則於傳聞之世楚人數與中國會同至所聞之世吳人乃會故云與中國會同本在楚後也知賢季子乃始卒其父者正以吳子乘不慕諸夏會大晚理宜略之今得書卒問其有因是以二十九年夏吳子使札來聘之下傳云吳

無君無大夫此何以有君有大夫賢季子也何賢乎季子讓國也賢季子則吳何以有君有大夫以季子爲臣則國宜有君者也札者何吳季子之名也春秋賢者不名此何以名許夷狄者不壹而足也季子者所賢也曷爲不足乎季子許人臣者必使臣許人子者必使子也彼注云緣臣子尊榮莫不欲與君父共之故不足乎季子所以隆父子之親也以此言之則知由賢季子卒其父也○注是後至爲君○解云今書其父卒亦欲見其四子迭爲君之義故也襄二十九年傳云其讓國奈何謁也餘祭也夷眛也與季子同母者四季子弱而才兄弟皆愛之同欲立之以爲君謁曰今若是迮而與季子國季子猶不受也請無與子而與弟弟兄迭爲君而致國乎季子皆曰諾故諸爲君者皆輕死爲勇飲食必祝是其迭爲君之事○注卒皆不日吳遠於楚○解云言皆不日者即此文書九月下二十五年冬十二月吳子謁伐楚門于巢卒昭十五年春王正月吳子夷眛卒之屬故云卒皆不日也言吳遠於楚者正以宣十八年秋七月甲戌楚子旅卒下十三年秋九月庚辰楚子審卒之屬皆書日故決之也凡爲人宜道接而生恩楚邇於諸夏數會同親而邇近之故書其日吳側海隅而與諸夏罕接故皆不日以見其遠也

○冬楚公子貞帥師侵宋

○公如晉

十有三年春公至自晉○夏取詩詩者何邾婁之邑也曷爲不繫乎邾婁諱亟也諱背蕭魚之會亟○取詩二傳作邿亟去冀反注同背音佩【疏】夏取詩者○解云正本皆作邿字有作詩字者誤○詩者何○解云欲言其國曾來未有欲言其邑又不繫國故執不知問○注諱背至會亟○解云正以上十一年蕭魚之會邾婁在其間故如此解○秋九月庚辰楚子審卒○冬城防

十有四年春王正月季孫宿叔老會晉士匄齊人宋人衞人鄭公孫蠆曹人莒人邾婁人滕人薛人杞人小邾婁人會吳于向月者危刺諸侯委任大夫交會彊夷臣日以强三年之後君若贅旒然○蠆勅邁反二傳作蠆向舒亮反綴流知銳反又作丁稅反一本作贅

旒
〔疏〕注三年之後君若贅旒然者即下十六年春三月公
會晉侯以下于溴梁戊寅大夫盟傳云諸侯皆在是
其言大夫盟何信在大夫也何言乎信在大夫徧刺天下之
大夫也曷爲徧刺天下之大夫君若贅旒然彼注云旒旂旒
贅繫屬之辭以旂旒喻者
爲下所執持東西者也
○二月乙未朔日有食之
是後衛侯爲彊臣所逐出
奔溴梁之盟信在大夫
〔疏〕注是後衛至大夫○解云彊
臣謂孫甯矣云溴梁之盟信
在大夫者在下十六
年春鄉已引之訖
○夏四月叔孫豹會晉荀偃
齊人宋人衛北宮結鄭公孫蠆曹人莒人邾
婁人滕人薛人杞人小邾婁人伐秦○己未
衛侯衎出奔齊
日者爲孫氏甯氏所逐後甯氏復納之
者同當相起故獨日也不書孫甯逐君
者舉君絕爲重見逐說在
二十七年○復扶又反
〔疏〕叔孫豹會晉荀者○解云舊
本作荀偃若作荀罃者誤○
注日者至日也○解云凡諸侯出奔之例大國月重乖離之
小國書時即桓十五年五月鄭伯突出奔蔡昭三年冬北燕

伯欵出奔齊之屬是也今此書日故須解之爲孫氏甯氏所逐者下二十七年傳云衛甯殖與孫林父逐衛侯而立公孫剽是也知後甯氏復納者亦彼傳文甯殖已死其子甯喜納之也云出納之者同當相起故獨曰也者欲見其出納之者同故出入皆書見其一家之事其入書日之經即下二十六年二月甲午衛侯衎復歸于衛是也云舉君絶爲重者謂書衎之名見其當絶不合爲諸侯云見逐說在二十七年者謂下二十七年夏衛侯之弟鱄出奔晉之下傳具道見逐之由也○莒人侵我東鄙○秋楚公子貞帥師伐吳○冬季孫宿會晉士匄宋華閱衛孫林父鄭公孫蠆莒人邾婁人于戚○閱音悦

十有五年春宋公使向戌來聘○戌音恤二月己亥及向戌盟于劉○劉夏逆王后于齊劉夏者何天子之大夫也劉者何邑也其稱劉何据宰

渠伯糾繫官○劉夏戸雅反〔疏〕劉夏者何○解云欲言王臣文不言爵欲言諸侯臣而逆王后故執不知問○劉者何○解云欲言官名經典未有欲言非官與宰咺文相値故執不知問○注據宰渠伯糾繫官者即桓四年夏天王使宰渠伯糾來聘是也○**以邑氏也**諸侯入爲天子大夫不得氏國稱本爵故以所受采邑氏稱子所謂采者不得有其土地人民采取其租稅爾禮記王制曰天子三公之田視公侯卿視伯大夫視子男元士視附庸稱子者參見義顧爲天子大夫亦可以見諸侯不生名亦可以見爵亦可以見大夫稱傳曰天子大夫是也不稱劉子而名者禮逆王后當使三公故貶去大夫明非禮也○采邑七代反下謂采同租稅子奴反下舒鋭反見義賢徧反下同大夫稱尺證反去起呂反〔疏〕注諸侯至稱子○解云知劉夏是諸侯入爲天子大夫者正以卒葬並書即定四年秋七月劉卷卒葬劉文公是也若直爲大夫者假令書卒不録其葬即文三年夏五月王子虎卒經無葬文是也言不得氏國稱本爵者謂不得氏本國不得稱本爵也其本國本爵今史文無記不可以指知也言故以所受采邑氏稱子者即劉子尹子單子之屬是也言其常文然不謂此經得稱子矣○注禮記至附庸○解云公羊之義天子圻内不封諸侯故如此解

即引王制以證之與左氏穀梁之義異若然案王制下文云天子之縣内方百里之國九七十里之國二十有一五十里之國六十有三凡九十三國名山大澤不以朌其餘以録士以爲閒田鄭氏云大國九者三公之田三爲有致仕者副之爲六也其餘三待封王之子弟次國二十一者卿之田六亦爲有致仕者副之爲十二又三爲三孤之田其餘六亦待封王之子弟小國六十三大夫之田二十七亦爲有致仕者副之爲五十四其餘九亦以待封王之子弟三孤之田不副者以其無職佐公論道耳雖其致仕猶可即而謀焉以此言之天子圻内九十三國言天子圻内不封諸侯者謂采地以爲國比圻外諸侯田自采取其稅租而已不得取即有其人民身没之後子孫不世不得以諸侯難之○注稱子至是也○解云參讀爲二三之三也言凡諸侯入爲天子大夫所以稱子者三種見義何者正欲顧其爲天子大夫其稱子所以得三見義者一則可以見諸侯不生名故曰子一則可以見其本爵何者是圻外諸侯容其稱爵雖不得正稱其本爵亦得稱子以見之一則可以見大夫稱故曰參見義也言傳曰天子大夫是也者即上傳云劉夏者何天子之大夫也是也○注不稱至非禮也○解云桓八年冬十月祭公來遂逆王后于紀傳云祭公者何天子之三公也何氏云婚禮成於伍先納

采問名納吉納徵請期然後親迎時王者遣祭公來使魯爲媒可則因用魯往迎之不復成禮疾王者不重妃匹逆天下之母若逆婢妾將謂海內何哉故譏之其注并引親迎言之則知何氏以爲天子親迎是以異義公羊說云天子至庶人皆親迎所以重婚禮也者是何此注云禮逆王后當使三公者蓋謂有故之時或者何氏此注云禮逆王后當使三公卽知何氏之意以爲不親迎與桓八年注云婚禮成於五云云然後親迎者欲道士婚禮親迎之前仍有此五禮于時王者不行不謂解天子親迎也又言疾王者不重妃匹云云者正謂疾時王不行五禮不謂責親迎而異義公羊說云天子親迎者彼是章句家說非何氏之意也云故貶去大夫明非禮也者謂子是大夫之稱今貶而去之故曰貶去大夫也去其大夫正稱非禮明矣故云貶去大夫明非禮也

外逆女不書此何以書過我也明魯當共送迎之禮○過古禾反共音恭**○夏齊侯伐我北鄙圍成**俱犯蕭魚此不月十二年月者疾始可知

【疏】注俱犯至可知○解云即十二年三月莒人伐我東鄙圍台傳云邑不言圍此其言圍何伐而言圍者取邑之辭也彼注云不直言取邑者深恥中國之無信也前九年伐得鄭同

盟于戲楚伐鄭不救卒爲鄭所背中國以弱蠻荆以強兵革亟作蕭魚之會服鄭最難不務長和親復相貪犯故諱而言圍以起之月者加責之然則今齊侯伐我北鄙圍成者亦是取邑之辭但深恥諸夏之無信故言圍以起之然則齊侯不務長和親復相貪犯背蕭魚約而特不月者疾始可知也

公救成至遇其言至遇何据季孫宿救台不言所至〔疏〕注据季至所至○解云即上十二年春季孫宿帥師救台遂入運是也○

不敢進也兵不敵不敢進也不言止次如公次于郎以刺之者量力不責重民也故與至攜同文封內兵書者爲不進張本○攜戶圭反又因兖反爲于僞反〔疏〕注不言至民也云云○解云莊三年公次于郎傳云其言次于郎何刺欲救紀而後不能也彼注云惡公既救人辟難道還故書其止次以起之是也正以此量力不責之則知莊公三年者力能救之而不敢救故刺之云故與至巂同文者僖二十六年春公追齊師至巂弗及是也然則彼言至巂此言至遇故言與至巂同文彼下注云國內兵不書而舉地者善公齊師去則止不遠勞百姓過復取勝得用兵之節故詳録之即襄公知力不能敵不忍戰殺其民至遇則止亦得用兵之宜故與之同文○注封內云云○解云定八年傳

云公斂處父帥師而至經不書之則知封内之兵例不書也今此公救成亦是封内之兵書之者正爲至遇張本也至遇者是不進之文故言此也○季孫宿叔孫豹帥師城成郛。○郛芳夫反

○秋八月丁巳日有食之。是後溴梁之盟信在大夫齊蔡莒吴衛之禍徧滿天下

〔疏〕注是後至大夫○解云在下十六年春○注齊蔡至天下○解云下二十五年夏五月乙亥齊崔杼弑其君光冬十二月吴子謁伐楚門于巢卒二十六年春二月辛卯衛甯喜弑其君剽二十九年夏五月閽弑吴子餘祭三十年夏四月蔡世子般弑其君固三十一年冬十有一月莒人弑其君密州事不次者意及則言不必見義也

○邾婁人伐我南鄙○冬十有一月癸亥晉侯周卒。○周一本作雕

十有六年春王正月葬晉悼公○三月公會晉侯宋公衛侯鄭伯曹伯莒子邾婁子薛伯

杞伯小邾婁子于溴梁。○溴本又作狊古闃反戊寅大夫盟諸侯皆在是其言大夫盟何据葵丘之盟諸侯皆在有大夫不言大夫盟〔疏〕公會晉侯以下于溴梁者。○解云爾雅釋地云梁莫大于溴梁孫氏曰梁水橋也音義云溴水出河內軹縣東南至溫入河是也。○注据葵丘之盟者。○解云在僖九年其經云夏公會宰周公齊侯宋子以下于葵丘九月戊辰諸侯盟于葵丘案彼經傳云不見有大夫之盟文唯有僖十五年三月公會齊侯宋公以下盟于牡丘遂次于匡公孫敖率師及諸侯之大夫救徐然則牡丘之盟即有大夫可知此注云葵丘之盟者誤也宜爲牡丘字矣信在大夫也者言其信任在于大夫信在大夫也故書大夫盟不言諸侯之大夫者起信在大夫〔疏〕注不言諸侯之大夫者起信在大夫。○解云欲決上三年雞澤之會經云及諸侯之大夫也何言乎信在大夫据上三年戊寅不起〔疏〕注据上至不起。○解云即上三年雞澤之會經云戊寅叔孫豹及諸侯之大夫及陳袁僑盟連言諸侯是其不起之文而言上戊寅不起者欲道今此戊寅起之二經皆言戊寅故得相對爲上下偏刺天下之大夫也曷爲偏刺天下之大夫據戊寅不刺之○偏刺者音遍下及下同疏注據戊寅不刺之○解云不復言上戊寅者上已言之從可知省文君若贅旒然旒旂旒贅繫屬之辭若今俗名就埍爲贅埍矣以旂旒喻者爲下所執持東西旒者其數名禮記玉藻曰天子旂十有二旒諸侯九卿大夫七士五不言諸侯之大夫者明所所刺者非但會上大夫并偏刺天下之大夫不殊內大夫者欲一其文見惡同也至此所以偏刺之者蕭魚之會服鄭最難諸侯勞倦莫肯復出而大夫常行三○委于臣而君遂失權大夫故得信在故孔子曰唯器與名不可以假人不重出地者與三年雞澤大夫盟同義○贅章鋭反本又作綴丁衛反又丁劣反繫屬也旒音留本又作流旒旗之旒屬音燭見惡賢偏反難乃旦反復扶又反重直用反疏注若今俗名就埍爲贅埍矣○解云亦是妻所持挈故名之云爾○注禮記玉藻○解云案今禮記玉藻即無此文唯禮說稽命徵及含文嘉皆云天子旗九刃十二旒曳地諸侯七刃九旒齊軫卿大夫五刃七旒齊較士三刃五旒齊首而言玉藻誤也云不言至大夫者注已云不言諸侯之大夫者起信在大夫今又言此者謂不

言諸侯之大夫有兩種之義非但起信在大夫明徧刺天下之大夫也云不殊內大夫者欲一其文見惡同也者欲道上三年雞澤之會殊叔孫豹不一其文者非唯彼大夫之過豹惡亦可見故也云諸侯勞倦莫肯復出而大夫常行三委于臣而君遂失實權大夫故得信在者謂上十一年蕭魚之會以來十四年春季孫宿叔老會晉士匄以下于向夏叔孫豹會晉荀偃以下伐秦冬季孫宿會晉士匄以下于戚之屬是諸侯不出大夫常行也云故孔子曰唯器與名不可以假人者家語文成二年左傳亦有此言云不重出地者與三年雞澤大夫盟同義者即上注云不重出地有諸侯在臣繫君故因上地是也

晉人執莒子邾婁子以歸 録以歸者甚惡晉有罪無罪皆當歸京師不得自治之○惡烏路反〔疏〕注録以至治之○解云稱人以執非伯討已是晉之惡也復言以歸不決於天子又是其惡故其録以歸者甚惡晉矣

○齊侯伐我北鄙○夏公至自會○五月甲子地震 是時溴梁之盟政在臣下其後叛臣二弑君五楚滅舒鳩齊侯襲莒乖離出奔兵事最甚〔疏〕注其後叛臣二者○解云即下二十三年夏晉欒盈復入于晉入于曲沃二十

六年春衛孫林父入于戚以叛是也云弑君五者即下二十五年夏齊崔杼弑其君光二十六年春衛甯喜弑其君剽二十九年夏閽弑吳子餘祭三十年夏蔡世子般弑其君固三十一年冬莒人弑其君密州之屬是也云楚滅舒鳩者即下二十五年秋楚屈建師師滅舒鳩是也云齊侯襲莒者在下二十三年冬云乖離出奔者即下十七年宋華臣出奔陳二十年蔡公子履陳侯之弟光出奔楚之屬也叔老會鄭伯晉荀偃者正本作荀偃若有作荀罃者誤矣○叔老會鄭伯晉荀偃衛甯殖宋人伐許○秋齊侯伐我北鄙圍成○大雩先是伐許齊侯圍成動民之應○冬叔孫豹如晉

十有七年春王二月庚午邾婁子瞷卒○瞷音閑或下姧反左氏作牼○宋人伐陳○夏衛石買帥師伐曹○秋齊侯伐我北鄙圍洮○洮他刀反左氏作桃○齊高厚帥

師伐我北鄙圍防○九月大雩比年仍見圍不暇恤民之應○宋華臣出奔陳○冬邾婁人伐我南鄙

十有八年春白狄來白狄者何夷狄之君也何以不言朝不能朝也○言朝直遥反下同【疏】白狄者何○解云欲言其君經不書朝欲言其臣不見名氏故執不知問○夏晉人執衛行人石買○秋齊師伐我北鄙○冬十月公會晉侯宋公衛侯鄭伯曹伯莒子邾婁子滕子薛伯杞伯小邾婁子同圍齊曹伯負芻卒于師○楚公子午帥師伐鄭

十有九年春王正月諸侯盟于祝阿下有執不日者善同

伐齊故褒與信辭○〔疏〕下有至信辭○解云公羊之義不祝阿二傳作祝柯信者日今上文同盟下即執邾婁子是爲不信而不日者褒與信辭故也

晉人執邾婁子公至自伐齊

此同圍齊也何以致伐据諸侯圍許致圍〔疏〕注据諸侯圍許致圍者○解云即僖二十八年冬諸侯遂圍許二十九年公至自圍許是也

未圍齊也故致伐起未圍齊則其言圍齊何抑齊也曷爲抑齊据侵蔡伐楚猶不抑〔疏〕注据侵至不抑○解云即僖四年春王正月公會齊侯以下侵蔡蔡潰遂伐楚是也言猶不抑者正以楚爲彊夷數害諸侯論深淺甚於齊矣猶不抑之故以爲難也

爲其亟伐也或曰爲其驕蹇使其世子處乎諸侯之上也以下葬略或說是也亟伐者并數爾加圍者明當從滅死二等奪其爵土○爲其于僞反下同亟去冀反注同驕蹇紀橋反本又作僑下紀輦反并數必正反下所主反下數年同〔疏〕或曰爲其至上也○解云即上十一年夏公會晉侯以下伐鄭之時齊世子光

在於莒子之上之屬是也○注以下至是也○解云下葬略者即下文冬葬齊靈公注云不月者抑其父嫌子可得無過故奪臣子恩明光代父從政處諸侯之上不孝也者是正以葬是生者之事故略其父葬得惡其子則知或說近其義也云亟伐者并數爾者即上圍成圍洮圍防之屬故言并數爾必如此解者正以宣九年秋取根牟傳云根牟者何邾婁之邑也曷爲不繫乎邾婁諱亟也注云亟疾也屬有小君之喪邾婁子來加禮未期而取其邑故諱不繫邾婁也然則彼言亟者謂上有小君薨邾婁來加禮於魯未期而伐取邑背信大疾故云亟今此直是頻擊伐魯故云亟故須解云亟伐者并數爾以別彼文○注加圍者至爵土○解云據未圍而言圍故謂之加也莊十年傳云觕者曰侵精者曰伐戰不言伐圍不言戰入不言圍滅不言入書其重者然則用兵之道滅爲最甚入次之圍次之今加言圍輕於滅入二等明不合死但合黜爵滅土耳

取邾婁田自漷水其言自漷水何據齊人取濟西田不言自濟水○漷火號反徐音郭取濟子禮反下同【疏】注據齊人至濟水○解云即宣元年夏六月齊人取濟西田是也

以漷爲竟也何言乎以漷爲竟據取邑未

嘗道竟界漷移也魯本與邾婁以漷爲竟漷移入邾婁界魯隨而有之諸侯土地本有度數不得隨水隨有之當坐取邑故云爾。〈疏〉漷移也。解云漷移而經不書者外異故也然則傳每言外異不書者亦據此文也

〇季孫宿如晉〇葬曹成公〇夏衛孫林父帥師伐齊〇秋七月辛卯齊侯瑗卒。瑗于眷反一音環二傳作環

〈疏〉齊侯瑗卒者。解云左氏穀梁作環字也

〇晉士匄帥師侵齊至穀聞齊侯卒乃還還者何善辭也何善爾大其不伐喪也此受命乎君而伐齊則何大乎其不伐喪據公子買戍衛不卒戍言戍衛遂公意。〈疏〉還者何。解云欲言其善而廢君命欲言其惡還是善辭故執不知問。注據公至公意。解云即僖二十八年春公子買戍衛不卒戍刺之傳云不卒戍者何不卒戍者內辭也不可使往也不可使往則其言戍衛何遂公意也彼注云使臣子不可使恥深故諱使若往不卒竟事者明臣

不得壅塞君命是也然則公子買不可使往而經書戍衛以遂公意以明臣子不得壅塞君命今此士匄不行君命而經大之故以爲難也

大夫以君命出進退在大夫也

禮兵不從中御外臨事制宜當敵爲師唯義所在士匄聞齊侯卒引師而去恩動孝子之心服諸侯之君是後兵寢數年故起時善之言乃者士匄有難重廢君命之心故見之言至穀者未侵齊也言聞者在竟外舉侵者張本○難乃旦反見賢徧反○

【疏】注禮兵至張本○解云司馬法云閫外之事將軍裁之法必須臨事制宜謂專進退也當其敵之強弱而爲師以禦之唯不爲非義而已故言唯義所在而老子云將軍有廟勝之策者謂未行之時先謀於廟授之斧鉞令有勝功也既授之斧鉞之後明即自專之義裁其可否故是其宜也云恩動孝子之心義服諸侯之君者哀痛其喪是其恩故曰恩動孝子之心依禮而行是其義故曰義服諸侯之君也云是後兵寢數年者謂自此以後兵事寢伏數年不起至二十三年秋齊侯伐衛遂伐晉二十四年冬楚子蔡侯陳侯許男伐鄭者始有兵起也案明年仲孫遬帥師伐邾婁亦是兵而言數年者正以魯與邾婁竟界相近數相冒犯非齊晉之事故得然

解也云故起時善之者正以士匄此事實依古禮但時莫能然特以爲善故云起時善之云言乃者士匄有難重廢君命之心故見之者正以宣八年傳云乃者何難也今又言乃故以重難解之而言重者正以乃難於而故彼注云言乃者内而深言而者外而淺故此云重難也云言至穀者未侵齊也者上十五年夏公救成至遇傳云其言至遇何不敢進也然則彼言至者不進之文今至穀即聞其喪明其未行侵故云言至穀者未侵齊也云言聞者在竟外者正以古禮庶人爲君齊衰三月若其入竟即舉而知之何道聞乎故如此解也云舉侵者張本者若如上説本未入齊但在竟外聞喪而言侵者爲下張本耳

○八月丙辰仲孫蔑卒○齊殺其大夫高厚○鄭殺其大夫公子喜○喜二傳作嘉　疏　鄭殺至子喜○解云左氏穀梁作公子嘉也

○冬葬齊靈公不月者抑其父嫌子可得無過故奪臣子恩明光代父從政處諸侯之上不孝也○　疏　注不月至不孝也○解云正以卒日葬月終于春秋爲大國之例今葬不書月故須解之言抑其父者即上十九年傳云未圍齊則言其圍齊何抑齊也曷爲抑齊爲其亟伐也或曰爲其驕蹇使

其世子處乎諸侯之上也是也言嫌子可得無過者正以明王之制父子兄弟罪不相兼故也故奪臣子恩者正以葬是生者之事故略其父葬不書其月可以奪臣子恩也言明光代父從政處諸侯之上不孝也者正以孝子之道見父母不義之事不合從父之命處其人君之上焉得爲孝乎故去其父葬月以見之○城西郛言西郛者据都城録道東西○叔孫豹會晉士匄于柯○柯古河反○城武城

二十年春王正月辛亥仲孫遬會莒人盟于向○遬音速○夏六月庚申公會晉侯齊侯宋公衛侯鄭伯曹伯莒子邾婁子滕子薛伯杞伯小邾婁子盟于澶淵○澶市然反○秋公至自會○仲孫遬帥師伐邾婁○蔡殺其大夫公子燮○蔡公子履出奔楚○陳侯之弟光出奔楚

爲二慶所譖還在二十三〔疏〕注爲二慶至三年○解云即年○弟光左氏傳作弟黃下二十三年經云陳殺其大夫慶虎及慶寅陳侯之弟光自楚歸于陳注云前爲二慶所譖出奔楚楚人治其罪陳人誅二慶反光故言歸宋大夫山譖華元貶之而今此不貶者殺二慶而光歸譖光可知者即其義也○叔老如齊○冬

十月丙辰朔日有食之自溴梁之盟臣恣日甚故比年日食〔疏〕注自溴至日食○解云自上十六年溴梁之盟信在大夫以來臣之放恣日日甚矣言比年日食即下二十一年秋九月庚戌朔日有食之冬十月庚辰朔日有食之二十三年春王二月癸酉日有食之是也○季孫宿如宋

二十有一年春王正月公如晉月者溴梁之盟後中國方乖離善公獨能與大國〔疏〕注月者至大國○解云正以朝聘例時故如此解○邾婁庶其以漆閭丘來奔邾婁庶其者何邾婁大夫也邾婁無大夫此何以書據快無氏○漆音七閭力於反快苦夬反〔疏〕邾婁庶其

者何。解云欲言其君經不書爵，欲言其大夫邾婁無大夫，故執不知問。注據快無氏。解云即昭二十七年冬邾婁快來奔是其無氏，即不合書見之義。問者見快不書氏，知邾婁無大夫，既無大夫，何以特書庶其乎？故難之。然案下二十三年夏邾婁鼻我來奔，何故不據鼻我而要以据快者，正以鼻我以二字爲稱，嫌鼻我爲字，若其据之，於義不明，故如此注也。

重地也 惡受。叛臣邑故重而書之，不言叛者，舉地言奔則魯坐受與庶其叛兩明，故省文也。惡，烏路反。

○夏，公至自晉。○秋，晉欒盈出奔楚。○九月庚戌朔，日有食之。○冬十月庚辰朔，日有食之。○曹伯來朝。○公會晉侯、齊侯、宋公、衛侯、鄭伯、曹伯、莒子、邾婁子于商任。○任音壬。○十有一月庚子，孔子生。時歲在己卯。○庚子孔子生，傳文上有十月庚辰，此亦十月也。一本作十一月庚子，又本無此句。

【疏】十有一月庚子孔子生。解云左氏經無此言，則公羊師從後記之。○注

時歳在己卯者○解云何氏自有長歷不得以左氏難之

二十有二年春王正月公至自會月者危公前彊隨漷有邾婁地又受其叛臣邑而今與會不於上會月者與日食同月不得復見○與音預見賢偏反〔疏〕注月者危公者○解云正以凡致例時故如此解云前彊隨漷有邾婁地者即上十九年春取邾婁田自漷水是也云又受其叛臣邑者即上二十一年春邾婁庶其以漆閭丘來奔是也云不於上會云云者言所以不於上商任會時書月以見危者正以與上冬十月庚辰朔日有食之同在十月不得見此義是以於此危

○夏四月○秋七月辛酉叔老卒○冬公會晉侯齊侯宋公衛侯鄭伯曹伯莒子邾婁子滕子薛伯杞伯小邾婁子于沙隨公至自會○楚殺其大夫公子追舒

二十有三年春王二月癸酉朔日有食之○三月己巳杞伯匄卒。○匄古害反○夏邾婁鼻我來奔邾婁鼻我者何邾婁大夫也邾婁無大夫此何以書以近書也以奔無他義知以治近升平書也所傳聞世見治始起外諸夏録大略小大國有大夫小國略稱人所聞之世内諸夏治小如大麤麤近升平故小國有大夫治之漸也見於邾婁者自近始也獨舉一國者時亂實未有大夫治亂不失其實故取足張法而已○鼻我二傳作畀我以治直吏反下見治治之漸同近升平附近之近下近升同傳直專反見治賢徧反下同

【疏】邾婁鼻我者何○解云已解於上○以近書也○解云以其治近於升平故復書之○注以奔至而已○解云莊二十四年冬曹羈出奔之下傳云曹無大夫此何以書賢也何賢乎曹羈三諫不從遂去之故君子以爲得君臣之義也然則曹羈得諫義是以書之上二十一年邾庶其之奔傳云邾婁無大夫此何以書重地也昭五年夏莒牟夷以牟婁及防茲來奔傳云此何以書重地也然則庶其牟夷皆

以重地故書惡非常例今此鼻我無三諫之善無盜土之惡直奔而已更無它義而得書見知以治近升平之故也云見於邾婁者自近始也者正以地接于魯故先治之也云治亂不失其實故取足張法而已者言孔子作春秋欲以撥亂世多舉小國恐有大夫則恐文害其理故曰治亂不失其實也今鼻我更無他義而得書見明其張三世之法故曰取足張法而已

○葬杞孝公○陳殺其大夫慶虎及慶寅

○陳侯之弟光自楚歸于陳前爲二慶所譖出奔楚楚人治其罪陳人誅二慶反光故言歸宋大夫山譖華元貶此不貶者殺二慶而光歸譖光可知○譖側鴆反

〖疏〗注前爲至言歸○解云在上二十年秋云故言歸者正以歸者出入無惡之文故也云宋大夫山譖華元貶者即成十五年秋宋華元出奔晉宋華元自晉歸于宋宋殺其大夫山何氏云不氏者見殺在華元歸後嫌直自見殺者故貶之明以譖華元故今此殺二慶之後光乃歸歸者出入無惡之文則知譖光明矣

○晉欒盈復入于晉入于曲沃曲沃者何晉之邑也其言入于晉入

于曲沃何據當舉重。○復入扶又反，注同。疏曲沃者何○解云：欲言晉邑，理當舉重；欲言非晉邑，繫晉言之，故執不知問。欒盈將入晉，晉人不納，由乎曲沃而入也。欒盈本欲入晉篡大夫位，晉人不納，更入於曲沃，得其士衆以入晉國，曲沃大夫當坐，故復言入篡大夫位例時。疏注欒盈本至例時○解云：復入者出無惡之文，故知其入欲有所篡也。不直言入，又無叛文，故知不篡君位也。其惡之文不繫於篡君，故知止欲篡大夫也。云曲沃大夫當坐，故復言入也○正以入者出入惡之文，而人于曲沃，故知從晉鄉曲沃之時有罪明矣。曲沃大夫受納有罪之人，故云當坐。春秋欲見此義，故不舉重，復書入于曲沃矣。云篡大夫位例時者，正以經書夏，故知例時。昭二十一年夏，宋華亥、向甯、華定自陳入于宋南里以畔；定十一年秋，宋樂世心自曹入于蕭之屬皆是也。

○秋，齊侯伐衞，遂伐晉。八月，叔孫豹帥師救晉，次于雍渝。曷爲先言救而後言次？據次于聶北救邢。○渝，羊朱反，左氏作揄。聶，女輙反。疏注據次至救邢○解云：即僖元年春，齊師宋師曹師次于聶北救邢是也先通君命也惡其不遂君命而專止次故先通君命言救○惡烏路反○己卯仲孫遨卒○冬十月乙亥臧孫紇出奔邾婁○紇恨發反○晉人殺欒盈曷爲不言殺其大夫據篡得大夫之位疏注據篡至之位○解云正以夏已入晉冬乃殺之傳又云曷爲不言殺其大夫故知篡得大夫之位矣非其大夫也明非君所置不得爲大夫無大夫文而殺之稱人者從討賊辭大其除亂也疏注明非至亂也○解云公羊之例大夫自相殺稱人即文九年晉人殺其大夫先都之屬是今無大夫之文稱人者欲從衛人殺州吁齊人殺無知之屬是討賊之辭故也實非篡而作討賊之辭者大其除亂也○齊侯襲莒

二十有四年春叔孫豹如晉○仲孫羯帥師侵齊○仲孫偈本又作褐亦作羯同居羯反○夏楚子伐吳○秋七

月甲子朔日有食之既是後楚滅舒鳩齊崔杼衛甯喜弑其君疏注是後至其君○解云二十五年秋楚屈建帥師滅舒鳩二十五年夏齊崔杼弑其君光二十六年春衛甯喜弑其君剽是也○齊崔杼帥師伐莒○大水前此叔孫豹救晉仲孫羯侵齊此與師衆民怨之所生也八月癸巳朔日有食之與甲子同疏○注與甲子同○解云在上七月也○公會晉侯宋公衛侯鄭伯曹伯莒子邾婁子滕子薛伯杞伯小邾婁子于陳儀○陳儀二傳作夷儀二十五年同○冬楚子蔡侯陳侯許男伐鄭○公至自會○陳鍼宜咎出奔楚○咸本又作鍼其廉反咎其九反○叔孫豹如京師○大饑有死傷曰大饑無死傷曰饑疏于陳儀左氏與穀梁作夷儀○注有死傷曰大饑○解云正以諸經直言饑此加大故也

卷第二十

公羊注疏卷二十挍勘記　阮元撰盧宣旬摘錄

公羊注疏襄公卷二十

十有二年

春王三月　唐石經鄂本閩本同監毛本三誤正

蠻荊以强　閩監毛本同鄂本强作彊

此何以書爲公之也　補毛本作爲公取之也此本誤脫取字

知此莒人伐我東鄙圍台之經爲文者　浦鏜云爲下當脫常字

昭元年三月取運　浦鏜云下當脫傳云

而自益其邑　鄂本而作以按正義正作以

夏晉侯使士彭來聘　唐石經諸本同解云考諸正本皆作士魴字若作士彭者誤矣按疏中標經士

彭當本作士魴

因始卒其父　疏中因作乃

問其有因　疑當作其閒有因

十有三年

夏取詩　唐石經諸本同釋文詩二傳作邿解云正本皆作邿字有作詩字者誤齊召南云公羊經傳作詩漢地理志東平國亢父詩亭故詩國亦是同公羊非誤也○按說文邿附庸國在東平亢父邿亭

十有四年

三年之後君若贅旒然　釋文作綴流云一本作贅旒○按穀梁疏引此亦作贅浦鏜云二誤三從穀梁疏挍

注三年之後君若贅旒然者　閩監毛本者作○下有解云二字

叔孫豹會晉荀偃　諸本同唐石經鈌解云舊本作荀偃若作荀偃者誤

叔孫豹會晉荀者　閩監毛本者作偃按偃者當並有

己未衛侯衎出奔齊　左穀無衎字

後甯氏復納之者同　鄂本復納之下有出納之三字此脫按疏中引注亦有當據以補入

大國月重乖離之　此誤脫○補毛本月上有書字之下有禍字

十有五年

天子之大夫也　孫志祖云穀梁疏云公羊以劉夏爲天子下大夫據此則大夫之上疑脫下字

稱子者參見義　解云參讀爲二三之三

卽定四秋七月　補四下誤脫年字

五十之國六十有三也　浦鏜云五十下脫里○按浦說是

其餘以錄士　浦鏜云祿誤錄

明魯當共送迎之禮　鄂本迎作逆

故與至攜同文　鄂本同閩監毛本攜改巂按釋文作至攜此本載音義同此疏及僖廿六年經傳釋文皆作至巂

十有六年

于溴梁　唐石經閩本同監毛本溴誤湨釋文作狊梁云本又作溴

据葵丘之盟　解云此注云葵丘者誤也宜爲牡丘字矣

公會晉侯以下于溴梁者　閩監毛本刪者下注据葵丘之盟者同

若今俗名就壻爲贅壻矣　鄂本名誤民

三委于臣而君遂失權　浦鏜云正誤三從六經正誤校按此本疏引注云而君遂失寶權閩

監毛本疏無實字

大夫故得信在 鄂本在作任此誤

叔老會鄭伯晉荀偃者 此本上接陳侯之弟光出奔楚之屬也下鄂閩監毛本移此於宋人伐許下又刪者字增解云二字

叔老會鄭伯晉荀偃 唐石經諸本同疏云正本作荀偃若有作荀罃者誤

十有七年

春王二月 唐石經原刻三磨改二按左氏穀梁皆二月

邾婁子瞷卒 釋文唐石經瞷作瞯左氏作邾子牼卒九經古義云考工梓人云數目顧脰注云故書顧或作牼鄭司農云牼讀爲鬜頭無髮之鬜是牼有瞯音故或作瞯

十有九年

正以楚爲彊夷　閩監本同毛本彊改强非

邾婁來加禮於魯　按婁下脫子字

恩動孝子之心服諸侯之君　閩監本同鄂本毛本心下有義字按解云哀痛其喪是其恩故心恩動孝子之心依禮而行是其義故曰義服諸侯之君也是疏本有義字當據補

公救成至遇　閩本同監毛本成誤陳

罪不相兼故也　閩本同監毛本兼誤及

二十年

陳侯之弟光出奔楚　唐石經諸本同釋文弟光左氏作弟黃九經古義云白虎通云璜之爲言光也風俗通云黃光也

癸酉日有食之是也　浦鏜云癸酉下脫朔字

二十有一年

惡受叛臣邑　鄂本受下有人字

十有一月庚子孔子生　唐石經諸本同釋文作庚子孔子生云傳文上有十月庚辰此亦十月也一本作十一月庚子又本無此句按穀梁傳作庚子孔子生與陸氏本合疏本作十有一月庚子與唐石經同○按作十月者是也考杜氏長麻十月庚辰小十一月己酉大十一月無庚子庚子乃十月二十一日也齊召南說

時歲在己卯　疏及鄂本閩本同監毛本作乙卯非錢大昕云於三統術是年歲在乙巳乙卯當爲乙巳之訛疏作己卯亦非

二十有二年

前彊隨鄭有邾婁地　鄂本同閩監毛本彊作疆疏同

而今與曾不於上會月者　鄂本曾作會此誤毛本於誤與鄂本閩監本及疏皆不誤

冬公會晉侯齊侯宋公衛侯鄭伯曹伯莒子邾婁子滕子 唐石經諸本同二傳邾婁子作邾子左氏無滕子

二十有三年

自近始也 諸本同昭廿七年疏引作以近治也始爲治之訛當據正按解云正以地接于魯故先治之也是疏本作治

以近書也○ 鄂本○作者

宋大夫山譖華元貶 二十年疏引此下有之字

故復言入也 浦鏜云者誤也

故知從晉鄉曲沃之時 閩監毛本鄉誤卿

定十一年秋宋樂世心 閩監毛本世改大非經作世字

次于雍渝　唐石經諸本同釋文雍渝左氏作楡

晉人殺其大夫先都之屬　毛本先誤光

二十有四年

仲孫羯帥師侵齊　唐石經諸本同釋文作仲孫偈云本又作羯亦作羯同

此興師衆民怨之所生也　元本同監毛本此作北皆誤鄂本閩本作比又鄂本無也當據以訂正

于陳儀　釋文陳儀二傳作夷儀二十五年同閩監毛本皆誤以此釋文爲注鄂本無之此本加圈以別之是也

公羊注疏卷二十挍勘記終

工部屯田司員外郎胡祖謙校

監本春秋公羊注疏襄公卷二十一 起二十五年盡三十一年

何休學解

二十有五年春齊崔杼帥師伐我北鄙○夏五月乙亥齊崔杼弒其君光○公會晉侯宋公衛侯鄭伯曹伯莒子邾婁子滕子薛伯杞伯小邾婁子于陳儀○六月壬子鄭公孫舍之帥師入陳日者陳鄭俱楚之與國今鄭背楚入陳明中國當憂助鄭以離楚弱陳故爲中國憂録之○背音佩爲于僞反【疏】注日者至録之○解云正以公羊之義入例書時傷害多者乃始書月即成七年秋吳入州來隱二年夏五月莒人入向之屬是今此書日故爲憂録之故也言陳鄭楚之與國者正以宣十一年夏楚子陳侯鄭伯盟于辰陵之文也○秋八月己巳諸侯同盟于重丘會盟

再出不舉重者，起諸侯欲誅崔杼，故詳録之。○重，直龍反。【疏】注「會盟至録之」。○解云：正以文十四年夏，公會宋公以下同盟于新城，舉盟以爲重，不言會于某。今會盟並舉，故須解之。僖九年，公會宰周公以下于葵丘之下，注云「會盟一事，不舉重者，時宰周公不與盟也」。昭十三年平丘之下，注云「不舉重者，起諸侯欲討棄疾，故詳録之」，與此同。

公至自會。○衛侯入于陳儀。陳儀者何？衛之邑也。曷爲不言入于衛？据與鄭突入櫟同。○櫟，力狄反。【疏】陳儀者何。○解云：欲言是國，衛侯入于；欲言其邑，不繫于衛，故執不知問。○注「据與至櫟同」。○解云：桓十五年秋九月，鄭伯突入于櫟。櫟者何？鄭之邑。曷爲不言入于鄭？注云「据齊陽生入于齊」。今此亦据哀公六年齊陽生之事與之同，故云「据與鄭突入櫟同」矣。哀六年傳云：景公死而舍立，陳乞使人迎陽生于諸其家，諸大夫不得已，皆逡巡北面再拜稽首而君之爾。然則陽生實入陳乞家，而言入于齊；今衛侯入于陳儀，不言入于衛，是以据而難之。然則陽生入于陳乞之家，在國都之内，故言入于齊；陳儀非國都，故不得言入于衛。諼君以弒也。以先言入，后言弒也。時衛侯爲剽所篡逐不能以義自復，詐願居是邑爲剽臣，然后候間伺便，使甯喜弑之。君子耻其所爲，故就爲臣以譏君惡之。未得國言入者，起詐篡從此始。○譏，況元反。以弑，音試，注同。后年放此。伺便，音司，下婢面反。惡，烏路反。【疏】注以先至弑也○解云：謂今言入，二十六年弑剽是也。云時衛侯爲剽所篡逐者，初見篡逐在十四年，今仍未復，故言時也。云然后候間伺便使甯喜弑之者，在下二十六年春。云故就爲臣以譏君惡之者，謂就其君之文以惡之。云未得國言入者云云，欲言小白、陽生之屬得國乃言入。

○楚屈建帥師滅舒鳩。○屈，居勿反。○冬，鄭公孫蠆帥師伐陳。【疏】公孫蠆云云，亦有本作公孫萬字者。

○十有二月，吳子謁伐楚，門于巢卒。門于巢卒者何？入門乎巢而卒也。入門乎巢而卒者何？入巢之門而卒也。以先言門，后言于巢。吳子欲伐楚，過巢不假塗，卒暴入巢門，門者以爲欲犯巢而射殺之。君子不怨所不知，故與巢得殺之，使若吳爲自死文，所以彊守禦也。書伐者，明持兵入門乃得殺之。

○謁左氏作遏卒暴七忽反射食亦反［疏］吳子遏者亦有一本作謁字者○門于巢卒者何○解云欲言好者舉門于巢卒欲言其殺卒非殺之稱故執不知問○入門乎巢而卒者何○解云雖加入者仍未分明故更以不知問之○注先言門后言于巢者○解云正以先入其門巢人乃殺故言門于巢卒傳云入巢之門而卒也者解入于巢而卒

吳子謁何以名據諸侯伐人不名**傷而反未至乎舍而卒也**以名卒閒無事知以傷辜死還就張本文伐名知傷而反卒繫巢知未還至舍巢不坐殺復見辜者辜內當以弒君論之辜外當以傷君論之○復扶又反［疏］吳子謁至卒也○解云上七年傳云鄭伯髡原何以名傷而反未至乎舍而卒也已是辜傳也今復發之者正以彼是臣傷其君今此異國因其異故復發之○注以名至本文○解云正以伐楚而書名門于巢而言卒其閒更無事知以傷之故傷辜而死是以還就于伐而書其名爲卒張本文云伐名知傷而反卒繫巢知未還至舍者正以名者卒爵之稱今于伐已名知其見傷而反也其卒之時仍繫巢言之故知於殺傷還未至于舍止之處而卒也云巢不坐殺復見辜者上注云與巢得殺是巢不坐殺也言復見辜者對上七年言之

故言復也云辜內當云云者上注云與巢得殺之今見辜者正以過國假塗賓客之謙謹重門設守主人之恒備今吳人無禮凌暴巢國若不與殺閒衰世諸侯得使縱橫巢無禦備而殺人之君若今舍之又脫漏其罪是以何氏進退月之若以殺論巢君合絕若以傷論貶黜而已云云之說在上七年

二十有六年春王二月辛卯衛甯喜弑其君剽 甯喜爲衛侯衎弑剽不舉衎弑剽者讓成于喜○剽匹妙反喜爲于僞反下文爲惡曷爲同

疏 注甯喜至剽者解云下二十七年傳文云不舉衎弑剽者讓成于喜者言喜若爲衎弑剽春秋舉重宜書衎弑今書喜者正由讓成于喜故也是以下二十七年傳曰甯殖死喜立爲大夫使人謂獻公黜公者非甯氏也孫氏爲之吾欲納公何如是讓詐于成喜之文也○

衛孫林父入于戚以叛 衎盜國林父未君事衎言叛者林父本逐衎衎入故叛衎得誅之

疏 注林父至言叛者○解云正以凡言叛者臣盜土之辭故如此解云林父本逐衎者在十四年也○注猶定公至云爾○解云昔林父逐衎衎得誅之季氏不逐定

公而定公得誅季氏者正以昭公是父父子一體榮辱同之季氏逐昭公故與定公得誅之也如如此者正以定公元年霣霜殺菽何氏云周十月夏八月微霜用事未可殺菽菽者少類爲稼強季氏象也是時定公喜於得位而不念父黜逐之恥反爲淫祀立煬宮故天示以當早誅季氏是也〇甲午衞侯衎復歸于衞

此諼君以弑也其言復歸何据齊陽生至陳乞家時書入于齊不書復歸復歸者入無惡文

疏注据齊至歸者〇解云即哀六年秋齊陽生入于齊傳云景公死而舍立陳乞使人迎陽生于諸其家諸大夫不得已皆再拜稽首而君之爾是也云復歸者入無惡文者即桓十五年傳云復歸者出惡歸無惡是也

惡剽也主惡剽衞侯入無惡則剽惡明矣〇惡剽烏路反注及下惡剽以惡并上注故惡反惡惡輕以惡皆同

曷爲惡剽据齊陽生不書歸惡舍剽之立於是未有說也凡篡立皆緣親親也剽以公孫立於是位尤非其次故衞人未有說喜由此得成諼禍故惡以爲戒也篡重不書反惡此者因重不得書故得惡輕亦欲以見重〇有說音悅注同以見賢徧反下出見同

疏注凡篡重

親親也者。解云正以有繼及之道故也。云剽以公孫立於是位尤非其次故衛人未有說者。解云若以昭穆言之遠於公子故曰尤非其次也昭穆既遠復無賢德是以衛未有說之也**然則曷爲不言剽之立**据衛人立晉【疏】注据衛人立晉者在隱四年**不言剽之立者以惡衛侯也**欲起衛侯失衆出奔故不書剽立剽立無惡則衛侯惡明矣日者起甯氏復納之故出入同文也甯喜弒君而衛侯歸則甯氏納之明矣以歸出奔俱日知出納之者同衛侯歸而孫氏叛孫氏本與甯氏共逐之亦可知也名者起盜國盜國明則復歸爲惡剽出見矣。復納扶又反【疏】注日者至納之解云正以春秋之例歸與復歸例皆時即僖二十八年夏六月衛侯鄭自楚復歸于衛何氏云復歸例皆時此月者爲下卒出也是也今此書日故須解之。云故出入同文也者。解云即十四年夏四月己未衛侯衎出奔齊今此復日故曰同文也。云盜國明至見矣者。解云正以復歸者出有惡入無惡故得爲惡剽之文何者衎既盜國寧得無惡而入言復歸知更有所見

○**夏晉侯使荀吳來聘**○**公會晉人鄭良**

晉宋人曹人于澶淵○秋宋公殺其世子痤痤有罪故平公書葬。痤在禾反

疏注痤有罪至書葬。解云春秋之例君殺無罪大夫及枉殺世子者皆不書葬以明其合絕是以申生無罪不書獻公之葬至昭十一年經云叔弓如宋葬宋平公者正以痤有罪故也若隱元年鄭伯克段于鄢以其有罪故去弟痤今若有罪仍言世子者正以段有當國之罪重故如其意貶去其弟使如國君氏上鄭所以見段之惡逆矣今痤之罪微不足去世子但是合罪之科故得存其葬矣

○晉人執衛甯喜此執有罪何以不得爲伯討据甯喜弒君者稱人而執非伯討

疏注稱人而執非伯討者。解云僖四年傳文也

不以其罪執之也明不得以爲功當坐執人

○八月壬午許男甯卒于楚。甯乃定反

○冬楚子蔡侯陳侯伐鄭○葬許靈公

二十有七年春齊侯使慶封來聘○夏叔孫

豹會晉趙武楚屈建蔡公孫歸生衞石惡陳孔瑗鄭良霄許人曹人于宋○孔瑗二傳作孔奐○衞殺其大夫甯喜衞侯之弟鱄出奔晉衞殺其大夫甯喜則衞侯之弟鱄曷爲出奔晉據與射姑同○鱄市轉反又音專一音直轉反射音亦又音夜〔疏〕注據與射姑同○解云即文六年晉殺其大夫陽處父狐射姑出奔狄傳云晉殺其大夫陽處父則狐射姑曷爲出奔彼注云據蔡殺其大夫公子燮蔡公子履出奔楚此非同姓恐見及然則今此亦據公子履出奔之事與射姑同故言據與射姑同矣其公子履之事在上二十年秋執鉄鑽者若似司弓矢云甲革椹鑽之類爲殺甯喜出奔也曷爲爲殺甯喜出奔據非同姓○爲殺于僞反下爲殺爲我爲衞注深爲皆同衞甯殖與孫林父逐衞侯而立公孫剽甯殖病將死謂喜曰黜公者

非吾意也孫氏爲之黜猶出逐。黜公劾律反下文注同我即死女能固納公乎固猶必也喜者殖子殖本與孫氏共立剽而孫氏獨得其權故有此言。女音汝喜曰諾甯殖死喜立爲大夫使人謂獻公曰黜公者非甯氏也孫氏爲之吾欲納公何如獻公曰子苟納我吾請與子盟盟者欲堅固喜意喜曰無所用盟時喜見獻公多詐欲使公子鱄保之故辭不肯盟曰臣納君義也無用爲盟矣請使公子鱄約之喜素信鱄以爲鱄能保獻公獻公謂公子鱄曰甯氏將納我吾欲與之盟其言曰無所用盟請使公子鱄約之子固爲我與之約矣公子鱄辭曰夫負羈縶縶馬絆也。羈縶本又作馽下陟立反馬絆也絆音半執鈇鑕從君東西南北則是臣僕庶孽之事也僕從者庶孽衆賤子猶樹之有孽生○鈇音甫又方丁反鑕之實反從君才用反又如字注同孽魚列反又五割反注及下同若夫約言爲信則非臣僕庶孽之所敢與也鱄見獻公多詐不敢保○與音預獻公怒曰黜我者非甯氏與孫氏。凡在爾欲以此語追從令必約之○令力呈反公子鱄不得已而與之約已約歸至殺甯喜獻公歸至國背約殺甯喜○背約音佩下同公子鱄挈其妻子而去之慙恚不能保獻公○挈苦結反恚一睡反將濟于河攜其妻子攜猶提也而與之盟恐乘舟有風波之售已意不得展故將濟豫與之盟曰苟有履衞地食衞粟者昧雉彼視昧割也時割雉以爲盟猶曰視彼割雉負此盟則如彼矣傳極道此者見獻公無信刺縛兒爲彊臣所逐既不能救又移心事剽背爲姦約獻公雖復因喜得反誅之小負未爲大惡而深以自絕所謂守小信而忘大義拘小介而失大忠不爲君漏言者即漏言當坐殺大夫不得以正葬正葬明喜有罪○昧舊音刎亡粉反一音未又音茂割也見獻賢偏反下見此同復扶又反介音界【疏】注誅之至大忠○解云獻公之入甯喜之由背賢弟之約殺所恃之人應爲大惡而言小負者正以甯氏殺逐兩君累世同惡雖納舊君未足掩其前罪今獻公違約殺之故謂之小負何氏必知小負者正以下二十九年秋葬衛獻公若殺無罪大夫例不書葬而獻公書葬甯喜有罪明矣喜既有罪則殺之者罪輕其罪既輕謂之小負不亦宜乎○注不爲至有罪解云君漏言者即文六年傳云射殺則其稱國以殺何君漏言也是也然則君漏言者即坐殺大夫故當去其葬而文六年晉襄公由漏言以殺處父而經書公子遂如晉葬襄公者正以彼經殺在葬後是以不得去其君葬矣

○秋七月辛巳豹及諸侯之大夫盟于宋曷爲再言豹据盟于首戴不再出公【疏】注据盟至出公○解云即僖五年夏公及齊侯宋公以下會王世子于首戴秋八月諸侯盟于首戴是也殆諸侯

也殆危也危諸侯故再出豹懼録之曷爲殆諸侯據首戴不殆爲衛石惡在是也曰惡人之徒在是矣衛侯衎不信而使惡臣石惡來故深爲諸侯危懼其將負約爲禍原先見此者衎負鱄殺喜得書葬嫌於義絶可欲起其小負會盟再出不舉重者方再出豹也石惡惡者下出奔是也〔疏〕注會盟至豹也○解云正以文十四年夏公會宋公以下同盟于新城舉盟以爲重不言會于某今此會盟並舉故須解之○冬十有二月乙亥朔日有食之是后闇殺吳子餘祭蔡世子般弒其君莒人弒其君之應○闇殺音昬下音弒二十九年同祭側界反〔疏〕注是后至之應○解云即下二十九年夏五月閽弒吳子餘祭三十年夏四月蔡世子般弒其君固三十一年冬十月莒人弒其君密州是也

二十有八年春無冰豹羯爲政之所致〔疏〕注豹羯至所致解云成元年無冰之下注云尚書曰舒恒燠若易京房傳曰當寒而溫倒置也是時成公幼少季孫行父專權而委任之所致即其義也

而偏指豹羯者正以數年以來專見豹羯之事不見季孫見經明是時豹羯用事故也即上二十三年叔孫豹帥師救晉次于雍渝二十四年叔孫豹如晉仲孫羯帥侵齊二十七年夏叔孫豹會晉趙武以下于宋案下文秋仲孫羯如晉二十九年夏仲孫羯會晉荀盈以下城杞之屬是也○夏衛石惡出奔晉○邾婁子來朝○秋八月大雩公方久如楚先是豫賦于民之所致

疏注公方久如楚○解云即下十一月公如楚二十九年夏五月公至自楚是也

仲孫羯如晉○冬齊慶封來奔○十有一月公如楚如楚皆月者危公朝夷狄也

疏注如晉皆月者○解云即此及昭七年三月公如楚皆月之屬是也

○十有二月甲寅天王崩靈王○乙未楚子昭卒乙未與甲寅相去四十二日蓋閏月也葬以閏數卒不書閏者正取朞月明朞三年之喪始死得以閏數非死月不得數閏○閏數所主反下同期月居其反又作朞

疏注葬以閏至數閏○解云哀五年閏月葬齊景公傳云閏不書何以書注云据楚子昭卒不書閏傳云喪以閏數也注云

謂喪服大功以下諸喪當以閏月爲數傳又云喪曷爲以閏數注云据卒不書閏傳云喪數略也注云略猶殺也以月數恩殺故并閏數然則大功以下以月爲數故得數之故此注云葬以閏數云卒不書閏者正取朞月者以其取朞月故不得書閏矣何者以閏非正月故也以此言之明朞三年之喪始死在閏月得數之何者正以閏月者前月之餘故得繼前月言之若閏不在始死之月則不得數之何者朞三年皆以年計若通閏數之則不滿朞三年故也

二十有九年春王正月公在楚何言乎公在楚

据成十一年正月公在晉不書　疏　注据成至不書○解云即成十年秋七月公如晉十一年春王三月公至自晉則知正月之時公在晉明矣

正月以存君也

正月歲終而復始臣子喜其君父與公歲終而復始執贄存之故言在在晉不書在楚書者惡襄公久在夷狄爲臣子危録之○而復扶又反下皆同惡襄烏路反下惡以同爲臣于僞反下故爲爲季子傳凡爲同　疏　注臣子至言在○解云公在國時恒以歲首存之今君在楚不得行此事故書其所在云在晉不書云云者即成十一年是也若然案昭三十一年三十二年皆云春王正月公在

乾侯何言在晉不書者昭三十年注云閔公運潰無尺土之居遠在乾侯故以存君書明臣子當憂納之然則閔公失國遠在晉地是以書之仍非常例也

○夏五月公至自楚○庚午衛侯衎卒○閽弑吳子餘祭閽者何門入也守門人號

疏閽者何○解云欲言其臣閽非臣稱欲言非臣而得弑吳子故執不知問

刑人也以刑爲閽古者肉刑墨劓臏宮與大辟而五孔子曰三皇設言民不違五帝畫象世順機三王肉刑揆漸加應世黠巧姦僞多○劓魚器反臏毗忍反辟婢亦反畫象音獲應世應對之應黠閑八反

疏注以刑至而五○解云何氏所以必言古者肉刑者正以漢文帝感女子之訴怨倉公之罪除肉刑之制故指肉刑爲古者矣知五刑爲此等者正以元命包云墨劓辟之屬各千臏辟之屬五百宮辟之屬三百大辟之屬二百列爲五刑罪次三千是也案周禮司刑職云墨罪五百劓罪五百宮罪五百刖罪五百大辟五百凡二千五百與此違者鄭駁異義云皐陶改臏爲剕呂刑有剕周改剕爲刖然則司刑職周刑也孔子爲春秋採摘古制是以元命包之文與司刑名異條目不同云孔子曰三皇設言民不違五帝畫象世順機三王肉

刑揆漸加應世黠巧姦僞多者孝經說文言三皇之時天下醇粹其若設言民無違者是以不勞制刑故曰三皇設言民無違也其五帝之時黎庶已薄故設象刑以示其恥當世之人順而從之疾之而機矣故曰五帝畫象世順機也畫猶設也其象刑者即唐傳云唐虞之象刑上刑赭衣不純注云純緣也時人尚德義犯刑者但易之衣服自爲大恥中刑雜屨屨屨也下刑墨幪幪巾也使不得冠飾周禮罷民亦然上刑易三中刑易二下刑易一輕重之差以居州里而民恥之是也三王之時劣薄已甚故作肉刑以威恐之言三王必爲重刑者正揆度其世以漸欲加而重之故曰揆漸加也當時之人應其時世而爲黠巧作姦僞者彌多于本用此之故須爲重刑也云云之說備在孝經疏

刑人則曷爲謂之閽　据非刑人名

刑人非其人也　以刑人爲閽非其人故變盜言閽

【疏】注以刑至言閽〇解云曲禮上篇云刑人不在君側鄭注云爲怨恨爲害祭統云古者不使刑人守門然則刑人不合爲閽故曰以刑人爲閽非其人也刑人弒君正合書盜故哀四年盜弒蔡侯申之下傳云弒君賤者窮諸人此其稱盜以弒何賤乎賤者也賤乎賤者孰謂謂罪人也是其刑人弒君正合稱盜之文是以此注云故變盜言閽

君

子不近刑人，近刑人則輕死之道也。刑人不自賴而用作閽，由之出入，卒爲所殺，故以爲戒。不言其君者，公家不畜士，庶不友，放之遠地，欲去聽所之，故不繫國。不繫國，故不言其君。○不近，附近之近，下同。〔疏〕注刑人至其君○解云：猶言不自專，似若世人名輕賤之物，云非可賴也。又云公家不畜士，庶不友，放之遠地，欲去聽所之者，出禮記王制文。注故不至其君者，言故不繫國者，謂不言吳閽也。既不繫國，則絕君臣之義，故不言弒其君矣。○仲孫羯會晉荀盈、齊高止、宋華定、衛世叔齊、鄭公孫段、曹人、莒人、邾婁人、滕人、薛人、小邾婁人城杞。書者，杞時微，善能成王者後。〔疏〕衛世叔齊○解云：左氏經作大叔儀。○晉侯使士鞅來聘。○鞅，於丈反。○杞子來盟。貶稱子者，微弱不能自城，危社稷宗廟，當坐。善諸侯城之，復貶者，諸侯自閔而城之，非杞能以善道致諸侯。〔疏〕注貶稱至當坐○解云：杞是王者之後，實爲公，但春秋之義，假魯爲王，新周故宋，黜杞爲伯，是以莊二十七年冬杞伯來朝注云杞夏後不稱公者春秋黜杞新周而故宋以春秋當新王然則杞之常爵正合稱伯而稱子者微弱不能自城危社稷宗廟當坐故也云云之說在僖二十三年〇吳子使札來聘吳無君無大夫此何以有君有大夫據向之會稱國〇札側八反〔疏〕注據向之會稱國〇解云即上十四年季孫宿叔老會晉士匄以下會吳于向是也賢季子也何賢乎季子據聘不足賢而使賢有君有大夫荆人來聘是也〔疏〕注荆人來聘是也釋曰即莊二十三年夏荆人來聘是也然則彼亦來聘而但稱人則知來聘之功不足褒美今得加文故怪之讓國也其讓國奈何謁也餘祭也夷昧也與季子同母者四與并也并季子四人季子弱而才兄弟皆愛之同欲立之以爲君謁曰今若是迮而與季子國迮起也倉卒意〇迮子各反起也卒七忽反季子猶不受也請無

與子而與弟，弟兄迭爲君，迭猶更也。○迭大結反更也更也音庚而致國乎季子。皆曰：「諾。」故諸爲君者，皆輕死爲勇，飲食必祝，祝因祭祝也。論語曰：雖疏食菜羹瓜祭，是也。○祝之又反，又之六反，注同。疏食音嗣。

〔疏〕故諸至爲勇○解云：言其或輕其死，或爲勇事，即餘祭不遠刑人，謂爲巢門所殺是也。○注論語至是也○釋曰：論語鄉黨文，言雖疏食菜羹及瓜質薄之物，亦必祭其所先，君子有事不忘本也。引之者，證飲食有祭之義，吳子因此祭而得自祝也。

曰：「天苟有吳國，猶曰天誠欲有吳國，當與賢弟。

〔疏〕注猶曰至賢弟○釋曰：言天誠有吳而不滅之，我當將國以與賢弟也。

尚速有悔於予身。」尚猶努力，速疾也。悔咎，予我也。欲急致國于季子意。

〔疏〕尚速至予身○解云：案成十七年左氏傳云，晉士燮祈死。下何氏作膏肓難之曰：休以爲人生有三命，有壽命以保度，有隨命以督行，有遭命以摘暴，未聞死可祈也。昔周公之隆，天不出妖，地不出孽，陰陽和調，災害不生。武王有疾，周公植璧秉珪，願以身代，武王疾愈，周公不夭。由此言之，死不可請，偶自天祿欲盡矣。

非果死今左氏以爲果死因著其事以爲信然於義左氏爲短然則今此謁等亦自祈死而得難左氏者公羊此事直見謁等愛其友弟致國無由精誠之至而願早卒遂忘死不可祈之義矣猶如周公代死子路請禱之類豈言謁等祈得死乎而謁及餘祭之死或入巢之門或閽人所殺抑亦事非天眷也豈如左氏以果死爲信然故得難之然則季子仁者知兄如此何不早去而令三君遇咎自悔者蓋謁等但爲密謀季子不知是以未去耳

故謁也死餘祭也立故迭爲君〔疏〕故謁也死○解云在上二十五年餘祭也立在上二十六年餘祭也死在今年夏夷昧也立在明年夷昧也死在昭十五年春季子使而反至而君之爾者在昭十五年凡爲季子之故也者三君皆然故言凡凡者非一之辭

餘祭也死夷昧也立夷昧也死則國宜之季子者也季子使而亡焉僚者長庶也即之緣兄弟相繼而即位所以不書僚簒者緣季子之心惡以已之是揚兄之非故爲之諱所以起至而君之○季子使所吏反下同僚者力雕反長庶丁丈反下注同

季子使而反至而君

之爾[不爲讓國者，僚已得國，無讓也。]闔廬曰：先君之所以不與子國而與弟者，凡爲季子故也。將從先君之命與，則國宜之季子者也；如不從先君之命與，則我宜立者也。僚惡得爲君乎？於是使專諸刺僚，[闔廬謁之長子光。專諸，膳宰。僚者炙魚，因進魚而刺之。○闔，戶臘反。盧，力居反。命與，音餘，下命與同。僚焉，於虔反，本又作惡，音烏。刺僚，七賜反，又七亦反，注同。者，市志反。]

疏注“闔廬至子光”。○解云：正以上云“則我宜立”故也。云“專諸，膳宰。僚者炙魚，因進魚而刺之”者，吳語文。自“闔廬”以下至“去之延陵”，皆在昭二十七年。

而致國乎季子。季子不受，曰：爾弒吾君，吾受爾國，是吾與爾爲篡也。爾殺吾兄，吾又殺爾，是父子兄弟相殺，終身無已也。[兄弟相殺者，謂闔廬爲季子殺僚。○爾殺吾君申志]

反注殺僚同簒初患反去之延陵延陵吳下邑禮公子無去國之義故不越竟終身不入吳國不入吳朝既不忍討闔廬義不可留事【疏】注不入吳朝〇解云正以延陵者竟內之邑而言不入吳國故以朝廷解之故君子以其不受爲義以其不殺爲仁故大其能去以其不以貪賤苟止故推二事與之【疏】注故大其能去〇解云言由其能去之故君子與之賢季子則吳何以有君有大夫據其本不賢其君以季子爲臣則宜有君者也方以季子賢許使有臣有大夫故宜有君札者何吳季子之名也春秋賢者不名此何以名許夷狄者不壹而足也故降字而名【疏】札者何〇解云欲言其名違賢者例欲言其字仍不足其氏故執不知問〇許夷狄者不壹而足也者〇解云壹而足者即莊二十五年春陳侯使汝叔來聘是也季子者所賢也曷爲不足乎

季子許人臣者必使臣許人子者必使子也緣臣子尊榮莫不欲與君父共之字季子則遠其君夷狄常倒離君父辭故不足以隆父子之親厚君臣之義季子讓在殺僚後豫於此賢之者移諱于闔廬不可以見讓故復因聘起其事○遠于萬反見賢徧反〔疏〕注季子至見讓　解云殺僚在昭二十七年夏言移諱于闔廬者移郤季子讓國之文諱去闔廬之殺是以不得見其讓矣故彼注云不書闔廬弒其君者爲季子諱明季子不忍父子兄弟自相殺讓國闔廬欲其高之故爲沒其罪也是也○秋九月葬衞獻公○齊高止出奔北燕○燕音烟○冬仲孫羯如晉

三十年春王正月楚子使薳頗來聘月者公數如晉希見荅今見聘故喜錄之○薳于委反頗音皮又音彼一音普何反一本作跛者音同二傳作薳罷數所角反〔疏〕注月者至錄之○解云文當言如晉是若有作如楚字者誤也言數如晉者即上三年春公如晉四年冬公如晉八年春公如

晉十二年冬公如晉二十一年春公如晉之屬是也在位之閒五朝于晉故言數也言希見荅者上十二年夏晉侯使士彭來聘二十九年夏晉侯使士鞅來聘是也魯侯五朝而晉人再荅故謂之希二十八年公○如楚楚亦一報故喜録之也案上元年晉侯使荀罃來聘而解之言希者以其公如晉之前非荅公之事故也

○夏四月蔡世子般弑其君固不日者深爲中國隱痛有子弑父之禍故不忍言其日○般音班深爲于僞反下爲伯不爲爲中國同

疏注不日至其日○解云欲道文元年冬十月丁未楚世子商臣弑其君髡以其是夷狄忍言其日也

○五月甲午宋災伯姬卒伯姬守禮含悲極思之所生外災例時此日者爲伯姬卒日○思息吏反

疏外災至卒日○解云外災例時即莊十一年秋宋大水莊二十年夏齊大災上九年春宋火之屬是也而昭九年夏四月陳火書月者正以楚人強暴行詐枉滅君子閔之故特月矣故彼注云月者閔之是也而昭十八年夏五月壬午宋衛陳鄭災而盡日者正以四國同日而俱災四國者天下象若曰無天下云爾故日之然則此不合日而日自爲伯姬卒故日若然即魯女之卒例合書日而莊四年三月紀伯姬卒不日者

彼夏六月乙丑齊侯葬紀伯姬何氏云卒不日葬日者魯本宜葬之故移恩錄文於葬是也以此言之則知莊二十九年冬十有二月紀叔姬卒三十年八月癸亥葬紀叔姬亦是魯本宜葬之故移恩錄文於葬也○天王殺

其弟年夫王者得專殺書者惡失親親也未三年不去王者方惡不思慕而殺弟不與子行也不從直稱君者舉重也莒殺意恢以失子行錄設但殺弟不能書是也不爲諱者年夫有罪○年夫音佞又如字二傳作佞夫惡失烏路反下皆同去起呂反子行下孟反下子行其行同

【疏】注王者至親也○解云諸侯之義不得專殺大夫若大夫有罪而殺之者皆惡于專殺是以書見今此天王也自得專殺若殺大夫宜不書之書者以其未王而殺母弟失親親故惡而書也○未三至子行○解云文九年毛伯來求金之下傳云何以不稱使當喪未君也踰年矣何以謂之未君即位矣而未稱王也未稱王何以知其即位以諸侯之踰年即位亦知天子之踰年即位也注云俱繼體其禮不得異以天子三年然後稱王亦知諸侯於其封內三年稱子也然則靈王之崩在二十八年十有二月則於此時未三年也未合稱王而稱王者責其在父服之內方當思慕而已而殺其母弟非人子之義是以直稱天王不與其子行也而昭二

十二年夏四月景王崩至二十三年秋七月天王居于狄泉亦未三年而稱天王者彼傳云此未三年其稱天王何著有天子也何氏云時庶孽並篡天王失位徙居微弱甚故急著正其號明天下當救其難而事之是也○注不從至有罪○解云僖五年春晉侯殺其世子申生傳云曷爲直稱晉侯以殺殺世子母弟直稱君者甚之也注云甚之者甚惡殺親親也春秋公子貫於先君唯世子與母弟以今君録親親也今舍國體直稱君知以親親責之然則殺世子母弟者皆直稱君甚之今經云天王殺其弟年夫者寧知不是直稱爵之例而知天王者乃是不與子行者正以其在父服之内而不思思慕反殺先君之子以此爲重故知義然云莒殺意恢以失子行録者即昭十四年冬莒殺其公子意恢注云莒無大夫書殺公子者未踰年而殺其君之子不孝尤甚故重而録之稱氏者明君之子是也云設但殺弟不能書是也者正以莒殺意恢以其在喪内故書而責之則知天王殺弟若不在喪不書矣者諸侯之義不得專殺大夫而言莒殺意恢在喪内乃書者正以意恢直莒子之弟不爲大夫故也今此王者自得專殺若不在喪内何勞書乎故云設但殺弟不能書是也云不爲諱者年夫有罪者春秋之義雖言黜周而王魯乃實天子服内殺弟是甚惡何故不爲尊者諱因年夫有罪則王

者之惡稍輕是以春秋不復譏矣〇王子瑕奔晉稱王子者惡天子重失親親〇重直用反又直勇反疏注稱王至親親〇解云正以文元年天王使叔服來會葬注云叔服王子虎也不繫王者不以親疏録也今此王子瑕言王子者正惡天王重失親親故也〇秋七月叔弓如宋葬宋共姬外夫人不書葬此何以書隱之也何隱爾宋災伯姬卒焉誂在下也〇共音恭其稱謚何据葬紀伯姬不言謚疏注据葬至言謚〇解云即莊四年齊侯葬紀伯姬是也然則宋伯姬得稱謚者以其賢故也即紀伯姬不言謚者不賢明矣若然案隱七年春王三月叔姬歸于紀何氏云叔姬者伯姬之媵也媵賤書者後爲嫡終有賢行紀侯爲齊所滅能處隱約全竟婦道故重録之然則紀叔姬亦有賢行而莊三十年葬紀叔姬之經不云謚者蓋以劣於宋伯姬故不得與之同文何者能處隱約全竟婦道豈同守節盡誠逮火而死乎賢也何賢爾宋災伯姬存焉有司復曰火至矣請出伯姬

曰不可吾聞之也婦人夜出謂有事宗廟不見傅母不下堂禮后夫人必有傅母所以輔正其行衞其身也選老大夫爲傅選老大夫妻爲母○傅母如字又武侯反本又作姆同【疏】注選老至爲母○解云春秋說文作時王之禮傅至矣母未至也逮乎火而死者爲火所逮環而死也傅至矣母未至也逮乎火而死故賢而錄其說○鄭良霄出奔許自許入于鄭鄭人殺良霄○冬十月葬蔡景公賊未討何以書葬君子辭也君子爲中國諱使若加弒月者弒父比髡原恥尤重故足諱辭○加弒音試下同【疏】注君子至加弒○解云凡君弒者雖賊未討亦書其君葬故昭十九年夏五月戊辰許世子止弒其君買冬葬許悼公傳云賊未討何以書葬不成于弒也○注月者至諱辭○解云即上七年冬十二月鄭伯髡原如會未見諸侯丙戌卒于操傳云諸侯卒其封内不地此何以地隱之也何隱爾弒也孰弒之其大夫弒之曷爲不言其大夫弒之爲中國諱也八年夏葬鄭僖公傳云賊未討何以書葬爲中

國諱也何氏云探順上事使若無賊然不月者本實當去葬責臣子故不足也然則棄彼髡原爲大夫所弑雖爲中國諱而書其葬猶責不足其文今此蔡侯爲子所弑比於髡原爲恥尤重是以足其諱辭備書時月也○晉人齊人宋人衛人鄭人曹人莒人邾婁人滕人薛人杞人小邾婁人會于澶淵宋災故宋災故者何諸侯會于澶淵凡爲宋災故也會未有言其所爲者此言所爲何錄伯姬也重錄伯姬之賢爲諸侯所閔憂○凡爲于僞反下及注所爲同

疏宋災故者何○解云上下諸會不錄所爲唯此特書故執不知問

諸侯相聚聚斂也相聚斂財物而更宋之所喪更復也如今俗名解澣衣復之爲更衣○更宋音庚又古孟反復也償也所喪息浪反下注同澣戸管反曰死者不可復生爾財復矣復者如故時諸侯共償復其所喪○復生扶又反償常亮反此

大事也曷爲使微者据詳録所爲故卿也卿則其稱人何貶曷爲貶据善事也卿不得憂諸侯也時雖各諸侯使之恩實從卿發故貶起其事明大夫之義得憂內不得憂外所以抑臣道也宋憂內并貶者非救危亡禁作福也〔疏〕注時雖至其事。解云以此言之若恩從君發而使大夫行之雖其非正罪不至貶也。注明大至臣道。解云在禮家施不及國而言得憂內者正謂救危亡之時助君憂內不謂自專行之以此言之若助君憂內以救危之時雖恩發大夫不合譏。注宋憂至福也。解云言宋雖遭災未至於滅而恩發於大夫外求鄰國近乎作福是以楚之洪範云惟辟作福惟辟作威今乃大夫行之故云禁作福也

三十有一年春王正月○夏六月辛巳公薨于楚宮公朝楚好其宮歸而作之故名之云爾作不書者見者不復見。好其呼報反見者賢徧反下同〔疏〕注公朝至云爾。解云正以上言公如楚公至自楚下言公薨于楚宮故云朝楚好其宮歸而作之故名楚宮

○注作不至復見解云哀公三年夏五月辛卯桓宮僖宮災傳云此皆毁廟也其言災何復立也曷爲不言其復立春秋見者不得見也何氏云謂内所改作也哀自立之善惡獨在哀故得省文然則言見者不復見謂春秋之義諸是内所改作者但隨其重處一過見之而已其餘輕處不復見之所以然者正以哀自作之還於哀上災之善惡獨在於哀故得省文矣今此作楚宮亦是襄自作之還復襄自褻之善惡獨在於襄故得省文故引彼傳云見者不復見也以此言之則知成六年立武宮昭十五年有事于武宮亦是内所改作而重見者正以成公立之至昭乃有事立之祭之者異故不得省文○秋九月癸巳子野卒○己亥仲孫羯卒○

冬十月滕子來會葬此書者與叔服同義　疏注此書至同義解云文九年春天王使叔服來會葬傳云其言來會葬何會葬禮也何氏云常事書者文公不肖諸侯莫肯會之故書天子之厚以起諸侯之薄然則今此會葬亦是常禮而書之者亦是襄公不肖諸侯莫肯會之故書滕子之厚以起諸侯之薄故云與叔服同義矣○癸酉葬我君襄公○十有一月莒人弒

其君密州莒子納去疾及展立莒子廢之展因國人攻莒子殺之去疾奔齊稱人以弑者莒無大夫密州爲君惡民所賤故稱國以弑之

監本附音春秋公羊注疏襄公卷二十一

大清嘉慶二十年重刊
宋本[illegible]藏本校

江南蘇松督糧道方體

公羊注疏卷二十一挍勘記　阮元撰盧宣旬摘録

公羊注疏襄公卷二十一

二十有五年

鄭伯突入于櫟　浦鏜云下當脱傳云

諼君以弑也　諸本同唐石經鈌釋文作以殺云音試注同後年放此

以先言入后言弑也　鄂本后作後下及疏並同

冬鄭公孫囆帥師伐陳　諸本同唐石經本作公孫蠆口旁後加疏云公孫囆云云亦有一本作公孫萬字者何煌云萬當蠆字誤按閩監毛本皆脱此疏

吳子謁伐楚　唐石經諸本同釋文云謁左氏作過按疏本作過云亦有一本作謁字者作過則與左氏合而陸氏乃區別之義疏所據之本往往勝於釋文公羊疏非唐人所爲也

吴子謁者亦有一本作謁字者何校本同閩監毛本過謁字互倒據釋文唐石經所改也

傷而反未至乎舍而卒也唐石經鄂本閩監本同毛本反未誤倒

還就張本文伐名惠棟云伐名二字屬上句蓋名于伐而不名于卒故謂知以傷辜死爲伐名張本疏云伐名知傷而反卒誤讀

二十有六年

是讒詐于成喜之文也浦鏜云成于字誤倒

正以有繼及之道故也〇鄂本〇作者下故衛人未有說者同

二十有七年

我卽死唐石經諸本同鄂本卽作則

子苟納我　唐石經作子苟欲納我諸本脫欲字石經考文提要云宋景德本鄂泮官書本春秋集傳釋義皆作子苟欲納我

非甯氏與孫氏　唐石經原刻下有也字後磨改重刻刪去故次行九字

攜其妻子　鄂本閩監本同唐石經攜作擕毛本作挈注同係臆改

是后闔殺吳子餘祭　鄂本后作後

蔡世子般弒其君莒人弒其君之應　諸本同按釋文闕殺下音弒此二弒字亦當作殺音弒因上有釋文故作殺此無釋文故改弒也

三十有八年

當寒而溫倒置也　倒置當作倒賞按成元年注作倒賞

次于雍渝　閩監毛本同翻刻者渝作榆非左氏經作榆

公方久如楚　鄂本久作欲此誤

閏不書何以書　浦鏜云何上脫此字是也

二十有九年

三王肉刑揆漸加　鄂本漸作斬誤解云揆度其世以漸欲加而重之故曰揆漸加

感女子之訴　毛本訴誤訢

疾之而機矣　諸本同盧文弨曰疑當作疾如機矣卽所謂其機如此也

幪巾也使不得冠飾　閩監本同毛本巾誤申飾誤作

近刑人則輕死之道也　唐石經原刻無則字後磨改增之故此行十一字

注故不至其君者　浦鏜云七字當衍文按此標何注起訖特闕監毛本注字失加黑匡者下無解云二字耳不當衍也

衛世叔齊　唐石經諸本同解云左氏經作大叔儀

釋曰卽莊二十三年夏　閩監本同毛本釋曰改解云按曰公羊疏稱解云或後人所改此其改之未盡者

雖蔬食菜羹瓜祭是也　按古論語作瓜祭魯論語作必祭何氏今文之學嘗引作必祭○按何於尙書多用伏生之學於論語不可必其用魯也

地不出蘖　閩監毛本蘖作孽

周公不天　閩監本同毛本天誤大

在上二十五年餘祭也立　此本自故謁也死解云起至凡者非一之辭止通爲一節閩監毛本分爲四段散置傳文每節下割裂破碎不成文理矣

凡爲季子之故也者　閩監毛本作凡爲季子故也○解云

僚已得國無讓也　鄂本無讓也作無所讓此誤

僚惡得爲君乎　唐石經鄂本同閩監毛本惡改焉按釋文作僚焉云於虔反本又作惡音烏蓋據此所改

注闔廬至子光者○解云　閩監毛本改作注闔廬謁之長子光者

吳語文　毛本文下衍○

爾弑吾君　唐石經鄂本同閩監毛本弑改殺按釋文作爾殺吾君云申志反注殺僚同蓋據此所改注中則諸本皆作殺僚

義不可留事　鄂本無可此衍

則宜有君者也　浦鏜云十二年疏引作則國宜有君者也唐石經缺以上下字數計之當無國字

故不足以隆父子之親厚君臣之義　何按本十二年疏引作故不足乎季子所以隆父子之親也與今本異

欲其高之　浦鏜云享誤高浦說是也

三十年

公數如晉　解云文當言如晉是若有作如楚字者誤也

卽上三年春公如晉　閩監毛本春誤冬

二十八年公〇如楚　閩監毛本刪〇非

未三年不去王者　鄂本閩本同監毛本去誤王

未三至子行　閩監毛本三下衍年毛本未上有注字

其稱謚何　唐石經諸本同毛本謚改諡非注及疏并前後同

故賢而録其說　鄂本說作謚此誤

晉人齊人宋人衛人鄭人曹人莒人邾婁人　唐石經諸本同鄂本脱莒人二

字

爲諸侯所閔憂　閩監毛本同鄂本閔作同此誤

時雖各諸侯使之恩　鄂本各作名此誤

外求鄰國　閩監本同毛本求誤來

三十有一年

春秋見者不得見也　浦鏜云復誤得按浦説是也

還於哀上災之　浦鏜云世誤上

解云文九年春　浦鏜云元誤九○按浦説是也

莒人弑其君密州　唐石經鄂本閩本同監毛本密作密非注同

公羊注疏卷二十一挍勘記終　工部屯田司員外郎胡祖謙校

監本春秋公羊注疏昭公卷第二十二 起元年盡十

何休學

元年春王正月公即位○叔孫豹會晉趙武楚公子圍齊國酌宋向戌衛石惡陳公子招蔡公孫歸生鄭軒虎許人曹人于漷戌惡皆與君同名不正之者正之當貶貶之嫌觸大惡方譏二名爲諱義當正亦可知○國酌二傳作國弱招上遙反軒虎軒依字許言反舊音罕二傳作罕虎漷音郭又音號左氏作號穀梁作郭【疏】齊國酌○解云亦有作國弱者○注戌惡至大惡○解云下七年秋衛侯惡卒十年冬宋公戌卒知向戌齊惡皆與君同名也然則君臣者父子之倫寧有同名之理今二子與君同名乃是不可之甚而春秋不正之者若正之當去其氏或貶稱人若其去氏嫌如宋督宋山齊無知之屬若其稱人嫌如襄三十年澶淵之大夫有作禍之大惡由茲進退不得正之然則君臣同名不軌之甚得不爲大惡者正以名者

父之所置，已父未必爲今君之臣，已或先世子而生，君子既孤，禮有不更名之義，是以春秋謂之小惡。曲禮下篇云「不敢與世子同名」，鄭注云「其先之生則亦不改」，義亦通於此。以此言之，則知無駭入極之屬，自是大惡，故去其氏；俠卒、翬溺會齊師之屬，未命大夫，正合無氏，須辟嫌故。○注「方譏至可知」。解云：定六年「冬，季孫斯、仲孫忌帥師圍運」，傳云「此仲孫何忌也，曷爲謂之仲孫忌？譏二名，二名非禮也」，何氏云「爲其難諱也。一字爲名，令難言而易諱，所以長臣子之敬，不逼下也。春秋定哀之間文致大平，故見王者治定，無所復爲譏，唯有二名，故譏之，此春秋之制也」。然則所見之世，文致大平，二名者小過，猶尚譏之，況名不辟君，乃小惡之大者乎？當須正之，亦可知矣。揔三世言之，昭爲大平之首，所以不譏二名，而定哀之間乃譏之者，蓋欲析而言之，未當孔子之身故也。云云之說在定六年。

此陳侯之弟招也，何以不稱弟？據八年稱弟。〔疏〕注「據八年稱弟」。○解云：即八年經云「春，陳侯之弟招殺陳世子偃師」是。

貶。曷爲貶？據八年殺偃師猶不貶。爲殺世子偃師貶，曰陳侯之弟招殺陳世子偃師。大夫相殺稱人此其稱名氏以殺何難八年事○爲殺于僞反下注爲内爲仕皆同難八乃旦反二年注同〔疏〕曰陳至偃師○解云先舉八年經文然後難之○大夫相殺稱人○解云文十六年宋人弒其君處臼之下師解故此弟子取而難之

言將自是弒君也明其欲弒君故令與弒君而立者同文孔瑗弒君本謀在招○令力呈反〔疏〕言將至君也○解云世子者君之副貳今而殺之明其從是以後有弒君之心故稱其名氏不作兩下相殺辭矣○注明其至同文○解云兩下相殺例自稱人今欲明自是弒君故與文十四年齊公子商人弒其君舍文同矣若然大夫相殺稱人而宣十五年王札子殺召伯毛伯亦是大夫相殺而不稱人殺者彼注云大夫相殺不稱人者正之諸侯大夫顧弒君重故降稱人王者至尊不得顧是也○注孔瑗至在招○解云案昭八年春陳侯之弟招殺陳世子偃師夏四月辛丑陳侯溺卒竟無孔瑗弒君之文而知孔瑗弒君者正以八年下文冬十月壬午楚師滅陳執陳公子招放之于越殺陳孔瑗葬陳哀公當爾之時楚人託討于陳招殺世子但適放之而已孔瑗見殺明其弒君故也是以九年陳火之下傳云滅人之國執人之罪人殺人之賊葬人之君以此言之

知孔瑗爲弑君賊矣而經不書孔瑗弑君者本爲招弑當舉招爲重也但始有計不成爲弑陳侯溺卒者但自卒耳何氏之意見招作弑君之文故知本謀在招也本謀在招則招當爲首而楚人所以不殺招但放之者蓋楚失其意或陳招歸罪於孔瑗是以但罪於孔瑗而招但罪其殺世子之愆遂免弑君之咎春秋體其事故於殺世子經書其名氏矣

今將爾詞曷爲與親弑者同君親無將將而必誅焉然則曷爲不於其弑焉貶據未弑也【疏】今將至者同○解云言招但與孔瑗爲謀首而將欲弑陳侯爾而經曷爲書招名氏乃與親弑者同文乎○注據未弑也○解云據今仍未弑而已貶去其弟曷爲不於八年殺世子時貶之乎

以親者弑然後其罪惡甚春秋不待貶絕而罪惡見者不貶絕以見罪惡也招殺偃師是也○見者賢偏反下同【疏】以親至惡也○解云傳言此者欲道八年之時罪惡大甚不假貶絕也云春秋不待貶絕而罪惡見者云云者解之而言春秋者欲道上下通例如此不爲此文

貶

絶然後罪惡見者貶絶以見罪惡也招稱公子及楚人討夏徵舒貶皆是也疏注招稱公子○解云此文是也○注及楚至徵舒○解云即宣十一年冬十月楚人殺陳夏徵舒傳云此楚子也其稱人何貶曷爲貶不與外討是也今招之罪已重矣曷爲復貶乎此據棄疾不豫貶○復扶又反疏今招至乎此○解云此今謂八年之時言八年殺世子之時將有弑君之意即是其罪已重矣何不逐其重處而貶之曷爲又復豫貶於此○注據棄疾不豫貶○解云下十一年夏楚公子弃疾帥師圍蔡至十三年夏楚公子弃疾弑公子比與招殺偃師無異弃疾於圍蔡之時不豫貶此則貶之故以爲難也著招之有罪也何著乎招之有罪據弃疾不著言楚之託乎討招以滅陳也起楚託討招以滅陳意也所以起之者八年先言滅後言執託討招不明故豫貶於此明楚先以正罪討招乃滅陳也疏注所以至陳也解云八年經云冬十月壬午楚師滅陳執陳公子招放之于越殺陳孔瑗葬陳哀公是其先言滅後言執之事也言託討

招不明者正以若其託討宜先執後滅今乃先言滅後言執是託討不明楚先以正罪討招乃滅陳也而入年經先書滅者彼注云託義不先書者本懷滅心然則楚人本懷滅人之心故先書滅而宣十一年冬十月楚人殺陳夏徵舒丁亥楚子入陳先書討賊乃言入陳者莊王討賊之後始有利陳國之意故後書入也○三月取運運者何内之邑也其言取之何據自魯之有不聽也不聽者叛也不言叛者爲内諱故書取以起之不先以文德來之而便以兵取之當與外取邑同罪故書取月者爲内喜得之

疏運者何○解云欲言内邑而經書取欲言外邑文無所繫故執不知問○注月者爲内喜得之○解云正以僖三十一年春取濟西田不書月故知此月者以其是内之叛邑喜封得之故也○是以彼注云以不月者與取運異知非内叛邑故言取是也○秦無大夫者正以文十二年秋秦伯使遂來聘傳云秦無大夫此何以書賢繆公也何賢乎繆公以爲能變然則秦處西戎罕接諸夏賢于繆公始有大夫自爾以來常多恪化春秋漏之無大夫名氏今得書見是以据而問之

○夏秦伯之弟鍼出奔晉秦無大夫此何

以書仕諸晉也爲仕之於晉書○鍼其廉反曷爲仕諸晉據國地足以祿之有千乘之國十井爲一乘公侯封方百里凡千乘伯四百九十乘子男二百五十乘時秦侵伐自廣大故曰千乘○千乘繩證反注同疏注公侯至千乘○解云王制文連言侯者據有功者言之云伯四百九十乘者正以王制云伯七十里故也云時秦侵伐自廣大故曰千乘者正以此伯故也而不能容其母弟故君子謂之出奔也弟賢當任用之不肯當安處之乃仕之他國與逐之無異故云爾○六月丁巳邾婁子華卒○晉荀吳帥師敗狄于大原此大鹵也曷爲謂之大原据讀言大原也○大原音泰下同鹵力古反疏晉荀至大原○解云案左氏作大鹵字穀梁與此同○此大鹵至大原○解云案古史文及夷狄之人皆謂之大鹵而今經與師讀皆謂之大原故辯之○注据讀言大原也○解云時公羊子亦讀言大原也地物從中國以中國形名言之所以曉中國教殊俗也疏地物

從中國○解云言所以今經與師讀皆言大原者正以地與諸物之名皆須從諸夏名之故也○注以中至言之○解云謂謂諸夏之稱皆從地之形勢爲名此地形勢高大而廣平故謂之大原云所以曉中國教殊俗也者本史及夷狄皆謂之大鹵而今經與師讀必謂之大原者正以曉中國之人教有殊俗之義故也

邑人名從主人

邑人名自夷狄所名也不若他物有形名可得正故從夷狄辭言之【疏】邑人名從主人○解云此主人謂夷狄也言大原人道云之時從其夷狄皆謂之大鹵故注云邑人名自夷狄所名也○注不若至言之○解云諸夏地物有形名言之夷狄之俗不如諸夏之地物有形勢之名也可得正者猶言可能正是故本史及邑人止從夷狄辭言之謂之大鹵也

原者何上平曰原下平曰隰

分別之者地勢各有所生原宜粟隰宜麥當教民所宜因以制貢賦○隰音習別彼列反【疏】原者何○解云春秋之文既同明是廣大之義原鹵名異未有分別之言故以不知問之○上平曰原○解云釋地云廣平曰原李氏云廣平謂土地寬博而平正者名原然則此言上平者蓋欲對隰言之故謂之上平其實與爾雅廣平不異○下平曰隰○解云釋地云下濕曰隰李氏云下濕謂土

地宂下但當名爲隱然則此言下平者正欲對上平言之仍與濕不異〇秋莒去疾自齊入于莒〇莒展出奔吳主書去疾者重簒也莒無大夫書展者起與去疾爭簒當國出奔言自齊者當坐有力也皆不氏者當國也不從莒無大夫去氏者莒殺意恢稱公子簒重不嫌本不當氏〇去疾起呂反

疏注莒無至當氏〇解云在莊二十七年傳文云當國出奔者正以襄三十一年冬莒人弑其君密州今年去疾之入入者出入惡之文而文不氏故知出時爲當國也既是當國正合書入而言自齊者刺齊有力矣其出奔不書者春秋之義微者出入不兩書故也云皆不氏者當國也者正以隱元年鄭伯克段于鄢之下傳云何以不稱弟當國也則此等下言公子者是當國之文注不從云云者下叶四年冬莒殺莒公子意恢何氏云莒無大夫書殺公子者子未踰年而殺其君之子不孝大甚故重錄之稱氏者明君之子也然則莒爲小國大夫名氏側不錄見假有錄者名氏不具即莒慶之屬無氏是也今此去疾之徒寧知不爾彊云當國故不當氏者正以莒殺意恢重而錄氏今邪庶並簒其事非輕固宜重而錄之但欲當國爲君故如其意使惡逆見也然則意恢事重故稱公子今亦簒重明其未貶之時亦合稱

氏故云篡重不嫌本不當氏也○叔弓帥師疆運田。疆運田者何？與莒爲竟也。疆竟也。與莒是正竟界，若言城中丘。○疆運居良反，下同。疏疆運田者何。○解云：欲言正界，而經書帥師；欲言侵伐，而道疆運，故執不知問。○與莒爲竟也。○解云：若言與莒入造作竟界。○注若言城中丘。○解云：隱十年夏城中丘，傳云「何以書？以重書也」。何氏云「以功重故書。當稍稍補完之，至令大崩弛壞敗，然後發衆城之，猥苦百姓，空虛國家，故言城，明其功重與始作無異」。則彼若稍稍補完則輕而不書，至於功重故書而刺之。今此魯若往前之時少侵即正，則輕而不書，至於大損而與師發衆乃能正之，明其功重與始取無異，故若城中丘。與莒爲竟，則曷爲帥師而往？据非侵伐。畏莒也。畏莒有賊臣亂子而與師與之正竟，刺魯微弱，失操煩擾百姓。疏注畏莒至百姓。○解云：襄三十一年莒人弑其君密州，是爲賊臣，而二子爭篡，是爲亂子。魯人見其賊亂，恐其轉侵，是以與兵與之正竟。賊亂之人自救無暇，焉能轉侵乎？故云微弱，失操煩擾百姓也。○葬邾婁悼公。○冬十有一月己酉，楚子卷卒。卷音權左氏作麇疏楚子卷卒○解云左氏作麇字二小傳本亦有作麇字者○楚公子比出奔晉。辟內難也疏注辟內難也○解云正以更無他事於君薨之際而出奔故知止應辟內難故也

二年春晉侯使韓起來聘○夏叔弓如晉○秋鄭殺其大夫公孫黑○冬公如晉至河乃復其言至河乃復何據公如晉次于乾侯而還言至自乾侯不言至乾侯乃復疏注據公至乃復○解云即下二十八年春公如晉次于乾侯二十九年春公至自乾侯是也不敢進也乃難辭也時聞晉欲執之不敢往君子榮見與恥見距故諱使若至河河水有難而反○乃難如且反下有難同疏注乃難辭也○解云宣八年傳文云故諱使若至河河水有難而反者若如川之滿不可游也然○季孫宿如晉

三年春王正月丁未滕子泉卒。疏滕子泉卒○解云左

氏穀梁作原字〇夏，叔弓如滕。〇五月，葬滕成公。月者。襄公上葬諸侯莫肯加禮，獨滕子來會葬，故恩錄之。明公當自行，不當遣大夫，失禮尤重，以責內。

疏注月者至錄之。解云：卒月葬時者，小國之常典，下六年夏葬杞文公之屬是也。今而書月，故以爲恩錄之。言襄公上葬者，謂上文葬襄公時也。言諸侯莫肯加禮，獨滕子來會葬者，即襄三十一年夏，公薨于楚宮；冬十月，滕子來會葬；癸酉，葬我君襄公是也。注明公至責內。解云：公羊之義，鄰國諸侯及鄰國夫人喪，皆公自會葬，故異義公羊說云：襄公三十年，叔弓如宋葬恭姬，議。公不自行是也。然則凡平諸侯之葬，公猶自行，況其加禮於已者乎？故言失禮尤重，以責內也。

〇秋，小邾婁子來朝。〇八月，大雩。先是公、季孫宿比如晉。〇冬，大雨雹。爲季氏。雨，于付反。雹，步角反。爲，于僞反。〇北燕伯款出奔齊。名者，所見世著治大平，責小國詳錄出奔，當誅。治，直吏反。大音泰。

疏注名者至當誅。解云：春秋之義有三世異辭，入所見之世，小國出奔而書其名，故知義然也。即莊十年譚子奔莒，僖五年弦子奔黃，十年溫子奔衛，成十二年周公出奔晉之屬，皆不名至于此文北燕伯欵下三十年冬徐子章禹出奔楚之屬皆書其名是也言出奔當誅者謂大平之世民皆有禮況於諸侯不死社稷而棄國出奔當合誅滅矣

四年春王正月大雨雪。為季氏○大雨雪于付反左氏作大雨雹為季于僞反下文及注為齊誅並同 疏 大雨雹○解云案正本皆作雹字左氏經亦作雹字故賈氏云穀梁作大雨雪今此若有作雪字者誤也○

夏楚子蔡侯陳侯鄭伯許男徐子滕子頓子胡子沈子小邾婁子宋世子佐淮夷會于申不殊淮夷者楚子主會行義故君子不殊其類所以順楚而病中國 疏 注不殊至中國○解云內諸夏外夷狄者春秋之常典而不殊淮夷者正以此會楚子為主會行義其行義者即下文為齊誅是也故君子不殊其類者君子謂孔子孔子作春秋不殊楚之類孔子之意所以然者正欲順楚之事而病諸夏之衰微何者言楚夷狄尚能行義以相榮顯況於諸夏反不能然故得病之若然春秋之式傳聞之世內其國外諸夏所聞之世內諸

夏外夷狄所見之世治致大平錄夷狄則不殊淮夷固其宜也何則此注云由楚子主會行義君子不殊其類者正以等是大年亦有麤細昭當其父非已時事定哀之世乃醇粹也是以定六年仲孫忌之下何氏云春秋定哀之間文致大平故○見王者治定無所復為譏唯有二名故譏之是也然則淮夷始見安行無禮是以此經更無進稱未當定哀之間仍合外限但由楚子主會故得不殊是以何氏更為立義矣

楚人執徐子○秋七月楚子蔡侯陳侯許男頓子胡子沈子淮夷伐吳執齊慶封殺之此伐吳也其言執齊慶封何為齊誅也故繫之齊其為齊誅奈何慶封走之吳以襄公二十八年奔魯自是走之吳不書者以絕于齊在魯不復為大夫賤故不復錄之○不復扶反又下同

疏 注以襄公至奔魯○解云即彼云冬齊慶封來奔是也○注不書至錄之○解云案如此經上言伐吳則犯吳之文已著何得注云使防繫吳嫌犯吳也正以慶封往前已封于防為小國矣但諸侯之義不得專封是以春秋奪言伐

吳矣實言之非伐吳矣今日此經若言入防則更成上伐吳之文實伐吳則爲犯吳若直言入防執齊慶封殺之則恐防是齊邑是以進退不得作文也

吳封之於防不書入防者使防繫吳嫌犯吳也去吳嫌齊邑也○去起呂反

然則曷爲不言伐防据防已爲國

不與諸侯專封也故奪言伐吳

慶封之罪何脅齊君而亂齊國也道爲齊誅意也稱侯而執者伯討也月者善義兵

疏 注稱侯至討也○解云僖四年傳文上下更無稱爵以執大夫之事唯此一經可以當之故何氏言焉若然案如此經不重出楚上以爲伯討之義僖二十一年秋宋公楚子陳侯以下會于霍執宋公以伐宋傳云曷爲不言楚子執之不與夷狄之執中國者正以此經楚子爲會主而序于上下言執慶封殺之可以因上文不勞重出也既得因上文即是稱爵以執之故知爲伯討案霍之經宋公序上乃次楚子下言執宋公明知不得因上文矣既不因上文而不更出楚子不與夷狄之執諸夏故也云月者善義兵也者正以侵伐例時故也

遂滅厲莊王滅蕭日此不日者靈王非賢責之略○滅厲如字又音賴左氏作賴

疏

遂滅厲○解云有作賴字者○注莊王至之略○解云宜十二年冬十有二月戊寅楚子滅蕭彼注云日者屬上有王言今反滅人故深責之是也然則以靈王非賢故責之畧還依常例書月若似莊十年冬十月齊師滅譚之屬是○九月取鄫其言取之何据國言滅疏注据國言滅○解云即滅譚滅遂之屬是也滅之也滅之則其言取之何内大惡諱也因鄫上有滅文故使若取内邑疏内大惡諱也○解云隱二年無駭入極之下傳云此滅也其言入何内大惡諱也今又重發之者正以入取之文不同故也○注因鄫至内邑○解云直言取鄫言上有滅文者即襄六年秋莒人滅鄫是也内取邑直言取者上元年三月取運之屬是也言上有滅鄫之文鄫不復為國因此之故遂直言取若似内自取邑然則襄六年之時鄫已見滅今而言取者彼直取後乎莒非兵滅是以魯人今得取之以此言之則無駭入極不言取者正以極上無滅文故也○冬十有二月乙卯叔孫豹卒

五年春王正月舍中軍舍中軍者何復古也

善復古也○舍中音捨下及注同〔疏〕舍中軍○解云襄十一年時於司馬之下爲之置中卿之官令助司馬爲軍將添前司徒司空之屬爲三軍踰王制故於彼經云作三軍以譏之今還依古禮舍司馬不復令作將軍故曰舍中軍○舍中軍者何○解云欲言非禮實如王制欲言是禮不應復書之故執不知問○復古也○解云正以魯爲州故正合二軍今舍僭從禮故曰復古是以隱五年注云方伯二師是也○注善復古也○解云言舍僭從禮正是常事而書之者正以當時皆僭獨自能抑從禮善其復古是以書之故云善復古也

然則曷爲不言三卿据上言作三軍等問不言軍云卿者上師解言三卿因以爲難○爲難乃旦反下同〔疏〕注据上言作三軍○解云弟子之意見上文襄十一年時云道作三軍今日舍之應言舍三軍而言舍中軍與上文異故難之○注等問至爲難○解云襄十一年傳云三軍者何三卿也然則今於此問何故不云曷爲不言舍三軍而言卿者正以上文襄十一年時師解以爲三軍者何三卿也是以弟子因而難之云曷爲不言舍三卿

五亦有中三亦有中此乃解上作三軍時意作時益中軍不可言中軍者五亦有中三亦有中不知何中也今此据上作三軍

不言中。則益三之中舍三之中皆可知也弟子本据上言作三難下中不言三也如師解言本益中故下言舍中爲其將復据下中難上不言中故解上以解下如此則下不言三亦可知也不言卿者欲同上下文以相起傳不足以解之者。以上解下文當同亦可知月者善録之○爲于僞反復扶又反

疏五亦至有中○解云襄十一年時益司馬之職更令將軍正是作中而不言作中軍者正以五亦有中三亦有中若言作中軍嫌是五之中故變言作三軍若欲實而言之正是作中軍故至舍時云道中軍矣○注此乃至三也解云上謂襄十一年將也云作時益中軍者謂於司馬之下置中卿令助司馬將軍添前二軍爲三軍故曰作時益中軍也云今此据上作三軍不言中云三者今此公羊子据上作三軍時不言中之意故言五亦有中三亦有中也如此則上益三之中下舍三之中皆可知矣何者上言作三軍下言舍中軍則非五之中亦明矣云弟子本据上言作三難下中不言三也者即此傳云然則曷爲不言舍三卿是也○注如師至可知也○解云如詁爲若若公羊荅之云本益三之中故言舍中即恐弟子難之云今舍時言中軍作時曷爲不言作中軍若其如此此即是守文不察疑惑門人非師訓之道故公羊子解上以解下何者解上作時實是中軍但有嫌疑不得

言中遂變言三軍即是解此下文舍中軍不得言三之意故云解上以解下如此言之即下文不言三軍昭然可解故云亦可知云不言卿者欲同上下文以相起者正實而言之正是舍去司馬之職中卿之官何以不言舍中卿而言舍中軍者正以襄十一年時云作三軍故欲同其文相起爲一物○注傳不至録之○解云傳若足解之宜云前此作三軍之時不言中者五亦有中三亦有中此舍三軍不言三者正以前三非正稱故舍時不得言三今此傳文少故言傳不足解之也欲以上解下者以作時文在上故傳特解之上文既解訖下文不言三之意當同上義亦可知云月者善録之者謂善其復古而詳録之也

○楚殺其大夫屈申○公如晉○夏莒牟夷以牟婁及防茲來奔莒牟夷者何莒大夫也莒無大夫此何以書重地也其言及防茲來奔何

据漆閭丘不言及高張言及

〔疏〕莒牟夷者何○解云欲言莒君經不言子欲言大夫莒無大夫故執不知問○注据漆至言及○解云言漆閭丘不言及者即襄二十一年春邾婁庶其以漆閭上來奔

是也高張言及者即哀六年夏齊國夏及高張來奔是也正以地邑無及文上下大夫乃言及與此防茲之義違故難之何者人之尊卑自有差等故可以言及地邑無尊卑之義恐其不得言及也

不以私邑累公邑也公邑君邑也私邑臣邑也累次也義不可使臣邑與君邑相次序故言及以絕之

○秋七月公至自晉○戊辰叔弓帥師敗莒師于濆

濆泉者何直泉也直泉者何涌泉也蓋戰而涌爲異也不傳異者外異不書此象公在晉臣下專爲莒叛臣地以與兵戰鬭百姓悲怨歎息氣逆之所致故因以著戰處欲明天之與人相報應之義○濆泉扶粉反濆泉踊泉也左氏作蚡泉穀梁作賁泉處昌慮反應應對之應

【疏】于濆泉○解云左氏作蚡字穀梁作濆泉字○濆泉者何○解云欲言地名以泉名之欲言是水戰於其處故執不知問○直泉也○解云謂此泉直上而出○直泉者何○解云欲言涌地不應言直欲言土地仍謂之泉故執不知問○注蓋戰至而涌爲異也○解云似穀洛鬭之事也○注不傳至戰鬭○解云春秋之義外異不書即襄十九年不書漷移之屬

是今此濆泉爲異故不録經既不録傳無由發之經若書之傳宜云何以書爲天下記異似若僖十四年沙鹿崩之傳矣云此象公在晉云云者公在晉者即上春公如晉是也臣下專受莒叛臣地者即經書夏莒牟夷以下云云來奔在秋七月公至自晉之上是也以興兵戰鬭者即此戰敗于濆泉是正以敗者内戰之文故也○注百姓至所致○解云上注云外異今此云魯人悲怨致之者正以濆泉在莒魯界上二國結怨方戰於此應而爲異何以不然○注故因至之義○解云䟽具僖三年

○秦伯卒何以不名据諸侯名秦者夷也匿嫡之名也嫡子生不以名令于四竟擇勇猛者而立之○嫡之丁歷反注及下同䟽注嫡子至立之○解云即内則云夫告宰名宰辯告諸男名書曰某年某月某日某生而藏之宰告閭史書爲二其一藏諸閭府其一獻諸州史州史獻諸州伯州伯命藏諸州府是其以名令於四竟之義也其擇勇猛者而立之者正以夷狄之人不尙文德故也

其名何据秦伯嬰稻名䟽注据秦伯嬰稻名○解云文十八年春秦伯罃卒宣四年春秦伯稻卒是也然則文十八年經作罃字今此嬰字者誤也寧知非彼誤者正以文十八年秦伯罃卒之下賈氏云穀梁傳云秦伯偃不道

公羊曰嬰如公羊與左氏同皆作罃字矣注獨嬰稻以嫡得立之者嬰字亦誤宜爲罃字矣**嫡得之也**獨嬰稻以嫡得立之○**冬楚子蔡侯陳侯許男頓子沈子徐人越人伐吳**吳未服慶封之罪故也越稱人者俱助義兵意進于淮夷故加人以進之義兵不月者進越爲義兵明故省文〔疏〕注越稱至省文○解云即上四年秋七月楚子蔡侯陳侯許男頓子胡子沈子淮夷伐吳彼注云月者善義兵然則上文淮夷雖助義兵其意不進故不稱淮人今稱人故以進解之云義兵不月者進越爲義兵明故省文者正以侵伐例時義兵則詳錄故上四年秋七月楚子以下伐吳注云月者善錄義兵是也今此亦爲義兵而不書月故如此解

六年春王正月杞伯益姑卒不日者行微弱故略之上城杞已貶復卒略之者入所見世責小國詳始錄內行也諸侯內行小失不可勝書故於終略責之見其義○復扶又反內行下孟反下同勝音升見賢遍反〔疏〕注不日至略之○解云正以襄二十三年春三月己巳杞伯匄卒彼已書日今而書月故

解之○注上城至其義○解云上城已貶者謂襄二十九年
夏仲孫羯會晉荀盈齊高止宋華定以下城杞杞子來盟注
云貶稱子者微弱不能自城危社稷宗廟當坐是也律云一
人有數罪則以重者坐之然則亦不再加而卒復略之者正
以此是入所見之世責小國詳始録其内行故也諸侯内行
小失寧可備盡但當卒時略之而已言不可勝書者言小行
非一不可勝負不可具書猶如序云不可勝記之類也何氏
必此解者正以往前經傳不見杞伯之惡而經略之知内行
有失也○葬秦景公○夏季孫宿如晉○葬杞文
公○宋華合比出奔衛○比如字又毗志反○秋九月大
雩先是季孫宿如晉是後叔弓與公比如楚有豫賦之煩也○賦斂力驗反或無此字疏注先是至之煩
也○解云文當如是言先是季孫宿如晉即上文夏季孫宿
如晉是也言是後叔弓與公比如楚者即下文冬叔弓如楚
七年三月公如楚故謂之比也二年事皆在後故
云有豫賦之煩也亦有一本云叔弓如齊者誤○楚薳
頗師師伐吳疏楚爲頗○解云左氏穀梁作薳罷字○冬叔弓如

楚○齊侯伐北燕

七年春王正月暨齊平書者善録内也不出主名者君相與平國中皆安故以舉國體言之月者剌内暨暨也時魯方結婚于吳外慕強楚故不汲汲于齊○暨其器反〔疏〕注書者善録内也○解云正以平爲善事今而書之故云善録内也○注月者至暨也○解云正以定十一年冬及鄭平則知例書時也今此書月故如此解也隱元年傳云及猶汲汲暨猶暨暨也及我欲之暨不得已然則暨暨是不獲已然後爲之平是善事而不汲汲故書月以剌之故云月者剌内暨暨矣○注時魯至于齊○解云下十年冬注云去冬者蓋昭公娶吳孟子之年故貶之然則十年不書冬者是其方結婚于吳之事其外慕強楚者即上文叔弓如楚下文公如楚之屬是也正以文不言及故云不汲汲于齊矣注是後楚滅陳云云者即八年冬十月壬午楚師滅陳是也及下十一年十有一月丁酉楚師滅蔡是也云楚弒其君于乾谿者即下十三年夏四月楚公子比自晉歸于楚弒其君于乾谿是也○三月

公如楚○叔孫舍如齊莅盟○叔孫舍二傳作婼○夏四

月甲辰朔日有食之是後楚滅陳。楚弑君虔于乾谿。秋八月戊辰衛侯惡卒○九月公至自楚○冬十有一月癸未季孫宿卒○十有二月癸亥葬衛襄公當時而日者世子輒有惡疾不早廢之臨死乃命臣下廢之自下廢上鮮不爲亂故危録之。當丁浪反又如字鮮息淺反

疏注當時至録之○解云隱三年傳云當時而日危不得葬也今此衛侯八月卒至此正五月而經書癸亥故言危録之言世子輒有惡疾者即下二十年秋盜殺衛侯之兄輒傳云母兄稱兄兄何以不立有惡疾也是矣知其不早廢臨死乃命臣下廢之者正以危録其葬故也其若不然更無危事不知衛侯葬何以書日乎言危録之者以其有危故録其日也

八年春陳侯之弟招殺陳世子偃師説在元年變其言陳者起招致楚滅陳自此始故重舉國○故重直用反年末同

疏注説在元年○解云即元年傳云大夫相殺稱

人此其稱名氏以殺何言將自是弒君也今將爾詞曷爲與親弒者同君親無將將而必誅之屬是也○注變其至舉國解云春秋之義大夫相殺稱人言其即莊二十二年春陳人殺其公子禦寇下陳人殺其大夫公子過文九年晉人殺其大夫先都之屬今變兩下之例言殺陳世子者起招致楚滅陳自此始是以重舉陳矣

○夏四月辛丑陳侯溺卒。溺乃狄反○叔弓如晉○楚人執陳行人于徵師殺之○陳公子留出奔鄭○秋蒐于紅蒐者何簡車徒也徒衆○廋所苗反本亦作蒐

疏蒐者何○解云正以常事不書今此見經故執不知問

何以書蓋以罕書也說在桓六年

疏注說在桓六年○解云桓六年秋八月壬午大閱傳云大閱者何簡車徒也何以書蓋以罕書也注云罕希也孔子曰以不教民戰是謂棄之故比年簡徒謂之蒐三年簡車謂之大閱五年大簡車徒謂之大蒐存不忘亡安不忘危不地者常地也蒐例時此日者桓既無文德又忽忘武備故尤危録然則爲蒐之法比年作之今此不然故云以罕書○陳

人殺其大夫公子過。過音戈○大雩先是公如楚半年乃歸費多賦重所致。費芳味反疏注先是至乃歸。解云即去年三月公如楚九月公至自楚是也○冬十月壬午楚師滅陳執陳公子招放之于越殺陳孔瑗疏殺陳孔瑗。解云左傳穀梁作奐○葬陳哀公日者疾詐諼滅人也不舉滅爲重復書三事言執者疾諼託義故列見之託義不先書者本懷滅心重舉陳者上已言滅不復重舉無以明。諼況元反復書扶又反下同見賢偏反疏注日者至人也。解云春秋之義滅例書月即莊十年冬十月齊師滅譚十三年夏六月齊人滅遂之屬是也上四年秋七月楚子滅厲之下注云莊王滅蕭日此不日者靈王非賢責之略是以還依常例書月矣今而日者疾詐諼滅人故也。注不舉至見之。解云春秋之義舉滅爲重是以襄六年齊侯滅萊之下何氏云不書殺萊君者舉國滅爲重是也今不舉滅爲重故須辨之言復書三事言執者謂復書三事又言執者以疾其詐諼託義故須列而見之三事放招殺瑗葬哀公是。注託義至滅心。解云宣十一年冬十月楚人殺陳夏徵舒，丁亥楚子入陳，然則彼乃楚子行義，先書其殺。今此楚子亦是託義討賊，書在滅後者，見本懷滅心故也。○注「重舉至以明」。○解云：成二年「秋七月，齊侯使國佐如師。已酉，及國佐盟于袁婁」，不重舉齊，此重舉陳者，上已言楚師滅陳，若不復舉陳，無以明其是陳入矣。

九年春，叔弓會楚子于陳。陳已滅復見者，從地名録，猶宋郜以邑録。不舉小地者，顧後當存。○復見，扶又反，下同。下賢徧反。

【疏】注「陳已至當存」。○解云：郜者是文王之子，春秋前宋人滅之。至隱十年「夏六月壬戌，公敗宋師于菅。辛未，取郜。辛巳，取防」是也。云「不舉小地，顧後當存」者，言陳是摠號，當是會時未必在其國都，所以不舉小地而舉陳者，正以楚人暴滅，春秋欲閔陳而存之，故還舉其大號而言也。其存陳者，即下經「夏四月，陳火」是也。

○許遷于夷。○夏四月，陳火。陳已滅矣，其言陳火何？據災異爲有國者戒。○陳火，左氏作災。

【疏】陳火。○解云：左氏作災字，穀梁與此同。○「陳已至火何」。○解云：所以不言外災不書，此何以書之義者，正以解言存陳，故書其火，則外災得書之義亦見矣**存陳也**陳已滅復火者死灰復燃之象也此大意欲存之故從有國記灾〔疏〕注陳已至記灾　解云即考異郵不陳火之類未當誅絶天曉其君死灰更燃之意是也**曰存陳悕矣**書火存陳者若曰陳爲天所存悲之○悕音希悲也〔疏〕曰存陳悕矣○解云悕謂悲也公羊子曰陳爲天所存者天悲痛之故也**曷爲存陳**据災非一天意曷爲悲陳而存之〔疏〕注据災至存之○解云弟子之意以爲春秋之内書灾者非止一處而已矣意曷爲正於此災之上悲陳而存之乎**滅人之國執人之罪人**罪人招也**殺人之賊**孔瑗弑君賊也**葬人之君若是則陳存悕矣**楚爲無道託討賊行義陳臣子辟門虛心待之而滅其國若是則天存之者悲之也不書孔瑗弑君者本爲招弑當舉招爲重方不與楚討賊故没招正賊文以將與上貶起之月者閔之○辟婢亦反開也本爲于僞反〔疏〕注不書至閔之○解云案如上文則孔瑗與招本謀弑君而責是弑文者正以君親無將將而必誅故言當舉招爲重言故没招正賊文者謂不於討處貶招見其有弑君之罪矣言以將與上貶起之者上貶謂元年

稱公子傳云此陳侯之弟招何以不稱弟貶是也云月者閔之者正以外災例時即襄元年春宋火之屬是今而書月故言閔之 ○秋仲孫玃如齊 ○玃具縛反又居碧反 ○冬築郎囿 ○囿音又

十年春王正月 ○夏晉欒施來奔 ○晉欒施左氏作齊欒施 ○秋七月季孫隱如叔弓仲孫玃帥師伐莒 ○隱如左氏作意如 ○戊子晉侯彪卒 ○彪彼虬反 ○九月叔孫舍如晉 ○葬晉平公 ○十有二月甲子宋公戌卒 去冬者蓋昭公取吳孟子之年故貶之 ○宋戌讀左傳者音成何云向戌與君同名則宜音恤去起呂反

疏 注去冬至貶之 ○解云正以禮記論語皆有昭公取于吳謂之吳孟子之文但不指其取之年歲今無冬者無佗罪可指是以何氏以意當之以無正文故言蓋也取吳孟子所以不書者諱取同姓故也賈服以爲刺不登臺視氣范

氏以爲不書冬甯所未詳

十有一年春王正月叔弓如宋○葬宋平公○夏四月丁巳楚子虔誘蔡侯般殺之于申

楚子虔何以名据誘戎曼子不名○戎曼音蠻疏注据誘至不名○解云即昭十六年春楚子誘戎曼子殺之是也絕曷爲絕之据俱誘之爲其誘封也使不自知而死故加誘○爲于僞反疏注使不至加誘○解云即左氏傳云醉而殺之是也此討賊也蔡侯般弒父而立疏注蔡侯至而立○解云即襄三十年夏四月蔡世子般弒其君固是也雖誘之則曷爲絕之据與莊王外討晉文譎尊○譎古穴反疏注据與至譎尊○解云莊王外討者即宣十一年冬十月楚人殺陳夏徵舒傳云此楚子也其稱人何貶曷爲貶不與外討也曷爲不與實與而文不與文曷爲不與諸侯之義不得專討也諸侯之義不得專討則其曰實與之何上無天子下無方伯天下諸侯有爲無

道者臣弑君子殺父力能討之則討之可也者是其實與莊王外討之文也云晉文譎尊者即僖二十八年五月癸丑公會晉侯以下盟于踐土公朝于王所傳云曷爲不言公如京師天子在是也曷爲不言天子在是不與致天子也注云時晉文公年老恐霸功不成故上白天子曰諸侯不可卒致願王居踐土下謂諸侯曰天子在是不可不朝迫使正君臣明王法雖非正起時可與故書朝因正其義所以見文公之功是也

懷惡而討不義君子不予也內懷利國之心而外託討賊故不與其討賊而責其誘詐也地者起以好會誘之○好呼報反【疏】注地者至誘之○解云正以昭十六年楚子誘戎曼子殺之不書地今言于申故解之

○楚公子棄疾帥師圍蔡○五月甲申夫人歸氏薨○大蒐于比蒲大蒐者何簡車徒也何以書蓋以罕書也說在桓六年○比音毗【疏】大蒐者何○解云欲言常事而經加大欲言非常事蒐是常獵之名故執不知問○注說在桓六年○解云即桓六年秋八月壬午大閱傳云大閱者何簡車徒何

以書蓋以罕書也注云罕希也孔子曰以不教民戰是謂棄之故比年簡徒謂之蒐三年簡車謂之大閱五年大簡車徒謂之大蒐存不忘亡安不忘危然則大蒐之法五年一爲今此不然故曰以罕書也上八年蒐于紅之下何氏云譏在桓六年今復指之者正以蒐與大蒐希數大異禮亦不同是以不得相因各指其所在

○仲孫貜會邾婁子盟于侵羊 不日者蓋諱喪盟使若議結善事○侵羊二傳作祲祥 疏 ○盟于浸。羊○解云穀梁傳作侵祥字服氏注引者直作詳字侵字皆是所見異也○注不日至善事○解云上文五月夫人歸氏薨君居喪居喪而與人盟至十三年秋平丘之會邾婁子與晉爲議不容公盟而執季孫理宜書日見其不信而不書日者正以身居大喪而不以爲憂是內惡可諱之限故爲信辭使若此盟方欲議論結其善事然齊國酌者。賈氏作酌字與此同服氏及穀梁皆作齊國弱字也

○秋季孫隱如會晉韓起齊國酌宋華亥衛北宮佗鄭軒虎曹人杞人于屈銀 ○佗大河反屈銀並如字二傳作厥慭 疏 于屈銀○解云左氏穀梁作厥慭字 九

月己亥葬我小君齊歸齊歸者何昭公之母也歸氏胡女襄公嫡夫人○嫡丁歷反（疏）齊歸者何○解云欲言夫人初至不錄欲言其妾薨葬具書故執不知問○注歸氏至夫人○解云皆史記文而初至不書者蓋爲世子時娶之然則沙隨之會襄公始生而成公之世已娶夫人者案公羊上下竟無幼少之文則何氏不信左氏故也○冬十有一月丁酉楚師滅蔡執蔡世子有以歸用之此未踰年之君也其稱世子何據陳子也（疏）注據陳子也○解云即僖二十八年冬公會晉侯齊侯宋公蔡侯鄭伯陳子以下于溫是也不君靈公不成其子也靈公即般也不君不與靈公坐弑父誅不得爲君也不成其子不成有得稱子繼父也上不與楚誘討嫌有不當絶故正之云耳（疏）不君至子也○解云靈公弑父而立弑父之人人倫所不容今而見誅正是其宜是以春秋不與靈公爲君也故曰不君靈公也莊三十二年傳云君存稱世子君薨稱子某既葬稱子踰年稱公然則稱子者嗣君之稱春秋之義既

不與靈公得爲成君，故亦不成其子，有得爲嗣君以繼其父，故曰不成其子也。云靈公坐弑父誅者，即襄三十年夏四月蔡世子般弑其君固，上四月楚子虔誘蔡侯般殺之于申是也。云上不與楚誘討者，即上傳云曷爲絶之？爲其誘討也。此討賊也，雖誘之則曷爲絶之？懷惡而討不義，故君子不與是。

不君靈公，則曷爲不成其子？據惡惡止其身。誅君之子不立。雖不與楚誘討其惡，坐弑父誅，當以誅君論之，故云爾。言執者，時楚託義滅之。

【疏】注當以至云爾○解云：若不君靈公而以誅君論之，何故上四年申之會及伐吳之經，上文楚子誘殺之時，皆稱其爵者？凡貶剌之例，正可於一事之上足見其惡而已，寧可文文皆貶？似若莊四年冬公及齊人狩于郜，傳云前此者有事矣，後此者有事矣，則曷爲獨於此譏？擇其重者而譏焉，莫重乎其與讎狩也，其餘從同同是也。○注言執至滅之○解云：春秋之義，舉滅國以爲重，其餘輕者皆從略，是以襄六年注云不書殺萊君者，舉滅國爲重是。今并書其執者，正以楚人託義滅之，故見其義也。似若上八年注云不舉滅爲重，復書三事言執者，疾誘託義，故列見之是也。楚既託義執用蔡之世子以滅其國，當先書其餘，似若宣十一年冬十月楚人殺陳夏徵舒，丁亥楚子入陳然今乃先書滅蔡者起其本懐滅心故也是以八年注云託義不先書者本懐滅心故是也**非怒也****無繼也**公誅子當絕（疏）非怒也無繼也○解云莊四年傳云今紀無罪此非怒與何氏云怒遷怒齊人語此非怒其先祖遷之于子孫與然則齊人謂遷怒爲怒也言今不成有爲子者非由惡其父遷怒其子孫但由靈公大逆理無繼嗣矣是以注父誅子當絕也其非字有作悲字者誤也**惡乎用之用之防也其用之防奈何蓋以築防也**持其足以頭築防惡不以道孔子曰人而不仁疾之已甚亂也日者疾諼滅人○惡乎音烏惡不烏路反（疏）注日者疾諼滅人○解云正以凡滅例月即莊十年冬十月齊師滅譚上四年秋七月遂滅厲之屬是也今而書日者疾詐諼故也

十有二年春齊高偃帥師納北燕伯于陽伯于陽者何即納上伯款非犯父命不當言于陽又微國出入不兩書伯不當再出故斷三字問之○斷丁管反又丁亂反（疏）注即納至問之○解云納上伯款者即上三年冬北燕伯款出奔齊是也其犯父命而見

納言于邑者即哀二年夏晉趙鞅帥師納衛世子蒯聵于戚傳云戚者何衛之邑也曷爲不言入于衛父有子子不得有父也注云明其父得有子而廢之子不得有父之所有故奪其國文正其義也者是也然則今此納北燕伯于陽若是納上伯款即非犯父之命者正以出奔稱伯不似蒯聵稱世子故也是以何氏於款之上連伯言之見非犯父之命云又微國出入不兩書者僖二十五年秋楚人圍陳納頓子于頓何以不言遂兩之也注云頓子出奔不書者小國例也是也

公子陽生也子曰我乃知之矣子謂孔子乃乃是歲也時孔子年二十三具知其事後作春秋案史記知公誤爲伯子誤爲于陽在生刊滅闕○刊苦干反在側者曰子苟知之何以不革曰如爾所不知何如猶奈也猶曰奈奈女所不知何寧可強更之乎此夫子欲爲後人法不欲令人妄億錯○子絕四毋意毋必毋固毋我○女音汝強其丈反令力呈反下令楚同億於力反錯七故反或七各反字或作措

【疏】注如猶至億措○解云孔子云當是歲時我已年立具見其事奈汝在側之徒不見之何故曰奈汝所不知何也孔子雖知伯于陽者是公子陽生但在側之徒皆不委

曲若改之謂已苟出心肺故曰寧可彊更之乎莊七年星隕如雨之下傳云不脩春秋曰雨星不及地尺而復君子脩之曰星霣如雨何氏云明其狀似雨耳不當言雨星不言尺者霣則爲異不以尺寸錄之然孔子脩春秋大有改之處而特此文不改之者欲示後人重其舊事似劉公即君與爲不上禮之類也故曰夫子欲爲後人法不欲人妄億措也億措者億謂有所儗度措者置也置意於言也不欲令人妄儗度不欲令人妄置意於言矣若擬度而中之者無傷即柴也其來乎由也其死矣之類是也若億措而妄者正得學者不思之義也則學而不思則罔之類是也云子絕四者備於鄭注引之者欲道無事億措乃孔子所絕是以脩春秋而有其義矣

春秋之信史也其序則齊桓晉文唯齊桓晉文會能以德優劣國大小相次序

疏 注唯齊至次序○解云謂其盛時事也及其衰末亦不醇粹是以僖十三年鹹之會許男序于曹伯之上而何氏於僖四年許男辛臣卒葬許穆公之下注云得卒葬於所傳聞世者許大小次曹故卒少在曹後者是鹹之會當桓末年許在曹上非其次序之事也

其會則主會者爲之也非齊桓晉文則如主會者爲之雖優劣大小相越不改更信史

也

其詞則巳有罪焉耳巳孔子名其貶絶譏刺之辭有所失者是巳之罪聖人德盛尚謙故自名爾主書者惡納篡也不書所篡出奔者微國雖未踰年君猶不錄不足陽下言于北燕者史文也。北燕本在上從史文也○惡納烏路反

疏注其貶至之罪。解云即春秋說云孔子作春秋一萬八千字九月而書成以授游夏之徒游夏之徒不能改一字是也云主書者惡納篡也者正以春秋之義立納入皆爲篡辭且上有伯款出奔齊之文知今納宜是篡人也。注不書至不錄。解云正以上三年之末伯款出奔遙歷十許年計應有君矣陽生篡之宜書其出今不書者微國之君被篡而出走者皆略而不書之假令非被篡但是微國未踰年之君卒猶不書況乎被篡出奔寧不略之乎何氏所以必將未踰年君約之者正以所見之世微國成君之出例皆錄之故也即伯款之徒是也。注不足至史文也。解云若足其文宜云齊高偃帥師納北燕公子陽生于北燕今陽生之下不言北燕者正以史之本文陽生之上有北燕之字因而從之不及改順文　楚殺其大夫成然者左氏作成熊穀梁作成虔。字

○三月壬申鄭伯嘉卒○夏宋公使華定來聘○公

如晉至河乃復。○五月，葬鄭簡公。○楚殺其大夫成然。○成然，左氏作成熊。○秋七月。○冬十月，公子整出奔齊。○整，之領反，或作憖，魚覲反。○楚子伐徐。○晉伐鮮虞。謂之晉者，中國以無義故爲夷狄所強，令楚行詐滅陳蔡，諸夏懼然去而與晉會于屈銀，不因以大綏諸侯，先之以博愛，而先伐同姓，從親親起，欲以立威行霸，故狄之。

【疏】注謂之至狄之。○解云：諸夏之稱，連國稱爵，今單言晉，作夷狄之號，故須解之。言中國無義故爲夷狄所彊者，即襄七年鄭伯髡原之下傳云"曷爲不言其大夫弒之？爲中國諱也。曷爲爲中國諱？鄭伯將會諸侯于鄬，其大夫諫曰：中國不足歸也，則不若與楚。鄭伯不可。其大夫曰：以中國爲義，則伐我喪；以中國爲彊，則不若楚。於是弒之"，何氏云"禍由中國無義，故深諱使若自卒"之屬，是中國無義之文也。言遂爲夷狄所彊也者，即四年夏楚子以下會于申，執齊慶封殺之之屬是也。云令楚行詐滅陳蔡者，即昭八年滅陳、十一年滅蔡是也。令楚行詐者，即託義討招瑗、託義討蔡般是也。言諸夏懼然去而與晉會于屈銀者，即上十一年秋季孫隱如會晉韓起以下于屈

銀是也言先伐同姓者
正以鮮虞姬姓故也

監本附音春秋公羊注疏昭公卷二十二

宋嘉慶二十年重栞
宋本十三經注疏附校勘記

江南蘇松督糧道方　體栞

公羊注疏卷二十二挍勘記　阮元撰盧宣旬摘録

公羊注疏昭公卷二十二　唐石經昭公第十卷九

元年

齊國酌　唐石經諸本同釋文國酌二傳作國弱按疏云齊國酌亦有作國弱者是公羊本與二傳同

石惡　齊召南云二傳作齊惡是也石惡已於襄廿八年出奔晉矣○案釋文不云二傳作齊惡是公羊古本與二傳同孫志祖説

鄭軒虎　唐石經諸本同釋文軒虎舊音罕二傳作罕虎○按罕軒皆干聲

于瀰　唐石經諸本同釋文亦作瀰云左氏作虢穀梁作郭惠棟云郭虢字古通虞虢作虞郭

故見王者治定　浦鏜云欲誤故四年會于申疏同

無所復爲議　定六年注議作譏昭四年疏引同

然則所見之世文致大平　閩監毛本改太平下同

先舉八年經文　閩本同監毛本先誤元

齊公子商人弑其君舍又同矣　浦鏜云文誤又

但始有討　疑當作招但有討何挍本討作計是也

而經曷爲書招名氏　閩監毛本氏誤字

據棄疾不豫貶　鄂本棄作弃此本下及疏皆作弃

三月取運　唐石經諸本同或作二月誤

以不月者與取運異　浦鏜云者衍按浦說是也

秦無大夫者至而問之　補毛本此段疏文八十六字在下節注下是也此本誤

正以此伯故也　閩監毛本同一本作正以稱伯故也當互脫一字

晉荀吳帥師敗狄于大原　唐石經諸本同解云左氏作大鹵字穀梁與此同

下濕曰隰　閩本同監毛本濕改溼下同

但當名爲隰　浦鏜云常沮洳三字誤但當○按此非誤也所傳不同耳

莒殺莒公子意恢　浦鏜云其公子誤莒公子浦說是也

子未踰年　浦鏜云子衍字浦說是也

逼云當剟　浦鏜云逼當而字誤

解云隱十年夏　浦鏜云七誤十浦說是也

楚子卷卒　唐石經諸本同釋文子卷左氏作麇解云左氏作麋字二傳本亦有作麋字者按卷麋一聲之轉故文異

二小傳本　浦鏜云小字衍

三年

滕子泉卒　諸本同唐石經初刻作原後磨改爲泉解云左氏穀梁作原字

襄公上葬　穀梁疏引作葬襄公不誤

皆公自會葬　閩監毛本自誤至

叔弓如宋葬恭姬　閩監毛本恭作共

議公不自行是也　閩監本同毛本議改譏

四年

大雨雪　唐石經諸本同釋文大雨雪左氏作大雨雹解云正本皆作雹字左氏經亦作雹故賈氏云穀梁作大雨雪今此若有作雪字者誤也經義雜記曰范注穀梁云雪或爲雹則穀梁亦有作雹者或據左氏公羊言之若今公羊作雪釋文同則誤也

今此若有作雪字者　閩監毛本脱者字

楚子主會行義　監本子誤于

故見王者治定　○按定六年注故作欲此誤

楚人執徐子　唐石經鄂本同閩監毛本誤楚子

注不書至録之　此本在注以襄公至奔魯節疏下閩監毛本改作注不書至邑也移於不書入防者節注下

月者善義兵　五年疏引作月者善録義兵此脱録字

遂滅厲　唐石經諸本同釋文滅厲左氏作賴疏云遂滅厲有作賴字者

五年

故正舍二軍　浦鏜云合誤舍

何故不云曷爲不言舍三軍而言卿者 浦鏜云軍卿字疑互誤非也注言此傳何不云三軍而云三卿也

今此据上作三軍不言中 疏中引注不言中下有云三二字此脫

傳不足以解之者以上解下 諸本同誤也按解云今此傳文少故言傳不足解之也欲以上解下者云云則此注足下衍以字者下脫欲字當據以刪補

注据漆至言及 閩監本同毛本至誤間

穀梁作瀆泉字 賁誤瀆

不以名令于四竟 鄂本同閩監毛本不以誤倒

据秦伯嬰稻名 解云文十八年經作罃字今此嬰字誤

今此嬰字者誤也 按今此下當脫作字

寧知非彼誤者 閩監毛本寧誤能

獨嬰稻以嫡得立之 解云嬰字亦誤宜爲甇

其意不進 閩監本同毛本意誤義

六年

杞伯匄卒 浦鏜云匄誤句○按浦說是也

解云上城已貶者 何校本城下有杞字

寧可備盡 浦鏜云盡當書之誤

是後叔弓與公比如楚 解云一本云叔弓如齊者誤

即上文夏季孫宿如晉是也 閩本同監毛本夏誤下

七年

故云不汲汲于齊矣注是後楚滅陳云云者閩監毛本改作注是後楚滅陳蔡○解云移此以下於日有食之注下

是後楚滅陳鄂本同疏及閩監毛本下有蔡字此脫

即下三十年秋浦鏜云二誤三○按浦說是也

八年

殺陳孔瑗解云左傳穀梁作奐

九年

陳火解云左氏作災字穀梁與此同

其言陳火何諸本同唐石經作其言火何無陳字

此大意欲存之鄂本大作天此誤

卽襄元年春　浦鏜云九誤元浦説是也

十年

夏晉欒施來奔　唐石經諸本同釋文晉欒施左氏作齊欒施孫志祖云此非晉之欒氏公羊經文誤當同左氏作齊

宋公戌卒　唐石經諸本同釋文宋戌讀左傳者音成何云向云向戌與君同名則宜音恤

今無冬者　閩監毛本者作更則屬下

十有一年

絶曷爲絶之　唐石經諸本同十三年疏引作絶也曷爲絶之此脫也字

楚公子棄疾　唐石經棄作弃

安不忘危　閩本同監毛本忘誤亡

希數大異　閩本同監毛本大誤實

盟于侵羊　唐石經諸本同釋文侵羊二傳作祲祥疏本作盟于浸羊解云穀梁傳作侵祥字服氏注引者直作詳無侵字皆是所見異也九經古義云古祥字作詳易履視履考祥釋文云本又作詳書君奭其終出于不祥蔡邕石經云其道出于不詳呂刑告爾祥刑後漢劉愷傳引作詳刑周禮注亦云度作詳刑以詰四方今公羊作侵羊者春秋繁露公羊之爲言猶祥爾雅祥善也鄭注車人云羊善也

盟于浸羊　閩監毛本浸作侵

直作詳字侵字　閩監毛本作無侵字此誤

結其善事然齊國酌者　閩監毛本移齊國酌者二十四字於秋季孫隱如節經下

齊國酌　唐石經諸本同解云賈氏作酌字與此同服氏及穀梁皆作齊國弱字

于屈銀　唐石經諸本同釋文屈銀二傳作厥憖九經古義云說文憖从心猌聲猌讀若銀公羊厥字多作屈

非怒也　唐石經諸本同解云非字有作悲字者誤

十有二年　毛本年誤月

明其父得有子而廢之　按哀二年注無其字此衍

納頓子于頓　浦鏜云下當脫傳云是也

不欲令人妄億錯　蜀大字本閩監毛本同鄂本億作意釋音義毋意或於力反於力反則本作億與此注合陸氏以爲非誤也此本錯字剜改故小而偏當本作措梳標起訖作億措可證閩監毛本疏亦改作億錯矣

星隕如雨之下　閩監毛本同此本隕字剜改何校本作霣是也

及其衰末　毛本同誤也閩監本作衰未何校本同

許男辛臣卒　閩監毛本辛作新

則如主會者爲之　鄂本同閩監毛本如作知誤

史文也北燕本在上　閩本同鄂本無也字此衍監毛本北誤比

不及改順文楚殺其大夫成然者　閩監毛本刪楚殺其大夫者六字移成然左氏十三字於楚殺其大夫成然經下割裂之甚

楚殺其大夫成然　唐石經諸本同疏云左氏作成熊穀梁作成虔字按穀梁作成虎此作虔誤

故爲夷狄所强　諸本同誤也疏中兩引皆作夷狄所彊當據正

今楚行詐滅陳蔡　閩監毛本同誤也鄂本今作令此本疏中兩引亦作令當據以訂正

即伐我喪　襄七年疏即作則是也

云令楚行詐滅陳蔡者　閩監毛本令誤今下同

即託義討招瑗託義討蔡般是也　閩監毛本託皆改托閩本般作股監本誤

般

公羊注疏卷二十二挍勘記終

工部屯田司員外郎胡祖謙挍

監本春秋公羊注疏昭公卷二十三 起十三年盡二十三年

何休學

十有三年春叔弓帥師圍費○費音祕○夏四月楚公子比自晉歸于楚弒其君虔于乾谿此弒其君其言歸何據齊陽生入惡不言歸○谿苦兮反【疏】此弒至歸何○解云正以歸者出入無惡之文今君弒而言歸故難之○注據齊至言歸○解云即哀六年秋七月齊陽生入于齊是也其陽生入惡者先詐致諸大夫立於陳乞之家自是往弒舍是也歸無惡於弒立也歸無惡於弒立者何靈王爲無道作乾谿之臺三年不成楚公子弃疾脅比而立之然後令于乾谿之役曰比已立矣後歸者不得復其田

里衆罷而去之靈王經而死時棄疾詐告比得晉力可以歸至而脅立之比之義宜效死不立而立君因自經故加弒也言歸者謂其本無弒君而立之意加弒責之爾不日者惡靈王無道封內地者起禍所由因以爲戒○罷音皮惡惡靈烏路反〔疏〕歸無至立也○解云弒謂虔也言所以書其歸者正於弒虔之時比無惡○歸無至者何○解云正據經書弒其君虔曷爲言無惡故問之○靈王經而死○解云經者謂懸縊而死也若申生雉經及論語云豈若匹夫匹婦之爲諒也自經於溝瀆者是也故何氏云君因自經○注時棄至爲戒○解云正以經書自晉故得爲有力之義故如此解○云比之義宜效死不立者下傳文云言歸者明其本無弒君而立之意加弒責之爾者桓十五年傳曰歸者出入無惡故云本無弒君而立之意言加殺責之者謂責其不效死而立矣云不日者惡靈王無道者正以宣二年秋七月乙丑晉趙盾弒其君夷獋四年夏六月乙酉鄭公子歸生弒其君夷則春秋之義不問加弒與否例皆書日今而不日故解之云封內地者起禍所由因爲戒者正以下二十五年宋公佐卒於曲棘傳云曲棘者何宋之邑諸侯卒其封內不地此何以地憂內也注云時宋公聞昭公見逐欲憂納之至曲棘而卒故恩錄之然

則諸侯卒其封内例不地今此靈王見弑乾谿之由是以書地以起之故曰起禍所由因以爲戒也**楚公子棄疾弑公子比比已立矣其稱公子何**據齊公子商人弑其君舍【疏】注據齊至君舍○解云在文十四年九月彼傳云此未踰年之君也其言弑其君舍何已立之已殺之成死者而賤生者也注云惡商人懷詐無道故成舍之君號以賤商人之所爲然則彼未踰年君而見弑稱成君今此亦爲未踰年君見弑稱公子故據而難之所以不據僖九年晉里克弑其君之子奚齊者正以取成君之號以難公子義強于君之子之文故也**其意不當也**據上傳知其脅【疏】注據上至其脅解云即上傳云楚公子弃疾脅比而立之是也**其意不當則曷爲加弑焉爾**據王子朝不貶○朝如字【疏】注據王子朝不貶○解云即二十三年秋尹氏立王子朝注云貶言尹氏者著世卿之權尹氏貶于朝不貶者年未滿十歲未知欲富貴不當坐明罪在尹氏然則子朝之意與此相似子朝不貶而比加弑故難之**比之義宜乎效死不立大夫相殺稱人此其**

稱名氏以弑何据經言弑公子比也〔疏〕比之至不立○解云即守死善道若王子間之類也○大夫至稱人○解云即文十六年冬宋人弑其君處臼之下傳云大夫弑君稱名氏賤者窮諸人注云賤者謂士也士正自當稱人大夫相殺稱人賤者窮諸盜注云降大夫使稱人降士使稱盜者所以別死刑有輕重也然則文十六年師有成解故此弟子取而難之○注据經至比也○解云經言弑公子比即是兩下相殺之文而稱弃疾名氏是以據而難之

言將自是爲君也故使與弑君而立者同文也不言其者比實已立嫌觸實公子弃疾則。楚子居也〔疏〕言將至君也○解云謂弃疾從是殺比之後遂代比爲君矣○注故使至文也○解云同文也即文十四年秋九月齊公子商人弑其君舍是也○注不言至公子○解云莊二十二年春陳人殺其公子禦寇注云書者殺君之子重也下十四年冬莒殺其公子意恢然則彼二公子見殺言其今公子比實已立訖若言殺其公子比則嫌觸彼二公子文故曰嫌觸實公子云弃疾即楚子居也者即下二十六年秋楚子居卒是也○

秋公會劉子晉侯齊侯宋公衛侯鄭伯曹伯莒子

邾婁子滕子薛伯杞伯小邾婁子于平丘。八月甲戌同盟于平丘。不舉重者起諸侯欲討弃疾故詳録之不言劉子及諸侯者間無異事可知矣〔疏〕注不舉至録之。解云文十四年六月公會宋公以下同盟于新城然則彼亦是二事舉盟爲重不言會于某今會盟並舉故須解之故云諸侯欲討弃疾以上有弃疾弒君之事下傳有諸侯遂亂之言故知於間詳録此會欲討之矣。注不言至知矣。解云春秋之義會盟咸有而間隔事者則重言諸侯即定公四年三月公子劉子晉侯以下于召陵侵楚夏四月蔡公孫歸姓帥師滅沈以沈子嘉歸殺之五月公及諸侯盟于浩油然則彼由間有隔事劉子不與盟是以重出諸侯今則間無隔事劉子復與盟是以不勞重出劉子及諸侯見其可知矣公不與盟。〇與音預注二不肯與及下文不與焉注公不與不宜與皆同〔疏〕公不與盟者何。解云正以盟會詳録即爲善事而公不與盟於義似違故執不知問晉人執季孫隱如以歸公至自會。公不與盟者何。公不見與盟也。時晉主會疑公如楚不肯與公盟故諱使若公自不肯與盟 疏 注時晉至與盟。解云須言時晉主會者正以此會劉子在其間故須辨之知非劉子主會者正以當時天子微弱故也知疑公如楚不肯與公盟者正以上七年三月公如楚九月公至自楚之文十一年公如晉至河乃復是其見疑不得入晉故也 公不見與盟大夫執何以致會 據得意乃致會 疏 注據得意乃致會。解云即莊六年注云公與二國以上出會盟得意致會不得意不致今此平丘之經亦是公與二國以上出會盟之事故言據得意乃致會也若欲伯事言之即哀十三年夏公會晉侯及吳子于黃池公至自會是也 不恥也曷爲不恥 據扈之會公失序又之 疏 注據扈之會至恥之。解云即文七年秋八月公會諸侯晉大夫盟于扈傳云諸侯何以不序大夫何以不名公失序也公失序奈何諸侯不可使與公盟眣晉大夫使與公盟也何氏云爲諸侯所薄賤不見序故深諱爲不可知之辭是也 諸侯遂亂反陳蔡君子。恥不與焉 時諸侯將征棄疾棄疾乃封陳蔡之君使說諸侯諸侯從陳蔡之君言遂反不復討楚楚亂遂成故云爾公不與盟不書成楚亂者時不受盟也諸侯實不與公盟而言公不與盟者遂亂雖見與公猶不宜與也故因爲公張義。復扶又反爲公于僞反〔疏〕注棄疾至之君。解云即下文是也。注公不至賂也。解云春秋之義諱内惡故隱五年春公觀魚于棠傳云何以書譏何譏爾遠也何氏云實譏張魚而言觀譏遠者恥公去南面之位下與百姓爭利匹夫無異故諱使若以遠觀爲譏也然則公若與盟即成楚亂便是内惡例諱不書今公不與盟不書楚亂者正以時不受賂是以不得書其成亂矣桓二年春公會齊侯陳侯鄭伯于稷以成宋亂夏四月取郜大鼎于宋戊申納于太廟傳云何以書譏何譏爾遂亂受賂納于大廟非禮也然則彼以受賂之故書其成宋亂今不受賂是不以書成楚亂決之春秋之義爲内諱大惡而桓公受賂而成宋亂不爲之諱者彼注云宋公馮與督共弒君而立諸侯會于稷欲共誅之受賂便還令宋亂遂成桓公本亦弒隱而立君子疾同類相養小人同惡相長故賤不爲諱也者是也。注諸侯至張義。解云上注云故諱使若公自不肯與之盟今又言此者正以諸侯遂亂是以魯侯不肯與之盟然則上下二注彌縫爲義非別解云因爲公張義者謂書公不與盟者非直爲國諱因見諸侯遂亂大惡公亦不宜與故言因爲公張義也 〇蔡

侯廬歸于蔡○陳侯吳歸于陳此皆滅國也

其言歸何据歸者有國辭○廬力吳反〔疏〕注据歸者有國辭○解云即僖三十年秋衛滅鄭歸于衛之屬是也不與諸侯專封也故使若有國自歸者也○名者專受其封當誅書者因以起楚封之所以能起之者上有存陳文陳見滅無君所責又蔡本以篡見殺但不成其子不絕其國即諸侯存之當有文實也〔疏〕不與至封也○解云宜言不與楚專封而云不與諸侯專封者宣十一年傳云此楚子也其稱人何諸侯之義不得專討也是楚得言諸侯之義矣而舊云楚子初無封陳蔡之意但畏諸侯之誅遂許封陳蔡之子孫陳蔡爲之請于諸侯諸侯止不伐楚楚乃封陳蔡然則陳蔡得封本由諸侯故傳言諸侯以明之也無疑焉○注名者至當誅○解云諸侯之式不合生名今陳蔡之君既已稱爵而書名者正以諸侯之封宜受于天子而受國于楚故名之見當誅討不合爲諸侯矣○注書者至實也○解云言主書此事者非直惡陳蔡之君不受天子之命亦固以起楚封之所以能起楚之封者正以上九年夏四月陳火傳云陳已滅矣其言陳火何存陳也注云陳已滅復火者死灰復燃之象也

此天意欲存之故從有國記災故曰上有存陳文也言陳見滅無君無所責者正以陳國已滅無君可責而火之者天意作死灰復燃之象見陳國合存之意言蔡本以篡見殺者即襄三十年夏四月蔡世子般弒其君固至上十一年夏四月丁巳楚子虔誘蔡侯般殺之于申是也言但不成其子者即上十一年冬十有一月楚師滅蔡執蔡世子有以歸用之傳云未踰年之君其稱世子何不君靈公不成其子是也子者嗣君之稱謂不成其子有得稱嗣君以繼其父矣言不絕其國者正以書滅是也何者僖五年晉人執虞公之下傳云虞已滅矣其言執之何不與滅也曷爲不與滅滅者亡國之善辭注云言王者起當存之故爲善辭也傳云滅者上下同力者也注云言滅者臣子與君戮力一心共死之辭是也然則何氏言此者欲道陳蔡皆舊有國二君之子復先在楚楚人封之而遂反國故得言歸非謂上會諸侯墠地封之若是上會諸侯墠地封之當如救邢城楚丘之屬傳亦有文實之文若作文實之文宜云城陳蔡傳云孰城之諸侯城之曷爲不言諸侯城之不與諸侯專封曷爲不與實與而文不與文曷爲不與諸侯之義不得專封諸侯之義不得專封則其曰實與之者上無天子下無方伯天下諸侯有相滅亡者力能存之則存之可也

○冬十月葬蔡靈公

書葬者，經不與楚討，嫌本可責復讎，故書葬，明當以誅君論之，不得責臣子。〔疏〕注書葬至臣子　○解云：隱十一年傳云：然則何以不書葬？春秋君弒賊不討，不書葬，以爲無臣子也。然則靈公上十一年爲楚誘殺，未見復讎之文，而書其葬者，正以上十一年經不與楚討，若不書其葬，即嫌可以責蔡臣子無復讎之義，是以書葬。靈公本者弒父而立，當從誅君論之，不得責臣子復讎於楚矣。言經不與楚討者，即上十一年傳云楚子虔何以不名？絕也。曷爲絕之？爲其誘討也。此討賊，雖誘之，曷爲絕之？懷惡而討不義，君子不與是也。○公如晉，至河乃復。○吳滅州來。不日者，略兩夷。〔疏〕注不日者略兩夷　○解云：上四年秋七月遂滅厲，注云：莊王滅蕭日，此不日者，靈王非賢，責之略。然則吳子夷昧兄弟立，謀讓位季子，即爲賢者，而反滅人，宜亦書日以責之，而不日者，正以兩夷相滅，故略之。考諸舊本，日亦有作月字者。若作月字，當云春秋上下滅例書月，即莊十年冬十月齊師滅譚，十三年夏六月齊人滅遂之屬是。今此不月，略兩夷故也。是以下三十年十二月吳滅徐之下，而注云至此乃月者，所見世始錄夷狄滅小國也，不從上州來、巢見義者，因有奔文可責是也。以此言之，則知此文無月明矣。文承十月之下，而言無月者，謂不

在十月内也然則爲日字者誤云云之說在三十年

十有四年春隱如至自晉〇三月曹伯滕卒〇夏四月〇秋葬曹武公〇八月莒子去疾卒

入昭公卒不日不書葬者本篡故因不序〇去起呂反

【疏】注入昭至不序〇解云春秋之義所傳聞之世略於小國不書其卒至所聞之世乃始書之即文十三年邾婁子蘧篨卒之徒是也至所見之世文致大平書小國而錄之卒月葬時即下二十八年秋七月癸巳滕子寧卒冬葬滕悼公之屬是也今此莒君入昭公所見之世宜令卒日葬時而卒不日復不書其葬者正由其本是篡人故因略之不序其卒日亦不序其葬矣其本篡者即上元年秋莒去疾自齊入于莒是也然則春秋之義篡明者例書其葬即衞晉鄭突齊小白陽生之徒是今此去疾於上元年秋亦有自齊入于莒之文即是篡明例合書葬但以本篡故固不序然則入昭公所見之世小國之卒例合書日而上三月曹伯滕卒亦不日者莊二十三年冬十一月曹伯射姑卒之下何氏云曹伯達於春秋當卒月葬時也如卒日葬月嫌與大國同故復卒不日入所

聞世可日不復日然則曹伯終生於桓十年時以春秋敬老重恩之故而得卒日葬月以爲大平是以入所見之世雖例可日亦不復日是故上文上○曹伯不書日矣

○冬莒殺其公子意恢 莒無大夫書殺公子者未踰年而殺其君之子不孝尤甚故重而錄之稱氏者明君之子○恢苦回反

【疏】注莒無大夫○解云莊二十七年傳文○注稱氏至之子○解云小國大夫假令得見皆不書氏即莒慶之徒是也今兼書公子者欲明其是君之子故也若言莒殺意恢無以明嗣子不孝

十有五年春王正月吳子夷昧卒 ○夷昧音末本亦作末○

○二月癸酉有事于武宮籥入叔弓卒去樂卒事其言去樂卒事何 据入者言萬去籥言名不言卒事○籥羊略反去樂起呂反注去籥及下文去樂同

【疏】注据入至卒事○解云即宣八年夏六月辛巳有事于大廟仲遂卒于垂壬午猶繹萬入去籥是也然則彼乃入者言萬此則入者言籥彼則去籥言名此則漫言去樂而已彼又不言卒事與此異是

故弟子据而難之**禮也**以加錄卒事即非禮但當言去樂而已若去籥矣揔言樂者明悉去也**君**

有事于廟聞大夫之喪去樂恩痛不忍舉**卒事**畢其祭事

大夫聞君之喪攝主而往主謂已主祭者臣聞君之喪義不可以不即行

故使兄弟若宗人攝行主事而往不廢祭者古禮也古有分
土無分民大夫不世已父未必爲今君臣也孝經曰資于事
父以事君
而敬同
疏 注主謂至臣也○解云謂已於廟內主其祭
事者矣云古有分土無分民知如此者正以
詩云誓將去汝適彼樂土論語云四方之民襁負其子而至
矣之言故也云大夫不世者謂凡平大夫也不得以有功德
大夫難之○注孝經至敬同○解云何氏之意以資爲取言
取事父之道以事君所以得然者而敬同故也以此言之則
何氏解孝經與鄭稱同與康成異矣云云之說在孝經疏**大夫聞大夫之喪尸事**

畢而往賔尸事畢而往也日者爲卒日○爲于僞反
疏 注賔尸至往也○解云正以禮大夫祭謂
之賔尸故也云日者爲卒日者正以春秋
之義失禮鬼神例日今非失禮知日爲卒

○**夏蔡昭吳**

奔鄭不言出者始封名言。歸嫌與天子歸有罪同故奪其有國之辭明專封○昭吳左氏作朝吳

疏夏蔡昭吳奔鄭○解云左氏穀梁皆言朝吳出奔鄭今此作昭吳字又不言出者所見之文異案左氏穀梁皆以朝吳爲蔡大夫則知此昭吳亦爲蔡大夫矣而舊解以昭吳爲蔡侯廬之字者似非何氏之意○注不言至專封○解云今此昭吳出奔鄭不言出者正以其君始封之時名書歸即上十三年蔡侯廬歸于蔡是也云嫌與天子歸有罪同者謂書名言歸者乃與天子歸有罪之文近相似故以爲嫌何者僖公二十八年夏六月衛侯鄭自楚復歸于衛注云言復歸者刺天子歸有罪矣冬曹伯襄復歸于曹而注云曹伯言復歸者天子歸之名者與衛侯鄭同義然則天子歸有罪者書名言歸向上蔡侯廬歸于蔡亦有罪歸故言嫌與天子歸有罪同非謂確然相似言故奪其有國之辭者正以君子之歸有所嫌故奪其昭吳有國之辭不言其出矣云明專封者欲明其蔡侯爲楚所專封矣吳既受諸侯之專封不合有國故不言大夫之出奪其國文以見之

○六月丁巳朔日有食之并十七年食蓋與孛于大辰同占

疏注并十至同占○解云謂此文日有食之并十七年夏六月甲戌朔日有食之皆與十七年有星孛

於大辰同占也其占者則孛大辰之下注云是後周分爲二天下兩主宋南里以亡是也○秋晉荀吳帥師伐鮮虞○冬公如晉

十有六年春齊侯伐徐○楚子誘戎曼子殺之楚子何以不名据誘蔡侯名○戎曼音萬二傳作戎蠻哀四年同〔疏〕注据誘蔡侯名○解云即上十一年夏楚子虔誘蔡侯般殺之于申是也夷狄相誘君子不疾也曷爲不疾据俱誘也若不疾乃疾之也以爲固當常然者乃所以爲惡也顧以無知薄責之戎曼稱子者入昭公見王道大平百蠻貢職夷狄皆進至其爵不日者本不卒不地者略也○見賢徧反〔疏〕注戎曼至其爵○解云上四年申之會伐吳再見淮夷五年冬越人伐吳一見越人所見之世而不進之者君子因事見義故也何者淮夷與越蓋遣大夫會此是君因可進而進之且昭公之時文致大平實不治定但可張法而已寧可文皆進乎○注不日者本不卒○解云上十一年夏四月丁巳楚子虔誘蔡侯般殺

之于申書其丁巳今亦誘殺而不日者正以戎曼乃是夷狄之內最爲微國雖於大平之世亦不合卒是故春秋因畧之不書其日矣云不地者畧也者正以蔡侯誘殺經書于申今此不地故言畧也○夏公至自晉○秋八月己亥晉侯夷卒○九月大雩先是公數如晉○數如音朔○季孫隱如如晉○冬十月葬晉昭公○

十有七年春小邾婁子來朝○夏六月甲戌朔日有食之○秋郯子來朝○八月晉荀吳帥師滅賁渾戎○賁渾音六下戶門反冬有星孛于大辰

孛者何彗星也三孛皆發問者或言入或言于或言方嫌爲孛異猶問錄之○星孛音佩彗息遂反又囚歲反

疏孛者何○解云欲言星名星名未有孛欲言非星錄爲星稱故執不知問○注三孛至錄之○解云言三孛皆發問者即文十四年秋七月有星孛入于北斗傳云孛者何慧星也其言入于北斗何北斗有中也何以

書記異也哀十三年冬十有一月有星孛於東方傳云孛者何彗星也其言于東方何見于旦也何以書記異也并此三處皆言孛者何故言三孛皆發問也所以三處皆問之者正以文十四年經言入于北斗此經言于大辰哀十三年經言于東方三文甚異即嫌爲孛之不同是以處處猶發問而詳録之故云或言入或言于或言方嫌爲孛異猶問録之

其言于大辰何 據北斗言入于大辰非常名 〔疏〕注據北斗言入于。解云正以此經不言入宜言于此據入而難之云大辰非常名者正以東方七宿皆謂之辰故曰大辰非七宿之常名而經舉之因以爲難也

在大辰也大辰者何大火也 大火謂心 〔疏〕大辰者何。解云正以大辰之名非一而已不知何者故執不知問。注大火謂心。解云左氏傳心爲大火是也而釋天云柳鶉火者正以柳在南方亦可爲出火之候故也不謂心星非大火然則爾雅不言心爲大火者文不備也

大火爲大辰伐爲大辰 伐謂參伐也大火與伐天所以示民時早晚天下所取正故謂之大辰辰時也。參所林反 〔疏〕大火爲大辰。解云即釋天云大火謂之大辰李氏云大火蒼龍宿之心以候四時故曰大辰孫氏

郭氏云大火心也在中最明故時候主焉是也○注伐謂參伐也○解云正以伐在參傍與參連體而六星故言伐謂參伐伐與參爲一候故也

北辰亦爲大辰北辰北極天之中也常居其所迷惑不知東西者須視北辰以別心伐所在故加亦者兩相須之意○別彼列反

疏注北辰北極○解云即釋天云北極謂之北辰李氏云北極天心居北方正四時謂之北辰孫氏郭氏曰北極天之中以正四時謂之北辰是也云天中也者以天面言之故也然則謂之極者取於居中之義矣而春秋說云北者高也極者藏也言大一之星高居深藏故名北極也者與先儒說違其何氏兩解之云常居其所者謂常居紫微宮所矣

何以書記異也心者天子明堂布政之宮亦爲孛彗者邪亂之氣掃故置新之象是後周分爲二天下兩主宋南里以亡○邪似嗟反

疏注心者至之宮○解云春秋說文星經亦云云亦爲孛者亦如北斗爲彗所孛矣○注是後至以亡○解云言周分爲二天下兩主者謂敬王在成周王猛居王城故下二十二年秋劉子單子以王猛入于王城傳云王城者何西周也何氏云時居王城邑自號西周王經又言冬十月王子猛卒二十二年秋尹氏立王子朝然則王猛卒後子朝復簒恒與敬王處据相

拒故云周分爲二天下兩主也是以運斗樞云星孛賊起守大辰於五堂亂兵塡門三王爭周以分是也然則彼有三王爭者通前後言之今此云周分爲二天下兩主者正以子猛子朝之篡是一也言宋南里以亡者即下二十一年夏宋華亥向寧華定自陳入于宋南里以畔是也○楚人及吳戰于長岸詐戰不言戰此其言戰何據於越敗吳于醉李○攜李音醉本或作醉敵也俱無勝負不可言敗故言戰也不月者略兩夷【疏】詐戰至戰何○解云經文言戰而傳以詐戰問之者正以夷狄質薄不能結日偏戰今此兩夷而言戰故以詐戰難之○注據於至醉李○解云在定十四年夏也彼此皆是兩夷無言戰之經是以據而難之○注不月者略兩夷○解云正以春秋之例偏戰者日詐戰者月今此詐戰而不月故言略兩夷

十有八年春王三月曹伯須卒○夏五月壬午宋衛陳鄭災何以書記異也何異爾異其同日而俱災也外異不書此何以書爲天下

記異也詩云其儀不忒正是四國四國天下象也是後王室亂諸侯莫肯救故天應以同日俱災若曰無天下云爾○爲于僞反忒官得反應應對之應〔疏〕記異也○解云經言災者以其焚宗廟朝廷故也傳云異者正以四國同日而俱災○注四國天下象也○解云正以四國得爲四方之國故得謂之天下象○注是後王室亂諸侯莫肯救○解云即下二十二年夏六月王室亂傳云何言乎王室亂注云据天子之居稱京師言不及外也注云宮謂之室刺周室之微弱邪庶並篡無一諸侯之助匹夫之救如一家之亂也故變京師言王室不爲天子諱者方責天下不救之者是王室亂諸侯莫肯救之事也

○六月邾婁人入鄅○鄅音禹○又音矩

秋葬曹平公○冬許遷于白羽

十有九年春宋公伐邾婁○夏五月戊辰許世子止弒其君買蔡世子般弒父不忍日此日者加弒爾非實弒也〔疏〕注蔡世至弒也○解云即襄三十年夏四月蔡世子般弒其君固何氏云不日者深爲中國隱痛有子弒父之禍故不忍言其

日是也然則許亦冲國而言日者正以加弒非實弒故也知加弒者下傳備文若夷狄弒父則忍言其日者即文元年冬十月丁未楚世子商臣弒其君髡彼注云日者夷狄子弒父忍言其日是也

○己卯地震季氏稍盛宋南里以叛王室大亂諸侯莫肯救晉人國郊吳勝雞父尹氏立王子朝之應

疏注季氏至之應○解云謂稍稍盛也往前時豹揭爲政自上十一年夏公如晉至河乃復十三年平丘之會公不與盟以來季孫隱如數見經至二十五年逐出昭公矣云宋南里以叛者在二十一年夏云晉人國郊者在下二十三年也彼傳云郊者何天子之色也曷爲不繫于周不與伐天子也是也云吳勝雞父者即下二十三年秋七月戊寅吳敗頓胡沈蔡陳許之師于雞父是也○云尹氏立王子朝者即下二十三年秋尹氏立王子朝是也賊未討何以書葬者正以隱十一年傳云春秋君弒賊不討不書葬以爲無臣子也然則師有解爾故此弟子據而難之

○秋齊高發帥師伐莒

○冬葬許悼公賊未討何以書葬不成于弒也曷爲不成于弒據將而誅之○于殺音試下于殺加殺皆同止進藥而

藥殺也時悼公病止進藥悼公飲藥而死止進藥而藥殺則曷爲加弒焉爾據意善也譏子道之不盡也其譏子道之不盡奈何曰樂正子春之視疾也樂正子春曾子弟子以孝名聞

疏注樂正至名聞○解云祭義云樂正子春下堂而傷其足數月不出猶有憂色門弟子云云子春曰吾聞諸曾子曾子聞諸夫子曰天之所生地之所養無人爲大父母全而生之子全而歸之可謂孝矣云云今予忘孝之道予是以有憂色云云是也

復加一飯則脫然愈復損一飯則脫然愈復加一衣則脫然愈復損一衣則脫然愈脫然疾除貌也言消息得其節○復加扶又反下同一飯扶晚反下同

疏復加至然愈○解云言子春視疾之時消息得其節觀其顏色力少如可時更加一飯以與之其病者脫然加愈若觀其顏色力少如弱時則復損一飯以與之則其病者脫然加愈又觀其顏色力似寒時則復加一衣以與之則病者脫然又加愈又觀其顏色力

似如㸑則復損一衣以與之則病者脫然而愈止進藥而藥殺是以君子加弒焉爾失其消息多少之宜曰許世子止弒其君買是君子之聽止也聽治止罪葬許悼公是君子之赦止也原止進藥本欲愈父之病無害父之意故赦之赦止者免止之罪辭也明止但得免罪不得繼父后許男斯代立無惡文是也

疏注明止至是也〇解云正以此傳但有赦止之文而無善止之處故知但得免罪而已無嗣父之義矣云許男斯代立無惡文是也者正以自此以后不見許男卒葬之文雖有定六年春王正月癸亥鄭游遬帥師滅許以許男斯歸是也言無惡文者正以不見立入之文故也若止宜立而斯簒之春秋之義應作簒文以惡斯矣似若隱四年衛桓見弒嗣子宜立而宣簒之經書立晉以爲惡晉之文也

二十年春王正月〇夏曹公孫會自鄸出奔宋

奔未有言自者此其言自何据始出奔未有言此者與宋華亥入宋南

里復出奔異○鄭音蒙又亡忠反又亡貢反一音亡增反者此舊於此下有此者非復扶又反【疏】注据始至言此○解云謂始發國出未有言自者故云爾云與宋華亥入宋南里復出奔異者即下文冬十月宋華亥向寧華定出奔陳二十一年夏宋華亥向寧華定自陳入于宋南里以叛二十二年春宋華亥向寧華定自宋南里出奔楚是也而言異者正以華亥之徒奔而入叛邑之處乃始出奔故得言自今會始出故云異矣畔也時會盜鄭以奔宋畔則曷爲不言其畔言叛者當言以畔○如邾婁庶期【疏】注言叛至庶期○解云若其作叛文當言公孫會以鄭出奔宋如似襄二十一年邾婁庶其以漆閭丘來奔之類也爲公子喜時之後諱也春秋爲賢者諱諱使若從鄭出奔者故與自南里同文○爲公子于僞反下爲賢爲會爲之諱同何賢乎公子喜時据喜時不書【疏】注据喜時不書○解云正以曹羈叔肹春秋賢之者皆書見經即莊二十四年冬曹羈出奔陳宣十七年冬公弟叔肹卒之文是也今此喜時既不書見非所賢矣則何賢乎喜時故難之讓國也其讓國奈

何曹伯廬卒于師在成十三年則未知公子喜時從與喜時曹伯廬弟。從與才用反下音餘下從與同〈疏〉注喜時曹伯廬弟。解云而賈服以爲廬之庶子者蓋所見本異也公子負芻從與負芻喜時庶兄或爲主于國或爲主于師古者諸侯師出世子率與守國次宜爲君者持棺絮從所以備不虞或時疾病相代行本史文不具故傳疑之。絮從女居反說文云絮緼也一曰敝絮也〈疏〉注古者至不虞。解云春秋說文言率與守國者與衆也謂率衆以守國也左氏春秋傳云大子之法君行則守是也其次宜爲君者謂若大子母弟也言持棺絮從者棺者椑也即禮云以椑從之文是也絮謂新綿即禮記云屬纊以俟絶氣之文是也云或時疾病相代行者正以曹伯無子喜時其母弟也當守國公子負芻者庶兄也禮當從君但或時負芻疾而喜時代之行今傳不言者正以史文不具故也公子喜時見公子負芻之當主也逡巡而退賢公子喜時則曷爲爲會諱君子之善善也長惡惡也短惡惡止其身不遷怒也○遷七旬反惡惡並如字一讀上烏路反下同〔疏〕公子至其身○解云當依正禮喜時守國則負芻當主者在甍之處當主而來若其疾病求代行則負芻當主也者在國而當主矣善善及子孫賢者子孫故君子爲之諱也君子不使行善者有後患故以喜時之讓除會之叛不通鄭爲國如通濫者喜時本正當立有明王興當還國明叔術功惡相除裁足通濫爾○濫力甘反又力暫反〔疏〕注不通至濫爾○解云昭三十一年冬黑弓以濫來奔傳云文何以無邾婁注云据讀言邾婁通濫也注云通濫爲國故使無所繫曷爲通濫賢者子孫宜有地也賢者孰謂謂叔術也何賢乎叔術讓國也云云然則今若通鄭爲國宜云夏公孫會以鄭出奔宋傳云文何以無曹通鄭也曷爲通鄭賢者子孫宜有地也賢者孰謂謂喜時也何賢乎喜時讓國也云云今不如此者正以喜時本正當立若有明王興興滅國繼絕世之時當令還其國則不宜通鄭邑以爲小國而已以此言之明叔術以讓國之功除其妻嫂殺顏之惡裁足通濫邑以爲小國而已不足以得邾婁也○秋盜殺衛侯之兄

輒毋兄稱兄兄何以不立据立嫡以長○輒左氏作縶嫡丁歷反長丁丈反

疏注据立嫡以長○解云即隱元年傳曰隱長又賢何以不宜立立嫡以長不以賢立子以貴不以長之文是也

有疾也何疾爾惡疾也惡疾謂瘖聾盲癘禿跛傴不逮人倫之屬也書者惡衛侯兄有疾不憐傷厚遇營衞不固至令見殺失親親也公子不言之兄弟言之者敵體辭嫌於尊卑不明故加之以絶之所以正名也○瘖於今反聾路工反癘力世反又力大反禿吐木反跛布可反傴於矩反惡烏路反令力呈反

疏注失親親也○解云失親親之道也○冬十月宋華亥向甯華定出奔陳月者危三大夫同時出奔將爲國家患明當防之○向甯二傳作向寧

疏注月者至防之○解云春秋之義大夫出奔例皆書時即成七年冬衞孫林父出奔晉襄二十八年夏衞石惡出奔晉冬齊慶封來奔之屬是也今此書月故須解之言將爲國家患者即下文入于宋南里以畔是也若言三大夫同時出奔然後乃月案莊十二年冬十月宋萬出奔陳一大夫也亦書月者使與大國君出奔同明彊禦之甚是也○十有一月

辛卯，蔡侯盧卒。

二十有一年，春，王三月，葬蔡平公。○夏，晉侯使士鞅來聘。○宋華亥、向甯、華定自陳入于宋南里以畔。宋南里者何？若曰因諸者然。因諸者，齊故刑人之地。公羊子齊人，故以齊喻也。宋樂世心自曹入于蕭，不言宋。○南里者，略叛臣從刑人于國家尢危，故重舉國。○重，直用反。〔疏〕入于至以畔○解云：左氏、穀梁皆作南里字，而賈氏云穀梁曰南鄙，蓋所見異也。○宋南里者何○解云：欲言其邑，而繫宋言之，與蕭側異；欲言非邑，入之而叛，與蕭相似，故執不知問。○注因諸至之地○解云：舊說云即博物志云周曰囹圄，齊曰因諸是也。○注宋樂至言宋○解云：即定十一年秋，宋樂世心自曹入于蕭，注云不言叛者，從叛臣叛可知者是也。何氏特引此事者，正以自外而入與此相似，而不繫宋，故須解之。○秋，七月，壬午朔，日有食之。是後周有篡禍。〔疏〕注是後周有篡禍○解云：在明年。○八月

乙亥叔痤卒○叔痤在禾反左氏作叔輒　疏　叔痤卒○解云左氏穀梁作叔輒○

冬蔡侯朱出奔楚出奔者爲東國所簒也大國奔例月此時者意背中國而與楚故略之○惡烏路反下音佩　疏　冬蔡侯朱○解云左氏與此同穀梁作蔡侯東○注出奔至簒也○解云知此者正以二十三年夏六月蔡侯東國卒于楚故也簒不書者東國之下自有注說○注大國至略之○解云大國奔例月者即桓十六年十一月衛侯朔出奔齊之徒是也言惡背中國而與楚者即奔楚是也○公如晉至河乃復

二十有二年春齊侯伐莒○宋華亥向甯華定自宋南里出奔楚前出奔已絕賤復録者以故大夫專勢入南里犯君而出當誅也言自者別從國去○復扶又反別從彼列反下同　疏　注前出至國去○解云在上二十年冬也春秋之例大夫奔之後其位已絕即襄二十八年冬齊慶封來奔其後因魯奔吳經不書之是也今此書者正以專勢入南里犯君而出

起其當誅故也云言自者别從國去者謂言自宋南里者欲别於宋萬出奔陳之文從國都而去者故也○大蒐于昌姦○大瘦所求反本亦作蒐昌姦二傳作昌間 ○夏四月乙丑天王崩○六月叔鞅如京師○葬景王○王室亂謂王猛之事

疏注謂王至之事○解云即下文秋劉子單子以王猛入于王城是也不言子朝者子朝于時篡事未成故也

何言乎王室亂據天子之居稱京師天王入于成周天王出居于鄭不言亂

疏注據天至京師○解云桓九年紀季姜歸于京師京師者何天子之居也京者何大也師者何衆也天子之居必以衆大之辭言之是也云天王入于成周者即下二十六年冬十月天王入于成周是也以上二事以解傳文何言乎王室之意云天王出居于鄭不言亂者即僖二十四年冬天王出居于鄭是也

言不及外也宫謂之室刺周室之微邪庶並篡無一諸侯之助匹夫之救如一家之亂也故變京師言王室不言成周言王室者正王以責諸侯也傳不事事悉解者言不及外外當責之故正王可知也不爲天子諱者方責天下不救之○邪庶

似嗟反 疏 注宮謂之室○解云爾雅文云邪庶並篡者正以子猛子朝皆非正適故謂之邪庶也共篡篡敬王故謂之並篡時子朝篡事未成而言並篡者欲見尹氏之徒已有立之之意也云無一諸侯之助匹夫之救者正以變京師言王室故知如此云不言成周言王室者正王以責諸侯也者公羊之義以成周是正居既不言京師亂何故不言成周亂而言王室亂者又欲正其王號以責諸侯不救之謂敬王爲王矣其若不然景王之崩至今期年其嗣子在喪得云王王室乎云傳不事事悉解者傳若事事悉解宜云不言京師言王室者刺周家之微也如一家之亂而已責諸侯不救急著天王之號今不爾者正以言不及外之文足兼此等之意是故不復費辭爾云言不及外即是外邊諸侯之當責之可知由是之故須著言王責諸侯之不救也故曰皆可知云注不爲天子諱者方責天下不救之者閔二年傳云曷爲外之春秋爲尊者諱然則春秋之義爲尊者諱今天子微弱不能討亂失國之刑而不爲諱者方責天下不救之是以不得不見者矣

劉子單子以王猛居于皇其稱王猛何據未踰年已葬當稱子 疏 注據未至稱子○解云正以莊三十二年傳云既葬稱子踰年稱公故也言已葬者即上文葬

景王是也當國也時欲當王者位故稱王猛見當國也錄居者事所見也不舉猛爲重者時猛尚幼以二子爲計勢故加以以者行二子意辭也二子不舉重者尊同權等〇見當賢偏反下同疏注時欲至國也〇解云正以言王傾國受師似當國之人鄭段之徒矣云錄居者事所見也者正以當國之人未成爲王理宜略之而錄其居者春秋刺其簒逆若不書云王猛居于皇則其當國之事無由見故曰錄居者事所見也云不舉猛爲重者春秋之徒悉皆舉重是以下二十三年秋天王居于狄泉之經不言其大夫以之今不舉重故如此解也云以者行二子意辭也者正以桓十四年宋人以齊人衛人蔡人陳人伐鄭〇以者何行其意也何氏云以已從人曰行言四國行宋意是也〇秋

劉子單子以王猛入于王城王城者何西周也時居王城邑自號西周主〇疏王城者何〇解云欲言正居文無成周之稱欲言非正居王猛入之故執不知問其言入何據非成周疏注據非成周〇解云正以公羊之義以成周爲正居故言此矣是以二十六年冬十月天王入于成周是也簒辭也時雖不入成周已得京師地半稱王置官自號

西周故從簒辭言入起其事也不言西周者正之無二京師也不月者本無此國無可與別輕重也【疏】注故從簒辭言入○解云正以春秋之義立納入皆爲簒辭故此謂入爲簒簒辭矣○注不月至重也○解云春秋之義大國之簒例合書月即隱四年冬十二月衞人立晉之徒是何者以其禍大故也小國例時以其禍小矣即昭元年秋莒去疾自齊入于莒之文是今此入王城之邑而簒天子計其禍咎實如大國之例而不月者正以本無可與別輕重之義是以時之也

冬十月王子猛卒此未踰年之君也其稱王子猛卒何据子卒不言名外未踰年君不當卒【疏】注据子卒不言名○解云即文十八年冬十月子卒是也云外未踰年君不當卒者正以春秋上下無其事故也而僖九年冬晉里克弑其君之子奚齊書者彼乃見殺非此之類也而言外者正以内之子般子野之徒皆書之故也不與當也不與當者不與當父死子繼兄死弟及之辭也春秋簒成者皆與使當君之父死子繼兄死弟及者簒所緣得位成爲君辭也猛未悉得京師未得成王又外未踰年君三者皆不當卒

卒○又名者非與使當成爲君也嫌上入無成周文非篡辭故從得位卒明其爲篡也月者方以得位明事故從外未踰年君例

疏注春秋至辭也○解云即公及齊侯盟于柯齊侯小白卒之徒是也○注猛未至當卒○解云猛未悉得京師即從篡不成已是不當卒也假令得作外踰年君問自不得書其卒況未成外踰年君實不得書其卒言二者不當卒矣○注卒又至篡○解云既不合卒今書其名非欲成其爲君但嫌上經入于王城之時無成周之文恐其非篡辭故從其得位而書其卒正欲明爲篡故也○注月者至君例○解云篡既不成理宜略之而書其月者春秋方書其卒若得位然以明其篡事故曰方以得位明事也言故從外未踰年君例者即僖九年冬晉里克弒其君之子奚齊何氏云弒未踰年君例當月不月者不正遇禍終始惡明故畧之今此書月從未踰年君例矣

十有二月癸酉朔日有食之是後晉人圍郊犯天子邑

監本附音春秋公羊注疏襄公卷二十三

江南蘇松督糧道方　體栞

公羊注疏卷二十三挍勘記

阮元撰盧宣旬摘錄

公羊注疏昭公卷二十三

十有三年

得晉力可以歸　此本晉誤有可誤司今據諸本訂正

謂其本無弒君而立之意　諸本同誤也鄂本謂作明疏引注同當據正

加弒責之爾　此本疏中引注作加殺閩監毛本亦改作弒

今比亦爲未踰年君　閩監毛本比誤此

所以不据僖九年晉里克弒其君之子奚齊者　閩監毛本弒作殺非

郎上傳云楚公子弃疾　閩監毛本弃作棄下同

卉疾則楚子居也　鄂本同閩監毛本則作卽疏同

公不與盟者何　此本此節疏在公不與盟之下閩監毛本移於公不與盟者何之下

不肯與公盟　鄂本肯作肎下同

據扈之會至恥之　閩監毛本刪之會二字

君子不恥不與焉　唐石經諸本同此本脫上不字今補正

時不受賂也　諸本同疏引桓二年傳受賂以證之此本作受盟盟字剜改今訂正

故言因爲公張義也　閩本同監毛本爲公誤倒

故使若有國自歸者口　閩監毛本口作也此本實缺蓋衍

因以起楚封之　此本疏引因作固

無君所責　鄂本同疏及閩監毛本作無君無所責

卽諸侯存陳　閩監毛本作諸侯存之此作陳誤按解云非謂上會諸侯墠地封之若是上會諸侯墠地封之當如救邢城楚丘之屬傳亦有文實之文然則存之當作封之矣

然則何以不書葬　浦鏜云弒誤然○按作殺與十一年傳合

靈公本者弒父而立　閩監毛本刪者字按者字當在靈公下

楚子虔何以不名　浦鏜云不衍字

絕也曷爲絕之　十一年傳無也字

不日者略兩夷　解云考諸舊本日亦有作月字者春秋上下滅例書月然則爲日字者誤按三十年冬十有二月吳滅徐疏引此注云不月者略兩夷此處疏本仍作日

靈王非賢責之略　此本閩本責誤表今訂正監毛本責改君之略誤倒

因有奔文可責是也　按三十年注作因有出奔可責無文字

十有四年

但以本篡故固不序　閩監毛本固作因

當卒月葬時也如卒日葬月嫌與大國同故復卒不日　閩本同監毛本與誤於按此常誤當始誤如後誤復

是故上文上曹伯　浦鏜云當作卒曹伯

十有五年

畢其祭事　閩監毛本其作竟

誓將去汝　浦鏜云逝誤誓

與鄭稱同　閩監毛本同浦鏜云鄭稱當孔傳之誤梁玉繩云鄭偁爲魏侍中有荅魏武帝金輅之問見續後漢書輿服志注又魏志延康元年注引魏略言偁篤學大儒爲武德侯敘傅敘即魏明帝也丁杰云孝

經鄭注據此處疏文非康成亦非小同當是鄭偁孫志祖云徐彦疏云與鄭偁同與康成異則偁與康成爲二家明矣

夏蔡昭吳奔鄭　唐石經諸本同解云左氏穀梁皆言朝吳出奔鄭

始封名言歸　疏作書歸

而舊解以昭吳爲蔡侯盧之字者　閩監毛本盧改廬非

非謂礭然相似　何校本同閩監毛本礭作確

十有六年

見王道大平　閩監毛本大作太非疏同

十有七年

晉荀吳帥師滅賁渾戎　唐石經諸本同穀梁賁作陸左氏作陸渾之戎

北者高也極者藏也　按高藏字疑互誤

自号西周王　閩監毛本号作號

二十二年秋　浦鏜云三年誤二年

恒與敬王處据相拒　按處据疑居處之誤或當爲處據

十有八年

爲天下記異也　唐石經諸本同鄂本異作災誤

十有九年

晉人圍郊　此本圍誤國疏同今據諸本訂正

自上十二年夏　此本二字鈌上畫閩本鈌下畫監毛本遂誤作一今訂正

逐出昭公矣　按逐當作遂

秋七月戊寅　浦鏜云戊辰之誤按浦說是也

尹氏立王子朝是也賊未討何以書葬者　閩監毛本下增○解云移賊未討以下於傳下

無人爲大　閩監毛本無改唯非

二十年

据始出奔未有言此者　鄂本同閩監毛本此作自按此本疏標起訖云注据始至言此者閩監毛本亦改此爲自

當言以畔如邾婁庶期　閩監毛本期改其非鄂本及此本疏標起訖皆作庶期又鄂本以畔作以鄭此誤

何賢乎公子喜時　毛本子誤羊

喜時曹伯廬弟　解云賈服以爲廬之庶子者葢所見本異

負芻喜時庶兄　鄂本作從兄

世子率與守國　閩監毛本與作輿此誤解云春秋説文言率輿守國輿衆也

持棺絮從　釋文絮從女居反説文云絮緼也段玉裁云釋文當作絮

絮謂新綿　閩監毛本綿作緜

公子至其身　閩監毛本其身改當主

二十有一年

春王三月　唐石經鄂本同閩監毛本誤二月

自陳入于宋南里以畔　唐石經諸本同解云左氏穀梁皆作南里而賈氏云穀梁曰南鄙葢所見異

齊故刑人之地　閩監毛本同誤也鄂本故作放當據正

宋樂世心　毛本世作大鄂本不誤公羊作世心左氏作大心廿五年釋文可證嚴杰說

自曹入于蕭不言宋　鄂本此下叠言宋二字此疏

冬蔡侯朱出奔楚　唐石經諸本同解云左氏與此同穀梁作蔡侯東

二十有二年

大蒐于昌姦　唐石經諸本同釋文作大廋云本亦作蒐昌姦二傳作昌間

以上二事以解傳文何言乎王室亂之意　按此十六字當在天王出居于鄭是也之下○補案此本王室下脫亂字

刺周室之微　十八年疏引此下有弱字

不言成周　蜀大字本閩監毛本同鄂本言作曰

故正王可知也　疏引作皆可知

傳若事悉解　浦鏜云疑脫一事字

云注不爲天子諱者　按注字當衍何按本作注云

閔二年傳云　浦鏜云元誤二按浦說是也

不舉猛爲重者　鄂本閩本同監毛本舉誤居

正以言王傾國受師　此本傾作頃今據閩本訂正監毛本作須非

以者何行其意也　浦鏜云上當脫傳云

自號西周主　鄂本同閩監毛本自誤故主作王按廿六年冬十月下疏引作自號西周王

不月者　蜀大字本閩監毛本同鄂本無者字

三者皆不當卒卒又名者　蜀大字本閩監毛本同誤也鄂本三作二無下卒字當據以訂

正按解云言二者皆不當卒又云既不合卒今書其名皆與鄂本合

假令得作外踰年君問自不得書其卒　浦鏜云問疑亦字誤

公羊注疏卷二十三挍勘記終

工部屯田司員外郎胡祖謙校

傳古樓景印

四部要籍選刊·經部　蔣鵬翔 主編

阮刻春秋公羊傳注疏

五

〔清〕阮元 校刻

浙江大學出版社

本册目録

卷第二十四

卷第二十五

卷第二十六

卷第二十七

卷第二十八

監本春秋公羊注疏昭公卷第二十四 起二十三年盡二十[illegible]年

何休學

二十。三年春王正月叔孫舍如晉○癸丑叔鞅卒○晉人執我行人叔孫舍○晉人圍郊

郊者何天子之邑也天子閒田有大夫主之○閒音閑

疏叔孫舍者○解左氏穀梁作婼字○郊者何○解云欲言外邑文無所繫欲言魯邑而不言伐我故執不知問也

曷爲不繫于周不與伐天子也與侵柳同義

疏注與侵柳同義○解云即宣元年冬晉趙穿師師侵柳傳曰柳者何天子之邑也注云天子閒田也有大夫守之晉與大夫忿爭侵之也曷爲不繫乎周注云据王師敗績于貿戎繫王不與伐天子也注云絕正其義使若兩國自相伐今此圍郊亦然故曰與侵柳同義然則彼已有傳今復發之者正以侵圍異文故也且若不發傳無以知其伐天子

○夏六月蔡侯

東國卒于楚不日者惡背中國而與楚故略之月者比肹附父仇責之淺也不書葬者篡也篡不書者以惡朱在三年之內不共悲哀舉錯無度失衆見篡○惡背烏路反下同背音佩共音恭錯七故反〔疏〕注不日至略之○解云正以大國之卒例皆書日今此不日故解之言背中國而與楚者即此文卒於楚是也○注月者至淺也○解云僖十四年冬蔡侯肹卒注云不月者賤其背中國而附父仇故略之甚也然則彼過深故不月此則過淺但不日而已云云之說備於僖十四年云不書葬者篡也者以春秋之例篡不明者例不書葬今此東國篡不明不書其葬以明篡矣○注篡不至見篡○解云二十一年冬蔡侯朱出奔楚何氏云奔者爲東國所篡然則東國旣篡於朱而無立入之文者正欲惡朱故也何者東國篡朱而無文貶則知春秋之義惡朱明矣言在三年之內者即二十年冬蔡侯廬卒至二十一年冬朱即出奔故曰三年之內也所見之世始録諸侯內行小失不可勝書是以春秋但憫而見譏而已故何氏云不共悲哀舉錯無度而已矣凡是爲人所篡皆失衆之所由故何氏云失衆見篡也○秋七月莒子庚輿來奔○戊辰吴敗頓胡沈蔡陳許之

師于雞父胡子髡沈子楹滅獲陳夏齧此偏戰也曷爲以詐戰之辭言之據甲戌齊國書及吳戰于艾陵俱與夷狄言戰今此從詐戰辭言敗○雞父音甫髡苦門反楹音盈左氏作逞穀梁作盈夏戶雅反齧五結反艾五蓋反

【疏】此偏戰也○解云正以春秋之例偏戰者日詐戰者月今此書日故言偏戰○注據甲戌至言敗○解云即哀十一年夏五月公會吳伐齊甲戌齊國書帥師及吳戰于艾陵齊師敗績獲齊國書是也

不與夷狄之主中國也序上言戰別客主人直不直也今吳序上而言戰則主中國辭也○別客彼列反下及傳同

【疏】注序上言戰○解云以莊二十八年齊伐衛衛人及齊人戰衛人敗績傳云春秋伐者爲客注云伐人者爲客伐者爲主注云見伐者爲主故使衛主之也彼注云戰序上言及者爲主曷爲使衛主之衛未有罪矣注云蓋爲幽之會服父喪未終而不至故又僖十八年春宋公以下伐齊夏宋師及齊師戰于甗齊師敗績傳云春秋伐者爲客伐者爲主曷爲不使齊主之與襄公之征齊也曷爲與襄公之征齊桓公死豎刁易牙爭權不葬爲是伐之也以此言之若主人直則主序上

若客直則客序上故云序上言戰別客主人直不直今吳人序其上而言戰則是吳人爲主中國之辭故不得言戰直言敗而已故云不與夷狄之主中國

然則曷爲不使中國主之据齊國書主吳

中國亦新夷狄也中國所以異乎夷狄者以其能尊尊也王室亂莫肯救君臣上下壞敗亦新有夷狄之行故不使主之不稱國國出師者賤略之言之師者辟許獨稱師上五國稱國之嫌○之行下孟反下同

〔疏〕注君臣上下壞敗者○解云不救天子有無君臣上下之道故云君臣上下壞敗○注不稱國國出師者賤略之者○解云决桓十三年春齊師宋師衞師燕師敗績之文○注言之師者○解云若不言之直言吳敗頓胡沈蔡陳許師于雞父則嫌師文獨使許稱自陳以上單稱國是故言之以散之矣

其言滅獲何据蔡公孫歸生滅沈以沈子嘉歸殺之國言滅君言殺又獲晉侯言獲此陳夏齧亦言獲君大夫無別

〔疏〕注据蔡至言殺○解云即定十四年夏四月庚辰蔡公孫歸生帥師滅沈以沈子嘉歸殺之彼國言滅君言殺今此君言滅是以据而難之云又獲晉侯言獲者即僖十五年冬十一月壬戌晉侯及秦伯戰于韓獲晉侯是也然則國言滅君言殺以

解傳其言滅何之文又獲晉侯言獲以解傳其言獲何之文　**別君臣也君死于位曰滅生得曰獲大夫生死皆曰獲**大夫不世故不別死位○

〔疏〕君死于位曰滅者○解云即此胡子髡沈子盈滅是也生得曰獲者即獲晉侯是也大夫生死皆曰獲者大夫死曰獲者即此獲陳夏齧及哀十一年獲齊國書之徒是也其大夫生得曰獲者宣二年獲宋華元是也○注大夫不世故不別死位○解云正謂諸侯世故別其死社稷與不若其死社稷者而經書滅不能者貶之言獲也大夫不世是以不勞別之故不問生死皆謂之獲也　**不與夷狄之主中國則其言獲陳夏齧何**据荆敗蔡師于莘以蔡侯獻舞歸不言獲○莘所巾反

〔疏〕注据荆至言獲○解云在莊十年秋九月彼傳云曷爲不言其獲不與夷狄之獲中國也　**吳少進也**能結日偏戰行少進故從中國辭治之髡楹下云滅者死戰當加禮使若自卒相順也經先舉敗文嫌敗走及殺也○故以自滅爲文明本死位乃敗之爾名者從赴辭也

〔疏〕注髡楹至順也○解云獲晉侯戕鄫子之徒皆獲戕之文在上今髡楹之滅滅文在

下者以其死戰當合加禮故退滅文於下使若公子友卒之類不爲人所殺然故曰使若自卒一則不言戰不與夷狄之主中國一則其言滅不與夷狄之殺諸夏二理合符故言相順也○注名者從赴辭也○解云公羊之義合書則書不待赴告而言從赴辭者正以髡欙既死故胡沈之臣赴告鄰國云道寡君某甲爲吳所滅諸侯之史悉書其名孔子案諸國之文而爲春秋由是之故錄其名矣故曰名者從赴辭隱公八年夏六月己亥蔡侯考父卒秋八月葬蔡宣公傳云卒何以名而葬不名卒從正注云卒當赴告天子君前臣名故從君臣之正義言也而葬從主人彼注云至葬者有常月可知不赴告天子故從蔡臣子辭稱公也以此言之則此注云名者從赴辭者謂其赴告天子之辭是以稱人矣○

天王居于狄泉此未三年其稱天王何據毛伯來求金不稱天王

〔疏〕注據毛至天王○解云即文九年毛伯來求金是也彼云何以不稱使當喪未君也踰年矣何以謂之未君即位矣而未稱王也未稱王何以知其即位以諸侯之踰年即位亦知天子之踰年即位也注云俱繼體其禮不得異以天子三年然後稱王亦知諸侯於封內三年稱子也然則天子之法三年然後方始稱王故此傳云此未三年其稱王

何据毛伯不稱天王以難之**著有天子也**時庶孽並篡天王失位徙居微弱甚故急著正其號明天下當救其難而事之○孽魚列反難乃旦反**尹氏立王子朝**貶言尹氏者著世卿之權尹氏貶王子朝不貶者年未滿十歲未知欲富貴不當坐明罪在尹氏○子朝如字**疏**注貶言尹氏者○解云即隱三年夏尹氏卒之下傳云尹氏者何天子之大夫也其稱尹氏何貶曷爲貶譏世卿是也云年未滿十歲者何氏更有所見或者正以衛人立晉莒展去疾之徒悉去公子見其當國今此王子朝經無貶文乃與楚公子比之經相似案上十三年公子比之下傳云比已立矣其稱公子何其意不當也以此言之明其幼少也年既幼少未貪富貴故以未盈十歲言以下二十六年出奔之時年已稍長而不去王子者順上文也○**八月乙未地震**是時猛朝更起與王爭入遂至數年晉陵周竟吳敗六國季氏逐昭公吳光弒僚滅徐故日至三食地爲再動○更音庚數所主反爲于偽反**疏**是時至數年○解云猛今雖卒但篡來世近而子朝復逆故曰猛朝更起上王猛入于王城今言天王居于狄泉尹氏立王子朝二十六年天王入于成周王子朝奔楚故云與王爭入也首尾五載故曰遂至數年云

晉陵周竟者即上闔郊是也云吳敗六國者上文云吳敗頓胡沈蔡陳許之師云云是也云季氏逐昭公者即下二十五年九月癸亥公孫于齊是也○注吳光殺僚滅徐者即下二十七年夏四月吳弒其君僚滅徐者即下三十年冬十二月吳滅徐徐子章禹奔楚是也云故日至三食地爲再動者上二十一年秋七月壬午朔日有食之二十三年十有二月癸酉朔日有食之二十四年夏五月乙未朔日有食之故云日至三食也上十九年夏五月己卯地震今年又震故曰地爲再動○冬公如晉至河公有疾乃復何言乎公有疾乃復据上比乃復不言公不言有疾〔疏〕注据上至有疾　解云上十三年冬公如晉至河乃復又二十一年冬公如晉至河乃復皆言公如而云不言公者正謂至河之下不言公矣殺恥也因有疾以殺畏晉之恥舉公者重疾也子之所慎齋戰疾

二十有四年春王二月丙戌仲孫貜卒○叔孫舍至自晉○夏五月乙未朔日有食之是後

季氏逐昭公吳滅巢弒其君僚又滅徐○秋八月大雩先是公如晉仲孫貜卒民被其役時年叔倪出會故秋七月役大雩○被皮寄反○丁酉杞伯鬱釐卒○鬱釐音來又力之反二傳作郁釐○冬吳滅巢○葬杞平公

疏叔孫舍至自晉○解云上十四年春隱如至自晉以其被執而還故省去其氏今此叔孫舍不去氏者蓋以無罪故也是以文十四年傳云稱行人而執者以其事執也注云以其所銜奉國事執之晉人執我行人叔孫舍是也不稱行人而執者以已執也注云已者已大夫自以大夫之罪執之分別之者罪惡當各歸其本以此言之則知隱如有罪故去其氏叔孫無罪故無貶文若然文十五年夏單伯至自齊案彼單伯亦以其有罪執而存其氏者恥之故也是以彼注云不省去氏者淫當絕使若他單伯至是也注是後季氏逐昭公者在下二十五年九月云吳滅巢者在今年冬云弒其君僚者在二十七年云又滅徐者在三十年冬先言季氏逐昭公者正欲決吳事故也杞伯鬱釐卒者左氏穀梁作郁釐字今正本亦有。郁字者

二十有五年春叔孫舍如宋○夏叔倪會晉

趙鞅、宋樂世心、衞北宮喜、鄭游吉、曹人、邾婁人、滕人、薛人、小邾婁人于黃父。○倪音詣，又五兮反，左氏作詣。樂世心，世如字，又以制反，左氏作大心。父音甫。○有鸛鵒來巢。何以書？記異也。何異爾？非中國之禽也，宜穴又巢也。非中國之禽而來居此國，國將危亡之象。鸛鵒猶權欲，宜穴又巢，此權臣欲國自下居上之徵也。其後卒爲季氏所逐。○鸛音權，左氏作鸜，音劬。鵒音欲。

[疏]夏叔倪者，穀梁與此同，左氏經賈注者作叔詣字。○有鸛鵒來巢者。○解云：案運斗樞云「有鸛鵒來巢于榆」，此經不言于榆者，欲道來巢即爲異，不假指其處所。若莊七年傳云「不修春秋曰：雨星不及地尺而復。君子修之曰：星霣如雨」，何氏云「明其狀似雨爾，不當言雨星。不言尺者，霣則爲異，不可以尺寸錄之」。非中國之禽也者，謂是夷狄之鳥。以異義公羊說云「鸛鵒，夷狄之鳥，不當來入中國」。鄭君駁之曰：「春秋之鳥，不言來者，多爲夷狄來也。若鸛鵒乃飛從夷狄而來，則昭將去遠域之外。」以此言之，則知非中國之禽者，謂是夷狄之鳥。而冬官云「鸛鵒不踰濟」，鄭氏云「無妨於

中國有之者何氏所不取也舊解以爲中國國中者非得注之意穀梁與此同○秋七月上辛大雩季辛又雩又雩者何又雩者非雩也聚衆以逐季氏也一月不當再舉雩言又雩者起非雩也昭公依托上雩生事聚衆欲以逐季氏不書逐季氏者諱不能逐反起下孫及爲所敗故因雩起其事也但舉日不舉辰者辰不同不可相爲上下又日爲君辰爲臣去臣○則逐季氏意明矣上不當日言上辛者爲下辛張本不言下辛言季辛者起季氏不執下而逐君○下孫音遜下文同去起呂反爲下于僞反下而爲同【疏】又雩者何○解云諸夏雩祭文悉不言又異于常例故執不知問○注一月至事也○解云僖三年注云大平一月不雨即書春秋亂世一月不雨未害物未足爲異當滿一時乃書然則春秋之義一時能害方始書雩豈有再舉其雩乎故曰一月不當再舉雩矣既無再舉雩之例而言又雩者可以起其非實雩故云言又雩者起非雩也○注但舉至上下○解云正以去年夏五月乙未朔日有食之則此月上辛爲辛丑下辛爲辛酉所以直言辛不兼言丑酉者若言辛丑辛酉即是參差不同不可相爲上下故也○注又日至明矣○解云十日爲

陽爲幹故爲君之義十二辰爲陰爲枝故爲臣之象故云日爲君辰爲臣○注上不至張本○解云春秋之雩其例書時即桓五年秋大雩之文是故云上不當日也若然亦不合月而云七月者欲見上辛下辛皆七月之日故○注不言至逐君○解云凡言上者對下之稱既言上辛而不言下辛者欲起季氏不執臣下之卑而逐君矣○九月已亥公孫于齊次于楊州地者臣子痛君失位詳録所舍止○楊州左氏作陽州○

【疏】注地者至舍止○解云地者即經書次于楊州是也春秋之義悉皆舉重不舉公孫爲重而復書次于楊州者臣子哀痛公之失位是以詳録公之所舍止之處矣○齊侯唁公于野井唁公者何昭公將弒季氏傳言弒者從昭公之辭○唁音彦將殺音試下及注同

【疏】唁公者何○解云失國見唁在可諱之限今而書見故執不知問○注傳言至之辭○解云君討臣下正應言殺今傳云弒故須解之而言從昭公之辭者即下文云吾欲弒之如何是也季氏爲無道者謂無日之道告子家駒曰季氏爲無道僭於公室久矣諸侯稱公室吾欲弒

之何如昭公素畏季氏意者以爲如人君故言弑【疏】注昭公至言弑。解云隱四年傳云與弑公何氏云弑者殺君之辭然則臣下犯於君父皆謂之弑今昭公欲討臣下而言弑違於常義故須解之子家駒曰諸侯僭於天子大夫僭於諸侯久矣昭公曰吾何僭矣哉失禮成俗不自知也【疏】注失禮成至知也。解云正以魯人始僭在春秋前至昭已久故不自知子家駒曰設兩觀禮天子諸侯臺門天子外闕兩觀諸侯內闕一觀。觀工亂反注同【疏】注禮天子至一觀。解云在禮器文云天子外闕兩觀諸侯內闕一觀者禮說文也乘大路禮天子大路諸侯路車大夫大車士飾車【疏】注禮天子大至飾車。解云顧命之文也云諸侯路車詩云路車乘馬是也云大夫大車者即詩云大車檻檻是也云士飾車者即書傳云乘飾車兩馬庶人單馬木車是也朱干干楯也以朱飾楯楯食允反又音尹玉戚戚斧也以玉飾斧。玉戚千戚反以玉飾斧。以舞大夏大夏夏樂也周所以舞夏樂者王者始起未制作之時取先王之樂與已同者假以風化天下天下大同乃自作樂取夏樂者與周俱文也王者舞六樂于宗廟之中舞先王之樂明有法也舞已之樂明有則也舞四夷之樂大德廣及之也東夷之樂曰株離南夷之樂曰任西夷之樂曰禁北夷之樂曰昧○大夏戶雅反注曰株離音誅禁音金又居鴆反〔疏〕注東夷之樂至曰昧○解云以下皆樂說文彼注云陽氣始起於懷任之物各離其株也南者任也盛夏之時物皆懷任矣草木畢成禁如收斂盛陽消盡蔽其光景昧然是也

八佾以舞大武此皆天子之禮也且夫牛馬維婁繫馬曰維繫牛曰婁○佾音逸且夫音扶下有夫并注同婁力主反〔疏〕此皆天子之禮也○解云以周公之功得用四代之樂而以大夏之徒謂之爲僭僭者刺其羣公之廟若祭周公則備○牛馬維婁者○解云皆謂繫之於廄不得放逸于郊也○注繫馬曰維者即詩云皎皎白駒縶之維之是云繫牛曰婁者正以上言牛馬下言維婁維既屬馬婁屬於牛亦可知矣而文不次者意到則言矣舊說云婁者侶也謂聚之於廄

委已者也委食已者○委已于僞反注同已音紀委食音嗣下同**而柔焉**柔順〔疏〕委已者也而柔焉○解云言牛馬之數猶順於己之八而

季氏作賞有年歲矣民從之固是其宜矣。季氏得民衆久矣季氏專賞罰得民衆之心久矣民順從之猶牛馬之於委食已者君無多辱焉恐民必不從君命固。爲季氏用反逐君故云爾子家駒上說正法下引時事以諫者欲使昭公先自正乃正季氏〔疏〕注子家駒上說正法者。解云即謂上文朱干玉戚之屬是也云下引時事者謂牛馬維婁是也昭公不從其言終弒而敗焉果反爲季氏所逐〔疏〕終弒之者。解云謂陳兵欲往攻殺之也走之齊齊侯唁公于野井弔亡國曰唁弔死國曰弔弔喪主曰傷弔所執紼曰絻。紼音弗絻音問〔疏〕注弔亡國曰唁者。解云此文是也。注弔喪至曰絻。解云皆當時之制也曰奈何君去魯國之社稷昭公曰喪人自謂亡人。喪息浪反亡也不佞不善失守魯國之社稷執事以羞謙自比齊下執事言以羞及君〔疏〕執事以羞。解云言已之尊卑比齊之執事也而舉措不善失守社稷由是之故以羞及君再拜顙顙者猶今叩頭矣謝見唁也○再拜顙息黨反見而稽顙也慶子家駒慶賀曰慶子免君於大難矣子家駒曰臣不佞陷君於大難君不忍加之以鈇鑕賜之以死鈇鑕要斬之罪即所錫之以死○大難乃旦反下同鈇音甫又方于反鑕之實反要一遥反再拜顙謝爲齊侯所慶高子執簞食簞葦器也圓曰簞方曰笥食即下所致糗也○簞音丹葦器食音嗣注葦于鬼反笥思嗣反糗丘九反又昌紹反〔疏〕注簞葦器也至方曰笥○解云釋器無文蓋以時事言之云食即下所致糗也者即下文云敢致糗於從者是也與四脡脯屈曰朐申曰脡○脡他項反又大頂反朐其俱反〔疏〕注屈曰朐申曰脡者○解云正以脡是伸舒之名則知朐是屈疊之稱矣鄭注曲禮上篇云屈中曰朐義通於此國子執壺漿壺禮器腹方口圓曰壺反之曰方壺有爵飾〔疏〕注壺禮器○解云即燕禮云司宮尊于東楹之西兩方壺左玄酒南上是也云腹方至爵飾者釋器無文蓋用舊說或以時事知之言有爵飾者謂刻畫盞爵之形飾其

壺體

曰吾寡君聞君在外餕饔未就餕熟食饔熟肉未就未成也解所以致糗意○餕音俊【疏】注餕熟食饔熟肉○解云聘禮曰宰夫朝服設飧飪一牢在西鼎九是飧爲熟食也又云致饔餼五牢飪一牢云云上文對饔餼下文有飪一牢之言故知熟肉明矣

敢致糗于從者糗糒也謙不敢斥魯侯故言從者○于從才用反注及下皆同糒音備【疏】注糗糒也○解云言糗糒若今之糒米也○糗姝紹反又羌九反糒平祕反

昭公曰君不忘吾先君延及喪人錫之以大禮再拜稽首以衽受衽衣下裳當前者亡器謙不敢求索○衽而甚反又而鳩反掩裳際也索所白反【疏】錫之以大禮上文糗是也○注衽衣至亡之器自解云所以衽受之者而以行客之人於器物亡故也

高子曰有夫不祥猶曰人皆有夫不善君無所辱大禮禮臣受君錫荅拜謂之拜命謂之辱高子見昭公拜辱大卑故曰君無所辱大禮○大卑音泰下大學同

昭公蓋祭而不嘗食必祭者謙不敢便嘗示有所

先不嘗者待禮讓也【疏】注食必至讓也○解云凡禮食必先須祭者正欲作謙其未祭之時不敢便即嘗之欲示有所先今昭公祭訖猶不嘗者正欲待禮讓故也

景公曰寡人有不腆先君之服未之敢服腆厚也服謂齊侯所著衣服也言未敢服者見魯侯乃敢服之謙辭也禮天子朝皮弁夕玄端朝服以聽朝玄端以燕皮弁以征不義取禽獸行射諸侯朝朝服夕深衣玄端以燕裨冕以朝天子以祭其祖禰卿大夫冕服而助君祭朝服祭其祖禰士爵弁韍衣裳以助公祭玄端以祭其祖禰○腆他典反厚也著丁略反裨婢支反韍音弗【疏】注禮天子朝○解云皆出禮記漢禮亦然

有不腆先君之器器謂上所執簞壺【疏】注器謂上所執簞壺者上文高子執簞食國子執壺漿是也然則上言饔飧未熟今則更以簞壺盛饔飧是○

未之敢用敢以請請行禮

昭公曰喪人不佞失守魯國之社稷執事以羞敢辱大禮敢辭不敢當大禮故敢辭【疏】敢辱至敢辭○解云亦上有不字者若有不字則辭下讀身

以注者以不敢言之景公曰寡人有不腆先君之服未之敢服有不腆先君之器未之敢用敢固以請昭公曰以吾宗廟之在魯也以我守宗廟在魯時有先君之服未之能以服有先君之器未之能以出敢固辭已有時未能以事人今已無有義不可以受人之禮疏未之能以服者解云謂未能服之以事人矣下文未之能以出亦然○注今已無有者謂已身之已或解已爲已然之已也景公曰寡人有不腆先君之服未之敢服有不腆先君之器未之敢用請以饗乎從者欲令受之故益謙言從者○令力呈反昭公曰喪人其何稱行禮賓主當各有所稱時齊侯以諸侯遇禮接昭公昭公自謙失國不敢以故稱自稱故執謙問之○故稱尺證反景公曰孰君而無稱猶曰誰爲

君者而言無所稱乎昭公非君乎**昭公於是噭然而哭**噭然哭聲貌感景公言而自傷○噭古弔反一音古狄反**諸大夫皆哭**魯諸大夫從昭公者**既哭以人爲菑**菑周埒垣也所以分別内外衞威儀今大學辟雍作側字○菑側其反又側吏反埒力悅反下音袁別彼列反辟音壁

【疏】注菑周埒垣也者○解云猶言周匝爲埒墻云今大學辟雍作側字者謂何氏所注者是菑字今漢時大學辟雍所讀者作側字云既哭以人爲側

以幦爲席幦車覆笭○幦示歷反車覆笭也一音呼閒反覆笭力丁反

【疏】注幦覆笭○解云笭即式也但車式以笭爲之有豎者有横者故考工記注云轛式之植者横者也禮君羔幦虎犆大夫士鹿幦豹犆者是也

以鞌爲几以遇禮相見以諸侯出相遇之禮相見○鞌音安**孔子曰其禮與其辭足觀矣**言昭公素能若此禍不至是主書者喜爲大國所唁地者痛録公明臣子當憂納公也

【疏】注地者痛録至公也○解云書其唁公于野井者正欲痛公而詳録之下二十九年春齊侯使高張來唁公不復書其地正以公居于運與在國同

故與此異下三十年晉侯使荀櫟唁公于乾侯地者與此同○冬十月戊辰叔孫舍卒○十有一月己亥宋公佐卒于曲棘。曲棘者何？宋之邑也。諸侯卒其封内不地，此何以地？憂内也。時宋公聞昭公見逐，欲憂納之，至曲棘而卒，故恩録之。

〔疏〕曲棘者何○解云：欲言宋邑，例所不書；欲言他邑，文無所繫，故執不知問○諸侯卒其封内不地此何以地者，正以桓五年陳侯鮑卒不地，是以弟子據而難之。但宣公九年晉侯黑臀卒于扈之下已有成注，故於此省文。

○十有二月齊侯取運。外取邑不書，此何以書？爲公取之也。爲公取運以居公，善其憂内，故書。不舉伐者，以言語從季氏取之。月者，善録齊侯。○爲公于僞反，注同。

〔疏〕外取邑不至以書○解云：正据襄元年傳云"魚石走之楚，楚爲之伐宋，取彭城以封魚石"，而經不書楚取彭城是也。但隱四年春莒人伐杞取牟婁之下有注，故此省文○注不舉伐者○解云：正以隱四年春莒人伐杞取牟婁，舉伐言取，故決之云月者，善録齊侯者，正以哀八年夏，齊人取讙及闡，外取邑而書時，今此書月，正以善憂內，詳録齊侯矣。

二十有六年春王正月，葬宋元公。○三月，公至自齊，居于運。月者，閔公失國居運。致者，明臣子當憂納公，不當使居運。後不復月者，始録可知。○不復，扶又反，下同。

【疏】三月公至于運。○解云：案上公遜于齊，次于楊州，齊侯唁公于野井，似不入齊國都，而得言至自齊者，穀梁傳云"公次于楊州，其曰至自齊何也"，注云"据公但至楊州，未至齊"，"以齊侯之見公，可以言至自齊也"，注云"齊侯唁公于野井，以親見齊侯爲重，故可言至自齊"，"居于鄆者，公在外也"，注云"若但言公至自齊，而不言居于鄆，則嫌公得歸國，欲明公實在外，故言居于鄆"。○注"月者閔"至"居運者"。正以凡致例時故也。○注"致者"至"可知"。○解云：桓元年三月，公會鄭伯于垂之下，注云"不致者，爲下去王，適足起無王，未足以見無王罪深淺，故復奪臣子辭，成誅文也"。然則昭公失所，爲臣所逐，而致之者，正以罪輕於桓公，明其臣子當憂納公故也。云"後不復月者，始録可知"，即此秋公至自會、二十七年冬公至自齊居于鄆之屬是也。

○夏，公圍成。書者，惡公失國，幸而得運，不脩文德以來之復擾其民圍成不從叛書者本與國俱叛故不得復以叛爲重不從定公又以親圍下邑爲譏者昭無臣子之文即如定公當致也○惡烏路反〔疏〕注不從至爲重○解云成三年秋叔孫僑如率師圍棘棘者何汶陽之不服邑也其言圍之何不聽也注云不聽者叛也不言叛者爲內諱故書圍以起之然則今此圍成是圍叛之文而知爲惡公書之者正以本與國俱叛理宜不復以叛爲重故也○注不從至臣子○解云定十二年十有二月公圍成注云天子不親征下土諸侯不親征叛邑不能圍成不能服不能以一國爲家甚危若從他國來故危錄之是也然則此經不書月亦與彼異而注不決之者省文從可知

○秋公會齊侯莒子邾婁子杞伯盟于剸陵不月者時諸侯相與約欲納公故內喜爲大信辭○剸音專本亦作專〔疏〕注不月至信辭○解云春秋之義大信者時小信者月不信者日剸陵之會無相犯復無大信止合書月而書時者正以約欲納公故爲大信辭矣

公至自會居于運致會者責臣子明公已得意于諸侯不憂助納之而使居于運〔疏〕注致會者至于運○解云莊六年注云公與二國以上出會盟得意致會不得意不致即哀十

三年夏公會晉侯及吳子於黄池秋公至自會宣七年冬公會晉侯以下于黒壤之屬是也然則公與二國以上出會盟得意致會明公已得意於諸侯○九月庚申楚子居卒○冬十月

天王入于成周成周者何東周也是時王猛自號爲西周天下因謂成周爲東周〔疏〕成周者何○解云欲言正居經無京師之稱欲言非正居天王入之故執不知問○注是時王至西周○解云謂是上二十二年時故彼經稱秋劉子單子以王猛入於王城傳云王城者何西周也注云時居王城邑自號西周王是也

其言入何據入者篡辭〔疏〕注據入者篡辭○解云即莊六年衛侯朔入于衛之下傳文所云其言入何篡辭也是也

不嫌也上言天王者有天子已明不嫌爲篡主言入者起其難也不言京師者起正居在成周實外之月者爲天下喜録王者反正位○爲天于僞反〔疏〕注上言至難也○解云謂此經上有天王之文下雖言入非篡可知上二十三年秋天王居于狄泉傳云此未三年其稱天王者何著有天子然則此注云著有天子已明者取上傳之文云主言入者起其難也者正以隱八年春入邴之下傳其言入何難也莊二

十四年秋夫人姜氏入之下傳云其言入何難也然則入者重難之辭故云主言入者起其難也○注不言至外之○解云桓九年春紀季姜歸于京師之下傳云京師者何天子之居也則天子之居乃京師是也今言天王入于成周不言入京師者正欲起其正居在成周故也所以能起之者既爲天王所入正居明矣言實外之者正以天子之重海内瞻望宜親九族以自衛守而辟庶孽蒙塵于外經歷數年方歸舊守是以不言京師欲以外之然則不言京師兼二義矣初起成周爲王居終實外天子故云不言京師起正居在成周實外之也注云月者爲天下喜録王者反正位者正以此上二十二年秋劉子單子以王猛入于成周不書月今此月者爲天下喜録王者反正位故也

尹氏召伯毛伯以王子朝奔楚立王子朝獨舉尹氏出奔并舉召伯毛伯者明本在尹氏當先誅渠帥後治其黨猶楚嬰齊○渠率所類反或作帥【疏】尹氏召伯至奔楚者○解云穀梁與此同左氏召伯作召氏○注云立王子朝獨舉尹氏者○解云即上二十三年秋尹氏立王子朝是也云當先誅渠帥後治其黨者漢之賊首皆謂之渠帥故何氏云焉云猶楚嬰齊者成二年冬十有一月公會楚公子嬰齊于蜀丙申公及楚人以下盟于蜀彼注云上

會不序諸侯大夫者，嬰齊楚專政驕蹇臣也，數道其君率諸侯侵中國，故獨先舉于上乃貶之，明本在嬰齊，當先誅其本乃及其末是也。

二十有七年春，公如齊。公至自齊，居于運。○

夏四月，吳弑其君僚。不書闔廬弑其君者，爲季子諱，明季子不忍父子兄弟自相殺讓國，闔廬欲其享之，故爲没其罪也。不舉專諸弑者，起闔廬當國，賤者不得貶，無所明文，方見爲季子諱，本不出賊，以明闔廬罪，雖可貶，猶不舉月者，非失衆見弑故不略之。○爲季于僞反，下同。見賢徧反。

疏 注不書闔廬弑其君者○解云：襄二十九年吳子使札來聘，下傳云闔廬曰「先君之所以不與子國而與弟者，凡爲季子故也。將從先君之命與，則國宜之季子者也；如不從先君之命與，則我宜立者也，僚烏得爲君乎」？於是使專諸刺僚者，闔廬弑僚之文也。今不書闔廬弑，爲季子諱不討賊故也。云明季子不忍父兄自相殺者，即彼傳云「而致國乎季子，季子不受，曰：爾弑吾君，吾受爾國，是吾與爾爲篡也。爾殺吾兄，吾又殺爾，是父子兄弟相殺，終身無已也。去之延陵，終身不入吳國」者是其文也。云不舉專諸弒者桓二年春王正月戊申宋督弒其君與夷之下何氏注云督不氏者起馮當國然則彼經貶去督之氏者起其弒君取國與馮所以不舉專諸弒僚見取國與闔廬者正以其賤不得貶之假令書見正得稱人文無所明故也注月者明失衆見弒故不略之者文十八年冬莒弒其君庶其傳云稱國以弒何稱國以弒者衆弒君之辭何氏云一人弒君國中人人盡喜故舉國以明失衆當坐絶也例皆時者略之也然則稱國以弒者例皆不月以略之今此月者直是本不出賊以除闔廬罪是以稱國非失衆見弒之例故不略之

○楚殺其大夫郤宛。○郤宛去逆反下紆宛反

○秋晉士鞅宋樂祁犂衛北宫喜曹人邾婁人滕人會于扈。○犂力兮反又力私反

冬十月曹伯午卒。

○邾婁快來奔邾婁快者何邾婁之大夫也邾婁無大夫此何以書以近書也說與鼻我同義

○邾婁快本又作噲苦夬反

疏 注說與鼻我同義○解云即襄二十三年夏邾婁鼻我來奔傳云邾婁鼻我者

何邾婁大夫也邾婁無大夫此何以書以近書也何氏云以奔無他義知以治近升平書也所傳聞世見治始起外諸夏錄大略小大國有大夫小國略稱人所聞之世内諸夏治小如大麇麇近升平故小國有大夫治之漸也見於邾婁者以近始也獨舉一國時亂實未有大夫治亂不失其實故取足張法而已然則邾婁快亦以奔無它義知以治近太平書也見於邾婁者以其近魯故也太平世獨舉一國者時亂實未有大夫治亂不失其實但取足張法而已故云說與鼻我同義也云云之說在襄二十三年　○公如齊公至自齊居于運

二十有八年春王三月葬曹悼公　月者爲下出也○爲于僞反〔疏〕注月者爲下出也○解云正以上十八年三月曹伯須卒秋葬曹平公二十七年冬十月曹伯午卒然則曹於所見之世止自卒月葬時故知此月宜爲其下事出矣　○公如晉次于乾侯　乾侯晉地名月者閔公内爲强臣所逐外如晉不見荅次于乾侯不諱者有憂危不暇殺恥後不月者錄始可知〔疏〕注後不月至可知○解云即下二十九年春公如晉次于乾侯是也　○夏四月丙戌鄭伯

甯卒。佰甯乃定反下同左氏幷下滕子名並作寧○六月葬鄭定公○秋七月癸巳滕子甯卒○冬葬滕悼公

二十有九年春公至自乾侯居于運不致以晉者不見容于晉未至晉○齊侯使高張來唁公言來者居運從國內辭書者如晉不見荅喜見唁也不月者例時也【疏】注言來至內辭者。解云正以下三十一年晉侯使荀櫟唁公于乾侯不言來故也云不月者例時也者正以經不月故知例然則知下文荀櫟唁公之徒雖在日月之下不蒙日月可知○公如晉次于乾侯○夏四月庚子叔倪卒○秋七月○冬十月運潰邑不言潰此其言潰何据國曰潰邑曰叛【疏】注据國曰潰邑曰叛。○解云即僖四年蔡潰文三年沈潰者是國曰潰之文襄二十六年春衞孫林父入于戚以叛定十三年春宋公之弟辰及仲佗石彄公子池自陳入于蕭以叛是邑曰叛之文郛之也

鄆鄆〔疏〕注鄆鄆者鄆之猶云國之但古今異語也　曷爲鄆之　據成三年棘叛不言潰也〔疏〕
注据成至潰也○解云即彼經云叔孫僑如帥師圍棘棘者
何汝陽之不服邑也其言圍之何不聽也彼注云不聽者叛
也是　君存焉爾　昭公居之故從國言潰明罪在公也不言
也國之言鄆之者公失國也不諱者責臣子
當憂而納之殺恥不如救危也孔子曰不患寡而患不均不
患貧而患不安其本乃由于圍成失大得小而不能節用○
〔疏〕注不言國之言鄆之者○解云正以桓七年春焚咸丘
之下傳云咸丘者何邾婁之邑也曷爲不繫乎邾婁國之
之也莊二年夏公子慶父帥師伐於餘丘之下傳云於餘丘
者何邾婁之邑也曷爲不繫乎邾婁國之也然則彼二文皆
言國之今言鄆之者正以昭公居國裁得國外土地而已其
國內宗廟非公之有故傳言鄆之不言國之耳云孔子曰不
患寡而患不均不患貧而患不安者論語文言爲國家者不患
土地人民之寡少而患政令之不均平不患國無儲積而患
君臣上下之不能相安而引之者欲道昭公政令失所是以
出奔今居小地而復圍成擾亂其民令之不安由茲潰散無
寸土可居久不得國而卒於外者身自取之者也云其本乃
由于圍成者謂成即二十六年夏公圍成是也失魯之大而

得運邑故曰失大得小不能自節
約而用之乃復擾亂其民圍成也
三十年春王正月公在乾侯月者閔公運潰無尺土之居遠在乾侯故以存君書明臣子當憂納之〔疏〕注故以存君書者○解云卽襄二十九年春王正月公在楚何言乎公在楚正月以存君也彼注云正月歲終而復始臣子喜其君父與歲終而復始執贄存之故言在今昭公運潰無尺寸之土可居遠在他邦故以存君書之故云公在乾侯○夏六月庚辰晉侯去疾卒○去起呂反○秋八月葬晉頃公○頃音傾○冬十有二月吳滅徐徐子章禹奔楚至此乃月者所見世始錄夷狄滅小國也不從上州來巢見義者固有出奔可責○見賢偏反〔疏〕注至此至國也○解云正以僖二十六年秋楚人滅隗以隗子歸何氏云不月者略夷狄滅微國也然則此亦夷狄滅微國而書月者所見之世故也○注不從至可責○解云吳滅州來在上十三年冬吳滅巢在上二十四年冬然則州來與巢皆當所見世而不書月以見之至此乃月者正以既滅其國

復奔其君因責章禹不能死位是以於二國皆不書月也於上經既不書月明其還同所聞之例故何氏於州來之下注云不月者略兩夷是也

三十有一年春王正月公在乾侯○季孫隱如會晉荀櫟于適歷 時晉侯使荀櫟責季氏不納昭公爲此會也季氏負擅謝過欲納昭公昭公創惡季氏不敢入公出奔在外無君命所以書會以殊外言來者從王魯録諱亟取邑卒大夫者盈孫文○荀櫟本又作躒又作濼示滴濼也適丁歷反一音狄注貟簞章藥反本又作擅惡烏路反亟去冀反孫音遜【疏】季氏負簞至不敢入者○解云春秋說文彼注云負擅者聽刑之禮也昭公創惡季氏不敢入者左傳亦有其文也○注公出至魯録○解云春秋之義待君命然後卒大夫明其非君命者不録之也今昭公不在所以書季孫隱如會晉荀櫟于適歷又書黑弓以濫來奔之文又以殊外者從王魯録文故得然不爲爾時有君命也云諱亟取邑者即下三十二年取闞傳云闞者何邾婁之邑曷爲不繫乎邾婁諱亟也注云與取濫爲亟是也云卒大夫者盈孫文者即上二十五年公遜

于齊後叔孫舍卒二十九年叔倪卒之徒是也然則春秋之義爲君父諱惡春秋之義待君命然後卒大夫然今君不在國而書大夫之卒故須解之然則取闞不繫邾婁乃書大夫之卒者正欲盈足諱奔言遜之義故云盈孫文○夏

四月丁巳薛伯穀卒始卒便名日書葬者薛比滕最小迫後定寅皆當略

〔疏〕注始卒便名日書葬者○解云春秋之義小國始卒名日及葬未能悉具會二見之後方始能備即宣九年秋八月滕子卒成十六年夏四月辛未滕子卒昭三年春王正月丁未滕子泉卒五月葬滕成公之徒是也言薛比滕最小者正以滕子卒於宣公之篇薛今始卒故云比於滕爲小國也而今始卒日即得名葬具書正由於後定寅皆當見略迫此之故是以二注備書矣其定見略者即定十二年春薛伯定卒彼注云不日月者子無道當廢之而以爲後未至三年失衆見弒危社稷宗廟禍端在定故略之是也其寅見略者即哀十年夏薛伯寅卒彼注云卒葬略者與杞伯益姑同是也昭六年春王正月杞伯益姑卒彼注云不日者行微弱故略之入所見世責小國詳始録內行也諸侯內行小失不可勝書故於略責之見其義是也○晉侯使荀櫟唁公于乾侯○秋葬

薛獻公○冬黑弓以濫來奔文何以無邾婁据讀言邾婁○黑弓二傳作黑肱濫力甘反又力暫反〔疏〕冬黑弓者謂當時公羊子口讀邾婁黑弓矣通濫也通濫爲國故使無所繫曷爲通濫据庶其不通也〔疏〕注据庶其不通也者解云即襄二十一年春邾婁庶其以漆閭丘來奔是也賢者子孫宜有地也賢者孰謂謂叔術也叔術者邾婁顏公之弟也或曰羣公子〔疏〕注叔術者邾婁至弟也○解云謂母弟也或曰羣公子謂庶弟也何賢乎叔術据叔術不書讓國也其讓國奈何當邾婁顏之時顏公時也邾婁女有爲魯夫人者則未知其爲武公與懿公與孝公幼不知孝公者邾婁外孫邪將妾子邪○武公與音餘下及注皆同顏淫九公子于宮中所與淫公子凡九人〔疏〕注所與至九人○解云謂顏公一人不應並淫九人故以

所言之因以納賊則未知其爲魯公子與邾婁公子與臧氏之母養公者也君幼則宜有養者大夫之妾士之妻禮也則未知臧氏之母者曷爲者也養公者必以其子入養不離人母子因以娛公也

疏○則未知其爲魯公子與者○解云爲內通于魯公子也○邾婁之公子與者不知爲是邾婁公子者與古者諸侯一娶九女二國媵之而邾婁一國以并有九女於魯宮內者有蓋所取於邾婁相通爲九人不必盡是一人妻矣大夫之妾士之妻○注禮也○解云大夫之妾士之妻禮記內則文故注云禮也○則未知臧氏之母者曷爲者也○解云案內則大夫之妾士之妻並陳之謂士妻不吉乃取大夫之妾亦得事不具矣何者乳食一男何假二人乎則未知臧氏之母爲是大夫之妾爲是士之妻故曰曷爲者

臧氏之母聞有賊以其子易公抱公以逃以身死公則可以其子易公非事夫之義然而於王法當賞以活公爲重也賊

至湊公寢而弒之弒臧氏子也不知欲弒孝公者納篡邪將利其國也○湊七豆反臣有鮑廣父與梁買子者聞有賊趨而至臧氏之母曰公不死也在是吾以吾子易公矣於是負孝公之周訴天子天子爲之誅顏而立叔術反孝公于魯顏夫人者嫗盈女也國色也其言曰有能爲我殺殺顏者吾爲其妻殺顏者鮑廣父梁買子也婦人以貞一爲行云爾非德也○愬音素本亦作訴爲之于僞反下爲我爲之則爲並同嫗紆甘反一音紆羽反爲行下孟反下殺顏者之行亦同〔疏〕嫗盈女也者○解云謂此老嫗是盈姓之女○國色也者解云謂顏色一國之選叔術爲之殺殺顏者而以爲妻利其色也有子焉謂之盱夏父者其所爲有於顏者也

爲顔公夫人時所爲顔公生也○盱許于反又許孤反本或作哼一音夸夏父戸雅反盱及夏父郲顔公之二子〔疏〕謂之盱夏父者至有於顔者也○解云謂爲顔公妻時所以有之者盱幼而皆愛之叔術嫗盈女皆愛盱食必坐二子於其側而食之有珍怪之食○珍怪猶奇異也○而食音嗣盱必先取足焉夏父曰以來猶曰以彼物來置我前人未足人夏父自謂也而盱有餘言盱所得常多叔術覺焉覺悟也知小爭食長必爭國易曰君子見幾而作知幾其神乎幾者動之微者事之先見○長丁丈反先見賢徧反下欲見見王者同〔疏〕注易曰至先見○解云皆出下繫辭彼文云知幾其神乎君子上交不諂下交不瀆其知幾乎幾者動之微吉之先見者也君子見幾而作不俟終日是也曰嘻此誠爾國也夫起而致國于夏父夏父受而中分之叔術曰不可三分之叔術曰不可四分之叔術

曰不可五分之然後受之五分受其一○曰嘻許其反也夫音扶（疏）注五分受其一○解云服虔成長義云邾婁本附庸三十里耳而言五分之爲六里國也者彼乃左氏之偏辭未足以奪公羊以爲邾婁本大國但春秋之前在名例隱元年何氏有成解公扈子者邾婁之父兄也當夫子作春秋時於邾婁君爲父兄之行公扈者氏也○之行戶郎反習乎邾婁之故故事也道所以言也（疏）注道所至言也○解云謂道下傳所言矣其言曰惡有言人之國賢若此者乎惡有猶何有寧有此之類也言賢者寧有反妻嫂殺殺顏者之行乎○惡有音烏注同誅顏之時天子死叔術起而致國于夏父言叔術本欲讓迫有誅顏天子在爾故天子死則讓無妻嫂惑兒爭食之事當此之時邾婁人常被兵于周曰何故死吾天子猶曰何故死畜吾天子違生時命而立夏父乎此天子死則讓之效也夫子本所以知上傳賢者惡少功大也猶律

一人有數罪以重者論之春秋滅不言入是也案叔術妻嫂雖有過惡當絶身無死刑當以殺殺顏者爲重朱繆公以反國與與夷除馮弑君之罪死乃反國不如生讓之大也馮殺與夷亦不輕于殺殺顏者比其罪不足而功有餘故得爲賢傳復記公扈子言者欲明夫子本以上傳通之故公扈子有是言○數所主反復扶又反

疏注夫子本所以至惡少功大也者○解云上傳謂五分之然後受之以上矣○云春秋滅不言入是也者即莊十年傳云戰不言伐圍不言戰入不言圍滅不言入書其重者也是云當絶身無死刑者但當入絶其身以爲不脩不合殺之故曰無死刑然則外内亂鳥獸行則滅之者謂姑妹之徒今一則非父子聚麀二則嫂非姑姊妹故也○注當以殺至爲重○解云謂犯王命殺魯賢臣故以爲重○注宋繆公以反國與至馮弑君之罪○解云宋繆公反國之事在隱三年彼傳文具矣其除馮弑君之罪者即桓二年宋督弑其君之下注云督不氏者起馮當國不舉馮弑爲重者繆公廢子而反國得正故爲之諱是也注云死乃反國不如生讓之大也者言繆公死乃反國非其全讓之意不如叔術生讓其功大矣注云馮殺與夷亦不輕於殺殺顏者謂馮爲弑君叔術爲犯王命皆是惡逆其罪勢等矣云比其罪不足而功有餘故得爲賢者上解云其罪勢等矣

而言罪不足者謂犯王命殺魯大夫豈如宋馮弑君乎故以爲罪少于馮矣其罪既少其功有餘故得賢之 通濫則文何以無邾婁 据國未有口繫于人 疏 注据國至于人○解云言若通濫是國宜應特達何故文上無邾婁而已其口仍繫邾婁言之乎故注云据國未有口繫于人 天下未有濫也 欲見天下實未有濫國春秋新通之爾故口繫于邾婁 天下未有濫則其言以濫來奔何 据上說天下實未有濫者言春秋新通之也春秋所通之君文成矣不言濫黑弓來奔而反與大夫竊邑來奔同文 疏 注而反與大夫竊邑來奔同文者○解云即襄二十一年春邾婁庶其以漆閭丘來奔之徒是 叔術者賢大夫也絶之則爲叔術不欲絶不絶則世大夫也 此解不言濫黑弓意叔術者賢大夫也如不口繫邾婁文言濫黑弓來奔則爲叔術賢心不欲自絶于國又觸天下實有濫無以起新通之文不可設也如口不絶邾婁文言濫黑弓來奔則嫌氏邑起本邾婁世大夫春秋口繫通之文亦不可施 疏 注起本邾婁至可施○解

云若曰云邾婁文言濫黑弓來奔即嫌大夫氏邑欲起黑弓本是邾婁世大夫曰繫于邾婁欲通之爲世大夫故也大夫之義不得世故於是推而通之也推猶因也因就大夫竊邑奔文通之則大夫不世叔術賢心不欲自絶兩明矣主書者在春秋前見王者起當追有功顯有德興滅國繼絶世

疏注主書者至繼絶世○解云隱元年注云諸大夫立隱不起者在春秋前明王者受命不追治前事今此追之者春秋之義勸其後功是以上二十年傳曰君子之善善也長惡惡也短惡惡止其身善善及子孫賢者子孫故君子爲之諱是也

○十有二月辛亥朔日有食之是後昭公死外晉大夫專執楚犯中國圍蔡也

疏注是後昭公死外者○解云即下三十二年冬公薨于乾侯是云晉大夫專執者即定元年三月晉人執宋仲幾于京師傳云其稱人何貶曷爲貶不與大夫專執也是云楚犯中國圍蔡也者即定四年秋楚人圍蔡是也直言圍蔡足矣何須言楚犯中國欲言日食爲夷狄強諸夏微之象故也

三十有二年春王正月公在乾侯○取闞

者何邾婁之邑也曷爲不繫乎邾婁諱亟也與取濫爲亟○闞口暫反亟去冀反注同 疏 闞者何○解云欲言是國諸典未聞欲言是邑文無所繫故執不知問○注與取濫爲亟○解云取亦作受字者二年之間比取兩邑故以爲亟而諱之矣 ○夏吳伐越○秋七月○冬仲孫何忌會晉韓不信齊高張宋仲幾衞世叔申鄭國參曹人莒人邾婁人薛人杞人小邾婁人城成周書者起時善其脩廢職有尊尊之意也孔子曰謹權量審法度脩廢官四方之政行爲言成周者起正居實外之○量音亮 疏 注書者至意也○解云隱七年夏城中丘傳云何以書以重書也注云以功重故書也當稍稍補完之至令大崩弛壞敗然後發衆城之猥苦百姓虛空國家故言城明其功重與始作城無異然則天子之城不時脩理至令大壞方始城之而書者正欲起其當時之善故也何者當是之時天子陵遲諸侯奢縱忽能脩其廢職有尊尊之心是以書見故曰起時善云孔子曰謹權量至

行焉者論語文彼注云言成周者欲起正居實外之正以不言京師而言成周者欲起正居在成周故也言實外之者正以王微弱不能守成周不是小事猥苦天下是以不言京師實外天子云云之說在上二十六年

○十有二月己未公薨于乾侯

監本春秋公羊注疏昭公卷第二十四

江南蘇松督糧道方 體栞

公羊注䟽卷二十四挍勘記　阮元撰盧宣旬摘録

公羊注䟽昭公卷二十四

二十三年　閩監毛本同唐石經作廿有三年此脱有字

叔孫舍如晉　唐石經諸本同解云左氏穀梁作婼字

叔孫舍者　閩監毛本删者字

比肸附父仇　閩監毛本同鄂本仇作讎

何氏云奔者　浦鏜云奔上脱出字是也

沈子楹　唐石經諸本同釋文亦作楹云左氏作逞穀梁作盈按此本䟽中下文作沈子盈則䟽本與穀梁同故於此下無文

衞耒有罪矣　浦鏜云爾誤矣

春秋伐者爲客　毛本伐下衍人字

豎刀易牙爭權　監本同閩本毛本刀改刁

卽定十四年夏四月　浦鏜云十衍字是也

蔡公孫歸生　按經作歸姓此順注文引作生

卽此胡子髡沈子盈滅是也　閩監毛本盈作楹

嫌敗走及殺也　鄂本也作之此誤

皆獲狀之文在今上　補毛本作上今此誤倒

是以稱人矣　盧文弨曰人爲名之誤

癸亥公孫于齊是也　浦鏜云己誤癸按浦說是也

注吳光殺僚滅徐者卽下二十七年　閩監本同毛本者下增○解云

二十三年十有二月癸酉朔閩監毛本酉誤亥浦鏜云二年誤三年按浦說是也

齋戰疾鄂本閩監毛本齋作齊

二十有四年

叔孫舍至自晉二傳無叔孫字

時年叔倪出會鄂本作明年諸本皆誤作時

杞伯鬱釐卒唐石經諸本同釋文作鬱釐云本亦作釐疏云左氏穀梁作郁釐字今正本亦有郁字者按亦有下當脫作字

葬杞平公此本叔孫舍至自晉三節疏皆在此經下閩監毛本分配各經之下

二十有五年

夏叔倪釋文唐石經諸本同疏云穀梁與此同左氏經賈注者作叔詣字

有鸛鵒來巢　唐石經諸本同釋文鸛音權左氏作鸜音劬按周禮考工記鸜鵒不踰濟釋文本作鸛鵒此疏亦引冬官鸛鵒不踰濟

不可以尺寸録之　浦鏜云可衍字

昭公依托上雩　鄂本托作託

去臣則逐季氏意明矣　閩監毛本同誤也鄂本臣作辰當據正釋文亦作去辰

而言又雩者可以起其非實雩　閩監毛本可作何毛本言又誤倒

次于楊州　葉鈔釋文鄂本閩本同唐石經監毛本作揚州疏同按左氏作陽州

昭公將弑季氏　唐石經諸本同釋文作將殺云音試下及注同○按依疏則傳文本作弑也漢石經公羊弑皆作試猶今人語云姑且試之故其語可通乎上下也

吾欲弑之如何是也　閩監毛本如何作何如

子家駒曰諸侯僭於天子大夫僭於諸侯　唐石經諸本同考工記畫繢之事其象方天時變注引子家駒曰天子僭天今何本無此句周禮大宰疏引作諸侯僭天子大夫僭諸侯此二於字當爲衍文考工記注無於字可證

注失禮成至知也　閩監毛本無成字

禮天子諸侯臺門　周禮太宰疏引何氏云天子兩觀諸侯臺門與今本異

注禮天至一觀　當作注禮天子諸侯臺門故解云在禮器文今本標起訖是後人所改

明有則也　閩監毛本同誤也鄂本則作制當據正制謂己所制也則即法複上

東夷之樂曰株離　釋文及諸本皆作株離蜀大字本作袾誤

云繫牛曰婁者　何按本同閩監毛本云作也此本云字亦剜改作也今訂正

委己者也　唐石經同釋文委己音紀閩監毛本己誤已

猶順於已之人　浦鏜云於下當脫食字

固是其宜矣　浦鏜云也誤矣從經傳通解挍

固爲季氏用　監毛本同閩本固作因皆誤鄂本作而爲季氏用與儀禮通解續正合當據以訂正

終弑而敗焉　唐石經作終弑之而敗焉諸本脫之字按疏中標經云終弑之者有之與石經合

弔死國曰弔　諸本同段玉裁云此國字衍

謙自比齊下執事　釋文作嗛自云音謙本亦作謙

慶子免君於大難矣　唐石經原刻無也字後磨改增刻諸本誤承之

即所錫之以死　蜀大字本閩監毛本同鄂本錫作賜按傳言賜不當殊文鄂本是也

申曰脡　鄂本同此本疏中亦作申閩監毛本改伸疏同

國子執壺漿　唐石經鄂本閩本同監毛本壷改壺非

餕熟食　鄂本熟作孰下同加四點者俗字

致饔餼五牢　浦鏜云經致作歸是也

若今之精米也○　諸本同按此○當刪下載粻精字音切亦義疏之言非釋文也浦鏜云已見釋文當衍者非此與釋文不同

而以行客之人　而疑衍浦鏜云而以疑蓋以之誤

謂之拜命謂之辱　閩監毛本同鄂本作謂之拜命之辱此下謂字衍當據以刪正

注食必至讓也　閩監毛本必下有祭

今則更以簞壺盛饔飧是　浦鏜云是疑也字誤

敢辱大禮敢辭　唐石經諸本同解云亦上有不字者若有不字則辭下讀按當作敢上亦一本有不字者

今已無有　解云謂已身之已或解爲已然之已按音紀是

昭公自謙失國　鄂本謙作嫌此誤

昭公於是噭然而哭　唐石經諸本同按說文嘂高聲也一曰大呼也从嘂丩聲春秋公羊傳曰魯昭公叫然而哭噭與叫聲相近許以叫爲高聲大呼較之何注云噭然哭聲貌義益切也

旣哭以人爲菑　唐石經諸本同何注云菑今大學辟雍作側字按此卽東漢熹平立石大學之公羊傳也

以箠爲几　唐石經鄂本同釋文亦作以箠閩監毛本箠改鞍非

其禮與其辭足觀矣　唐石經與字起磨改重刻此六字故此行十一字

下三十年　浦鏜云十下脫一按浦說是也

二十有六年

次于楊州　閩本同監毛本楊改揚下同何校本並作陽與穀梁合

注曰者閔至居運者　閩監本同毛本下增○解云何校本無○解云

無王罪深淺　何校本罪下有之字

昭無臣子又卽如定公當致也　蜀大字本閩監毛本同鄂本又作入則上屬言昭無臣子納公也

棘者何　蒲鏜云上當脱傳云二字○按廿九年疏引亦無傳云非脱也

天子不親征下土　閩監毛本同何校本土作土何校本作土與定十二年注合

不能圍成不能服　定十二年注作公親圍成此誤

盟于剸陵　鄂本閩監毛本同唐石經蜀大字本剸作鄟釋文鄟陵音專本亦作專

上言天王者有天子已明　鄂本者作著此誤

起正居在成周　蜀大字本閩監毛本同誤也鄂本正作王當據正此本疏云起成周爲王居閩監毛本亦誤爲正居

尹氏召伯毛伯 唐石經諸本同解云穀梁與此同左氏召伯作召氏

當先誅渠帥 鄂本同閩監毛本帥作率按釋文作渠率云或作帥

注云立王子朝獨舉尹氏者 閩監本同毛本删云字

二十有七年

文方見爲季子諱本 閩監毛本同誤也鄂本文作又當據正○按依䟽當作文屬上讀

不出賊以明闔廬罪 閩監毛本同誤也鄂本明作除當據正解云今此月者直是本不出賊以除闔廬罪可證本是除字

於是使專諸刺僚者闔廬弒僚之文也 閩監毛本者改著何煌云者疑作是

注月者明失衆見弒 浦鏜云非誤明

以近治也 何挍本作自近始也與襄廿三年注合

獨舉一國 何挍本國下有者字是也

二十有八年

止自卒月葬時 閩監毛本止誤正

鄭伯甯卒 諸本同唐石經缺釋文伯甯乃定反下同左氏并下滕子名並作寧

二十有九年

定十三年春宋公之弟辰及仲佗石彄公子池 浦鏜云一誤三

棘者何 浦鏜云上當脫傳曰二字按此類皆疏文原本如是非脫誤也

裁得國外土地而已 閩監本同毛本土誤上

三十年

固有出奔可責 宋本閩監本同毛本固作因誤

三十有一年

季氏負捶謝過 閩監毛本捶作棰疏同釋文作負箠云本又作捶此本疏標起訖亦作負箠

以殊外言來者 鄂本以作而

公遜于齊 何校本遜作孫

是以二注備書矣 閩本二字缺上畫監毛本誤作一

秋葬薛獻公 唐石經宋本同閩監毛本薛誤晉

冬黑弓以濫來奔 唐石經諸本同釋文黑弓二傳作黑肱

顏淫九公子于宮中 唐石經顏下有公字後磨改刪去故此行九字

於是負孝公之周訴天子 唐石經訴作訢閩監毛本改愬按釋文作周愬云本亦作訴蓋據此

所改

云爾非德也　閩監毛本同鄂本無德此誤衍蜀大字本脫也字

爲顏公夫人時所爲顏公生也　按下爲顏公三字誤衍複上當删正

知小爭食　鄂本同閩監毛本小作少

幾者動之微吉事之先見　鄂本同此本翻刻者吉誤爲者閩監毛本承之

曰嘻此誠爾國也　唐石經原刻無此後磨改增之故此行十一字

誅顏之時天子死　唐石經諸本同惠棟云謂誅顏天子死也作一句讀按時字疑衍

無妻嫂惑見爭食之事　閩監毛本同誤也鄂本惑作感當據正

夫子本所以知上傳　鄂本知作如此誤監本夫誤天

然則外內亂　閩監毛本作內外

春秋所通之君　鄂本所作新此誤上云春秋新通之可證

又觸天下實有濫　鄂本宋本閩監本同毛本實誤寶

晉人執宋仲機于京師　閩監毛本機改幾是也

三十有二年

與取濫爲亟　解云取亦有作受字者按莊二年疏引作受今作與取濫誤

有尊尊之意也　蜀大字本閩監本同鄂本無也字毛本誤尊卑疏不誤

言成周者起正居　疏中引注作欲起正居此脫欲字

彼注云言成周者　按彼字當衍何校本無彼字

正以王微弱　閩監毛本王誤上

公羊注疏卷二十四挍勘記終

工部屯田司員外郎胡祖謙校

監本春秋公羊注疏定公卷二十五

釋文何以定公爲昭公子與左氏異　〇起元年盡五年

何休學

元年春王定何以無正月据莊公雖不書即位猶書正月〔疏〕注据莊至正月〇解云即莊元年經云元年春王正月三月夫人孫于齊是也案莊公之經上有正月下有三月今定公亦下有三月而上無正月故据之若然案隱公之經亦云元年春王正月下云三月公及邾婁儀父盟于眛亦是上有正月下有三月而不据之者正以隱公所承不薨于外且欲讓桓位非已有與定公不類寧得据之其閔僖之屬雖承弒君之後其所承者皆在位見弒元年之下復無三月之文與定不同故不据之然則桓公戕于齊昭公卒于外亦是不類而得据之者正以昭公失道爲臣所逐終死于外恥與桓同故據之耳正月者正即位也本有有正月者正諸侯之即位〔疏〕注本有至即位〇解云案隱元年傳云何言乎王正月大一統也何氏云統者始也

揔繫之辭夫王者始受命改制布政施教於天下自公侯至於庶人自山川至於草木昆蟲莫不一繫於正月故云政教之始以此言之似書正月者爲大一統也而言本有正月者正諸侯即位者兼二義故也何氏云自公侯以下皆繫正月即是正月者正諸侯即位之義

定無正月者即位後也雖書即位於六月實當如莊公有正月今無正月者昭公出奔國當絕定公不得繼體奉正故諱爲微辭使若即位在正月後故不書正月

疏定無正月者即位後也○解云謂定公行即位之禮在正月之後也○注雖書至正月○解云依經及傳正以定公即位在正月之後故無正月何氏更言昭公出奔國當絕定公不得繼體奉正者正以書正月大一統也明不但一即位而已且諸侯之法禮當死位而昭公不君棄位出奔終卒於外爲辱實甚論其罪惡君臣共有故知魯國之當絕矣是以何氏消量作如此注故諱爲微辭者謂經與傳直作無即位故無正月之義其定公當絕之文沒而不見故謂微辭爾

即位何以後据正月正即位**昭公在外**昭公喪在外**得入不得入未可知也曷爲未可知**据已稱元年

疏得入不得入未可知

也者。解云謂昭公之喪在外得入不得入未可知不謂據定公之身也其實定公先在于內是以上文巳稱元年矣但以君喪未入未得正行即位禮是以即位在正月之後而左氏以爲喪及壞隤公子宋乃先入者何氏所不取之。注據巳稱元年。解云謂巳稱元年春似行即位之禮訖何言昭公之喪得入不得入未可知也而即位後乎

在季氏也

今季氏迎昭公喪而事之定公得即位不迎而事之則不得即位

〔疏〕在季氏也。解云定公是時雖以先君之喪未入未行即位之禮其實爲君之道巳成是以上文得稱元年春矣但猶微弱不敢逆其父喪故云在季氏也

定哀多微辭

微辭即下傳所言者是也定公有王無正月不務公室喪失國寶哀公有黃池之會獲麟故揔言多

〔疏〕定哀多微辭。解云定哀二君微辭有五故謂之多不謂餘處更有所對若然昭與定哀同是太平之世所以特言定哀者昭公之篇無微辭之事寧可彊言之乎。注微辭至是也。解云謂主人習其讀而問其傳則未知巳之有罪焉爾也。注定公至正月。解云得爲微辭者實爲昭公出奔國當絕定公不得繼體奉正故無正月如似即位在正月之後是以無正月然故得謂之微辭。注不務公室。解云下二年夏五月壬辰雉門及兩觀

災冬十月新作雉門及兩觀傳云其言新作之何脩大也注云天災之當滅損如諸侯制而復脩大僭天子之禮故言新作以見脩大也脩舊不書此何以書譏何譏爾不務乎公室也注云務猶勉也不務公室亦可施於久不脩亦可施于不務如公室之禮微辭也然則書其新作雉門及兩觀者主譏其僭天子之禮可施於久不脩治而錄之傳云不務公室亦得助成微辭之義也○哀失國寶○解云下八年冬盜竊寶玉大弓傳云寶者何璋判白注云不言璋言玉者起珪璧琮璜五玉盡亡之傳特言璋者所以郊事天尤重也書大弓者使若都以國寶書微辭也謂之寶者世世寶用之辭也然則特書大弓者欲通謂之寶寶即大弓是可以世世傳保而珠玉之故謂之寶玉也○注哀公至言多○解云黄池之會者即哀十三年夏公會晉侯及吳子于黄池傳云吳何以稱子吳主會也吳主會則曷爲先言晉侯不與夷狄之主中國也其言及吳子何會兩伯之辭也不與夷狄之主中國則曷爲以會兩伯之辭言之重吳也曷爲重吳吳在是則天下諸侯莫敢不至也彼注云以晉大國尚猶汲汲於吳則知諸侯莫敢不至也不書諸侯者爲微辭使若天下盡會之而魯侯蒙俗會之者惡愈是也其獲麟者即哀十四年春西狩獲麟是也實爲聖漢將興之瑞周家當滅之象今經直言獲麟不論

此事若以麟來周王更欲中興之兆得謂之微辭矣**主人習其傳而問其傳**讀謂經傳謂訓詁主人謂定公言主人者能爲主人皆當爲微辭非獨定公**則未知已之有罪焉爾**此假設而言之主人謂定哀也設使定哀習其經而讀之問其傳解詁則不知已之有罪於是此孔子畏時君上以諱尊隆恩下以辟害容身愼之至也

〔疏〕主人至焉爾○解云主人習其讀謂習其經而讀之也云而問其傳者謂問其夫子口授之傳解詁之義矣云則未知已之有罪焉爾者焉爾猶於是讀其微辭意指難明雖問解詁亦未知己之有罪乎春秋假令讀定元年經而問其傳之解詁云定何以無正月正月者正即位也定無正月者即位後也則無以知其國當絕定公不得繼體奉正之義假令讀定公二年經云新作雉門及兩觀而問其傳之解詁云脩舊不書此何以書譏何譏爾不務乎公室也正以久不脩理不以公室爲急務故書之無以知其僭天子是也○注此假設而言至於是○解云當爾之時未有春秋故知主人習其經而讀之者假設而言之也既未有春秋而彊言主人故云此假設而言之云主人謂定哀者正以上言定哀多微辭下文即言主人習其讀故知此主人者宜指定哀言之也○注此

孔子至之至也○解云此時君者還指定哀也孔子作春秋當哀公之世定没未幾臣子猶存故亦畏之爲之諱惡恩隆於定哀故曰上以諱尊隆恩也若不廻避其害則身無所容故曰下以辟害容身也尊君卑己故生上下之文耳其傳未行口授弟子而作微辭以辟其害亦是謹慎之甚故此曰慎之至也

○三月晉人執宋仲幾于京師仲幾之罪何 据言于京師成伯討辭知有罪○幾本或作機

疏 仲幾之罪何○解云上言晉人似非伯討言于京師是伯討之文與奪未明故難之

不蓑城也 若今以草衣城是也禮諸侯爲天子治城各有分丈尺宋仲幾不治所主○不蓑素戈反一或作蓑一或音初危反衣于既反爲天子僞反下善爲同

疏 不蓑城也○解云謂不以蓑苫城也公羊之義以爲昭三十二年城成周者既是城訖故於此處責其不蓑而已不似左氏方始欲城耳○注蓑若今以草衣城是也衣讀如衣輕裘之衣○注禮諸至主者○解云正以宋人不治所主者晉人執而歸之于京師得爲伯討之文故知禮有分丈尺之法不謂更存禮文

其言于京師何 据城言成周執不地

疏 注据城言成周○解云即昭三十二年冬仲孫何忌

會晉韓不信以下城成周是也○注執不地○解云謂春秋上下大夫見執例不舉地即下六年秋晉人執宋行人樂祈黎七年秋齊人執衛行人北宮結之屬是也若然成十六年九月晉人執季孫行父舍之于招丘彼傳自有解執未有言舍之者此其言舍之何仁之也曰在招丘悕矣注云悕悲也仁之者若曰在招丘可悲矣閔錄之辭執未有言仁之者此其言仁之何代公執也是也

伯討也

大夫不得專執執無稱名氏見伯討例故地以京師明以天子事執之得伯討之義○見賢遍反

疏 注大夫至之義○解云下傳云大夫之義不得專執也故云大夫不得專執若諸侯執人即僖四年傳云稱侯而執者伯討也稱人而執者非伯討也若其大夫不得專執故其執人之時無稱名氏見伯討例雖無其例其執之有理寧得不作其文是故地以京師明以天子事執之見其得伯討之義也

伯討

則其稱人何

据城稱名氏諸侯伯執不稱人也復發此難者弟子未解嫌大夫稱人相執與諸侯同例○復發扶又反下皆同難乃旦反解音蟹

疏 注据城稱名氏云云○解云即昭三十二年冬仲孫何忌會晉韓不信以下城成周是也○注諸侯伯執不稱人也○解云即僖四年傳云稱侯而執者伯討也稱人而執者非伯討也

是也若欲指經言之即成十五年春晉侯執曹伯歸之于京師是也**貶**故稱人爾不以非伯討故**曷爲貶**据晉侯伯執稱人以他罪舉（疏）注据晉至罪舉○解云即僖二十八年晉人執衛侯歸之于京師傳云歸之于者罪已定矣此晉侯也其稱人何貶曷爲貶衛之禍文公爲之也文公爲之柰何文公逐衛侯而立叔武使其兄弟相疑放乎殺母弟者文公爲之也然則彼乃晉文之執衛侯實得伯討之義而稱人者正由文公惡衛侯太深愛叔武太甚故致此禍是以貶之稱人故曰以他罪舉也今此晉人執仲幾亦得爲伯討之義而貶稱人故欲問其稱人之狀矣**不與大夫專執也曷爲不與**据伯討**實與**言于京師是也**而文不與**文不與者貶稱人是也**文曷爲不與大夫之義不得專執也**大夫不得專相執辟諸侯也不言歸者諸侯當決於天子犯之惡甚故錄所歸大夫當決王獄爾犯之罪從外小惡不復別也無例不在常書又月者善爲天子執之○別彼列反（疏）文曷爲不與○解云据實與但何氏省文不復言大夫之義不得專執則其曰實與之何上無天子下無方伯天下大夫有爲無道

者力能執之則執之可也異僖元年二年救邢城楚丘之傳者正以諸侯相執執伯者之常事大夫相執例之所略詳尊畧卑之義也○注不言至別也○解云正以僖二十八年冬晉人執衛侯歸之于京師成十五年春晉侯執曹伯歸之于京師襄十六年春晉人執莒子邾婁子以歸者是諸侯相執錄其所歸之文所以然者正以諸侯尊貴當決於天子若其犯之其惡深大故須錄其歸之所在即執衛侯曹伯歸于京師是其得正執莒子邾婁子以歸其國者失所明矣彼注云錄以歸者甚惡晉也有罪無罪皆當歸京師不得自治之是也若然案襄十九年春晉人執邾婁子亦是諸侯相執而不錄其所歸者正以會上執之即會上釋之實無所歸寧得錄之也若執大夫當決於主獄之人耳若其犯之但爲小惡故從外小惡例不復分別之也若然所見之世錄外小惡而言從外小惡不復別之者正謂時錄之以見太平之世諸夏小惡在治之限文不盡錄故得然解○注無例至執之○解云欲道春秋上下更無大夫相執之義即是無其比例不在常書之限今而書之又書其月詳錄之與諸侯相執同例者善爲天子執故也知諸侯相執例書月者正以襄十六年三月晉人執莒子邾婁子十九年三月晉人執邾婁子之屬皆書月故也舊云此事所以無歸于以歸之例正由大夫相執不

在宮書故也既不在當書而書月以執之者善爲天子執之故也〇夏六月癸亥公之喪至自乾侯至自乾侯者非公事齊不專中去之晉竟不見容死于乾侯〇戊辰公即位癸亥公之喪至自乾侯則曷爲以戊辰之日然後即位据癸亥得人已可知正棺於兩楹之間然後即位正棺者象既小斂夷於堂昭公死於外不得以君臣禮治其喪故示盡始死之禮禮始死于北牖下浴於中霤飯含於牖下小斂於戶內夷於兩楹之間大斂於阼階殯於西階之上祖于庭葬于墓奪孝子之恩動以遠也禮天子五日小斂七日大斂諸侯三日小斂五日大斂卿大夫二日小斂三日大斂夷而經殯而成服故戊辰然後即位凡喪三日授子杖五日授大夫杖七日授士杖童子婦人不杖不能病故也〇小斂力驗反下皆同北墉音容本又作牖霤力又反飯扶晚反含戶暗反阼才故反

【疏】注正棺至故也〇解云喪大記云小斂主人即位于戶內主婦東面乃斂卒斂主人馮之踊主婦亦如之徹帷男女奉尸夷于堂降拜鄭注夷之言尸也主人主婦以下從而

奉之孝敬之心降拜拜賓也是也云故示盡始死之禮者示孚亦有作不字者誤也云禮始死于北牖下者即喪大記疾病寢東首於北牖下是也云浴於中霤云云者即坊記云子云賓禮每進以讓喪禮每加以遠浴於中霤飯於牖下小斂於戶內大斂於阼殯於客位祖於庭葬於墓所以示遠也是也而言夷于兩楹之間者即此傳云正棺于兩楹之間是也云奪孝子之恩動以遠也者何氏以意言之也言此者欲陳始死禮云天子五日云云者何氏差約古禮而言之欲道始死之禮五日大斂而殯殯訖成服今欲示盡始死之禮故云公之喪癸亥日至于丁卯殯而成服戊辰之日乃即位矣云凡喪三日云云者即喪服四制云杖者何也爵也三日授子杖五日授大夫杖七日授士杖或曰擔主或曰輔病婦人童子不杖不能病也是也鄭注喪大記云三日者死之後三日也爲君杖不同日人君禮大可以見親疏也引之者欲道喪人五日嗣子大夫授杖巳訖可以即位正其臣矣

子沈子曰定君乎國定昭公之喪禮於國**然後即位即位不日此何以日**據即位皆不日**錄乎內也**內事詳錄善得五日變禮或說危不得以踰年正月即位故日王書者重五始也

〔疏〕注詳

錄至始也○解云書日所以得變禮者癸亥之日公喪乃至戊辰之日然後君即位象五日殯訖即位之禮故錄日以明之言其變而合禮矣

○秋七月癸巳葬我君昭公○九月大雩定公得立九喜而不恤民之應○立煬宮煬宮者何据十二公無煬公○煬餘亮反疏煬宮者何○解云正以春秋之內更無煬公之稱而立其宮故執不知問煬公之宮也春秋前煬公也立者何立者不宜立也立煬宮非禮也不日嫌得禮故復問立也不日者所見之世諱深使若比武宮惡愈故不日疏立者何解云欲言是禮不應言立欲言非禮復不書日故執不知問○立者何至立也○解云隱四年冬衛人立晉之下傳云立者何立者不宜立也成六年春二月辛巳立武宮之下傳云立者何立者不宜立也然則春秋之內三發此文者公子晉之下發之是春秋之首成六年立武宮之下發之嫌立宮與諸侯異例此復發之者正以立武宮書日此不書日故同之昭二十二年秋尹氏立王子朝不復發之者從立晉之傳可知○不日至立也○解云春秋之例失禮於宗廟例書日故

此不日嫌得禮也注言此者正以成六年巳有此傳今復發之故解云耳○不日至不日○解云例既書日而不日者正以當所見之世故也若然案莊二十三年秋丹桓宮楹何氏云失禮宗廟例時與向說違者蓋失禮於鬼神例日故隱五年初獻六羽之下何氏云失禮鬼神例日是也若失禮脩嘗於宗廟則例書時即莊二十三年秋丹桓宮楹何氏云失禮宗廟例時是也莊二十四年春王三月刻桓宮桷書月者何氏云月者功重於丹楹是也若其失禮始造宗廟者例書日即成六年春王二月辛巳立武宮是也所以然者刻桷功重於丹楹猶變例以書月況於始造宗廟爲費實深寧不日乎例既宜日而不日者正以當所見之世爲内諱深使若惡愈於武宮故也〇冬十月霣霜殺菽何以書記異也菽大豆時猶殺菽不殺他物故爲異○霣于敏反〔疏〕注時殺至爲異○解云知獨殺菽不殺他物者正以此經特舉殺菽傳云記異故也若更殺他物則經直云霣霜不舉菽名傳云記災也即桓元年秋大水傳云何以書記災也彼注云災傷二穀以上是也此則但傷一穀既不成災故謂之異此災菽也曷爲以異書據無麥苗以災書〔疏〕注據無至災書解云即莊七年

秋大水無麥苗傳云何以書記災也是也然則大水殺麥苗傳云記災今此霣霜殺菽傳云記異故据而難之若然向解若更殺他物則經直言霣霜不舉穀名何故莊七年經云秋大水無麥苗者彼傳云何災不書待無麥然後書無苗彼注云明君子不以一過責人水旱螟蟲皆以傷二穀乃書而不書穀名至麥苗獨書者民食最重是也然則一災不書今此書者示以早當誅季氏故不得不録也

異大乎災也異者所以爲人戒也重異不重災君子所以貴教化而賤刑罰也周十月夏八月微霜用事未可殺菽菽者少類爲稼強季氏象也是時定公喜於得位而不念父黜逐之耻反爲淫祀立煬宮故天示以當早誅季氏

【疏】異大乎災也○解云雖曰但傷一物君以害物言之災而必書者正以異重于災故也何者隱三年而作注云異者非常而可怪先事而至者隱五年作注云災者有害於人物隨事而至者然則正由先事而至可以爲戒若其變改竟不害人物君似君父教戒臣子之義故但謂之異而貴之矣災者隨事而至害於人物雖言變改亦無所及若似刑罰一施不可追更之義故謂之災而不重之故注云重異不重災君子所以貴教化而賤刑罰也然則直是美大此異故言異大於災不論害物與否五行傳云害物爲災不害物爲異亦通於

此矣○注蔟者至象也○解云蔟季不同而得爲其象者正以蔟爲第三之稱故爲少類季氏於叔孟爲弟亦是少之義故得爲其象蔟雖第三爲稼最强季氏雖幼彊於叔孟故曰蔟者少類爲稼强季氏之象也○注是時至煬宮○解云何氏以爲定公者昭公之子與賈服異既爲昭公之子而喜於得位者正以父見放逐薨於乾侯讎人秉政有年歲矣爲道亦何可知忽然而立寧不喜乎是以忘其恥辱欲求福於淫祀天怪其所爲故示之戒也舊云定公爲昭公弟立非其次是以喜之而謂昭公爲父者臣子一例故也云故天示以早當誅季氏也者天戒若曰等欲勞心作淫祀之時不如作意早誅季氏所以然者雖作淫祀終竟無福早誅季氏可以復讎去患故也

二年春王正月○夏五月壬辰雉門及兩觀災其言雉門及兩觀災何据桓宮僖宮災不言及不但問及者方於下及聞其文問之故先俱張本於上○兩觀工喚反下及注皆同〔疏〕注据桓至言及○解云即哀三年夏五月辛卯桓宮僖宮災是也兩觀微也雉門兩觀皆天子之制門爲其主觀爲其飾故微也〔疏〕注雉

門至微也○解云知如此者正以昭二十五年傳云子家駒曰諸侯僭天子久矣設兩觀云云者此皆天子之禮然則兩觀既爲天子之禮天惡其僭故災之則知雉門與之同災者亦僭明矣故云雉門及兩觀皆天子之訓也若然昭二十五年子家駒不言雉門爲僭者正以天子諸侯皆有雉門但形制殊耳若然雉門爲僭於辭爲負矣寧知非是主災兩觀因及雉門而已故子家駒不數雉門爲僭而何氏必言雉門亦如天子之制者正以下文新作雉門及兩觀之下傳云不務公室既言不務如公室之禮則知天子明矣

然則曷爲不言雉門災及兩觀 据下新作雉門及兩觀先言作者 主災者兩觀也 時災從兩觀起 時災者兩觀則曷爲後言之 据欲使言兩觀災及雉門若言宋督弒其君與夷及其大夫孔父 不以微及大也何以書 不復言雉門及兩觀災何以書者上已問雉門及兩觀災故但言何以書○不復扶又反下同

〔疏〕注不復至以書○解云隱三年秋武氏子來求賻傳云武氏子來求賻何以書注云不但言何以書者嫌主覆問上所譏二事不問求賻又七年夏城中丘傳云中丘者何內

之邑也城中丘何以書注云上言中丘者何指問邑也欲因言何以書嫌但問書中丘欲復言城中丘何以書僖二十年傳云西宮災何以書然則彼三傳文皆舉句而問之今此不嫌不以微及大何以書而不舉句而問之者正以上傳已云其言雉門及兩觀災何不**記災也**此本子家駒諫昭公所能復重言之故省文也當先去以自正者昭公不從其言卒爲季氏所逐定公繼其後宜去其所以失之者故災亦云爾立雉門兩觀不書者僭天子不可言雖在春秋中猶不書○先去起呂反下同（疏）○注此本至云爾○解云在昭二十五年○注立雉至不書○解云知如此者正以隱五年秋初獻六羽傳云何以書譏何譏爾譏始僭諸公也始僭諸公昉於此乎前此矣前此則曷爲始乎此僭諸公猶可言也僭天子不可言也是也若然須更脩大還僭天子而得書之者但作微辭以譏之仍自不正言○**秋楚人伐吳○冬十月新作雉門及兩觀其言新作之何**据俱一門兩觀如故常（疏）注据俱至如常○解云正以所作與舊俱一門兩觀以故常無異何言新作之乎**脩大也**天災之當減損如諸侯制而復脩大僭天子之禮故言新作以見脩

大也○見賢遍反〔疏〕注故言至大也○解云莊二十九年作注云繕故曰新有所增益曰作然則此言新者見其料理舊牆言作者見其增益新木皆是還大於諸侯之義故言新作以見脩大矣

脩舊不書此何以書據西宮災復脩不書〔疏〕注據西至不書○解云在僖二十年

譏何譏爾不務乎公室也務勉也不務公室亦可施于久不脩亦可施于不務如公室之禮微辭也月者久也當即脩之如諸侯禮〔疏〕注不務至侯禮○解云即文十三年傳世室屋壞何以書譏何譏爾久不脩也何氏云簡忽久不以時脩治至令壞敗故譏之然則此文不務公室者亦可以見魯人簡忽五月有災十月乃作之義故云亦可施於久不脩也云月者久也者正以莊二十九年春新延廄僖二十年春新作南門皆書時此特月者譏其久不脩故也舊云如天子之門大不可即成故月以久之

三年春王正月公如晉至河乃復月者內有彊臣之讎外不見荅於晉故危之〔疏〕注月者至危之○解云正以凡朝例時假有小事亦不書月是以昭二年冬公如晉至河

乃復傳云其言至河乃復何不敢進也注云乃難辭也時聞晉欲執之不敢往君子榮見與耻見距故諱使若至河河水有難而反然則彼是小故不足以月今乃內有疆臣之讎外不見荅於晉故書月以危之似若襄二十八年十一月公如楚何氏云如楚書月者危公朝夷狄之類也而僖十年注云故如京師善則月榮之如齊晉善則月安之者善惡不嫌假令同辭亦何傷也

○三月辛卯邾婁子穿卒○夏四月○秋葬邾婁莊公○冬仲孫何忌及邾婁子盟于枝後相犯時者諱公使大夫盟又未踰年君薄父子之恩故爲易辭使若義結善事○枝二傳作拔易以豉反

（疏）三月辛卯云云　公羊穀梁皆作三月左氏作二月未知孰正○注後相至善事○解云其後相犯者卽哀元年冬仲孫何忌帥師伐邾婁之屬是也云故爲易辭者卽莊十三年冬公會齊侯盟于柯傳云何以不日易也何氏云易猶佼易也相親信無後患之辭是也

四年春王二月癸巳陳侯吳卒○三月公會

劉子晉侯宋公蔡侯衛侯陳子鄭伯許男曹伯莒子邾婁子頓子胡子滕子薛伯杞伯小邾婁子齊國夏于召陵侵楚月而不舉重者楚以一裘之故拘蔡昭公數年然後歸之諸侯雜然侵之會同最盛故善錄其行義兵也拘不書者惡蔡侯各一裘而見拘執故匹夫之執歸不書者從執例○夏戶雅反召上照反數年所主反雜七合反又如字惡烏路反年末同各一裘力又反

疏 陳子○解云上文二月陳侯吳卒下之六月葬陳惠公然則其父未葬宜稱子某而言陳子僖九年宋子之下注云宋未葬不稱子某者出會諸侯非尸柩之前故不名然則今此陳子亦然但從宋子省文不復注之○注月而至兵也○解云春秋之義侵伐例時即上二年秋楚人伐吳之屬是也善其義兵則書月即僖十八年春王正月宋公曹伯以下伐齊注云月者與襄公之征齊善錄義兵是也若其舉重宜云公會劉子晉侯以下侵楚不言于召陵也似若成十六年秋公會單子尹子晉侯齊國佐邾婁子伐鄭之屬今而書月復不舉重者善錄其行義兵故也若然案僖四年春王正月公會齊侯以

下侵蔡何氏云月者善義兵也然則彼亦是義兵而舉重者正以彼下經云楚屈完來盟于師盟于召陵傳云其言盟于師盟于召陵何師在召陵也師在召陵則曷爲再言盟喜服楚也彼注云孔子曰書之重辭之復嗚呼不可不察其中必有美者焉然則正以下有喜服楚之文爲義兵可知是以不勞具錄也桓公十五年冬十有一月公會齊侯宋公以下于侈伐鄭彼注云月者善諸侯征突善錄義兵也不舉伐爲重者用兵重於會嫌月爲桓伐有危舉不爲義兵錄故復錄會注云之屬當文皆有成解不勞逆說也言楚以一裘之故拘蔡昭公數年然後歸之者即下傳云蔡昭公朝乎楚有美裘焉囊瓦求之昭公不與爲是拘昭公於南郢數年然後歸之是也○注拘不至夫之○解云僖二十一年霍之會執宋公以伐宋之屬皆書其執今此不書故決之所以不直言賤之而已而言匹夫之者以楚人執良霄之屬大夫猶書今反不書賤於大夫故言匹夫之○注執歸至執例○解云即僖二十一年注云凡出奔歸書執獲歸不書者出奔已失國故錄還應盜國與執獲者異臣下尚隨君事之未失國不應盜國無爲錄也是其被執而歸不書之義今此蔡侯之執經雖不書其實見執故得從其例矣

云云之說備于僖二十一年 ○夏四月庚辰蔡公孫

歸姓。帥師滅沈以沈子嘉歸殺之爲不會召陵故也不舉滅爲重書以歸殺之者責不死位也日者定哀滅例日定公承黜君之後有彊臣之讎故有滅則危懼之爲定公戒也。公孫歸姓二傳無歸字姓音生又音性爲不于僞反下爲季爲下爲治爲蔡同

疏 注爲不至故也 解云正以召陵之會蔡爲謀首召陵之經不見沈子而今滅之故知義然也。注不舉至位也。解云正以襄六年十有二月齊侯滅萊傳云曷爲不言萊君出奔國滅君死之正也彼注云明國不。存不書殺萊君者舉滅國爲重然則萊君死位故得舉重今沈子不死位故不得舉滅爲重而書以歸殺之也。定哀至戒也。解云定哀之時文致太平若有相滅爲罪已重故皆書日以詳其惡即此經及下六年春王正月癸亥鄭游遬帥師滅許以許男斯歸之屬是也既言定哀滅例日乃是滅爲例矣而又言定公承黜君之後有彊臣之讎故有滅則危懼之爲定公戒者欲道哀公之篇若有相滅例合日欲見他義者容不書之即哀公八年春王正月宋公入曹以曹伯陽歸實是滅曹但魯人諱同姓之滅而不書之是以亦不書日是也然則案哀公之篇更無書滅之經而知例日者正以文承定公之下定公猶日則哀公明矣定公承黜君之後偏有危

懼是以有滅則書日哀公無此義故諱其滅以没不救同姓之罪但知例合書其日故何氏云焉○五月

公及諸侯盟于浩油再言公者昭公數如晉不見荅卒爲季氏所逐定公初即位得與諸侯盟故喜錄之後楚復圍蔡不救不日者善諸侯能翕然俱有疾楚之心會同最盛故褒與信辭○浩油戸老反又古老反下音由一音羊又反二傳作臯鼬數所主反楚復扶又反下而復復討同翕許及反

疏注再言至錄之

解云正以僖五年夏公及齊侯以下會王世子于首戴秋八月諸侯盟于首戴九年夏公會宰周公以下于葵丘九月戊辰諸侯盟于葵丘之屬皆不再言公今此再言公故於此解之言昭公數如晉不見荅者即昭十二年夏公如晉至河乃復十三年冬公如晉至河乃復十五年冬公如晉十六年夏公至自晉二十一年冬公如晉至河乃復二十三年公如晉至河公有疾乃復之屬是數如晉之文也竟不見晉人來聘之經故云不見荅也卒爲季氏所逐者即二十五年九月己亥公孫于齊是也寧知再言公爲喜錄之者正以文承詳錄義兵之下而再言公故知其喜似若僖四年夏楚屈完來盟于師盟于召陵傳云曷爲再言盟喜服楚也之類注云孔子曰書之重辭之復嗚呼不可不察其中必有美者焉義亦通

於此。**杞伯戊卒于會**不日與盟同日○戊音茂又音恤二傳作戌 疏 注不日與盟同日○解云考諸古本日亦有作月者若作日字宜云所見之世小國之卒例合書日即上言三月辛卯邾婁子穿卒之屬是也今不日者正以與盟同日文不可施故也何者若言五月甲子公及諸侯盟于浩油杞伯戊卒于會則嫌上會非信辭若言五月公及諸侯盟于浩油甲子杞伯戊卒于會則嫌與盟別日是以進退不得日也若作月字宜云所見之世則例書日若有內行失亦但月之即昭六年春王正月杞伯益姑卒何氏云不日者行微弱故畧之入所見之世責小國詳始錄內行也諸侯內行小失不可勝書故於終畧責之見其義是也然則今杞伯亦有內小失宜合書月而不書月正以與盟同月故也。

○六月葬陳惠公○許遷于容城○秋七月公至自會月者爲下劉卷卒月者重錄恩○卷音權 疏 注月者至卷卒○解云正以春秋之義致公例時則桓二年冬公至自唐之屬是也若其有危乃合書月即下八年三月公至自侵齊之屬是也今此上會有義兵之錄上盟有信辭之美又再言公爲喜文則知公於時無危明矣既無危事而有七月故知其月爲下事

爾若然案桓公十六年秋七月公至自伐鄭何氏云致者善桓公能疾惡同類比與諸侯行義。伐鄭致例時此月者善其比與善行義故以致復加月也似月爲善者正以桓是篡賊動作有危而能疾篡脆危而至故致之何氏彼注必言此者欲對桓元年垂會之注云不致之者爲下去王適足以起無王未足以見無王罪之深淺故復奪臣子辭成誅文也以此言之則桓十六年注云以致復加月仍是危文但善其比與義故能脆危而至與此仍不妨矣。注月者重錄恩。解云大夫之卒宜又降于微國之君但合書時而已而書月者正以新奉王命主會于召陵於魯有恩故重而錄之故云月者重錄恩也

〇劉卷卒劉卷者何天子之大夫也外大夫不卒此何以卒我主之也劉卷即上會劉子我主之者因上王魯文王之張義也卒者明主會者當有恩禮也言劉卷者主起以大夫卒之屈於天子也不日者此尹氏以天子喪爲主重也此卷主會輕故不日〔疏〕劉卷者何。解云欲言諸侯未有劉國欲言大夫大夫不卒故執不知問。注劉卷至義也。解云正以召陵之經劉子爲首今而書卒故知一人也若不然大夫之卒例則不書劉卷何事獨得錄見也今而錄

見明有恩於魯傳曰我主之亦其一隅矣劉子者天子之大夫奉天子之命致諸侯於召陵召陵之經序之于上此言主之主會明矣此傳宜云外大夫不卒此何以卒主我也而云我主之之者正以春秋王魯因魯之文故言我主之不言主我也言張義者欲張魯君爲王之義○注卒者至禮也○解云若主會有恩禮者即違例書卒案僖九年公會宰周公成十六年十七年之時數有公會單子尹子之文而皆不卒言卒等有恩當論遠近蓋在主會之年卒者恩而錄之若期外者當從恩殺略之是以尹子單子之徒不見卒文若奔喪主我使來會葬之屬其恩差重三年之外方始略之即隱三年夏四月辛卯尹氏卒傳云外大夫不卒此何以卒天王之崩爲諸侯之主也彼注云時天王崩魯隱往奔喪尹氏主儐贊諸侯與隱交接而卒恩隆於王者則加禮錄之明當有恩禮矣文三年夏五月王子虎卒傳云外大夫不卒此何以卒新使乎我也彼注云王子虎即叔服也新爲王者使來會葬在葬後三年中卒君子恩隆於親親則加報之故卒明當有恩禮也是○注言劉至天子○解云襄十五年劉夏之下傳云劉夏者何天子之大夫也劉者何邑也其稱劉何以邑氏也彼注云諸侯入爲天子大夫不得氏國稱本爵故以所受采邑氏稱子不稱劉子而名者禮逆王后當使三公故貶去大夫

明非禮也然則今此劉卷乃是圻外諸侯入爲天子大夫所以不言劉子卷卒從諸侯之例而言劉卷其但字者正欲起大夫卒之屈於天子故也○注不日至不日○解云文三年王子虎之下何氏云尹氏卒日此不日者在期外也然則尹氏之主諸侯由其在期內故日之今此劉卷之主諸侯亦在期內而不日者正以尹氏之主諸侯乃是天王崩儐贊隱公其恩重矣劉卷之主諸侯乃在召陵之會故不書日見其輕矣知云不日者比尹氏以天子喪爲主重也言劉卷卒所以不書日者若比尹氏之時尹氏以天子喪爲主○葬杞悼重故書日劉卷但爲會主其恩輕故不日矣

公○楚人圍蔡囊瓦稱人者楚爲無道拘蔡昭公數年而復怨蔡歸有言伐之故貶明罪重於圍

疏注囊瓦至於圍○解云正以下傳云爲是與師使囊瓦將而伐蔡故知此文楚人者是囊瓦矣言拘蔡昭公數年而復怨蔡歸有言伐之者皆下傳文云故貶明罪重於圍者謂由是之故貶之稱人明其罪重異於凡圍矣其几常之圍罪不至貶即哀九○年楚子以下圍蔡之屬是也○晉士鞅衞孔圄帥師

伐鮮虞○圄魚呂反左氏作圄虞本或作吳音虞○葬劉文公外大夫

不書葬此何以書錄我主也其實以主我恩錄之故云爾舉采者禮諸侯入爲天子大夫更受采地於京師天子使大夫爲治其國有功而卒者當益封其子時劉卷以功益封故不以故國而以采地書葬起其事因恩以廣義也稱公者明本諸侯也○舉采七代反下采地同〔疏〕注舉采至侯也○解云知劉卷本是諸侯者正以其葬稱公故也知天子使大夫爲治其國者正以此人身在王朝明其本國須有治之者云有功而卒者當益封其子者正以父子並得之故謂之益云不以故國者經使無文不知其故國是何云因恩以廣義也者謂因有主會之恩遂舉采稱公以廣見其本是諸侯之義也云稱公者明本諸侯也者正以天子大夫本無稱公之義今言葬劉文公乃與葬晉文公之屬相似故也〇冬十有一月庚午蔡侯以吳子及楚人戰于伯莒楚師敗績吳何以稱子据滅徐稱國○伯莒左氏作柏舉〔疏〕注据滅徐稱國○解云即昭三十年冬十二月吳滅徐徐子章禹奔楚是也夷狄也而憂中國言子起憂中國言以明爲蔡故也與桓十四年同○

疏 注言以至年同。解云桓十四年冬宋人以齊人以下伐鄭傳云以者可。行其意也彼注云以已從人曰行言四國行宋意也是也

其憂中國奈何伍子胥父誅乎楚挾弓而去楚挾弓者懷格意也禮天子雕弓諸侯彤弓大夫嬰弓士盧弓。挾弓音協又子協反雕下遼反彤大冬反嬰弓於耕反見司馬法盧力吳反

疏 注挾弓至意也。解云格猶拒也言所以挾弓者謂若君使人追之時已即懷拒之意故曰挾弓者懷格意也若似今人謂不順之處爲格化之類也或云格來也言所以挾弓者懷欲到來復讎之意。注禮天子至盧弓。解云古禮無文也

以干闔廬不待禮見曰干欲因闔廬以復讎。禮見賢遍反下不見同

闔廬曰士之甚言其以賢士之甚。勇之甚將爲之興師而復讎于楚伍子胥復曰諸侯不爲匹夫興師必須因事者其義可得因公託私而以匹夫興師討諸侯則不免於亂。將爲于僞反下不爲也不爲匹爲是注爲子胥同。且臣聞之事君猶事父

也虧君之義復父之讎臣不爲也於是止蔡昭公朝乎楚有美裘焉囊瓦求之昭公不與爲是拘昭公於南郢數年然後歸之於其歸焉用事乎河時北如晉請伐楚因祭河。囊乃郎反郢以其反又以政反。【疏】爲是拘昭公於南郢。解云蓋以楚於諸夏差而近南故謂之南郢若宣十二年傳云南郢之與鄭相去數千里何氏云南郢楚都之類是也。注時北至祭河。解云正以河非楚蔡之間也曰天下諸侯苟有能伐楚者寡人請爲之前列楚人聞之怒見侵後聞蔡有此言而怒。【疏】注見侵至而怒。解云正以上文楚人圍蔡在侵楚之後故也而伐蔡者即下楚人圍蔡是也圍而言伐者舉擾名故也爲是興師使囊瓦將而伐蔡蔡請救于吳伍子胥復曰蔡非有罪也楚人爲無道君如有憂中國之心則若時可矣猶曰若是時可興師矣激發初欲興師意○將子匠反激古狄反○於是興師而救蔡不書與子胥俱者舉君爲重子胥不見於經得爲善者以吳義文得成之也雖不舉子胥爲非懷惡而討不義君子不得不與也○

【疏】而救蔡解云不書救蔡者止以蔡爲兵故首也○注子胥至成之也○解云案此傳文有善子胥之意子胥不得見於經而得爲善之者正以吳得進而稱子是其義文以是之故得成子胥之善故曰以吳義文得成之也○注雖不至與也○解云吳子若直救蔡討楚而敗之也是其憂中國尊事周室之義但親用子胥之謀兼有爲復讎之意是以傳家取而說之遂舉子胥之辭以見之雖舉子胥之辭但非懷惡而討不義是以君子與之昭十一年楚子誘蔡侯之下傳云懷惡而討不義君子不予也故注者取而況之○

曰事君猶事父也此其爲可以復讎奈何曰父不受誅不受誅罪不當誅也子復讎可也孝經曰資於事父以事君而敬同本取事父之敬以事君而父以無罪爲君所殺諸侯之君與王者異於義得去君臣已絕故

可也孝經云資於事父以事母莊公不得報讎文姜者母所生雖輕於父重於君也易曰天地之大德曰生故得絕不得殺〇【疏】注本取事父以事君〇解云何氏之意以資爲取與〇鄭異鄭注云資者人之行也注四制云資猶操也然則言人之行者謂人操行也云云之說具於孝經疏〇注莊公至君也〇解云即莊元年注云言遜者明但當推逐去之亦不可誅〇誅不加上之義是也〇注易曰至曰生〇解云下繫辭文也〇**父受誅子復讎推刃之道也**子復仇非當復討其子一往一來曰推刃〇當丁浪反〇**復讎不除害**取讎身而已不得兼讎子復將恐害已而殺之時子胥因吳之衆墮平王之墓燒其宗廟而已昭王雖可得殺不除云〇墮許規反去起呂反【疏】注時子胥至而已〇解云春秋說文也彼文又云鞭平王之尸血流至踝此注不言之者省文也案昭二十六年秋九月楚子居卒至今十餘年矣而言血流至踝者非常之事寧可常理言之或者蓋以子胥有至孝之至精誠感天使血流所以快孝子之心也**朋友相衛**同門曰朋同志曰友相衛不使爲讎所勝時子胥因仕於吳爲大夫君臣言朋友者闔盧本以朋友之道爲子胥復讎孔子曰益者三友損者三友

友直友諒友多聞益矣友便辟友善柔友便佞損矣○辟婢亦反辯佞如字本亦作便佞【疏】注同門至損矣○解云出蒼頡篇漢主謂司馬遷云李陵非汝同門之朋同志之友乎義亦通於此而書傳散冝生等受學於大公大公除師學之禮酌酒切脯約爲朋友然則大公爲師而言朋者蓋大公知其非常人遂除師學之禮以友朋之道待之也既除師學之禮迹朋言之亦何傷云君臣言朋友者云云即詩云朋友攸攝攝以威儀注云朋友謂羣臣與成王同志好者義亦通於此云孔子曰益者三友云云論語文引之者道闔廬子胥相與益友蓋以闔廬爲諒何者謂一許爲之與師終不變悔是也蓋以子胥爲直與多聞何者不敢虧君之義復父之讎是其直也子胥賢者博古今之事是其多聞矣便辟謂巧爲譬喻善柔謂口柔面柔體之屬辯佞辯爲媚矣案今世間有一論語音便辟爲便僻者非鄭氏之意通人所不取矣○

而不相迴

迴出表辭猶先也不當先相擊刺所以伸孝子之恩○迴音峻又音巡又玄徧反先也刺七亦反○【疏】注迴出至先也○解云依大司馬田獵習戰之時云爲表表百步則一爲三表又五十步爲一表然則表者謂其戰時旅進旅退之限約迴者謂不顧步伍勉力先往之意故曰出表辭若然所以伐吳之經不使子胥爲兵首

者蓋以吳王討楚兵爲蔡故且舉君爲重是以不得見也古之道也○楚囊瓦出奔鄭○庚辰吳入楚。吳何以不稱子據狄人盟于邢有進行稱人○行下孟反【疏】楚囊瓦出奔鄭○解云左氏以爲戰不勝而去上經稱人者貶范氏云知見伐由已故懼而出奔蓋何氏與之同而戰時稱人者行不進矣○注據狄至稱人○解云即僖二十年秋齊人狄人盟于邢何氏云狄稱人者能常與中國也是也○反夷狄也其反夷狄奈何君舍于君室大夫舍于大夫室蓋妻楚王之母也舍其室因其婦人爲妻日者惡其無義○【疏】注日者惡其無義也者正以春秋之義入例書時傷害多則月即定五年夏於越入吳僖三十三年春王正月秦人入滑之屬是今而書日故須解之

五年春王正月辛亥朔日有食之是後臣恣日甚魯失國寶宋大夫叛○【疏】注是後至夫叛○解云蓋謂下八年秋晉趙鞅帥師侵鄭遂侵衛之文是也云魯失國寶即下八年

冬盜竊寶玉大弓傳云季氏之宰則微者也惡乎得國寶而竊之是也云宋五大夫叛即下十一年春宋公之弟辰及仲佗石彄公子池自陳入于蕭以叛秋宋樂世心自曹入于蕭何氏云不言叛者從叛臣叛可知是也○夏歸粟于蔡孰歸之諸侯歸之曷爲不言諸侯歸之据齊人來歸衛寶。疏注据齊至衛寶　解云在莊六年　離至不可得而序故言我也時爲蔡新被強楚之兵故歸之粟與戍陳同義。爲于僞反。疏注時爲至之粟。解云即老子云大兵之後必有凶年彼注云言妨其耕稼是也。注與戍陳同義。解云即襄五年冬戍陳傳云孰戍之諸侯戍之曷爲不言諸侯戍之離至不可得而序彼注云離至離別前後至也陳坐欲與中國被強楚之害中國宜雜然同心救之乃解怠前後至不序以刺中國之無信故言我也注云言我者以魯至時書與魯微者同文微者同文者使若城楚丘辟魯獨戍之今歸粟于蔡之義亦然故云與戍陳同義矣然則彼已有傳而復發之者正以歸戍之文異故同之○於越入吳於越者何越者何不言或者嫌兩國。疏於越者何○解云：正以越爲國名，經典通稱，忽加於字，故執不知問○越者何○解云：問昭三十二年夏吳伐越之屬矣。正以此文加於字，是以單言越者翻然可怪，故執不知問○不言至兩國○解云：隱元年傳云曷爲或言會或言及之屬皆言或，今此何故不云曷爲或言於越或言越者，弟子之意本疑於越與越爲兩國，是以分別而問之。舊云正以僖四年傳云執者曷爲或稱侯或稱人，稱侯而執者伯討也，稱人而執者非伯討也，然則彼言或者乃是兩事之辭，今此若云曷爲或言越或言於越，則嫌爲兩國，是以別之○

於越者，未能以其名通也，越者，能以其名通也。

越人自名於越，君子名之曰越。治國有狀，能與中國通者，以中國之辭言之曰越。治國無狀，不能與中國通者，以其俗辭言之，因其俗可以見善惡，故云爾。赤狄以赤進者，狄於北方揔名，赤者其別，與越異也。吳新憂中國，士卒罷敝而入之，疾罪重，故謂之於越○見，賢偏反。卒，子忽反。罷，音皮。弊，亦作敝，音伺。

〔疏〕注治國有狀云云治國無狀云云○解云：此狀謂模狀也，模狀猶規矩，若有規矩，是得先生之術，故謂之進；若無規矩，是失治國之法，當獲咎禍，故謂之退。是以此注云治國有狀云云，治國無狀云云。凶儀云無狀招禍，義亦通。

於此亦有一本狄皆作禮字但非古本是以不能得從之也注赤狄至異也○解云正以宣十一年秋晉侯會狄于攢函之文直單言狄不言赤矣宣十五年夏晉師滅赤狄潞氏傳云潞子之爲善也離于夷狄是其加赤爲進之事也但狄者北方之揔名乃是鄙賤之號赤者是其別稱故得加之爲進矣今越者乃是其國名若似齊晉魯衛之屬諸夏之人有禮儀者其國名之上不見加於虛唯有越爲此文尋檢其事此時人吳實合罪貶故注之○注疾罪至於越○解云夷狄之稱比有七等之名州不若國最其賤者今乃加於見其人吳之疾故以罪重言之

○六月丙申

季孫隱如卒仲遂以貶起弒是不貶著其逐君者舉君出爲重故從季辛起之猶衛孫甯○弒音試

○疏注仲遂至孫甯○解云宣八年仲遂卒于垂傳云仲遂者何公子遂也何以不稱公子貶曷爲貶爲弒子赤貶是其以貶起弒也案公子翬仲遂之類而不据之者以其無卒文故也今此欲道隱如之卒經無貶文故据卒時有貶文者言之也欲舉君出爲重者即昭二十五年九月己亥公孫于齊是也言舉其君出爲重即隱如之罪已重是以於卒不復貶也言故從季辛起之者即昭二十五年秋七月上辛大雩季辛又雩者彼注云不言下辛言季辛者起季氏不

執下而逐君是也言季辛已起其逐君之義是以於卒不勞更貶也言猶衞孫甯者即襄十四年夏四月己未衞侯衎出奔齊注云不書孫甯逐君者舉君絶爲重是也○秋七月壬子叔孫不敢卒○冬晉士鞅帥師圍鮮虞

監本附音春秋公羊注疏卷二十五

江南蘇松督糧道方　體琛

公羊注疏卷二十五挍勘記　阮元撰盧宣旬摘録

公羊注疏定公卷二十五　唐石經定公第十一卷十

元年

即莊元年經云　閩監毛本莊下有公字○按公字衍文

公及邾婁儀父盟于蔑　閩監毛本蔑改眛按作蔑者左傳字

故據之耳　閩監本同毛本據作据

本有有正月者　監毛本同閩本不疊有字按下有字衍文

而左氏以爲喪及壞隤　閩監本同毛本隤誤嬇

起珪辟琮璜五玉盡亡之　浦鏜云璜下脫璋○按有璋字則與八年注合

世世寶用之辭也　何挍本寶作保是也

是可以世世傳保而珠玉之 八年疏作金玉此誤

故此曰愼之至也 盧文弨曰此曰倒此蓋遙承上此孔子之此

晉人執宋仲幾于京師 唐石經諸本同釋文仲幾本或作機按昭三十一年疏作仲機左氏穀梁及漢書五行志皆作幾

不蕢城也 閩監毛本同唐石經蕢作衰釋文作不衰云或作蕢困學紀聞云按左氏傳遲速衰序於是焉在又云宋仲幾不受功蕢字當從漢志作衰與左氏合經義雜記曰五行志不衰城師古曰衰城謂以差次受功賦也衰音初爲反一曰衰讀曰蓑蓑城謂以草覆城也蓑音先和反按釋文及漢志知公羊本作不衰城說文衰艸雨衣从衣象形何注用說文本義作蓑俗字也衰城義當從師古說

若今以草衣城是也 解云衣讀如衣輕裘之衣

不似左氏方始欲城耳 閩監本同毛本似誤以

非伯討例雖無其例　閩監毛本非作見此誤

冬晉人執衞侯歸之于京師　毛本之誤至晉上冬字脫依全書例則晉字上當補冬字此本不誤

故曰以佗罪與也　毛本佗改他

十九年三月　浦鏜云正誤三○按浦說是也

禮始死于北牖下　宋本同閩監毛本牖作墉疏同按釋文牖下云或爲北墉蓋何注本作北墉云音容本又作牖鄭注禮記北今公羊注作北牖則後人從禮記改轉毛本于改於非

飯含於牖下　宋本閩監本同毛本牖誤牗

寢東首於北牖下是也　閩監本同毛本於改于下浴於飯於歛於殯於祖於葬於並同

此不書日故同之　按同爲問之誤

昭二十二年秋 浦鏜云三年誤二年

冬十月 監本冬字空缺

時猶殺菽 閩監毛本同誤也鄂本猶作獨解云知獨殺菽不殺他物者當據以訂正

彼傳云何災不書 浦鏜云一誤何

而不書穀名 莊七年注而作然

隱三年而作注云 浦鏜云而作當傳何誤下作注之作同

非常而可怪 浦鏜云而衍按浦說是也

與賈復異 按復當服之誤

二年

方於下及聞其文間之 鄂本聞作間此誤

諸侯僭天子久矣 昭廿五年傳僭下衍於字當從此所引

則知天子明矣 按知當如字誤

時災者兩觀 唐石經作主災者兩觀諸本皆誤作時孫志祖云左傳疏引作主

嫌主覆問上所說二事 何校本主上有以字與隱三年注合

中巨者何 毛本中巨誤倒

欲復言城中巨何以書 浦鏜云故誤欲○按何校本故書下有也字是也

注据俱至如常 閩監本同毛本改故常

解云正以所作 毛本所誤新

脩大也 唐石經諸本同毛本脩改修

亦可施於久不脩 蜀大字本閩監毛本同鄂本于作於下同按作於是

三年　監本年誤月

三月辛卯　唐石經原刻三月磨改作二月解云公羊穀梁皆作三月左氏作二月未知孰正按此則當從唐石經原刻

盟于枝　唐石經諸本同釋文于枝二傳作拔按枝當爲拔字之誤也如公孫拔之誤爲公孫枝

四年

似若成十六年秋公會單子尹子　浦鏜云十六年伐鄭無單子十七年有之此二字當衍○按浦説是也

蔡公孫歸姓　唐石經諸本同釋文公孫歸姓二傳無歸字姓音生按昭廿三年注作歸生疏引此經同

明國不存　閩本剜改不作當監毛本承之○按作當與襄六年注合

而沈子不死位　閩監毛本而作今

鄭游遬帥師滅許　經速作遬此本速字剜改蓋本作遬

公及諸侯盟于浩油　唐石經諸本同釋文浩油二傳作皐鼬九經古義云鹽鐵論作詰鼬爾雅釋訓皐皐琄琄樊光本作浩浩

寧知再言公爲喜録之者　浦鏜云寧疑衍字或何字誤非也寧知猶安知也

杞伯戊卒于會　唐石經諸本同釋文伯戊音茂又音恤二傳作戌

邾婁子穿卒之屬是也　何按本屬作文

則例書日　何按本則作雖

比與諸侯行義伐鄭　按桓十六年注伐字上有兵字

但善其比與義　閩監毛本與作行

因上王會文王之　閩本作故主之是也此作王之誤監毛本故亦作文上屬與疏合主之作王之

同誤

故知一人也　閩監毛本也誤其

今而録見　何校本録作書

言卒等有恩　閩監毛本卒作雖非

天王之崩爲諸侯之主也　浦鏜云上之衍傳無爲○按何校本無之爲二字與傳合

明當有恩禮也　閩本也改又監毛本承之

卽哀九年楚子以下　浦鏜云元誤九○按何校本正作元

晉士鞅衛孔圄帥師伐鮮虞　諸本同釋文孔圄左氏作圉鮮虞虞本或作吳音虞唐石經作孔圄虞字缺

經使無文　浦鏜云史誤使段校本作傳是也

戰于伯莒 唐石經諸本同釋文伯莒左氏作柏舉

以者可行其意也 浦鏜云何誤可

爲格化之類也 閩監本同毛本爲誤謂○按何挍本作爲

則不免爲亂 鄂本爲作於

用事乎河 毛本事誤是

爲是拘昭公于南郢 何挍本于作於是也

君子不得不與也 鄂本與下有之

止以蔡爲兵故首也 浦鏜云故首疑誤倒何挍本云止疑正

亦不可誅 浦鏜云可下脫加按浦說是也

子復因非當復討 鄂本因作讎當據正毛本討誤封

時子胥因吳之衆　蜀大字本閩監毛本同鄂本無之此衍

不除云　閩本云鈌上畫監毛本改作去

友便佞　諸本同釋文作辯佞云如字本又作便佞按疏本亦作辯佞云辯爲媚矣今本作便佞蓋據何晏論語集解所改

酌酒切肺　書傳肺作脯

攝以威儀注云　按注當作箋

蓋以闔廬爲諒　何挍本諒作皃

謂口柔面柔體之屬　毛本體下有柔此及閩監本皆脫

吳入楚　唐石經諸本同左氏楚作郢

曰者惡其無義　鄂本無作不此誤

春王正月 浦鏜云二誤正按浦說是也

五年

宋大夫叛 疏中引作宋五大夫叛何校本同此脫五字當據補

注與戍陳義 按義上脫同

不序 何校本不上有故字

於越者何越者何 唐石經原刻脫越者何三字後磨改補刻故三行每行十一字

治國無狀 解云亦有一本狀皆作禮字但非古本是以不能得從之

公羊注疏卷二十五校勘記終

工部屯田司員外郎胡祖謙校

監本春秋公羊注疏定公卷第二十六 起六年盡十五年

何休學

六年，春，王正月，癸亥，鄭游遬帥師滅許，以許男斯歸。○二月，公侵鄭。月者，內有彊臣之讎不能討，而外結怨，故危之。公至自侵鄭。○夏，季孫斯、仲孫何忌如晉。○秋，晉人執宋行人樂祁犂。○冬，城中城。○季孫斯、仲孫忌帥師圍運。此仲孫何忌也，曷爲謂之仲孫忌？譏二名，二名非禮也。爲其難諱也。一字爲名，令難言而易諱，所以長臣子之敬，不逼下也。春秋定哀之閒，文致太平，欲見王者治定，無所復爲譏，唯有二名，故譏之，此春秋之制也。○爲其，于僞反。令，力呈反。易，以豉反。長，丁丈反。大音泰。見，賢徧反。治，直吏反。復，扶又反。○〔疏〕冬季孫斯仲孫忌○

解云古本無何字有者誤也穀梁及賈經皆無何字又哀十三年經云晉魏多帥師侵衛傳云此晉魏曼多也曷爲謂之晉魏多譏二名二名非禮也以此言之則此經無可明矣而賈氏云公羊曰仲孫何忌者蓋誤○此仲孫至之仲孫忌○解云正決上文夏仲孫何忌如晉之文也○注一字至逼下解云難言者謂言難著既不言君父之名即是臣子之敬故曰長臣子之敬也動不違禮爲下之易故曰不逼下也云春秋定哀之間文致太平者實不太平但作太平文而已故曰文致太平也案春秋說昭公亦爲所見之世而此注偏指定哀爲太平者正以昭公之時未譏二名故也云雖有二名故譏之者文王之臣散宜生孔子門人宓不齊之屬皆親事聖人而以二字爲名者謂依古禮若似堯名放勛舜名重華禹名文命宣王之興名子爲宮皇之屬是也但孔子作春秋欲改古禮爲後王之法是以譏其二名故注即言此春秋之制也然則傳云二名非禮者謂非新王禮不謂非古禮也○

七年春王正月○夏四月○秋齊侯鄭伯盟于鹹○鹹音咸○齊人執衛行人北宮結以侵衛○

齊侯衛侯盟于沙澤○大雩先是公侵鄭城中城季孫斯仲孫忌如晉圍運費重不恤民之應○費重芳味反下同○疏注先是公侵鄭○解云即上六年二月公侵鄭是也云城中城者即上六年冬城中城是也云季孫斯仲孫忌如晉者在上六年夏而於城中城之下言之者蓋遂重者先言之故也云圍運者即上六年冬季孫斯仲孫何忌圍運是○齊國夏帥師伐我西鄙○九月大雩承前費重不恤民又重之以齊師伐我我自救之役○重之直用反○

冬十月

八年春王正月公侵齊公至自侵齊○二月公侵齊三月公至自侵齊出入月者內有彊臣之讎外犯彊齊再出尤危於侵鄭故知入亦當蒙上月○疏春王正月公侵齊○解云侵伐例時而此月者正以內有強臣之讎而外犯彊齊故危之○公至自侵齊○解云以例言之不蒙上月矣○注出入至上月○解云正以春秋之例有雖在月下而不蒙

月者故賈氏云還至不月爲曹伯卒月是也故何氏分疏之云此定公侵齊所以出入月者正以內有強臣之讎不能討而外犯強齊頓煩再出尤危於六年侵鄭之時故知其入亦當蒙月也上六年二月公侵鄭彼注云月者內有強臣之讎不能討而外結怨故危之也下經始云公至自侵鄭則知何氏以爲至不蒙月故此決云再出尤危於侵鄭則知入亦當蒙月也

○曹伯露卒○夏齊國夏帥師伐我西鄙○公會晉師于瓦公至自瓦此晉趙鞅之師也但言晉師者君不會大夫之辭也公會大夫不別得意雖得意不致此致者諱公爲大夫所會故使若得意者○別彼列反

【疏】注此晉至之辭○解云正以下經云晉趙鞅帥師侵鄭遂侵衞故知此言公會晉師是趙鞅之師矣宣元年秋趙盾帥師救陳宋公以下會晉師于斐林伐鄭傳云此晉趙盾之師曷爲不言趙盾之師君不會大夫之辭也今此文勢與彼正同故此何氏取彼傳文以解之○注公會至不致○解云莊六年作此注云公與二國以上出會盟得意致會不得意不致公與一國出會盟得意致地不得意不致然則公與諸侯尊同體敵莫肯相下故須別之見其得意與否若與大夫盟會之

時尊卑異等得意可知何勞别之乎故僖二十五年冬公會衛子莒慶盟于洮何氏云洮内地公與未踰年君大夫盟不别得意雖在外猶不致也是云此致者諱公爲大夫所會故使若得意者正以公與一國出會盟得意致地不得意不致今此書致故云使若得意者

○秋七月戊辰陳侯柳卒○晉趙鞅帥師侵鄭遂侵衛○葬曹靖公○曹竫才井反本亦作靖○九月葬陳懷公○季孫斯仲孫何忌帥師侵衛○冬衛侯鄭伯盟于曲濮○濮音卜○從祀先公從祀者何順祀也復文公之逆祀

〔疏〕從祀者何○解云欲言其祭經無宮廟之文欲言非祭謂之從祀故執不知問

文公逆祀去者三人諫不從而去之

〔疏〕文公逆祀去者三人○解云謂文二年八月丁卯大事于大廟躋僖公傳云躋者何升也何言乎升僖公譏何譏爾逆祀也其逆祀奈何先禰而後祖也是也

定公順祀叛者五人去曰叛去與

叛皆不書者微也不書禘者後祫亦順非獨禘也言祀者無已長久之辭不言僖公者閔公亦得其順〇【疏】注諫不至曰叛〇解云謂諫君全不以禮不從之而去者謂之叛也〇注不書至禘也〇解云何氏之意以爲三年一祫五年一禘謂諸侯始封之年禘祫並作之但夏禘則不礿秋祫則不嘗而已一祫一禘隨次而下其間三五參差亦有禘祫同年時矣若其有喪正可於喪廢其祫禘之年仍自乘上而數之即僖八年禘于大廟之時禘祫同年矣至文三年大事於大廟之下傳云大事者何大祫也何氏云從僖八年禘數之知爲大祫是從僖八年禘祫同年數之即文二年爲祫年文五年爲禘祫同年又隨次而數之至今定八年亦禘祫同年矣凡爲祭之法先重而後輕禘大於祫固當先之則知此言從祀先公者是禘明矣故云不書禘者後祫亦順非獨禘也若然既言是禘理宜在夏而在冬下者當之矣〇注言祀至之辭〇解云桓八年傳云春曰祠何氏云祠猶食也猶繼嗣也春物始生孝子思親繼嗣而食之故曰祠因以別死生然則此經何以不言從祭先公或言大事于先公而言祀者見其相嗣不已長久常然故云言祀者無已長久之辭〇注不言至其順〇解云閔二年夏五月乙酉吉禘于莊公僖八年秋七月禘于大廟文二年八月丁卯大事于大廟之文皆道

其人今此經文所以不言從祀僖公而言先公者正以閔公亦得其順是以不得特指之○盜竊寶玉大弓盜者孰謂微而竊大可怪故問之○疏注微而至問之○解云哀四年傳云弑君賤者窮諸人此其稱盜以弑何賤乎賤者也然則盜是微賤之稱寶玉大弓國之重寶故云微而竊大也謂陽虎也陽虎者曷爲者也季氏之宰也季氏之陪臣爲政者○疏注季氏至政者○解云季氏之宰於國爲陪臣而爲政于魯故曰爲政也季氏之宰則微者也惡乎得國寶而竊之陽虎專季氏季氏專魯國陽虎拘季孫季氏逐昭公之後取其寶玉藏於其家陽虎拘季孫奪其寶玉季孫取玉不書者舉逐君爲重○惡乎音烏○疏注季氏逐昭公者○解云在昭二十五年秋○孟氏與叔孫氏迭而食之眡○而鋟其板以瓜刻其饋斂板○迭大結反注同食之音嗣下注迭食同眡而五多反下同鋟本又作鑯七廉反又且審反以瓜刻饋斂板也本或作

鋟誤〔疏〕注以爪刻至板○解云謂以指爪刻其饋器之上斂藏衣物之板謂蓋板也○曰某月某日將殺我于蒲圃力能救我則於是於是時○閩本又作甫同布古反又音布至乎日若時而出臨南者陽虎之出也御之爲季孫御〔疏〕至乎日若時○解云謂至于某日如約之時也以此言之則知上文云某月某日宜亦言其時但傳家省去之至此乃言若時以刻日也○臨南至之出○解云姊妹之子謂之出蓋是虎之外生也或云從其家出而仕于公亦不妨下季氏云世世有子是矣○於其乘焉者謂於其上車之時矣於其乘焉季孫謂臨南曰以季氏之世世有子言我季氏累世有女以爲臣○其乘繩證反下皆同女音汝○子可以不免我死乎以義責之臨南曰有力不足臣何敢不勉陽越者陽虎之從弟也爲右爲季孫車右實衞之○從弟才用反下同〔疏〕注實衞之○解云謂守衞季孫

不令走

諸陽之從者車數十乘至于孟衢 孟氏衢四達可以橫去。數所主反

【疏】注衢四至橫去。解云即釋宮四達謂之衢李巡云四達各有所至曰衢孫氏曰交通四出是也。

臨南投策而墜之 策馬捶也見二家迭食之欲將季孫由孟氏免之恐陽越不聽故詐投策欲使下車。而墜直類反捶章蘂反

陽越下取策臨南駷馬 捶馬銜走。駷本又作撽字書無此字相承用之素動反

而由乎孟氏陽虎從而射之矢著于莊門 莊門孟氏所入門名言幾中季孫賴門閉故著門。射食亦反著直略反注同莊本或作嚴亦音莊幾音祈中丁仲反。

然而甲起於琴如 甲公斂處父所帥也琴如地名二家知出期故於是時起兵

【疏】注甲公至地名。解云即下傳云既駕公斂處父帥師而至是也。注二家至起兵。解云即上傳云力能救我則於是是也

弒不成却反舍于郊

皆說然息 說解舍然猶如。殺不音試下同郤反去略反本又作却說然本又作稅始銳反又他會

反注同說解舍〔疏〕弒不成。解云正以季孫於陽虎爲君也然猶如也。故謂之弒也却反舍于郊者謂上文陽虎從而射之時逐之鄉孟氏今而還去舍於郊故曰却反舍于郊不謂元從郊來。或曰弒千乘之主時季氏邑至於千乘而不克舍此可乎嫌其近而無所依。陽虎曰夫孺子得國而已得免專國家而已。如丈夫何如猶奈也丈夫大人稱也。稱尺證反睋而曰彼哉彼哉望見公斂處父師而曰彼哉彼哉再言之者切遽意。遽其慮反趣駕使疾駕。趣七欲反一音七住反。既駕公斂處父帥師而至公斂處父孟氏叔孫氏將兵之將。〔疏〕注公斂至之將解云左氏以爲孟氏家臣。憻然後得免自是走之晉寶者何璋判白判半也半圭曰璋白藏天子青藏諸侯魯得郊天故錫以白不言璋言玉者起珪璧琮璜璋五玉盡亡之也傳獨言璋者所以郊事天尤重詩云奉璋峨峨髦士攸宜是也禮珪以朝璧以聘琮以發兵璜以發衆璋以徵召。憚其靳反璋音章琮在宗反璜音黃峨峨五多反本又作蛾髦音毛〔疏〕寶者何○解云欲言貴物微者竊之欲言賤物又在弓玉之上故執不知問○注半圭曰璋○解云釋器無文云白藏天子青藏諸侯春秋說文云不言璋言玉者起珪璧琮璜璋五玉盡亡之也者正以玉爲摠名故也○注詩云至徵召○解云言文王祭皇天上帝時在助祭者奉此半珪之璋其儀容峨峨盛莊矣盡是俊士之所宜利何氏與鄭同云禮珪以朝璧以聘琮以發兵璜以發衆璋以徵召者時王之禮也

弓繡質○質拊也言大者力千斤○拊芳甫反又方千反〔疏〕注言大者力千斤○解云千斤之文何氏有所見家語云三十斤爲鈞謂之石然則千斤之弓其力八石三斗有餘故左傳云可以威不軌戒不虞也

龜青純純緣也謂緣甲䫙也千歲之龜青髯明于吉凶易曰定天下之吉凶成天下之亹亹者莫善○乎蓍龜經不言龜者以先知從寶省文謂之寶者世世寶用之辭此皆魯始封之錫不言取而言竊者正名也定公從季孫假馬孔子曰君之於臣有取無假而君臣之義立主書者定公失政權移陪臣拘其尊卿喪其五玉無以合信天子交質諸侯當絕之不書拘季孫者舉五玉爲重書大弓者使若都以國寶書微辭也○青純之閏反注同純緣悦絹反下

同䫇而占反亹文匪反著音尸喪息浪反

【疏】注千歲之龜青䫇○解云以時事知之也○注易曰至著龜也○解云此皆上繫辭文也今易本善作大字爲異彼注云凡天下之善惡及沒沒之衆事皆成定之言其廣大無不包也○注經不言龜至微辭也○解云弓繡質龜青純然則此等皆喪之而經言大弓特不言龜者正以禮器郊特牲陳幣之時云龜爲前列先知也以其先知故得從寶省文然則龜非珠玉而得從寶省文者以其能定吉凶可以世世保而用之故注云謂之寶者世世保用之辭云此指魯始封之錫者左傳定四年具有其文也云不言取而言竊者正名也者正所以不言盜取而言竊者盜是卑賤之稱是以不得言取也竊者是其正名是以即引家語以證之定公從季孫假馬孔子曰君之於臣有取無假而君臣之義立者家語文云無以合信天子交質諸侯當絕之者即上注云珪以朝璧以聘今珪璧盡亡故言此也云書大弓者使若都以國寶書微辭也者言大弓與龜皆可保用所以龜得從寶省文而特書大弓不省文使若都以國寶書作微辭之義何者經言盜竊寶玉大弓若似所謂寶玉者即大弓是言可世世傳保而金玉之然故得爲微辭也

九年春王正月○夏四月戊申鄭伯蠆卒。蠆勑邁反左氏作蠆

○得寶玉大弓何以書國寶也喪之書得之書微辭也使若都以重國寶故書不以罪定公者其寶失之當坐得之當除以竊寶不月知得例不蒙上。○喪息浪反

疏注微辭至故書○解云寶玉大弓者乃是周公初封之時受賜于周之物而必藏之魯者欲使世世子孫無忘於周而定公失之季氏奪之皆當合絕而上文直言盜竊寶玉大弓此文直云得寶玉大弓傳云何以書國寶也得之書喪之書不見貶之者正言作微辭使若都以重國寶之故而書之文更無刺譏之義也然則此言微辭者仍與上文共爲一事以上元年定哀多微辭之下何氏首數喪失國寶而已○注不已至當除○解云上文之下有注云無以合信天子交質諸侯當絕今此寧知不復闕絕之者正以得之當除故也杜氏云弓玉魯之分器得之足以爲榮失之足以爲辱故重而書之義亦通於此云以竊寶不月云云者即上八年經云冬衞侯鄭伯盟於曲濮從祀先公盜竊寶玉大弓是也則知今雖文承四月之下不蒙上月明矣

○六月葬鄭獻公○

秋齊侯衛侯次于五氏欲伐魯也善魯能却難早故書次而去○卻難起略反下乃旦反御亦作却

疏注欲伐至而去○解云知欲伐魯者正以直書其次上下更無起文乃與莊十年夏六月齊師宋師次于郎公敗宋師于乘丘之文同故知正欲伐魯也故彼傳云其言次于郎何伐也我能敗之故言次也是也彼注云此解本所以不言伐言次意也二國纔止次未成於伐魯即能敗宋師齊師罷而去故不言伐言次也明國君當強折衝當遠魯微弱深見犯至於近邑賴能速勝之故云爾所以強內者是其書次云欲伐魯善其却難早之文其餘見言次不欲伐魯者皆自有起文即次聶北救邢伐楚次于陘之屬是也

○秦伯卒○冬葬秦哀公

十年春王三月及齊平月者頗谷之會齊侯欲執定公故不易○不易以豉反下同

疏注月者至不易○解云下十一年冬及鄭平叔還如鄭蒞盟則知平例書時而有月者皆見義矣而言不易者即莊十三年冬公會齊侯盟于柯傳云何以不日易也何氏云易猶佼易也相親信無後患之辭然則此書月者頗

谷之會齊侯欲執定公故不易宣十五年夏五月宋人及楚人平之下何氏云月者專平不易昭七年春王正月暨齊平何氏云月者刺內暨暨也者皆與鄉解合 ○夏公會齊侯于頰谷公至自頰谷 上平為頰谷之會不易故月致地者頰谷之會齊侯作侏儒之樂欲以執定公孔子曰匹夫而熒惑於諸侯者誅於是誅侏儒首足異處齊侯大懼曲節從教得意故致也○頰谷古協反左氏作夾谷熒惑音螢一音于瓊反處昌慮反 ［疏］注上平至致地○解云莊六年何注云公與一國出會盟得意致地不得意不致即桓二年秋公及戎盟于唐冬公至自唐隱二年秋八月庚辰公及戎盟于唐之屬是也今此上平為頰谷之會不易故月即此平不得意也而致地者正以初雖見脅終竟得意故也云頰谷之會至曲節從教家語及晏子春秋文也 ○晉趙鞅帥師圍衛 ○齊人來歸運讙龜陰田齊人曷為來歸運讙龜陰田 据齊嘗取魯邑 ［疏］注据齊至魯邑 解云即宣元年六月齊人取濟西田哀八年夏齊人取讙及僤之文是也 孔子行乎季孫三月不

違孔子仕魯政事行乎季孫三月之中不見違過是違之也不言政行乎定公者政在季氏之家【疏】孔子至不違○解云孔子家語亦有此言若以家語言之孔子今年從邑宰爲司空既爲大夫故有行於季孫之義

齊人爲是來歸之齊侯自頰谷會歸謂晏子曰寡人或過於魯侯如之何晏子曰君子謝過以質小人謝過以文齊嘗侵魯四邑請皆還之歸濟西田不言來此其言來者已絕魯不應復得故從外來常文與齊人來歸衛寶同夫子雖欲不受定公貪而受之此違之驗○爲于僞反復得扶又反年末及十一年同【疏】注齊侯自頰谷至還之○解云皆晏子春秋及家語孔子世家之文其四邑者蓋運也讙也龜也陰也邑而言田者桓元年傳云田多邑少稱田然則此等皆是土地頃畝多邑內人民少故稱田龜亦是邑非山名賈服異若欲同於賈服即云上二邑邑內人民多故舉邑名龜陰言田者龜是山名直得田而不得邑而言侵魯四邑請皆歸之者謂雖有此請齊君不全許是以但得三邑而已蓋非何氏之意○注歸濟至寶同○解云宜十年齊人歸我濟西田者是其不言來之文也言已絕魯不應復得者即彼傳云齊已取之矣其言我何未絕于我也曷爲未絕於我齊已言取之矣注云齊已言語許取之其實未之

齊也注云其人民貢賦尚屬於魯實未歸於齊不言來者明
不從齊來不當取邑然則彼以未絕於魯魯猶合得之明其
不從齊來齊人不當坐取邑故不言來此言來者入齊已久
絕于魯不應復得之故言來從外來常文也言魯不應復得
者止以不能保守先君世邑而失之故也言與齊人來歸衛
寶同者即莊六年冬齊人來歸衛寶是也○注夫子至之驗
解云知夫子雖欲不受者正以四邑屬齊年歲淹久已絕于
魯魯不應得煩谷之會討殺侏儒威劫齊侯方始歸之雖曰
復田君子不貴故知孔子之意不欲受也若然莊十三年曹
子手劍而劫桓公是以齊人歸我汶陽之田何氏云劫桓公
取汶陽田不書者諱行詐劫人也然則此亦威劫齊侯而得
田邑與彼不異而書不諱者正以曹子本意行劫以求汶陽
之田君子恥其所爲故不書也今在頰谷之會孔子相儀止
欲兩君揖讓行盟會之禮阻齊爲不道熒惑魯侯而欲執之
孔子誅之首足異處齊侯內懼歸其四邑以謝焉於其本情
實非劫詐書而不諱不亦宜乎言此違之驗者欲對上傳云
孔子行乎季孫三月不違文也○叔孫州仇仲孫何忌帥師圍郈
○郈音后○秋叔孫州仇仲孫何忌帥師圍費○宋樂

世心出奔曹○宋公子池出奔陳○池左氏作地〔疏〕帥師圍費者○解云左氏穀梁此費字皆爲郿但公羊正本作費字與二家異賈氏不云公羊曰費者蓋文不備或所見異也宋樂世心者世字亦作泄字者故賈氏言焉左氏穀梁作大字會下窼者左氏穀梁作安甫賈氏不云公羊曰窼者亦是文不備穀梁經甫亦有作浦字者○冬齊侯衛侯鄭游遫會于窼○于窼左氏作安甫○叔孫州仇如齊○齊公之弟辰暨宋仲佗石彄出奔陳復出宋者惡仲佗悉欲帥國人去故舉國言之公子池樂世心石彄從之皆是也辰言暨者明仲佗強與俱出也三大夫出不月者舉國危亦見矣○暨其器反佗大多反彄古侯反惡烏路反強其丈反見賢徧反〔疏〕注復出宋至出也○解云如此注者正決昭二十年冬十月宋華亥向甯華定出奔陳不重言宋向甯也云公子池樂世心石彄從之皆是也者下十一年經文也云辰言暨者明仲佗強與俱出也者正以隱元年傳云暨猶暨暨也及我欲之暨不得已也然則弟辰是時事不獲已而從去故曰明仲佗強與俱出也知非辰強

之者正以莊三十二年公子牙昭元年招之屬以其有罪皆去弟以貶之今不去弟故知仲佗強之矣○注三大至見矣解云春秋之例外大夫出奔悉書時即襄三十一年秋晉欒盈出奔楚二十八年冬齊慶封來奔之屬是也其衆出奔者於國尤危故書月即昭二十年冬十月宋華亥向甯華定出奔陳何氏云月者危三大夫同時出奔將爲國家患明當防之是也然則彼以三大夫同出奔是以書月以見危此亦三大夫同出不月者正以舉國見其欲率國人去其危亦見矣是以不勞書月以見危也

十有一年春宋公之弟辰及仲佗石彄公子池自陳入于蕭以叛不復言宋仲佗者本舉國已明矣辰言及者後汲汲當坐重○復北又反

〔疏〕注本舉至坐重○解云謂奔時舉言宋仲佗是其欲率國人去已明矣是以此經不復言宋也云辰言及者後汲汲當坐重者正以隱元年傳云及猶汲汲及我欲之故知辰言及者是其汲汲也而言後汲汲者欲言初出之時事不獲已未汲汲也言當重者惡其母弟之親而汲汲於叛故當合坐重於疏者

○夏四月○

秋，宋樂世心自曹入于蕭。不言叛者，從叛臣叛可知。疏注不言至可知○解云：決上經自陳入于蕭以叛文也。○冬，及鄭平。○叔還如鄭蒞盟。

十有二年，春，薛伯定卒。不日月者，子無道，當廢之，而以爲後，未至三年，失衆見弑，危社稷宗廟，禍端在定，故略之。○見殺，音弑。疏注不日至略之○解云：今責日月者，正以所見之世，小國之卒例書日月，即昭三十一年夏四月丁巳薛伯穀卒之屬是也。今不具日月，故解之。言子未三年失衆見弑者，即下十三年冬薛弑其君比是也。春秋之例，稱國以弑者，失衆見弑之辭，故文十八年冬莒弑其君庶其，傳云稱國以弑者，衆弑君之辭，何氏云一人弑君，國中人人盡喜，故舉國以明失衆，當坐絕也。例皆時者，略之也。故此作注云未至三年失衆見弑也。云禍端在定，定字亦有作在是字者，今解從定也。

○夏，葬薛襄公。○叔孫州仇帥師墮郈。○墮，許規反，下同。○衞公孟彄帥師伐曹。○季孫斯、仲孫何忌帥師墮費。曷爲帥師墮郈，師師墮費。據城費。疏注據城費〇解云：即襄七年城費是也。然則彼時城費，今乃墮之，似於義反，故以爲難。孔子行乎季孫，三月不違，曰：家不藏甲，邑無百雉之城。於是帥師墮郈，帥師墮費。郈，叔孫氏所食邑。費，季氏所食邑。二大夫宰吏數叛，患之，以問孔子。孔子曰：陪臣執國命，采長數叛者，坐邑有城池之固，家有甲兵之藏故也。季氏說其言而墮之。故君子時然後言，人不厭其言。書者，善定公任大聖，復古制，弱臣勢也。不書去甲者，舉墮城爲重。〇吏數，所角反。采長，七代反，下丁丈反。說音悅。厭，於豔反。去，起吕反。

疏孔子行至三月不違〇解云：案上十年齊人來歸邑之下，傳云孔子行乎季孫，三月不違。以此言之，三月之外違之明矣。故上有注云定公會而受之，此違之驗。然則三月之後必似違之，今此傳文復言之者，蓋不違有二。何者？案《家語》，定十年之時，孔子從邑宰爲司空，十一年又從司空爲司寇。然則爲司空之時，能別五土之宜，咸得其所，爲季孫所重，是以三月不違也。齊人遂懼，來歸四邑矣。及作司寇之時，攝行相事，設法而用之，國無姦民，在朝七日，誅亂政大夫少正卯，戮于兩觀之下尸諸朝三日政化大行季孫重之復不違三月是以此傳文言其事矣○家不至之城○解云同之左氏則邑無百雉之城者亦据侯伯大都已言之若與之異則魯凡邑皆然也○注二大夫宰吏數叛患之者○解云即上十年夏叔孫州仇仲孫何忌帥師圍郈秋叔孫州仇仲孫何忌帥師圍費之屬是也郈費二邑相因言之故謂之數耳○注以問至墮之○解云春秋說及史記皆有此言云故君子時然後言人不厭其言者論語文也云不書去甲者舉墮城爲重者正以傳云家不藏甲邑無百雉之城明其並從二事而特舉墮城不書去家之甲者舉重故也必知去甲亦合書者正以成元年三月作丘甲書之於經明知去甲亦合書矣

雉者何五板而堵八尺曰板堵凡四十尺○堵丁古反

【疏】雉者何○解云正以傳言邑無百雉之城經典未有其事須知雉之度數故執不知問○注八尺曰版堵者○解云韓詩外傳文

五堵而雉二百尺**百雉而城**二萬尺凡周十一里三十三步二尺公侯之制也禮天子千雉蓋受百雉之城十伯七十雉子男五十雉天子周城諸侯軒城軒城者缺南面以受過也

【疏】注二萬至制也○解云公侯方百雉春秋說文也古者六尺爲步三百步爲里計一里有

千八百尺十里即有萬八千尺更以一里三十三步二尺爲二千尺通前爲二萬尺也故云二萬尺凡周十一里三十二步二尺也云禮天子千雉者春秋說文也云蓋受百雉之城十者謂公侯於天子十取一之義似若孟子與司馬法云天子囿方百里公侯十里是十取一之文也云伯七十雉子男五十雉者春秋說文。注天子至過也。解云天子周城諸侯軒城者春秋說文云鈌其南面以受過也者正以諸侯軒縣闕南方則雉軒城亦宜然案舊古城無如此者蓋但孔子設法如是後代之人不能盡用故也或者但不設射垣以備守故曰鈌其南面以受過不妨仍有城

○秋大雩不能事事信用孔子聖澤廢

〔疏〕注不能至澤廢。解云並謂三月之後違之

○冬十月癸亥公會晉侯盟于黃。十有一月丙寅朔日有食之是後薛弒其君比晉荀寅士吉射入于朝歌以叛。射食亦反又食夜反朝歌如字

〔疏〕注是後至以叛。解云在十三年冬云晉荀寅士吉射入于朝歌以叛者亦在十三年冬案晉荀寅士吉射叛在弒比之前而後言之者正以弒君之變重故先取以應之

○公至自黃。十有二月

公圍成。公至自圍成。成，仲孫氏邑。圍成月，又致者，天子不親征下土，諸侯不親征叛邑。公親圍成，不能服，不能以一國爲家，甚危，若從他國來，故危錄之。

疏注「圍城至錄之」。○解云：春秋義，圍例書時，即宣十二年「春，楚子圍鄭」之文是。今此書月，故解之。莊二十七年注云「凡公出在外，致；在內，不致」。今此在內而致，故須解之。云「天子不親征下土」者，即公羊說云「一國叛王，自征之，若四國皆叛，安得四王而征也」者，是其義也。若然，桓五年「秋，蔡人、衛人、陳人從王伐鄭」，傳云「其言從王伐鄭何？從王，正也」，彼注云「美其得正義也，故以從王征伐錄之」。然則天子不親征下土而美之者，直是美諸侯之得正，猶自不言桓王伐鄭之善，故彼注又云「蓋起時天子微弱，諸侯背叛，不肯從王者征伐，以善三國之君獨能尊天子死節。稱人者，刺王者也。天下之君，海內之主，當秉綱撮要，而親自用兵，故見其微弱僅能從微者，不能從諸侯。猶莒稱人則從，不疑也」是。書序曰「啓與有扈戰于甘之野，作甘誓」，其經曰「大戰于甘，乃召六卿」者，何氏以爲啓非至德之主，是以親征有扈，非春秋所美，豈害其義也。云「諸侯不親征叛邑」者，正以諸侯於天子，亦宜以國爲家，猶如天子之有天下也，而不能全服，親自征之，故爲非禮，而爲春秋所刺也。

十有三年春齊侯衛侯次于垂瑕○垂瑕如字又音加二傳作垂葭○夏築蛇淵囿○大蒐于比蒲○大蒐所求反本又作蒐比音毗〔疏〕夏築淵囿○解云成十八年秋築鹿囿傳云何以書譏何譏爾有囿矣又爲也彼注云刺奢泰妨民也然則彼有成譏故此處不復解之○大蒐于比蒲○解云桓六年注云五年大簡車徒謂之大蒐是也所以書者即昭八年秋蒐于紅之下傳云蒐者何簡車徒也何以書蓋以罕書也但彼已解訖故此處不復論之○衛公孟彄帥師伐曹○秋晉趙鞅入于晉陽以叛○冬晉荀寅及士吉射入于朝歌以叛○晉趙鞅歸于晉此叛也其言歸何据叛與出入惡同〔疏〕注据叛至惡同○解云桓十五年傳例云復歸者出惡歸無惡復入者出無惡入有惡入者出入有惡歸者出入無惡然則書叛者出入惡同不宜書歸作出入無惡之文故難之以地正國也軍以井田立數故言以地〔疏〕

注軍以至以地○解云假令天子六軍方伯二軍之屬皆以井田多少計出其數故曰軍以井田立數也今趙鞅以此井田之兵逐君側之惡人故云以地正國也

其以地正國奈何晉趙鞅取晉陽之甲以逐荀寅與士吉射荀寅與士吉射者曷爲者也君側之惡人也此逐君側之惡人曷爲以叛言之無君命也

無君命者操兵鄉國故初謂之叛後知其意欲逐君側之惡人故錄其釋兵書歸○赦之君子誅意不誅事晉陽之甲者趙簡子之邑以邑中甲逐之○操七曹反鄉許亮反

疏注君子至誅事○解云君子之人探端知緒但誅其意若輕而難原不誅其事若重而可恕以趙鞅意實非逆但以持兵鄉國爲罪是以春秋書歸以叛之故曰誅意不誅事也

○薛弑其君比。

十有四年春衛公叔戌來奔○晉趙陽出奔宋

○晉趙陽左氏作衞趙陽

疏晉趙陽出奔宋○解云穀梁與此同左氏作衞趙陽字也○二

月辛巳楚公子結陳公子佗人帥師滅頓以頓子牄歸不別以歸何國者明楚陳以滅人爲重頓子以不死位爲重○公子佗人大河反二傳作公孫佗人牄七良反二傳作䍧別彼列反

〔疏〕以頓子牄歸○解云左氏穀梁皆作頓子䍧字賈氏不注文不備○注不別至之重○解云正以上四年滅沈以沈子嘉歸六年以許男斯歸之屬其上文皆直一國大夫而已是以其經宜言以歸不假分別今此經上載二國其下直言以歸而已似非詳備之義是以解之云明楚陳以滅人爲重者正以二國之卿擅相滅獲其過已深假言歸楚不足輕陳之罪假言歸陳不足滅楚之惡故曰明楚陳以滅人爲重云頓子以不死位爲重者諸侯之禮當合死位頓子不死其過已深何假書言歸于某乎故云頓子以不死位爲重也○夏衛北宮結來奔○五月於越敗吴于醉李月者爲下卒出○醉李本又作儁音同爲于僞反

〔疏〕注月者爲下卒出○解云隱六年有注云戰例時偏戰日詐戰月不日者鄭詐之然則諸侯之例詐戰月今此兩夷相敗文宜略於諸夏而經書月故知爲下卒文出矣○吴

子光卒○公會齊侯衛侯于堅○堅如字本又作掔音牽左氏作牽公至自會○秋齊侯宋公會于洮○洮他切反○天王使石尚來歸脤石尚者何天子之士也天子上士以名氏通○脤市軫反

【疏】石尚者何○解云欲言大夫單名無字欲言微者名氏俱見故執不知問○注天子至氏通○解云傳直云天子之士而知上士者何氏以爲春秋之例天子上士以名氏通中士以官錄下士略稱人今此經書其名氏故知之何氏意必知例然者正以傳云石尚者何天子之士隱元年傳云宰者何官也咺者何名也曷爲以官氏宰士也僖八年傳云王人者何微者也曷爲序乎諸侯之上先王命也然則以此三處之傳言之則知單名繼官不以名氏通單稱王人云者不以名見故隱元年注云天子之上士以名氏通中士以官錄下士略稱人是也

脤者何俎實也實俎肉也

【疏】脤者何○解云欲言天子賜之祭肉不見魯侯助祭之文欲言脤非祭肉不應遠來歸之故執不知問○俎實也者○解云謂以肉塡實於俎上故注云實俎肉也猶言實俎之肉也○

腥曰脤熟曰燔禮諸侯朝天子助祭於宗廟然後受俎實時魯不助祭而歸之故書以譏之○燔本亦作膰又作繙音煩疏注禮諸侯至譏之○解云正以魯無朝聘天子之處而書歸脤以譏之則知助祭於宗廟者有受俎實之禮矣論語云祭於公不宿肉者義亦通於此宗伯以脤膰之禮親兄弟之國似不遍於異姓者何氏所不取

○衛世子蒯聵出奔宋主書者子雖見逐無去父之義○蒯聵苦怪反下五怪反疏注主書至之義○解云父子天倫無相去之義子若大爲惡逆人倫之所不容乃可竄之深宮闇人固守若小小無道當安處之隨宜罪譴令其克改寧有逐之作國爲宗廟羞且子之事父雖其見逐止可起敬起孝號泣而諫之諫若不入悅則復諫自不避殺如舜與宜咎之徒寧有去父之義乎今大子以小小無道衛侯惡而逐之父無殺已之意大子懟而去之論其二三上下俱失衛侯逐子非爲父之道大子去父失爲子之義今主書此經者一則譏衛侯之無恩一則甚大子之不孝故曰子雖見逐無去父之義若其父大爲無道如獻公幽王之類若不迴避必當殺己如此之時寧得陷父於惡是以申生不去失至孝之名宜咎奔申無刺譏之典但衛侯爾時無殺子之意是以蒯聵出奔書氏

譏之耳○衛公孟彄出奔鄭○宋公之弟辰自蕭來奔○大蒐于比蒲譏亟也○亟去冀反〔疏〕宋公至來奔解云上十年出奔陳十一年春自陳入于蕭以叛至此乃自蕭來奔矣○注譏亟也○解云大蒐之禮五年一爲若數于此則書而譏亟也若綴於此則書而譏罕上十三年夏巳大蒐于比蒲今始一年復行此禮故曰譏亟也○邾婁子來會公書者非邾婁子會人於都也如人人都當脩朝禮古者諸侯將朝天子必先會間隙之地考德行一刑法講禮義正文章習事天子之儀尊京師重法度恐過誤言公者不受于廟○間隙音閑下去逆反〔疏〕注書者至于廟○解云曲禮下篇云諸侯相見於隙地曰會今乃會人于都故書而非之云如入人都當脩朝禮者即桓六年注云諸侯相過至竟必假塗入都必朝所以崇禮讓絕慢易戒不虞也是其義也云古者諸侯將朝天子必先會于間隙之地者出曲禮也云考德行一刑法者謂考校其德行齊一其刑法也云講禮義者謂習其禮儀也云言公者不受于廟者隱七年夏齊侯使其弟年來聘之下注云不言聘公者禮聘受之於廟孝子謙不敢以巳當之歸美於先君且重賓也

隱十一年春滕侯薛侯來朝之下注云不言朝公者禮朝受之於大廟與聘同義莊二十三年夏公及齊侯遇於穀蕭叔朝公傳云其言朝公何公在外也彼注云時公受朝於外故言朝公惡公不受於廟然則受朝之禮禮當在廟孝子歸美于先君不敢以已當之若不於廟則言公即蕭叔朝公是也今此會禮不在廟魯侯受之於外故言來會公矣言公者不受于朝也

○城莒父及霄去冬者是歲蓋孔子由大司寇攝相事政化大行粥羔豚者不飾男女異路道無拾遺齊懼北面事魯餽女樂以間之定公聽季桓子受之三日不朝當坐淫故貶之歸女樂不書者本以淫受之故深諱其本文三日不朝孔子行魯人皆知孔子所以去附嫌近害雖可書猶不書或說無冬者坐受女樂令聖人去冬陰臣之象也○父音甫去起呂反相息亮反粥羔羊六反間間廁之間近附近之近

【疏】注去冬至不書○解云隱六年傳云春秋編年四時具然後爲年今此無冬四時不具故須解之云是歲蓋孔子由大司寇攝相事者即家語始誅編云孔子爲魯大司寇攝行相事有喜色是也魯之司寇云大者蓋以無司寇之卿是以大夫亦名大也魯有司空卿孔子爲司空不言大者是其一隅也若以家語言之即定九年始爲邑宰十年爲司空十一年爲大司寇從大司寇攝

行相事之時年月不明故此注云蓋也云政化大行粥羔豚者不飾飾男女異路道無拾遺者皆是家語相魯篇文也言不飾者舊說云魯前之時粥羔豚者皆以彩物飾之自孔子爲相此事乃正故曰粥羔豚者不飾也云齊懼北面事魯饋女樂以間之定公聽季桓子受之三日不朝者出孔子世家案彼云定公十四年孔子年五十六由大司寇行攝相事云云齊人聞而懼曰孔子爲政必霸霸則吾地近焉我之爲先并矣盍致地焉犂鉏曰請先嘗沮之沮之而不可則致地庸遲乎於是選齊國中女子好者八十人皆衣文衣而舞康樂文馬三十駟遺魯君陳女樂馬於魯城南高門外季桓子微服往觀再三將受乃語魯侯爲周道游往觀終日怠於政事子路曰夫子可以行矣孔子曰魯今且郊如致膰乎大夫則吾猶可以止桓子卒受齊女樂三日不聽政郊又不致膰俎於大夫孔子遂行宿乎屯而師已送曰夫子則非罪孔子曰吾歌可夫歌曰彼婦人之口可以出走云云是也云當坐淫故貶之者推尋古禮無女樂之文魯人受之故當坐淫泆之惡既有淫泆之惡去冬以見之其晉悼公受女樂二八而爲霸者左氏之事何氏所不取不得難此矣云魯人皆知孔子所以去者謂皆知魯公受女樂有淫泆之惡所以孔子去之云附嫌近害雖可書猶不書者正以其獲麟之後得端門之命

而制春秋乃自因之即云已之本出由饋女樂之故魯國之人悉知所由若其書之即是附於嫌疑近於禍患是以雖非國家之諱依例可書于經孔子亦不書之故曰附嫌近害雖可書猶不書○注或說至象也○解云孔子自書春秋而貶去冬失謙遜之心違辟害之義蓋不脩春秋已無無冬字孔子因之遂存不改以爲王者之法宜用聖臣故曰如有用我者期月則可三年乃有成是也又春秋之說口授相傳達於漢時乃著竹帛去一冬字何傷之有

十有五年春王正月邾婁子來朝○鼷鼠食郊牛牛死改卜牛曷爲不言其所食据食角○鼷音兮漫也

〔疏〕注据食角○解云即成七年春王正月鼷鼠食郊牛角改卜牛鼷鼠又食其角乃免牛是也

漫者徧食其身災不敬也不舉牛死爲重復舉食者内災甚矣錄内不言火是也○漫亡半反猶徧也徧音遍復舉扶又反下同

〔疏〕注災不敬至是也○解云言所以災其郊牛者正以魯人不敬故也云不舉牛死爲重云云者春秋之義悉皆舉重食死並書故解之食在死前而言復者正以食輕於死故對重以爲復矣云内錄不言火是也者即襄九

年春宋火傳云大者曰災小者曰火然則內可以不言火內不言火者甚之也何氏云春秋以內爲天下法動作當先自克責故小有火如大有災也

○二月辛丑楚子滅胡以胡子豹歸○夏五月辛亥郊曷爲以夏五月郊据魯郊正當卜春三正也又養牲不過三月

疏二月辛至豹歸○解云僖二十六年秋楚人滅隗何氏云不月者略夷狄滅微國也昭三十年冬十二月吳滅徐何氏云至此乃月者所見世始錄夷狄滅小國也然則此亦所見世夷狄滅小國而書日者上四年夏四月庚辰蔡公孫歸生滅沈之下注云日者定哀滅例日定公承黜君之後有滅強臣之讎故有滅則危懼之爲定公戒是也○注據魯至正也○解云即成十七年傳云然則郊曷用郊用正月上辛何氏云魯郊博卜春三月言正月者因見百王正所當用也僖三十一年注云武王既沒成王幼小周公居攝行天子事制禮作樂致太平有王功周公薨成王以王禮葬之命魯使郊以彰周公之德非正故上三卜吉則用之不吉則免牲者是其魯郊博卜春三正之之義也何氏必知然者正以哀元年穀梁傳云郊自正月至于三月郊之時夏四月郊不時五月郊不時之文也○注養

牲不過三月。解云宣三年傳云帝牲在于滌三月彼注云滌宮名養帝牲三牢之處也謂之滌者取其蕩滌潔清三牢者各主一月取三月一時足以充其天牲是也**三卜之運也**運轉也已卜春三正不吉復轉卜夏三月周五月得二吉故五月郊也易曰再三瀆瀆則不告不得其事雖吉猶不當爲也不舉卜者從何知【疏】注復轉卜夏三月。解云猶言轉卜夏之正也。注得二至可知解云必知得吉者正以經有郊文故也若其不吉宜言乃免牲或言乃免牛乃不郊矣知其二吉者正以僖三十一年傳云三卜禮也三卜何以禮求吉之道三彼注云三卜吉凶必有相奇者可以決疑故求吉必三卜也是其得二吉乃可爲事之義今此五月而郊故知得二吉也云易曰再三瀆瀆則不告者蒙卦彖辭云蒙亨匪我求童蒙童蒙求我初筮告再三瀆瀆則不告利貞鄭氏云蒙者蒙蒙物初生形是其未開著之名也人幼稚曰童亨者陽也互體震而得中嘉會禮通陽自動其中德於地道之上萬物應之而萌牙生教授之師取象焉脩道藝於其室而童蒙者求爲之弟子非已乎求之也弟子初問則告之以事義不思其三隅相況以反解而筮者此勤師而功寡學者之災也瀆筮則不復告欲令思而得之亦所以利義而幹事是也引之者欲道魯人瀆卜故五月非郊之月而得吉非是龜靈厭之不復告其所圖之吉凶故也然則卦象之義乃是弟子請問師之事義故言筮以況之今此乃卜也而引者龜筮道同亦何傷乎云不得其事者謂不得其事之宜即五月郊天是也云雖吉猶不當爲也者謂吉凶會以事之善惡爲本郊非其月雖吉亦不得爲何者正以靈龜厭之不復告其吉凶故也云不舉卜者從可知者正以僖三十一年夏四月四卜郊不從云云舉卜今此直言五月辛亥郊不舉卜者正以言郊則知卜吉明矣故曰從可知

〇壬申公薨于高寢〇鄭軒達帥師伐宋〇軒達左氏作罕達【疏】壬申至高寢〇解云說在莊三十二年

〇齊侯衛侯次于籧篨〇籧篨其居反下直居反【疏】齊侯至籧篨〇解云左氏作籧挐字賈氏無說文不備也上九年齊侯衛侯次于五氏注云欲伐魯也善魯能却難早故書次而去然則今此亦然故省文不注而賈氏云欲救宋善恤鄰也者蓋與何氏異或者九年之次以其無起文故解爲欲伐魯今此上有軒達伐宋之文下即云齊侯衛侯次于籧篨此則知欲救宋明矣不注之者從可知省文

〇邾婁子來奔喪其言來奔

喪何 据會葬以禮書歸含且賵不言來○含戶暗反賵芳鳳反〔疏〕注据會葬以禮書解云即文元年天王使叔服來會葬傳云其言來會葬何會葬禮也云歸含且賵不言來者即文五年○王正月王使榮叔歸含且賵是也○

奔喪非禮也 但解奔喪者明言來者常文不爲早晚施也禮天子崩諸侯奔喪會葬諸侯薨有服者奔喪無服者會葬邾婁與魯無服故以非禮書禮有不弔者三兵死壓死溺死○爲于僞反厭死於甲反〔疏〕注但解奔至晚施也○解云在隱元年○注禮天子至溺死解云正以諸侯體敵而有會葬之禮則天子之尊兩有可知禮記文王世子曰喪紀以服之輕重爲序不奪人親也故知有服無服有差降明矣既有差降奔喪近於會葬故知但以奔與不奔爲異也云禮有不弔者三兵死壓死溺死者春秋說文案邾婁子來奔喪魯人無此三事而引之者以明不弔之類非謂禮實同也

○秋七月壬申姒氏卒姒氏者何哀公之母也 姒氏杞女哀公者即鄭公之妾子〔疏〕姒氏卒○解云穀梁作弋氏字○姒氏者何○解云欲言夫人經不書薨欲言其妾謚同於夫故執不知問○注姒氏杞女者○解云正以杞女爲姒姓故知之

何以不稱夫人據母以子貴疏注據母以子貴○解云隱元年傳文彼注云禮妾子立則母得爲夫人夫人成風是也哀未君也未踰年不稱公○八月庚辰朔日有食之是後衞蒯聵犯父命盜殺蔡侯申齊陳乞弒其君舍疏注是後至君舍○解云即哀二年夏晉趙鞅帥師納衞世子蒯聵于戚是也云盜殺蔡侯申者在哀四年春云齊陳乞弒其君舍者在哀六年秋○九月滕子來會葬○丁巳葬我君定公雨不克葬戊午日下昃乃克葬昃日西也易曰日中則昃是也下昃蓋晡時○昃音側晡布吳反疏注易曰日中則昃○解云豐卦彖辭也彼云日中則昃月盈則食云云鄭注云言皆有休已無常盛是也○辛巳葬定姒定姒何以書葬據不稱小君子般疏注據不稱小君○解云正以夫人書葬我小君不書葬此不言小君故難之○注子般不書葬○解云子般不書葬之事在莊三十二年子般未踰年是以不書葬今定姒之子亦未踰年與子般義同故乃據而難之然則子

殺終不成君故略之定姒之子終爲君有即尊之漸母以子貴故書其葬但以今未踰年故其母不稱小君未踰年之君有子則廟廟則書葬者但當連作一勢讀之乃可解

未踰年之君也哀未踰年也母以子貴故以子正之

有子則廟廟則書葬如未踰年君之禮稱諡者方當踰年稱夫人曾子問曰並有喪則如之何何先何後孔子曰葬先輕而後重其奠也其虞也先重而後輕禮也

〔疏〕注如未至夫人○解云未踰年之君禮則無諡今此定姒如未踰年君之禮而稱諡者正以方當踰年稱夫人故也○注曾子至禮也○解云案禮曾子問曰並有喪如之何何先何後注云並謂父母若親同者同月死孔子曰葬先輕而後重其奠也先重而後輕云云其虞也先重而後輕禮也今此何氏摠而引之是以直云其奠也其虞也而已引之者欲道定公五月薨定姒七月卒非其並有喪禮是以先葬定公後葬定姒若其同月當定姒先葬矣

○冬城漆○漆音七

監本附音春秋公羊注疏定公卷二十六

南昌盧氏宣旬校定

大清嘉慶二十年重栞
用文選樓藏本校定

江南蘇松督糧道方體栞

公羊注疏卷二十六挍勘記　阮元撰盧宣旬摘録

公羊注疏定公卷二十六

六年

秋晉人執宋行人樂祁犂　唐石經同閩監毛本祁作祈

季孫斯仲孫忌帥師圍運　唐石經諸本同解云古本無何字有者誤也穀梁及賈經皆無何字而賈氏云公羊曰仲孫何忌者蓋誤按上文夏季孫斯仲孫何忌如晉有何字

則此經無可明矣　浦鏜云何誤可○按浦說非是

名子爲宮皇之屬是也　閩監本同毛本皇改湼

七年

齊侯衛侯盟于沙澤　唐石經諸本同左氏穀梁無澤字

蓋遂重者先言之故也　浦鏜云遂當逐字誤

仲孫何忌圍運是　浦鏜云經文無何字惟六年夏如晉經有何字亦衍文按浦説是也

又重之以齊師伐我我自救之役　蜀大字本閩監毛本同鄂本無下我字

八年

再出尤危於侵鄭　閩監毛本同蜀大字本脱再鄂本尤誤大

莊六年作注云　按作爲傳之誤

今此書　何按本下有致字

趙鞅　按左氏傳經作士鞅

葬曹靖公　唐石經諸本同釋文作曹竫云才井反本亦作靖按段校本作竫

至文三年　浦鏜云二誤三按浦説是也

睋而鋟其板　唐石經諸本同石經原刻作俄後改睋下同釋文作眂又云鋟本又作鐵七廉反又且審反本或作鍛誤按桓二年傳俄而可以為其有矣莊三十二年傳俄而牙弒械成字皆作俄何注桓二年云俄者謂須臾之間創得之頃也此從目非

將殺我于蒲圃　唐石經諸本同釋文蒲圃本又作甫葉鈔本作滿圃

至乎日若時　疏及諸本同唐石經乎磨改日誤曰

於其乘焉者謂於其上車之時矣　補案此疏當在下節注下此誤

可以横去　蜀大字本以下同鄂本横作擴

臨南投策而墜之　諸本同釋文作而隊唐石經缺

臨南駷馬　唐石經諸本同釋文駷本又作擞字書無此字相承用之

捶馬銜走　鄂本捶作搖銜作衘○按依說文當作箠假借作捶譌作搖

弒不成却反舍于郊皆說然息唐石經諸本同釋文弒作殺云音試下同鄂本又作却說然本又作稅

牛圭曰璋鄂本閩本同監毛本圭作珪下珪辟字皆從玉

奉璋峨峨鄂本閩監毛本同此本翻刻者峨字誤從虫旁釋文峨峨本又作娥按廣雅釋訓娥娥容也與何氏引詩正合毛詩作峩假借字也

質拊也閩監毛本同釋文質拊此從手旁訛

謂之石段按本謂字上有百二十斤四字下文三斗有餘四字乃衍文

謂緣甲頓也釋文作甲頓毛本頓誤頗

莫善乎蓍龜解云今易善作大爲異惠棟云古易皆作莫善乎蓍龜王弼本善作大後人皆仍其誤按今文易作莫善古文易作莫太鄭注本及王弼本皆費氏古文也故作大鄭注云言其廣大無不包也可證是大字

世世寶用之辭　疏引作世世保用之辭此以保訓寶也今本仍作寶非定元年疏引同口按何校本正作保

喪其五玉　鄂本同閩監毛本作寶玉非此本訛作玉玉今訂正

而君臣之義立者家語文　按今家語無君臣之義立

九年

鄭伯嚾卒　唐石經鄂本閩監本同毛本脫伯字釋文伯嚾左氏作蘁

知得例不嘗上　鄂本下有月字諸本皆脫疏云不嘗上月

得之書喪之書　今傳喪之書在上

十年

於是誅侏儒首足異處　鄂本疊侏儒二字

得意故致也 鄂本也作地此誤

寡人或過於魯侯 閩監毛本同誤也鄂本或作獲當據正○按穀梁注引作獲

不當取邑 浦鏜云當下脫坐字○按宣十年注有坐字浦說是也

止欲兩君揖讓 此本翻刻者及閩監毛本止皆作正按作正是也

實非刼詐 閩監毛本同此本詐誤非今訂正

帥師圍費 唐石經諸本同解云左氏穀梁費爲郈公羊正本作費字

宋樂世心出奔曹 唐石經諸本同解云世字亦作泄字故賈氏言焉左氏穀梁作大字

宋公子池出奔陳 唐石經諸本同鄂本奔作犇釋文公子池左氏作地按閩監毛本誤以池左氏作地五字釋文爲注此本鄂本皆無之

解云左氏 毛本氏作傳

世字亦作泄字 按亦下當脫有字

會于蒲者至作浦字者 補此疏文三十五字當在下節注下

會于蒲 唐石經諸本同疏云左氏穀梁作安甫穀梁經甫亦有作浦字者按毛本浦誤蒲

十有一年

言當重者 浦鏜云當下脫坐

叔還如鄭蒞盟 閩監毛本同唐石經蜀大字本蒞作莅鄂本作涖一從艸一從水此合并爲蒞非

十有二年

子無道當廢之 鄂本下有師

禍端在定 解云在定亦有作在是者今解從定按薛弑其君比卽在定十三年則此作定非也定當從是

亦据侯伯大都已言之 浦鏜云已當邑字誤

五板而堵　按毛詩小雅鄭箋引而作爲下而雉同

八尺曰版堵者　浦鏜云堵衍字按傳注版作板當從此

韓詩外傳文　按此當作內傳

五堵而雉　唐石經諸本同按詩鴻鴈正義引王愆期注公羊云諸儒皆以爲雉長三丈堵長一丈疑五誤當爲三

百雉而城　唐石經諸本同鄂本城誤成注軒城同

三十二步二尺也　浦鏜云三步誤二步

公會晉侯盟于黃　唐石經諸本同按左氏穀梁皆作齊侯此作晉誤也宋張洽云黃齊地公羊作晉侯誤

天子不親征下土　閩監毛本同蜀大字本土作士此本疏中引注亦作土

故危録之　蜀大字本閩監毛本同鄂本下有矣

不肯從王者征伐　浦鏜云彼注作莫肯是也

十有三年

書歸赦之　哀三年疏引作書歸而赦之

是以春秋書歸以舍之　浦鏜云赦誤舍

十有四年

晉趙陽出奔宋　唐石經鄂本閩監本同毛本陽誤鞅疏同解云穀梁與此同左氏作衞趙陽

三月辛巳　閩監毛本同誤也唐石經原刻作三月後磨去上一畫按左氏穀梁皆作二月此作三誤

陳公子佗人　唐石經佗字人旁磨改釋文公子佗人二傳作公孫佗人

以頓子牄歸　唐石經閩監毛本同鄂本牄誤搶蜀大字本誤愴釋文子牄二傳作䍧

論語云祭于公　毛本於改于

若數于此　閩本同監毛本此誤比下緩於此閩監毛本皆誤比

諸侯相見於隙地曰會 今禮記隙作郤

至竟必假途 何校本途作塗

粥羔肫者不飾 此本及閩監本疏中引注肫作豚毛本始改爲肫非按史記家語皆作羔豚

故深諱其本文三日不朝 閩監毛本同誤也鄂本蜀大字本文作又屬下讀當據正

卽家語始誅編云 按編當篇之誤

孔子爲魯大司寇 蒲鏜云家語無大字○按孫志祖云史記孔子世家亦有大字疑今本家語脫耳相魯篇亦云由司空爲大司寇

此事乃正 蒲鏜云正當止字誤

陳女樂馬於魯城南高門外 何校本馬上有文字是也

郊又不致膰胆於大夫 蒲鏜云俎誤胆

己無無冬字　浦鏜云衍一無字

十有五年

漫也　鄂本閩監毛本同唐石經元本漫作曼按釋文作漫也

云內録不言火是也者　浦鏜云録內字誤倒

然則內可以不言火　閩本同誤也當從監毛本可作何

動作當先自克責　何挍本同閩監毛本作誤則

二月辛至豹歸一節　自此節至養牲不過三月節此本合爲

彖卦彖辭云　按彖當作象

萬物應之而萌牙生　閩監毛本牙改芽○按牙芽古今字

次于籧篨　唐石經閩本同監毛本籧誤蘧疏同解云左氏作籧挐字賈氏無說盧文弨曰左氏經作渠蒢傳作

籧挐

卽文五年王正月　蒲鏜云王上脫春

娰氏卒　唐石經諸本同解云穀梁作弋氏字

卽鄭公之妾子　諸本同誤也鄂本作定公當據正

日下吳　宋本閩本同監毛本吳改昃非注及疏同按釋文唐石經作吳

公羊注疏卷二十六挍勘記終　工部屯田司員外郎胡祖謙校

監本附音春秋公羊注疏哀公卷二十七 起元年盡十年

何休學

元年春王正月公即位○楚子陳侯隨侯許男圍蔡 隨微國稱侯者本爵俱侯土地見侵削故微爾許男者戍也前許男斯見滅以歸今戍復見者自復斯不死位自復無惡文者滅以歸可知○復見扶又反下賢偏反 〔疏〕注隨微國至自復○解云正以入春秋以來不稱爵大夫名氏不得見經故知其微隱五年傳云大國稱侯小國稱伯子男此微國而稱侯故須解之也言本爵俱侯者謂其初封之時與齊晉之屬俱稱侯故曰本爵俱侯也今爲小國者但以土地見侵削故也知非得褒乃得稱侯如滕侯薛侯之類而云本爵爲侯者正以滕薛入桓篇之後或稱滕子或稱薛伯故知隱篇稱侯由朝新王得褒明矣今此隨侯一無善行可褒二無稱伯子之處故知本爵爲侯也云許男者戍也正以下十三年夏許男戍卒故知之云前許男斯見滅者即定六年春王正月癸亥鄭游速帥師滅許男斯歸是也昭十三年秋蔡侯廬歸于蔡陳侯吳歸于陳爲楚所歸皆

書之戌歸不書故知自復也○注斯不至可知○解云諸侯之禮固當死位斯不死位其國合絶今而自復不爲惡文以見之者正以定六年之時書滅以歸其惡已著是以此處不勞見之○鼷鼠食郊牛災不敬故改卜牛○夏四月辛巳郊○秋齊侯衛侯伐晉○冬仲孫何忌帥師伐邾婁邾婁子新來奔喪伐之不諱者期外恩殺惡輕明當與根牟有差○殺所戒反

疏注邾婁至有差○解云邾婁子來奔喪在十五年夏也既來奔喪於魯有恩而魯伐之爲惡明矣內之有惡而不諱者既在期外恩殺惡輕故也奔喪於去年之夏伐在今年冬故曰期外矣宣九年秋取根牟傳曰曷爲不繫乎邾婁諱亟也注云亟疾也屬有小君之喪邾婁子來加禮未期而取其邑故諱不繫邾婁也然則彼以加禮未期其恩猶重伐之取邑其惡深矣是以諱之今乃期外恩殺惡輕由是不諱故曰當與根牟有差

二年春王二月季孫斯叔孫州仇仲孫何忌帥師伐邾婁取漷東田及沂西田漷沂皆水名邾婁子來奔

喪取其地不諱者義與上同。〔疏〕取漷東田及沂西田。郭火虢反徐音郭沂魚依反 解云公羊之義言田者田多邑少故也而穀梁傳云取漷東田漷東未盡也及沂西田沂西未盡也范氏云以其言東西則知其未盡也與此別左氏以漷東沂西爲邑名

癸巳叔孫州仇仲孫何忌及邾婁子盟于句繹所以再出大夫名氏者季孫斯不與盟。句繹古侯反下音亦與音預

〔疏〕注所以至與盟。解云正以宣元年公子遂如齊逆女三月遂以夫人婦姜至自齊傳云遂何以不稱公子一事而再見者卒名何氏云卒竟但舉名省文然則今此伐邾婁及邾婁子盟于句繹之經亦是一事而再舉大夫名氏者正由季孫斯不與盟故也若此注內直云所以再出大夫名者無氏字即決昭十三年秋公會劉子晉侯以下于平丘八月甲戌同盟于平丘據彼注云不言劉子及諸侯者間無異事可知矣今此二經亦間無異事而再出大夫之名故解之也此注氏字或有或無故如此解季孫斯所以不與盟者服氏云季孫斯尊卿與仲孫氏伐敵服而使二子盟也者即其義矣而穀梁傳云三人伐而二人盟何各盟所得。季孫斯不得田故不盟與何氏不合

〇夏

四月丙子，衛侯元卒。○滕子來朝。○晉趙鞅帥師納衛世子蒯聵于戚。戚者何？衛之邑也。曷爲不言入于衛？据弗克納未入國文言納于邾婁，納者入辭，故傳言曷爲不言入于衛。

〔疏〕戚者何。○解云：欲言其國，經典未有；欲言其邑，文無所繫，故執不知問。○注据弗子于衛。○解云：公羊之意，以爲戚與帝丘道塗非遠，但大同小異而已，今言于戚者，實是入于衛都，是以傳云曷爲不言入于衛矣。言据弗克納未入國文言納于邾婁，納者入辭者，即文十四年秋晉人納接菑于邾婁弗克納，當爾之時，接菑實不入國，故曰不克納，未入國之辭，故曰未入國文言納于邾婁，與納頓子於頓文同，是其已入國之辭，故曰納于邾婁，納者入辭也。今此上言納衛世子蒯聵，下無不克納之文，則是入國之辭矣，而言于戚，不言于衛，是以據而難之，故注者疊之曰故傳言曷爲不言入于衛。

父有子，子不得有父也。明父得有子而廢之，子不得有父之所有，故奪其國文，正其義也。不貶蒯聵者，下曼姑圍戚無惡文，嫌曼姑可爲輒誅其分，故明不得也。不去國見挈者，不言入于衛，不可醇無國文，輒出奔不書者不責拒父也主書者與頓子同○爲于僞反去起呂反見摯賢徧反下去結反疏注不貶至子同解云正以犯父之命理宜貶之不謂更有經文可決也然則文十四年郤缺納不正貶之稱人今趙鞅亦是納不當得位之人而不貶者正以納父罪不至貶也彼傳云此晉郤缺也其稱人何貶曷爲貶不與大夫專廢置君也是其譏之義矣云故明不得也者正蒯聵無惡文則知曼姑不得誅之明矣云不去國見摯者云云正以文十四年晉人納接菑注云接菑不繫邾婁者見摯于郤缺也今此不見摯者不可醇無國文故也云輙出奔不書云云知輙出奔者正以蒯聵之入故也諸侯之禮禮當死位若其出奔者皆書而責之今不書者正欲不責輙之拒父故也云主書者與頓子同者即僖二十五年秋楚人圍陳納頓子于頓彼注云納頓子書者前出奔當絕還入爲盜國當誅書楚納之與之同罪也主書者從楚納之然則定十四年夏蒯聵出奔宋之時子無去父之義已當合絕今還入爲盜國復當合誅晉納之與同罪主書者從晉納故曰與頓子同義然則蒯聵犯父之命其惡明矣但晉爲霸主法度所在而納逆命之子奪已立之侯故云主書者從晉納矣○秋八月甲戌晉趙鞅帥師及鄭軒達帥師

戰于栗鄭師敗績。栗一本作秩一傳作鐵 疏 及鄭軒達戰于鐵者 解云諸家之經軒達之下皆有帥師唯服引經者無與諸家異於鐵者三家同有作栗字者誤也今定本作栗字 ○冬十月葬衛靈公○十有一月蔡遷于州來畏楚也州來吳所滅 疏 注畏楚也○解云正以上文爲楚所圍今遷而近吳故知然也云州來吳所滅者即昭十三年冬吳滅州來是也

蔡殺其大夫公子駟稱國以殺者君殺大夫之辭稱公子者惡失親也○惡烏路反 疏 注稱國以殺者稱○云君殺大夫之辭者僖七年傳文彼注云諸侯國爲體以大夫爲股肱士民爲肌膚故以國體錄是也

三年春齊國夏衛石曼姑帥師圍戚齊國夏曷爲與衛石曼姑帥師圍戚據晉趙鞅以地正國加叛文今此無加文故問之 疏 齊國至圍戚○解云公羊之義輒已出奔曼姑稟誰之命而得圍戚者下傳云曼姑受命于先君而立輒蒯聵奪輒是以春秋與得圍之矣○注據晉至問之○解云定十三年秋晉趙鞅入于晉陽以叛冬晉趙鞅歸于晉

傳云此叛也其言歸何以地正國也其以地正國奈何晉趙鞅取晉陽之甲以逐荀寅與士吉射荀寅與士吉射者曷爲者也君側之惡人也此逐君側之惡人曷爲以叛言之無君命也彼注云無君命者操兵鄉國故初謂之叛後知其意欲逐君側之惡人故録其釋兵書歸而赦之是也然則趙鞅操兵鄉國加叛文曼姑亦操兵鄉國而使國夏首兵不加叛文是以弟子据而問之云齊國夏曷爲與曼姑首兵而圍戚乎

伯討也方伯所當討故使國夏首兵

此其爲伯討奈何曼姑受命乎靈公而立輒靈公者蒯聵之父

以曼姑之義爲固可以距之也曼姑無惡文者起曼姑得拒之曼姑臣也拒之者上爲靈公命下爲輒故義不可以子誅父故但得拒之而已傳所以曼姑解伯討者推曼姑得拒之則國夏得討之明矣不言圍衛者順上文辟圍輒○上爲于僞反下爲輒爲衛不爲同

疏 注曼姑臣也○解云注言臣也者欲道曼姑者乃是靈公之臣也受命于靈公當立輒寧得違之乎故得拒蒯聵矣似君僖十年傳云君嘗訊臣矣臣對曰使死者反生生者不愧乎其言則可謂信矣彼注云上問下曰訊言臣者明君臣相與言不可負是○注不

言至圍輒○解云蒯聵去年入衞今而圍者止應圍衞而言圍戚者順上經文且輒上出奔不見于經若言圍衞則恐去年蒯聵入于戚今年圍衞者是圍輒矣故言圍戚以辟之靈公逐蒯聵在定十四年立輒蓋在上二年將薨之時也

輒者曷爲者也蒯聵之子也然則曷爲不立蒯聵而立輒 据春秋有父死子繼 蒯聵爲無道○ 行不中善道中丁仲反 靈公逐蒯聵而立輒然則輒之義可以立乎 輒之義不可以拒父故但問可立與不 曰可其可奈何不以父命辭王父命 不以蒯聵命辭靈公命 以王父命辭父命 辭猶不從 是父之行乎子也 是靈公命行乎蒯聵重本尊統之義 疏 注是靈至之義○解云即莊元年注云念母則忘父背本之道也故絕文姜不爲不孝拒蒯聵不爲不順脅靈社不爲不敬蓋重本尊統使尊行於卑上行於下是也 不以家事辭王事 以父見廢故辭讓不立是家私事 以王事

辭家事聽靈公命立者是王事公法也是上之行乎下也是王法行於諸侯雖得正非義之高者也故冉有曰夫子爲衛君乎子貢曰諾吾將問之入曰伯夷叔齊何人也曰古之賢人也曰怨乎求仁而得仁又何怨出曰夫子不爲也主書者善伯討

【疏】注是王法行於諸侯雖得正非義之高者也○解云正以上傳云不以父命辭王父命以王父命辭父命是父之命行乎子也彼注云是靈公命行乎蒯聵重本尊統之義也傳又云不以家事辭王事以王事辭家事是上之行乎下也故知宜是王法行於諸侯矣唯受靈公之命而拒蒯聵而引王法行于諸侯者正以靈公於蒯聵若似天子於諸侯故取以況之○注故冉有曰至伯討○解云此論語文也冉有所以疑之者正以輒之立也雖得公義失於父子之恩矣云入曰伯夷叔齊何人也者正以輒之拒父非義之高不敢正言故問古賢以測之云子曰古之賢人也者言古之賢士且有仁行若作仁字如此解之若作人字不勞解也云曰怨乎者謂諫而不用死于首陽然則怨周王乎云求仁而得仁又何怨者言其兄弟相讓而來正以求爲仁道卒得成讓仁道遂成不欲汲汲乎求仁有何孜孜而怨周王乎云出曰夫子不爲也者正以伯夷叔齊兄弟讓國夫子以爲賢而知輒與蒯

瞶父子爭國者夫子不助明矣云主書者善伯討者一則見輒之得正二則見曼姑可拒但主書善其伯討故曰主書者善伯討○夏四月甲午地震此象季氏專政蒯瞶犯父命是後蔡大夫專相放盜殺蔡侯申辟伯晉而京師楚黃池之會吳大爲主〔疏〕注是後至相放○解云即下文蔡人放其大夫公孫獵于吳是也○注盜殺蔡侯申者○解云在四年云辟伯晉而京師楚者即下四年夏晉人執戎曼子赤歸于楚傳云辟伯晉而京師楚是也云黃池之會吳大爲主者即下十三年夏公會晉侯及吳子于黃池傳云吳何以稱子吳主會也吳在是則天下諸侯莫敢不至也是也○五月辛卯桓宮僖宮災此皆毀廟也其言災何据禮親過高祖則毀其廟〔疏〕注据禮至其廟解云出禮記祭法文復立也曷爲不言其復立据立武宮言立○復立扶又反下及注同〔疏〕注据立武宮者○解云在成六年二月所以不据定元年立煬宮者蓋從始据之或科取一文亦何傷春秋見者不復見也謂內所改作也哀自立之善惡獨在哀故得省文○見者賢徧反下

同〔疏〕注謂內至省文○解云春秋逸義諸是內所改作者但遂其重處一過見之而已故餘輕處不復見之所以然者正以哀自立之還於哀世災之善惡獨在于哀故得省文矣似若襄三十一年公薨于楚宮不言作楚宮者正以襄自作之還復襄自薨之善惡獨在于襄故得省文之類云云之說在襄三十一年

何以不言及据雉門及兩觀○觀工喚反〔疏〕注据雉門及兩觀○解云即定二年五月壬辰雉門及兩觀災是也

敵也親過高祖親疏適等

何以書上已問此皆毀廟其言災何故不復連桓宮僖宮〔疏〕何以書○注上已至僖宮○解云正以隱三年秋武氏子來求賻傳云其稱武氏子何父卒子未命也何以不稱使當喪未君也武氏子來求賻何以書据彼注云不但言何以書者嫌主覆問上所以說二事不問求賻然則今此上文亦有二事之嫌主春秋見者不復見也何以不言及敵也何以書而不復為嫌者正以上傳已云此皆毀廟也其言災何復立也分疏已訖是以不復言桓宮僖宮災何以書矣

記災也災不宜立〔疏〕注災不宜立○解云謂其宮不宜立若曰以其不宜立故災之然

○季孫斯叔孫州仇帥師城開陽

○開陽左氏作啟陽開者爲漢景帝諱也

○宋樂髡帥師伐曹○髡苦昆反○

秋七月丙子季孫斯卒○蔡人放其大夫公孫獵于吳稱人者惡大夫驕蹇作威相放當誅故貶○惡烏路反

疏注稱人至故貶○解云知是大夫者正以春秋之例君殺大夫稱國即僖十年鄭殺其大夫申侯之屬是大夫自相殺稱人即文九年晉人殺其大夫先都之屬是則知稱國以放者君自放之即宣元年晉放其大夫胥甲父于衞是也則稱人以放乃是大夫自相放即此文是矣而言作威者即洪範云唯辟作威是也今此大夫作威故貶之言當誅者謂於王法當誅也言故貶之者正以大夫之貴平常之時合稱名氏故稱人爲貶之

○冬十月癸卯秦伯卒哀公著治大平之終小國卒葬極於哀公者皆卒日葬月○治直吏反大音泰

疏注哀公至葬月○解云即此癸卯秦伯卒明年二月葬秦惠公是也案昭元年夏秦伯之弟鍼出奔晉傳曰秦無大夫此何以書仕諸晉也曷爲仕諸晉有千乘之國而不能容其母弟故君子謂之出奔也何氏云時秦侵伐自廣大故曰千乘然則秦伯是西方之伯國至千乘此

注謂之小國者正以辟陋在夷罕與諸夏交接至於春秋大夫名氏不見於經是以比之小國其實非小者也舊說云地之張翕彼此異時釁闢之數不可同日而語昭元年之時自以千乘爲大國至此還小亦何傷也而有疑焉〇叔孫州仇仲孫何忌帥師圍邾婁

四年春王三月庚戌盜殺蔡侯申弑君賤者窮諸人此其稱盜以弑何据宋人弑其君處臼稱人〇盜殺音弑下同〇疏弑君至弑何〇解云文十六年冬宋人弑其君處臼之下傳云大夫弑君稱名氏賤者窮諸人然則師彼解爾故此弟子据而難之賤乎賤者也賤於稱人者疏賤乎賤者也〇解云彼注云賤者謂士也士正自當稱人然則今此非士故言賤乎賤者也賤乎賤者孰謂据無主名謂罪人也罪人者未加刑也蔡侯近罪人卒逢其禍故以爲人君深戒不言其君者方當刑放之與刑人義同〇近附近之近疏注罪人至刑也〇解云若其刑訖當有刑稱即襄二十九年夏閽弑吳子餘祭是也今此言盜

又謂之罪人，故知未加刑也。云蔡侯近罪人，卒逢其禍，故以爲人君深戒者，卒詁爲終也。○注不言至義同。○解云：即襄二十九年閽弒其君下注云：不言其君者，公家不畜，士庶不友，放之遠地，欲去聽所之，故不繫國，故不言其君也。然則此處之盜，仍未加刑，而亦不言其君者，正以方當刑放之，故與刑人義同也。

○蔡公孫辰出奔吳。○葬秦惠公。○宋人執小邾婁子。○夏，蔡殺其大夫公孫歸姓、公孫霍。○晉人執戎曼子赤歸于楚。赤者何？欲以爲戎曼子名，則晉人執曹伯言畀宋人，不言名歸；欲言微者，則不當書，故以不知問也。○曼音蠻。畀，宋必利反，下同。

【疏】晉人至子赤。○解云：左氏作戎蠻子也。○注則晉至名歸。○解云：即僖二十八年三月丙午，晉侯入曹，執曹伯畀宋人。彼則曹伯不言名，畀宋人不言歸，與此異，故執不知問。○注欲言至當書。○解云：欲言赤是楚之微者，自歸于楚，非戎子之名，則微者之例不當書見，故以不知問之。

戎曼子之名也。其言歸于楚何？據執曹伯畀宋人，不言歸于宋。子北

宮子曰辟伯晉而京師楚也此解名此言歸意也前此楚比滅頓胡諸
侯由是畏其威從而圍蔡蔡遷于州來遂張中國京師自置
晉人執戎曼子不歸天子而歸于楚而不名而言歸于楚則
與伯執歸京師同文故辟其文而名之使若晉非伯執而赤
微者自歸于楚言歸于楚者起伯晉京師楚主書者惡晉背
叛當誅之〔疏〕辟伯至楚也○解云成十五年春晉侯執曹伯歸
于京師是伯執人歸于京師之文今戎曼子不言
名直言晉侯執戎曼子歸于楚即是伯者執人歸京師無異
故名戎子以辟之言赤歸于楚者似楚之微者自歸不于戎
子然故曰辟伯晉而京師楚也○注此解至誅之○解云言
赤歸于楚之意也云前此楚比滅頓胡者即定十四年春楚
公子結帥師滅頓以頓子牄歸十五年春楚子滅胡以胡子
豹歸是也云從而圍蔡者即上元年春楚子陳侯隨侯許男
圍蔡是云蔡遷于州來者在三年冬云遂張中國者猶言自
盛大于中國也云京師自置者謂作天子自處置也云晉人
執戎曼子不歸天子而歸于楚者謂晉人畏其彊禦之勢若
京師矣云而不名而言歸于楚則與伯執歸京師同文者若
言執戎曼子歸于楚則與成十五年晉侯執曹伯歸于京師
同文云故辟其文而名之者爲辟伯執歸京師之文而名戎

曼子也云使若晉非伯執者僖四年陳云稱侯而執者伯討也稱人而執者非伯討也今此經云晉人執戎曼子故云使若晉非伯執也云而亦微者自歸于楚者若似楚之微者名赤自歸于楚然猶莊二十四年冬赤歸于曹之類云言歸于楚者起伯晉京師楚者正以僖二十八年晉侯執曹伯以畀宋人然則諸侯自相執不言歸公言歸者欲起晉人以楚爲京師故也云主書者惡晉背叛當誅之者言主書此事者正欲惡晉以楚爲京師背叛天子當命誅絕也若然楚人是時京師自置寧知不惡之者正以宣十八年秋七月甲戌楚子旅卒傳云何以不書葬吳楚之君不書葬辟其號也然則吳楚僭號非一朝一夕已不書葬一譏而已自餘京師自置之事理應不譏故以此

〇城西郛。〇郛芳夫反

〇六月辛丑蒲社災蒲社者何据鼓用牲于社不言蒲〇蒲社左氏作亳社〔疏〕蒲社者何〇解云正以社爲積土非火燒之物而反書災故執不知問亡國之社也蒲社者先世之亡國在魯竟〔疏〕注蒲社至魯竟〇解云公羊解以爲蒲者古國之名天子滅之以封伯禽取其社以戒諸侯使事上今災之者若曰王教絕云爾左氏穀梁以爲亳社者殷社也武王滅殷遂取其社賜

諸侯以爲有國之戒然則傳說不同不可爲難案今穀梁經傳皆作亳宅范氏云殷都于亳武王克紂而班列其社于諸侯以爲亡國之戒而賈氏云公羊曰薄社也者蓋所見異

社者封也封土爲社其言災何据封土非火所能燒亡國之社蓋揜之揜其上而柴其下故火得燒之揜柴之者絶不得使通天地四方以爲有國者戒○揜意冉反

疏亡國至其下○解云公羊子不受于師故言蓋也○注揜柴至四方○解云即郊特牲云天子之大社必受霜露風雨以達天地之氣也是故喪國之社屋之不受天陽也薄社北牖使陰明也是也然禮記作薄社何氏所見與鄭氏異云以爲有國者戒者言若不事上當如此

蒲社災何以書記災也戒社者先王所以威示教戒諸侯使事上也災者象諸侯背天子是後宋事彊吳齊晉前驅滕薛俠轂魯衛驂乘故天去戒社若曰王教滅絶云爾○背音佩俠轂古洽反下古木反十三年同乘繩證反十三年同去起呂反

疏蒲社災何以書○解云不直言何以書者嫌覆問柴其下何以書故復舉句而問之○注是後至驂乘○解云春秋說文謂下十三年黃池之會時也○秋

八月甲寅滕子結卒○冬十有二月葬蔡昭公賊已討故書葬也不書討賊者明諸侯得專討士以下也疏注賊已討故書葬也○解云此蔡昭公即上盜殺蔡侯申者是隱十一年傳云弒則何以不書葬春秋君弒賊不討不書葬以爲無臣子也然則今此蔡侯亦弒而書其葬故知賊已討也○注不書至以下也○解云孟子曰諸侯不得專殺大夫是以春秋之內殺大夫不問有罪無罪皆書而譏之若殺微者例所不録今蔡侯之賊乃微者嗣子殺之故不書見故云明諸侯得專討士以下也考諸正本何氏之注盡於此若更有注者衍字矣○葬滕頃公○頃音傾

五年春城比○比本又作茈亦作庇同音毗左氏作毗○夏齊侯伐宋○晉趙鞅帥師伐衛○秋九月癸酉齊侯處臼卒○冬叔還如齊○閏月葬齊景公閏不書此何以書据楚子昭卒不書閏疏注据楚至書閏○解云即襄二十八年冬十二月甲

寅天王崩乙未楚子昭卒是也彼注云乙未甲寅相去四十二日蓋閏月也然則相去四十二日明其不得同在一月故以閏月言之

喪以閏數也 謂喪服大功以下諸喪當以閏月爲數○閏數所主反下及外月數閏數同

【疏】喪以閏數也○解云此喪謂喪服也謂爲之服大功以下喪服者皆以閏數之此數讀如加我數年之數非頭數之數也○注謂喪服至爲數○解云此數乃爲頭數之數謂九月五月三月之喪既是數月之物故得數閏以充之是以葬亦書閏矣何者葬亦數月之物故也

喪曷爲以閏數 据卒不書閏

【疏】喪曷爲以閏數○解云此喪亦喪喪服大功以下者

喪數略也 略猶殺也以月數恩殺故并閏數

【疏】注略猶至閏數○解云此數亦如加我以數年之數也言大功以下之喪所以得數閏月者正以恩殺故也鄭志趙商問曰經曰閏月不告朔猶朝于廟穀梁傳云閏月附月之餘日喪事不數又哀五年閏月葬齊景公公羊傳云閏月不書此何以書喪以閏數喪數略也此二傳義反於禮斷之何就荅曰居喪之禮以月數者數閏以年數者雖有閏無與于數也然則鄭氏之意以爲彼云喪事不數者謂期與三年也此云喪以閏數者謂大功以下也若穀梁之意以爲大功

以下及葬皆不數閏云云之說在襄二十八年

六年，春，城邾婁葭。城者取之也。不言取者，魯數圍取邾婁邑，邾婁未曾加非於魯，而侮奪之，不知足，有夷狄之行，故諱之，明惡甚。○邾婁葭，音加，又音遐，左氏作邾瑕。數，所角反。曾，才能反。行，下孟反。

疏 注城者至惡甚。○解云：正以襄二年「遂城虎牢」，傳云「虎牢者何？鄭之邑也。其言城之何？取之也」，今言城邾婁葭，文與彼同，故知取之。云不言取之者，魯數圍取邾婁邑者，即上三年冬叔孫州仇、仲孫何忌帥師圍邾婁，又上二年春伐邾婁，取漷東田及沂西田之屬是也。先言圍者，便文故也。云有夷狄行者，正以貪而無親故也。

○晉趙鞅帥師伐鮮虞。○吳伐陳。○夏，齊國夏及高張來奔。○叔還會吳于柤。○柤，莊加反。○秋，七月，庚寅，楚子軫卒。○齊陽生入于齊。○齊陳乞弒其君舍。弒而立者，不以當國之辭言之，此其以當國之辭言之何據齊公子商人弒其君舍而立氏公子○君舍二傳作荼音舒（疏）注據齊至公子○解云即文十四年冬齊公子商人弒其君舍是也為諼也此其為諼奈何問其義○諼況元反景公謂陳乞曰吾欲立舍何如陳乞曰所樂乎為君者欲立之則立之不欲立則不立貴自專也（疏）所樂至不立○解云言人之所以愛樂乎其為君者貴慕其自專故也然則此公乃有為而言非其道也君如欲立之則臣請立之陳乞欲拒言不可恐景公殺陽生陽生謂陳乞曰吾聞子蓋將不欲立我也陳乞曰夫千乘之主將廢正而立不正必殺正者晉世子申生是也○乘繩證反（疏）注晉世子申生是也○解云即僖五年春晉侯殺其世子申生是也吾不立子者所以生子者也走矣教陽

生走**與之玉節而走之**節信也析玉與陽生留其半爲後當迎之合以爲信防稱矯也奔不書者未命爲嗣○析思歷反爲後于僞反下乞爲同矯居兆反〔疏〕注節信至爲嗣○解云言與之爲斷玉之信而令之走也云奔不書者未命爲嗣者案定十四年秋衛世子蒯聵出奔宋書見於經故知陽生出奔不書者未命爲嗣故也然則公子陽生但是母貴宜立實非世子而上傳云廢正而立不正必殺正者雖非夫人所生但秩次宜立謂之廢正亦何傷而舊云陽生實是正世子但未命爲嗣故出入不兩書若命爲嗣即是大國之君出入合兩書也者非

景公死而舍立陳乞使人迎陽生于諸其家于諸寘也齊人語也**除景公之喪**期而小祥服期者除○期而音基下同〔疏〕注期而至者除○解云期而小祥者士虞記文言服期者除者謂從服之徒矣若其正服臣爲君斬衰三年寧得期而除乎案景公之卒在去年九月至今七月其實未期而言服期者除者蓋陽生之入實亦九月但事不宜月故直時是以傳云除景公之喪也若然案隱四年冬十二月衛人立晉彼注云月者大國篡例月小國而立納入皆爲篡然則大國之篡例合書月齊爲大

國而言事不宜月者正以陽生之篡陳乞爲之故陽生之入欲移惡於陳乞故也似若莊九年夏齊小白入于齊何氏云不月者移惡于魯也之類也然則大國之篡所以月者以其禍大故也既移惡于陳乞是以不月正得述事之宜矣

諸大夫皆在朝陳乞曰常之母常陳乞子重難言其妻故云爾○難乃旦反

疏注常之至云爾○解云正以妻者已之私故難言之似若今人謂妻爲兒母之類是也

有魚菽之祭齊俗婦人首祭事言魚豆者示薄陋無所有

疏注齊俗至祭事○解云主婦設祭禮則有之何言齊俗者正以主婦設祭之時助設而已其實男子爲首即君牽牲夫人奠酒君親獻夫人薦豆之類是也若其齊俗則令使婦人爲首故此傳云常之母有魚菽之祭即其文是矣○注言魚至所有○解云定元年冬十月霣霜殺菽彼注云菽大豆然則彼已訓解故此何氏直以豆言之若依正禮水陸俱陳而止言魚與豆者示薄陋無所有故也

願諸大夫之化我也言欲以薄陋餘福共宴飲

疏願諸至我也○解云桓六年傳云曷爲謂之實來慢之也曷爲慢之化我也彼注云行過無禮謂之化齊人語也諸侯相過至竟必假塗入都必朝所以崇禮讓絕

慢易今州公過魯都不朝魯是慢之爲惡故書實來見其義也然則彼以州公過魯而無禮故傳謂之化我也今此陳乞亦以魚菽之薄物枉屈諸大夫之貴重亦是無禮相過之義故謂之化我也諸大夫皆曰諾於是皆之陳乞之家坐陳乞曰吾有所爲甲甲鎧○鎧苦代反〔疏〕吾有所爲甲○解云猶言我有所作得若干甲也請以示焉諸大夫皆曰諾於是使力士舉巨囊而至于中霤巨囊大囊中央曰中霤○囊乃郎反又音託霤力又反〔疏〕注中央曰中霤○解云案月令中央土云其祀中霤鄭注云中霤猶中室也古者複穴是以名室爲霤云庾蔚云複地上累土穴則穿地也複穴皆開其上取明故雨霤之是以因名中室爲中霤也故此傳云中霤注云中央謂室之中央也諸大夫見之皆色然而駭色然驚駭貌○色然如字本又作垝居委反驚駭貌又或作危開之則闖。然闖出頭貌○闖丑鴆反又丑甚反一音丑今反見貌字林云馬出門貌丑袵反公子陽生也陳乞曰此君也已諸大夫不得已皆逡巡北面再拜稽首而君之爾令。時舍未能得衆而陽生正當立諸大夫又見力士知陳乞有備故不得已遂君之○逡七旬反

自是往弒舍陽生先詐致諸大夫立於陳乞家然後往弒舍故先書當國起其事也乞爲陽生弒舍不舉陽生弒者讓成于乞也不日者與卓子同

疏注故先書當國起其事也者謂書陽生入齊乃在弒舍之前所以起其先入後弒也云乞爲陽生弒舍不舉陽生弒者讓成于乞乞也者正以舉重略輕春秋之常事今而不書者讓成于乞故也○注不日至子同○解云僖十年春王正月晉里克弒其君卓子何氏云不日者不正遇禍終始惡明故略之然則今此陳乞弒舍所以不日者亦是不正遇禍終始惡明故略之故曰與卓子同若然鄉解云陽生之入實在九月但事不宜月故不書月然則陳乞之事宜云不月而云不日者正以卓子之弒實書月若言不月則與卓子同文不可設故云不日也案陳乞弒舍實不書日謂之不日亦何傷然則陳乞弒舍之事與里克弒卓子相類而不月者正以文承陽生入于齊之下陽生之事既不宜月是以陳乞之事不得月也若然

案僖九年冬晉里克弑其君之子奚齊注不月者不正遇禍終始惡明故略之然則此亦不月何氏不云不月者與奚齊同義者正以奚齊未踰年之君與舍不類寧得同之乎○冬仲孫何忌帥師伐邾婁○宋向巢帥師伐曹

七年春宋皇瑗帥師侵鄭○瑗于眷反○晉魏曼多帥師侵衛○夏公會吳于鄫○鄫似陵反○秋公伐邾婁八月己酉入邾婁以邾婁子益來入不言伐此其言伐何據當舉入爲重【疏】入不至伐何○解云莊十年傳例觕者曰侵精者曰伐戰不言伐圍不言戰入不言圍滅不言入書其重者也然則傳例云戰不言伐入不言圍此云入不言伐者正以此經舉伐言入亦違舉重之例是以據經以釋之傳例云者序用兵之次第輕重備言不足怪也內辭也若使他人然諱獲諸侯故不舉重而兩書使若魯公伐而去他人入之以來者醇順他人來

文〔疏〕注諱獲至來文○解云：若其不諱，宜舉重，云公入邾婁。今不舉重而伐、入兩書，故知諱獲諸侯也。云使若魯公伐而去，佗人入之以來者，以來是詣魯之常文，故何氏言來者常文，不爲早晚施是也。今始若不諱，宜云以邾婁子益至自某，而經言來，故如此解。云醇順佗人來文者，以上諱獲諸侯，故不舉重，使若魯人伐而去，佗人自入之，今文言來，作外來詣魯之常文，故曰醇順佗人來文也。

邾婁子益何以名？ 据以隗子歸不名。○隗，五罪反。

〔疏〕注据以至不名○解云：即僖二十六年秋楚人滅隗，以隗子歸是也。

絕。曷爲絕之？ 据俱以歸。 **獲也。曷爲不言其獲？** 据獲晉侯言獲。

〔疏〕注据獲晉侯言獲○解云：即僖十五年冬晉侯及秦伯戰于韓，獲晉侯是也。

內大惡諱也。 故名以起之也。日者，惡魯侮奪邾婁無已，復入獲之。人不致者，得意可知例。○惡魯，烏路反。復，扶又反。

〔疏〕注故名以起之○解云：擅獲諸侯乃爲大惡，是以諱之，不言其獲。既不言獲，故云言其名以起其見獲也。所以能起之者，諸侯之禮當死位，今不能死位而生見獲，書其名，起其絕也。案隱二年「無駭入極」之下，傳云「此滅也，其言入何？內大惡諱也」；昭四年「取鄫」之下，傳云滅之則其言取之何內大惡諱也今此又言內大惡諱也重發傳者正以往前二處入取文異今此上經雖亦言入但書名之由事須備釋是以又言○注曰者至獲之○解云隱二年注云入例時傷害多則月此書日故須解之言惡魯侮奪邾婁無已即上六年城葭之下注云魯數圍取邾婁邑邾婁未曾加非於魯而侮奪之不知足今復入其國獲其君故書日以惡內也○注入不至知例○解云莊六年注公與一國及獨出用兵得意不致不得意致伐即僖六年公至自伐鄭二十九年公至自圍許之屬是至於入佗國例不書致者正以既能入國得意可知似若僖三十三年公伐邾婁取叢之下注云取邑不致者得意可知例

○宋人圍曹○冬鄭駟弘帥師救曹

八年春王正月宋公入曹以曹伯陽歸曹伯陽何以名据以隗子歸不名〔疏〕注据以至不名○解云即僖二十六年秋楚人滅隗以隗子歸是也絕曷爲絕之据俱以歸滅也曷爲不言其滅据滅

隗也諱同姓之滅也故名以起之疏注故名以起之○解云諱不得書其滅故書其名所以起其滅矣。所以能起之者正以失地之君例合書名即桓七年穀伯綏鄧吾離之下傳云曹何以名失地之君是今曹伯陽亦書其名故可起其滅何諱乎同姓之滅据衛侯燬滅邢不諱○燬況委反疏注据衛至不諱○解云即僖二十五年春王正月丙午衛侯燬滅邢是也力能救之而不救也以屬上力能獲邾婁而不救曹故責之不日者深諱之定哀滅例日此不日者諱使若不滅故不日疏注不日至故不日○解云既書入以諱同姓見滅而又日故曰深諱也云定哀滅例日此不日者諱使若不滅故不日云云之說在定四年○吳伐我不言鄙者起圍魯也不言圍者諱使若伐而去疏注不言至魯也○解云正以莊十九年冬齊人宋人陳人伐我西鄙注云鄙者邊垂之辭榮見遠也然則鄙者邊垂之名今不言鄙直言伐我故得起其圍魯矣○注不言至而去○解云國君當彊折衝當遠魯微弱深見犯至于圍國故諱之但言伐者差輕也○夏齊人取讙及僤外取邑不書此何以書所以賂齊也曷爲賂齊據上無戰伐之文○僤昌善反一音昌然反字林作僤左氏作闡〔疏〕取讙及僤○解云左氏穀梁作讙闡字○外取至以書○解云宣元年六月齊人取濟西田之下傳云外取邑不書此何以書注云据曹取之不書然則此傳云外取邑不書此何以書者亦据曹取濟西田不書但從彼省文是以不復注解○注据上至之文○解云謂此上經無魯與齊戰伐之文計無所謝無事而賂故難之爲以邾婁子益來也邾婁齊與國畏爲齊所怒而賂之恥甚故諱使若齊自取○爲以于僞反〔疏〕爲以至來也○解云正爲七年以邾婁子益來是以賂齊二邑也○注邾婁齊與國○解云正以魯獲邾婁之君而賂二邑若非齊之與國理不應賂云云之說備于宣元年疏○歸邾婁子益于邾婁獲歸不書此書者善魯能悔過歸之嫌解邾婁子益無罪書故復名之○復扶又反〔疏〕注獲歸至歸之○解云正以僖十五年秦獲晉侯後歸不書故曰獲歸不書今此書者善魯能悔過歸之故録見之○注嫌解至名之○解云桓十五年傳例云歸者出入無惡今此言歸是以嫌其無罪也經既書歸作無罪之文則嫌魯人解

釋邾婁子其罪合除是以書見故復名之見其不善所以書益之名得見魯之有罪者正以上七年以益來之時傳云內大惡諱注云故名以起之然則初書名起見魯罪則今知復名者其不善明矣○秋七月○冬

十有二月癸亥杞伯過卒○過古禾反○齊人歸讙及僤

書者善魯能悔過歸邾婁子益所喪之邑不求自得故不言來使若不從齊來與歸我濟西田同文○喪息浪反

疏注書者至同文○解云言所喪之邑不求自得者正以言歸也何者歸者自與之故也若求乃得之者當言取即僖三十一年春取濟西田成二年秋取汶陽之田之屬是也故不言來使若不從齊來者謂若此邑元不入齊但以此來欲叛于魯齊人取而歸之然言與歸我濟西田邑同文者即宣十年春齊人歸我濟西田傳云齊已取之矣其言我何言我者未絕于我也曷爲未絕于我齊已言取之矣其實未之齊也注云不言來者明不從齊來不當坐取邑是也然則彼以未之齊故不言來今此使若不從齊來是以謂之同文矣然則彼言我者以其未絕于我此不言我者正以讙僤實絕于我故也濟西田未絕齊人不當坐取邑讙僤實絕齊人當坐取邑明矣然則我與不即是不同而言同文者

正謂皆不言來以爲同文何妨言我與不仍爲異乎

九年春王二月葬杞僖公○宋皇瑗帥師取鄭師于雍丘其言取之何据詐戰言敗也○雍於用反疏注据詐戰言敗也○解云即莊十年秋荊敗蔡師于莘昭二十三年秋吳敗頓胡沈蔡陳許之師于雞父傳云此偏戰也曷爲以詐戰之辭言之不與夷狄之主中國也是也易也其易奈何詐之也詐謂陷阱奇伏之類兵者爲征不義不爲苟勝而已十三年詐反不月知此不蒙上月疾略之爾○易也以豉反下同阱才性反爲征于僞反疏注詐謂至之類○解云何氏蓋取禮記中庸云人皆曰予知驅而納諸罟擭陷阱之中而莫之知辟也又言奇伏者奇兵伏兵之謂也○注兵者至之爾○解云下十三年春鄭軒達帥師取宋師于嵒傳云其言取之何易也其易奈何詐反也注云前宋行詐取鄭師今鄭復行詐取之苟相報償不以君子正道故傳言詐反反猶報也然則兵之設也爲欲征不義豈欲苟勝而爲詐故知春秋疾而略之皆不書月矣何者春秋之義偏戰者日詐戰者月所以然

者正疾其行詐略之故也今此二經乃設陷阱奇伏又爲詐之甚者是以春秋復深略之○夏楚人伐陳○秋宋公伐鄭○冬十月

十年春王二月邾婁子益來奔月者魯前獲而歸之今來奔明當尤加禮厚遇之

疏注月者至遇之○解云正以上六年夏齊國夏高張來奔襄二十八年冬齊慶封來奔之屬則知來奔魯者例合書時今此書月故如此解文十二年春正月成伯來奔注云月者前爲魯所滅今來見歸尤當加意厚遇之也者義亦通於此以此言之則知昭二十三年秋七月莒子庚輿來奔月者爲下戊辰吳敗頓胡沈蔡陳許之師書莒子之奔雖在月下不蒙月何氏所以不注之者正以隱元年冬十二月祭伯來奔之下注云月者爲下卒也出奔例時也然則上已有注故至庚輿之下省文從可知○公會吳伐齊○三月戊戌齊侯陽生卒○夏宋人伐鄭○晉趙鞅帥師侵齊○五月公至自伐齊○葬齊悼公○衛

公孟彄自齊歸于衛。○薛伯寅卒。卒葬略者，與杞伯益姑同。○伯寅，二傳作伯夷，同音以尼反。

疏注卒葬至姑同。○解云：正以所見之世詳錄小國，卒日葬月是其常文，即上四年秋八月甲寅滕子結卒，冬十二月葬滕頃公是也。今乃卒月葬時，故解矣。言與杞伯益姑同者，即昭六年春王正月杞伯益姑卒，注云不日者，行微弱，故略之。上城杞，已貶，復卒略之者，入所見世，責小國詳，始錄內行也。諸侯內行小失不可勝書，故於終略責之，見其義。然則今比略之者，亦爲內行小失，故曰與杞伯益姑同。○秋，葬薛惠公。○冬，楚公子結帥師伐陳，吳救陳。救中國不進者，陳，吳與國，救陳欲以備中國，故不進。

疏注救中至不進。○解云：正以僖十八年夏狄救齊，冬邢人、狄人伐衛，注云狄稱人者，善救齊，雖拒義兵，猶有憂中國之心，故進之。不於救時進之者，辟襄公，不使義兵壅塞也。定四年冬，蔡侯以吳子及楚人戰于柏舉，傳云吳何以稱子？夷狄也而憂中國，注云言子起憂中國。然則夷狄之人能憂中國也，皆進之。今此稱國不進者，正以救陳欲以備中國，故不進也。知陳是吳之與國者，正以吳人救之故也。必知欲以備中國者，非直見其不進

亦以陳於諸夏之時
乃是吳之屬故也

監本春秋公羊注疏哀公卷第二十七

[illegible][illegible]盧氏宣旬校定

[illegible]清嘉慶二十年重栞宋本[illegible]經[illegible]藏本校

江南蘇松督糧道方體栞

公羊注疏卷二十七挍勘記　阮元撰盧宣旬摘錄

公羊注疏哀公卷二十七　唐石經哀公第十二卷十一

元年

滅以歸可知　閩監毛本同鄂本上有從字此脫

鄭游速帥師滅許　閩本同監毛本速作遬浦鏜云下脫以許二字

伐之不諱者　蜀大字本閩監毛本同鄂本者誤也

二年

所以再出大夫名氏者　解云此注氏字或有或無

季孫斯所以不與盟者　此本季孫下空缺一十二字方接斯所以云云文無脫漏

各盟所得　浦鏜云穀梁所作其又此句下當脫范氏云三字

然則定十四年夏　浦鏜云秋誤夏○按浦說是也

晉趙鞅帥師及鄭軒達帥師戰于栗　唐石經諸本同釋文亦作栗云一本作秩二傳作鐵疏本作及鄭軒達戰于鐵解云諸家之經軒達下有帥師唯服引經者無於鐵者三家同有作栗字者誤也今定本作栗字按鄭軒達下不言帥師者蒙上晉趙鞅帥師也今三家下有帥師師當衍疏本與服氏無之是也疏又謂三家同作戰于鐵定本作栗者誤而釋文同定本作栗區別之云二傳作鐵案陸德明所據之本不及疏本也

及鄭軒達戰于鐵者　閩監毛本鐵作栗妄改

稱云君殺大夫之辭者　閩監毛本者改○按稱云是解云之誤當在者下

三年

曼姑受命于先君而立輒　浦鏜云于先君傳作乎靈公按浦說是也

起曼姑得拒之　按拒當同傳作距下同

聽靈公命立者是王事此本者誤是今據鄂本訂正閩監毛本因誤作是遂刪去此字

是王法行於諸侯蜀大字本閩監毛本同鄂本於作乎何挍本䟽中同

曰古之賢人也解云言古之賢士且有仁行若作仁字如此解之若作人字不勞解也

曰怨乎求仁而得仁鄂本元本閩本同監毛本怨乎下增曰字非何焯云案文勢不當有曰字

論語有者衍文

是父之命行乎子也傳無命字

子曰古之賢人也者段挍本人作仁是也

蓋從始据之閩本同監毛本据作據

解云春秋逸義浦鏜云之誤逸

但遂其重處一過見之而已故餘輕處不復見之浦鏜云逐

誤遂其餘誤故餘

帥師城開陽　唐石經諸本同釋文開陽左氏作啓陽開者爲漢景帝諱也

即僖十年鄭殺其大夫申侯之屬是　浦鏜云七誤十按浦說是也

明年二月葬秦惠公是也　閩本同按二當作三監毛本誤五

四年

盜殺蔡侯申　閩監毛本同唐石經殺作弑

故不繫國　浦鏜云下脫不繫國三字按浦說是否則與襄廿九年注不合

則晉人執曹伯言畀宋人　鄂本閩監本同毛本言誤以

即僖二十八年二月丙午　浦鏜云三誤二按浦說是也

此錄名此言歸意也　閩監毛本同誤也鄂本作名而言歸當據正

以頓子牄歸　閩監毛本牄作牂

云蔡遷于州來者在三年冬也　浦鏜云二誤三按浦說是

蒲社災　唐石經諸本同釋文蒲社左氏作亳社解云公羊以爲蒲者古國之名今穀梁經傳皆作亳字而賈氏云公羊曰薄社也者蓋所見異經義雜記曰禮記郊特牲薄社北牖注薄社殷之社殷始都薄釋文薄本又作亳書序將遷其君於蒲姑釋文蒲如字徐又扶各反馬本作薄史記周本紀作遷其君薄姑是薄蒲亳三字古通

按今穀梁經傳皆作亳宅　何校本宅作社是也

公羊曰薄社也者　何校本薄作蒲

社者封也　唐石經封字磨改

明諸侯得專討士以下也　解云考諸正本何注盡於此若有注者衍字矣

五年

春城比　唐石經諸本同釋文城比本又作芘亦作庇左氏作毗

喪以閏數也　釋文數所主反下及注月數閏數同解云此數讀如加我數年之數非頭數之數

當以閏月爲數　解云此數乃爲頭數之數

以月數恩殺故并閏數　解云此數亦如加我以數年之數

此數亦如加我以數年之數也　按以字衍文

六年

春城邾婁葭　唐石經閩監毛本同鄂本葭作瑕非

齊陳乞弒其君舍　唐石經諸本同釋文君舍二傳作荼音舒九經古義云史記律書舍者日月所舍舍者舒氣也是舍有舒義故有舒音

卽文十四年冬　浦鏜云秋誤冬按浦說是也

然則此公乃有爲而言非王道也 閩本同監毛本王作正按公蓋乞之誤○按齊召南云公字衍文是也

大國篡例月小國而 浦鏜云時誤而按浦說是也

常陳乞子 監本子誤千○按常作恒避漢諱也

冬十月霣霜殺菽 閩監毛本霣作隕

於是使力士舉巨囊 唐石經諸本同釋文囊乃郎反又音託按史記齊大公世家囊作橐故音託

庚蔚云 浦鏜云庾誤庚按浦說是也

皆色然而駭 唐石經諸本同釋文色然如字本又作垝又或作危按一切經音義引作歡然此作色蓋誤

開之則闖然 唐石經諸本同釋文闖然見貌字林云馬出門皃按說文覘暫見也从見炎聲春秋公羊傳曰覘然公子陽生

而陽生今正當立　鄂本閩本同監毛本今作本

七年

解云莊十年傳例　浦鏜云例下有云字是也

今始若不諱　閩監本同毛本始作使

今文言來　何校本文作又

絶曷爲絶之　唐石經諸本同按僖廿六年疏引此曷上有之字此脫

八年

鄧吾離之下傳云曹何以名　浦鏜云皆誤曹字鄧下脫侯按浦說是也

夏齊人取讙及僤　唐石經諸本同釋文云僤字林作⿰阝單左氏作闡解云左氏穀梁作讙闡字

歸邾婁子益于邾婁　唐石經鄂本閩本同監毛本于作子

正以言歸也何者　此本也字剜擠監本何誤向

然言與歸我濟西田邑同文者　閩本脱邑字監毛本承之

九年

今此二經　何按本此作比

十年

春正月成伯來奔　浦鏜云春下脱王盛誤成按浦説是也

祭伯來奔之下　浦鏜云奔衍按因傳有奔字而誤增入也

葬滕昭公是也　浦鏜云昭當爲頃按浦説是也

然則今比略之者　閩監毛本比作此

戰于柏舉　浦鏜云舉經作莒

公羊注疏卷二十七挍勘記終

工部屯田司員外郎胡祖謙校

監本春秋公羊注疏哀公卷二十八　起十一年盡十四年

何休學

十有一年，春，齊國書帥師伐我。○夏，陳袁頗出奔鄭。○頗，破多反。○五月，公會吳伐齊。甲戌，齊國書帥師及吳戰于艾陵。○艾，五蓋反。齊師敗績，獲齊國書。戰不言伐，舉伐者，魯與伐而不與戰，不從內與伐，使吳爲主者，吳主會，故不與夷狄主中國也。言獲者，能結日偏戰，少進也。○與伐，音預，下「不與伐」同。

【疏】獲齊國書。○解云：宣二年春獲宋華元之下，何氏云「復出宋者，非獨惡華元，明恥辱及宋國」。然則今此復出齊者亦然，但省文，從可知，故不注。○注「戰不」至「與戰」。○解云：「戰不言伐」者，莊十年傳文。而此舉伐者，當爾之時，魯但與其伐而不與其戰，故得兩舉之矣。○注「不從」至「國也」。○解云：成二年「六月癸酉，季孫行父」云云「會晉郤克」云云「及齊侯戰于鞌，齊師敗績」，注云「大夫敵君不貶者，隨從王者大夫得敵諸侯也」。然則郤克之徒得敵齊侯者正以魯人與在隨從王者大夫是以得序于上而主齊侯今亦云魯公與伐而不使吳爲主序齊下者正以吳是時爲主會若其與之而序于齊上即是夷狄之主中國是以退之矣若然案宣十二年晉荀林父帥師及楚子戰于邲林父序于楚子之上亦應是不與夷狄之主中國而注云不與晉而反與楚子爲君臣之禮以惡晉者正以楚莊王稱子據彼君文成矣有王伯之事雖以臣及君不嫌晉直今吳稱國君文不成而序國書之下寧得類乎○注言獲至進也○解云莊十年秋荆敗蔡師于莘以蔡侯獻舞歸傳云曷爲不言其獲不與夷狄之獲中國也又昭二十三年秋吳敗頓胡沈蔡陳許之師于雞父獲陳夏齧傳云不與夷狄之主中國則其言獲陳夏齧何吳少進也注云能結日偏戰行少進故從中國辭治之今經亦然故以言此

○秋七月辛酉滕子虞毋辛○冬十有一月葬滕隱公○衞世叔齊出奔宋

十有二年春用田賦何以書據當賦稅爲何書○爲何于僞反下爲同

宗同

譏何譏爾譏始用田賦也田謂一井之田賦者斂取其財物也言用田賦者若今漢家斂民錢以田爲率矣不言井者城郭里若亦有井嫌悉賦之禮稅民公田不過什一軍賦十井不過一乘哀公外慕彊吳空盡國儲故復用田賦過什注田謂一〇爲率音律又音類乘繩證反復扶又反

疏

一井之田〇解云知如此者正以家語政論篇云季康子欲以一井田出賦法焉又魯語下篇云孔子謂冉求曰田一井出稷禾秉芻缶米不是過也案彼二文皆論此經用田賦之事而言一井故知然也〇注不言井至賦之〇解云凡言田者指墾土之處言一井者但是方里之名若言用井賦則嫌城郭里巷之內但有一井之處悉皆賦之故云不言井者城郭里巷亦有井嫌悉賦之〇注禮稅至什一〇解云即宣十五年傳云什一者天下之中正也什一行而頌聲作矣是也云軍賦十井不過一乘者何氏以爲公侯方百里案諸典籍每有千乘之義若不十井爲一乘則不合鄭氏云公侯方百里井十則賦出革車一乘者義亦通于此云哀公外慕彊吳者即上十年春公會吳伐齊十一年夏公會吳伐齊此年夏公會吳于橐皋之屬是也云故復用田賦過什一者對常賦以爲復矣

〇夏五月甲辰孟子

卒孟子者何據魯大夫無孟子〔疏〕孟子者何○解云欲言魯女不言孟姬欲言夫人經不書葬故執不知問昭公之夫人也其稱孟子何據不稱夫人某氏〔疏〕注據不至某氏○解云即隱二年冬十有二月乙卯夫人子氏薨之屬是也諱娶同姓蓋吳女也禮不娶同姓買妾不知其姓則卜之爲同宗共祖亂人倫與禽獸無別昭公既娶諱而謂之吳孟子春秋不繫吳者禮婦人繫姓不繫國雖不諱猶不繫國也不稱夫人不言薨不書葬者深諱之

〔疏〕蓋吳女也○解云公羊子不受于師故疑之○注禮不至無別○解云上曲禮云取妻不取同姓故買妾不知其姓則卜之鄭氏注云爲其近禽獸也妾賤或時非媵取之於賤者世無本繫者是也云爲同宗共祖亂人倫與禽獸無別者欲取曲禮上云夫唯禽獸無禮故父子聚麀是故聖人作爲禮以教人使人以有禮知自別於禽獸之文乎○注昭公至孟子○解云昭十年注云去冬者蓋昭公娶吳孟子之年故貶之然則此言昭公既娶者謂從昭十年以來也而諱之吳孟子者即論語云君娶于吳爲同姓謂之吳孟子坊記云魯春秋猶去夫人之姓曰吳其死曰孟子卒是也○注春秋至國也○解

去言婦人繫姓不繫國者即隱元年仲子下注云仲字子姓婦人以姓配字不忘本也因示不適同姓也二年夫人子氏之下注云子者姓也夫人以姓配號義與仲子同是言昭公之時諱之不謂之吳姬謂之吳孟子而春秋直謂之孟子不繫吳者正以婦人不繫國故也言雖不諱猶不繫國者正以齊義穆姜之屬亦不繫國言之故也○注不稱至諱之解云若言夫人又若言薨當言夫人姬氏薨若葬當言葬我小君昭姬皆爲大惡大惡不可言故曰深諱之也而云孟子卒者若言宋之長女爲魯侯之妻而卒之猶如定十五年秋姒氏卒之類〇公會吳于橐皋。○橐章夜反一音託〇秋公會衛侯宋皇瑗于運。○運左氏作鄖〇宋向巢帥師伐鄭〇冬十有二月螺何以書記異也何異爾不時也螺者與陰殺俱藏周十二月夏之十月不當見故爲異比年再螺者天不能殺地不能理。自是之后天下大亂莫能相禁宋國以亡齊并於陳氏晉分爲六卿○螺音終本亦作螽注同見賢遍反

疏○注比年再螽○解云即下十三年冬十二月螽是也○注宋國至六卿○解云皆在春秋后考諸舊本宋

是宗字然則宗國猶大國言天不能殺地不能理天下大亂莫能相禁是其紀綱之國滅亡之象是故齊并于陳氏晉分爲六卿若作宋字何氏更有所見春秋說云陳氏纂齊三年千人合葬故螽蟲冬踊者是其螽爲齊亡之一隅也案左氏及史記皆云晉亡分爲魏趙韓今云晉分爲六卿者蓋其初時晉君失政六卿用事不妨其下滅時但三家分之矣

十有三年春鄭軒達帥師取宋師于嵒其言取之何易也其易奈何詐反也前宋行詐取鄭師今鄭復行詐取之苟相報償不以君子正道故傳言詐反反猶報也○嵒五咸反一音魚及反易以豉反下同鄭復扶又反秋以下注同償時亮反〔疏〕其言取之何解云上九年注云据詐戰言敗也故此省文不復言之也○注前宋至鄭師○解云即上九年春宋皇瑗帥師取鄭師于雍丘傳云其言取之何易也其易奈何詐之也是也

○夏許男戌卒比陳蔡不當復卒故卒葬略○男戌本亦作成〔疏〕注比陳至葬略○解云昭八年冬楚師滅陳十一年楚師滅蔡至十三年秋蔡侯廬歸于蔡陳侯吳歸于陳二十年冬十有一月辛卯蔡侯廬卒二十一年春王三月葬蔡平

公定四年春王二月癸巳陳侯吳卒夏六月葬陳惠公定六年鄭游速滅許以許男斯歸今年夏許男戌卒秋葬許元公然則陳蔡之滅非吳盧之罪及其存時乃爲大國所復但以不受封於天子故書君以見之仍以前君死位非其自復其國合存故許錄其卒葬也而許男斯者爲鄭所滅不能死位許國合絕不足存之而戌自復罪惡深矣若比之陳蔡不當合錄而錄之者正欲見其前君不死位后君自復之惡深是以書其卒葬而去其日月以見矣故曰此陳蔡不當復卒故卒葬略之也

○公會晉侯及吳子于黃池吳何以稱子據救陳稱國〔疏〕注據救陳稱國○解云十年冬吳救陳是也吳主會也以言及也時吳彊而無道敗齊臨菑乘勝大會中國齊晉前驅魯衛騶乘滕薛俠轂而趨以諸夏之衆冠帶之國反背天子而事夷狄恥甚不可忍言故深爲諱辭使若吳大以禮義會天下諸侯以尊事天子故進稱子○背音佩〔疏〕注以言至而趨○解云以經言及吳即知吳主會何者正。及者汲汲之辭即僖五年夏公及齊侯宋公以下會王世子于首戴注云言及者因其文可得見汲汲也然則彼云及齊侯齊侯主會則知此言及吳子吳子主會明矣故云以言及也云時吳强而無道敗齊臨菑乘勝大會中國者即上十一年五月公會吳伐齊甲戌齊國書帥師及吳戰于艾陵齊師敗績者是敗齊師于臨菑之事正以吳爲夷狄數伐中國而敗之故謂之無道菑字然有作晉字若作晉字以黃池爲近晉晉人畏而會之故曰臨晉云齊晉前驅魯衛驂乘滕薛俠轂而趨者春秋說文也以下傳及注云則天下盡會而春秋說特舉此六國獨爲之役故偏舉之或言不盡意故也○注以諸至稱子○解云諸夏衆强不復如禮反棄君父而事夷狄恥辱之甚不忍言故深爲諱進吳稱子矣而言冠帶之國者正以夷狄之人不知冠帶故也是以穀梁傳云吳王夫差曰好冠來孔子曰大矣哉夫差未能言冠而欲冠也范氏云不知冠有等差唯欲好冠是也

吳主會則曷爲先言晉侯據申之會楚子主會序上

疏 注據申至序上○解云即昭四年夏楚子蔡侯以下會于申是

不與夷狄之主中國也明其實自以夷狄之彊會諸侯爾不行禮義故序晉於上

其言及吳子何據鍾離之會殊會吳不言及僖五年公及齊侯齊侯主會益明矣

疏 注據鍾至言及○解云即成十五年冬叔孫僑如會晉士燮齊高無咎以下會吳于鍾離是也○注僖五

至明矣○解云即僖五年公及齊侯宋公以下會王世子于首戴然則案如彼經書公及齊侯齊侯主會此云及吳則是吳子主會益明矣何言不與夷狄之主中國乎是以據而難之**會兩伯之辭也**晉序上者主會文也吳言及者亦人往爲主之文也方不與夷狄主中國而又事實當見不可醇奪故張兩伯辭先晉言及吳子使若晉主會爲伯吳亦主會爲伯半抑半起以奪見【疏】注吳言至文也○解云凡言及者汲汲之辭今言及吳子則似吳子先在是天下之人慕而往事之然故曰人往爲主之文○注半抑至在下○解云序晉于上是其抑之言及吳子起其爲伯也故曰半抑半起矣序晉于上是其奪言及吳子亦見其爲伯之事故曰奪見其事也語在下○當見賢徧反年內皆同

不與夷狄之主中國則曷爲以會兩伯之辭言之據伯主人【疏】注據伯主人○解云謂爲伯者主領會上之人矣**重吳也**其實重在吳故言及舉晉者諱而不盈【疏】注其實至不盈○解云謂其實處權重在于吳故言及吳子作汲汲之文矣經言公會晉侯是其諱爲吳所主也晉侯之下即言及吳子是其不盈滿其諱文也何者晉是大國而

汲汲乎吳還是吳爲會主之義也僖二十三年夏宋公慈父卒傳云何以不書葬盈乎諱也注云盈滿也相接足之辭也然則此言諱而不盈者意欲取彼傳文矣

曷爲重吳 據常殊吳 疏注據常殊吳○解云即成十五年冬叔孫僑如會晉士燮以下會吳于鍾離襄十年春公會晉侯以下會吳于柤之屬是也

吳在是則天下諸侯莫敢不至也 以晉大國尚猶汲汲於吳則知諸侯莫敢不至也不書諸侯者爲微辭使若天下盡會之而魯侯蒙俗會之者惡愈○齊桓兼舉遠明近此但舉大者非尊天子故不得襃也主書者惡諸侯君事夷狄○惡諸鳥路反 疏注不書至惡愈○解云若欲實而言之天下諸侯寧可悉至但欲見其重在吳偏至之辭而已其歷言某侯某侯則實不至者不可空言是以舉其最大之國作天下盡會之義矣○注齊桓至襃也○解云僖二年秋九月齊侯宋公江人黃人會于貫傳云江人黃人者何遠國之辭也遠國至矣則中國曷爲獨齊宋至爾大國言齊宋小國言江黃則以其餘爲莫敢不至也然則齊桓之時非獨舉大以明小亦兼舉遠以明近今此但舉晉者非尊天子不得襃爲遠夷皆至之辭則傳云天下諸侯莫敢不至者據九州之內言之亦得謂之天下矣○注

主書至夷狄○解云春秋見義非唯一種一則見吳之强暴一則見晉之衰微但主書之情本惡諸侯君事夷狄餘者兼見之矣

○楚公子申帥師伐陳○於越入吳○秋公至自會有恥致者順諱文也

疏注有恥至文也○解云莊六年注云公與二國以上出會盟得意致會不得意不致然則今此冠帶之國斂手從夷乃是可恥之次而致之者正欲順其諱文使若吳尊事天子以會諸侯諸侯得意以會致之然故曰順諱文也

○晉魏多帥師侵衞此晉魏曼多也曷爲謂之晉魏多据上七年言曼多○魏多左氏作魏曼多

疏注据上至曼多○解云即上七年春魏曼多帥師侵衞是也

譏二名二名非禮也復就晉見者明先自正而后正人正人當先正大以帥小

疏注復就至帥小○解云定六年冬仲孫忌帥師圍運傳云此仲孫何忌也曷爲謂之仲孫忌譏二名二名非禮也注云爲其難諱也一字爲名令難言而易諱所以長臣子之敬不逼下也春秋定哀之間文致大平欲見王者治定無所復爲譏唯有二名故譏之然則彼已於魯見訖今復就晉見之者

明先自正而后正人也等是正人而於晉者見當先正大國以帥于小國故也〇葬許元公〇

九月螺先是用田賦又有會吳之費〇之費芳味反下同疏注先是用田賦〇解云在十二年春

〇冬十有一月有星孛于東方孛者何彗星也其言于東方何據北斗言星名〇孛音佩彗星囙歳反又息遂反疏孛者何〇解云欲言是星星名未有欲言非星錄爲星稱故執不知問〇注據北至星名〇解云即文十四年秋七月有星孛入于北斗是也然則彼入于北斗言其所孛之星名今言于東方故難之見于旦也旦者日方出時宿不復見故言東方知爲旦疏見于旦也〇解云于字亦有作乎字者誤也〇注旦者至爲旦〇解云旦者日方出地未相去離之辭故曰旦者日方出當爾之時宿皆不見故曰時宿不復見也星孛仍見餘宿已沒是以不復指其孛之星漫道其方而已故言東方知爲旦也何以書記異也周十一月夏九月日在房心房心天子明堂布政之庭於此旦見與日爭明者諸侯代主治典法滅絕之象是後周室遂微諸侯相兼爲秦所滅燔書道

絶○治直吏反熸扶元反【疏】注周十一月夏九月日在房心○解云堪與云九月日體在大火故曰日在房心也云房心天子明堂布政之庭出堪輿星經亦云也○注是后至道絶○解云春秋說云趨作法孔聖沒周姬亡彗東出秦正起胡破術書記散亂孔子不絶也既言周姬亡彗東出故知由此孛星周室遂微也言秦正起亦由此孛星秦本紀云始皇名正以二十六年滅周而并天下故云諸侯相兼爲秦所滅也始皇胡亥並悉焚書聖人之道于斯絶矣故曰熸書道絶

○盜殺陳夏彄夫○陳夏戸雅反一本作廉彄夫苦侯反又古侯反一本作嘔音同二傳作夏區夫

○十有二月螽黃池之會費重煩之所致

十有四年春西狩獲麟何以書記異也何異爾非中國之獸也然則孰狩之稱西言狩尊卑未公据無主名○狩手又反麟力人反

【疏】何以書記異也○解云麟者仁獸大平之嘉瑞而言記異者當爾之時周室大衰爲天下所厭漢高方起堯祚將興者謂之瑞亡者謂之異然則何氏云吉凶不並瑞災不兼之有乎義亦通於此○非中國之獸

也○解云謂有聖帝明王然后乃來則知不應華夏無矣然則以其非中國之常物故曰非中國之獸不謂中國不合有若似昭二十五年有鸛鵒來巢之下傳云何以書記異也何異爾非中國之禽也之類是也若然皆非中國之物鸛鵒言有來而麟不言有來者正以麟是善物春秋慕之欲其常於中國非今始有非今始來之義是以穀梁傳云其不言來不外麟于中國也其不言有不使麟不恒於中國也是也○注稱西至未分○解云西者四時之叔是為卑稱狩者天子諸侯之事乃是尊名故曰稱西言狩尊卑未分也必知狩是天子諸侯之事者正以僖二十八年。天王狩于河陽桓四年春公狩于郎之屬故也

薪采者也

西者據狩言方地類賤人象也金主芟艾而正以春盡木火當燃之際舉此為文知庶人采樵薪者○薪音新芟所銜反艾魚廢反樵在焦反

（疏）薪采者也○解云薪采猶言采薪也言是庶人采薪者矣○注西者至方地○解云謂據其處道其方地曰西狩也○注類賤人象也○解云正以西方為兌少女之位女子之卑草木衰落亦非可貴之義故曰類賤人象也○注金主至薪者○解云經言西者賤人象金主芟艾持斧之義而文正以春盡是火當絕木之時今乃舉此為文即知庶人持斧破木燃火之意故曰知庶人采樵薪者似若

漢高祖起于布衣之内持三尺之劒而以火應之君臨四海從東鄉西以應周家木德之象也薪采者則微者也曷爲以狩言之據天子諸侯乃言狩天王狩于河陽公狩于郎是也河陽冬言狩獲麟春言狩者蓋據魯變周之春以爲冬去周之正而行夏之時。去周起呂反行夏戶雅反下于夏同。

疏注天王狩于河陽。解云在僖二十八年云公狩于郎者在桓四年春。注河陽至之時。解云若使周之正月乃夏之仲冬得冬獵田狩之時即大司馬職云仲冬教大閱遂以狩田是也但孔子作春秋欲改周公之舊禮正朔三而反當欲行夏之時取夏之孟冬以爲狩時夏之仲冬不是田狩之月是以桓四年春正月公狩于郎何氏云狩例時此月者譏不時周之正月夏十一月也陽氣始施鳥獸懷任草木萌牙非所以養微者是也然則河陽言狩者周之季冬當夏之十月故得言狩矣案僖二十八年冬天王狩于河陽之時乃冬言狩今獲麟之經春言狩者蓋據魯爲王而改正朔方欲改周之春以爲冬去其周之正月而行夏之時由此之故春而言狩矣

大之也使若天子諸侯曷爲大之據略微

疏注據略微。解云隱元年九月及宋人盟于宿傳云孰及之內之微者也注云內者

謂魯也微者謂士也不名者略微也是然則春秋之道略於微者今而大之故以爲難矣**爲獲麟大之也曷爲爲獲麟大之**據鸛鵒俱非中國之禽無加文○爲獲于僞反下爲獲孰爲注爲誰知爲皆同鸛音權鵒音欲

疏注據鸛至加文○解云即昭二十五年夏有鸛鵒來巢是也

麟者仁獸也狀如麕一角而戴肉設武備而不爲害所以爲仁也詩云麟之角振振公族是也○振之人反

疏麟者仁獸也○解云五行傳云東方謂之仁又云視明禮脩而麟至言人君但當其視能明其禮又脩而麟至也是以春秋說云麟生於火游於中土軒轅大角之獸然則麟爲土畜而言仁獸者正以設武備而不害物所以爲仁而異義公羊說云麟者木精一角赤目爲火候下注亦云麟者木精者正以設武備而不害物有仁之物屬東方赤目爲火候火乃木之子謂之木精亦何傷又鶡冠子云麟者北方玄枵之獸陰之精者正以五行相配言之水爲土妃水土構精而生麟得土氣者性似父得水氣者性似母蓋以麟得水氣故云玄枵之獸陰之精也○注狀如至是也○解云釋獸云麐麕身牛尾一角郭氏曰角頭有肉故此云狀如麕一角也廣雅云麟狼頷肉角故此注云而戴肉云設武備而不

爲害所以爲仁也者欲道中央之畜而傳得謂之仁獸之義云詩云麟之角振振公族是也者在麟趾之篇也引之者欲道麟角末有肉示有武而不用故得謂之仁當時公族皆振振然而信厚亦爲仁之義故得并引之

有王者則至

上有聖帝明王天下大平然后乃至尚書曰簫韶九成鳳皇來儀擊石拊石百獸率舞援神契曰德至鳥獸則鳳皇翔麒麟臻○大平音泰下注上有至乃至○大平皆同拊芳甫反援音袁麒音其

疏　解云若今未大平而麟至者非直爲聖漢將興之瑞亦爲孔子制作之象故先至故孝經說云丘以匹夫徒步以制正法是其賤者獲麟兼爲庶人作法之義也○注尚書至率舞○解云咎繇謨之文也彼鄭注云簫韶舜所制樂宋均注樂說云簫之言肅舜時民樂其肅敬而紹堯道故謂之簫韶或云韶舜樂名舜樂者其秉簫乎鄭氏又云樂備作謂之成簫韶作九備而鳳皇乃來儀止巢乘匹擊石拊石百獸率舞者石磬也百獸服不氏所養者謂音聲之道與政通焉引之者欲道上有聖帝明王天下大平瑞物乃來之義○注援神至麟臻○解云釋獸云驨如馬一角不角者騏舍人云驨如馬而有一角不有角者名騏然則麒麟非直雄雌之異其體亦別

無王者則不至

辟害遠也當春秋時天下散亂不當

至而至故爲異【疏】注辟害遠也○解云謂無道之丗刳胎殺天是以瑞物亦不來游也即家語云孔子曰刳胎殺天則麒麟不至擿巢毀卵則鳳皇不翔是也故云辟害遠也

有以告者曰有麕而角者孔子曰孰爲來哉孰爲來哉見時無聖帝明王怪爲誰來○有麕本又作麇亦作麏皆九倫反麞也【疏】有以至角者○解云即孔叢云叔孫氏之車子曰鉏商樵于野而獲麟焉衆莫之識以爲不祥棄之五父之衢冉有告孔子曰有麕肉角豈天下之妖乎夫子曰今何在吾將觀焉遂往謂其御高柴曰若求之言其必麟乎到視之曰今宗周將滅無主孰爲來哉茲日麟出而死吾道窮矣乃作歌曰唐虞之丗麟鳳游今非其時來何由麟兮麟兮我心憂是也然則此告者其冉求也若以孔叢合之此傳則鄉云薪采者還是鉏商也而春秋不言之者略微故也不言爲漢獲之者微辭也故春秋說云不言姓名爲虛主宋氏云劉帝未至故云虛主若書姓名時王惡之是其義也○注見時至誰來○解云下注云夫子素案圖録知庶姓劉季當代周見采薪獲麟知爲其出然則夫子素知此事而云孰爲來哉以怪之者蓋畏時遠害假爲微辭非其本心注解其語故見時無聖帝明王怪

爲誰來矣或者素案圖録知劉季當代周但初見之時未知薪采獲麟爲之出仍自未明故作此言也乃后詳審方知爲薪采者所獲於是煥然而寤是以泣之亦何傷乎

反袂拭面涕沾袍

袍衣前襟也夫子素案圖録知庶姓。劉季當代周見薪采者獲麟知爲其出何者麟者木精薪采者庶人燃火之意此赤帝將代周居其位故麟爲薪采者所執西狩獲之者從東方王於西也東卯西金象也言獲者兵戈文也言漢姓卯金刀以兵得天下不知地者天下異也又先是蟓蟲冬踊彗金精掃旦置新之象夫子知其將有六國爭彊從橫相滅之敗秦項驅除積骨流血之虞然后劉氏乃帝深閔民之離害甚久故豫泣也。袂彌世反衣袖也涕他禮反袍步刀反又步報反衣前襟也襟音金王於于況反下火王而王之王同從橫子容反驅除並如字又上丘具反下直據反

疏反袂拭目○解云目亦有作面字者云涕沾袍者袍亦有作衿字者以衣前襟言之袍似得之。注夫子至代周。解云蓋見中候云卯金刀帝出復堯之常是其案圖録從亭長之任而爲天子故謂之庶姓矣。注何者至之意。解云春秋説云麟生於火游於中土軒轅大角之獸然則麟爲土畜而言木精者正以公羊説云麟者木精一角赤目爲火候既爲火候是木之子謂之

木精亦何傷舊云木生火火生土麟爲土畜亦受氣于祖性合人仁故爲木精也庶人采薪本供庖爨意欲燃之故曰采薪庶人燃火之意也木雖生火火復燒木即漢以火德承周之后而能滅之故曰此赤帝將代周居其位也云故麟爲薪采者所執其若不然麟爲異物體形不小薪采隻夫寧能輕獲之乎○注西狩至天下○解云言西狩獲之者即是從東方而王於西方之象知在東方金在西方故曰東知西金象也言獲者兵戈之文是其有刀之義也故曰言姓卯金刀以兵得天下言劉季起於豐沛之間提三尺之劍而入秦宮是其卯金刀從東王於西以兵得天下之事也○注而不地至異也○解云所以不言西狩于某獲麟者正以讖見于魯乃爲周王將亡之異是以不舉小地之名亦得爲王魯之義故曰爲不地者天下異也云又先是螽蟲冬踊者即上十二年冬十有二月螽十三年冬十有二月螽是也云彗金精埽旦置新之象者即上十三年冬十有二月有星孛于東方傳云孛者何彗星也者是孛從西方鄉東故曰金精彗者埽除之象鄉晨而見故曰埽旦也然則螽蟲冬踊者乃是天不能殺地不能理故爲六國爭强天下大亂之象也金精埽旦乃是秦項驅除劉氏乃帝之義故何氏云焉○注夫子至之敗○解云六國者即燕齊楚韓魏趙也當爾之時齊據東蕃燕楚强于

南北韓魏趙居於晉洛之間各自保險迭相征伐故曰六國
爭强也戰國策云秦横有周故謂之横燕楚南北而遠故謂
之從蘇秦在東而相六國謂之合從張儀在西而相秦以戎
謂之連横故彼下文從成則楚王横成則秦帝蘇公居趙以秦
兵不敢東伐張儀在秦楚兵絶于西是也蘇公既死張儀以
横滅從是從横相滅之敗也○秦項驅除○解云始皇据秦
藉滅周之資而殄六國項羽因胡亥之虐而籠括天下皆非
受命之帝但爲劉氏驅其狐貍除其犲狼而已故曰秦項驅
除○注積骨至泣也○解云虐亦有作害者爾時天下土崩
英雄鵲起秦項之君視人如芥殽函之處積骨成山平原之
地血流如海故曰積骨流血之虐也自
此以后高祖乃興故曰然后劉氏乃帝　**顏淵死子曰噫**
噫咄嗟貌○噫於　疏　注噫咄嗟貌○解云咄嗟猶歎息即
其反咄丁忽反　里語曰咄嗟之間也弟子傳云顏淵
少孔子三十歲三十二而卒以此言之則顏淵之生昭十九
年矣及其卒時當哀三年而至此乃言之者傳家追言之亦
何　**天喪予**　予我○喪息浪反　疏　天喪予○解云聖人之
傷　予羊汝反我也　道當須輔佐而成是以
家語及殷傳云自予得回也門人加親也今而遭命故曰天
喪予而論語云非助我者謂非師徒弟子共相發起之義蓋

欲顯聰敏非是不助也

子路死子曰噫天祝予

祝斷也天生顏淵子路爲夫子輔佐皆死者天將亡夫子之證○斷丁管反

疏子路死至祝予○解云若依左氏則獲麟之後當哀十五年衛大子蒯聵入國之時子路乃死衛人醢之孔子聞之爲之覆醢今已言死者公羊子於后言之未足爲妨也自予得由也惡言不至於耳是其爲輔佐之義也注祝斷也者言天祝惡已之道德亦是斷絶之義也○注天生至之證○解云若欲以理言之則四科十人游夏之徒皆爲夫子之輔佐故孝經說云春秋屬商孝經屬參是也今特言二人者以其先卒故也良輔之內二人先死亦非祐助之義故曰將亡夫子之證

西狩獲。麟孔子曰吾道窮矣

加姓者重終也麟者大平之符聖人之類時得麟而死此亦天告夫子將沒之徵故云爾

疏西狩至窮矣○解云麟之來也應於三義一爲周亡之徵即上傳云何以書記異也是也二爲漢興之瑞即上傳云孰爲來哉孰爲來哉雖在指斥意在於漢也三則見孔子將沒之徵故此孔子曰吾道窮矣是也○注加姓至云爾○解云正以上文再發子曰皆不加姓故也云麟者大平之符聖人之類者以皆有聖帝明王然後乃見故謂之類也注又云時得

麟而死者即孔叢子云麟出而死吾道窮矣是也**春秋何以始乎隱**据得麟乃作

〔疏〕注据得麟乃作○解云止以演孔圖云獲麟而作春秋九月書成是也而揆命篇云孔子年七十歲知圖書作春秋者何氏以爲年七十歲者大判言之不妨爾時七十二矣猶如卜丗三十卜年七百之類也**祖之所逮聞也**託記高祖以來事可及問聞知者猶曰我但記先人所聞辟制作之害

〔疏〕祖之所逮聞也○解云何氏以爲公取十二則天之數故隱元年益師卒之下注云所以二百四十二年者取法十二公天數備足是也今此傳云祖之所逮聞者謂兼有天數之義亦託問聞而知亦取制服三等之義故隱元年注云所以三世者禮爲父母斬衰三年爲祖父母期爲曾祖高祖父母齊衰三月是也○注託記至之害○解云假託云道我記高祖以來事者謂因已問父得聞昭定哀之事因父問祖得聞文宣成襄之事因祖問高祖得聞隱桓莊閔僖之事故曰託記高祖以來事可及問聞知者以此言之則無制作之義故曰我但記先人所聞辟制作之害也**所見異辭所聞異辭所傳聞異辭**所以復發傳者益師以臣見恩此以君見恩嫌義異於所見之世臣

子恩其君父尤厚故多微辭也所聞之世恩王父少殺故立煬宮不日武宮日是也所傳聞之世恩高祖曾祖又殺故子赤卒不日子般卒日是也○傳直專反注傳聞同復扶又反臣見賢徧反下欲見同少殺所戒反下同般音班

〔疏〕注所以復發至義異○解云隱元年冬十有二月公子益師卒傳云何以不日遠也所見異辭所聞異辭所傳聞異辭然則彼已有傳今復發之者正以益師之卒所以不日者以其恩遠孔子所不見欲道當時之君無恩于其臣是以大夫之卒不問有罪與不例皆不日以見之是以須發二魁與辭之言今此西狩獲麟當所見之世已與父時之事欲道當時之臣有恩于其君故爲微辭不忍正言其惡是以復須發傳道之其三代異辭之意然則言益師以臣見恩者言益師之經以臣之故見君恩之薄厚也云此以君見恩者今此獲麟之經以君之故見臣恩之厚薄其義實異故重發案桓二年成宋亂之下傳云內大惡諱此其自言之何遠也所見異辭所聞異辭所傳聞異辭何氏云所以復發傳者益師以臣見恩此以君見恩嫌義異也然則桓公之時已發見君恩之傳今復發之者正以桓公之時欲見其臣無恩於其君是以不爲之諱大惡今時有恩于其君爲之諱而作微辭也彼注云嫌義異也此復注云義異是其一隅何氏不決之者從可知省文

也云故多微辭也者即定元年傳云定哀多微辭注云定公有王無正月不務公室喪失國寶哀公有黄池之會獲麟故揔言多是也云故立煬宮不日者即定元年秋九月立煬宮是也云武宮日者即成六年二月辛巳立武宮是也正以公羊之義失禮鬼神例日故如此解之也云子赤卒不日者即文十八年冬十月子赤卒是也云子般卒日是也者即莊三十二年冬十月乙未子般卒是也文十八年子卒之下傳云子卒者孰謂謂子赤也何以不日隱之也何隱爾弑也弑則何以不日不忍言也注云所聞世臣子恩痛王父深厚故不忍言其日與子般異是也

何以終乎

哀十四年據哀公未終也

疏注據哀公未終也○解云正以未見公薨之文故也且以左氏言之即哀二十七年公遜於越而因卒則知今未終

曰備矣人道浹王道備必止於麟者欲見撥亂功成於麟猶堯舜之隆鳳皇來儀故麟於周爲異春秋記以爲瑞明大平以瑞應爲效也絕筆於春不書下三時者起木絕火王制作道備當授漢也又春者歲之始能常法其始則無不終竟○道浹子協反一本作帀撥卜末反理也應應對之應

疏注人道至效也○解云浹亦有作帀字者正以三代異辭因父以親祖以親曾祖以曾祖親高祖骨肉相親極

于此故云人之道浹也云王道備者正以撥亂于隱公功成于獲麟懍懍治之至于大平故曰王道備也云必止至於麟者正以獲麟之后得端門之命乃作春秋但孔子欲道從隱撥亂功成于麟是以終于獲麟以示義似若堯舜之隆制禮作樂之后簫韶九成鳳皇乃來止巢而乘匹之類也云故麟于周爲異者即上傳云何以書記異也何異爾非中國之獸也是也云春秋記以爲瑞者記亦有作託者今解彼記也云明大平以瑞應爲効也者言若不致瑞即大平無驗故春秋記麟爲大平之効也○注絶筆至漢也○解云四時具然后爲年此乃春秋之常今不書下三時者欲起木應之君將亡欲别起爲王是以此處不得記之且獲麟既記制作之道已備當欲以之授于漢帝使爲治國之法是以不得録于三時矣○注又春至終竟○解云所以然者始正則僖十六年傳云朔有事則書晦有事不書也者義亦通此

君子曷爲爲春秋據以定作五經

疏君子曷爲爲春秋○解云君子謂孔子曷爲今日始爲春秋乎嫌其大晚於諸典之后○注据以定作五經○解云何氏以爲孔子領緣五經皆在獲麟之前故言此何氏知然者正以論語云孔子曰吾自衛反魯然后樂正雅頌各得其所案孔子自衛反魯在哀十一年冬則知料理舊經不待天命者皆在獲麟

之前明矣而論語直言樂正雅頌文不備矣言料理五經在獲麟之前何故作春秋獨在獲麟之后乎故据五經以難之

撥亂世撥猶治也**反諸正莫近諸春秋**得麟之后天下血書魯端門曰趨作法孔聖沒周姬亡彗東出秦政起胡破術書記散孔不絕子夏明日往視之血書飛爲赤烏化爲白書署曰演孔圖中有作圖制法之狀孔子仰推天命俯察時變却觀未來豫解無窮知漢當繼大亂之后故作撥亂之法以授之○近附近之近又如字演以善反

【疏】撥亂至春秋○解云孔子未得天命之時未有制作之意故但領緣舊經以濟當時而已既獲麟之后見端門之書知天命已制作以俟后王于是選理典籍欲爲撥亂之道以爲春秋者賞善罰惡之書若欲治世反歸于正道莫近于春秋之義是以得天命之后乃作春秋矣即上云治世之要務義亦通於此○注得麟至之狀○解云演孔圖文也疾作王者之法孔氏聖人將欲沒矣周王姬氏將亡是以十三年冬彗星出于東方矣秦始皇名正方欲起爲天子其于胡亥破先王之術當爾之時書契紀綱盡皆散亂唯有孔氏春秋口相傳者獨存而不絕孔子聞之使子夏往視其血書其血乃飛爲赤烏其書乃化爲白書署之曰此是演孔圖中義理乃有制作之象制法之形狀矣

案秦本紀云秦皇爲無道周人以舊典非之乃用李斯之謀欲以愚黔首於是燔詩書云然則始皇燔詩書而言胡破術者謂始皇燔之不盡胡亥亦燔之科舉之亦何傷云孔子仰推天命者謂仰推尋天命即端門之命是也云俯察時變者即螽蟲冬踊彗星埽旦之象是也欲尊天命故以俯仰言之云卻觀未來豫解無窮知漢當繼大亂之后故作撥亂之法以授之者謂知其承大亂之后天下未醇故作治亂之法以授之矣若欲託之春秋即所傳聞之世是也故桓三年夏齊侯衛侯胥命于蒲傳云胥命者何相命也何言乎相命近正也此其爲近正奈何古者不盟結言而退彼注云善其近正似於古而不相背故書以撥亂也是也

則未知其爲是與其諸君子樂道堯舜之道與作傳者謙不敢斥夫子所爲作意也堯舜當古歷象日月星辰百獸率舞鳳皇來儀春秋亦以王次春上法天文四時具然后爲年以敬授民時崇德致麟乃得稱大平道同者相稱德合者相友故曰樂道堯舜之道○其爲于僞反注所爲同是與音餘下及注同〔疏〕則未至是與○解云爲音于僞反公羊子謙不敢斥言孔子作春秋故依違云則未知其爲此春秋可以撥亂世而作之與○其諸至道與○解云其諸辭也

即桓六年子公羊子曰其諸以病桓與注云其諸辭也是也君子謂孔子不知爲是孔子愛樂堯舜之道是以述而道之與○注堯舜至之道○解云言堯舜嘗古歷象日月星辰者堯典文也云百獸率舞者舜典咎繇謨皆有其文也云鳳皇來儀者咎繇謨文也云春秋亦以王次春上法天文四時具然后爲年以敬授人時者欲似堯舜當古麻象日月星辰以敬授人時也云崇德致麟乃得稱大平者欲似堯舜百獸率舞鳳皇來儀是也云道同者相稱者謂孔子之道同于堯舜故作春秋以稱述堯舜是也云德合者相友者友者同志之名言孔子之德合於堯舜是以愛而慕之乃作春秋與其志相似也

末不亦樂乎堯舜之知君子也末不亦樂后有聖漢受命而王德如堯舜之知孔子爲制作【疏】末不至子也○解云孔子之道既與堯舜雅合故得與堯舜相對爲首末然則指孔子言不亦也堯舜之時頇知有已而制道術頇知有已而爲君子而慕之巳亦頇制春秋授劉帝是孔子亦愛慕堯舜之知君子而効之

制春秋之義以俟後聖待聖漢之王以爲法【疏】制春至后聖○解云制作春秋之義謂制春秋之中賞善罰惡之義也

以君子之爲亦

有樂乎此也樂其貫於百王而不滅名與日月並行而不息疏以君至此也○解云君子謂孔子所以作春秋者亦樂此春秋之道可以永法故也○注樂至不息○解云春秋者賞善罰惡之書有國家者最所急務是以貫通于百王而不滅絕矣故孔子爲后王作之云名與日月並行而不息者謂名之曰春秋其合于天地之利生成萬物之義凡爲君者不得不爾故曰名與日月並行而不息也

監本附音春秋公羊注疏哀公卷二十八

江南蘇松督糧道方體栞

公羊注疏卷二十八挍勘記　阮元撰盧宣旬摘録

公羊注疏哀公卷二十八

十有一年

令亦云魯公與伐 閩監毛本令誤合按令當今字之誤此本今字不誤

十有二年

城郭里若亦有井 閩監毛本同誤也鄂本若作井當據正

出稷禾秉芻正米 浦鏜云缶誤正

正以齊義穆姜之屬 閩本缺義字按齊義蓋文姜之誤

秋公會衛侯宋皇瑗于運 諸本同唐石經缺

冬十有二月蝝 唐石經諸本同釋文蝝本亦作螽注同按注比年再蝝疏作比年再螽

天不能殺地不能理　惠棟云二語見荀子理當作埋

宋國以亡　解云考諸舊本宋是宗字宗國猶大國按當作宗國字宗國謂魯也

十有三年

夏許男戌卒　閩監毛本同鄂本戌作戍唐石經缺釋文作成云本亦作戍

鄭游速滅許　閩監本同毛本速作遬

敗齊臨菑　解云菑字有作晉字黃池近晉晉人畏而會之故曰臨晉

正及者汲汲之辭　浦鏜云正下脫以

解云凡言及者　閩監本同毛本凡誤故何校本亦作凡

不與夷狄之主中國　唐石經閩監本同毛本主中誤倒

而魯侯蒙俗會之者惡愈　桓二年疏引此下有也字此脫

會于貫　按經文作會于貫澤此及僖九年盟葵邱疏皆無澤字

小國言江黄　按當作遠國

見于旦也　諸本同唐石經于字磨改當本作乎解云于字有作乎字者誤

諸侯伐主治　閩監毛本同誤也鄂本作諸侯代王治余本伐亦作代當據正

盜殺陳夏彄夫　唐石經諸本同釋文陳夏一本作廉彄夫一本作嫗音同二傳作夏區夫

十有四年

何以書記異也　唐石經諸本同隸釋載漢石經公羊殘碑何以書上有十有四年字據此及隱公傳知經傳別行傳首皆載某公年數後人以經合傳始刪傳中紀年矣

何異爾非中國之獸也　唐石經諸本同春秋左氏傳序正義引孔舒元公羊傳本作今麟非常之獸其爲非常之獸柰何與注本迥異

堯祚將 浦鏜云下當脫復字孫志祖云以禮運正義按之浦說是也

然則何氏云吉凶不並 按氏云二字衍

正以僖二十八年 浦鏜云下脫春○按春乃冬字之誤

知庶人采樵薪者 鄂本元本同閩監毛本采作採下及疏同

蓋据魯變周之春 蜀大字本閩監毛本同鄂本据作據

草木萌牙 毛本牙改芽

非所以養微者是也 何按本無者字

在麟趾之篇也 閩監毛本同浦鏜云之趾字誤倒非

而紀堯道 段玉裁云紀爲紹之誤

舜樂者其秉簫乎 段玉裁云者上當脫舞字

無王者則不至　唐石經諸本同杜氏春秋左傳序云春秋之作左傳及穀梁無明文正義曰今驗何注公羊亦無作春秋事案孔舒元公羊傳本云有王者則至無王者則不至然則孰爲而至爲孔子之作春秋是有成文也今何注本此下無此二句

有麐而角者　唐石經同閩本麐字剜改囷作君監毛本承之非也釋文作麐云本又作麇亦作麐按隷釋載漢石經作麐即麐之隷變爾雅釋獸麐麕身牛尾郭注引公羊傳曰有麐而角是古本作麐也石經考文提要云宋景德本鄂泮官書本皆作麐

反袂拭面涕沾袍　唐石經諸本同疏本作反袂拭目涕沾袍云目亦有作面字者袍亦有作衿字者按釋文作沾袍步刀反經義雜記曰說文袍襺也袷交衽也是當作涕沾袷衿襟皆俗字作袍非也論衡指瑞云反袂拭面泣涕沾襟春秋正義云下沾衿之泣離騷霑余襟之浪浪皆可證又杜氏春秋序亦作反袂拭面疏本作拭目非

夫子素案圖録知庶聖劉季當代周　鄂本蜀大字本同毛本案改按閩本剜改

聖作姓監毛本因之惠棟云當作庶聖參同契曰夫子庶聖雄

又先是蝝蟲冬踊　疏中蝝作蠡

積骨流血之虞　鄂本虞作虐不誤解云虐亦有作害者

乃爲周王將亡之異　閩本同監毛本王改室

十三年冬十有二月螽是也　浦鏜云一月誤二月按浦説是也

云彗金星埽旦置新之象者　按注作金精何挍本不誤

金精掃旦　何挍本掃作埽

卽燕齊楚韓魏趙也　閩監毛本作趙魏下同

張儀在西而相秦以戎　閩監本同誤也當從毛本戎作成

除其犲狼而已　閩監毛本犲作豺

顏淵死子曰噫 唐石經作孔子曰按下西狩獲麟孔子曰注云加姓者重終也然則於此不當有孔字矣

天將亡夫子之証 閩本剜改証作證監毛本承之疏同

西狩獲麟 唐石經諸本同經義雜記曰論衡指瑞云春秋曰西狩獲死驎今三傳本無死字而公羊云顏淵死子曰噫天喪予子路死子曰噫天祝予西狩獲麟孔子曰吾道窮矣注云時得麟而死此亦天告夫子將沒之徵則此傳本作西狩獲死麟與上顏淵死子路死一例吾道窮矣與上天喪予天祝予一例驎俗麟字

止以演孔圖云 閩監毛本止作正

祖之所逮聞也 唐石經諸本同隸釋載漢石經逮作遝九經古義云說文遝迨也玉篇迨遝行相近又目部眔目相及方言云迨遝及也東齊曰迨關之東西曰遝或曰及

是以須發二魁與辭之言 補毛本作三代異辭此本二魁與三字恐誤

子赤卒是也 浦鏜云赤衍

鳳凰來儀　鄂本凰作皇何按本疏同

春秋記以爲瑞　解云記亦有作託者

明大平以瑞應爲效也　鄂本效作効按疏中引注同

故云人之道浹也　浦鏜云之衍

云必止至於麟者　浦鏜云至衍

今解彼記也　浦鏜云從誤彼

莫近諸春秋　浦鏜云詩序及爾雅序疏引何注有莫近猶莫過之也七字今疑脱

秦政起　解云秦始王名正

血書飛爲赤鳥　蜀大字本閩監毛本同誤也鄂本鳥作烏當據正疏同

秦始皇名正之　按秦始皇不名政梁玉繩史記志疑嘗辨

其血乃飛爲赤鳥　何校本鳥作烏是也

鳳凰來儀　何校本凰作皇疏同

子公羊子曰其諸以病桓與　閩監毛本上子誤夏與誤下

欲似堯舜當古厤象日月星辰　閩監毛本似誤以

公羊注疏卷二十八挍勘記終

工部屯田司員外郎胡祖謙校

傳古樓景印

“四部要籍選刊”已出書目

序號	書名	底本	定價 / 元
1	四書章句集注（3 册）	清嘉慶吴氏刻本	150
2	阮刻周易兼義（3 册）	清嘉慶阮元刻本	150
3	阮刻尚書注疏（4 册）	清嘉慶阮元刻本	200
4	阮刻毛詩注疏（10 册）	清嘉慶阮元刻本	500
5	阮刻禮記注疏（14 册）	清嘉慶阮元刻本	700
6	阮刻春秋左傳注疏（14 册）	清嘉慶阮元刻本	700
7	楚辭（2 册）	清初毛氏汲古閣刻本	100
8	杜詩詳注（9 册）	清康熙四十二年初刻本	450
9	文選（12 册）	清嘉慶十四年胡克家影宋刻本	600
10	管子（3 册）	明萬曆十年趙用賢刻本	150
11	墨子閒詁（3 册）	清光緒毛上珍活字印本	150
12	李太白文集（8 册）	清乾隆寶笏樓刻本	400
13	韓非子（2 册）	清嘉慶二十三年吴鼒影宋刻本	98
14	荀子（3 册）	清乾隆五十一年謝墉刻本	148
15	文心雕龍（1 册）	清乾隆六年黄氏養素堂刻本	148
16	施注蘇詩（8 册）	清康熙三十九年宋犖刻本	398
17	李長吉歌詩（典藏版）（1 册）	顧起潛先生過録何義門批校清乾隆王氏寶笏樓刻本	198
18	阮刻毛詩注疏（典藏版）（6 册）	清嘉慶阮元刻本	598
19	阮刻春秋公羊傳注疏（5 册）	清嘉慶阮元刻本	298

圖書在版編目（CIP）數據

阮刻春秋公羊傳注疏 / （清）阮元校刻. -- 杭州 : 浙江大學出版社, 2020.4
（四部要籍選刊 / 蔣鵬翔主編）
ISBN 978-7-308-19852-3

Ⅰ. ①阮… Ⅱ. ①阮… Ⅲ. ①中國歷史－春秋時代－史籍②《公羊傳》－注釋 Ⅳ. ①K225.04

中國版本圖書館CIP數據核字（2020）第001604號

阮刻春秋公羊傳注疏
（清）阮元 校刻

叢書策劃	陳志俊
叢書主編	蔣鵬翔
責任編輯	吴 慶
責任校對	蔡 帆
封面設計	温華莉
出版發行	浙江大學出版社 （杭州市天目山路148號 郵政編碼310007） （網址：http://www.zjupress.com）
排　　版	杭州尚文盛致文化策劃有限公司
印　　刷	浙江海虹彩色印務有限公司
開　　本	850mm×1168mm 1/32
印　　張	46
字　　數	466千
印　　數	0001—1200
版 印 次	2020年4月第1版 2020年4月第1次印刷
書　　號	ISBN 978-7-308-19852-3
定　　價	298.00元（全五册）

四部要籍選刊・經部　蔣鵬翔　主編

阮刻春秋公羊傳注疏　一

〔清〕阮元　校刻

浙江大學出版社

傳古樓據上海圖書館藏
清嘉慶刻本影印原書框
高一七〇毫米寬一一三
毫米

出版説明

《監本附音春秋公羊注疏》二十八卷，漢何休注，佚名疏，據上海圖書館藏清嘉慶二十年江西南昌府學刻本影印。

『春秋』在先秦時本爲各國史記之通名，但在孔子據魯史記而修《春秋》後，此詞便具有了專指孔子所修之史書的特定含義。孔子是否修過《春秋》，後世或有歧解（洪業、楊伯峻即不信此説），然而自戰國以訖近代，大多數學者還是傾向於接受孔子曾修《春秋》的觀點。

子曰：『弗乎弗乎，君子病没世而名不稱焉。吾道不行矣，吾何以自見於後世哉？』乃因史記作《春秋》，上至隱公，下訖哀公十四年，十二公。據魯，親周，故殷，運之三代。約其文辭而指博。……孔子在位聽訟，文辭有可與人共者，弗獨有也。至於爲春秋，筆則筆，削則削，

子夏之徒不能贊一辭。弟子受《春秋》，孔子曰：「後世知丘者以春秋，而罪丘者亦以春秋。」（《史記·孔子世家》）

孔子修《春秋》所做的工作，司馬遷曾概括爲「約其辭文，去其煩重，以制義法」（《史記·十二諸侯年表序》）。但在屬辭比事的背後，自有個人評判的立場，即《漢志》所謂「因興以成功，就敗以成罰，假日月以定曆數，借朝聘以正禮樂」。因爲被評判者往往是「有威權勢力」的「當世君臣」，如果將褒諱貶損之詞都書於竹帛，難免遭到報復傷害，所以史實雖然具於《春秋》，孔子對於史實的態度卻「不可書見」，只能「口授弟子」，於是「及末世口説流行，故有公羊、穀梁、鄒、夾之傳」。

《漢書·藝文志》云：「《春秋古經》十二篇，《經》十一卷。公羊、穀梁二家。《左氏傳》三十卷。左丘明，魯太史。《公羊傳》十一卷。公羊子，齊人。《穀梁傳》十一卷。穀梁子，魯人。《鄒氏傳》十一卷。《夾氏傳》十一卷。有録無書。」經與傳分別著録，可見在西漢末，經文與傳文已各爲卷帙，不過「《經》十一卷」後的班固自注「公羊、穀梁二家」應該引起我們的注意。

沈鳳笙先生指出：「漢初《五經》第一代大師，《詩》之申公、轅固生、韓嬰，《書》之伏勝，

《禮》之高堂生，《易》之田何，都生於秦火之前，有的還是秦始皇的博士，幼年學經，用六國文字書本。惟獨《春秋》的胡毋生、董仲舒、江公，生於文帝時代，没有經歷秦火，其學何人所授，其書本從何取得，司馬遷、班固均不詳悉，其間史事必有闕漏。」《史》《漢》既然闕載，後人要了解《公羊傳》成立初期的源流，就只能依據《公羊解詁序》疏文所引戴宏的説法：『子夏傳與公羊高，高傳與其子平，平傳與其子地，地傳與其子敢，敢傳與其子壽，至漢景帝時，壽乃共弟子齊人胡毋子都著於竹帛，與董仲舒皆見於圖讖是也。』也就是説，『《公羊傳》是公羊壽受先代口授大義，由弟子胡毋生寫成書本。它在晚周尚未成書，到漢景帝時才用漢隸寫定，一開始就是今文經傳。』（沈鳳笙《從漢初今文經的形成説到兩漢今文〈禮〉的傳授》）由《孔子世家》《漢志》可知，孔子修《春秋》時，《春秋》經是寫成書本的，而相關的傳則只有口授，然而到了漢景帝之後，純粹的《春秋》經的書本已無從求索，人們學習、討論的《春秋》經文都是依據公羊家、穀梁家寫定的本子，這是因爲『依經作傳，經文都被引述於傳文之中，亦即出於傳者口述。《公羊》《穀梁》二傳寫成漢隸書本，經文的絶大部分亦隨之隸定了。』二傳字有不同，故經文字亦有不同，班固自注稱爲「二家」，不僅表明二傳經義有異，而引述經文之字也有異同』。儘管公羊家遵奉的《春秋》經與《公羊傳》可能在最初並未連綴爲一書，但卻是由公羊壽和胡毋生合作同時寫定的，並且在文本上有直接而緊密的聯繫，所以吕思勉《經子解題》云：『《公羊》一書，自有古學後，乃抑之與《左》《穀梁》同列，並稱三傳。其實前此所謂《春秋》者，皆合今之經與《公羊傳》而言之，……今之所謂《春秋》經者，乃從《公羊》中摘出者耳。』此説正可爲班固自注做一注腳，而《四庫總目》提出的『《公羊傳》附經不知始自何人』的疑問也就可以解決了。

《春秋》三傳中，《公羊傳》最早興起，漢景帝時已立博士（但此時的博士還不是學官，無經學師法可言，詳見沈鳳笙《黄龍十二博士的定員和太學郡國學校的設置》），宣帝時始立《穀梁》博士，平帝時始立《左氏春秋》博士。三家爭鬥不已，但只有《公羊》對時政影響最深，所謂《春秋》爲漢制法，就是《公羊》學者援據經義以爲漢制，所以終漢之世，《公羊春秋》都佔據著主流的地位。『《春秋》之記事，固以《左氏》爲詳，然論大義，則必須取諸《公羊》。此非偏主今學之言也。』（吕思勉語）《公羊》學在漢代長盛不衰，當時經師姓名傳於後世者即有數十人，可惜相關著述大多散佚，保存至今且較爲完整的只有兩種：一是率先完成《公羊》

學師法的董仲舒《春秋繁露》，一是直接胡、董先師之説的何休《春秋公羊傳解詁》（《左傳》《穀梁》皆傳晉人舊注，惟獨《公羊》漢注尚存，此亦可見《公羊》學在漢代之地位）。

何休，字邵公，任城樊人，生於東漢順帝永建四年（一二九），卒於漢靈帝光和五年（一八二）。『爲人質樸訥口而雅有心思，精研六經，世儒無及者。』事跡具於《後漢書·儒林傳》。他作《春秋公羊解詁》，『覃思不窺門十有七年』，不僅對經傳進行了系統的解釋（《四庫總目》説《解詁》『但釋傳而不釋經』，不確，段熙仲已駁之），『又以《春秋》駁漢事六百餘條，妙得《公羊》本意。……與其師博士羊弼，追述李育意以難二傳，作《公羊墨守》《左氏膏肓》《穀梁廢疾》』。其注經、用經、護經都有過人的成就，故《公羊疏》稱『何氏最存《公羊》』，吕思勉稱『今學家之書傳於後者，當以此（何氏《解詁》）爲最完矣。清儒之治今學，其始必自《春秋》入，蓋有由也』。

魏晉以後，《公羊》學逐漸式微。這其中固然有《左傳》大行於世的影響，但更重要的原因是經學開始向史學轉變，『王官學』與『家學』的精神皆趨廢弛。後一問題在錢穆的《孔子與春秋》中解釋得很清楚：『所謂西漢《公羊》學精神，應該包括兩要點：一是戰國新興百家言精神，二是古代相傳王官學精神。而把此兩要點聯結起，尊奉一家言，把來懸爲王官學，這樣便成了孔子《春秋》爲新王創制立法的《公羊》學。……若既不尊一家言，又不重王官學，把西漢《公羊》家此兩種精神都放鬆了，此即成爲後起之經學。其實這樣來研究古經籍，則「經學」也只成爲一種「史學」了。』《公羊》學的衰落反映在文獻上，就是連專門解釋何氏《解詁》的《公羊疏》作者的身份也確定不下來，或以爲徐遵明，或以爲徐彦，或以爲晚唐人，或以爲六朝人。今仍從佚名之説，其時代國别則當如段熙仲《春秋公羊學講疏》所考：『下不逮隋，上不過宋。則爲南士當在齊梁以降，北人則在北齊之世矣。』

《公羊》經注本的首次雕版當追溯至五代時期。《五代會要·經籍》云：『漢乾祐元年閏五月，國子監奏：「見在雕印板《九經》，内有《周禮》《儀禮》《公羊》《穀梁》四經未有印本，今欲集學官校勘四經文字鏤板。」從之。周廣順三年六月，尚書左丞兼判國子監事田敏進印板《九經》書。』《公羊》單疏初刻於宋景德二年（一〇〇五，日藏《公羊》單疏舊抄本書前牒文、卷末銜名葉均署『大宋景德二年六月』）。這兩種刻本便是後世各種《公羊》經注疏版本的源頭，但均已亡佚（宋代以後出現的幾種《公羊傳》白文本，皆删去何注而成，並非另有來歷），現存較早的經注本有《春秋公羊經傳解詁》十二卷附陸德明《釋文》一卷宋淳熙撫州公使庫刻紹熙四年（一一九三）重修本、《春秋公羊經傳解詁》十二卷宋紹熙二年（一一九一）余仁仲萬卷堂刻本（前者《釋文》獨立成卷，後者《釋文》散入正文中），單疏本則有《春秋公羊疏》三十卷宋刻遞修本（存卷一至七）、《春秋公羊疏》三十卷日本室町末抄本（據宋本傳抄，首尾完具）。

正經注疏之合刊始於南宋紹興後期付梓的《周易注疏》《尚書正義》和《周禮疏》，此後又陸續刊行了《毛詩》《禮記》《左傳》《論語》《孟子》等品種，因爲這些合刊本版式、字體一致，又同刻於越州（今浙江紹興），故通稱爲『越州刻八行注疏本』。越刻八行本是經注疏合刊的源頭，然而從現存的文獻紀録來看，其中並無《公羊》。繼越刻八行本而起的是建刻十行本，儘管宋建刻十行本《公羊注疏》的原書已經亡佚，但翻刻自此本的元刻《公羊注疏》的存在（詳見李霖《宋本群經義疏的編校與刊印》第四章第一節）。此後明清兩代，《公羊傳》尚有多部複本傳世（題爲《監本附音春秋公羊注疏》），足以證明宋建刻十行本《公羊注疏》的經注疏合刊本都是從元刻十行本輾轉衍生而來。我們這次影印的清嘉慶刻本，内封題爲『重刊宋本公羊注疏』，其實與阮刻《十三經注疏》中的其他大多數品種一樣，仍是依據元刻遞修十行本翻刻而成。

阮刻《十三經注疏》是古代正經注疏匯刻本的集大成者，雖然受到當時客觀條件的限制，容有『淮風別雨，不以爲善』之譏，但其校刻精細、體例謹嚴，允推歷代同類刻本中的翹楚。對於『詩、書、禮、易、左』之外的八經來說，阮刻本尤爲不可或缺的通行本（即以《公羊》爲例，後來的孫詒讓《春秋公羊传注疏校記》、劉承幹《公羊單疏殘本校勘記》、日本杉浦豐治《公羊疏校記》均以阮刻本爲主要校本，日本公羊注疏研究會合撰的《公羊注疏譯注稿》也是以阮刻本爲底本，詳見刁小龍《〈春秋公羊傳注疏〉校點前言》），因此我們決定繼續努力，爭取用三年時間將阮刻《十三經注疏》中剩下的八經都按照此前形製，陸續影印出版，使這部至關重要的經學叢書得成完璧，也希望廣大讀者能夠對此項工作繼續予以關注和支持。

二〇二〇年一月十五日 蔣鵬翔撰於湖南大學嶽麓書院

全書目録

第一册

卷第七

卷第八

卷第九

卷第十

卷第十一

第三册

卷第十二

卷第十六

卷第十七

第四册

卷第十八

卷第十九

卷第二十

卷第二十一

卷第二十二

卷第二十三

第五册

卷第二十四

卷第二十五

卷第二十六

卷第二十七

卷第二十八

本册目録

卷第四

卷第五

重栞宋本公羊注疏附挍勘記

嘉慶二十年江西南昌府學開雕

太子少保江西巡撫兼提督揚州阮元審定武寧縣貢生盧宣旬校

欽定四庫全書總目春秋公羊傳注疏二十八卷

漢公羊壽傳何休解詁唐徐彥疏案漢書藝文志公羊傳十一卷班固自注曰公羊子齊人案漢藝文志不題顏師古名者皆固之自注顏師古注曰名高案此據春秋說題詞之文見徐彥疏所引徐彥疏引戴宏序曰子夏傳與公羊高高傳與其子平平傳與其子地地傳與其子敢敢傳與其子壽至漢景帝時壽乃與齊人胡毋子都著於竹帛何休之注亦同休說見隱公二年紀子伯莒子盟於密條下今觀傳中有子沈子曰子司馬子曰子女子曰子北宮子

曰又有高子曰魯子曰蓋皆傳授之經師不盡出於公羊子定公元年傳正棺於兩楹之閒二句穀梁傳引之直稱沈子不稱公羊是倂其不著姓氏者亦不盡出公羊子且倂有子公羊子曰尤不出於高之明證知傳確爲壽撰而胡毋子都助成之舊本首署高名蓋未審也又羅璧識遺稱公羊穀梁自高赤作傳外更不見有此姓萬見春謂皆姜字切韻腳疑爲姜姓假託案鄒爲邾婁披爲勃鞮木爲彌牟殖爲舌職記載音譌經典原有是事

至弟子記其先師子孫述其祖父必不至竟迷本字别用合聲璧之所言殊爲好異至程端學春秋本義竟指髙爲漢初人則講學家臆斷之詞更不足與辨矣三傳與經文漢志皆各爲卷帙以左傳附經始於杜預公羊傳附經則不知始自何人觀何休解詁但釋傳而不釋經與杜異例知漢末猶自别行今所傳蔡邕石經殘字公羊傳亦無經文足以互證今本以傳附經或徐彦作疏之時所合併歟彦疏文獻通考作三十卷今本乃止二十

八卷或彥本以經文併爲二卷別冠於前後人又散入傳中故少此二卷亦未可知也彥疏唐志不載崇文總目始著錄稱不著撰人名氏或云徐彥董逌廣川藏書志亦稱世傳徐彥不知時代意其在貞元長慶之後考疏中邲之戰一條猶及見孫炎爾雅注完本知在宋以前又葬桓王一條全襲用楊士勛穀梁傳疏知在貞觀以後中多自設問荅文繁語複與邱光庭兼明書相近亦唐末之文體董逌所云不爲無理故今從逌之說定爲唐

人焉

監本附音春秋公羊。注疏序

漢司空掾任城樊何休序。○陸氏音義曰掾弋絹反〔疏〕漢司空掾解云漢者巴漢之間○地名也於秦二世元年諸侯叛秦沛人共立劉季以爲沛公二年八月沛公入秦秦相趙高殺二世立二世兄子子嬰冬十月爲漢元年子嬰降○○年春正月項羽尊楚懷王以爲義帝其年二月項羽自立爲西楚霸王分天下爲十八國更立沛公爲漢王王巴漢之間四十一○縣都於南鄭至漢王五年冬十二月乃破項羽軍斬之六○年正月乃稱皇帝遂取漢爲天下號若夏殷周既克天下乃取本受命之地爲天下號云司空者漢三公官名也掾者即其下屬官也若今之三府掾是也○任城樊何休序○解云任城者郡名樊者縣名姓何名休字邵○公其木傳云休爲人質朴訥口而雅有心思精研六經世儒無及者大傳陳蕃辟之與參政事蕃敗休坐廢錮乃作春秋公羊解詁覃思不闚門十有七年是也序者舒也敘也舒展已意以次敘經傳之義述已作注之意故謂之序也

昔者孔子有云〔疏〕昔者孔子有云○解云昔者古也前也故孝經云昔者明王鄭注云

昔古也檀弓上篇云予疇昔夜夢注云昔猶前也然則若對後言之即言前若對今言之即言古何氏言前古孔子有云云言也

吾志在春秋行在孝經

疏 ○吾志在至孝經 ○解云案孝經鉤命決云孔子在庶德無所施功無所就志在春秋行在孝經是也所以春秋言志在孝經言行在。春秋者賞善罰惡之書見善能賞見惡能罰乃是王侯之事非孔子所能行故但言志在而已孝經者尊祖愛親勸子事父勸臣事君理關貴賤臣子所宜行故曰行在孝經也

此二學者聖人之極致

疏 此二至極致 ○解云二學者春秋孝經也極者盡也致之言至也言聖人作此二經之時盡已至誠而作之故曰聖人之極致也○

治世之要務也。○治直吏反

疏 治世至務也○解云凡諸經藝等皆治世所須但此經或是懲惡勸善或是尊祖愛親有國家者最所急行故云治世之要務也言治世之精要急務矣祭統云凡治人之道莫急於禮禮者謂三王以來也若大道之時禮於忠信爲薄正以孔子脩春秋祖述堯舜故言此考諸舊本皆作也字又且於理亦宜然若作世字者俗誤已行

傳春秋者非一

疏 傳春秋者非一○解云孔

子至聖却觀無窮知秦無道將必燔書故春秋之說口授子夏度秦至漢乃著竹帛故說題辭云傳我書者公羊高也戴宏序云子夏傳與公羊高高傳與其子平平傳與其子地地傳與其子敢敢傳與其子壽至漢景帝時壽乃共弟子齊人胡毋子都著於竹帛與董仲舒皆見於圖讖是也故大史公云董仲舒廣川人也以治春秋孝景時爲博士下帷講誦弟子傳以久次相受業或莫見其面董生相膠西王疾免歸家以脩學著書爲事終不治産業是也又六藝論云治公羊者胡毋生董仲舒董仲舒弟子嬴公嬴公弟子眭孟眭孟弟子莊彭祖及顏安樂安樂弟子陰豐劉向王彥故曰傳春秋者非一舊云傳春秋者非一者謂本出孔子而傳五家故曰非一

本據亂而作〔疏〕本據亂而作○解云孔子本獲麟之後得瑞門之命乃作春秋公取十二則天之數是以不得取周公成王之史而取隱公以下故曰据亂而作謂据亂世之史而爲春秋也

其中多非常異義可怪之論○論盧困反下持論同〔疏〕其中至之論○解云由亂世之史故有非常異義可怪之事也非常異義者即莊四年齊襄復九世之讎而滅紀僖元年實與齊桓專封是也此即是非常之異義言異於文武時何者若其常義則諸侯不

得擅滅諸侯不得專封故曰非常異義也其可怪之論者即昭三十一年邾婁叔術妻嫂而春秋善之是也說者疑惑〔疏〕說者疑惑○解云此說者謂胡毋子都董仲舒之後莊彭祖顏安樂之徒見經傳與奪異於常理故致疑惑至有倍經任意反傳違戾者〔疏〕至有至戾者○解云此倍讀如反背之背非倍半之倍也言由疑惑之故雖解經之理而反背於經即成二年逢丑父代齊侯當左以免其主春秋不非而說者非之是背經也任意者春秋有三世異辭之言顏安樂以爲從襄二十一年之後孔子生訖即爲所見之世是任意任意者凡言見者目覩其事心識其理乃可爲見故演孔圖云文宣成襄所聞之世也而顏氏分張一公而使兩屬是其任意也反傳違戾者宣十七年六月癸卯日有食之案隱三年傳云某月某日朔日有食之者食正朔也其或日或不日者或失之前或失之後失之前者朔在前也謂二日乃食失正朔於前是以但書其日而已失之後者朔在後也謂晦日食失正朔於後是以又不書日但書其月而已即莊十八年三月日有食之是也以此言之則日食之道不過晦朔與二日即宣十七年言日不言朔者是二日明矣而顏氏以爲十四日日食是反傳違戾也其

勢雖問不得不廣〔疏〕其勢至不廣○解云言說者疑惑義雖不是但其形勢已然故曰其勢雖復致問不得不廣引外文望成其說故曰不得不廣也一說謂顏莊之徒以說義疑惑未能定其是非致使倍經任意反傳違戾是以何氏觀其形勢故曰其勢維適畏人問難故曰維問遂恐己說窮短不得不廣引外文望成己說故曰不得不廣也維誤爲雖耳是以講誦師言至於百萬猶有不解〔疏〕是以至不解○解云此師謂胡董之前公羊氏之屬也言由莊顏之徒解義不是致地問難遂爾謬說至於百萬言其言雖多猶有合解而不解者故曰猶有不解矣時加釀嘲辭○釀嘲陟交反〔疏〕時加釀嘲辭○解云顏安樂等解此公羊苟取頑曹之語不顧理之是非若世人云雨雪其雱臣助君虐之類是也援引他經失其句讀〔疏〕援引至句讀○解云三傳之理不同多矣羣經之義隨經自合而顏氏之徒既解公羊乃取他經爲義猶賊黨入門主人錯亂故曰失其句讀以無爲有〔疏〕以無爲有○解云公羊經傳本無以周王爲天囚之義而公羊說及莊顏之徒以周王爲天囚故曰

以無爲有也**甚可閔笑者**（疏）甚可閔笑者○解云欲存公羊者閔其愚闇欲毀公羊者笑其謬通也**不可勝記也**（疏）不可勝記也○解云言其可閔可笑處多不可勝負不可具記也**是以治古學貴文章者謂之俗儒**（疏）是以至俗儒○解云左氏先著竹帛故漢時謂之古學公羊漢世乃興故謂之今學是以許慎作五經異義云古者春秋左氏說今者春秋公羊說是也治古學者即鄭衆賈逵之徒貴文章矣謂之俗儒者即繁露云能通一經曰儒生博覽羣書號曰洪儒則言乖典籍辭理失所名之爲俗教授於世謂之儒鄭賈之徒謂公羊雖可教授於世而辭理失所矣**至**

使賈逵緣隙。奮筆以爲公羊可奪左氏可興（疏）至使至可興○解云賈逵者即漢章帝時衛士令也言緣隙奮筆者莊顏之徒說義不足故使賈逵得緣其隙漏奮筆而奪之遂作長義四十一條云公羊理短左氏理長意望奪去公羊而興左氏矣鄭衆亦作長義十九條十七事專論公羊之短左氏之長在賈逵之前何氏所以不言之者正以鄭衆雖扶左氏而毀公羊但不與讖合帝王不信毀公羊處少興左氏不強故不言之豈如賈逵作長義四十二條奏御于帝帝用嘉之乃知古之爲真也賜布及衣將欲存立但未及而崩耳然則賈逵幾廢公羊故特言之

恨先師觀聽不決多隨二創（疏）恨先至二創○解云此先師戴宏等也凡論義之法先觀前人之理聽其辭之曲直然以義正決之今戴宏作解疑論而難左氏不得左氏之理不能以正義決之故云觀聽不決多隨二創者上文云至有背經任意反傳違戾者與公羊爲一創又云援引他經失其何讀者又與公羊爲一創今戴宏作解疑論多隨此二事故曰多隨二創也而舊云公羊先師說公羊義不著反與公羊爲一創賈逵緣隙奮筆奪之與公羊爲二創非也

此世之餘事（疏）此世之餘事○解云何氏言先師解義雖曰不是但有已在公羊必存故曰此世之餘事餘末也言戴氏專愚公羊未申此正是世之末事猶天下閑事也舊云何氏云前世之師說此公羊不得聖人之本旨而猶在世之末說故曰世之餘事也

斯豈非守文持論敗績失據之過哉（疏）斯豈至過哉○解云守文者守公羊之文持論者執持公羊之文以論左氏即戴宏解疑論之流矣

敗績者爭義似戰陳故以敗績言之失据者凡戰陳之法必須据其險勢以自固若失所据即不免敗績若似公羊先師欲持公羊以論左氏不閑公羊左氏之義反爲所窮已業破散是失所依据故以喻焉**余竊悲之久矣**疏余竊悲之久矣○解云何邵公精學十五年專以公羊爲已業見公羊先師失据敗績爲他左氏先師所窮但在室悲之而已故謂之竊悲非一朝一夕故謂之久後拜爲議郎一舉而起陵羣儒之上已業得申乃得公然歎息**往者略依胡毋生條例**○毋音無**多得其正**疏往者至其正○解云胡毋生本雖以公羊經傳傳授董氏猶自別作條例故何氏取之以通公羊也雖取以通傳意猶謙未敢言已盡得胡毋之旨故言略依而已何氏本者作墨守以距敵長義以強義爲癈疾以難穀梁造膏肓以短左氏蓋在注傳之前猶鄭君先作六藝論訖然後注書故云往者也何氏謙不言盡得其正故言多爾**故遂隱括使就繩墨焉**○隱括古奪反結也疏故遂至墨焉○解云隱謂隱審括謂檢括繩墨猶規矩也何氏言已隱審撿括公羊使就規矩也然則何氏最存公羊也而讖記不見者書不盡言故也而舊云善射者

隱括令審射必能中何氏自言已隱括公羊能中其義也

凡木受繩墨其直必矣何氏自言規矩公羊令歸正路矣

監本附音春秋公羊注疏序終

南昌盧氏宣旬校正

大清嘉慶二十年重栞宋本用文選樓藏本校

江南藴松督糧道方體栞

中書門下

牒奉

勑國家欽崇儒術啓迪化源眷六籍之垂文實百王之取法著於緗素皎若丹青乃有前脩詮其奥義爲之疏釋播厥方來頗索隱於微言用擊蒙於後學流傳既久譌舛遂多爰命校讎俾從刊正歷歲時而盡瘁探簡策以惟精載嘉稽古之功允助好文之理宜從雕印以廣頒行牒至准

勑故牒

景德二年六月牒文

景德二年六月　日牒

工部侍郎參知政事馮

兵部侍郎參知政事王

兵部侍郎平章事寇

吏部侍郎平章事畢

監本附音春秋公羊注疏隱公卷第一 起元年盡元年

春秋公羊經傳解詁隱公第一 ○陸曰解詁佳買反下音古訓也○

疏 春秋至第一○解云案舊題云春秋隱公經傳解詁第一公羊何氏則云春秋者一部之摠名隱公者魯侯之謚號經傳者雜縿之稱解詁者何所自曰第一者無先之辭公羊者傳之別名何氏者邵公之姓也今定本則升公羊字在經傳上退隱公字在解詁之下未知自誰始也又云何休學今案博物志曰何休注公羊云何休學有不解者或荅曰休謙辭受學於師乃宣此義不出於已此言爲允是其義也○問曰左氏以爲魯哀十一年夫子自衛反魯十二年告老遂作春秋至十四年經成不審公羊之義孔子早晚作春秋乎○荅曰公羊以爲哀公十四年獲麟之後得端門之命乃作春秋至九月而止筆春秋說具有其文○問曰若公羊之義以獲麟之後乃作春秋何故大史公遭李陵之禍幽于縲紲乃喟然而嘆曰是余罪也夫昔西伯拘羑里演易孔子厄陳蔡作春秋屈原放逐著離騷左丘明失明厥有國語孫子臏腳而論兵法此人皆意有所鬱結不得通其道也故自黃帝始作其文也案家語孔子厄於陳蔡之時當哀公六年何

言十四年乃作乎○荅曰孔子厄陳蔡之時始有作春秋之意未正作其正作猶在獲麟之後也故家語云晉文之有霸心起于曹衛越王句踐之有霸心起于會稽夫陳蔡之間丘之幸也庸知非激憤厲志始於是乎者是其有意矣○問曰若左氏以爲夫子魯哀公十一年自衛反魯至十二年告老見周禮盡在魯魯史法最備故依魯史記脩之以爲春秋公羊之意据何文作春秋乎○荅曰案閔因敘云昔孔子受端門之命制春秋之義使子夏等十四人求周史記得百二十國寶書九月經立感精符考異郵說題辭具有其文以此言之夫子脩春秋祖述堯舜下包文武又爲大漢用之訓世不應專据魯史堪爲王者之法也故言据百二十國寶書也周史而言寶書者寶者保也以其可世世傳保以爲戒故云寶書也○問曰若然公羊之義据百二十國寶書以作春秋今經止有五十餘國通戎夷宿潞之屬僅有六十何言百二十國乎○荅曰其初求也實得百二十國史但有極美可以訓世有極惡可以戒俗者取之若不可爲法者皆棄而不録是故止得六十國也○問曰若言据百二十國寶書以爲春秋何故春秋說云据周史立新經乎○荅曰閔因敘云使子夏等十四人求周史記得百二十國寶書以此言之周爲天子雖諸侯史記亦得名爲周史矣○問曰六藝論云六藝者圖

所生也然則春秋者即是六藝也而言依百二十國史以爲春秋何○荅曰元本河出圖洛出書者正欲垂範於世也王者遂依圖書以行其事史官録其行事以爲春秋夫子就史所録刊而脩之云出圖書豈相妨奪也○問曰案三統歷云春爲陽中萬物以生秋爲陰中萬物以成故名春秋賈服依此以解春秋之義不審何氏何名春秋乎○荅曰公羊何氏與賈服不異亦以爲欲使人君動作不失中也而春秋說云始於春終於秋故曰春秋者道春爲生物之始而秋爲成物之終故云始於春終於秋故曰春秋也而舊云春秋說云哀十四年春西狩獲麟作春秋九月書成以其書。作秋成故云春秋也者非也何者案莊七年經云星霣如雨傳云不脩春秋曰雨星不及地尺而復君子脩之曰星霣如雨何氏云不脩春秋謂史記也古者謂史記爲春秋以此言之則孔子未脩之時已名春秋何言孔子脩之春作秋成乃名春秋乎○問曰春秋据史書而爲之史有左右据何史乎○荅曰六藝論云春秋者國史所記人君動作之事左史所記爲春秋右史所記爲尚書是以玉藻云動則左史書之言則右史書之鄭注云其書春秋尚書其存者記文先言左史鄭注先言春秋明以左史爲春秋矣云云之說左氏首已成解不能○重載夫子所以作春秋者解疑論云聖人不空生受命而制作所以生斯民覺後生也西狩獲麟知天命去周赤帝方起麟爲周亡之異漢興之瑞故孔子曰我欲託諸空言不如載諸行事又聞端門之命有制作之狀乃遣子夏等求周史記得百二十國寶書脩爲春秋故孟子云世衰道微邪說暴行有作臣弑其君者有之子弑其父者有之孔子懼作春秋故史記云春秋之中弑君三十六亡國五十二諸侯奔走不得保其社稷者不可勝數故有國者不可以不知春秋爲人臣者不可以不知春秋爲人君父而不通於春秋之義者必蒙首惡之名爲人臣子而不通於春秋之義者必陷簒弑之誅以此言之則孔子見時衰政失恐文武道絕又見麟獲劉氏方興故順天命以制春秋以授之必知孔子制春秋以授漢者案春秋說云伏羲作八卦丘合而演其文瀆而出其神作春秋以改亂制又云丘攬史記援引古圖推集天變爲漢帝制法陳敘圖錄又云丘水精治法爲赤制功又云黑龍生爲赤必告云象使知命又云經十有四年春西狩獲麟赤受命倉失權周滅火起薪采得麟以此數文言之春秋爲漢制明矣○問案莊七年星霣如雨傳云不脩春秋曰雨星不及地尺而復君子脩之曰星霣如雨又昭十二年齊高偃帥師納北燕伯于陽傳云伯于陽者何公子陽生也子曰我乃知之矣在側者曰子苟知之何以不革曰如爾所不知何春秋之信忠○

也其序則齊桓晉文其會則主會者爲之其詞則丘有罪焉爾何故孔子脩春秋有改之者何可改而不改者何○荅曰其不改者勿欲令人妄億措其改者所以爲後法故或改或不改示此二義○問曰公羊以魯隱公爲受命王黜周爲二王後絫長義云名不正則言不順言不順則事不成今隱公人臣而虛稱以王周天子見在上而黜公侯是非正名而言順也如此何以笑子路率爾何以爲忠信何以爲事上何以誨人何以爲法何以全身如此若爲通乎○荅曰孝經說云孔子曰春秋屬商孝經屬參然則其微似之語獨傳子夏子夏傳與公羊氏五世乃至漢胡母生董仲舒推演其文然後世人乃聞此言矣孔子卒後三百歲何不全身之有又春秋藉位於魯以託王義隱公之爵不進稱王周王之號不退爲公何以爲不正名何以爲不順言乎又奉天命而制作何不謙讓之有○問曰春秋說云孔子欲作春秋卜得陽豫之卦宋氏云夏殷之卦名也孔子何故不用周易占之乎○荅曰蓋孔子見西狩獲麟知周將亡又見天命有改制作之意故用夏殷之易矣或言卜則是龜之辭也不從宋氏之說若然應言陽豫之兆何言卦乎蓋龜蓍通名故言卜矣○問曰何氏注春秋始乎隱公則天之數不審孔子何以正于獲麟止筆乎○荅曰案哀十四年傳云春秋何以始乎隱注云据得

麟乃作祖之所逮聞也注云託記高祖以來事可及問聞知者猶曰我但記先人所聞辟制作之害所見異辭所聞異辭所傳聞異辭何以終乎哀十四年彼注云據哀公未終也曰備矣彼注云人道浹王道備必止於麟者欲見撥亂功成於麟猶堯舜之隆鳳皇來儀故麟於周爲異春秋記以爲瑞明大平以瑞應爲效也絕筆於春不書下三時者起木絕火王制作道備當授漢也是也○問曰旣言始於隱公則天之數復言三世故發隱公何○荅曰若論象天數則取十二緣情制服宜爲三世故禮爲父三年爲祖期爲高祖曾祖齊衰三月据哀録隱兼及昭定已與父時事爲所見之世文宣成襄王父時事謂之所聞之世也隱桓莊閔僖曾祖高祖時事謂之所傳聞之世也制治亂之法書大夫之卒文有詳略故日月備于隱如是有罪之見録不日卒于得臣明有過以見罪益師不日著恩遠之辭○問曰鄭氏云九者陽數之極九九八十一是人命終矣故孝經援神契云春秋三世以九九八十一爲限然則隱元年盡僖十八年爲一世自僖十九年盡襄十二年又爲一世自襄十三年盡哀十四年又爲一世所以不悉八十一年者見人命參差不可一齊之義又顏安樂以襄二十一年孔子生後即爲所見之世顏鄭之說實亦有途而何氏見何文句要以昭定哀爲所見之世宜文成襄爲

所聞之世隱桓莊閔僖爲所傳聞之世乎○荅曰顏氏以爲襄公二十三年邾婁鼻我來奔傳云邾婁無大夫此何以書以近書也又昭公二十七年邾婁快來奔傳云邾婁無大夫此何以書以近書也二文不異同宜一世若分兩屬理似不便又孔子在襄二十一年生從生以後理不得謂之所聞也顏氏之意盡於此矣何氏所以不從之者以爲凡言見者目覩其事心識其理乃可以爲見孔子始生未能識別寧得謂之所見乎故春秋說云文宣成襄所聞之世不分疏二十一年已後明爲一世矣邾婁快邾婁鼻我雖同有以近書之傳一自是治近升平書一自是治近大平書雖不相干涉而漫指此文乎鄭氏雖依孝經說文取襄十二年之後爲所見之世爾時孔子未生焉得謂之所見乎故不從之○問曰孝經說文實有九九八十一爲限之言公羊信緯可得不從乎○荅曰援神契者自是孝經緯横說義之言更作一理非是正解春秋之物故何氏自依春秋說爲正解明矣○問曰左氏出自丘明便題云左氏公羊穀梁出自卜商何故不題曰卜氏傳乎○荅曰左氏傳者丘明親自執筆爲之以說經意其後學者題曰左氏矣且公羊者子夏口授公羊高高五世相授至漢景帝時公羊壽共弟子胡毋生乃著竹帛胡毋生題親師故曰公羊不說卜氏矣穀梁者亦是著竹帛者題其親

師故曰穀梁也○問曰春秋說云春秋設三科九旨其義如何○荅曰何氏之意以爲三科九旨正是一物若揔言之謂之三科科者段也若析而言之謂之九旨旨者意也言三个科段之內有此九種之意故何氏作文謚例云三科九旨者新周故宋以春秋當新王此一科三旨也又云所見異辭所聞異辭所傳聞異辭二科六旨也又內其國而外諸夏內諸夏而外夷狄是三科九旨也○問曰案宋氏之注春秋說三科者一曰張三世二曰存三統三曰異外內是三科也九旨者一曰時二曰月三曰日四曰王五曰天王六曰天子七曰譏八曰貶九曰絕時與日月詳略之旨也王與天王天子是録遠近親疏之旨也譏與貶絕則輕重之旨也如是三科九旨聊不相干何故然乎○荅曰春秋之內具斯二種理故宋氏又有此說賢者擇之○問曰文謚例云此春秋五始三科九旨七等六輔二類之義以矯枉撥亂爲受命品道之端正德之紀也然則三科九旨之義已蒙前說未審五始六輔二類七等之義如何○荅曰案文謚例下文云五始者元年春王正月公即位是也七等者州國氏人名字子是也六輔者公輔天子卿輔公大夫輔卿士輔大夫京師輔君諸夏輔京師是也二類者人事與災異是也○問曰春秋說云春秋書有七缺七缺之義如何荅曰七缺者惠公妃匹不正隱桓之

禍生是爲夫之道缺也文姜淫而害夫爲婦之道缺也大夫無罪而致戮爲君之道缺也臣而害上爲臣之道缺也僖五年晉侯殺其世子申生襄二十六年宋公殺其世子痤殘虐枉殺其子是爲父之道缺也文元年楚世子商臣弒其君髡襄三十年蔡世子般弒其君固是爲子之道缺也桓八年正月己卯烝桓十四年八月乙亥嘗僖三十一年夏四月四卜郊不從乃免牲猶三望郊祀不脩周公之禮缺是爲七缺也矣

何休學。學者言爲此經之學即注述之意

元年春王正月。正月音征又音政後放此

【疏】元年春王正月。解云若左氏之義不問天子諸侯皆得稱元年若公羊之義唯天子乃得稱元年諸侯不得稱元年此魯隱公諸侯也而得稱元年者春秋託王於魯以隱公爲受命之王故得稱元年矣

元年者何 諸据疑問所不知故曰者何

【疏】元年者何。解云凡諸侯不得稱元年今隱公爵猶自稱侯而反稱元年故執不知問。注諸据至者何。解云謂諸据有疑理而問所不知者曰者何即僖五年秋鄭伯逃歸不盟之下傳云不盟者何注云据上言諸侯鄭伯在其中弟子疑

故執不知問。成十五年「仲嬰齊卒」之下，傳云「仲嬰齊者何」，注云「疑仲遂後，故問之」是也。若據彼難此，即或言曷爲，或言何以，或單言何。即下傳云「曷爲先言王而後言正月」，注云「據下秋七月天王先言月而後言王」；「公何以不言即位」，注云「據文公言即位也」；「何成乎公之意」，注云「據剌欲救紀而後不能」是也。而舊解云案春秋上下但言曷爲與何，皆有所據，故何氏云諸據疑者皆無所據，故云問所不知，故曰者何也者，非。

君之始年也。以常録即位，知君之始年。君，魯侯隱公也。年者，十二月之總號，春秋書十二月稱年是也。變一爲元，元者，氣也，無形以起，有形以分，造起天地，天地之始也也。故上無所繫，而使春繫之也。不言公，言君之始年者，王者諸侯皆稱君，所以通其義於王者，惟王者然後改元立號。春秋託新王受命於魯，故因以録即位，明王者當繼天奉元，養成萬物。

【疏】注「以常」至「始年」。○解云：正以桓、文、宣、成、襄、昭及哀皆云「元年春王正月，公即位」，故曰以常録即位，知君之始年。○注「君，魯侯隱公也」。○解云：案春秋説云：周五等爵法五精：公之言公，公正無私；侯之言候，候逆順，兼伺候王命矣；伯之言白，明白于德；子者，孳恩宣德；男者，任功立業。皆上奉王者之政教禮法，統理一國，脩身絜行矣。今此侯爲魯之正爵，公者，臣子之私稱，故言君，魯侯隱公也。○問曰：五等之爵既如前釋何名附庸乎○荅曰春秋說下文云庸者通也官小德微附於大國以名通若畢星之有附耳然故謂之附庸矣○注變一爲元○解云以下有二年三年知上宜云一年而不言一年變言元年故決之○注元者至始也○解云春秋說云元者端也氣泉注云元爲氣之始如水之有泉泉流之原無形以起有形以分窺之不見聽之不聞宋氏云無形以起在天成象有形以分在地成形也然則有形與無形皆生乎元氣而來故言造起天地天地之始也○注故上至繫之○解云春秋說云王不上奉天文以立號則道術無原故先陳春後言王天不深正其元則不能成其化故先起元然後陳春矣是以推元在春上春在王上矣○注不言至王者○解云凡天子諸侯同得稱君但天子不得稱公故喪服云君鄭云天子諸侯及卿大夫有地者皆曰君是也今據魯而言不言公之始年而言君之始年者見諸侯不得稱元會假魯爲王乃得稱元故傳言君之始年微欲通魯于王故也

春者何 獨在王上故執不知問 疏 注獨在至知問○解云春夏秋冬皆是四時之名而夏秋冬三時常不得配王言之唯有春字常在王上故怪而問之

歲之始也 以上繫元年在王正月之上知歲之始也春者天地開辟之端養生之首法象所出四時

本名也昏斗指東方曰春指南方曰夏指西方曰秋指北方曰冬歲者揔號其成功之稱尚書以閏月定四時成歲是也○辟婢亦反本亦作闢稱尺證反下之稱平稱同

【疏】正月公即位稱歲之始也○問曰元年春王正月公即位實是春秋之五始而傳直於元年春之下發言始而王正月下不言始何○荅曰元是天地之始春是四時之始王正月公即位者人事之始欲見尊重天道略於人事故也○注春者至之端○解云易說云孔子曰易始於大極大極分而爲二故生天地天地有春夏秋冬之節故生四時也言天地開辟分爲四時春先爲端始也○注養生之首○解云乾鑿度云震生萬物於東方夫萬物始生於震震東方之卦也陽氣施生愛利之道故東方爲仁矣故言養生之首言是養生萬物之初首○注法象所出○解云周禮大宰云正月之吉始和布政于邦國都鄙縣治象之法于象魏挾日而斂之是象魏之法于時出之故曰法象所出矣○注四時本名也○解云凡四時先春次夏次秋次冬百代所不變故言春者四時本名矣○注昏斗至冬也○解云皆春秋說文也○注歲者至之稱○解云四時皆於萬物有功歲者是兼揔其成功之稱也若以當代相對言之即唐虞曰載夏曰歲殷曰祀周曰年若散文言之不問何代皆得謂之歲矣等取一名而必取歲者蓋以夏數

爲得天正故也亦有一本云歲者摠號成功之稱也○注尚書至是也○解云此堯典文彼鄭注云以閏月推四時使啓閉分至不失其常著之用成歲歷將以授民時且記時事是也

王者孰謂

孰誰也欲言時王則無事欲言先王又無諡故問誰謂

【疏】注欲言至無事○解云時王即當時平王也若是當時平王應如下文秋七月天王使宰咺來歸惠公仲子之賵是其事也今無此事直言王故疑非謂當時之王矣○注欲言至無諡○解云正以死諡周道故也

謂文王也

以上繫王於春知謂文王也文王周始受命之王天之所命故上繫天端方陳受命制正月故假以爲王法不言諡者法其生不法其死與後王共之人道之始也

【疏】注以上至王也○解云春者端始文王者周之始受命制法之王理宜相繫故三見其繫春知是文王非周之餘王也○問曰春秋之道今有三王之法所以通天三統是以春秋說云王者孰謂謂文王也疑三代謂疑文王而傳專云文王不取三代何○答曰大勢春秋之道實兼三王是以元命包上文摠而疑之而此傳專云謂文王者以見孔子作新王之法當周之世理應權假文王之法故徧道之矣故彼宋氏注云雖大略据三代其要主於文王者是也○注文王至之王○解云即我應瑞云季秋

之月甲子赤雀銜丹書入豐止于昌戶昌再拜稽首受之又禮説云文王得白馬朱鬣大貝玄龜是也○注天之至天端解云天端即春也故春秋説云以元之深正天之端以天之端正王者之政是也○注方陳至王法○解云孔子方陳新王受命制正月之事故假取文王創始受命制正朔者將來以爲法其實爲漢矣○注不言至共之○解云死謚周道文王死來已久而不言謚者正言法其生時政教正朔故曰法其生不法其死也言與後王共之者不言謚可以通之於後王後王謂漢帝也○注人道之始也○解云何氏以見上文亦始尊重天道皆傳自有始文故不須注云天道之始今此實天下之始但略於人事無始文故須注云人道之始也

曷爲先言王而後言正月

据下秋七月天王先言月而後言王

王正月也

以上繫於王知王者受命布政施教所制月也王者受命必徙居處改正朔易服色殊徽號變犧牲異器械明受之於天不受之於人夏以斗建寅之月爲正平旦爲朔法物見色尚黑殷以斗建丑之月爲正雞鳴爲朔法物牙色尚白周以斗建子之月爲正夜半爲朔法物萌色尚赤○徽許韋反械戶戒反夏以戶雅反後放此以意求之見賢遍反下並見同

【疏】注王者至於人解云王者受命

必徙居處者則堯居平陽舜居蒲坂文王受命作邑於豐之屬是也其改正朔易服色殊徽號異器械者禮記大傳文鄭注云服色車馬也徽號旌旗之名也器械禮樂之器及兵甲也然則改正朔者即正朔三而改下注云是也易服色者即明堂位云鸞車有虞氏之路也鉤車夏后氏之路也大路殷路也乘路周路也夏后氏駱馬黑鬣殷人白馬黑首周人黃馬蕃鬣之屬是也其殊徽號者即明堂位云有虞氏之旂夏后氏之綏殷之大白周之大赤之屬是也其變犧牲者即明堂位云夏后氏牲尚黑殷白牡周騂剛之屬是也其異器械者器即明堂位云泰有虞氏之尊也山罍夏后氏之尊也著殷尊也犧象周尊也注云泰用瓦著著地無足夏后氏之鼓足彼注云足謂四足也殷楹鼓彼注云楹謂之柱貫中上出也周縣鼓注云縣縣之簨虡也其械者即兵甲也何氏莊三十二年注云有攻守之器曰械是而言異者即釋器云弓有緣者謂之弓無緣者謂之弭蓋以爲異代相變故云異也所以止變此等者其親親尊尊之屬不可改即大傳云其不可得變革者則有矣親親也尊尊也長長也男女有別此其不可得與民變革者也是也○注夏以至尚赤○解云凡草物皆十一月動萌而赤十二月萌牙始白十三月萌牙始出而首黑故各法之故書傳略說云周以至動殷以萌夏以牙注

云謂三王之正也至動冬日至物始動也物有三變故正色有三天有三生三死故土有三王王特一生死是故周人以日至爲正殷人以日至三十日爲正夏以日至六十日爲正是故三統三王若循連環周則又始窮則反本是也○問曰若如此說則三王所尚各自依其時物之色何故禮說云若尚色天命以赤尚赤以白尚白以黑尚黑宋氏云赤者命以赤烏故周尚赤湯以白狼故尚白禹以玄珪故尚黑也以此言之三代所尚者自是依天命之色何言法時物之牙色乎○荅曰凡正朔之法不得相因滿三反本禮則然矣但見其受命將王者應以十一月爲正則命之以赤瑞應以十二月爲正則命○以白瑞應以十三月爲正即命之以黑瑞是以禮說有此言豈道不復法其牙色乎

何言乎王正月 據定公有王無正月 疏 注據定至正月○解云定公元年春王三月晉人執宋仲幾于京師是有王無正月凡十二公即位皆在正月是以不問有事無事皆書王正月所以重人君即位之年矣若非即位之年正月無事之時或有二月王或有三月王矣但定公即位在六月正月復無事故書三月王也○其正月時不得書王矣

大一統也 統者始也摠繫之辭夫王者始受命改制布政施教於天下自公侯至於庶人自山川至於草木昆

蟲莫不一一繫於正月故云政教之始〖疏〗大一統也○解云所以書正月者王者受命制正月以統天下令萬物無不一一皆奉之以爲始故言大一統也○注揔繫之辭解云凡前代既終後主更起立其正朔之初布象魏於天下自公侯至於庶人自山川至於草木昆蟲莫不繫於正月而得其所故曰揔繫之辭○注故云政教之始○解云亦以傳不言始故足之

公何以不言即位據文公言即位也○即位者一國之始政莫大於正始故春秋以元之氣正天之端以天之端正王之政以王之政正諸侯之即位以諸侯之即位正竟内之治諸侯不上奉王之政則不得即位故先言正月而後言即位政不由王出則不得爲政故先言王而後言正月也王者不承天以制號令則無法故先言春而後言王天不深正其元則不能成其化故先言元而後言春五者同日並見相須成體乃天人之大本萬物之所繫不可不察也○治直吏反夫音扶〖疏〗注據文公言即位也○解云文元年春王正月公即位是也○問曰桓公元年春亦書即位傳所以不從始而遠據文公何○荅曰正以文公正即位之始故也桓公篡而即位非其正故雖即位在文公前猶不據之○注即位者一國之始解云亦以傳無始文故言此也○注政莫大於正始○解云

爲下作文勢也言凡欲正物之法莫大於正其始時是以春
秋作五始令之相正也○注乃天至不察也○解云元年春
者天之本王正月公即位者人之本故曰天人之大本也言
萬物之所繫者春秋以之爲始令萬物繫之故不可不察其
義

成公意也 以不有正月而去即位知其成公意○而去起呂反下去同

〔疏〕注以不至公意○解云下十一年傳云隱何以無正月隱將讓乎桓故
不有其正月也然則正月者是公縣象魏出教令之月今公
既有讓意故從二年已後終隱之篇常去正月以見之故曰
不有正月也然則今此注云不有正月者謂從二年恒去正
月也今元年去即位故知成公意矣今元年言正月者公時
實行即位之禮故見之然則公意讓而行即位者厭民臣之
心故也舊云以有正月而去即位云無不字言凡書正月爲
公即位出也以元年有正月即公實行即位禮而孔子去即
位知其成公讓意者非

何成乎公之意 據刺欲救紀而後不能○刺欲七賜反後皆同更不音

〔疏〕注據刺至不能○解云莊三年冬公次于郎傳曰其
言次于郎何刺欲救紀而後不能也然則欲救紀是
善事公不能救紀是不終善事而春秋書次于郎以刺之今
隱公有讓心實是善事但終讓不成爲他所殺亦是善心不

遂而春秋善之故以爲難也 公將平國而反之桓 平治也時廢桓立隱不平故曰平反還之 曷爲反之桓 据已立也 桓幼而貴隱長而卑 長者已冠也禮年二十見正而冠士冠禮曰嫡子冠於阼以著代也醮於客位加有成也三加彌尊諭其志也冠而字之敬其名也公侯之有冠禮夏之末造也天子之元子猶士也天下無生而貴者。隱長丁丈反注及下皆同已冠工亂反下同適子丁歷反下同醮子笑反

疏 注禮年至而冠。解云若以襄九年左傳言魯襄公年十二而冠也依八代記即少昊亦十二而冠則知天子諸侯幼即位者皆十二而冠矣是以異義古尚書說云武王崩時成王年十三後一年管蔡作亂周公東辟之王與大夫盡弁以開金縢之書時成王年十四言弁明知已冠矣是其證也但隱公冠當惠公之世從士禮故二十成人乃冠是以何氏即引士冠禮以解之所以必二十冠者異義今禮戴說云男子陽也成於陰故二十而冠是矣而言見正者欲道庶子不冠於阼階故也。注士冠至成也。解云鄭彼注云每加於阼則醮之於客位所以尊敬之成其爲人也是矣凡此士冠禮及禮記冠義郊特牲亦有此文鄭注冠義云阼謂主人之北也適子冠於阼若不

醴則醮用酒於客位敬而成之也戶西爲客位庶子冠於房戶外又因醮焉不代父也鄭注昬義云酌而無酬酢曰醮醮之禮如冠醮與○注三加至志也○解云此士冠記文三加者先加緇布冠次加皮弁次加爵弁也彼記云始冠緇布之冠也大古冠布齊則緇之鄭注云大古唐虞以上垂古始冠冠其齊冠也諭其志者彼鄭注云彌猶益也冠服後加益尊諭其志者欲其德之進也是矣注郊特牲云冠益尊則志益大也○注冠而字之敬其名也○解云亦彼記之文鄭注云名者質所受於父母冠成人益文故敬之是也○注公侯至造也○解云此亦士冠禮記文彼鄭注云造作也自夏初以上諸侯雖父死子繼年未滿五十者亦服士服行士禮五十乃命也至其衰末上下相亂篡弒所由生故作公侯冠禮以正君臣也引之者見當時公侯有冠之言○注天子至貴者解云此亦記文鄭注郊特牲云儲君副主猶云士也明人有賢行著德乃得貴也引之者見隱公冠時年已二十宜從士禮明矣

其爲尊卑也微母俱媵也○媵以證反又繩證反

國人莫知國人謂國中凡人莫知者言惠公不早分別也○男子年六十閉房無世子則命貴公子將薨亦如之

【疏】注國人至別也○解云古者一娶九女一嫡二媵分爲左右尊卑權

寵灼然則朝廷之上理應悉知今此傳云國人不知明是國內凡人也雖然事大非小若早分別亦應知悉故注言惠公不早分別是其義也○注男子至如之○解云男子六十陽道閉藏若仍無世子其正夫人必無有生世子之理故命貴公子以爲世子也若未滿六十則無立庶子爲世子之法何者立而復黜是乃亂道故也然則言閉房者行房之事閉也知男子六十陽道閉藏者家語云男女不六十者不閒居閒居不禁閉房明矣言將薨亦如之者謂未滿六十者將薨之時亦命貴公子矣

隱長又賢　此以上皆道立隱所緣○以上時掌反他皆放此

諸大夫扳隱而立之　扳引也諸大夫立隱不起者在春秋前明王者受命不追治前事孔子曰不教而殺謂之虐不戒視成謂之暴○扳普顏反又必顏反引也舊敷間反

疏　注諸大至秋前○解云公子翬弑隱立桓公仲遂弑赤立宣公皆貶去公子以起見之今此諸大夫廢桓立隱亦是不正何故不作文貶之以見罪正以在春秋前欲明王者受命不追治前事故也○注不戒至之暴○解云此堯曰文何氏以不先告戒比視之而責其成功爲暴矣

隱於是焉而辭立　辭讓也言隱欲讓

則未知桓之將

必得立也是時公子非一。疏注是時公子非一○解云：隱公疑桓不知得立以否，故知公子非一。且如桓立，且如假設之辭。則恐諸大夫之不能相幼君也。隱見諸大夫背正而立，已不正，恐其不能相之。○相，息亮反。背正，步內反，下同。故凡隱之立爲桓立也。凡者，凡上所慮二事皆不可，故於是已立，欲須桓長大而歸之，故曰爲桓立，明其本無受國之心，故不書即位，所以起其讓也。○爲，于僞反，注同。疏注凡者至二事○解云：已若辭立，則未知桓之將得立以否，是其一慮也。假令使桓得立，又恐諸大夫不能相幼君，是其二慮也。隱長又賢，何以不宜立？○据賢繆公與大夫玃且長以得立。○繆音穆。玃且，俱縛反，下子餘反。疏注据賢至大夫○解云：文十二年經書"秦伯使遂來聘"，傳云"秦無大夫，此何以書？賢繆公也。何賢乎繆公？以爲能變也"。注云"感而自變悔，遂霸西戎，故因其能聘中國，善而與之，使有大夫也"。今此亦善隱能讓，何故不與使得立乎？故難之。○注玃且長以得立○解云：文十四年"晉人納捷菑于邾婁"，傳曰"貴則皆貴矣，雖然，玃且也長"。彼以玃且長，故傳與邾婁人立之。今此隱亦長何故不宜立乎故難之然則傳言長據獲且傳言賢據繆公而何氏先解繆公者以其事在前故**立適以長不以賢立子以貴不以長**適謂適夫人之子尊無與敵故以齒子謂左右媵及姪娣之子位有貴賤又防其同時而生故以貴也禮嫡夫人無子立右媵右媵無子立左媵左媵無子立嫡姪娣嫡姪娣無子立右媵姪娣右媵姪娣無子立左媵姪娣質家親親先立娣文家尊尊先立姪嫡子有孫而死質家親親先立弟文家尊尊先立孫其雙生也質家據見立先生文家據本意立後生皆所以防愛爭○姪娣大結反下大計反爭爭鬬之爭下同**桓何以貴**據俱公子也**母貴也**據桓母右媵**母貴則子何以貴**據俱言公子**子以母貴**以母秩次立也**母以子貴**禮妾子立則母得為夫人夫人成風是也（疏）注夫人成風○解云即文四年冬十有一月壬寅夫人風氏薨五年三月辛亥葬我小君成風是也。

○**三月公及邾婁儀父盟于昧及者何與也**若曰公與邾婁盟也○邾音朱婁力俱反邾人語聲後曰婁故曰邾婁禮記同

左氏穀梁無婁字儀父音甫本亦作甫人名字放此眛亡結反穀梁同左氏作蔑會及暨皆與也○都解經上會及暨也暨其器反下皆同曷爲或言會或言及或言暨會猶最也最聚也直自若平時聚會無他深淺意也最之爲言聚若今聚民爲投最○曷爲如字或于僞反後皆同此疏及者何○解云欲言汲汲公仍在喪欲言非汲汲及是欲文故執不知問云曷爲或言會者即下六年公會齊侯盟于艾之徒是也云或言暨者昭七年春暨齊平定十年宋公之弟辰暨仲佗石彄出奔陳是也及猶汲汲也暨猶暨暨也及我欲之暨不得已也我者謂魯也內魯故言我舉及暨者明當隨意善惡而原之欲之者善重惡深不得已者善輕惡淺所以原心定罪疏注我者謂魯也○解云此通內外皆然但傳據內言之故言我謂魯也○注欲之至惡深○解云善重者即此文公及邾婁儀父盟于眜是也以其汲汲於善事故曰善重也惡深者即哀十三年公會晉侯及吳子于黃池是也以其汲汲于惡事故曰惡深也○注不得至惡淺○解云善輕則暨齊平是也惡淺者宋公之弟辰

暨仲佗石彄是也

儀父者何邾婁之君也 以言公及不諱知爲君也〔疏〕儀父者何○解云欲言其君經不書爵欲言其臣而不没公故執不知問○注以言公及不至君也○解云凡春秋上下公與外大夫盟皆諱不言公故莊二十二年秋七月丙申及齊高傒盟于防傳云公則曷爲不言公諱與大夫盟也之屬也今此不没公故知是君矣其莊九年公及齊大夫盟于暨之屬不没公者皆傳注分明不煩逆說

何以名 據齊侯以祿父爲名〔疏〕注據齊至爲名○解云即桓十四年冬齊侯祿父卒是言齊侯以祿父爲名故疑邾婁君亦以儀父爲名是以難也

字也 以當褒知爲字〔疏〕注以當褒知爲字○解云春秋以隱新受命而王儀父慕之故知當褒是以春秋說云褒儀父善趣聖者是也

曷爲稱字 據諸侯當稱爵〔疏〕注據諸侯當稱爵○解云六年夏公會齊侯盟于艾之屬是也

褒之也 以宿與微者盟書卒知與公盟當褒之有土嘉之曰褒無上建國曰封稱字所以爲褒之者儀父本在春秋前失爵在名例爾○褒之保刀反〔疏〕注以宿至書卒○解云所傳聞之世微國之卒本不合書而此年九月及宋人盟于宿宿爲地主與在可知以其與內微者盟故至

八年得變例書卒見恩矣云有土嘉之曰褒者謂加爵與字即儀父滕侯之屬是也云無土建國曰封者即封邢衛之屬是也

曷爲褒之 据功不見。不見賢徧反下皆同

爲其與公盟也 爲其始與公盟盟者殺生歃血詛命相誓以盟約束也傳不足言託始者儀父比宿滕薛最在前嫌獨爲儀父發始下。三國意不見故顧之。爲其于僞反注爲其獨爲皆同歃所洽反又音所甲反詛莊慮反約束並如字一音上於妙反下音戍

〔疏〕注傳不至顧之。解云此傳應言爲其始與公盟今不具其文句言始者若言始與公盟即恐下二。國不是始是以顧之不得具其文

與公盟者衆矣曷爲獨褒乎此 据戎齊侯莒人皆與公盟傳不足託始故復据衆也。復扶又反下復爲同

〔疏〕注据戎至公盟。解云二年秋八月公及戎盟于唐六年夏公會齊侯盟于艾八年秋公及莒人盟于包來是也。注傳不足至衆也。解云傳若鄉者足其文句云道爲其始與公盟之時義勢即盡矣道理不得復言與公盟者衆矣曷爲獨褒乎此但上傳既無始與之文而得褒賞猶自可怪故更據衆難之云託始者言隱公實非受命之王但欲託之以爲始也

因其可褒而

褒之春秋王魯託隱公以爲始受命王因儀父先與隱公盟可假以見褒賞之法故云爾。王魯于況反下而王同一音如字**此其爲可褒奈何漸進也**漸者物事之端先見之辭去惡就善曰進譬若隱公受命而王諸侯有倡始先歸之者當進而封之以率其後不言先者亦爲所褒者法明當積漸深知聖德灼然之後乃往不可造次陷於不義。倡凡亮反造七報反〔疏〕注漸者至之辭。解云言物事之端者猶言物事之首也言先見之辭者見讀如見其二子焉之見也若公子陽生闖然之類也云去惡就善曰進者言能去惡就善即是行之進也。注不可至不義。解云桓十五年夏邾婁人牟人葛人來朝朝桓惡人而貶稱人夷狄之也者是其造次陷於不義矣

眛者何地期也會盟戰皆錄地其所期處重期也凡書盟者惡之也爲其約誓大甚朋黨深背之生患禍重胥命於蒲善近正是也君大夫盟例日惡不信也此月者隱推讓以立邾婁慕義而來相親信故爲小信辭也大信者時柯之盟是也魯稱公者臣子心所欲尊號其君父公者五等之爵最尊王者探臣子心欲尊其君父使得稱公故春秋以臣子書葬者皆稱公于者於也凡以事定地者加于例以地定事者不

加于例○處昌慮反惡之烏路反下惡不惡其皆同大甚音泰或勑賀反近正附近之近柯音歌

［疏］眛者何○解云春秋之始弟子未解地期之義故執不知問○注凡書盟者惡之○解云此言與公盟而得褎何言惡者直善其慕新王之義而得褎豈善其盟乎○注胥命至是也○解云即桓三年夏齊侯衛侯胥命于蒲傳云胥命者何相命也何言乎相命近正也此其爲近正奈何古者不盟結言而退是也○注君大至信也○解云言內君與大夫共他外盟之時其書日皆是惡其不信也即下二年秋八月庚辰公及戎盟于唐文八年冬十月壬午公子遂會晉趙盾盟于衡雍之屬是也○注故爲小信辭也○解云邾婁儀父歸于新王而見褎賞不爲大信者以下七年秋公伐邾婁是其背信也功不足録但假託以爲善故爲小信辭也○注大信至是也○解云即莊十三年冬公會齊侯盟于柯傳曰桓公之信著乎天下自柯之盟始焉是也○注故春至稱公○解云謂以其臣子之辭書其葬者悉皆稱公即桓十年夏五月葬曹桓公僖四年秋葬許繆公之屬是也若然桓十七年秋八月癸巳葬蔡桓侯不稱公者彼注云稱侯者亦奪臣子辭也有賢弟而不能任用反疾害之而立獻舞國幾并於蠻荆故賢季抑桓稱侯所以起其事是也○注凡以至于例○解云謂先約其事

乃期于某處作盟會者加于即僖二十八年夏五月盟于踐土之屬是也○注以地至于例○解云言先在其地乃定盟會之事者不加于即莊十九年公子結媵陳人之婦于鄄遂及齊侯宋公盟襄三年夏六月公會單子晉侯以下同盟于雞澤陳侯使袁僑如會叔孫豹及諸侯之大夫及陳袁僑盟之屬是也

○**夏五月鄭伯克段于鄢。克之者何**加之者問訓詁并問施于之爲○段徒亂反鄢音偃

【疏】克之者何○解云欲言其殺而經書克欲言非殺克者大惡之文故執不知問○注加之至之爲○解云訓詁者即不言殺而言克是也所以不直言克者何而并言之者非直問其變殺爲克并欲問其施于鄭之所爲矣而不荅于鄢之意者欲下乃解爲當國故此處未勞解之弟子以其不荅于鄢之意是以下文復云其地何以難之

殺之也。殺之則曷爲謂之克？大鄭伯之惡也。以弗克納大郤缺之善知加克大鄭伯之惡也○郤缺去逆反下起悅同

【疏】注以弗至之善○解云文十四年秋晉人納接菑于邾婁弗克納傳云其言弗克納何大其弗克納也是也

曷爲大鄭伯之惡？据晉侯殺其世子申生不

加克以大之【疏】注据晉至大之○解云在僖五年春 **母欲立之已殺之如勿與而已矣** 如即不如齊人語也加克者有嫌也段無弟又稱君甚之不明又段當國嫌鄭伯殺之無惡故變殺言克明鄭伯爲人君當如傳辭不當自己行誅殺使執政大夫當誅之克者詁爲殺亦爲能惡其能忍戾母而親殺之禮公族有罪有司讞于公公曰宥之及三宥不對走出公又使人赦之以不及反命公素服不舉而爲之變如其倫之喪無服親哭之○戾力計反讞魚列反宥之音又赦也【疏】注明鄭至誅之○解云鄭伯爲人君之法當如傳辭不與其國而已不宜忍戾其母而親殺之其誅之者自是執政大夫之事○注禮公至哭之○解云皆出文王世子也其文云公族有罪獄成有司讞于公其死罪則曰某之罪在大辟其刑罪則曰某之罪在小辟彼注云讞之言白也公曰宥之有司又曰在辟公又曰宥之有司又曰在辟及三宥不對走出致刑于甸人注云對荅也先者君每言宥則荅之以將更宥之至于三罪定不復荅走往刑之爲君之恩無已公又使人追之曰雖然必赦之有司對曰無及也注云罪既正不可宥乃欲赦之重刑殺其類也反命于公注云白已刑殺公素服不舉爲之變如其倫之喪無服注云素服於

凶事爲吉，於吉事爲凶，非喪服也。君雖不服，臣卿大夫死則皮弁錫衰以居，往弔當事則弁經，於士蓋疑衰，同姓則緦衰以弔之。今無服者不往弔也。倫謂親疏之比也。素服亦皮弁矣。親哭之，注云不往弔，爲位哭之而已，君於臣使有司哭之是也。

段者何？鄭伯之弟也。殺母弟故直稱君。疏段者何○解云：欲言世子，母弟無世子母弟之文；欲言大夫，復目鄭伯以殺，故執不知問。何以不稱弟？據天王殺其弟年夫稱弟。疏注據天至稱弟○解云：在襄三十年夏。當國也。欲當國爲之君，故如其意，使如國君，氏上鄭，所以見段之逆。其地何？據齊人殺無知不地。疏注據齊至不地○解云：即莊九年春齊人殺無知是也。當國也。齊人殺無知何以不地？據俱欲當國也。在內也。在內雖當國不地也，其不當國而見殺者，當以殺大夫書，無取於地也。其當國者，殺於國內，禍已絕，故亦不地。不當國雖在外亦不地也。明當國者在外乃地爾，爲其將交連鄰國，復爲內難，故錄其地，明當急誅之。不當國雖在外，禍輕，故不地也。月者，責臣子不以時討與殺州吁同例不從討賊辭者主惡以失親親故書之○難乃旦反下此難同吁況于反〔疏〕注明當至地爾○解云下四年九月衛人殺州吁于濮及此皆是也○注不當至地也○解云昭四年秋七月楚子云云伐吳執齊慶封殺之昭八年夏楚人執陳行人于徵師殺之皆是也○注月者至同例○解云下四年九月衛人殺州吁之下注云討賊例時此月者久之也○注不從至書之○解云若作討賊辭當稱人以討如齊人殺無知然今不如此者經本主爲惡鄭伯失親親而書故目鄭伯而不稱人也

○秋七月天王使宰咺來歸惠公仲子之賵宰者何官也以周公加宰知爲官也○咺況阮反一音況元反賵芳仲反〔疏〕宰者何○解云以其言宰與周公同疑宰爲官以其言名又與宰周公異復疑非官故執不知問○注以周至官也○解云僖九年夏公會宰周公已下于葵丘是也

咺者何名也別何之者以有宰周公本嫌宰爲官〔疏〕咺者何○解云繫宰是官言名又卑稱故執不知問○注別何至爲官○解云所以不言宰咺者何而別何之者正以周公加宰爲周公身上官故別何之令相遠若然上注云以周公加宰知爲官而此注

又云本嫌宰爲官者言宰周公宰爲周公身上官今此言宰
咺亦嫌宰爲咺之身上官也不謂二注異宰即非咺之身上
官而繫宰言之者欠士以官
録言其是宰下之士故也○
曷爲以官氏
据石尚
疏
注据
石尚○解云定十四年秋天王使石尚來歸
脤石尚亦是士而不以官録之故以爲難也
宰士也
天子上士
以名氏通中士以
官録下士畧稱人
疏
注天子至稱人○解云天子上士以
名氏通者即石尚來歸脤是也云中
士以官録者言以所繫之官録之即此是也云下言
畧稱人者即僖八年春公會王人以下盟于洮是也
惠公
者何隱之考也
生稱父死稱考入廟
稱禰○禰乃禮反
疏
惠公者何○
解云春秋從
隱至哀魯無惠公歸賵言來故執不知問○注生稱父○解
云即下曲禮云生曰父是也廣雅云父者矩也以法度威嚴
於子言能與子作規矩故謂之父○注死稱考○解云即下
曲禮曰死曰考是也周書謚法大慮行節曰考爾雅云考成
也言有大慮行節之度量堪成以下之法故謂之考鄭注曲
禮云考成也言其德之成也義亦通於此○注入廟稱禰○
解云即襄十二年左傳曰同族於禰廟是也舊說云禰
字示傍爾言雖可入廟是神示猶自最近于已故曰禰
仲

子者何桓之母也以無謚也仲字子姓婦人以姓配字不忘本也因示不適同姓生稱母死稱妣○妣必履反

【疏】仲子者何○解云正以上不見仲子卒文而得歸賵故執不知問○注以無謚也○解云凡春秋之義妾子爲君者其母得稱謚即文公九年冬秦人來歸僖公成風之禭是也今桓未爲君故其母不得稱謚也是以見其不稱謚即知桓之母也○注仲字至同姓○解云字者本國所加故稱字見其不忘本國也所以稱姓者示不適同姓矣○注生稱至稱妣○解云即下曲禮云生曰父曰母死曰考曰妣是也○問曰考與妣是死稱父與母是生稱惠公仲子之卒俱在春秋前何故此傳惠公言隱之考舉死名仲子言桓之母舉生名乎○荅曰仲子已葬訖之後實合舉死稱但禮家本意母死曰妣者比於父之義也故鄭彼云妣之言媲媲于考也但仲子是妾桓未爲君其母不得爲夫人卑不得比于父故還以母言之

何以不稱夫人此難生時之稱也據秦人來歸僖公成風之禭成風稱謚今仲子無謚知生時不稱夫人

【疏】注此難至稱也○解云文九年冬秦人來歸僖公成風之禭舉風之謚案經成風生時傳稱夫人何者禮妾賤不得有謚故也今仲子不舉謚不與成風同明生時不得稱夫人可

知故傳家遥難之桓未君也賵者何喪事有賵賵者蓋以馬以乘馬束帛此道周制也以馬者謂士不備四也禮既夕曰公賵玄纁束帛兩馬是也乘馬者謂大夫以上備四也禮大夫以上至天子皆乘四馬所以通四方也天子馬曰龍高七尺以上諸侯曰馬高六尺以上卿大夫士曰駒高五尺以上束帛謂玄三纁二玄三法天纁二法地因取足以共事○乘馬繩證反注乘馬同纁許云反共音恭【疏】賵者何○解云初入春秋弟子未曉賵義故執不知問○注此道周制也○解云知者正以上云以馬與士既夕禮同下言乘馬與士異明知周之禮大夫以上皆有四馬矣○注以馬至四也○解云以下言乘馬明上文直言以馬者士禮兩馬可知故即引禮爲證矣○注禮大夫至方也○解云案異義古毛詩說云天子至大夫同駕四皆有四方之事士駕二也詩云四騵彭彭武王所乘龍旂承祀六轡耳耳魯僖所乘四牡騑騑周道倭遲大夫所乘書傳云士乘飾車兩馬庶人單馬木車是也○問曰若然異義公羊說引易經云時乘六龍以馭天下也知天子駕六與此異何○荅曰彼謹案亦從公羊說即引王度記云天子駕六龍諸侯與卿駕四大夫駕三以合之鄭駁云易經時乘

六龍者謂陰陽六爻上下耳豈故爲禮制王度記云今天子駕六者自是漢法與古異大夫駕三者於經無以言之者是也然則彼公羊說者自是章句家意不與何氏合何氏此處不依漢禮者蓋時有損益也○注天子至以上○解云月令天子駕倉龍是其高七尺者漢制也其六尺五尺亦然○注諸侯曰至以上○解云魯頌曰魯侯戾止其馬蹻蹻是也○注卿大夫至以上○解云詩云皎皎白駒食我場苗是也○注束帛至纁二○解云雜記上云魯人之贈三玄二纁是也○注玄三至共事○解云天數不但三地數不但二而取三二者因取足以共事故也

車馬曰賵貨財曰賻衣被曰襚此者春秋制也賵猶覆也賻猶助也皆助生送死之禮襚猶遺也遺是助死之禮知生者賵賻知死者贈襚○賻音附襚音遂猶遺唯季反

〔疏〕注此者春秋制也○解云上陳周制訖下乃言賵賻襚此三者是春秋之內事故云此者春秋制也○注知生至贈襚○問曰案既夕禮云知死者贈知生者賻鄭注云各主於所知以此言之賻專施于生者何○荅曰賻專施于生襚專施于死賵實生死兩施故何氏注知生知死皆言賵矣而既夕禮專言知生者對贈言之故也○問曰何知賵生死兩施乎○荅曰案既夕禮云兄弟賵奠可

也注云兄弟有服親者可且賵且奠許其厚也賵奠於死生兩施又云所知則賵而不奠鄭注云所知通問相知也降於兄弟奠施於死者爲多故不奠以此言之明賵與奠皆生死兩施也言奠於死者爲多故知賵生死等矣**桓未君則諸侯曷爲來賵之**据非禮〔疏〕注据非禮。解云桓公未爲君則其母猶妾故諸侯賵之爲非禮**隱爲桓立故以桓母之喪告于諸侯**經言王者賵赴告王者可知故傳但言諸侯。隱爲于僞反下注爲并年末注同告古毒反一音古報反〔疏〕注故傳但言諸侯。解云諸侯之賵及事則在春秋之前故不書矣然則諸侯有相賵之道隱以桓母成爲夫人告天子諸侯天子猶來何況諸侯乎故傳舉以言焉**然則何言爾成公意也**尊貴桓母以赴告天子諸侯彰桓當立得事之宜故善而書仲子所以起其意成其賢**其言來何**据歸含且賵不言來。歸唅本又作含戶暗反下同〔疏〕注据歸至言來。解云文五年春王使榮叔歸含且賵是**不及事也**比於去來爲不及事時以葬事畢無所復施故云爾去來所以爲及事者若已在於內者〔疏〕

注比於至云爾。解云公羊之例若其奔喪會葬不問來之早晚及事不及事皆言來矣故文元年春天王使叔服來會葬夏四月葬我君僖公者是其及事言來也文五年三月葬我小君成風下乃言王使召伯來會葬注云去天者不及事是不及事亦言來矣故元年傳云其言來會葬何會葬禮也注云但解會葬者明言來者常文不爲早晚施也定十五年夏邾婁子來奔喪傳云其言來奔喪何奔喪非禮也彼注云但解奔喪者明言來者常文不爲早晚施也以此言之則知奔喪會葬之例不問早晚悉言來矣若其含賵襚及事則不言來不及事則言來是以惠公仲子之葬悉在春秋前至此乃來歸賵傳曰其言來何不及事也又注云比於去來爲不及事時以葬事畢無所復施故云爾去來所以爲及事者若已在於内者是也若含不及事亦須言來也故文四年冬十有一月壬寅夫人風氏薨五年春王使榮叔歸含且賵彼注云不從含晚言來者本不當含也以此言之明諸侯含晚須言來矣何者諸侯鄰國禮容有含故也若其襚也文九年秦人來歸僖公成風之襚亦是不及事言來也何氏不注者以其可知省文故也所以如此作例者以奔喪會葬所以通哀序志必有所費容其事故稽留不必苟責其及時也其含賵襚之等皆是死者所須若其來晚則無及於事故須作文見其早晚矣其言惠公仲子何据歸含且賵不言主名兼之兼之非禮也禮不賵妾既善而賵之當各使一使所以異尊卑也言之賵者起兩賵也○一使所吏反疏注言之至賵也○解云以此言之則文九年秦人來歸僖公成風之襚言之襚者亦起兩襚矣何以不言及仲子据及者別公夫人尊卑文也仲子即卑稱也○別彼列反疏注据及至文也解云即僖十一年夏公及夫人姜氏會齊侯于陽穀是也仲子微也比夫人微故不得並及公也月者爲內恩錄之也諸侯不月比於王者輕會葬皆同例言天王者時吳楚上僭稱王王者不能正而上自繫於天也春秋不正者因以廣是非稱使者王尊敬諸侯之意也王者据土與諸侯分職俱南面而治有不純臣之義故異姓謂之伯舅叔舅同姓謂之伯父叔父言歸者與使有之辭也天地所生非一家之有有無當相通所傳聞之世外小惡不書書者來接內也春秋王魯以魯爲天下化首明親來被王化漸漬禮義者在可備責之域故從內小惡舉也主書者從不及事也○僭子念反而治直吏反下皆同所傳直專反下文所傳并注同被皮寄反疏注月者爲內恩錄○解云此文及文五年春王

正月王使榮叔歸含且賵皆是內恩錄之也○注諸侯至者輕○解云即文九年冬秦人來歸僖公成風之襚是也○注會葬皆同例○解云若王使人來則書月爲內恩錄之若諸侯使人來即不月以爲比王者爲輕故文五年春三月王使召伯來會葬文元年二月天王使叔服來會葬皆是也其諸侯使人來會葬不月者春秋之內偶爾無之其襄三十一年冬十月滕子來會葬定十五年九月滕子來會葬皆書月者彼是諸侯身來會葬非使人仍自非妨也以此義勢言之則鄉解王與諸侯者皆是使人非身自來也而舊云襄三十一年月者爲下癸酉葬襄公出之會葬不嫌月定十五年月者爲下葬定公出之會葬亦不嫌上月者非也○注春秋至是非○解云若正之當直言王今不正之而亦言天者所以廣見是非故也何者若單言王是其正稱今兼亦言天見其非正矣○注稱使至意也○解云成二年傳云君不行使乎大夫由尊卑不敵故也今天子與諸侯亦尊卑不敵所以言使者天子見諸侯與已分職俱南面而治有不純臣之義故尊敬之而使歸賵故曰尊敬諸侯之意也○注有不至之義○解云喪服斬衰章云臣爲君諸侯爲天子既言臣爲君而別言諸侯爲天子明其與純臣者異其異者即不居殯宮是○注故異至叔父○解云下曲禮及覲禮記文○注言歸者至

之辭也○解云春秋大例先是已物乃言歸即歸讙及闡之屬是也今此賵之車馬先非魯物而言歸者與魯有之辭○注所傳至內也○解云春秋之義所傳聞之世外小惡皆不書今此緩賵是外之小惡當所傳聞之世未合書見而書之者由接內故也

○九月及宋人盟于宿孰及之內之微者也

內者謂魯也微者謂士也不名者略微也大者正小者治近者說遠者來是以春秋上刺王公下譏卿大夫而逮士庶人宋稱人者亦微者也魯不稱人者自內之辭也宿不出主名者主國主名與可知故省文明宿當自首其榮辱也微者盟例時不能專正故責略之此月者隱公賢君雖使微者有可采取故錄也○于宿音夙國名說音悅逮音代又大計反故省所景反後省文皆同

疏

注微者謂士也○解云正以公羊之例大夫悉見名氏與卿同今此不見名氏故知士也○注明宿至辱也○解云理是則主人先榮理非則主人先辱故曰首其榮辱也○注微者至故錄也○解云春秋之例若尊者之盟則大信時小信月不信日見其責也若其微者不問信與不信皆書時悉作信文以略之即僖十九年冬會陳人蔡人楚人鄭人盟于齊之屬是今此書月者義如注釋

○冬十有一

月祭伯來。祭伯者何？天子之大夫也。以無所繫言來也○祭伯側界反五年注放此疏祭伯者何○解云欲言王臣不言王使欲言諸侯復不言朝欲言失地之君復不言奔故執不知問○注以無至來也○解云外諸侯臣來聘宜繫國稱使即文四年秋衞侯使甯俞來聘之屬是也若直來亦有所繫如閔元年冬齊仲孫來之屬是○若外諸侯之臣來奔當繫國言來奔即文十四年秋宋子哀來奔襄二十八年冬齊慶封來奔之屬是也今無所繫直言來故知宜是天子之大夫也何以不稱使？據凡伯稱使疏注據凡伯稱使○解云即下七年天王使凡伯來聘是也奔也。奔者走也以不稱使而無事知其奔疏注以不至其奔○解云下三年武氏子來求賻文九年毛伯來求金是無使文而有事也上文秋七月天王使宰咺文元年天王使叔服之徒皆是有使有事也今此無使復無事故知其正是奔也奔則曷爲不言奔？據齊慶封來言奔疏注據齊至言奔○解云在襄二十八年冬王者無外，言奔則有外之辭也。言奔則與外大夫來奔同文故去奔明王者以天下爲家無絕義主書者以罪舉内外皆書者重乖離之禍也當春秋時廢選舉之務置不肖於位輙退絶之以生過失至於君臣忿爭出奔國家之所以昬亂社稷之所以危亡故皆録之録所奔者爲受義者明當受賢者不當受惡人也祭者采邑也伯者字也天子上大夫字尊尊之義也月者爲下卒也當案下例當蒙上月日不也奔例時一月二事月當在上十言有二者起下復有二非十中之二○注故去至絶義○問曰若選息變反肖音笑采七代反

疏王者以天下爲家無絶義故不言奔何故襄三十年夏王子瑕奔晋昭二十六年冬尹氏召伯毛伯以王子朝奔楚成十二年春周公出奔晋皆言奔乎○荅曰春秋進退無義若來奔魯者見王者以天下爲家無絶義故不言奔矣若奔别國即見春秋黜周與外諸侯同例故言奔矣既以魯爲王而不專黜周者若專黜周則非遜順之義故也○注主書者以罪舉○解云一則罪祭伯之去主一則罪魯受叛人故曰以罪舉○注内外皆書者重乖離之禍也○解云内書者閔二年秋公子慶父出奔莒是也又在外奔書者昭二十年冬十月宋華亥向甯華定出奔陳之屬是也○注當春至於位○解云王制云凡官民材必先論之論辨然後使之任事然後爵之位定然後禄之爵人於朝與士共之是擇人之法也當春秋之時不問賢與不肖悉

指世位故言此○注輙退至過失○解云君若退絶其臣不聽世祿以生過失矣○注至於至出奔○解云由不肖者在位故有忿爭出奔之事矣○注伯者字也○解云知伯非爵者正見桓八年經云冬祭公來遂逆王后于紀公是其爵明伯是其字矣○注當案至不也○解云一月有數事重者皆蒙月也若上事輕下事重輕者不蒙月重者自蒙月若上事重下事輕則亦重者蒙月輕者不蒙月故言當案下例當蒙上月矣日不者謂一日有數事即不得上下相蒙故桓十二年冬十一月丙戌公會鄭伯盟于武父丙戌衞侯晉卒彼下注云不蒙上日者春秋獨晉書立記卒耳當蒙上日與不嫌異於篡例故復出日明同是也○注奔例時○問曰襄二十年夏五月王子瑕奔晉昭二十六年冬十月尹氏召伯毛伯以王子朝奔楚悉書月何言例時乎○荅曰案襄公十年五月甲午宋災伯姬卒天王殺其弟年夫王子瑕奔晉昭二十六年冬十月天王入于成周尹氏召伯毛伯以王子朝奔楚以此言之則似月爲上事其二處出奔仍不蒙月是以襄三十年五月甲午之下注云外災例時此日者爲伯姬卒日昭二十六年冬十月之下注云月者爲天下喜録王者反正位是其月爲上事之明文不妨出奔仍自時也故此乃注云月者爲下卒奔例時也舊云春秋王魯是以王臣來奔魯者悉

與外諸侯之臣來奔同書時故與襄二十八年冬齊慶封來奔同書時矣若王臣奔佗國者悉皆書月見别于諸侯之臣矣是以王子瑕毛召之徒悉皆書月○問曰若然成十二年春周公出奔晉亦是出奔何故不月○荅曰王臣之例實不言出亦不書時但周公自其私出奔故自從小國例言出書時矣凡諸侯出奔大國例月小國時

○公子益師卒何以不日 據臧孫辰書日○不日人實反此傳皆以日月爲例後放此

疏注据臧孫辰書日○解云即文十年春王三月辛卯臧孫辰卒者也○問曰下五年冬十二月辛巳公子彄卒亦書日所以不據之而遠據文十年之篇何○荅曰下五年何氏云日者隱公賢君宜有恩禮於大夫益師始見法無駭有罪俠又未命也故獨得於此日以義言之正由同在所傳聞之世非常書日之限故不據之所所聞之世大夫日卒者非一正據辰者以其是所聞之始故也

遠也 孔子所不見

所見異辭所聞異辭所傳聞異辭 所見者謂昭定哀己與父時事也所聞者謂文宣成襄王父時事也所傳聞者謂隱桓莊閔僖高祖曾祖時事也異辭者見恩有厚薄義有深淺時恩衰義缺將將以理人倫序人類因制治亂之法故於所見之

世恩已與父之臣尤深大夫卒有罪無罪皆日録之丙申季孫隱如卒是也於所聞之世王父之臣恩少殺大夫卒無罪者日録有罪者不日略之叔孫得臣卒是也於所傳聞之世高祖曾祖之臣恩淺大夫卒有罪無罪皆不日略之也公子益師無駭卒是也於所傳聞之世見治起於衰亂之中用心尚麤觕故内其國而外諸夏先詳内而後治外録大略小内小惡書外小惡不書大國有大夫小國略稱人内離會書外離會不書是也於所聞之世見治升平内諸夏而外夷狄書外離會小國有大夫宣十一年秋晉侯會狄於攢函襄二十三年邾婁劓我來奔是也至所見之世著治大平夷狄進至於爵天下遠近小大若一用心尤深而詳故崇仁義譏二名晉魏曼多仲孫何忌是也所以三世者禮爲父母三年爲祖父母期爲曾祖父母齊衰三月立愛自親始故春秋据哀録隱上治祖禰所以二百四十二年者取法十二公天數備足著治法式又因周道始壞絶於惠隱之際主所以卒大夫者明君當隱痛之也君敬臣則臣自重君愛臣則臣自盡公子者氏也益師者名也諸侯之子稱公子公子之子稱公孫○見恩賢遍反下見治皆同殺所介反麤觕才古反又七奴反説文大也諸夏戸雅反凡諸夏皆放此攢函才官反下音咸大平音泰期音基齊衰音咨本亦作齋下七雷反盡津忍反

疏注所見至事也○解云孔子親仕之定哀故以定哀爲巳時定哀既當於巳明知昭公爲父時事知昭定哀爲所見文宣成襄爲所聞隱桓莊閔僖爲所傳聞者春秋緯文也○注時恩衰義缺○解云當時子弑父父殺子爲恩衰也臣弑君君殺臣爲義缺故喪服四制云爲父斬衰三年以恩制爲君斬衰三年以義制是也○注將以至之法○解云孔子見時如此遂制春秋理人倫者斷理君臣之倫次令得所也序人類者類謂父子序父子之恩使之厚也因以制治亂之軌式矣○注故於至卒是也○解云隱如遂君而書日即定五年丙申季孫隱如卒是也若非罪書日即昭二十五年冬十月戊辰仲孫舍卒二十九年四月庚子叔倪卒是也而此注不言之者從省文也○注於所至日録○解云無罪書日者即襄五年冬十有二月辛未季孫行父卒襄十九年八月丙辰仲孫蔑卒是無罪而書日者録之故也若然文十四年九月甲申公孫敖卒于齊敖實有罪而書日者彼注云巳絕卒之者爲後齊脅魯歸其喪有恥故爲内諱使若尚爲大夫是也○注有罪至是也○解云宣五年九月叔孫得臣卒何氏云不日者知公子遂欲弑君爲人臣知賊而不言明當誅是有罪而不日者略之故也○注於所見至卒是也○解云公子益師無罪而不日即此是也無駭有罪而不日即下

八年冬十有二月無駭卒是也若然莊三十二年秋七月癸巳公子牙卒僖十六年三月壬申公子季友卒秋七月甲子公孫茲卒並是所傳聞之世而得書日牙卒之下何氏云莊不卒大夫而卒牙者本以當國將弒君書日者錄季子之過惡也其季友之下何氏云日者僖公賢君宜有恩禮於大夫故皆日也其公孫茲之下何氏云一年喪骨肉三人故日痛之是也○注錄大略小○解云謂錄大國卒葬小國卒葬不錄是也○注內離至是也○解云內離會者即下二年春公會戎于潛桓元年春公會鄭伯于垂是也外離會不書者桓五年齊侯鄭伯如紀傳云外相如不書此何以書離不言會也何氏云時紀不與會故略言如也○注於所至升平○解云升進也稍稍上進而至於大平矣○注宣十至攢函○解云即此一經而當是二義也○注襄二至是也○解云若然莊二十四年冬曹羈出奔陳莊二十七年冬莒慶來逆叔姬皆非所聞之世而小國得有大夫書名者曹羈之下傳云曹無大夫此何以書賢也莒慶之下傳云莒無大夫此何以書譏爾大夫越境逆女非禮也然則一譏一賢故變例書之爾○注至所至大平○解云當爾之時實非大平但春秋之義若治之大平於昭定哀也猶如文宣成襄之世實非升平但春秋之義而見治之升平然○注夷狄至於爵○解云即哀

四年夏晉人執戎曼子赤歸于楚十三年夏公會齊侯及吳子于黃池是也○注晉魏萬多仲孫何忌是也○解云哀十三年晉魏多帥師侵衛傳云此晉魏曼多也曷爲謂之晉魏多譏二名二名非禮也定二年仲孫忌圍運傳云此仲孫何忌也曷爲謂之仲孫忌譏二名二名非禮也何氏云春秋定哀之間文致大平欲見王者治定無所復爲譏唯有名故譏之此春秋之制也○注所以至三年○解云母雖不斬衰哀痛與斬同故連言之○注爲曾至三月○解云不言高祖父母者文不備○注立愛自親始○解云即祭義云子曰立愛自親始教人睦也立敬自長始教人順也鄭注云親長父兄也睦厚也是○注故春至祖禰○解云即大傳云上治祖禰尊尊也下治子孫親親也旁治昆弟合族以食序之昭穆別之以仁義人道竭矣鄭注云治猶正也竭盡也○注取法至法式○解云考諸舊本皆作式字言取十二公者法象天數欲著治民之法式也若作戒字言著治亂之法著治國之戒矣○注諸侯至公孫○解云出喪服傳也

監本春秋公羊注疏隱公卷第一

[illegible][illegible]盧氏宣旬校定

大清嘉慶二十年重栞宋本用文選樓藏本校

江南蘇松督糧道方體栞

春秋公羊傳注疏挍勘記序　阮元撰盧宣旬敬錄

漢武帝好公羊治其學者胡毋子都董膠西爲最著膠西下帷講誦著書十餘萬言皆明經術之意至於今傳焉子都爲景帝時博士後年老歸教於齊齊之言春秋者莫不宗事之公羊之著竹帛自子都始戴宏序僃子夏傳與公羊高高傳其子平平傳其子地地傳其子敢敢傳其子壽壽與弟子胡毋子都著於竹帛是也何休爲膠西四傳弟子本子都條例以作注著公羊墨守公羊文謚例公羊傳條例尤邃於陰陽五行之學間以緯說釋傳疏不詳其所據漢志有公羊外傳五十篇徵引或出此也公羊傳文初不與經相連綴漢志各

自爲卷孔穎達詩正義云漢世爲傳訓者皆與經别行故蔡邕石經公羊殘碑無經解詁亦但釋傳也分經附傳大氐漢後人爲之而唐開成始取而刻石徐彦疏唐志不載崇文揔目始著錄亦無撰人名氏宋董逌云世傳徐彦所作其時代里居不可得而詳矣光祿寺卿王鳴盛云卽北史之徐遵明不爲無見也葢其文章似六朝人不似唐人所爲者郡齋讀書志書錄解題竝作三十卷世所傳本乃止二十八卷其參差之由亦無可考也元舊有挍本今更以何煌所校蜀大字本宋鄂州官本及唐石經本宋元以來各注疏本屬武進監生臧庸臚其同異之字元爲訂其是非成公羊注疏挍勘記

十一卷釋文挍勘記一卷後之爲是學者俾得有所考焉阮元記

引據各本目錄

單經本

唐石經春秋公羊十二卷原刻如此後改爲十一卷閔公第四下添注云附莊公卷故僖公第五改卷四文公第六改卷五宣公第七改卷六成公第八改卷七襄公第九改卷八昭公第十改卷九定公第十一改卷十哀公第十二改卷十一

經注本

經典釋文公羊音義一卷

注疏本

惠棟挍本春秋公羊傳注疏二十八卷何煌字仲友云康熙丁酉假同門李廣文秉成所買宋槧官本手挍再令張翼庭倪穎仲各挍一過惠棟云有曹通政寅所藏宋本公羊合何氏所挍宋槧官本蜀大字本及元版注疏并參以石經用朱墨别異癸酉冬月識按惠云朱墨别異者今不能詳大約鄂州官書經注本最爲精美

監本附音春秋公羊注疏二十八卷款式同周禮注疏補刊修版至明正德止首載景德二年中書門下牒一首蓋此牒出北宋經注本也閩本注疏亦首載此牒

閩本春秋公羊傳注疏二十八卷

監本春秋公羊傳注疏二十八卷

毛本春秋公羊傳注疏二十八卷

浦鏜春秋公羊傳注疏正誤四卷

春秋公羊傳注疏序校勘記　阮元撰盧宣旬摘録

中書門下牒　此本及閩本監本卷首皆載此牒文係景德二年也毛本始删去此牒文下兩勑字中書字俱跳行頂格閩監本改牒文皆低一格牒字跳行亦低一格兩勑字始頂格

監本附音春秋公羊注疏序　何煌校宋監本公羊下有傳字是也此脱閩監毛本改此爲春秋公羊傳注疏七字閩本於此行下署漢何休學口口口口疏另行署明御史李元陽提學僉事江以達校刊監本改署皇明朝列大夫國子監祭酒曾朝節等奉勑重校刊毛本但存漢何休學四字其實亦不當有也

漢司空掾任城樊何休序　唐石經同釋文祇作春秋公羊序五字何校本閩本監本毛本此題及下序并傳皆低一格惟春秋經文始頂格通書並然蓋後人以意爲之非也此本從唐石經題序經傳皆頂格掾字從手釋文唐石經何校本並同閩監毛本改從木旁非疏中同

巴漢之間地名也　補刊本地字誤作也原刻及閩本監本毛本不誤此類皆不具著有當著

者始出之

二年八月 諸本同誤也二當作三

子嬰降○年春正月 補毛本○作其

六年正月乃稱皇帝 漢書高皇紀五年十二月斬羽二月即皇帝位此六年正月當本作其年二月淺人未考秦以十月爲歲首故蒙上五年十二月之文改此爲六年正月也據上文云冬〻十月爲漢元年其年春正月項羽尊楚懷王以爲義帝知疏文於此亦本作其年

名休字邵公 閩監毛本同補刊本邵作卲○按此字當作卲从卩高也表德之字無取於地名

述己作注之意 閩本同監毛本注作註非下並同

予疇昔夜夢 補刊本予誤子閩監毛本承之

案孝經鉤命决云 閩監毛本决改決是也

所以春秋言志在孝經言行在　下當脫者字

治世之要務也　唐石經諸本同疏云考諸舊本皆作也若作世字俗誤已行按也作世則屬下讀曰世傳春秋者非一俗本是

凡諸經藝　閩本同監本毛本藝改義非

謂三王以來也　何校本同閩監毛本脫也

正以孔子脩春秋　毛本脩改修下並同

俗誤已行　何校本同此本行字模餬閩監毛本遂脫

口授子夏　閩本同監本夏誤貢

治公羊者胡毋生　閩本同監毛本毋誤母

安樂弟子陰豐劉向王彥　漢書儒林傳云安樂授淮陽泠豐次君淄川任公公爲少

府豐淄川太守六藝論之陰豐疑即漢書泠豐之誤六藝論言劉向王彥漢書但言任公蓋鄭君所聞不必與班氏合也

得瑞門之命　閩監毛本作端是也此誤

僖口言實與齊桓專封是也　補僖下空闕一字

郲婁叔術妻㛐　閩監毛本㛐作嫂㛐者南朝俗字

非倍半之倍也　舊鈔本同閩監毛本半改畔非

其勢雖問不得不廣　唐石經諸本同䟽云一說其勢維適畏人問難故曰維問維誤爲雖耳按維當作惟言其形勢惟問難者多是以不得不廣爲之說也故下云是以講誦師言至於百萬云云

致地問難　鈔本同誤也閩監毛本地作他爲是

時加釀嘲辭　諸本同唐石經缺按釋文作讓嘲讓相責讓也嘲嘲笑也言時加誚讓嘲笑之辭作釀誤當據正

甚可閔笑者　唐石經同閩監毛本笑改笑非

笑其謬通也　何校本同葢誤閩監毛本作謬妄

貴文章矣謂之俗儒者　浦鏜云矣爲者之誤

至使賈逵緣隙奮筆　唐石經閩本隙作隟

作長義四十二條　閩本同監毛本二誤一○案春秋序正義云賈逵上春秋大義四十以抵公羊後漢書本傳則云出左氏傳大義長者摘三十餘事以上玉海引疏亦作四十一條是宋世本作一不作二也○補此本此疏上文遂作長義四十一條是作一不作二

將慾存立　閩監毛本慾作欲此當是慾之訛

專愚公羊未申　補毛本愚作慮

何氏本者作墨守以距敵　浦鏜云者疑著之誤當在敵字下龔麗正云何氏不聞著

長義此言距敵長義言與賈逵長義相距敵也按如龔說則當讀著作墨守以距敵長義爲句下以强義三字似衍

爲癈疾以難穀梁　閩監毛本癈誤廢

監本附音春秋公羊注疏序終　閩本作春秋公羊經傳解詁序終監毛本無此

春秋公羊注疏序挍勘記終　工部屯田司員外郎胡祖謙挍

公羊注疏卷一挍勘記

阮元撰盧宣旬摘録

監本附音春秋公羊注疏隱公卷第一 閩監毛本刪監本附音四字下增漢何休學四字與後複非也

春秋公羊經傳解詁隱公第一 釋文唐石經同閩監毛本改此題低一格非解云舊題春秋隱公經傳解詁第一公羊何氏今定本升公羊字在經傳上退隱公字在解詁之下又云何休學臧琳經義雜記曰詩正義云鄭注三禮周易中候尚書皆大名在下孔安國馬季長盧植王肅之徒其所注者莫不盡然則公羊傳亦本隱公小題在上公羊大題在下定本誤改故唐人多從之臧禮堂曰何氏題何休學非也杜預解左傳止題杜氏趙岐孟子章句但題趙氏鄭注孝經但題鄭氏古人遜謙不欲自表其名但著氏族俾可識別耳按唐石經桓公第二何休學原刻作何氏後磨改作何休據疏引博物志則晉時本已稱何休學矣閩監毛本何休學三字在此題下此本移於疏後非也元板同

春秋者一部之揔名隱公者魯侯之謚號閩監本揔作摠毛本揔改總謚改謚非

或荅曰閩本同監毛本荅改答非下並同

乃喟然而嘆曰閩監本同毛本嘆作歎

以其書作秋成何按宋監本作以書春作秋成此脫春字閩監毛本書作春○按當作以其書春作秋成

春秋尚書其存者何按本同閩監毛本其誤具盧文弨曰宋本禮記注作其與此合毛本亦訛具

不能○重載何按本作不能重載無○是也閩監毛本不能復重載非

上攬史記閩監毛本攬作覽非也○按說文攬撮持也

畀龍生爲赤必告云象使知命　監毛本云作示

春秋之信忠也　閩監毛本作信史○按昭十二年傳作信史

何不謙讓之有　閩本同誤也監毛本不作以

託記高祖以來　毛本記作寄誤

鳳皇來儀　閩本同監毛本皇作凰俗字

上明親自執筆爲之　毛本自作事

言三个科段之内　何校本同閩監本个改箇

文元年　此本元作示訛今訂正補刻本及閩監毛本作二年誤

已卯烝　閩監毛本蒸作烝

元年

元年者何　宋余仁仲本同閩本監本毛本上增傳字非通書並同

注諸据至者何　閩本同監毛本注改註非下並同○按何煌全書內用据代據漢人之假借也

十二月之揔號　余本同閩監本揔作摠毛本改總非下並同

脩身絜行矣　閩監本同毛本作修身潔行非○按古書潔多作絜

天地開辟之端　宋本閩本同監毛本辟改闢非按疏中仍作開辟釋文辟本亦作闢

揔號其成功之稱　宋本閩本同監毛本功誤名

注昏斗至冬也　按今本注中無也字冬上當有曰字

是以春秋說云　此下文當有脫誤下疑三代謂疑文王同○按當云疑三代不專謂文王則可讀

故徧道之矣　閩監毛本徧作偏此誤

以元之深 浦鏜云深當作氣

十二月萌牙始白 閩監本同毛本牙改芽非注作牙。按牙者古書叚借字

命以赤烏 案烏字是也閩監毛本誤作鳥

則命以白瑞 按命下當脫之

天王者始受命改制 監毛本同誤也宋鄂州官本元本閩本天作夫成十五年疏定元年疏引此注同當據以訂正

後主更起 盧文弨曰主疑當作王

即位者 盧文弨曰春秋左氏正義引此注作公即位者多公字

天不深正其元 鄂本元本閩本天作夫誤也監毛本夫作天是也釋文作夫不音扶。按此陸德明一時誤會未審其文理也

嫡子冠於阼　鄂本同閩監毛本嫡作適下同按釋文亦作適子

男子年六十閉房　鄂本男子上有禮字此脫

不戒視成謂之暴　毛本暴作㬥疏同

公及邾婁儀父盟于眛　唐石經監毛本同閩本眛作昧釋文邾婁邾人語聲後曰婁故曰邾婁禮記同左氏穀梁無婁字儀父本亦作甫于眛穀梁同左氏作蔑石經考文提要云宋景德本宋鄂泮官書本皆作眛○按說文眜从目末聲與从眛未聲之字別眜與蔑古音同

會猶最也　唐石經最作冣

公會齊侯盟于艾之徒是也　閩本同監毛本徒作役

何以名　鄂本以下同唐石經作何以不名按此設爲問荅之辭此問何以名故下荅之曰非名也字也若作何以不名則與下曷爲稱字意複此下字也一句爲贅矣注云據齊侯以祿父爲名故疑儀父亦名則何注本無不字唐石經

當衍

傳不足言託始者　按言字當誤衍下注云傳不足託始可證

下三國意不見　毛本下作于

卽恐下二國不是始　浦鏜云三誤二○按惠棟挍本不誤

記隱公以爲始受命王　閩監毛本同誤也鄂本記作託當據正

凡以事定地者加于例以地定事者不加于例　按解云謂先約其事乃期于某處作盟會者加于先在其地乃定盟會之事者不加于此注亦當作加于不加于二例當爲衍文

解云謂先約其事乃期于某處作盟會者加于先在其地乃定盟會之事者不加于　案此本及閩本二于字下無例字監本毛本有例字非古也

段無弟又　閩監毛本誤也鄂本又作文當據正

以將更宥之　浦鏜云寬誤宥按文王世子注作寬

欲當國爲之君　毛本欲作弟○按下注云俱欲當國四年疏文十四年疏引此注亦作欲當國然則作欲是也

所以見段之逆　鄂本以下同四年疏引作所以見段之凶逆

宰卽非咺之身上官　浦鏜云卽當旣字誤

禮旣夕曰公賵元纁束帛　浦鏜云按經無帛字

時乘六龍以馭天下也　浦鏜云馭經作御下衍字

此者春秋制也　盧文弨曰荀子大略篇注引作此皆春秋之制也按疏本作此者

知死者贈襚　諸本同誤也穀梁疏引此作知死者賵襚當據以訂正疏云何氏注知生知死皆言賵矣

可證

知生者賻今儀禮同據此疏下文似禮經本作知生者賵未詳

告于諸侯唐石經亦作于

据歸含且賵不言來釋文作歸唅云本又作含下同○按唅非也依說文應作琀

主書者從不及事也宋監本同閩監毛本脫從字

若外諸侯之臣來奔閩本同監毛本若作也按也若當並有

當案下例閩監毛本同鄂本當作堂誤○按二年注作常案下例當蒙上月解云祭伯來之下已有此注然則此亦應作常

起下復有二閩監毛本同誤也鄂本下作十當據正

若專黜周則非遜順之義故也毛本若誤欲

論辨然後使之 閩監毛本辨改辯

義有深淺 鄂本作淺深當乙正諸本皆誤倒

不日畧之 鄂本畧作略是也段玉裁曰古人多作略田在旁

用心尚麤觕 釋文作麤觕閩監毛本同段玉裁曰觕說文無此字蓋[illegible]字轉寫之譌本義角長皃叚借爲粗糙字

邾婁劓我來奔是也 鄂本劓作鄓後仍作鼻此從刀訛閩監毛本作鼻○按鼻是也劓鄓皆非襄二十三年可證

晉魏曼多仲孫何忌是也 鄂本曼作萬此本疏中標注亦作萬○按作曼是也萬者聲之誤

著治法式 解云舊本皆作式一作戒

父殺子爲恩衰也　閩監毛本無也此衍否則爲義缺下亦當有也

於所見至卒是也　何校本見作傳是也

錄季子之過惡也　閩監毛本過作遏與襄三十二年注合此本過字係改刻

注宣十至攢函　閩本同監毛本十改七

此何以書譏爾　何校本譏下有何譏二字與莊廿七年傳合

晉人執戎曼子赤歸于楚　閩本同監毛本曼作蠻○按哀四年疏云左氏作戎蠻子可證徐氏所據公羊經作曼不作蠻

唯有名故譏之　浦鏜云名上脫二按浦云是也定六年注有二字

序之昭穆　大傳云序以昭穆

出喪服傳也　閩監毛本出誤世

監本春秋公羊注疏隱公卷第一下卷末準此

公羊注疏卷一挍勘記終　工部屯田司員外郎胡祖謙挍

監本春秋公羊注疏隱公卷第二

起二年盡四年

盧氏宣旬校定

何休學

二年春公會戎于潛凡書會者惡其虛內務恃外好也古者諸侯非朝時不得踰竟所傳聞之世外離會不書書內離會者春秋王魯明當先自詳正躬自厚而薄責於人故略外也王者不治夷狄錄戎者來者勿拒去者勿追東方曰夷南方曰蠻西方曰戎北方曰狄朝聘會盟例皆時○惡烏路反好呼報反非朝直遙反凡此字不音者皆同踰竟音境今本多即作境字更不音所傳直專反年末相傳同

疏注凡書會者至外好也○解云以其非自求多福之義故也○注古者諸侯至踰竟○解云案曲禮下云諸侯相見於隙地曰會故定十四年注云古者諸侯將朝天子必先會閒隙之地以此言之則會合於禮言會爲惡之非朝時不得踰竟者正以春秋之會非爲天子而作之故得然解○注古者不治至勿追○解云言當是所傳聞之世王者草創夷狄有罪不暇治之即先書晉滅下陽末書楚滅穀鄧是也而此經錄戎者來者勿拒故也○注東方曰夷至曰狄○解云下曲禮及王制皆有此文○注朝

聘至皆時○解云朝書時者即文十五年夏曹伯來朝昭十
七年春小邾子來朝之類是也其聘書時者即文四年秋衛
侯使甯俞來聘文六年夏季孫行父如陳之屬是也其會書
時者即莊十三年春齊侯宋人以下會于北杏十四年冬單
伯會齊侯宋公以下于鄄之屬是也盟書時者即莊十三年
冬公會齊侯盟于柯之屬是也其有書日月者皆別著義即
不信者日小信者月之屬是也○夏五月莒人入向入者何得而
不居也入者以兵入也已得其國而不居故云爾凡書兵者正不得也外內深淺皆舉之者因重兵害衆兵
動則怨結禍更相報償伏尸流血無已時諸侯擅興兵不爲
大惡者保伍連帥本有用兵征伐之道魯入杞不諱是也入
例時傷害多則月○莒音舉向舒亮反國名更音庚償時亮反擅市戰反
疏 入者何○解云侵伐戰圍入皆是用
用兵之文而不言帥帥故執不知問○注凡書兵至得也○
解云言春秋之內凡書兵事者皆欲言正之道其理不合然
○注諸侯至是也○解云保伍連帥者即禮記王制云五國
爲屬屬有長二屬爲連連有帥是也言本有用兵征伐之道
者謂禮五國爲屬屬有長二屬爲連連有帥三連爲卒卒有
正七卒爲州州有伯若州內有無道者則長帥正伯當征之

若其不征則與同惡故曰有征伐之道知非大惡者正以春秋之義內大惡皆諱不書而魯入杞者即僖二十七年秋公子遂帥師入杞者是也若然禮法諸侯賜弓矢然後專征伐而保伍連帥得有征伐之道謂隨州伯故也○注入例至則月○解云入例時者即成七年秋吳入州來定五年夏於越入吳之屬是也傷害多則月者此文及僖三十三年春王二月秦人入滑是也若然僖二十七年秋八月乙巳公子遂帥師入杞而書日者彼注云日者杞屬脩禮朝魯雖無禮君子躬自厚而薄責於人不當乃入之故録責之者是其不引者以此求之

○**無駭帥師入極**

無駭者何展無駭也何以不氏據公子遂帥師入杞氏公子也○駭戶楷反【疏】無駭者何○解云欲言其君經不書爵欲言大夫又復無氏故執不知問○注據公子遂帥師至子也○解云在僖二十七年秋

貶貶猶損也○貶彼檢反損也

曷爲貶據公子遂俱用兵入杞不貶也

疾始滅也以下終其身不氏知貶疾始滅非但起入爲滅【疏】注據公子遂俱用至貶也○解云欲決隱八年庚寅我入邴非用兵故也○注以下終至爲滅○解云即下八年無駭卒傳曰何以不氏疾始滅也故

終其身不氏然則若直欲起此入爲滅止應此經貶之而已不應終身貶之故知并欲起其疾始滅也**始滅昉於此乎**昉適也齊人語据傳言撥亂世○昉甫往反適也、〔疏〕注昉適也齊人語○解云胡毋生齊人故知之若鄭譜云然則詩之道放于此乎之類○注据傳言撥亂世○解云哀十四年傳云君子曷爲爲春秋撥亂世反諸正莫近諸春秋是也既言作春秋治亂世明知往前相滅非一矣而此經爲始疾滅是以據而難之**前此矣**前此者在春秋前謂宋滅郜是也○郜古報反**前此則曷爲始乎此託始焉爾**焉爾猶於是也〔疏〕注謂宋滅郜是也○解云桓二年夏四月取郜大鼎于宋傳云此取之宋其謂之郜鼎何器從名彼注云從本主名名之宋始以不義取之故謂之郜鼎是也然則宋滅郜在春秋前故如此解○**曷爲託始焉爾**据戰伐不言託始〔疏〕注据戰至託始○解云隱二年鄭人伐衛桓十年齊侯衛侯鄭伯來戰于郎傳皆不言託始焉爾故難之而注先言戰者直漫據春秋上下戰伐之事而已故意及則言不爲次第矣**春秋之始也**春秋託王者始起所當誅也言疾始滅者諸滅復見不復貶皆從此取法所以省文也○復見扶又反下不復同見音賢徧反（疏）注言疾滅至省文也○解云諸滅復見不復貶即定四年蔡公孫歸姓帥師滅沈定六年鄭游遬帥師滅許之屬是也

此滅也其言入何據齊師滅譚不言入**內大惡諱也**明魯臣子當爲君父諱滅例月不復出月者與上同月常案下例當蒙上月日不○當爲于僞反下爲後背隱同（疏）注據齊師滅譚不言入○解云在莊十年○注滅例月至同月○解云莊十年冬十月齊師滅譚莊十三年夏六月齊人滅遂之屬是也○注常案下至日不○解云元年祭伯來之下已有此注而復言之者正以彼月爲下公子益師卒其祭伯來奔不蒙月今此下五月二事皆蒙之嫌其異故重發之

○**秋八月庚辰公及戎盟于唐**後不相犯日者爲後背隱而善桓能自復爲唐之盟○背音佩（疏）注後不相至之盟○解云春秋之例不信者日故後不相犯日者言爲後背隱而善桓能自復爲唐之盟者即桓二年秋九月公及戎盟于唐是也言背隱者桓是弒君之賊而與桓盟是背隱之義矣言善桓能自復者戎與桓同好相隨繼其所能故善其得國矣若左氏之義以極是戎國都案此經傳及注似非一

物而舊解曰以爲我能自復者非也○九月紀履緰來逆女紀履緰者何紀大夫也以逆女不稱使知爲大夫○履緰音須左氏爲裂繻【疏】紀履緰者何○解云不書爵又不言使君臣不明故執不知問○注以逆至大夫○解云正以桓三年秋公子翬如齊逆女之屬皆是大夫爲君逆女而文皆不言使今此履緰逆女不言使故知是大夫也或者使爲爵字誤也何以不稱使据宋公使公孫壽來納幣稱使婚禮不稱主人爲養廉遠恥也【疏】注据宋公至稱使○解云在成八年夏○注爲養廉遠恥也者謂養成其廉遠其慙恥也然則曷稱稱諸父兄師友宋公使公孫壽來納幣則其稱主人何辭窮也辭窮者何無母也禮有母母當命諸父兄師友稱諸父兄師友以行宋公無母莫使命之辭窮故自命之自命之則不得不稱使【疏】辭窮者何○解云弟子未解辭窮之義故執不知問○注禮有母至師友○解云即昏禮記云言子無父母命之是也○注稱諸父至以行○解云謂使者稱

之而文不言使者以其非君故也○注宋公至稱使○解云即昏禮記云親皆沒巳躬命之是也○然則紀有母乎曰有以不稱使知有母有則何以不稱母據非主人何不稱母通使文○母不通也禮婦人無外事但得命諸父兄師友稱諸父兄師友以行耳母命不得達故不得稱母通使文所以遠別也○別彼列反外逆女不書此何以書據伯姬歸于宋不書逆人疏注据伯至逆人○解云在成九年春譏譏猶譴也○譴遣戰反何譏爾譏始不親迎也禮所以必親迎者所以示男先女也於廟者告本也夏后氏逆於庭殷人逆於堂周人逆於戶○親迎魚敬反注及下同先悉薦反疏注禮所至先女也○解云出昏義文○注於廟者至於戶○解云即書傳云夏后氏逆於廟庭殷人逆於堂周人逆於戶者是也○始不親迎昉於此乎前此矣以惠公妃匹不正不嫌無前也○妃音配又芳非反疏注以惠至前也解云不以正妃匹者是不重昏姻之禮故知往前宜有不親迎之事矣前此則曷爲始

乎此託始焉爾（焉爾猶於是也）曷爲託始焉爾（据納幣不託始）春秋之始也（春秋正夫婦之始也夫婦正則父子親父子親則君臣和君臣和則天下治故夫婦者人道之始王教之端內逆女常書外逆女但疾始不常書者明當先自正躬自厚而薄責於人故略外也○治直吏反）疏注夫婦正至之端○解云昏義鄭注云言子受氣性純則孝孝則忠是也○注內逆女常書者即桓三年公子翬宣元年公子遂成十四年叔孫僑如之屬是也女曷爲或稱女或稱婦或稱夫人女在其國稱女（未離父母之辭紀履綸來逆女是也○未離力智反下同）在塗稱婦（在塗見夫服從之辭公子結媵陳人之婦是也）疏女曷爲或稱女者即此經是也或稱婦者莊十九年陳人之婦是也○注在塗見至之辭○解云案僖二十五年宣元年傳皆云其稱婦者何有姑之辭也者兼二義故也何者在塗稱婦者服從夫辭其至國猶稱婦者對姑生稱也入國稱夫人（入國則尊尊有臣子之辭夫人姜氏入是也紀無大夫書紀履綸者重婚禮也月者不親迎例月重録之親迎例時）疏注入國至

入是也○解云在莊二十四年秋是也○注月者至例時○解云不親迎例月者即此文及桓三年秋七月公子翬宣元年正月公子遂之屬是也其親迎時者即莊二十四年夏公如齊逆女莊二十七年冬莒慶來逆叔姬之屬是也有不如此者別見義即文四年夏逆婦姜成十四年秋叔孫僑如之屬是也當文自有解不能逆説也

○冬十月

伯姬歸于紀伯姬者何内女也以無所繫也不稱公子者婦人外成不得獨繫父母

【疏】伯姬者何○解云欲言内女於紀言歸欲言外女文無所繫故執不知問○注不稱公至父母○解云正以莊元年傳云羣公子之舍則已卑矣明有得稱公子之道故注者決之○

其言歸何据去父母國也

婦人謂嫁曰歸婦人生以父母爲家嫁以夫爲家故謂嫁曰歸明有二歸之道書者父母恩録之也禮男之將取三日不舉樂思嗣親也女之將嫁三夜不息燭思相離也内女歸例月恩録之○取七住反○

【疏】注婦人生至爲家○解云謂始生時○注明有二歸之道也○解云即此伯姬歸于紀宣十六年秋郯伯姬來歸之屬是也○注禮男之至女將嫁○解云皆出禮記曾子問○注内女歸至録之○解云即此文冬十月隱七年三月

叔姬歸于紀成九年二月伯姬歸于宋之屬是也〇紀子伯莒子盟于密紀子伯者何無聞焉爾言無聞者春秋有改周受命之制孔子畏時遠害又知秦將燔詩書其說口授相傳至漢公羊氏及弟子胡毋生等乃始記於竹帛故有所失也〇紀子伯左氏作子帛遠于萬反燔扶元反毋音無〇〔疏〕紀子伯者何〇解云欲言紀君經不稱侯欲言大夫復敘人君之上故執不知問

〇十有二月乙卯夫人子氏薨夫人子氏者何隱公之母也以不書葬〔疏〕夫人子氏者何〇解云欲言魯之夫人終無葬處弟子未識故執不知問〇注以不書葬〇解云今隱公欲表巳讓故宜屈卑其母不成夫人之禮是以見其不書葬知其是隱公母也何以不書葬据姒氏書葬〇姒音似〇〔疏〕注据姒氏書葬〇解云即定十五年九月辛巳葬定姒是也彼定姒之子哀公者未踰年之君也其母亦得書葬今隱公雖欲讓桓不作成君應比未踰年之君今其母不書葬故據而難之成公意也何成乎公之意据巳去即位〇去起呂反子

將不終爲君，故母亦不終爲夫人也。時隱公卑屈其母，不以夫人禮葬之，以妾禮葬之，以卑下桓母，無終爲君之心，得事之宜，故善而不書葬，所以起其意而成其賢。子者，姓也。夫人以姓配號，義與仲子同。書薨者，爲隱公恩錄痛之也。日者，恩錄之。公夫人皆同例也。○下，遐嫁反。【疏】注「子者」至「子同」。○解云：上文「仲子」之下，而注云「仲，字；子，姓。婦人以姓配字，不忘本國，示不適同姓」。今此稱姓者，亦是示不適同姓之義，故云「義與仲子同」。其不稱字之義，乃自異，故注云「以姓配號」，號即夫人是也。

○鄭人伐衛。書者，與入向同。侵、伐、圍、入例皆時。○【疏】注「書者與入向同」。○解云：即上注云「凡書兵者，正不得也。外內深淺皆舉之者，因重兵害衆」是也。○注「侵伐圍入例皆書時」。○解云：其侵伐書時者，即僖二十八年「春，晉侯侵曹，晉侯伐衛」之屬是也。入例時者，已說於上，而注言此者，正以文承日月之下，故須解之。

三年，春，王二月。二月、三月皆有王者，二月，殷之正月也；三月，夏之正月也。王者存二王之後，使統其正朔，服其服色，行其禮樂，所以尊先聖，通三統，師法之義，恭讓之禮，於是可得而觀之。○【疏】注「二月」至「王者」。

解云二月有王即此是三月有王者即定元年王三月之屬是也。注使統其正朔。解云統者始也謂各使以其當代之正朔爲始也。注所以尊至觀之。解云春秋黜杞而言通三統者黜杞爲魯也通三王之正者爲師法之義

己巳日有食之何以書諸言何以書者問主書。【疏】注諸言至主書。解云至此乃解之者正以有所据下言何以書者還言据彼難此之例故不得然解也即上二年傳云外逆女不書此何以書是也今此直言何以書上無所据則是問主書故如此解。**記異也**異者非常可怪先事而至者是後衛州吁弑其君完諸侯初僭魯隱係獲公子翬進諂謀。弑其申志反下弑其君同翬許韋反諂勑檢反【疏】注是後衛至完解云在四年春。注諸侯初僭。解云下五年秋初獻六羽傳云何以書譏何譏爾譏始僭諸公也始僭諸公昉於此乎前此矣前此則曷爲始乎此僭諸公猶可言也僭天子不可言也是也。注魯隱係獲者。解云即下六年春鄭人來輸平傳云狐壤之戰隱公獲焉是也。注公子至諂謀。解云下四年秋翬帥師及宋公以下伐鄭傳云公子翬諂乎隱公謂隱公曰百姓安子諸侯說子盍終爲君矣是也此等諸事皆是陰陽之象故取之日食

日食則曷

爲或日或不日或言朔或不言朔曰某月某日朔日有食之者食正朔也桓三年秋七月壬辰朔日有食之是也此象君行外疆內虛是故日月之行無遲疾食不失正朔也〔疏〕日食則曷爲或日者○解云即此是也或不日者莊十八年三月日有食之是也或言朔者桓三年秋七月壬辰朔日有食之是也○注此象君至朔也○解云外彊者謂外有威嚴其民臣望而畏之內虛者虛心以受物正得爲君之道故食不失正朔也祭義云虛中以治之鄭注云虛中言不兼念餘事是也其或日或不日或失之前或失之後失之前者朔在前也謂二日食巳巳日有食之是也此象君行暴急外見畏故日行疾月行遲過朔乃食失正朔於前也失之後者朔在後也謂晦日食莊公十八年三月日有食之是也此象君行懦弱見陵故日行遲月行疾未至朔而食失正朔於後也不言月食者其形不可得而覩也故疑言日有食之孔子曰多聞闕疑慎言其餘則寡尤不傳天下異者從王錄內可知也○懦乃亂反又乃臥反○〔疏〕

注不傳至可知也○解云正以僖十四年沙鹿崩成五年梁山崩傳皆云何以書記異也外異不書此何以書爲天下記異也今無此傳故須解之也彼不從王內錄者以其皆在晉竟內故也○三月庚戌天王崩平王也何以不書葬據書葬桓王【疏】注平王也○解云知者以本紀當之故也○注據書葬桓王○解云即莊三年五月葬桓王是也○天子記崩不記葬必其時也至尊無所屈也諸侯記卒記葬有天子存存在不得必其時也設有王后崩當越紼而奔喪不得必其時故恩錄之○紼音弗【疏】注設有至奔喪○解云何氏以意言之不言天子崩者舉輕以明重故也曷爲或言崩或言薨天子曰崩大毀壞之辭○諸侯曰薨小毀壞之辭大夫曰卒卒猶終也士曰不祿不祿無祿也皆所以別尊卑也葬不別者從恩殺略也書崩者爲天下恩痛王者也記諸侯卒葬者王者亦當加之以恩禮故爲恩錄○以別彼列反下同恩殺所界反爲天于僞反下故爲主爲傳所

爲同○夏四月辛卯尹氏卒尹氏者何天子之大夫也以尹氏立王子朝也○尹氏左氏作君氏朝如字〔疏〕尹氏者何○解云欲言諸侯不言國爵欲言外臣而書其卒欲言內臣內無尹氏故執不知問○注以尹氏立王子朝也者○解云在昭二十三年其稱尹氏何據宰渠氏官劉卷卒名○卷音權○〔疏〕注據宰渠氏官者○解云即桓四年夏天王使宰渠伯糾來聘是注劉卷卒名者○解云在定四年秋貶曷爲貶據俱卒也〔疏〕注據俱卒也○解云據劉卷言之○譏世卿世卿者父死子繼也貶去名者氏者起其世也若曰世世尹氏也○去起呂反世卿非禮也禮公卿大夫士皆選賢而用之卿大夫任重職大不當世爲其秉政久恩德廣大小人居之必奪君之威權故尹氏世立王子朝齊崔氏世弑其君光君子疾其末則正其本見譏於卒者亦不可造次無故驅逐必因其過卒絕之明君案見勞授償則衆譽不能進無功案見惡行誅則衆讒不能退無罪○見譏賢偏反下同造七報反〔疏〕世卿非禮也○解云詩序云古之仕者世祿也於賢者言之也○注齊崔至君光○解云崔氏世者

即宣十年齊崔氏出奔衛傳云崔氏者何齊大夫也其稱崔氏何貶曷爲貶譏世卿世卿非禮也者是也言弒其君光者在襄二十五年夏○注君子疾其末○解云即襄二十五年與昭二十三年是也○注則正其本者○解云即此及宣十年是也○注見譏至絕之○解云必因過卒絕之者過即崔氏出奔衛尹氏立王子朝是也卒即此文是也若然尹氏立王子朝還言尹氏而崔杼弒其君光不復言崔氏者正以大夫弒君例稱其名故也○注明君至無功○解云衆譽者若共工鯀等迭相爲譽之類是也○注案見惡至無罪○解云謂君有明德案見惡行誅則刑不濫也故雖衆讒亦不能退黜無罪之善人也舊云言不能退無罪者謂不能退使無罪非也○

外大夫不卒此何以卒据原仲不卒○〔疏〕注据原仲不卒○解云即莊二十七年秋公子友如陳葬原仲而經不書原仲之卒是也

天王崩諸侯之主也時天王崩魯隱往奔喪尹氏主儐贊諸侯與隱交接而卒恩隆於王者則加禮録之故爲隱恩録痛之日者恩録之明當有恩禮○〔疏〕注時天王至恩禮解云魯隱奔喪而不書者蓋以得其常故也君遣大夫往則書之即文九年二月叔孫得臣如京師辛丑葬襄王是也彼傳云王者不書

葬此何以書不及時書過時書彼注云亟録失時我有往者則書彼注云謂使大夫往也惡文公不自往故書葬以起大夫之會是也○注恩隆至録之○解云言隱公恩隆於王者則加禮録其儐贊之人也○秋武氏子來求賻武氏子者何天子之大夫也其稱武氏子何据宰渠氏官仍叔不稱氏尹氏不稱子〔疏〕武氏子者何○解云欲言王臣不言王使欲言諸侯之臣文無繫國故執不知問○注据宰渠氏官者○解云即桓四年夏天王使宰渠伯糾來聘是也○注仍叔不稱氏○解云即桓五年天王使仍叔之子來聘是也譏何譏爾父卒子未命也時雖世大夫緣孝子之心不忍便當父位故順古先試一年乃命於宗廟武氏子父新死未命而便爲大夫薄父子之恩故稱氏言子見未命以譏之○〔疏〕注時雖世大夫○解云知者正見尹氏之屬故也○注緣孝至宗廟○解云知如此者正以此經譏父卒子未命而便爲大夫故也何以不稱使据南季稱使〔疏〕注据南季稱使○解云即下九年春天王使南季來聘是也當喪未君也當喪謂天子也未君

者未三年也，未可居君位稱使也，故絕正其義，與毛伯同。【疏】注「未君至伯同」。○解云：即文九年春「毛伯來求金」，傳云「何以不稱使？當喪未君也。踰年矣，何以謂之未君？以天子三年然後稱王，緣民臣之心不可一日無君，故踰年即位；緣孝子之心即三年不忍當，是故三年乃稱王命使大夫矣」。

武氏子來求賻。何以書？不但言何以書者，嫌以主覆問上所以說二事，不問求賻。○覆，芳服反。○【疏】注「不但至求賻」。○解云：上二事者，即父卒子未命、當喪未君是也。嫌言父卒子未命何以書，當喪未君何以書，故須連言之。注「主爲求賻書也」者，嫌爲上二事書故也。○

譏。何譏爾？喪事無求，求賻非禮也。主爲求賻書也。禮本爲有財者制，有則送之，無則致哀而已，不當求，求則皇皇傷孝子之心。○【疏】注「求則皇至子之心」。○解云：言制禮本意所以喪事無求者，恐傷孝子之心故也。何者？正以孝子本意無心求矣。

蓋通于下。云爾者，嫌天子財多不當求，下財少可求，故明皆不當求之。○【疏】「蓋通于下」。○解云：蓋，詁爲皆，若似「蓋云歸哉」之類，或者不受於師，故疑之。

○八月庚辰，宋公和卒。不言薨者，春秋王魯，死當有王文聖人之爲文辭孫順不可言崩故貶外言卒所以褒内也宋稱公者殷後也王者封二王後地方百里爵稱公客待之而不臣也詩云有客宿宿有客信信是也○孫音遜〔疏〕注故貶至内也○解云爵得尊名不與外諸侯同文即是尊魯爲王之義○冬十有二月齊侯鄭伯盟于石門○癸未葬宋繆公葬者曷爲或日或不日不及時而日渴葬也不及時不及五月也禮天子七月而葬同軌畢至諸侯五月而葬同盟至大夫三月而葬同位至士踰月外姻至孔子曰葬於北方北首三代之達禮也之幽之故也渴喻急也乙未葬齊孝公是也○宋繆公音穆左氏作穆凡此後傚此首手又反〔疏〕注禮天子至姻至○解云皆隱元年左傳文○注孔子至故也解云檀弓下篇文云孔子曰之下無禮字○注渴喻至是也解云即僖二十七年六月庚寅齊侯昭卒八月乙未葬齊孝公是也而言渴葬者謂更無他事但孜孜於葬故不待五月矣不及時而不日慢葬也慢薄不能以禮葬也八月葬蔡宣公是也〔疏〕注慢薄至葬也○解云即下八年夏六月己亥蔡侯考父

卒○注八月至是也○解云言但自慢薄不依禮故不待五月也○過時而日隱之也隱痛也痛賢君不得以時葬丁亥葬齊桓公是也○疏注隱痛至是也○解云即僖十七年冬十二月乙亥齊侯小白卒十八年秋八月丁亥葬齊桓公是也過時而不日謂之不能葬也解緩不能以時葬夏四月葬衛桓公是也○解古邂反又古賣反○疏注解緩至是也解云即下四年二月戊申衛州吁弒其君完至五年夏四月葬衛桓公是也當時而不日正也六月葬陳惠公是也○當時丁浪反又如字下同疏注六月至是也○解云即定四年二月癸巳陳侯吳卒六月葬陳惠公是也當時而日危不得葬也此當時何危爾宣公謂繆公曰以吾愛與夷則不若愛女以爲社稷宗廟主則與夷不若女盍終爲君矣與夷者宣公之子繆公者宣公之弟○與夷如字又音餘凡人名字及地名之類皆放首音借假字則時復重出愛女音

汝下及注同盡終〔疏〕當時至葬也○解云即此年八月宋戶臘反四年傳同公和卒十二月癸未葬宋繆公是也而注不言之者以下有問不注可知也○以吾至愛女○解云若如也言吾愛於與夷則不止如女而已言其甚也云以爲社稷宗廟主則與夷不若女者言不如女道其不賢云盡終爲君矣者何不遂爲君不聽其反讓宣公死繆公立繆公逐其二子莊公馮與左師勃左師官勃名也○馮皮氷反曰爾爲吾子生毋相見死毋相哭所以遠絕之○生毋音無下同與夷復曰復報先君之所爲不與臣國而納國乎君者以君可以爲社稷宗廟主也今君逐君之二子而將致國乎與夷此非先君之意也且使子而可逐則先君其逐臣矣繆公曰先君之不爾逐可知矣爾女也可知者欲使

我反國○吾立乎此攝也暫攝行君事不得傳與子也謙辭○傳與直專反下音與終致國乎與夷莊公馮弒與夷馮與督共弒殤公在桓二年危之於此者死乃反國非至賢之君不能不爭也○馮殺音試注同爭爭鬬之爭〔疏〕注馮與至二年○解云即桓二年春王正月戊申宋督弒其君與夷及其大夫孔父是也○注死乃至爭也○解云至賢之君謂受國者正以與夷不賢故終見篡矣故君子大居正明修法守正最計之要者〔疏〕故君子大居正○解云言由是之故君子之人大其適子居正不勞違禮而讓庶也宋之禍宣公爲之也言死而讓開爭原也繆公亦死而讓得爲功者反正也外小惡不書錄渴隱者明諸侯卒王者當加恩意憂勞其國所以哀死閔患也〔疏〕注言死而至原也○解云言後人見其死乃讓已疑非誠心至意是以還讓其予終致後禍故曰開爭原也○注繆公至反正也○解云其繆公之功即桓二年馮弒君是也○注所以哀死閔患也○解云哀死者即慢之屬是也閔患者隱之是也

四年春王二月莒人伐杞取牟婁牟婁者何
杞之邑也以上有伐杞○牟武侯反〔疏〕牟婁者何○解云外相取邑例所不書疑非凡取故
孰不知問外取邑不書此何以書据楚子伐宋取彭城不書〔疏〕注据楚至
不書○解云即襄元年傳曰魚石走之楚
楚爲之伐宋取彭城以封魚石者是也疾始取邑也
外小惡不書以外見疾始著取邑以自廣大比於貪利差爲
重故先治之也內取邑常書外但疾始不常書者義與上逆
女同不傳託始者前此有滅不嫌無取邑當託始明故省
文也取邑例時○見疾賢徧反年末見衆同差初賣反〔疏〕
注內取邑常書者○解云即下十年取郜防昭三十二年取
闞之屬是也○注義與上逆女同○解云即上注云內逆女
常書外逆女但疾始不常書者明當先自正躬自厚而薄責
於人故略外是也○注傳不託始者○解云何故不發傳云
取邑昉於此乎前此矣前此則曷爲始於此託始焉爾曷爲
託始焉爾春秋之始也凡不託始之義有四一則見其經而
不託始即上二年彼注云据戰伐不言託始納幣不託始之
類是也二則其大惡不可託始即五年初獻六羽之下傳云

始僭諸公昉於此乎前此矣前此則曷爲始於此僭諸公猶可言僭天子不可言彼注云傳云爾者解不託始也三則省文不假託始即此是也四則無可託始即桓七年焚咸丘之下注云傳不託始者前此未有無所託也是也○注取邑例時○解云即下六年冬宋人取長葛之屬是然則取牟婁雖在月下不蒙上月也○

戊申衛州吁弒其君完曷爲以國氏据齊公子商人弒其君舍氏公子○弒其申志反弒字從式殺字從殳不同也君父言弒積漸之名也臣子云殺卑賤之意也字多亂故時復音之可知則不重出也完音丸【疏】注据齊至公子○解云在文十四年秋也商人所以得稱公子者正以商人次正當立其罪差輕故也○

當國也與段同義日者從外赴辭以賊聞例【疏】注與段同義者○解云即上元年注云欲當國爲君故如其意使如國君氏上鄭所以見段之凶逆是也○注日者至聞例○解云公羊之例合書則書不待赴告而言從外赴辭者謂其君被弒此君之臣即以其日赴於天子諸侯望天子諸侯早來救已是以春秋悉皆書日故云日者從外赴辭也言以賊聞例者言以賊弒君聞於天子諸侯例日如此故下八年傳云卒何以日而葬不日卒赴何氏云赴天子也

緣天子閔傷欲其知之義亦通乎此○夏公及宋公遇于清遇者何不期也一君出一君要之也古者有遇禮爲朝天子若朝罷朝卒相遇于塗近者爲主遠者爲賓稱先君以相接所以崇禮讓絕慢易也當春秋時出入無度禍亂姦宄多在不虞無故卒然相要小人將以生心故重而書之所以防禍原也言及者起公要之明非常遇也地者重錄之遇例時。要之一遙反注同易以豉反〔疏〕遇者何。解云欲言冬見其文曰夏欲言會聚又不言會故執不知問。注言及者至遇也。解云正以及者汲汲之文故也其常遇者即朝天子罷朝之時相遇于塗是也。注遇例時者。解云即隱八年春宋公衛侯遇于垂莊三十年冬公及齊侯遇于魯濟及此之屬皆是而僖十四年夏六月季姬及鄫子遇于防書月者彼注云甚惡内是也○宋公陳侯蔡人衛人伐鄭○秋翬帥師會宋公陳侯蔡人衛人伐鄭翬者何公子翬也以入桓稱公子〔疏〕翬者何。解云無公子故執不知問。注以入桓稱公子。解云即桓三年秋公子晝如齊逆女是也何以不稱公子貶曷爲貶據叔老會鄭伯伐許不貶〔疏〕注據叔至不貶○解云在襄十六年夏○與弑公也弑者殺也臣弑君之辭以終隱之篇貶如與弑公也○與弑音預下及注同○〔疏〕注以終隱至弑公○解云即此及十年夏翬帥師會齊人鄭人伐宋傳云此公子翬也何以不稱公子貶曷爲貶隱之罪人也故終隱之篇貶也是也其與弑公奈何公子翬詔乎隱公詔猶佞也謂隱公曰百姓安子諸侯説子盍終爲君矣隱曰吾否否不也○説音悦吾使脩塗裘吾將老焉塗裘者邑名也將老焉者將辟桓居之以自終也故南面之君勢不可復爲臣故云爾不以成公意者隱本爲桓守國國邑皆桓之有不當取以自爲也○將辟音避今本多即作避字後不更音復扶又反本爲于僞反下自爲傳吾爲皆同○〔疏〕注不以成至爲也○解云上元年傳云公何以不言即位成公意也此傳何以不言營塗裘何以不書成公意也言隱非正君直爲他守國而已邑非已有不當擅取之

取之非是以不得作成公意解也

公子翬恐若其言聞乎桓於是謂桓曰吾爲子口隱矣口猶口語相發動也〔疏〕注口猶至動也。解云語讀如子語魯大師之語。隱曰吾不反也桓曰然則奈何曰請作難難兵難也。難乃旦反注同弑隱公諡者傳家所加〔疏〕注諡者至所加。解云死諡周道也今始請弑已言隱公者公羊子從後加之所以至此乃注者嫌是傳語故明之於鍾巫之祭焉弑隱公也鍾者地名也巫者事鬼神禱解以治病請福者也男曰覡女曰巫傳道此者以起淫祀之無福。禱解丁老反或丁報反下古賣反又古買反覡戶狄反〔疏〕注男曰覡女曰巫者。解云楚語文也。注傳道至無福。解云直言弑隱公義勢已盡而必言於鍾巫之祭焉者以起淫祀之無福故也○

九月衛人殺州吁于濮其稱人何据晉殺大夫里克俱弑君賊不稱人。濮音卜一音剝〔疏〕注据晉殺大夫里克解云在僖十五年夏討賊之辭也討者除也明國中人人得討之所以廣忠孝之路書者善之也討賊例時此月者久之也〔疏〕注討賊例至久之也○解云討賊例時者莊九年春齊人殺無知是也桓六年秋八月蔡人殺陳佗亦書月者與此同也

○冬十有二月衛人立晉晉者何公子晉也以下有衛侯晉卒又言立〔疏〕晉者何○解云欲言次正而文言立欲言非正而舉衆立之故執不知問○注以下至言立○解云以有衛侯晉卒則知此文衛人立晉者是先君之子今始立爲之君矣又言立者篡文知非正大子故知公子矣其衛晉侯卒在桓十二年冬

立者何立者不宜立也諸侯立不言立此獨言立明不宜立之辭〔疏〕立者何○解云諸侯之立例所不書今特言立故執不知問

其稱人何據尹氏立王子朝也〔疏〕注據尹至朝也○解云在昭二十三年秋

衆立之之辭也晉得衆國中人人欲立之

然則孰立之石碏立之石碏立之則其稱人何據尹氏立王子朝不稱人○碏七略反一音十洛反

衆之所欲立也衆

雖欲立之其立之非也

凡立君爲衆衆皆欲立之嫌得立無惡故使稱人見衆言立也明下無廢上之義聽衆立之篡也不剌嗣子失位者時未當喪典主得權重也月者大國篡例月小國時立納入皆爲篡卒日葬月達於春秋爲大國例主書從受位也。篡初患反。

疏

解云刺桓公嗣子失位者即不書晉之立矣故襄十四年衛侯衎出奔齊襄二十六年傳云曷爲不言剽之立不言剽之立者以惡衛侯也彼注云欲起衛侯失衆出奔故不書剽立剽立無惡則衛侯惡明矣今書晉立則不刺嗣子可知。注月者至國時。解云大國篡例月者即此文冬十二月衛人立晉莊六年夏六月衛侯朔入于衛哀六年秋七月齊陽生入于齊之屬是也而莊九年夏齊小白入于齊不月者彼注云不月者移惡于魯也其小國時者即僖二十五年秋楚人圍陳納頓子于頓昭元年秋莒去疾自齊入于莒之屬是也。注立納入皆爲篡。解云立爲篡者此文衛人立晉昭二十三年尹氏立王子朝之屬是也其納爲篡者納頓子于頓及文十四年晉人納捷菑之屬是也其入爲篡者小白陽生之屬是也。注卒日至大國例。解云隱八年夏六月己亥蔡侯考父卒秋八月葬宣公之屬是也。注主書從受位也。解云謂主惡晉之從

立

矣

監本附音春秋公羊注疏隱公卷第二

江南蘓松督糧道方體栞

公羊注疏卷二挍勘記　阮元撰盧宣旬摘録

監本春秋公羊注疏隱公卷第二

二年

注古者諸侯至踰境　何挍本境作竟此加土旁非

必先會閑隙之地　閩監本同毛本閑改閒○按閒正字也古書多用閑

注古者不治至勿追　注作王者按解云王者草剏夷狄有罪不暇治之不作古

小邾子來朝之類是也　浦鏜云邾下公羊經有婁字是也

則怨結禍　宋本閩監本同鄂本禍上有構此脫

始滅昉於此乎　唐石經諸本同隸釋載漢熹平石經公羊殘碑昉作放又鄭氏詩譜序考工記注皆言放於此乎本公羊傳文是蔡鄭所據本皆作放當以放爲正昉俗字下同○按古多作放後人作倣作仿作昉皆俗字也公

羊傳寫作昉俗字耳惠棟乃疑嚴氏春秋作放顔氏春秋作昉何用顔其說誤也

注言疾滅至省文也 按疾下脫始否則滅字當衍

日不 鄂本同閩監毛本不誤下疏中標起訖亦誤作日下

故後不相犯日者 浦鏜故疑役字誤

紀履緰來逆女 唐石經諸本同釋文履緰音須左氏作裂繻惠棟云緰讀爲投說文緰貲布也古緰與繻同音

以逆女不稱使 解云或者使爲爵字誤也

言子無父 浦鏜云宗誤言按浦說是也儀禮士昏禮作宗

明當先自正 諸本同浦鏜云成十四年疏引此注作先自詳正與上公會戎于潛注同當據以補正。

按四年疏內引此亦無詳字

昬義鄭注云　此本云字剜擠

羣公子之舍則已卑矣　今傳已作以

婦人謂嫁曰歸　毛本謂誤爲按毛詩傳本作婦人謂嫁歸無曰字陸德明本有曰字謂依公羊傳文唐石經公羊婦人以下損缺以每行十字計之不當有曰字若有曰字則此行十一字矣考何注云故謂嫁曰歸曰字恐因注衍也○按陸德明時已有有曰之本矣後人或依無曰者或依有曰者故不同耳

時隱公卑屈其母　鄂本作屈卑

國示不適同姓　浦鏜云因誤國○按與元年注合

侵伐圍入例皆書時　何校本無書字是也

三年

爲師法之義　毛本義誤意

衛州吁弑其君完　釋文作殺其云申志反下殺其君同此本完字剜擠

謂二日食　經義雜記曰五行志隱公三年二月己巳日有食之公羊傳曰食二日此西漢儒說公羊之言傳無此文何注謂二日食是也

此象君行儒弱也　諸本儒作懦按儒當偄之訛此偄弱正字說文人部曰偄弱也可證釋文懦弱乃亂反又乃臥反據音知本從耎今亦訛從需

不言月食者　鄂本食下有之是也之字謂日也無之字則疑說春秋不記月食矣

故疑言日有食之　鄂本日作曰○按作曰是也不敢正言月食日故疑言之曰有食之者而已

從王錄內可知也　鄂本作內錄按疏亦云彼不從王內錄者當據以乙正

不錄無錄也　諸本錄皆作祿是也唐石經壮曰不祿缺

尹氏卒　釋文尹氏左氏作君氏

注以尹氏立王子朝也者　閩監毛本刪者下疏注據宰渠氏官者注劉卷卒名者同

氏者起其世也　宋本閩監毛本同誤也鄂本者作言當據正

必因其遇卒絕之　鄂本元本同監毛本遇作過閩本過字咼旁剜改葢本作遇字○按依疏則作過是也

明君案見勞授賞　惠棟云荀子多用案字

故書葬以起大夫之會是也　浦鏜云會之字誤倒是也

秋武氏子來求賻　唐石經原刻脫子後刮磨改補故此行十一字

嫌以主覆問上所以說二事　浦鏜云定二年疏引此注無二以字哀三年疏引此注無上以字按二以皆衍文當據定二年疏刪正

注求則皇至子之心　閩監毛本此上有注主爲求賻書也○解云嫌爲上二事書故也○

十七字二圈按義已具上疏於此不當複出蓋後人竄衍

下財少可求 按可求上當脫不字

解云蓋詁爲皆若似蓋云歸哉之類 盧文弨曰若下疑脫襄五年傳云蓋舅出也九字彼疏亦引此文段玉裁曰蓋詁爲皆句絕若似蓋云歸哉之類者小雅蓋云歸哉鄭箋云蓋猶皆也此以雙聲爲訓詁也上下皆不當求故曰皆襄五年襄公與鄫世子巫皆是一舅姊妹之子故亦曰皆而同用蓋字盧文弨云此有脫非也

言卒所以褒內也 鄂本褒作褎

葬宋繆公 釋文宋繆公左氏作穆後放此

渴葬也 廣韻十四泰引公羊傳不及時而葬曰愒愒急也苦蓋切

孔子曰葬于北方北首 疏本孔子曰之下無禮字然則注文本有禮字也

慢葬不能以禮葬也 鄂本閩監毛本皆作慢薄疏標起訖同按解云言但自慢薄不依禮恐因此疏語誤爲薄。按以薄釋慢猶以急釋渴

以君可以爲社稷宗廟主也 唐石經鄂本宋本閩本同監毛本主誤王

莊公馮弑與夷 諸本同唐石經缺釋文作馮殺音試今本亦改作弑

不能不爭也 鄂本爭作事誤

四年

不傳託始者 此本疏中標注作傳不託始者此誤倒當據以訂正閩監毛本疏中亦倒作不傳。按依疏云何故不發傳然則不傳者言不發傳也謂此應有託始之傳而竟不發此傳也十行本傳不非也

前此則曷爲始於此 浦鏜云五年傳於作乎

衛州吁弑其君完 唐石經諸本同釋文本作殺其音申志反今本亦改作弑。按傳文或言殺君經文

無不言弑其君者段玉裁曰殺者書其事也弑者正其罪也

若朝罷朝卒相遇于塗解云即朝天子罷朝之時相遇于塗按于當作於卒當作猝惠棟云朝罷朝詳見周禮注疏七年注云古者諸侯朝罷朝聘

臣弑君之辭浦鏜云殺誤弑

隱曰吾否唐石經鄂本同閩監毛本改隱公曰否非

吾使脩塗裘唐石經諸本同毛本脩改修非

口猶口語相發動也○按下口字即說文訂字之省說文訂扣也如求婦先訂叕之

注男曰覡女曰巫者閩監毛本刪者

石碏立之唐石經諸本同隸釋載漢石經公羊殘碑碏作踖惠棟九經古義云說文無碏字當從漢石經作踖

聽衆立之篡也諸本同鄂本作聽衆立之爲立篡也當據以補正○按下文云立納入皆爲篡辭云

立纂此衛人立晉是

葬宣公之屬是也浦鏜云葬下脱蔡字

公羊注疏卷二挍勘記終　工部屯田司員外郎胡祖謙挍

監本附音春秋公羊注疏隱公卷第三 起五年盡十一年 [illegible]盧氏宣旬校定

何休學

五年春公觀魚于棠何以書譏何譏爾遠也

公曷爲遠而觀魚據浚洙也○觀魚左氏作矢魚浚思俊反洙常朱反〔疏〕注据浚洙也○解云莊九年冬浚洙傳曰洙者何水也浚之者何深之也曷爲深之畏齊也注云洙在魯北齊所由來然則近國北自有洙水何故遠至棠地而觀魚乎故難之

登來之也登讀言得來得來之者齊人語也齊人名求得爲得來作登來者其言大而急由口授也○登來依注登音得〔疏〕注得來至語也○解云齊人名求得爲得來而云此者謂齊人急語之時得聲如登矣○注由口授也○解云謂高語之時猶言得來之至著竹帛時乃作登字故言由口授矣

百金之魚公張之解言登來之意也百金猶百萬也古者以金重一斤若今萬錢矣張謂張罔罟障谷之屬也○罟音古鄣之尚反又音章〔疏〕解云正以價直百

金故言得來之○注障谷之屬也○解云僖三年傳云桓公曰無障谷云是也**登來之者何**弟子未解其言大小緩急故復問之○解戶買反或佳買反故復扶又反不得復同**美大之之辭也**其言大而急者美大多得利之辭也實譏張魚而言觀譏遠者恥公去南面之位下與百姓爭利匹夫無異故諱使若以遠觀爲譏也諸諱主書者從實也觀例時從行賤略之

〔疏〕注觀例時○解云莊二十三年夏公如齊觀社及此是也彼此非禮故言從行賤略之

棠者何濟上之邑也濟者四瀆之别名江河淮濟爲四瀆○濟上子禮反注同濟水之上

〔疏〕棠者何○解云正以棠非水名而於之觀魚故執不知問○注江河至四瀆○解云即釋水云江河淮濟爲四瀆四瀆者發源注海者也

○**夏四月葬衛桓公**

〔疏〕夏四至桓公○解云即上三年傳云過時而不日謂之不能葬也何氏云解緩不能以時葬夏四月葬衛桓公是也然則桓公見弒在去年之春過期乃葬故以解緩言之

○**秋衛師入盛**

曷爲或言率師或不言率師將尊師衆稱某

率師將尊者謂大夫也師衆者滿二千五百人以上也二千五百人稱師無駭率師人極是也禮天子六師方伯二師諸侯一師○入盛音成左氏作郕〔疏〕注將尊至夫也○解云公羊之例大夫見名氏故云此○注二千至稱師解云大司馬序官文○注無駭至是也○解云在上二年夏○注天子至六師○解云天子六師者即周王于邁六師及之是也方伯者九州牧也即王制云千里之外設方伯是也二師者即昭五年春王正月舍中軍舍中軍者何復古也是矣然則魯之初封地方七百里至於僖公復伯禽之宇更爲州牧而以二軍爲復古是爲方伯二師方伯之屬而以二師爲正則知凡平諸侯一師明矣然則論語云子曰三軍可奪帥之屬其指王官之伯乎**將尊師少稱將**師少者不滿二千五百人也衛孫良夫伐廧咎如是也○咎音羔〔疏〕注衛孫至是也○解云成三年晉郤克衛孫良夫伐廧咎如是也不言郤克者科舉以言之**將卑師衆稱師**將卑者謂士也衛師入盛是也**將卑師少稱人**鄭人伐衛是也〔疏〕注鄭人伐衛是也○解云在上二年冬也**君將不言率師書其重者也**分別之者責元師因錄功惡有小大救徐從王

伐鄭是也○分別彼列反元率所類反本又作帥〔疏〕注分別至小大○解云責元帥者凡書兵者是正不得故責之也因録功惡有小大者即將尊師衆而有功小將卑師少而有功大將卑師少而無功爲惡小將尊師衆而無功爲惡大是也○注救徐至是也○解云僖十五年春公孫敖率師及諸侯之大夫救徐桓五年秋蔡人衛人陳人從王伐鄭是也公孫敖救徐者將尊師衆無功是其惡大也蔡人等從王伐鄭稱人而行義是其功大也○九月考仲子之宮考宮者何考猶入室也始祭仲子也考成也成仲子之宮廟而祭之所以居其鬼神猶生人入宮室必有飲食之事不就惠公廟者妾母卑故雖爲夫人猶特廟而祭之禮妾廟子死則廢矣不言立者得變禮也加之者宮廟尊卑共名非配號稱之辭故加之以絕也〔疏〕注考宮者何○解云上無立文而經言考春秋之內更無考禮故執不知問○注猶生至之事○解云即下雜記云路寢成則考之而不釁鄭注云言路寢者生人所居不釁者不神之也考之者設盛食以落之檀弓曰晉獻文子成室諸大夫發焉張老曰美哉倫焉美哉煥焉歌於斯哭於斯聚國族於斯文子曰武也得歌於斯哭於斯聚國族於斯是

全要領以從先大夫於九原北面再拜稽首者是也○注禮妾至廢矣○解云即喪服小記云慈母與妾母不世祭鄭注云以其非正即引穀梁傳云於子祭于孫止是也○注不言至禮也○解云欲決成六年立武宫定元年立煬宫皆言立者以其非禮故也○注加之至絕也○解云言宫廟尊卑共名者尊亦言宫故武煬是君仲子是妾是尊卑共名號稱者即仲子是也武煬是君配宫言之正是其宜仲子是妾不宜與宫廟連文故加之以絕之矣**桓未君則曷爲祭仲子**據無子不廟也【疏】注據無子不廟也○解云即上解於孫止是也其子死訖猶尚不祭其子未君之時不祭明矣故難之然則妾母之貴正由其子爲君即元年傳云母以子貴是也若子未爲君之時義與未踰年之君相似莊三十二年傳云未踰年之君也有子則廟無子不廟義亦通於此**隱爲桓立故爲桓祭其母也然則何言爾成公意也**尊桓之母爲立廟所以彰桓當立得事之宜故善而書之所以起其意成其賢也○隱爲于僞反**初獻六羽初者何始也六羽者何舞也**持羽而舞【疏】初者何○解云獻羽

是常而反言初，故執不知問。○六羽者何。○解云：諸侯仍用四，此反言六羽，故執不知問。

初獻六羽，何以書？譏。何譏爾？譏始僭諸公也。僭，齊也，下做上之辭。

疏初獻至以書。○解云：不但言何以書，嫌覆問上文始與舞，故復舉句而問之。不注之者，與三年求賻同，故省文。

六羽之爲僭奈何？天子八佾，佾者，列也。八人爲列，八八六十四人，法八風。○佾，音逸，列也。諸公六，六人爲列，六六三十六人，法六律。諸侯四。四人爲列，四四十六人，法四時。諸公者何？諸侯者何？天子三公稱公，王者之後稱公，其餘大國稱侯，大國謂百里也。

疏諸公者何。○解云：正以諸公有二等，故執不知問。○諸侯者何。○解云：漫言諸侯，明是五等揔名，文次公下，復疑偏指七命，故執不知問。所以不待苔訖而連句問之者，正以上文并解諸公六、諸侯四故也。○注大國謂百里也。○解云：公侯方百里，王制文也。侯與公等者，據有功者言之矣。○小國稱伯子男者，正以上已有侯，故不復言之，其實凡平之侯正與伯同。

小國稱

伯子男小國謂伯七十里子男五十里疏注小國至五十里○解云王制文彼注云此地殷所因夏爵三等之制也春秋變周之文從殷之質合伯子男以爲一則殷爵三等者公侯伯也異畿內謂之子周武王初定天下更立五等之爵增以子男而猶因殷之地以九州之界尚狹也周公攝政致大平斥大九州之界制禮成武王之意公地方五百里侯四百里伯三百里子二百里男一百里諸侯亦以功黜陟之其不合者皆益之地爲百里焉是以周世有爵尊而國小爵卑而國大者唯天子畿內不增

天子三公者何天子之相也相助也○之相息亮反注及下同疏天子三公者何○解云正以春秋上下無三公之文故執不知問

天子之相則何以三据經但有祭公周公疏注据經至周公○解云即桓八年祭公來云云僖九年公會宰周公是也經但有二公而傳言三公故難之

自陝而東者周公主之自陝而西者召公主之一相處乎內陝者蓋今弘農陝縣是也禮司馬主兵司徒主教司空主土春秋撥亂世以絀陟爲本故舉絀陟以所主者言之○陝失冉反何云

弘農陜縣也一云當作郟古洽反王城郟鄏召公上照反又作邵音同絀勅律反

疏 注司馬至言之○解云上傳云諸公者何天子之相天子之相則何以三云云不道二王之後者何二王之後何以二也者正以天子三公主絀陟故偏取言之是以注者解其意

始僭諸公昉。於此乎前此矣前此則曷爲始乎此僭諸公猶可言也僭天子不可言也

傳云爾者解不託始也前僭八佾於惠公廟大惡不可言也還從僭六羽譏本所當託者非但六也故不得復傳上也加初者以爲常也獻者下奉上之辭不言六佾者言佾則干舞在其中明婦人無武事獨奏文樂羽者鴻羽也所以象文德之風化疾也夫樂本起於和順和順積於中然後榮華發於外是故八音者德之華也歌者德之言也舞者德之容也故聽其音可以知其德察其詩可以達其意論其數可以正其容薦之宗廟足以享鬼神用之朝廷足以序羣臣立之學宮足以協萬民凡人之從上教也皆始於音音正則行正故聞宮聲則使人溫雅而廣大聞商聲則使人方正而好義聞角聲則使人惻隱而好仁聞徵聲則使人整齊而好禮聞羽聲則使人樂養而好施所以感蕩

血脈通。流。精神存寧正性故樂從中出禮從外作也禮樂接於身望其容而民不敢慢觀其色而民不敢爭故禮樂者君子之深教也不可須臾離也君子須臾離禮則暴慢襲之須臾離樂則姦邪入之是以古者天子諸侯雅樂鍾磬未曾離於庭卿大夫御琴瑟未曾離於前所以養仁義而除淫辟也魯詩傳曰天子食日舉樂諸侯不釋縣大夫士日琴瑟王者治定制禮功成作樂未制作之時取先王之禮樂宜於今者用之堯曰大章舜曰簫韶夏曰大夏殷曰大護周曰大武各取其時民所樂者名之堯時民樂其道章明也舜時民樂其脩紀。堯道也夏時民樂大其三聖相承也殷時民樂大其護已也周時民樂其伐討。也蓋異號而同意異歌而同歸失禮鬼神例日此不日者嫌獨考宮以非禮書故從末言初可知○夫樂音扶發句之端放此朝廷徒侯反好義呼報反下同徵張里反施式豉反爭爭鬭之爭離也力智反下同邪似嗟反未曾在能反下同淫辟匹亦反縣音玄治定直吏反注反韶常昭反夏曰戶雅反下同護戶故反紂直久反

疏 傳云至始也○解云其託始者即上二年傳云無駭者何展無駭也何以不氏貶曷爲貶疾始滅也始滅昉於此乎前此矣前此則曷爲始乎此託始焉爾曷爲託始焉爾春秋之始也今傳亦宜云前此則曷爲始乎此託始焉。曷爲託始焉爾春

秋之始也而云僭諸公猶可言僭天子不可言解不得託始意也○注前僭至公廟○解云謂自此以前不必要指春秋前也而言惠公廟者欲道於周公廟時不爲僭故也○注本所至傳上也○解云由非六之故是以不得復祭傳云上古已有六矣○注羽者至化疾○解云知鴻羽者時王之禮且以舉則冲天所以象文德之風化疾故也詩云右手秉翟者其兼用之乎○注夫樂本起於和順和順積於中然後榮華發於於外者樂記文也○注故聞至性故○解云溫雅而廣大者土之性也方正而好義者金之性也惻隱而好仁者木之性也整齊而好禮者火之性也樂養而好施者水之性也○注樂從至作也○解云樂記文樂由中出和在心是也禮自外作敬在貌是也此注皆出樂記○注取先王至用之○解云謂同其文質也王者治定制禮功成作樂功成治定同時爾功主於王業治主於教民故明堂位曰周公治天下六年朝諸侯於明堂制禮作樂○注失禮至可知○解云失禮鬼神例日者成六年二月辛巳立武宮之屬是也言考宮與獻羽實同日若置日於考宮上則嫌獻羽不嘗之獨自考宮以非禮而已故從下事言初初是非禮辭則獻羽非禮亦可知然考宮得變禮而不置於獻羽上者嫌別日故也知初是非禮者正以初稅畝同文矣○邾婁人鄭

人伐宋邾婁小國序上者主會也疏注邾婁至會也○解云伐宋而言主會者謂相共伐宋時邾爲首故也○螟何以書記災也灾者有害於人物隨事而至者先是隱公張百金之魚設苛令急治以禁民之所致○螟七丁反蟲食苗心苛音何疏注灾者有害於人物隨事而至者○解云欲對異爲先事而至故也○注先是至所致○解云苛令急法者即三年春王二月己巳日有食之注云此象君行暴急外見異是也○冬十有二月辛巳公子彄卒日者隱公賢君宜有恩禮於大夫益師始見法無駭有罪據俠又未命也故獨得於此日○彄苦侯反見賢偏反疏注日者至大夫○解云正以所聞之世例不合日故也○注益師始見法○解云元年十二月公子益師卒是所傳聞之世初始欲見三世之法故不書日也○注無駭有罪○解云即八年冬十有二月無駭卒傳云何以不氏疾始滅也故終身不氏是也○注俠又未命也○解云即九年三月俠卒傳云俠者何吾大夫之未命者是也○宋人伐鄭圍長葛邑不言圍此其言圍何据伐於餘上不言圍疏注据伐至言圍

解云即莊二年夏公子慶父帥師伐於餘丘是也彊也至邑雖圍當言伐惡其彊而無義也必欲爲得邑故如其意言圍也所以不知鄭彊者公以楚師伐宋圍緡不言彊也○彊渠羌反下同惡烏路反

六年春鄭人來輸平輸平者何輸平猶墮成也何言乎墮成据輩會諸侯伐鄭後未道平也何道墮成○輸平式朱反墮也左氏作渝平墮許規反疏輸平者何○解云正以言異於常例故執不知問注据輩至墮成○解云上四年秋輩帥師會宋公陳侯蔡人衛人伐鄭是也敗其成也輩伐鄭後已相與平但外平不書故云爾疏注輩伐至云爾○解云魯與鄭平而言外平者謂伐鄭之後時公子輩在外與鄭平不得公命是以不書故曰外平不書耳曰吾成敗矣吾魯也疏曰吾成敗矣○解云稱魯人之辭故加曰吾與鄭人未有成也未無也此傳發者解鄭稱人爲共國辭疏注此傳至國辭○解云傳發此吾與鄭人未有成一段事者非直解鄭擅獲諸侯爲有罪而魯侯不能死難亦當絕故令鄭稱人言輸平則魯侯亦合稱人矣

一簡人字兩國共有故云稱人爲共國辭吾與鄭人則曷爲末有成据無戰伐之文狐壤之戰隱公獲焉時與鄭人戰於狐壤爲鄭所獲。壤如丈反然則何以不言戰戰者內敗文也据鞌戰君獲言師敗績〔疏〕注戰者內敗文也。解云即桓十年齊侯衛侯鄭伯來戰于郎傳云何以不言師敗績內不言戰言戰乃敗矣彼注云春秋託王於魯戰者敵文也王者兵不與諸侯敵戰乃其已敗之文故不復言師敗績是也。注据鞌至敗績。解云成二年季孫行父以下帥師會晉郤克云云及齊侯戰于鞌齊師敗績秋七月齊侯使國佐如師云云傳云君不行使乎大夫此其行使乎大夫何佚獲也注云佚獲者已獲而逃亡也然則彼獲言敗績則知此時魯侯被獲亦宜言戰故難之諱獲也君獲不言師敗績故以輸平諱也與鞌戰辟內敗文是戰例時偏戰日詐戰月不日者鄭詐之不月者正月也見隱終無奉正月之意不地者深諱也使若實輸平故不地也稱人共國辭者嫌來輸平獨惡鄭擅獲諸侯魯不能死難皆當絕之。難乃旦反〔疏〕注君獲至諱也。解云君獲不言師敗績即僖十五年晉侯及秦伯戰于韓獲晉侯傳云此偏戰也何以不言師敗績注云舉君獲爲重也是也然則此由魯公見獲是以不得言戰故以輸平諱之○注與寗至敗文○解云成二年傳云君不行使乎大夫此其行使乎大夫何佚獲也注云當絕賤使與大夫敵體以起之君獲不言師敗績等起不去師敗績者辟内敗文也然則寗戰之時實齊侯被獲宜去敗績直言戰而已但時内大夫在焉辟内敗文故不得言戰矣今此輸平之經自由魯公見獲是以不得言戰故云與寗戰辟内敗文異○注戰例時偏戰日○解云即桓十二年丁未戰于宋傳云此偏戰也何以不言師敗績云云是也○注詐戰月○解云即莊十年春王正月公敗齊師于長勺之屬是也○注不地者深諱也○解云若地宜言輸平于狐壤似若戰于之類

○夏五月辛酉公會齊侯盟于艾秋七月此無事何以書春秋雖無事首時過則書首始也時四時也過歷也春以正月爲始夏以四月爲始秋以七月爲始冬以十月爲始歷一時無事則書其始月也○艾五蓋反

【疏】夏五月至則書○解云下無相犯之處而書日者以下八年三月庚寅我入邴傳云其言我何言我者非獨我也齊亦欲之然則雖不復侵伐亦有爭邑之隙故書

日也首時過則何以書据無事也春秋編年四時具然後爲年明王者當奉順四時之正也尚書曰欽若昊天歷象日月星辰敬授民時是也有事不月者人道正則天道定矣○編必連反字林聲類皆布千反一音甫連反昊戸老反○冬宋人取長葛外取邑不書此何以書久也古者師出不踰時今宋更年取邑久暴師苦衆居外故書以疾之不繫鄭舉伐者明因上伐圍取也○更音庚暴步卜反疏外取至以書○解云据與四年牟婁同

七年春王三月叔姬歸于紀叔姬者伯姬之媵也至是乃歸者待年父母國也婦人八歲備數十五從嫡二十承事君子媵賤書者後爲嫡終有賢行紀侯爲齊所滅紀季以酅入于齊叔姬歸之能處隱約全竟婦道故重録之○從適丁歷反本亦作嫡下同賢行下孟反下異行同酅戸圭反疏注叔姬至國也○解云知如此注見上二年冬伯姬歸于紀自爾以來不見紀伯姬卒之文今叔姬又歸之明知是其媵矣○注婦人

至君子。解云書傳文。注賸賤至賢行。解云春秋之内例不書賸以其賤故今此書者以其後爲嫡終有賢行也知後爲嫡者正以莊二十九年冬十二月紀叔姬卒三十年八月癸亥葬紀叔姬卒葬皆書爲嫡明矣而成九年伯姬歸于宋書二國賸者彼傳云録伯姬是也。注紀侯爲齊所滅。解云即莊四年夏紀侯大去其國是也。注紀季至于齊。解云在莊三年。注叔姬至録之。解云莊十二年春王三月紀叔姬歸于酅傳云其言歸于酅何隱之也何隱爾其國亡矣徒歸于叔爾也是也

滕侯卒何以不名据蔡侯考父卒名

〔疏〕注据蔡至卒名。解云在下八年夏

微國也小國故略不名

微國則其稱侯何据大國稱侯小國稱伯子男

〔疏〕注据大至子男。解云上五年傳文案彼大國非直侯而注特言大國稱侯者案彼傳之成文故也

不嫌也滕侯卒不名下常稱子不嫌稱侯爲大國

〔疏〕注下常稱子。解云桓二年滕子來朝因茲已下常稱子矣

春秋貴賤不嫌同號貴賤不嫌者通同號稱也若齊亦稱侯滕亦稱侯微者亦稱人貶亦稱人皆有起文貴賤不嫌同號是也。號稱尺證反

〔疏〕注齊亦稱侯。解云

不云晉者晉爵未大故。注微者亦稱人。解云隱元年九月及宋人盟于宿之屬是也。注皆有起文。解云滕侯卒不名下恒稱子起其微也齊侯恒在宋公之上起其大也宋人盟于宿不書日亦起微也鄭人來輸平稱人者共國辭起其貶之故曰皆有起文也。注貴賤至是也。解云不論貴賤不嫌者通其同號稱由是之故春秋同其號也

美惡不嫌同辭若繼體君亦稱即位繼弒君亦稱即位皆有起文美惡不嫌同辭是也滕微國所傳聞之世未可卒所以稱侯而卒者春秋王魯託隱公以爲始受命王滕子先朝隱公春秋褒之以禮嗣子得以其禮祭故稱侯見其義。惡烏路反又如字注同傳直專反見賢徧反【疏】注若繼至即位。解云文成之屬是也。注繼弒即位。解云桓宣是也。注皆有起文。解云前君之薨書地者起其後即位者是繼體之君也其前君薨不地者起其後即位者非是繼體之君也。注美惡至是也。解云謂美惡不嫌者通其同辭由是之故春秋同其辭矣。注滕子至其義。解云在十一年即此君之子也滕子薛侯俱朝隱公滕并褒其父而薛否者薛侯父卒在春秋之前故無褒之文

○**夏城中丘中丘者何內之邑也城中丘**

何以書上問中丘者何指問邑也故因言何以書嫌但問書中丘故復言城中丘何以書也○復扶又反

疏中丘者何○解云楚丘同皆直云城文無別故執不知問以重書也以功重故書也當稍

稍補完之至令大崩弛壞敗然後發衆城之猥苦百姓空虛國家故言城明其功重與始作城無異城邑例時○令力呈

反弛戶爾反又氏反疏注城邑例時○解云即下九年夏城郎襄十三年冬城防之屬是也○齊侯

使其弟年來聘其稱弟何据諸侯之子稱公子母弟稱

弟母兄稱兄母弟同母弟母兄同母兄不言同母言母弟者若謂不如為如矣齊人語也公別同

母者春秋變周之文從殷之質質家親親明當親厚異於羣公子也聘者問也來聘書者皆喜內見聘事也古者諸侯朝

罷朝聘為慕賢孝禮一法度尊天子不言聘公者禮聘受之於大廟孝子謙不敢以已當之歸美於先君且重賓也○別

彼列反大廟音泰下同疏母兄稱兄○解云昭二十年秋盜殺衛侯之兄輒是也○秋公伐

邾婁○冬天王使凡伯來聘書者喜之也古者諸侯有較德殊風異行

天子聘問之當北面稱臣受之於大廟所以尊王命歸美於先君不敢以已當之 戎伐凡伯于楚丘以歸凡伯者何上言聘此言伐嫌其異故執不知問 疏 注上言聘此言伐○解云謂聘伐辭異嫌其非一人也 天子之大夫也此聘也其言伐之何据出聘與郊柳異不得言伐也問伐加之者辟問輕重兩舉之 疏 注据出至伐也○解云昭二十三年晉人圍郊傳云郊者何天子之邑也曷為不繫于周不與伐天子也宣元年晉趙穿帥師侵柳傳云柳者何天子之邑也曷為不繫乎周不與伐天子也然則郊柳皆是天子之邑猶可言其侵圍今此聘大夫不應得言伐故難之先言郊者文便言之故不次也○注問伐至舉之○解云桓十二年及鄭師伐宋丁未戰于宋傳云戰不言伐此其言伐何彼問輕重兩舉不言之故此言之者辟問輕重兩舉之 執之也執之則其言伐之何据執季孫隱如不言伐 疏 注据執至言伐○解云昭十三年平丘之會晉人執季孫隱如以歸是也 大之也尊大王命責當死位故使與國同 曷為大之据王子突繫諸人 疏

注据王至諸人○解云莊六年春王三月王人子突救衛傳云王人者何微者也子突者何貴也貴則其稱人何繫諸人也是也等是王臣一伸一屈故難之

不與夷狄之執中國也

因地不接京師故以中國正之中國者禮義之國也執者治文也君子不使無禮義制治有禮義故絕不言執正之言伐也執天子大夫而以中國正之者執中國尚不可況執天子之大夫乎所以降夷狄尊天子爲順辭

其地何

据執季孫隱如不地

大之也

順上伐文使君楚丘爲國者猶慶父伐於餘丘也不地以衛者天子大夫衛王命至尊顧在所諸侯有出入所在赴其難當與國君等也錄以歸者惡凡伯不死位以辱王命也○難乃旦反惡烏路反

〔疏〕注順上至命也○解云莊二年夏公子慶父帥師伐於餘丘傳云於餘丘者何邾婁之邑曷爲不繫乎邾婁國之也者是

八年春宋公衛侯遇于垂

宋公序上者時衛侯要宋公使不虞者爲主明當戒慎之無王者遇在其間置上則嫌爲事出置下則嫌無天法可以制月文不可施也○要一遙反爲事于僞反下欲爲齊爲小國爲桓齊年末注皆同

〔疏〕注宋公至其間○解云何氏以爲會盟則以大小爲序遇則以不虞爲先

故如此解是以莊三十二年經云夏宋公齊侯遇于梁丘齊在宋下是其一隅耳○注置上至事出○解云若言八年春王宋公衛侯遇于垂即嫌桓王亦與之遇故言則嫌爲事出事謂遇事也或者嫌爲遇事之故出此王故云則嫌爲遇事出也○注置下至施也解云天法即春是也

○三月鄭伯使宛來歸邴宛者何鄭之微者也邴者何鄭湯沐之邑也天子有事于泰山諸侯皆從泰山之下諸侯皆有湯沐之邑焉

有事者巡守祭天告至之禮也當沐浴絜齊以致其敬故謂之湯沐邑也所以尊待諸侯而共其費也禮四井爲邑邑方二里東方二州四百二十國凡爲邑廣四十里袤四十二里取足舍止共槀穀而已歸邴書者甚惡鄭伯無尊事天子之心專以湯沐邑歸魯背叛當誅也録使者重尊湯沐邑也王者所以必巡守者天下雖平自不親見猶恐遠方獨有不得其所故三年一使三公絀陟五年親自巡守巡猶循也守猶守也循行守視之辭亦不可國至人見爲煩擾故至四嶽足以知四方之政而已尚書曰歲二月東巡守至于岱宗柴望秩于山川遂覲東

后協時月正日同律度量衡脩五禮五玉三帛二生一死贄
如五器卒乃復五月南巡守至于南嶽如岱禮八月西巡狩
至于西嶽如初十有一月朔巡守至于北嶽如西禮還至嵩
如初禮歸格于禰祖用特是也○宛於阮反人名也一音烏
卯反又烏勉反邴彼命反又音丙鄭邑左氏作祊從才朋反
巡守手又反本又作狩下除猶守守視以外同褻齊側皆反
本多即作齋字後放此更不音而共音恭下同費芳味反廣
古壙反衮音茂槀古老反甚惡烏路反下同背步内反使所
吏反行下孟反量音亮贄音至嵩夙忠反格宛者何○
本又作假同古百反禰乃禮反本又作藝○**疏**解云欲言
大夫經不言氏欲言微者書名見經故執不知問○邴者何
解云欲言魯物先無取文欲言鄭邑於魯言歸故執不知問
注歸邴至誅也○解云正以將所傳聞之世外小惡不書故
也○注錄使至其所○解云正決哀八年齊人歸讙及僤之
屬不錄使故也○注故三至繼陟○解云書傳文○注五年
至而已○解云堯典文○注尚書至是也○解云惟是一字
注者言之以上皆堯典文也鄭注歲二月者正歲建卯之月
也巡守者行視所守也岱宗者東嶽名也柴者考績燎也望
秩于山川者遍以尊卑祭之五嶽視三公四瀆視諸侯其餘
小者或視卿大夫或視伯子男矣秩次也東后東方之諸侯

也協正四時之月數及日名備有失誤者度丈尺量斗斛衡斤兩五禮公侯伯子男朝聘之禮矣五玉瑞節執之曰瑞陳列曰玉也三帛所以薦玉也受瑞玉者以帛薦之帛必三者高陽之後用赤繒高辛氏之後用黑繒其餘諸侯皆用白繒周禮改之爲纁也二生一死贄者羔鴈生也卿大夫所執雉死士所執也如者以物相授與之言授贄之器有五卿大夫上士中士下士也器各異飾飾未聞所用也周禮改之飾羔鴈飾雉執之而已皆去器卒已也復歸也巡守禮畢乃反歸矣每歸用特牛告于文祖矣五月不言於者以其文相近八月十一月言初者文相遠故也

庚寅我入

邴其言入何據上書歸取邑已明無事復書入也。復書扶又反下故復同**難也**入者非已至之文難辭也此魯受邴與鄭同罪當誅故書入欲爲魯見重難辭。難也乃旦反一音如字注及下同見重賢徧反下同。疏注入者至之文。解云直就而入之非是將歸之辭也

其日何据取邑不日。疏注据取邑不日。解云即隱四年春王二月莒人伐杞取牟婁之屬也。**難也**以歸後乃日也言時重難不可即入至此日乃入。

其言我何据吳伐我以日伐故言我疏注据吳至言我解云在哀八年

春言我者非獨我也自入邑不得言我有他人在其中乃得言我故能起其非獨我齊亦欲之時齊與鄭魯比聘會者亦欲得之故以非獨我起齊惡齊惡起則魯蒙欲邑見於惡愈矣

疏注時齊至得之○解云即上三年冬齊侯鄭伯盟于石門六年夏公會齊侯盟于艾七年夏齊侯使其弟年來聘九年冬公會齊侯于邴十年春王二月公會齊侯鄭伯于中丘之屬是也○夏六月己亥蔡侯考父卒○辛亥宿男卒宿本小國不當卒所以卒而日之者春秋王魯以隱公為始受命王宿男先與隱公交接故卒褒之也不名不書葬者與微者盟功薄當褒之為小國故從小國例

疏注宿男至交接○解云即上隱公元年秋九月及宋人盟于宿是也○注為小至國例○解云即上七年春滕侯卒不書其葬傳云何以不名微國也者是○秋七月庚午宋公齊侯衛侯盟于瓦屋○八月葬蔡宣公卒何以名而葬不名卒從正卒當赴告天子君前臣名故從君臣之正義言也○而葬從主

人至葬者有常月可知不赴告天子故自從蔡臣子辭稱公卒何以日而葬不日卒赴赴天子也緣天子閔傷欲其知之又臣子疾痛不能不具以告而葬不告不告天子也發傳於葬者從正也疏注發傳至正也○解云言從正者謂卒日葬不日者是卒葬之正法三年經云癸未葬宋繆公而書日即失其正也其衛桓公葬不發傳者衛桓公者初則見弑于州吁終有簡慢之失侵小國之略故發傳於此○

○九月辛卯公及莒人盟于包來公曷爲與微者盟据與齊高傒盟諱之○包來左氏作浮來傒音兮疏注据與至諱之○解云莊二十二年秋及齊高傒盟于防傳云齊高傒者何貴大夫也曷爲就吾微者而盟公也公則曷爲不言公諱與大夫盟也是也稱人則從不疑也從者隨從也實莒子也言莒子則嫌公行微不肖諸侯不肯隨從公盟而公反隨從之故使稱人則隨從公不疑矣隱爲桓立狐壤之戰不能死難又受湯沐邑卒無廉恥令輩有緣諂爲桓所疑故著其不肖僅能使微者隨從之耳蓋痛錄隱所以失之又見獲受邑皆諱不明因與上相起也○行戶孟反

難乃旦反令力呈反僅其靳反〔疏〕注言莒至桓立○解云行微者其行卑微不肖者鄭注昏禮記云不肖者不似是也○注狐壤至廉恥○解云在上六年春○注令輩至失之○解云皆以其行微不肖卒無廉恥故也○注又見至起也○解云見獲諱不明者即言輸平是也受邑諱不明者即庚寅我入邴是也何者書日入者見其重難言我者見其非獨我故也言因與上相起者此經著其不肖起其事實甚惡矣○**螟**先是有狐壤之戰中丘之役又受邴田煩擾之應○應應對之應〔疏〕注有狐壤之戰○解云在六年注中丘之役○解云在上七年○**冬十有二月無駭卒此展無駭也何以不氏**莊公子彄辛氏公子**疾始滅也故終其身不氏**嫌上貶主赴入爲滅不爲疾始故復爲疾始滅終身貶之足見上貶爲疾始滅〔疏〕此展無駭也○解云正以上二年師展無駭故此弟子因難之○注据公子彄卒解云在五年

九年春天王使南季來聘○三月癸酉大雨

震電何以書記異也何異爾不時也震雷電者陽氣也有聲名曰雷無聲名曰電周之三月夏之正月雨當水雪雜下雷當聞於地中其雉雊電未可見而大雨震電此陽氣大失其節猶隱公久居位不反於桓失其宜也日者一日之中也凡災異一日者日歷日者月歷月者時歷時者加自文爲異發於九年者陽數可。以極而不還國於桓之所致。震電徒練反雊古豆反見賢徧反【疏】注雷當至中也○解云月令二月雷乃發聲故知正月之時聞於地中矣其雉雊雞乳雖起季冬之月此時猶然故得言此也亦有一本云雷當聞於雉雊誤也○注凡災至所致○解云一日者日即此文是歷日者月即桓八年冬十月雨雪之屬是也歷月者時即桓元年秋大水之屬是也歷時者加自文爲異者即文二年自十有二月不雨至于秋七月之屬是也

○**庚辰大雨雪何以書記異也何異爾俶甚也**俶始怒也始怒。甚猶大甚也蓋師說以爲平地七尺雪者盛陰之氣也八日之間先示隱公以不宜久居位而繼以盛陰之氣大怒此桓將怒而弑隱公之象○雨于付反俶甚尺叔反始也大甚音泰

○**俠卒俠者何吾**

大夫之未命者也以無氏而卒之也未命所以卒之者賞疑從重無氏者少略也○俠卒音協穀梁云所俠少詩照反〔疏〕俠者何○解云欲言大夫經不書氏欲言微者而記其卒故執不知問○注以無至略也○解云無氏降於大夫書卒隆於微者故知其未命耳○夏城郎○秋七月○冬公會齊侯于邴○于邴左氏作防

十年春王二月公會齊侯鄭伯于中丘月者隱前爲鄭所獲今始與相見故危錄內明君子當犯而不校也〔疏〕注犯而不校○解云謂校接之交不謂爲報也○夏翬帥師會齊人鄭人伐宋此公子翬也何以不稱公子据楚公子嬰齊貶後復稱公子○復扶又反又音服〔疏〕此公子翬○解云正以上四年師解云言公子翬故此弟子因以難之○注据楚至公子○解云成二年公及楚人已下盟于蜀彼傳云此楚公子嬰齊也其稱人何得壹貶焉爾至成六年書楚公子嬰齊率師伐鄭是也貶曷爲貶隱之

罪人也故終隱之篇貶也嫌上一貶可移於他事者故終隱之篇貶之明爲隱貶所以起隱之罪人也○明爲于僞反下先爲同疏注嫌上至人也○解云上一貶謂四年時也○六月壬戌公敗宋師于菅○公敗必邁反凡臨佗曰敗皆同此音菅古顔反○辛未取郜○郜古報反○辛巳取防取邑不日此何以日据取闞不日也○闞苦暫反○疏注据取闞不日也○解云即昭三十二年春王正月取闞是也一月而再取也欲起一月而再取故日○何言乎一月而再取据取漷東田及沂西田亦一月再取兩邑不日○漷火虢反又音郭沂魚依反疏注据取至不日○解云哀二年春王二月季孫斯叔孫州仇仲孫何忌帥師伐邾婁取漷東田及沂西田是也甚之也甚魯因戰見移生事利心數動○數所角反內大惡諱此其言甚之何春秋録内而略外於外大惡書小惡不書於内大

惡諱小惡書明取邑爲小惡一月再取小惡中甚者耳故書也於內大惡諱於外大惡書者明王者起當先自正內無大惡然後乃可治諸夏大惡因見臣子之義當先爲君父諱大惡也內小惡書外小惡不書者內有小惡適可治諸夏大惡未可治諸夏小惡明當先自正然後正人小惡不諱者罪薄恥輕敗宋師日者見結日偏戰也不言戰者託王於魯故不以敵辭言之所以彊王義也○見賢徧反下同○秋宋人衛人入鄭○宋人蔡人衛人伐載。鄭伯伐取之其言伐取之何據國言滅邑言取又徐人取舒不言伐疏注據國言滅○解云僖五年滅弦之屬是也○注又徐至言伐○解云在僖三年夏易也其易奈何因其力也因誰之力因宋人蔡人衛人之力也載屬爲上三國所伐鄭伯無仁心因其困而滅之易若取邑故言取欲起其易因上伐力故同其文言伐旁上載言取之也不月者移惡上三國○易以豉反下及注同屬音燭適也○疏注不月至三國○解云正以滅國例月故也○○冬十月壬午齊人鄭人入盛日者盛魯同姓於隱篇再見入者明當憂錄之○入盛左氏作郕後皆放此〔疏〕注日者至錄之○解云正以入例時傷害多則月今此云日故解也云再見入者謂五年秋衛師入盛及此爲再入者也

十有一年春滕侯薛侯來朝其言朝何據內言如〔疏〕注據內言如○解云即成十三年春公如京師之屬是也諸侯來曰朝大夫來曰聘傳言來者解內外也春秋王魯王者無朝諸侯之義故內適外言如外適內言朝聘所以別外尊內也不言朝公者禮朝受之於大廟與聘同義○別彼列反〔疏〕注傳言來者解內外也春秋至外也○解云謂內鄉外不言來外鄉內乃言來今言諸侯來曰朝大夫來曰聘者據外鄉內言之故云解內外也○注與聘同義○解云即上七年夏齊侯使其弟年來聘注云不言聘公者禮聘受之於大廟孝子謙不敢以已當之歸美於先君是也其兼言之何據鄧穀來朝不兼言朝〔疏〕注據鄧至言朝○解云桓七年夏穀伯綏來朝鄧侯

吾離來朝是也**微國也**略小國也稱侯者春秋託隱公以爲始受命王滕薛先朝隱公故褒之已於儀父見法復出滕薛者儀父盟功淺滕薛朝功大宿與微者盟功尤小起行之當各有差也滕序上者春秋變周之文從殷之質質家親親先封同姓○見法賢徧反年末注同復出扶又反下文不復注故復同○**夏五月公會鄭伯于祁黎**○祁黎祁音巨之反又上之反黎音力兮反又力私反左氏作時來○

秋七月壬午公及齊侯鄭伯入許日者危錄隱公也爲弟守國不尚推讓數行不義皇天降災諂臣進謀終不覺悟又復構怨入許危亡之釁外內並生故危錄之○爲弟于僞反年末注同數所角反釁許靳反【疏】注日者至降災○解云上二年夏五月莒人入向彼注云入例時傷害多則月此書日故決之○注諂臣進謀○解云上四年傳云百姓安子諸侯說于是也○**冬十有一月壬辰公薨何以不書葬**据莊公書葬【疏】注据莊公書葬解云即閔元年夏六月辛酉葬我君莊公是也**隱之也何隱爾弒也**爲桓公所弒○弒申志反注及

下並同

弑則何以不書葬据桓公書葬〈疏〉注据桓公書葬○解云桓十八年冬十二月己丑葬我君桓公是也桓亦被弑而書葬故難之春秋君弑賊不討不書葬以爲無臣子也道春秋通例與文武異〈疏〉注道春秋至武異○解云言文武之時周之盛德既無諸侯相犯寧有臣子弑君父者是以古典無責臣子討賊之義春秋據亂而作時則有之因設其法故言與文武異子沈子曰君弑臣不討賊非臣也不復讎非子也葬生者之事也春秋君弑賊不討不書葬以爲不繫乎臣子也子沈子後師明說此意者明臣子不討賊當絕君喪無所繫也沈子稱子冠氏上者著其爲師也不但言子曰者辟孔子也其不冠子者他師也○冠氏古亂反下同〈疏〉注沈子至師也○解云知子沈子爲已師者正以下文宣五年傳云子公羊子同故也○注不但至他師也○解云即昭十一年傳云子曰我乃知之矣之屬是也公薨何以不地据莊

公薨于路寢**不忍言也**不忍言其僵尸之處。僵居良反處昌慮反〔疏〕注不忍至之處解云不終天年者非人所欲故謂被殺之處爲僵尸之處讀如齊人强之强非强弱之强**隱何以無正月**据六年輸平不易。**隱將讓乎桓故不有其正月也**嫌上諸成公意適可見始讓不能見終故復爲終篇去正月明隱終無有國之心但桓疑而弑之公薨主書者爲臣子恩痛之他國自從王者恩例録也○去起吕反〔疏〕注嫌上至録也○解云即元年傳曰公何以不言即位成公意歸賵之下傳云然則何言爾成公意二年子氏薨之下傳云何以不書葬成公意五年考仲子之宫下傳云然則何言爾成公意非止一處故言諸也。

監本附音春秋公羊注疏隱公卷第三

江南蘇松督糧道方體栞

公羊注疏卷三挍勘記

阮元撰盧宣旬摘錄

監本附音春秋公羊注疏隱公卷第三 閩監毛本無監本附音四字下並準此

五年

春公觀魚于棠 釋文觀魚左氏作矢魚

登來之也 禮記大學一人貪戾注云戾之言利也春秋傳曰登戾之按古來讀若釐故以戾音相近

登讀言得來 按此當作登讀言得猶云登讀爲得也來當誤衍

張謂張罔罟障谷之屬也 閩監毛本同鄂本罔作網釋文障作鄣

棠者何濟上之邑也 隸釋載石經公羊殘碑此下直接下傳葬衛桓公秋衛師入盛十二字蓋古者經傳異本後儒省兩讀始合并之漢石經公羊有傳無經此漢以前舊式可考者

秋衛師入盛 唐石經諸本同釋文入盛左氏作郕

衞孫良夫伐廧咎如是也　鄂本以下同按成三年經作將咎如左氏作廧此誤

晉郤克衞孫良夫伐廧咎如是也　此本廧字剜改葢本作將

分別之者責元帥　宋本同閩監毛本帥作率按釋文作元率云本又作帥此本率誤師今訂正

始祭仲子也　唐石經諸本同隸釋載漢石經無也字

注考宮者何　閩監本同毛本脫注何按本作傳是也

美哉倫焉美哉煥焉　閩監毛本倫作輪煥作奐禮記同

自陝而東者　唐石經諸本同毛本陝作陜與說文篆體合釋文陝失冉反一云當作郟古洽反王城郟鄏按此非何義

召公主之　唐石經諸本同釋文作邵公云又作召○按作邵乃俗字也

昉於此乎　唐石經諸本同隸釋載漢石經昉作放

傳云爾者解不託始也 宋本監本毛本同鄂本云作言此本閩本託誤訖今訂正

還從僭六羽議 閩監毛本同誤也鄂本議作譏當據正浦鏜云儀禮經傳通解引作譏

通流精神 鄂本作流通

鍾磬未曾離於庭 毛本鍾改鐘監本誤鏈

殷曰大護 宋本閩監本同釋文亦作大䕶毛本作濩非也

舜時民樂其脩紀堯道也 閩監毛本同誤也鄂本紀作紹當據正浦鏜云儀禮經傳通解作紹○按以紹作邵以同音爲訓詁也

周時民樂其伐討也 閩監毛本作伐紂

前此貶曷爲始乎此 浦鏜云則誤貶是也

今傳亦宜云前此則曷爲始乎此託始焉 閩監毛本焉下有爾字

而云僭諸公　閩本同監毛本改傳云非

是以不得復祭傳云　按祭當發之訛

其兼用之乎　浦鏜云下脫○

注故聞至性故　何校本作故聞至正性無故字是也

敬在貌是也　監本敬誤教

邾婁人鄭人伐宋　唐石經諸本同惠棟云邾婁人二傳作邾人

設苛令急治　疏及閩監毛本皆作急法此誤

据俠又未命也　鄂本無据疏中標注同此衍當刪正浦鏜云元年益師卒疏引此注亦無据字

六年

春鄭人來輸平　唐石經諸本同釋文輸平左氏作渝平

吾與鄭人末有成也　宋本閩本監本毛本同隸釋載漢石經無也字唐石經末作未誤何訓爲無則當作末此本下句亦譌作未有成

爲共國辭　段玉裁云疏云一箇人字兩國共有當是國共非共國也下注稱人共國辭者同誤

君不行使乎大夫此其行使乎大夫何　盧文弨曰唐石經及各本皆無上行字嚴杰曰下節疏及閔二年疏引皆有上行字

與寠戰辟内敗文是　閩監毛本同誤也鄂本是作異疏中引注同當據正

戰側時偏戰曰正　此本補刊偏誤徧今據宋本閩監毛本訂正

擅獲諸侯　閩監毛本同誤也鄂本上有明鄭二字當補正

等起不去師敗績者　毛本去誤云○按作去與成二字注合

夏五至則書　此本與唐石經同不分經傳故此節疏在此無事何以書節注下閩監毛本強分經

傳移此疏於公會齊侯盟于艾下改夏五月至則書爲至于艾

四時具然後爲年隸釋載漢石經後爲年下直接傳文外取邑不書此何以書久也下闕

敬授民時是也浦鏜云尚書民作人按作人者係唐人避諱所改經傳子史皆引作民

七年

解云知如此注閩監毛本注誤正

徒歸于鄫爾也是也閩監毛本鄫作叔與十二年合

恒稱子起其微也閩監本同毛本恒誤桓下齊侯恒在宋公之上同

共國辭當作國共辭說見前

嗣子得以其禮祭宋本閩監毛本同鄂本禮作祿

上問中邑者何諸本同定二年疏引此注問作言當據正下文云因言可證若作問則與指問邑也

問字複矣

故因言何以書 定二年疏引此注故作欲當據正

至令大崩弛壞敗○ 諸本同鄂本弛作䢹按釋文亦作崩弛按䢹俗

母兄稱兄 隸釋載漢石經母兄稱兄下接下傳凡伯者何之凡字

公別同母者 閩監毛本同誤也宋本公作分釋文出分別二字當據以訂正

孝禮一法度 閩監毛本同誤也鄂本宋本孝作考當據正

古者諸侯有較德 惠棟云較讀爲覺詩曰有覺德行

尊大王命 宋本同閩監毛本大誤天

八年

無主者過在其間 監毛本同誤也宋本閩本主作王當據正按解云若言八年春王宋公衛侯遇

于垂卽媵桓王亦與之遇可證本作王也

鄭伯使宛來歸邴　唐石經諸本同釋文歸邴左氏作祊

當沐浴絜齊以致其敬　鄂本同閩監毛本絜改潔非釋文出絜齊二字

廣四十里袤四十二里　葉鈔釋文作廣卌袤卌○按漢石經論語有卌字說文無之惟林部𣞤下云卌數之積也

歸格于禰祖　釋文格本又作假同禰本又作藝段玉裁云按作藝乃淺人用古文尚書改之也何所據者今文尚書其說六宗用今說可證也

解云惟是一字○按一字當作也謂注中是也二字乃何休語自歲二月至用特則尚書語矣

以上皆堯典文也　閩監本同毛本改舜典孫志祖云枚賾尚書舜典在堯典內此引鄭氏注自不當據枚賾本作舜典也孔氏詩禮正義皆如此毛本誤改

五月不言於者　浦鏜云初誤於

以日伐故言我　閩監毛本同誤也鄂本日作吳當據正

而葬不告　隸釋載漢石經此下即接公曷爲與微者

侵小國之略　浦鏜云略疑作咎

公及莒人盟于包來　釋文包來左氏作浮來九經古義云古浮包字通漢書楚元王傳浮丘伯鹽鐵論作包丘按包聲浮聲古音同第三部

公曷爲與微者盟　唐石經諸本同漢石經微作徵此隸之變體

莊公子彄卒　閩監毛本同誤也鄂本宋本莊作据疏中標注亦作据公子彄卒當據正

正以上二年師展無駭　浦鏜云年下脫師閩本師下剜擠云字監毛本排入

九年

雨當水雪雜下　宋本同閩監毛本水作冰經義雜記曰冰鄭康成注禮記李巡郭璞注爾雅俱言水雪雜下矣雪雜下漢志云水雪雜雨雨下也冰字訛

雷當聞於地中其雉雊　按解云一本云雷當聞於雉雊誤也武億云夏小正雉震呴條正月必雷雷不必聞唯雉爲必聞之何以謂之雷則雉震呴相識以雷注文蓋本此疏既牽引非倫又云一本云雷當聞於雉呴誤皆謬言也

陽數可以極而不還國於桓之所致　按可字疑衍以已通據閩監毛本訂正補刊還作還誤也今

俶始怒也始怒甚猶大甚也　按此當作俶始也始甚猶大甚只叔反始也不云始怒也可證下文盛陰之氣大怒桓將怒而弒隱之象此因始甚之文申說之辭淺人蓋據此加怒字於上矣○按前說不然始甚則不得云猶大甚甚也二怒字皆衍文釋文俶

平地七尺雪者浦鏜云一誤七從六經正誤按

十年

明君子當犯而不校也毛本校作挍非疏何讀校爲交接之交言前爲鄭所獲於此不當交會也

謂校接之交不謂爲報也按當作謂交接之交不爲報也

此公子鞏也隸釋載漢石經此上有十年二字蓋雖不載經猶紀某公年數以相識别考其殘碑可想見其全經體式也

甚曾因戰見移生事閩監毛本同誤也鄂本移作利當據正

宋人蔡人衛人伐載諸本同唐石經載字缺釋文無音按漢書五行志載作戴注引此經同師古曰戴國今外黃縣東南戴城是也讀者多誤爲載故隨室置載州焉顏氏此條較之義疏釋文爲勝○按段玉裁云說文戴

字注云戠故國在陳留則戠爲本字載爲假借字亦或作戴

十有一年

解內外也春秋至外也閩監毛本作至內也按下五字衍何按本無

微國也隸釋載漢石經殘碑國也下接何以不書葬

又復構怨入許鄂本閩本同監毛本構作搆非

弒也弒則何以不書葬唐石經諸本同漢石經弒皆作試釋文作殺也云申志反注及下並同九經古義云白虎通引春秋讖曰弒者試也欲言臣子殺其君父不敢卒候間司事可稍稍試之

不復讎唐石經鄂本皆作子不復讎此脫子字毛本讎作讐非下並同○按左傳莊十二年正義困學紀聞七並有子字孫志祖說

以爲不繫乎臣子也唐石經諸本同漢石經無以爲二字按無以爲二字詞意益堅決凡云以爲者

皆隱曲申明之意

子沇子後師宋本閩監毛本同誤也蜀大字本作已師解云知子沇子爲已師者亦作已字當據正

据六年輸平不易閩監毛本同誤也宋本鄂本作不月當據正

非止一處故言諸也以何校本亦作一處此本一字損缺閩監毛本改作此非也下句當作故以言諸也閩監毛本删以字○按當作故以諸言也

監本附音春秋公羊注疏隱公卷第三終蜀大字本春秋公羊傳第一鄂本同閩監毛本無之唐石經作春秋公羊卷第一卷首及餘卷準此

公羊注疏卷三挍勘記終　工部屯田司員外郎胡祖謙挍

監本附音春秋公羊注疏桓公卷第四 起元年盡六年

何休學

元年春王正月公即位繼弒君不言即位此

此其言即位何 據莊公不言即位○繼弒申志反注皆同二年放此 疏 繼弒君不言即位○解云莊元年傳云繼弒君子不言即位而此不言子者欲見桓無臣子之道不念其君父故也寧知不由桓非隱子故不言子者正見僖元年傳云公何以不言即位繼弒君子不言即位此非子其稱子何臣子一例也正以僖是閔兄而言子故知桓公若有臣人之道言子矣○注據莊至即位○解云即莊元年經云元年春王正月不言公即位是也

如其意也 弒君欲即位故如其意以著其惡直而不顯諱而不盈桓本貴當立所以爲篡者隱權立桓北面君事隱也即者就也先謁宗廟明繼祖也還之朝正君臣之位也事畢而反凶服焉○ 疏 注直而至不盈○解云繼弒君者無即位之文今此書其即位直是桓弒但不顯道其弒故曰直而不顯也言諱而不盈者桓之弒隱是爲内諱而

書其即位以見其弒不盈滿其諱文故曰諱而不盈也○注先謁至服焉○解云皆時王之禮也○三月公會鄭伯于垂桓公會皆月者危之也桓弒賢君篡慈兄專易朝宿之邑無王而行無仁義之心與人交接則有危也故爲臣子憂之不致之者爲下去王適足以起無王未足以見無王罪之深淺故復奪臣子辭成誅文也○爲下于僞反下爲告同去起呂反見賢遍反故復扶又反下同

疏注桓公至危之也○解云即此文及下二年三月公會齊侯已下于稷三年春正月公會齊侯于嬴六年夏四月公會紀侯于成之屬是也而十年秋公會衛侯于桃丘弗遇不書月者彼是公欲要衛侯衛侯不肯見公以非禮動見拒有恥是以不復見其危矣○注不致至文也○解云即下二年注云凡致者臣子喜其君父脫危而至今不致之若其受誅殺故曰奪臣子辭成誅文也○

○鄭伯以璧假許田其言以璧假之何據實假不當持璧也易之也易之則其言假之何爲恭也爲恭孫之辭使若暫假借之辭○孫音遜易爲爲恭據取邑不爲恭恭敬辭

疏注據取至敬辭○解云即哀八年齊人取

讙及僤之屬是有天子存則諸侯不得專地也許田者何地皆不得專而此獨爲恭辭疑非凡邑故更問之魯朝宿之邑也諸侯時朝乎天子天子之郊諸侯皆有朝宿之邑焉時朝者順四時而朝也緣臣子之心莫不欲朝朝莫夕王者與諸侯別治勢不得自專朝故即位比年使大夫小聘三年使上卿大聘四年又使大夫小聘五年一朝王者亦貴得天下之歡心以事其先王因助祭以述其職故分四方諸侯爲五部部有四輩輩主一時孝經曰四海之内各以其職來助祭尚書曰羣后四朝敷奏以言明試以功車服以庸是也宿者先誡之辭古者天子邦畿千里遠郊五百里諸侯至遠郊不敢便入必先告至由如他國至竟而假塗也皆所以防未然謹事上之敬也王者以諸侯遠來朝亦加殷勤之禮以接之爲告至之須當有所止故賜邑於遠郊其實天子地諸侯不得專也桓公無尊事天子之心專以朝宿之邑與鄭背叛當誅故深諱使若暫假借之者不舉假爲重復舉上會者方諱言許田不舉會無以起從魯假之也○朝朝上如字下直遥反莫音暮治直吏反背叛音佩凡背叛

之類皆〔疏〕注故即位至小聘○解云此孝經說文聘義亦放此○云天子制諸侯比年小聘三年大聘相屬以禮也是與此合○注五年一朝○解云虞傳文○注尚書曰至庸是也○解云此遂書也言羣后四朝者謂諸侯順四時而朝也敷奏以言者謂諸侯來朝之時徧奏以言語也言明試以功者國功曰功謂明試以國事之功也言車服以庸者民功曰庸若欲賜車服之時以其治民之功高下矣○注宿者先誡之辭○解云宿可以轉訓爲肅也是以祭統云先期旬有一日宮宰宿夫人夫人亦散齊七日致齊三日鄭注云宮宰守宮官也宿讀爲肅肅猶戒也戒輕肅重是也

此魯朝宿之邑也則曷爲謂之許田諱取周田也諱取周田則曷爲謂之許田繫之許也曷爲繫之許近許也此邑也其稱田何田多邑少稱田邑多田少稱邑分別之者古有分土無分民明當察民多少課功德○近附近之近別彼列反〔疏〕諱取周田也○解云謂魯人諱取周田而專用之○近許也○又云魯頌云居常與許復周公

之宇以此言之似魯國界内舊自有許何言近許而繫之許也彼注云常許魯南鄙西鄙此在王圻之内則非此許也○許田多至稱邑○解云田多邑少稱田者謂邑外之田多邑内家數少如此之時則稱田即此是也言邑多田少稱邑者謂邑内家數多而邑外之田頃畝少如此之時則稱邑即哀八年齊人取讙及僤是也○注分別至功德○解云知古有分土無分民者正以詩云誓將去汝適彼樂土論語云四方之民襁負其子而至矣皆是樂就有德之義故也○夏

四月丁未公及鄭伯盟于越○越本亦作粤音同〔疏〕夏四月至于越○解云所以日者正以十年冬齊侯衛侯鄭伯來戰于郎相負故也○秋大水何以書

記災也災傷二穀以上書災也經曰秋大水無麥苗傳曰待無麥然後書無苗是也先是桓篡隱百姓痛傷悲哀之心既蓄積而復專易朝宿之邑陰逆而與怨氣并之所致○以上時掌反凡言以上皆放此蓄勑六反〔疏〕注災傷至之邑○解云自經曰以下皆是莊七年傳文也彼傳云曷爲先言無麥而後言無苗一災不書待無麥然後書無苗彼注明君子云云[illegible]麥苗獨書者民食最重是也以此言之則知此經灾傷二穀以上故不書穀名直言大水而已

而莊二十八年經云冬築微大無麥禾不兼言大水者傳云冬既見無麥禾矣曷爲先言築微而後言無麥禾諱以凶年造邑也彼注云諱使若造邑而後無麥禾者惡愈也此蓋秋大水所傷就築微下但舉水則嫌冬水者是也○注陰逆至所致○解云陰逆者專易朝宿之邑是怨氣者百姓痛傷悲哀之心是也

○冬十月

二年春王正月戊申宋督弒其君與夷及其大夫孔父賢者不名故孔父稱字督未命之大夫故國氏之○

疏及其大夫孔父○解云此經之下亦有注云賢者不名故孔父稱字督未命之大夫故國氏之者但考諸舊本悉無此注且與注違則知有者衍文也

○及者何以公夫人言及仲子微不得及君上下大夫言及知君尊亦不得及臣故問之

疏注以公夫人言及○解云即僖十一年夏公及夫人姜氏會齊侯于陽穀是也○注仲子至及君○解云隱元年秋天王使宰咺來歸惠公仲子之賵傳云何以不言及仲子仲子微也彼注云比夫人微故不得並及公是也○注上下至問之○解云哀六年夏齊國夏及高張來奔是國夏上大夫高張下大夫

累也累累從君而死齊人語也

弒君

多矣舍此無累者乎曰有仇牧荀息皆累也舍仇牧荀息無累者乎曰有叔仲惠伯是也○舍此音捨下同〔疏〕仇牧至曰有○解云仇牧之事在莊十二年秋荀息之事在僖十年春○注叔仲惠伯是也○解云應在文十八年但成十五年傳乃言之有則此何以書賢也何賢乎孔父據叔仲惠伯不賢○〔疏〕注據叔至不賢○解云成十五年傳云叔仲惠伯傳子赤者也文公死子幼公子遂謂叔仲惠伯曰君幼如之何願與子慮之叔仲惠伯曰吾子相之老夫抱之何幼君之有公子遂知其不可與謀退而殺叔仲惠伯弑子赤而立宣公彼注云殺叔仲惠伯不書者舉弑君爲重叔仲惠伯事與荀息相類不得爲累者有異也叔仲惠伯直先是殺爾不知荀息死之以此言之則叔仲惠伯不可與謀而見殺非衛君而死春秋不賢之是以不書故此注云叔仲惠伯不賢也○孔父可謂義形於色矣○以稱字見先君死見先賢遍反下形見目見斥見見恩並同下悉薦反〔疏〕孔父至色矣○解云孔父事君之正義形見於顏色矣○其義

形於色奈。何督將弑殤公孔父生而存則殤公不可得而弑也故於是先攻孔父之家大夫稱家父者字也禮臣死君字之以君得字之知先攻孔父之家○殤式羊反○【疏】注大夫稱家○解云即定十二年孔子行乎季孫三月不違曰家不藏甲邑無百雉之城是也○注父者字也○解云穀梁傳文○注禮臣至家○解云臣死君不名之稱謚若字也者出玉藻文殤公知孔父死已必死趨而救之皆死焉趨走也傳道此者明殤公知孔父賢而不能用故致此禍設使殤公不知孔父賢焉知孔父死已必死設使魯莊公不知季子賢焉知以病召之皆患安存之時則輕廢之急然後思之故常用不免○死焉於虞反注同○【疏】注設使至思之○解云莊公三十二年傳云莊公病將死以病召季子季子至授之以國政曰寡人即不起此病吾將焉致乎魯國云云是也○注故常用不免○解云謂宋殤公不免死魯莊公不免亂○孔父正色而立於朝則人莫敢過而致難於其君者孔父可謂義形於色矣內有其義而外形見於顔色孔子曰君子正其衣冠尊其瞻視儼然人望而畏之是也重道義形於色者君子樂道人之善言及者使上及其君若附大國以名通明當封爲附庸不絶其祀所以重社稷之臣也督不氏者起馮當國不舉馮弑爲重者繆公廢子而反國得正故爲之諱也不得爲讓者死乃反之非所以全其讓意也○難乃旦反嚴魚檢反本又作儼重直用反故爲于僞反傳爲隱諱下注不爲諱爲後同（疏）注督不至諱也○解云春秋之內當國不氏者無知州吁之屬是也今宋督實戴公之孫而不言公孫者正欲起其取國與馮故也○注不得至意也○解云昭二十年傳云何賢乎公子喜時讓國也昭三十一年傳云何賢乎叔術讓國也繆公之傳不言讓國者死乃反之非所以全其讓意也○滕子來朝○三月公會齊侯陳侯鄭伯于稷以成宋亂內大惡諱此其目言之何目見也斥見其惡言成宋亂遠也所見異辭所聞異辭所傳聞異辭所以復發傳者益師以臣見恩此以

君見恩嫌義異也所見之世臣子恩其君父尤厚故多微辭是也所聞之世恩王父少殺故立煬宮不日武宮日是也所傳聞之世恩高祖曾祖又少殺故子赤卒不日子般卒日是也○傳聞直專反注傳聞及下注傳之皆同以復扶又反下反復同少殺所介反下同煬餘亮反舊始彰反般音班

【疏】注所以復發傳者○解云隱元年公子益師卒之下已有傳故言復矣○注益師至尤厚○解云彼以臣之故欲見臣恩之薄厚故曰以臣見恩也此以君之故欲見君恩之厚薄○故曰以見君恩也○注故多微辭○解云定元年傳云定哀多微辭彼注云定公有王無正月不務公室喪失國寶哀公有黃池之會獲麟故揔言多是其定公有王無正月得爲微辭者即定公元年傳云定何以無正月正月者正即位也定無正月者即位後也彼注云雖書即位于六月實當如莊公有正月今無正月者昭公出奔國當絕定公不得繼體奉正故諱爲微辭使若即位在正月後故不書正月者是也其不務公室者即定二年冬十月新作雉門及兩觀其言新作之何脩大也脩舊不書此何以書譏何譏爾不務乎公室也彼注云務勉也不務公室亦可施於久不脩亦可施於不務如公室之禮微辭也者是也其喪○國寶得爲微辭者定公八年盜竊寶玉大弓傳云寶者何璋判白彼注云不言璋言

玉者起圭璧琮璜璋五玉盡亡之也傳獨言璋者所以郊事天九重書大弓者使若都以國寶書微辭也謂之寶者世世保用之辭是也其黃池之會得爲微辭者哀十三年公會晉侯及吳子于黃池傳云其言及吳子何會兩伯之辭也不與夷狄之主中國則曷爲以會兩伯之辭言之重吳也曷爲重吳吳在是則天下諸侯莫敢不至也彼注云不書諸侯者爲微辭使若天下盡會之而魯侯蒙俗會之者惡愈是也其獲麟得爲微辭者哀十四年春西狩獲麟不言爲漢之將興不言爲周之將亡故得爲微辭也○注所聞至武宮日是也○解云立煬宮不日者即定元年九月立煬宮是也立武宮日者成十六年二月辛巳立武宮是也公羊之義失禮鬼神例日故言此○注所傳至卒日是也○解云子赤卒不日者文十八年冬十月子卒傳云何以不日隱之也何隱爾弑也弑則何以不日不忍言也注云所聞世臣子恩事王父深厚故不忍言其日與子般異是也其子般卒日者莊三十二年冬十月乙未子般卒彼注云日者爲臣子恩錄之也殺不去日見隱者降子赤也者是

隱亦遠矣曷爲爲隱諱据觀魚諱隱賢而桓賤也宋公馮與督共弑君而立諸侯會於稷欲共誅之受賂使還令宋亂遂成桓公本亦弑隱

而立君子疾同類相養小人同惡相長故賤不爲諱也古者諸侯五國爲屬屬有長二屬爲連連有帥三連爲卒卒有正七卒爲州州有伯也州中有爲無道者則長帥卒正伯當征之不征則與同惡當春秋時天下散亂保伍壞敗雖不誅不爲成亂今責其成亂者疾其受賂也加以者辟直成亂也○令力呈反相長丁丈反下同帥所類反下同爲卒子忽反下同

疏 注据觀魚諱○解云隱五年春公觀魚于棠彼注云皆實譏張魚而言觀譏遠者恥公去南面之位下與百姓爭利匹夫無異故諱使若以遠觀爲譏者是也○注古者諸侯至有伯也○解云王制及春秋說文○注加以至亂也○解云下十四年傳云以者何行其意也彼注云以已從人曰行言四國行宋意也今此言以成宋亂者若言公爲三國所以遂行其意而成宋亂非公本意故云加以者辟直成亂也

○夏四月取郜大鼎于宋此取之宋其謂之郜鼎何据莒人伐杞取牟婁後莒牟夷以牟婁來奔不繫杞也

疏 注据莒至杞也○解云隱四年莒人伐杞取牟婁昭五年莒牟夷以牟婁來奔是也

器從名從本主名名之地從主人從後所屬主人器何以從名

地何以從主人據錯〔疏〕注据錯。解云二理相違故謂之錯器之與人
非有即爾即就也若曰取彼器與此人異國物凡人取異國物非就有取之者皆持以歸爲有爲後
不可分明故正其本名〔疏〕非有即爾。解云謂非有就而有之爾宋始以不義取
之故謂之郜鼎宋始以不義取之不應得故王之謂之郜鼎如以義應得當言取宋大鼎郜本
所以有大鼎者周家以世孝天瑞之鼎以助享祭諸侯有世孝者天子亦作鼎以賜之禮祭天子九鼎諸侯七卿大夫五
元士三也〔疏〕宋始至取之。解云謂滅郜取之也。注如以義應得者解云謂若天賜之也。注周家至享祭者
解云謂殷衰之時鼎没于泗水及武王克殷之後鼎乃出見故漢書云鼎於周出是也□注禮祭至三也。解云春秋説
文而謄夫云王日一舉鼎十有二物何氏不取也而士冠禮士喪禮皆一鼎者士冠士喪略於正祭故也至乎
地之與人則不然凡取地皆就有之與器異也俄而可以爲其
有矣俄者謂須臾之間制得之頃也諸侯土地各有封疆里數今日取之然後王者起興滅國繼絕世反取邑

不嫌不明故卒可使以爲其有不復追録繫本主○疆居良反然則爲取可以爲其有乎爲取恣意辭也弟子未解故云爾○解音蟹曰否何者何者將設事類之辭若楚王之妻媦無時焉可也媦妹也引此爲喻者明其終不可名有也經不正者從可知省文也○媦音胃妹也【疏】若楚至可也○解云媦音于貴反以妹爲妻終無可時似若器從今主之名地取便爲已有亦無可時故言此也本更散亡難可推據未知此君名號云何○注明其至有也○解云若作名字言器不可從今主之名地不可作後主之有也考諸古本名作多字雖恣意取之亦不得多有也若如此解以覆上爲取之義矣○注經不至文也○解云地不得爲今主之有而經不繫本國以正之者從可知省文戊申納于大廟何以書譏何譏爾遂亂受賂納于大廟非禮也納者入辭也周公稱太廟所以必有廟者緣生時有宮室也孝子三年喪畢思念其親故爲之立宗廟以鬼享之廟之爲言貌也思想儀貌而事之故曰齊之日思其居處思其笑語思其志意思其所樂思其所嗜祭之日入室

僾然必有見乎其位周旋出入肅然必有聞乎其容聲出戶而聽愾然必有聞乎其嘆息之聲孝子之至也質家右宗廟上親親文家右社稷尚尊尊○大廟音泰下及注同嗜市志反僾音愛又烏改反愾苦愛反【疏】注納者入辭也○解云即莊九年傳云納者何入辭也是也○注故爲至享之○解云孝經文○注故曰至所嗜○解云皆祭義文也彼注云所嗜素所欲飲食是也○注祭之至之聲○解云亦祭義文彼注云周還出戶謂薦設時也無尸者闔戶若食間則有出戶而聽之是也○注質家至尊尊○解云春秋說文祭義篇末云建國之神位交家右社稷而左宗廟所謂一隅也

○秋七月紀侯來朝稱侯者天子將娶於紀與之奉宗廟傳之無窮重莫大焉故封之百里月者明當尊而不臣所以廣孝敬蓋以爲天子得娶庶人女以其得專封也【疏】注稱侯至百里解云知天子將娶於紀者正以下八年冬遂逆王后于紀九年春紀季姜歸于京師之文也知其元非大國者正以隱二年紀子伯莒子盟于密伯子並稱之故知此侯非本爵也知非暫得褒賞而已而知封之百里者正以自今以後恒稱侯故也即下六年夏公會紀侯于成十三年春公會紀侯鄭伯之屬是也○注月者至孝敬○解云凡朝例時以其尊而不臣故書月令與

朝聘。○注蓋以至封也。○解云：此欲道諸侯不得專封，是以不取于大夫以下。即文四年夏逆婦姜于齊，略之也，彼注云賤非所以奉宗廟，故略之是也。

○蔡侯鄭伯會于鄧。離不言會，此其言會何？據齊侯鄭伯如紀。二國會曰離，二人議，各是其所是，非其所非，所道不同，不能決事定是非，立善惡，不足采取，故謂之離會。

【疏】注據齊至離會。○解云：五年，齊侯鄭伯如紀，當時紀不與會，是以齊侯鄭伯爲離會也，但離不言會，故變言如矣。

蓋鄧與會爾。時因鄧都，得與鄧會。自三國以上言會者，重其少從多也，能決事定是非，立善惡。尚書曰：三人議，則從二人之言，蓋取諸此。○與會音預。

【疏】注尚書至之言。○解云：洪範文。

○九月，入杞。○公及戎盟于唐。不日者，戎怨隱不反國，善桓能自復，翕然相親信。

○冬，公至自唐。致者，君子疾賢者失其所，不肖者反以相親榮，故與隱相違也。明前隱與戎盟，雖不信猶可安也；今桓與戎盟，雖信猶可危也，所以深抑小人也。凡致者，臣子喜其君父脫危而至。

【疏】注故與隱相違也。○解云：即隱二年秋八月，公及戎盟于唐，不書致故也。○注明前至安也。○解云：隱公

之盟書日故言不信也不書致故言猶可安○注今桓至而至○解云不日故爲信書致故言危也

二年春正月公會齊侯于嬴無王者以見桓公無王而行也二年有王者見始也十年有王者數之終也十八年有王者桓公之終也明終始有王桓公無之爾不就元年見始者未無王也正月非周之正月所以復去之者明春秋之道亦通於三王非主假周以爲漢制而已○嬴音盈以見賢偏反下并年末以見同復扶又反下同去起呂反

【疏】注二年至始也○解云即二年春王正月戊申宋督弑其君與夷是也○注十年至終也○解云即十年春王正月庚申曹伯終生卒是○注十八年至終也○解云即十八年春王正月公會齊侯于濼是也○注不就至始者○解云元年春王正月初即位之時自知已篡戰懼畏討未敢無王是以春秋於正月之際不得見始須臾之後還復爲惡擅易天子之田俄然無憚故至二年正月言王以見始○注二月無王○解云即七年二月已亥焚咸丘十有三年春二月公會紀侯鄭伯云十五年春二月天王使家父來求車之屬是也

○夏齊侯衛侯胥命于蒲胥命者何相命也胥相也時盟不歃血

但以命相誓○歃本又作歃所洽反又所甲反〔疏〕胥命者何○解云春秋上下更無胥命之文故執不知問○注時盟至相誓○解云亦相誓勑但不歃血而已故謂之盟也**何言乎相命**據盟亦相命不道也**近正也**以不言盟也○近正附近之近下及注同〔疏〕近正也○解云古者不盟而言近正雖不歃血曰雖誓勑不若古者結言而退故言近正而已**此其爲近正奈何古者不盟結言而退**善其近正似於古而不相背故書以撥亂也○背音佩**○六月公會紀侯于盛**○盛音成**○秋七月壬辰朔日有食之既既者何盡也**光明滅盡也是後楚滅鄧穀上僭稱王故九甚也楚滅鄧穀不書者後治夷狄〔疏〕既者何○解云與例不同故執不知問○注是後楚滅鄧穀○解云即下七年夏穀伯綏來朝鄧侯吾離來朝傳云皆何以名失地之君也是也○注上僭稱王○解云春秋說云桓三年秋七月壬辰朔日有食之既其後楚僭號稱王滅穀鄧政教陵遲是也**○公子翬如齊逆女○九月齊侯送**

姜氏于讙何以書譏何譏爾諸侯越竟送女非禮也以言姜氏也禮送女父母不下堂姑姊妹不出門○讙呼官反〔疏〕注以言姜氏也○解云讙若齊地宜言齊侯送孟姜于讙今言姜氏故知越竟也○注禮送至出門○解云時王之禮此入國矣何以不稱夫人据讙魯地自我言齊恕己以及人也父母之於子雖爲鄰國夫人猶曰吾姜氏所以崇父子之親從父母辭不言孟姜言姜氏者從魯辭起魯地〔疏〕猶曰吾姜氏○解云若有言孟姜者孟爲衍字也○注從父至魯地○解云孟姜者即詩云彼美孟姜正謂此也孟字亦有作季字者誤也〇公會齊侯于讙

夫人姜氏至自齊翬何以不致据遂以夫人婦姜至自齊致〔疏〕注据遂至齊致○解云在宣元年得見乎公矣本所以致夫人者公不親迎有危也翬當并致者翬親迎重在翬也上會讙時夫人以得見公得禮失禮在公不復在翬故不復致不就讙上致者婦人危重故据

都城乃致也月者爲夫人至例危重之疏注不就至乃致○迎迎魚敬反下同爲夫于僞反下同解云若就讙致即鄉者至讙之時書之宜在公會齊侯于讙上○注月者至讙之○解云即宣元年三月遂以夫人婦姜至自齊成十四年九月僑如以夫人婦姜氏至自齊是也○冬齊侯使其弟年來聘○有年有年何以書方分別問大有年故不但言何以書○別彼列反以喜書也大有年何以書亦以喜書也此其曰有年何僅有年也僅猶劣也謂五穀多少皆有不能大成熟○僅其靳反劣也疏注謂五至成熟解云舊本如是其穀下云皆有不能大成熟多少二字或衍文也若必存字解之多謂麥禾少謂豆之屬是事皆有但不能大熟也彼其曰大有年何問宜十六年也大豐年也謂五穀皆大熟成僅有年亦足以當喜乎恃有年也恃賴也若桓公之行諸侯所當誅百姓所當叛而又元年大水二年耗減民人將去國喪無日賴得五穀皆有使百姓安土樂業故喜而

書之所以見不省之君爲國九危又明爲國家者不可不有年。行下孟反耗減呼報反下佳斬反喪息浪反

四年春正月公狩于郎狩者何田狩也田者蒐狩之捴名也古者肉食衣皮服捕禽者故謂之田取獸于田故曰狩易曰結繩罔以田魚。狩手又反冬獵也

〔疏〕狩者何。解云正以春而言狩故執不知問。注田者蒐狩之捴名也。解云即尚書云文王不敢盤于遊田。注古者肉食衣皮服捕禽獸故謂之田取獸于田故曰狩易曰結繩罔以田魚。解云此古者謂三皇之時也故禮進退三皇時云昔者先王未有火化食草木之實鳥獸之肉飲其血茹其毛未有麻絲衣其羽皮後聖有作然後脩火之利治其麻絲以爲布帛以養生送死以事鬼神又下繫辭云黃帝堯舜垂衣裳而天下治彼注云始去羽毛故鄭注易說云古者田漁而食之因衣其皮先知蔽前後知蔽後後王易之以布帛而猶存其蔽前者重古道不忘本以此言之則黃帝以後始有火化而去毛羽則此古者三皇時可知

春曰苗苗毛也明當見物取未懷任者

〔疏〕春曰苗。解云周禮春田謂之蒐何氏所不取

秋曰蒐蒐簡擇也簡擇幼稚取其大者。曰廋本又作搜亦作蒐所求反簡擇也

冬曰狩狩猶獸也冬時禽獸長大遭獸可取不以夏田者春秋制也以爲飛鳥未去於巢走獸未離於穴恐傷害於幼稚故於苑囿中取之。長丁丈反年未同離力智反囿音又〔疏〕注不以至制也。解云正以周禮四時皆田故也

常事不書此何以書譏何譏爾遠也以其地遠禮諸侯田狩不過郊〔疏〕注以其至遠也。解云十年冬齊侯衛侯鄭伯來戰于郎傳云郎者何吾近邑。莊三十一年春築臺于郎傳云何以書譏何譏爾臨民之漱浣也以此言之則郎爲近邑言遠也者蓋以郎邑在郊內其屬地在郊外若據邑言之則爲近若據地言之則爲遠也故哀十一年左氏郊之戰檀弓謂之戰于郎也者是郎邑在郊內之證也則此言狩于郎者據郊外屬地言之故言遠是以此注云以其地遠禮諸侯田狩不過郊下五年大雩之下注云去國遠狩是也而舊云以其云大野遠故言遠者非

諸侯曷爲必田狩據有囿也〔疏〕注據有囿也。解云即成十八年築鹿囿之屬是也

一曰乾豆一者第一之殺也自左髀射之達於右髃中心死疾鮮肩故乾而豆之中薦於宗廟豆祭器名狀如鐙天子二十有六諸公十有六諸侯十有二卿上大夫八下大

夫六士二。○左膘毗小反又扶了反上倉云小腹兩邊肉說文云脅後髀前肉射之食亦反下同右髃本又作髃魚俱反又五苟反說文云肩前也字林云肩前兩乳骨也五口反中心丁仲反下同鐙都鄧反又音登〔疏〕注自左至如鐙解云時王之禮古制無文。注天子至士二。解云自下大夫六以上禮器文也。其十三者何氏左之案聘禮致饔餼于大上大夫堂上八豆設于房西則知此者堂上豆數也公食大夫禮曰宰夫自東房薦豆六設于醬東則食下大夫之禮而豆六則知食卿上大夫亦八明矣周禮公之豆四十侯伯之豆三十有二子男之豆二十有四者蓋普言之

二曰賓客二者第二之殺也自左膘射之達於右髀。遠心死難故以為賓客。遠于萬反〔疏〕二曰賓客解云言以為賓俎實為猶作也。

三曰充君之庖充備也庖厨也三者第三之殺也自左膘射之達于右髃中腸胃。污泡死遲故以充君之庖厨已有三牲必田狩者孝子之意以為己之所養不如天地自然之牲逸豫肥美禽獸多則傷五穀因習兵事又不空設故因以捕禽獸所以共承宗廟示不忘武備又因以為田除害狩例時此月者譏不時也周之正月夏之十一月陽氣始施鳥獸懷任草木萌牙非所以養微。○庖步苞反左髀方爾反又步啓反股

外也本又作脿右髀羊紹反字林子小反一本作胘音賢泡普交反又百交反捕音步本又作搏音博又音付共音恭爲田于僞反下音同（疏）注狩例時。解云即莊四年冬公及齊人狩于郜僖二十八年冬天王狩于河陽是也。注此月者至養微。解云在哀十四年孔子欲夏之孟冬以爲田狩之月

夏天王使宰渠伯糾來聘宰渠伯糾者何天子之大夫也其稱宰渠伯糾何据劉卷卒氏采不名且字。糾居黝反氏采七代反後放此

（疏）宰渠伯糾者何。解云欲言微者而經稱伯欲言尊卿連名言之故執不知問。注据劉至且字。解云在定四年也劉是其采卷是名也

下大夫也天子下大夫繫官氏名且字繫官者卑不得專官事也稱伯者上敬老也上敬老則民益孝上尊齒則民益弟是以王者以父事三老兄事五更食之於辟雝天子親袒而割牲執醬而餽執爵而酳冕而摠干率民之至也先王之所以治天下者有五貴有德爲其近於道也貴貴爲其近於君也貴老爲其近於父也敬長爲其近於兄也慈幼爲其近於子弟也禮君於臣而不名者有五諸父兄不名經曰王札子是也詩曰王謂叔

父是也。上大夫不名，祭伯是也。盛德之士不名，叔肸是也。老臣不名，宰渠伯糾是也。下去二時者，桓公無王而行，天子不能誅，反下聽之，故爲貶，見其罪，明不宜。○弟，大計反。更，音庚。食，音嗣。辟，必亦反。袒，音但。饋，其愧反。酳，以刄反，又士刄反。其近，附近之近，下同。札，側八反。肸，許乙反。去，起呂反。見，賢遍反。

【疏】注天子至盍弟○解云：言繫官以爲氏，渠是名，糾是且字也。○注是以至之至也○解云：祭義云「食三老五更於大學，天子親袒而割牲，執醬而饋，執爵而酳，冕而摠干，所以教諸侯之弟也」，鄭注云「割牲，制俎實也。冕而摠干，親在舞位，以樂侑食也。教諸侯之弟，次事親」是也。樂記亦有此文。○注先王至弟也○解云：皆祭義文也。○注禮君至是也○解云：皆何氏之意，故皆取經以當之。○注諸父至是也○解云：宣十五年「王札子殺召伯、毛伯」，傳云「王札子者何？長庶之號也」，注云「天子之庶兄。札者，冠且字也。禮，天子庶兄冠而不名，所以尊之」是也。○注上大夫至是也○解云：隱元年「祭伯來」，傳云「祭伯者何？天子之大夫也」是也。○注盛德至是也○解云：宣十七年「公弟叔肸卒」，彼注云「稱字者，賢之。宣公簒立，叔肸不仕其朝，不食其禄，終身於貧賤。故孔子曰：『篤信好學，守死善道。危邦不入，亂邦不居。天下有道則見，無道則隱。』此之謂也」是。○注老臣至不宜○解云：渠是其名，而言不名者，

謂計其官爵之時實合氏官名而且字但以其年老故兼稱伯示有不名之義也故知之矣

五年春正月甲戌己丑陳侯鮑卒曷爲以二日卒之怴也怴者狂也齊人語○怴呼述反狂也齊人語甲戌之日亡己丑之日死而得君子疑焉故以二日卒之也君子謂孔子也以二日卒之者闕疑

疏注君子至闕疑○解云正以哀十四年傳云君子曷爲爲春秋故也

○夏齊侯鄭伯如紀外相如不書此何以書据蔡侯東國卒于楚不言如也

疏注据蔡至如也○解云在昭二十三年夏也案襄二十六年許男甯卒于楚在蔡侯之前而不據之者科取一以當之不以後見義或者正以蔡是大國齊之類故取之

離不言會

疏時紀不與會故略言如也春秋始錄內小惡書內離會略外小惡不書外離會至所聞之世著治升平內諸夏而詳錄之乃書外離會嫌外離會常書故變文見意以別嫌明疑○與音預治直吏反見意賢徧反下文注並同別彼列

反〔疏〕注書内離會者○解云即隱二年公會戎于潛是也○注不書外離會者解云即此文變會言如是也○注乃書外離會○注嫌外至明疑○解云若不載此事以略言如則嫌所傳聞之世合書外離會但遇無之而已故曰嫌外離會常書也故書而變其文見所傳聞之世不書外離會之意故曰變文見意也所以別其嫌而明其疑故曰以別嫌明疑也○解云即宣十一年晉侯會狄于攢函是也

○天王使仍叔之子來聘

仍叔之子者何天子之大夫也其稱仍叔之子何据宰渠氏官武氏子不稱字又不加之尹氏不稱子〔疏〕仍叔之子者何○解云欲言大夫而文言之子欲言未仕而天王使之故執不知問○注据宰渠氏官○解云即上四年夏天王使宰渠伯糾來聘是也○注武氏至加之○解云即隱三年秋武氏子來求賻是也○注尹氏不稱子○解云即隱三年夏四月辛卯尹氏卒是也

譏何譏爾譏父老子代從政也禮七十縣車致仕不言氏者起父在也加之者起子辟一人○縣音玄〔疏〕注禮十縣輿致仕○解云案春秋說文謂之縣輿者淮南子曰日至於悲谷是

謂晡時至於淵隅是謂高春至於連石是謂下春至於悲泉爰止其女爰息其馬是謂縣輿一日之暮人年七十亦一世之暮而致其政事於君故曰縣輿致仕也亦有作車字者○注不言至在也○解云言仍氏子則與武氏子文同嫌亦無父故曰起父在○注加之至一人○解云若言仍叔子則與僖三十三年百里子與蹇叔子之類是一人故曰加之者起子辟一人

○葬陳桓公不月者責臣子也知君父有疾當營衛不謹而失之也傳曰葬生者之事

【疏】注不月至之也○解云正以卒日葬月乃是大國之例今書時故決之○注傳曰至之事○解云隱十一年傳文

○城祝丘○秋蔡人衛人陳人從王伐鄭其言從王伐鄭何據河陽舉王狩別出朝文文不連王王師不道所加○從王如字又才用反下及注同

【疏】注據河至連王○解云僖二十八年冬公會晉侯以下于溫天王狩于河陽壬申公朝于王所彼舉王狩此不舉之彼別出公朝之文其文不連上王今言從王伐鄭經連王言之故難之或者上會于溫諸侯之文連王言之○注王師不道所加○解云成元年秋王師敗績于貿戎不道伐某今言伐鄭故難之

從王

正也 美其得正義也。故以從王征伐録之。蓋起時天子微弱，諸侯背叛，莫肯從王者征伐，以善三國之君獨能尊天子死節。稱人者，刺王者也。天下之君，海内之主，當秉綱撮要，而親自用兵，故見其微弱，僅能從微者，不能從諸侯。猶莒稱人，則從不疑也。不使王者首兵者，本不爲王舉也。知實諸侯者，以美得正。○撮，七活反。不爲，于僞反，下所爲、與爲六年同。〔疏〕注猶莒至疑也。○解云：即隱八年"公及莒人盟于包來"，傳曰"公曷爲與微者盟？稱人則從，不疑也"，注云"從者，隨從也。實莒子也。言莒子，則嫌公行微不肖，諸侯不肯隨從公盟，而公反隨從之，故稱人則隨從公不疑矣"是也。○注不使至得正。○解云：若使王者首兵，宜言王以蔡人、衛人、陳人伐鄭，似若僖二十六年"公以楚師伐齊取穀"然。

大雩。大雩者何？旱祭也。雩，旱請雨祭名。不解大者，祭言大雩，大旱可知也。君親之南郊，以六事謝過自責曰：政不一與？民失職與？宮室榮與？婦謁盛與？苞苴行與？讒夫倡與？使童男女各八人舞而呼雩，故謂之雩。不地者，常地也。一與，音餘，下同。苴，子餘反。〔疏〕注君親至責曰。○解云：皆韓詩傳文。○注政不一與。○解云：謂政不專一，出自權臣之門。○注民失職與。○解云：謂廢其農業。○注宮室榮與。○解云：謂若丹楹刻桷之屬。○注婦謁盛

與。解云謂阿諂亂國。注苞苴行與。解云謂受入之餽
政以賄成。注讒夫倡與。解云謂若魯任鄭瞻。注使童
至之雩。解云論語云冠者五六人童子六七人與此異者
彼言暮春者春服既成明魯人正雩故其數少復不言男女
今此書見于經非正雩也凡脩雩者皆爲旱甚而作之故其
數多又兼男女矣是以司巫職曰若國大旱則帥巫而舞雩
是也春秋說云冠者七八人童子八九人者蓋是天子
雩也。注不地者常地也。解云謂在魯城南沂水上　然
則何以不言旱　據日食鼓用牲于社〈疏〉注據日至于社。解云莊二十五年經彼舉日
食乃言鼓用牲于社此不言旱直言大雩故据難之　言雩則旱見言旱則雩
不見　從可知故省文也日食獨不省文者與大水同禮若但言鼓用牲則不知其所爲必見雩者善其能戒懼
天災應變求雨憂民之急也。應應對之應下同〈疏〉注與大至急也。解云諸言日食與大水皆鼓用牲也即
莊二十五年秋大水鼓用牲于社是也　何以書記災也　旱者政教不施之應先是桓公無王
行比爲天子所聘得志益驕去國遠狩大城祝丘故致此旱〈疏〉注比爲天子所聘。解云即注四年夏天王使

𫷷渠伯糾來聘是也。注去國遠狩。解云即四年春公狩于郎是也。注大城祝丘。解云在今年夏正以大崩壞敗然後發衆城之故曰大城。○蝝何以書記災也蝝者煩擾之所生與上旱同說。蝝音終本亦作螽說文螽或𧒒字。冬州公如曹外相如不書此何以書過我也爲六年化我張本也傳不言化我者張本非再化也稱公者申其尊起其慢責無禮。過古禾反又古臥反【疏】注稱公至無禮。解云天子三公稱公王者之後稱公州國非此二者必非是公但今過魯自尊若公故如其意書之曰公以起其無禮也但諸文不知本爵是何諸家之意左氏已具也

六年春正月寔來寔來者何猶曰是人來也猶曰是人來不錄何等人之辭。寔市力反【疏】寔來者何。解云不書其人而經言寔來故執不知問孰謂謂州公也以上如曹書曷爲謂之寔來慢之也曷爲慢之据葵丘之盟曰化我也行過無禮謂之化齊人語也諸侯相過至竟必假塗

人都必朝所以崇禮讓絕慢易戒不虞也今州公過魯都不朝魯是慢之爲惡故書寔來見其義也月者危録之無禮之人不可備責之。易以豉反見其賢徧反下見無正同〔疏〕注據葵至盟日。解云僖九年九月戊辰諸侯盟於葵丘傳云桓之盟不日此何以日危之也何危爾桓公震而矜之叛者九國震之者何猶曰振振然注云亢陽之貌矜之者何猶曰莫若我也注云色自美大之貌然則桓公振矜慢人而書日危之本魯慢州公非敬逆之道是以据而難之。注行過至義也。解云今州公過魯而慢之傳言化我故知化我是行過無禮之言是以哀六年傳云陳乞曰常之母有魚菽之祭願諸大夫之化我也諸大夫皆曰諾於是皆之陳乞之家亦是行過無禮之事。注月者至責之。解云凡朝例時此不朝故書月以見危不書日以見其危者無禮之人不可備責故也

。夏四月公會紀侯于成。秋八月壬午大閱大閱者何簡車徒也大簡閱兵車使可任用而習之。閱音悅任音壬〔疏〕大閱者何。解云欲言習兵而不言狩欲言他事而經書大閱故執不知問何以書蓋以罕書也罕希也孔子曰以不

教民戰是謂棄之故比年簡徒謂之蒐三年簡車謂之大閱五年大簡車徒謂之大蒐存不忘亡安不忘危不地者常地也蒐例時此日者桓既無文德又忽忘武備故九危錄（疏）何以至書也○解云大閱之禮三年一爲桓公忽忘武備過於三年是以書之○注孔子至弃之○解云何氏之意與鄭別○注故比至之蒐○解云即昭八年秋蒐于紅之屬是也○注三年至大閱○解云此文是也○注五年至大蒐○解云即定十四年大蒐于比蒲之屬是也知其年數者漢禮猶然○注不地者常地也○解云蓋在郊內而賈注經云簡車馬于廟也者何氏不取○注蒐例時者昭八年秋蒐于紅定十四年夏大蒐于比蒲之屬是也○注此日至危錄○解云例合書時而乃書日故以爲九危錄也

蔡人殺陳佗陳佗者何陳君也以躍卒不書葬也○佗大阿反（疏）陳佗者何○解云欲言陳君經不書爵欲言大夫又不言氏故執不知問○注以躍至葬也○解云十二年八月壬辰陳侯躍卒注云不書葬者佗子也佗不稱侯者嫌貶在名例不當絕故復云躍葬也是以昭十一年楚師滅蔡執世子有以歸用之傳云此未踰年之君也其稱世子何不君靈公不成其子也不君靈公則曷爲不成其子誅君之子不立以此言

之正由陳佗不君而見絕故去其子葬是故以躍不書葬知佗是陳君若其不然不知陳侯躍何以不書葬矣陳君則曷爲謂之陳佗據殺蔡侯般不言蔡般○侯般音班疏注據殺至蔡般○解云昭十一年楚子虔誘蔡侯般殺之於申是也絕也絕者國當絕曷爲絕之據戕鄫子不絕○戕在良反鄫才陵反疏注據戕至不絕○解云宣十八年邾婁人戕鄫子稱子而不名是也賤也其賤奈何外淫也惡乎淫惡乎猶於何也○惡音烏烏乎猶於何也注同淫于蔡蔡人殺之蔡稱人者與使得討之故從討賊辭也賤而去其罰者起其見卑賤猶律文立子姦母見乃得殺之也不月不書葬者從賤文○去起呂反疏注猶律至之也解云猶言對子姦母也○注不日至賤文○解云陳佗是君而見弒例合書日即隱四年戊申衛州吁弒其君完之屬是也君被外國殺者不責臣子不討賊例合書葬即桓十八年葬我君桓公是也今不書日不書葬者從賤文故也○九月丁卯子同生子同生者孰謂謂莊公也以夫人言

同非吾子○嚴公音莊本亦作莊案後漢諱莊改爲嚴【疏】子同生者孰謂○解云春秋之內魯侯多矣皆不書生今特書故問爲誰○注以夫至吾子○即莊元年傳云夫人譖公于齊侯公曰同非吾子齊侯之子也者是也正以道公疑非已子則是其長子同既繫體是常故知莊公也

何言乎子同生據君存稱世子子般不言生【疏】注据君至言生○解云莊三十二年冬十月乙未子般卒傳云子卒云子卒此其稱子般卒何君存稱世子君薨稱子某既葬稱子踰年稱公是也

喜有正也喜國有正嗣未有言喜有正者此其言喜有正何久無正也子公羊子曰其諸以病桓與其諸辭也本所以書莊公生者感隱桓之禍生於無正故喜有正而不以世子正稱書者明欲以正見無正疾惡桓公曰者喜録之禮生與來日死與往日各取其所見日也禮世子生三日卜士負之寢門外以桑弧蓬矢射天地四方明當有天地四方之事三月君名之大夫負朝于廟以名徧告之○桓與音餘稱尺證反惡烏路反射食亦反徧音遍【疏】注而不至桓公○解云若以正稱書宜言世子同生也同實世

子而不以正稱書之是其以正見無正之義桓由不正而簒弑故曰疾惡桓公也○注曰者至日也○解云與由數也由生數來日故書丁卯而録之凡八謂方至爲來已過爲往故云生與來日死與往日也鄭注曲禮上篇云生數來日謂成服杖以死明日數也死數往日謂殯斂以死日數也者與何氏異○注禮卅至告之○解云皆出内則文也○冬、

紀侯來朝朝聘例時

監本春秋公羊注疏桓公卷第四

江南蘓松督糧道方體栞

公羊注疏卷四校勘記　　阮元撰盧宣旬摘錄

監本附音春秋公羊注疏桓公卷第四

春秋公羊經傳解詁桓公第二　釋文但題桓公第二四字

元年

繼弑君不言卽位此此其言卽位何　補案此字誤重

繼弑君子不言卽位　何校本無繼字與莊元年傳合

不致之者　昭廿六年疏引此無之字非成十年疏引此有之

爲下去王　宋本閩本同毛本去王誤于上監本王誤上去字不誤昭廿六年疏引此正作爲下去王

由如他國至竟而假塗也　宋本同閩監毛本塗作途

爲告至之須　閩監毛本同誤也宋本須作頊當據正按二年注云俄者謂須臾之間創得之頊也頊字

正此意

此逸書也 段玉裁云按逸書二字當作堯典文三字

近許也又云 浦鏜云當作○近許也○解云

此蓋秋大水所傷 今注無大字

二年

賢者不名故孔父稱字督未命之大夫故國氏之 疏本無此注與何義不合當是別家注竄入者解云考諸舊本悉無此注且與注違則知有者衍文也按與注違者注云督不氏者起馮當國此云未命之大夫故國氏之是與注違也

直先是殺爾 浦鏜云見誤是按浦說是也成十五年注作見

其義形於色奈何 唐石經諸本皆作奈非鄂本作柰三年同

督將弑殤公　唐石經督作督五經文字云說文從目隸省从日

故於是先攻孔父之家　唐石經於字磨改重刻

注禮臣至家　按當作至之家

言及者使上及其君　何煌云言及者以下九十九字當在經下僖十年疏可據宋鄂本亦誤浦鏜云言及者三十三字當在經下從僖十年疏按按此注舊本皆在傳末何氏終言之也此類注中甚多不得以僖十年疏引在經下便輕爲移置○按何注本有傳無經何注傳而不注經故知何煌浦鏜皆誤會也

所見異辭所聞異辭所傳聞異辭　唐石經原刻無第三所字後磨改補入隸釋載石經殘碑曰桓公二年顏氏有所見異辭所聞異以下缺然則熹平立石者爲嚴氏春秋於此無所見異辭三句何氏所注者爲顏氏春秋於此有之漢石經於碑末列其同異按無此三句則遠也隱亦遠矣文相承有則與哀十四年傳複出矣

欲見君恩之厚薄　閩監毛本皆作薄厚此誤倒

其喪國寶得爲徵辭者　浦鏜云喪下脫失

成十六年二月　浦鏜云十衍文是也

隱賢而桓賤也　唐石經鄂本宋本閩本同監毛本賤改賊石經考文提要云宋景德本鄂泮官書本明閔齊伋本皆作桓賤○按漢書五行志曰痛隱而賤桓且注云賤不爲諱則作賤可知

故王之謂之郜鼎　閩監毛本王作主皆誤也鄂本作正當據改

制得之頃也　閩監毛本同宋本制作創

明其終不可名有也　解云考諸古本名作多字○按作名是終不可名有猶云終不可爲有此專以地言不如疏所說

難可擽據　閩本同監毛本作指據非

周旋出入　鄂本以下同按禮記作出戶

慨然必有聞乎其嘆息之聲毛本嘆改歎非○按依說文則嘆歎有別

上親親浦鏜云尚誤上按否則下尚尊尊當作上庶不岐出

建國之神位浦鏜云下文家二字當衍按浦說是也

紀侯來朝孫志祖云左傳紀作杞下文九月入杞左氏以爲來朝不敬而討之則非紀矣

据齊侯鄭伯如紀宋本同閩監毛本如誤于

解云五年齊侯何按本年下有夏字與五年經合

三年

即七年二月己亥浦鏜云年下脫春

胥命者何相命也爾雅釋詁郭注引作胥盟者何相盟也○按盟乃命字之誤

亦相誓勑閩監本同毛本亦改口勑改敕下同

公會紀侯于盛　唐石經諸本同惠棟云二傳盛作郕

秋七月壬辰朔　唐石經諸本同毛本辰誤申

滅鄧穀　何校本作滅穀鄧

姑姊妹不出門　閩監毛本姊作姉○按當作姊唐碑宋刻皆作姊

不言孟姜　解云孟字有作季字者誤

謂五穀多少皆有　解云舊本如是多少二字或衍文○按解非也此不衍漢人語言如是

謂五穀皆大熟成　宋本作熟成按熟當作孰三禮注成熟字皆作孰加四點者俗作毛本大成熟

二年耗減　釋文作秏減此作耗俗字

四年

蒐狩之揔名也　鄂本宋本閩監本同毛本揔改總

結繩罔以田魚　鄂本宋本同閩監毛本罔作網按此本疏中亦作罔

古者肉食衣皮　毛本肉食倒

古者田漁而食之　毛本漁作魚

明當見物　閩監毛本同此淺人所改鄂本見作毛當據正毛猶覒也詩左右毛之玉篇見部引作覒

秋曰蒐　唐石經諸本同釋文作曰廋本又作搜亦作蒐

簡擇幼稚　宋本同閩監毛本稚改穉下同

走獸未離於宂　鄂本同閩監毛本宂作穴是也

吾近邑　何挍本邑下有也字

莊三十一年春　閩本同監毛本三誤二

以其云大野遠　按疑當作以其去野太遠

達於右躹 閩監毛本作右髃按釋文作右髃云本又作腢○按依說文當作髃古書有作腢者从身作躹誤

中心死疾鮮屑 鄂本作鮮絜閩監毛本絜作潔非按屑猶絜也故不絜謂之不屑

下大夫六士二 鄂本二作三穀梁疏引亦作三此誤疏標起訖同監毛本士誤十

其士三者何氏差之 閩本同監毛本三誤二之誤也此本差誤左據閩監毛本訂正

設於房西 浦鏜云戶誤房

三曰賔客 唐石經鄂本宋本監毛同閩毛本賔改賓

自左膘射之 釋文作左脾云方爾反又步啟反股外也本又作膘按左右脾皆髀股之髀非脾脇之脾

達於右脾 毛本於誤于○按何注脾字二見皆當依說文作髀

達於右䯚 宋本閩本同監毛本䯚誤䏴釋文右䯚羊紹反字林子小反一本作胘音賢按五經文字卷下

骬羊紹反見春秋傳又作髾見詩見春秋傳者卽指公羊此注也見詩者指毛氏車攻傳也今詩傳作髾此注作骬皆髾字形近之譌作髾從肖故音羊紹反毛氏音義云字書無髾字一本作骬與張參所據春秋傳正合然則毛詩傳公羊注皆當定作骬字矣廣韻三十小云骬堅骨○按髾骬髾字皆不見於說文而集韻髾骬二同以紹切則丁度等所據作髾矣集韻無髾字五經文字注中髾乃髾之誤詩音義髾字亦髾之誤

中膓腡汚泡死遟　閩本同監毛本遟改遲按胃字下從肉此更加肉旁作腡俗字

故因以捕禽獸　釋文捕本又作搏音博按當作搏禽獸

草木萌牙　鄂本宋本閩監本同毛本牙作芽

卷是名也　段玉裁云定四年疏卷是字此作卷是名誤也

繫官氏名且字　段玉裁云且字者謂經之斜也經稱且字注禮記注又見公羊宣十五年注定四年注疏家多不解其義如言仲山甫則山甫爲且字合仲乃爲字周制如此

故公羊糾札卷不連伯仲皆且字也此雖言伯糾而注云且字則尊釋糾也下方釋伯耳

執醬而餽 閩毛本同監本而誤治宋本餽作饋按釋文作而饋

王謂叔父是也 宋本閩本同監毛本謂改曰非按禮記明堂位注亦作王謂叔父當據韓魯詩

叔肸是也 釋文作叔肹閩監毛本作肸非○按依說文此字正作肸从十从肹

糾是且字也 閩監毛本同此本字誤守今訂正

教諸侯之弟次事親是也 閩本同監毛本是誤起

五年

怴也 唐石經諸本同釋文作怴呼述反按怴當作怴字之訛也廣雅釋詁二怴怒也又釋訓怴怴亂也曹憲音呼述今亦誤作怴禮記禮運故鳥不獝注云獝狘飛走之貌也釋文狘況越反怴狘義同皆戌聲玉篇心部怴許律切怒也廣韻六術怴狂也皆從戌不誤

据宰渠氏官武氏子不稱字　宋本同毛本据改振閩本字字空缺監毛本作官非也此謂仍叔是字武氏子不稱字

禮七十縣車致仕　疏本作縣輿解云亦有作車字者按釋文作縣車

至於淵隅　盧文弨曰今淮南作淵虞非初學記藝文類聚引淮南皆作經於泉隅與此合泉唐人避諱所改也

是謂縣輿　盧文弨曰淮南作縣車初學記藝文類聚引同

宮室榮輿　宋本閩本同監毛本榮改崇非疏同宋王應麟詩考韓詩引此作榮

則雩巫以舞雩是也　浦鏜云經雩以作帥而

卽莊二十五年秋大水　監本水誤冰

解云卽注四年夏　毛本同閩監本注作莊浦鏜云皆上字之誤按浦說是也

蝝　唐石經諸本同釋文蝝本亦作蚉說文蚉或螽字

六年

傳言化我　閩本同監毛本言改云

是謂棄之　宋本棄作弃此本疏中引注同

有以歸用之　閩本同監毛本歸誤帰

淫于蔡　唐石經蜀大字本同鄂本閩監毛本于作乎誤

不月不書葬者　閩監毛本同誤也鄂本月作日當據正

謂莊公也　唐石經諸本同釋文作嚴公云音莊本亦作莊案後漢韓莊故爲嚴五行志莊公多作嚴公

注以夫至吾子　浦鏜云下當脫○及解云

同既繫體是常　浦鏜云疑當作繼體是長

而以不正稱晉之 閩監毛本作而不以正是也

解云與由數也 浦鏜云猶誤肉按猶由通

公羊注疏卷四校勘記終

工部屯田司員外郎胡祖謙挍

監本附音春秋公羊注疏桓公卷第五 起七年盡十八年

嘉慶盧氏宣旬校定

何休學

七年春二月己亥焚咸丘焚之者何樵之也 樵薪也以樵燒之故因謂之樵之樵之齊人語○樵似遥反薪也 疏 焚之者何○解云咸丘是邑而反焚之故執不知問

樵之者何以火攻也何言乎以火攻 据戰伐不道所用兵○攻音貢又如字下同 疏 樵之者何○解云雖言焚言樵仍非攻邑之義故執不知問

疾始以火攻也 征伐之道不過用兵服則可以退不服則可以進火之盛炎水之盛衝雖欲服罪不可復禁故疾其暴而不仁也傳不託始者前此未有無所託也○復扶又反

咸丘者何邾婁之邑也曷爲不繫乎邾婁 据邾鄑郚繫紀○邾步丁反鄑子斯反一音晉郚音吾 疏 咸丘者何○解云欲言是國經典未有欲言非國文無所繫故執不知問○注据邾鄑郚繫紀○解

云莊元年冬齊師遷紀郱鄑郚是國之也欲使如國故無所繫加之者辟窴國也曷爲國之据郱鄑郚不國君存焉爾所以起邾婁君在咸上邑明臣子當赴其難與在國等也日者重錄以火攻也○難乃旦反疏注日者至攻也○解云正以侵伐例時即隱七年秋公伐邾婁之屬是也故決之○夏穀伯綏來朝鄧侯吾離來朝皆何以名据滕薛不名也疏注据滕薛不名也○解云即隱十一年春滕侯薛侯來朝是也失地之君也其稱侯朝何据以賤也疏失地之君也○解云即曲禮下云諸侯失地名是貴者無後待之以初也穀鄧本與魯同貴爲諸侯今失爵亡土來朝託寄也義不可卑故明當待之如初所謂故舊不遺則民不偷○託無後者施於所奔國也獨妻得配夫託衣食於公家子孫當受田而耕故云爾下去二時者桓公以火攻人君故貶明大惡不月者失地君朝惡人輕也名者見不世也○不偷他侯反本又作媮去起呂反見賢徧反疏注無後至大惡○解云知如此者正以郊特牲云諸侯不臣寓公故古者

寓公不繼世彼注云寓寄也寄公之子非賢者世不足尊也是其義又云繼世以立諸侯象賢也注云賢者子孫恒能法其先父德行○注不月至輕也○解云朝例時春秋常典即文十五年夏曹伯來朝是也而此責其月者以文十二年春王正月盛伯來奔傳云盛伯者何失地之君彼書月見其奔重宜厚過之此不月者朝惡人輕故也僖二十年夏郜子來朝僖公非惡人而不月者正以朝于奔故也然則此注因桓惡人故言此若其不然正宜直云失地之君來朝輕矣○注名者見不世也○解云郜子盛伯皆不名者兄弟故也

八年春正月己卯烝烝者何冬祭也春曰祠薦尚韭卵祠猶食也猶繼嗣也春物始生孝子思親繼嗣而食之故曰祠因以別死生○烝之承反冬祭也祠嗣緣反卵力管反猶食音飼下同別彼列反夏曰礿薦尚麥苗麥始熟可礿故曰礿○礿音羊若反本又作禴同

疏烝者何○解云欲言宗廟之祭而文無所繫欲言祭天天無烝名故執不知問○注薦尚韭卵又注薦尚麥至曰礿○解云王制云春薦韭夏薦麥秋薦黍冬薦稻韭以卵麥以魚黍以豚稻以鴈

秋曰嘗薦尚黍豚嘗者

先辭也秋穀成者非一黍先熟可得薦故曰嘗冬曰烝薦尙稻鴈烝衆也氣盛貌冬萬物畢成所薦衆多芬芳備具故曰烝無牲而祭謂之薦天子四祭四薦諸侯三祭三薦大夫士再祭再薦祭於室求之於幽祭於堂求之於明祭於祊求之於遠皆孝子博求之意也大夫求諸明士求諸幽尊卑之差也殷人先求諸明周人先求諸幽質文之義也禮天子諸侯卿大夫牛羊豕凡三牲曰大牢天子元士諸侯之卿大夫羊豕凡二牲曰少牢諸侯之士特豕天子之牲角搔諸侯角尺卿大夫索牛○祊必庚反少詩照反索所百反

疏注無牲至之薦○解云謂無牛羊豕之牲也而中霤禮云祭五祀于廟用牲有尸皆薦于奧何以薦用牲彼謂正祭之時先薦于奧仍自無牲其正祭五祀乃用牲有尸耳○注天子至差也○解云皆時王之禮中霤禮亦然○注殷人至義也○解云即郊特牲云殷人先求諸陽周人先求諸陰是也○注禮天至大牢○解云皆時王之禮也○注天子至索牛○解云皆指祭宗廟之牲也仍不妨王制云祭天地之牛角繭栗賓客之牛角尺之文也

常事不書此何以書譏何譏爾譏亟也亟數也屬十二月已烝今復烝也不異烝祭名而言烝者取冬祭所薦衆多可以包四時

之物○亟去冀反數也注及下同數所角反屬十音濁下同今復扶又反下同〔疏〕注屬十至烝也○解云烝者冬祭之名明去年十二月已有烝但得常不書今正月復作烝故言亟○注不異至。○解云烝者冬時祭名前已作訖今宜易名而猶言烝故詭之也

亟則黷，黷則不敬。黷渫黷也○黷徒木反渫息列反

君子之祭也，敬而不黷。君子生則敬養死則敬享故將祭宮室既脩牆屋既繕百物既備序其禮樂具其百官散齊七日致齊三日夫婦齊戒沐浴盛服君牽牲夫人奠酒君親獻尸夫人薦豆卿大夫相君命婦相夫人洞洞乎屬屬乎如弗勝如將失之濟濟乎致其敬也愉愉乎盡其忠也勿勿乎其欲饗之也文王之祭事死如事生孝子之至也○養餘亮反散齊素旦反下側皆反相君息亮反下同洞洞大董反勝音升濟濟子禮反又似兮反愉愉羊朱反勿勿如字〔疏〕注君子至敬享○解云祭義文也彼鄭注云享猶祭也○注故將祭至百官○解云皆出祭義何氏差約言之也○注散齊七日○解云即祭統云散齊七日以定之注云定者定其志意也定其志意者謂齊之日不御不樂不弔是也○注致齊三日○解云即祭統云致齊三日以齊之是致齊者即鄭氏云致之言至致謂深也

審也之屬是也○注夫婦至奠酒○解云案今祭義酒作盎字鄭注云奠盎設盎齊之鐏蓋所見異或何休以義引之不取正文○注君親至如事生○解云皆出祭義唯孝子之至一句注者之言也注禮本下爲士制者即士喪禮士虞士相見之屬是也言此者欲道庶人無禮篇故傳家偏舉言之即曲禮上篇禮不下庶人鄭注云爲其遽於事且不能備物義亦通於此

疏則怠怠則忘怠解○疏音疎下注同解古賣反

士不及茲四者則冬不裘夏不葛禮本下爲士制茲此也四者四時祭也疏數之節靡所折中是故君子合諸天道感四時物而思親也祭必於夏之孟月者取其見新物之月也裘葛者禦寒暑之美服士有公事不得及此四時祭者則不敢美其衣服蓋思念親之至也故孔子曰吾不與祭如不祭○折中之設反下丁仲反御寒魚呂反又如字不與音預

○天王使家父來聘家采地父字也天子中大夫氏采故稱字不稱伯仲也

疏注天子至仲也○解云上大夫稱伯仲者即祭伯南季之屬是也夾大夫不稱伯仲者即此是也下大夫稱官氏名且字者即宰渠伯糾是也

○夏五月丁丑烝何以

書譏亟也與上祀同爲亟也[疏]注與上至亟也○解云周之三月乃是夏之孟月自有春祠之禮今周之五月乃夏之三月也猶與上祠同在一時而復爲烝故曰與上祀同爲亟也○秋伐邾婁○冬十月雨雪何以書記異也何異爾不時也周之十月夏之八月未當雨雪此陰氣大盛兵象也是後有郎師龍門之戰沵血尤深○雨雪于付反沵古流字[疏]注是後至尤深○解云郎師即下十年齊侯衛侯鄭伯來戰于郎是也其龍門之戰者即下十三年公會紀侯鄭伯已巳及齊侯宋公衛侯燕人戰云云是也春秋說云龍門之戰民死傷者滿溝故此注云沵血尤深也○祭公來遂逆王后于紀祭公者何天子之三公也天子置三公九卿二十七大夫八十一元士凡百二十官下應十二子祭者采也天子三公氏采稱爵○祭公側介反后祭仲祭叔放此應應對之應[疏]祭公者何○解云欲言諸侯而逆王后欲言大夫而經文言公故執不知問○注天子至采也○解云春秋說云立三台以爲三公北斗九星爲九卿二十七大夫內宿部衞之列八十一

紀以爲元士凡百二十官焉下應十二子宋氏云十二次上爲星下爲山川也此言天子立百二十官者非直上紀星數亦下應十二辰故曰下應十二子也○注三公氏采稱爵者解云即祭公周公是也上大夫即例稱五十字即祭伯南季榮叔之屬是也次大夫例稱二十字即家父之屬是也下大夫繫官氏名且字即宰渠伯糾是也上士名氏通石尚是也次士以官錄即宰咺是下士略稱人公會王人于洮是也其劉子單子之屬不稱字而稱子者謂諸侯入爲天子大夫故設文非王臣之常稱若然祭公周公官爵適等而僖九年夏公會宰周公特加宰者彼傳云宰周公者何天子之爲政者也注云宰猶治也三公之職號尊名以加宰知其職大尊重當與天子參聽萬機而下爲諸侯所會惡不勝任故加宰仍非常稱也

何以不稱使 据宰周公稱使 疏 注据宰周公稱使者○解云即僖三十年天王使宰周公來聘是也而稱宰者義與九年同

婚禮不稱主人 時王者有母也 遂者何生事也 生猶造也專事之辭 大夫無遂事此其言遂何 据待君命然后卒大夫也 疏 注据待至夫也○解云成十七年十一月壬申公孫嬰齊卒于貍軫傳云

非此月日也曷爲以此月日卒之待君命然後卒大夫曷爲待君命然後卒大夫前此者嬰齊走之晉公會晉侯將執公嬰齊爲公請公許之反爲大夫歸至於貍軫而卒無君命不敢卒大夫公至曰吾固許之反爲大夫然後卒之者是也

成使乎我也

○以上來無事知遂成使于我○成使所吏反注及下成使同

其成使乎我奈何使我爲媒可則因用是往逆矣

婚禮成於五先納采問名納吉納徵請期然後親迎時王者遣祭公來使魯爲媒可則因用魯往迎之不復成禮疾王者不重妃匹逆天下之母若逆婢妾將謂海內何哉故譏之不言如紀者辟有外文○媒亡盃反請期音情又七井反迎魚敬反妃匹音配絕句［疏］注不言至外文○解云外相如者例所不錄言如紀即外相如故曰辟有外文也

女在其國稱女此其稱王后何王者無外其辭成矣

［疏］女在其國稱女者○解云即隱二年紀履緰來逆女上三年公子翬如齊逆女之屬是也

九年春紀季姜歸于京師其辭成矣則其稱紀季姜何自我言紀父母之於子雖爲天王后猶曰吾季姜明子尊不加於父母京師者何天子之居也以季姜言歸〔疏〕京師者何○解云欲言天子之居而文不言王欲言凡國而爲王后所歸故執不知問京者何大也師者何衆也天子之居必以衆大之辭言之地方千里周城千雉宮室官府制度廣大四方各以其職來貢莫不備具所以必自有地者治自近始故據土與諸侯分職而聽其政焉即春秋所謂內治其國也書季姜歸者明魯爲媒當有送迎之禮○治直吏反〔疏〕京者至言之○解云京師之名理須訓解故分而問之○注地方千里○解云即詩云邦圻千里是也○注周城千雉○解云在定十二年○注即春至之禮○解云春秋據魯爲王故內魯若周公制禮內京師然也

○夏四月○秋七月○冬曹伯使其世子射姑

來朝諸侯來曰朝此世子也其言朝何据臣子一例當言聘○射音亦〔疏〕諸侯來曰朝○解云隱十一年師解云爾故此弟子執而難之○注据臣至言聘○解云僖元年傳文春秋有譏父老子代從政者則未知其在齊與曹與在齊者世子光也時曹伯年老有疾使世子行聘禮恐卑故使自代朝雖非禮有尊厚魯之心傳見下卒葬詳録故序經意依違之也小國無大夫所以書者重惡世子之不孝甚○齊與音餘絶句下同惡或烏路反〔疏〕注在齊至光也○解云即襄九年冬公會晉侯已下齊世子光滕子薛伯小邾婁子伐鄭十一年公會晉侯已下齊世子光莒子邾婁子云云伐鄭是也○注時曹至之心○解云正以十年春卒今又世子代其朝故知其疾也○注傳見至詳録○解云即十年王正月庚申曹伯終生卒夏五月葬曹桓公是也○注故序至孝甚○解云世子代朝明亦合譏世子序諸侯之上明亦合譏而傳云未知在齊曹者正以其卒葬詳録故依違之不信言耳

十年春王正月庚申曹伯終生卒○夏五月葬

曹桓公小國始卒當卒月葬時而卒日葬月者曹伯年老使世子來朝春秋敬老重恩故爲魯恩録之尤深

〔疏〕注小國至尤深○解云所傳聞之世未録小國卒葬所聞之世乃始書之其書之也卒月葬時文九年秋八月曹伯襄卒冬葬曹共公者是也今卒日葬月者正以敬老重恩故也云云之說當文皆自有解

○秋公會衞侯于桃丘弗遇會者何期辭也其言弗遇何公不見要也時實桓公欲要見衞侯衞侯不肯見公以非禮動見拒有恥故諱使若會而不相遇言弗遇者起公要之也弗者不之深也起公見拒深傳言公不要見者順經諱文○見要一遥反注同

〔疏〕會者何○解云經既書會作聚集之名尋言弗遇是未見之稱故執不知問

○冬十有二月丙午齊侯衞侯鄭伯來戰于郎郎者何吾近邑也以言來也

〔疏〕郎者何○解云欲言是邑戰於其內欲言非邑經有城郎之文故執不知問○注以言來也○解云凡言來者鄉内之辭今經言來故知近邑也而僖四年楚屈完來盟于師是時在召陵而言來者据師道

楚故得言來吾近邑則其言來戰于郎何据齊師宋師次于郎不言來公敗宋師不言戰龍門之戰不舉地也疏注据齊師至不言來○解云在莊十年○注公敗至不言戰○解云隱十年公敗宋師于菅莊十年公敗宋師于乘丘莊十一年公敗宋師于鄑凡有三經宜隱十年以當之○注龍門至地也解云即下十三年春公會紀侯鄭伯己巳及齊侯宋公衞侯燕人戰云云依春秋說云是龍門之戰而不言戰于龍門是也近也惡乎近近乎圍也地而言來者明近都城幾與圍無異不解戰者從下說可知○惡音烏明近附之近幾音祈疏近也至圍也○解云近讀如附近之近國讀如圍言兵圍都城相似故言近乎圍也考諸古本圍皆作國字而舊解以國爲圍此偏戰也何以不言師敗績据十三年師敗績偏一面也結日定地各居一面鳴鼓而戰不相詐疏注据十至相詐○解云即龍門之戰齊師宋師衞師燕師敗績是也內不言戰言戰乃敗矣春秋託王於魯戰者敵文也王者兵不與諸侯敵戰乃其已敗之文故不復言師敗績魯不復出主名者兵近都城明舉國無大小當戮

力拒之○不復扶又反下同戮音六又力彫反字亦作勠

十有一年春正月齊人衛人鄭人盟于惡曹月者桓公行惡諸侯所當誅屬上三國來戰于郎今復使微者盟故爲魯懼危錄之○行下孟反屬音燭今復扶又反下故復同爲于僞反疏注月者至錄之○解云正以微者盟例合時今而書月故須解之○夏五月癸未鄭伯寤生卒○寤吾故反○秋七月葬鄭莊公莊公殺段所以書葬者段當國本當從討賊辭不得與殺大夫同例疏注莊公至同例解云春秋之例君殺無罪大夫皆去其葬即成十年晉侯獳卒注云不書葬者殺大夫趙同等是今段有罪故莊公書葬也然則此言不得與殺大夫同例者謂不得與殺無罪大夫同例耳九月宋人執鄭祭仲祭仲者何鄭相也不言大夫者欲見持國重○相息亮反見賢徧反下同疏祭仲者何解云欲言無罪聽脅立簒欲言有罪褒而稱字故執不知問何以不名賢也何賢

乎祭仲據身執君出不能防難。○防難乃旦反，下同。以爲知權也。權者稱也，所以別輕重，喻祭仲知國重君輕，君子以存國除逐君之罪，雖不能防其難，罪不足而功有餘，故得爲賢也。不引度量者，取其平實以無私。○稱，尺證反。別，彼列反。其爲知權奈何？古者鄭國處于留，先鄭伯有善于鄶公者，通乎夫人以取其國而遷鄭焉，遷鄭都于鄶也。○鄶，古外反。而野留。野，鄙也。傳本上事者，解宋所以得執祭仲，因以爲戒。莊公死已葬，祭仲將往省于留，塗出于宋，宋人執之，宋人，宋莊公也。謂之曰：「爲我出忽而立突。」突，宋外甥。○爲，于僞反，下注爲突、非能爲突、爲賂、爲突歸、爲承同。祭仲不從其言，則君必死，國必亡。祭仲死而忽旋爲突所驅逐而出奔，經不書忽奔，見微弱甚。是時宋强而鄭弱，祭仲探宋莊公本弒君而立，非能爲突，將以爲賂動，守死不聽，令自入，見國無拒難者，必乘便將滅鄭，故深慮其大者也○令自力呈反下同便婢面反〔疏〕注祭仲死至者也○解云下十五年秋九月鄭伯突入于櫟傳云櫟者何鄭之邑曷爲不言入于鄭末言爾曷爲末言爾祭仲亡矣然則曷爲不言忽之出奔言忽爲君之微也祭仲存則存矣祭仲亡則亡矣者是注祭仲探宋莊公本欲君而立者在桓二年

從其言則君可以生易死國可以存易亡少遼緩之宋當從突求賂鄭守正不與則突外乖於宋內不行於臣下遼假緩之〔疏〕君可以生易死○解云謂易去死也○國可以存易亡○解云易去亡也

則突可故出而忽可故反是不可得則病使突有賢才是計不可得行則已病逐君之罪〔疏〕則突可故出○解云突可以此之故出之也○而忽可故反○解云言忽可以此之故而反之也○是不可得則病○解云言己終能出突而反忽則爲權之成若不能如是乃爲其病矣

然後有鄭國已雖病逐君之罪討出突然後能保有鄭國稱愈於國之亡〔疏〕然後有鄭國○解云言突有賢才已計不行雖然仍須勉力討之令忽有國雖費功力猶愈於國之亡也

古人之有

權者祭仲之權是也古人謂伊尹也湯孫大甲驕蹇亂德諸侯有叛志伊尹放之桐宮令自思過三年而復成湯之道前雖有逐君之負后有安天下之功猶祭仲逐君存鄭之權是也○大音泰（疏）注古人至之道○解云出書序長義云若令臣子得行則閉君臣之道啓篡弒之路解云權之設所以扶危濟溺舍死亡無所設也若使君父臨溺河井寧不執其髮乎是其義也權者何權者反於經然後有善者也權之所設舍死亡無所設設施也舍置也如置死亡之事不得施（疏）權者何○解云欲言正逐君立庶欲言不正今又言權故執不知問行權有道自貶損以行權身蒙逐君之惡以存鄭是也不害人以行權己納突不害忽是也殺人以自生亡人以自存君子不爲也祭仲死則忽死忽死則鄭亡生者乃所以生忽存鄭非苟殺忽以自生亡鄭以自存反覆道此者皆所以解上死亡不施於己宋不稱公者脅鄭之○篡首惡當誅非伯執也祭仲不稱行人者時不銜君命出使但往省留耳

執例時此月者爲突歸鄭奪正鄭伯出奔○覆芳服反使所吏反 疏 注皆所至於己○解云言上辟死辟亡皆爲忽故也○注宋不至執也○解云決成十五年晉侯執曹伯歸于京師稱爵也即僖四年傳云稱侯而執者伯討也稱人而執者非伯討是也○注祭仲至留耳○解云決定六年秋晉人執宋行人樂祁犂之屬稱行人也○注執例時者○解云即祁犂言秋是也而僖十九年六月己酉邾婁人執鄫子用之而書日者彼注云日者魯不能防正其女以至於此明當痛其女禍而自責之然則凡執例時而在日月下者皆當文有解

○突歸于鄭突何以名 據忽復歸于鄭俱祭仲所納繫國稱世子不但名也 疏 注據忽至名也○解云即十五年○鄭世子忽復歸于鄭是 挈乎祭仲也 挈猶提挈也突當國本常○言鄭突欲明祭仲從宋人命提挈而納之故上繫於祭仲不繫國者使與外納同也時祭仲勢○可殺突以除忽害而立之者忽內未能懷保其民外未能結款○諸侯如殺之則宋軍强乘其弱滅鄭不可救故少遼緩之○挈苦結反提挈也 疏 注欲明至同也○解云言與外納同者即繫祭仲言于鄭是也言似僖二十五年楚人圍陳納頓子于頓文十四年晉人納接菑于邾婁之屬是也 其

言歸何據小白言入疏注據小白言入。解云即莊九年齊小白入于齊是也順祭仲也順其計策與使行權故使無惡疏注順其至無惡。解云下十五年傳例云歸者出入無惡故言此

○鄭忽出奔衛忽何以名據宋子既葬稱子疏注據宋至稱子解云僖九年三月宋公禦說卒夏公會宰周公齊侯宋子已下盟于葵丘是也若然案彼經文宋公禦說三月卒夏則公會宋子于葵丘。計應未葬故注云宋未葬不稱子某者出會諸侯非居尸柩之前故不名也此云宋子既葬稱子者謂以其非居尸柩之前故時。已葬之稱而單言子況此鄭忽之父久已葬訖而反名故難之春秋伯子男一也辭無所貶春秋改周之文從殷之質合伯子男爲一一辭無所貶皆從子夷狄進爵稱子是也忽稱子則與諸侯改伯從子辭同於成君無所貶損故名也名者緣君薨有降既葬名義也此非罪貶也君子不奪人之親故使不離子行也王者起所以必改質文者爲承衰亂救人之失也天道本下親親而質省地道敬上尊尊而文煩故王者始起先本天道以治天下質而親親及其衰敝其失也親親而不尊故后王起法地道以治天下文而尊尊及

其衰敝其失也尊尊而不親故復反之於質也質家爵三等者法天之有三光也文家爵五等者法地之有五行也合三從子者制由中也○省所景反

疏 注夷狄至名也○解云襄二十九年吴子使札來聘哀十三年公會晉侯及吴子于黄池之屬是也○注名者至義也○解云言君薨稱子某既葬稱子者正以既葬稍殺故不得名也然則初薨所以名者降於既葬也今鄭忽書名者緣君薨而名之義也○注天道本下親親而質省者已下至反之於質皆出於樂說文○注質家爵三等法天之有三光也已下皆春秋說文也

〇柔會宋公陳侯蔡叔盟于折柔者何吾大夫之未命者也以俠卒也輒發傳者無氏嫌貶也所以不卒柔者深薄桓公不與有恩禮於大夫也盟不日者未命大夫盟會用兵上不及大夫下重於士罰疑從輕故責之略蔡侯稱叔者不能防正其姑姊妹使淫於陳佗故貶在字例○折之設反又時設反一本作析思歷反

疏 柔者何○解云欲言大夫經不言氏欲言微者而書其名故執不知問○注以俠卒也○解云隱九年春俠卒傳云俠者何吾大夫之未命者也彼注云以無氏而卒之也然則此亦無氏而書見故知未命之大夫也○注輒發至貶

也○解云凡內大夫不書氏有二義若未命大夫亦無氏而此與俠是也貶者亦無氏即無駭與翬之屬是也故此注云無氏嫌貶也○注所以至夫也○解云欲道俠之卒當隱公之世故得書之○注盟不至之略○解云春秋之例不信者日下十二年及鄭師伐宋丁未戰于宋是其違信矣不日者正以未命大夫故責之略也○注蔡稱至字例○解云正以隱八年蔡侯考父卒故有其姑姊妹淫於陳侯佗之事在上六年○公會宋公于夫童夫童音扶下音鍾又如字左氏作夫鍾○冬十有二月公會宋公于闞○闞口暫反

十有二年春正月○夏六月壬寅公會紀侯莒子盟于毆蛇○毆蛇上于反又音曲侯反蛇音移又音池左氏作曲池○秋七月丁亥公會宋公燕人盟于穀丘○燕音胭○八月壬辰陳侯躍卒不書葬者佗子也佗不稱侯者嫌貶在名例不當絕故復去躍葬也○躍弋若

反佗子大何反故復扶又反下同去起呂反〇公會宋公于郯〇郯音談二傳作虛〇冬十有一月公會宋公于龜〇丙戌公會鄭伯盟于武父〇父音甫〇丙戌衛侯晉卒不蒙上日者春秋獨晉書立記卒耳當蒙上日與不嫌異於篡例故復出日明同

疏注不蒙至明同〇解云春秋之例篡不明者至卒時合去日以略之即僖二十四年冬晉侯夷吾卒襄十八年冬十月曹伯負芻卒于師之屬是也若其篡明有立入之文者不嫌非篡故不勞去日即僖十七年冬十二月乙亥齊侯小白卒莊二十一年夏五月辛酉鄭伯突卒之屬是也今此衛侯晉亦隱四年有立文不嫌非篡當日若不重言丙戌則嫌不蒙上日以其篡故略之是以重言丙戌以明嫌也而言獨晉書立者鄭突齊小白皆上有入文不言立故言獨〇十有二月及鄭師伐宋丁未戰于宋戰不言伐此其言伐何辟嫌也惡乎嫌嫌與鄭人戰也時宋主名不出不言伐則嫌內微者與鄭人戰于宋地故

舉伐以明之宋不出主名者兵攻都城與郎同義○惡乎音烏十三年傳同疏注宋不至同義　解云上十年冬戰于郎注云魯不復出主名者兵近都城明舉國無大小當勠力拒之是也此偏戰也何以不言師敗績內不言戰言戰乃敗矣疏此偏至敗矣○解云上十年郎戰之下已有此傳今復發之者上經來戰于魯此則往戰于宋嫌其異故明之

十有三年春二月公會紀侯鄭伯己巳及齊侯宋公衛侯燕人戰齊師宋師衛師燕師敗績曷爲後日據鞌之戰先書日○鞌音安疏注據鞌至書日○解云成二年六月癸酉云云及齊侯戰于鞌是也恃外也其恃外奈何得紀侯鄭伯然後能爲日也得紀侯鄭伯之助然後乃能結戰日以勝君子不掩人之功不蔽人之善故後日以明之○勝詩證反蔽必婢反內不言戰此其言戰何據公敗宋師于

菅○菅古顏反【疏】注據公至于菅○解云在隱十年

從外也從外諸侯相與戰例曷爲從外據戰于宋不從外言敗績【疏】注據戰至敗績○解云即上十二年也于時有鄭人不書敗績之文矣

恃外故從外也明當歸功於紀鄭故從紀鄭言戰何以不地據在下句【疏】注據在下句○解云即下云郎亦近矣郎何以地

近也惡乎近近乎圍郎亦近矣郎何以地郎猶可以地也郎雖近猶尚可言其處今親戰龍門兵攻城池尤危故恥之績功也非義不戰故以功言之不言功者取其積聚師衆有尊卑上下次第行伍必出萬死而不奔此故以自敗爲文明當坐也燕戰稱人敗績稱師者重敗也戰少而敗多言及者明見我者爲主故得汲汲敗勝之文○處昌慮反行戶郎反【疏】郎猶可以地也○解云即上十年齊侯衛侯鄭伯來戰于郎是也○注郎雖至其處○解云謂郎雖在郊內仍非攻城猶可以舉其地○注今親至恥之○解云春秋說云龍門之戰民死傷者滿溝也者主說此經故知之○注績功至不戰○解云凡書兵者正得奉王命伐無禮乃有戰事故言非義不戰○注

必出萬死○解云若武王萬民致死而定天下之類○注燕戰至敗也○解云蓋師不盡戰故言戰少敗時悉走故言敗多而莊二十八年齊人伐衛衛人及齊人戰衛人敗績傳即據此經云敗者稱師衛何以不稱師未得乎師也彼注云未得成列爲師也詐戰不言戰言戰者衛未有罪方欲使衛主齊見直文也者是○三月葬衛宣公背殯用兵而月不危之者衛弱於齊宋不從亦有危故量力不責也○背殯音佩后背殯皆放此

疏注背殯至責也○解云隱三年傳云當時而不日正也當時而日危不得葬也然則衛宣公去年十一月卒至今年三月正當五月之際而又背殯用兵宜書日以見危而不日者正以量力不責故也○夏大水爲龍門之戰死傷者衆民悲哀之所致○爲于僞反○秋七月○冬十月

十有四年春正月公會鄭伯于曹○無冰何以書記異也周之正月夏之十一月法當堅冰無冰者溫也此夫人淫泆陰而陽行之所致○泆音逸行下孟反○夏五鄭伯使其弟語來盟夏五者何

無聞焉爾來盟者聘而盟也不言聘者舉重也內不出主名者主國也莅盟可知莅盟來盟例皆時時者從內爲王義明王者當以至信先天下○莅盟音利又音類下同疏夏五者何○解云正以文異常例故執不知問○注莅盟至天下○解云其莅盟書時者僖三年冬公子友如齊莅盟定十一年冬叔還如鄭莅盟之屬是也其來盟書時者宣七年春衞侯使孫良夫來盟之屬是也而文十五年春三月宋司馬華孫來盟書月彼注云月者文公微弱大夫秉政宋亦薇於三世之黨二亂結盟故不與信辭是也然則來盟之例例不言月而此言夏五師所不說何氏以五字或衍文故如此解○秋八月壬申御廩災御廩者何粢盛委之所藏也黍稷曰粢在器曰盛委積也御者謂御用于宗廟廩者釋治穀名禮天子親耕東田千畝諸侯百畝后夫人親西郊采桑以共粢盛祭服躬行孝道以先天下○廩力甚反粢盛音咨下音成委于鬼反注同積子賜反共音恭疏御廩者何○解云欲言宮室而文言御廩欲言倉庫今被災之於義不强故執不知問○注廩者釋治穀名○解云謂廩之言藻之義故也○注禮天至天下○解云皆出祭義之文御廩災何以

書者嫌覆問上粢盛委之所藏故不但言何以書御廩災何以書記災也火自出燒之曰災先是龍門之戰死傷者衆桓無惻痛於民之心不重宗廟之尊逆天危先祖鬼神不饗故天應以災御廩○應應對之應【疏】注火自至曰災○解云公羊之例內悉言災而復言火自出燒之者入春秋始有此災欲通人火不書之義也○乙亥嘗常事不書此何以書譏何譏爾譏嘗也譏新有御廩災而嘗之曰猶嘗乎難曰四時之祭不可廢則無猶嘗乎○難乃旦反御廩災不如勿嘗而已矣當廢一時祭自責以奉天災也知不以不時者書本不當嘗也【疏】注知不至嘗也○解云周之八月非夏之孟秋而反爲嘗故以不時言之○冬十有二月丁巳齊侯祿父卒○宋人以齊人衛人蔡人陳人伐鄭以者何行其意也以已從人曰行言四國行宋意也宋前納突求賂突背恩伐宋故宋結四國伐之四國本不起兵當分別之故加以也宋

恃四國乃伐鄭，四國當與宋同罪，非爲四國見輕重○背音佩，別彼列反，見賢徧反 疏 以者何○解云：正以宋非强國而以齊衛，故執不知問○注宋前納突求賂○解云：上十一年宋人執鄭祭仲，突歸于鄭是○注突背恩伐宋者○解云：上十二年及鄭師伐宋，丁未戰于宋是也

十有五年春二月，天王使家父來求車。何以書？譏。何譏爾？王者無求，求車非禮也。王者千里畿内租稅足以共費，四方各以其職來貢，足以尊榮，當以至廉無爲率先天下，不當求，求則諸侯貪，大夫鄙，士庶盜竊。求例時，此月者，桓行惡，不能誅，反從求之，故獨月○共費音恭，下芳味反，行下孟反，下行惡同 疏 何以書至禮也○解云：隱三年武氏子來求賻之下，傳云何以書？譏。何譏爾？喪事無求，求賻非禮也。然則彼已有傳而重發之者，正以彼云喪事無求，恐此吉時得求，故明之○注諸侯至盜竊○解云：相對爲優劣之稱也○注求例時○解云：隱三年秋武氏子求賻，文九年春毛伯來求金之屬是也

○三月乙未，天王崩。桓王也○夏四

月己巳葬齊僖公當時而日者背殯伐鄭危之〔疏〕注當時至危之○解云去年十二月齊侯卒至今年四月是爲當時隱三年傳云當時而不日正也當時而日危不得葬今此書日故曰危也其背殯伐鄭者即去年冬十二月宋人以齊人巳下伐鄭是○五月鄭伯突出奔蔡

突何以名據衛侯出奔楚不名不連爵問之者并問上巳名今復名故使文相顧○復扶又反下注故復及傳文復入并注下不復皆同〔疏〕注據衛至不名○解云在僖二十八年夏○注不連至并問○解云正以下十六年傳云衛侯朔何以名哀八年傳云曹伯陽何以名故決之○注上巳至相顧○解云欲言十一年巳書名故言復也奪正也明祭仲得出之故復於此名著其奪正不以失衆録也月者大國奔例月重乖離之禍小國例時也〔疏〕注著其至録也○解云決襄十四年夏四月己未衛侯衎出奔齊之屬書其名者爲失衆録之故也○注月者至之禍○解云下十六年十一月衛侯朔出奔齊及此書五月之屬皆是○注小國至時也○解云昭三年冬北燕伯欵出奔齊之屬是也○鄭世子忽復歸于鄭其稱世子何

據上出奔不稱世子〔疏〕注據上至世子○解云上十一年鄭忽出奔衛是也復正也欲言鄭忽則嫌其出奔還入與當國同文反更成上鄭忽爲當國故使稱世子明復正以效祭仲之權亦所以解上非當國也〔疏〕注欲言至復正○解云莊九年夏齊小白入于齊傳云曷爲以國氏當國也者是也○注以效祭仲之權○解云即上十一年傳云而忽可故反是也曷爲或言歸或言復歸復歸者出惡歸無惡復入者出無惡入有惡入者出入惡歸者出入無惡皆於還入乃別之者入國犯命禍重也忽未成君出奔不應絕出惡者不如死之榮也入無惡者出不應絕則還入不應盜國○別彼列反〔疏〕曷爲或言歸○解云僖三十年衛侯鄭歸于衛之屬是○或言復歸○解云此經是也○復入者至有惡○解云襄二十三年晉欒盈復入于晉之屬是也○入者出入惡○解云下文許叔入于許鄭伯突入于櫟之屬是也○許叔入于許稱叔者春秋前失爵在字例也入者出入惡明當誅也不書出時者略小國〔疏〕注稱叔至字例○解云正以莊十六

年同盟于幽經書許男故也○注不書至小國○解云正以上文忽與突出入並書故

于鄗○鄗戸老反又火各反左傳作艾穀梁作蒿 ○邾婁人牟人葛人來朝皆何以稱人据言朝也〔疏〕注据言朝也○解云正以隱十一年傳云諸侯來曰朝夷狄之也桓公行惡而三人俱朝事之三人爲衆衆足責故夷狄之○秋九月鄭伯突入于櫟櫟者何鄭之邑曷爲不言入于鄭据齊陽生立陳乞家言入于齊○櫟力狄反一音匹沃反〔疏〕櫟者何○解云欲言國都不言鄭欲言入于鄭復言櫟邑故執不知問○注据齊至于齊○解云在哀六年彼傳云景公死而舍立陳乞迎陽生于諸其家諸大夫不得已皆逡巡北面再拜稽首而君之爾然則陽生實入于陳乞家而言入于齊今突入于櫟而不言于鄭故難之末言爾末者淺也解不言入國意曷爲末言爾据俱篡也祭仲亡矣亡死亡也祭仲亡則鄭國易得故明入邑則忽危矣不須乃入國也所以效君必死國必亡矣○易以豉反

然則曷爲不言忽之出奔据上言出奔也言忽爲君之微也祭仲存則存矣祭仲亡則亡矣言忽微弱甚於鴻毛僅若匹夫之出耳故不復錄皆所以終祭仲之言解不虛設危險之嫌

疏注皆所至之言○解云上云祭仲亡則亡矣者所以效十一年君必死國必亡之文今此傳云言忽爲君之微也已下者可以終十一年國可以存易亡之文故言皆所以終祭仲之言也十一年雖不出祭仲之口但傳家爲祭仲而爲此辭故得云祭仲之言也○注解不至之嫌○解云權者危險之事祭仲比來欲爲君存國非徒然也但國内凡人嫌其虛設故作經傳以解之故曰解不虛設危險之嫌

○冬十有一月公會齊侯宋公衞侯陳侯于侈伐鄭月者善諸侯征突善錄義兵也不舉伐爲重者用兵重於會嫌月爲桓伐有危舉不爲義兵錄故復錄會○侈昌氏反二傳作袲爲桓于偽反下同

疏注月者至錄會○解云正以隱七年秋公伐邾婁之屬則言征伐例時而此皆月故決之

十有六年春正月公會宋公蔡侯衛侯于曹○夏四月公會宋公衛侯陳侯蔡侯伐鄭○秋七月公至自伐鄭致者善桓公能疾惡同類比與諸侯行義兵伐鄭致例時此月者善其比與善行義故以致復加月也○復扶又反疏注致者至伐鄭○解云桓是簒賊動作有危今能疾簒脫危而至故致之○注致例時○解云即上二年冬公至自唐之屬是○冬城向向式亮反○

十有一月衛侯朔出奔齊衛侯朔何以名據衛侯出奔楚不名疏衛侯朔何以名○解云嫌問出奔之屬何以名故復連句問之○注據衛至不名○解云在僖二十八年絶曷爲絶之据俱奔也得罪于天子也其得罪于天子奈何見使守衛朔朔十二月朔政事也月所以朝廟告朔是也而不能使衛小衆時天子使發小衆不能使行越在岱陰齊

越猶走也岱岱宗泰山也山北曰陰先言岱陰後言齊者明名山大澤不以封諸侯以爲天地自然之利非人力所能加故當與百姓共之傳著朔在岱陰者明天子當及是時未能交連五國之兵早誅之疏注明天子至誅之○解云其五國者莊五年冬公會齊人宋人陳人蔡人伐衛是

屬負茲舍不即罪爾屬託也天子有疾稱不豫諸侯稱負茲大夫稱犬馬士稱負薪舍止也託疾止不就罪○屬負茲音燭注同屬託也諸侯有疾稱負茲言朔託有疾疏注天子至負薪者○解云皆漢禮之名豫詁爲樂諸侯言負茲者謂負事繁多故致疾大夫言犬馬者代人勞苦行役遠方故致疾士稱負薪者祿薄不足代耕故致疾

十有七年春正月丙辰公會齊侯紀侯盟于黄○二月丙午公及邾婁儀父盟于趡本失爵在名例中朝桓公稱人今此不名者蓋以爲儀父最先與隱公盟明元功之臣有誅而無絶○趡翠癸反疏注本失至在名例○解云正以隱元年得褒乃書字故也○注中朝至名者○解云即上十五年邾婁人牟人葛人來朝是○注蓋

以至之臣。解云隱元年公及邾婁儀父盟于眜是也。注有誅而無絶。解云有誅者十五年稱人是責之無絶者今還其字無絶其功故也

○五月丙午及齊師戰于奚　夏者陽也月者陰也去夏者明夫人不繫於公也此戰蓋由桓公曰同非吾子云爾。去起呂反下同

疏　注此戰至云爾。解云莊元年傳云公曰同非吾子是然則夫人姜氏三年至魯六年九月莊公乃生桓公何云同非吾子蓋夫人譖之也或云蓋在齊之日已共私通魯侯知之悼恨之言耳

○六月丁丑蔡侯封人卒○

秋八月蔡季自陳歸于蔡　稱字者蔡侯封人無子季次當立封人欲立獻舞而疾害季季辟之陳封人死歸反奔喪思慕三年卒無怨心故賢而字之出奔不書者方以起季奔喪歸故使若非出奔歸不稱弟者見季不受父兄之尊起宜爲天子大夫天子大夫不得與諸侯親通故魯季子紀季皆去其氏唯卒以恩録親季友叔肸卒是也

疏　注魯季至其氏。解云即閔元年季子來歸莊三年紀季以酅入于齊是也。唯卒至是也。解云即僖十六年公子季友卒宣十七年公弟叔肸卒是也

○癸巳葬蔡桓侯

稱侯者亦奪臣子辭也有賢弟而不能任用反疾害之而立獻舞國幾并於蠻荆故賢季抑桓稱侯所以起其事。幾音祈并必政反又如字 疏 注稱侯至其事。解云正以諸侯之葬皆稱公故決之 ○及宋人衛人伐邾婁○冬十月朔日有食之是後夫人譖公爲齊侯所誘殺去日者著桓行惡故深爲內懼其將見殺無日。行下孟反爲于僞反 疏 注去日至無日。解云若以隱三年傳言之即某月某日朔日有食之者食正朔若言某月某日日有食之者謂二日食也若言某月日有食之者謂食在晦也今此言朔而不書日故此解之

十有八年春王正月公會齊侯于濼。濼郎沃反又音洛說文云匹沃反。公夫人姜氏遂如齊公何以不言及夫人據公及夫人會齊侯于陽穀 疏 注據公至陽穀。解云在僖十一年。夫人外也若言夫人已爲公所絕外也 疏 注若言至外也。解云欲言不假言及是外之意 夫人外者

何內辭也○內為公諱辭○為于偽反其實夫人外公也恥夫人淫於齊侯而譖公故云爾言遂者起夫人本與公出會齊侯于樂故得并言遂如齊不書夫人會書夫人遂者明遂在夫人齊侯誘公使遂如齊以夫人譖公故○譖公側鴆反下同○夏四月丙子公薨于齊不書齊誘殺公者深諱恥也地者在外為大國所殺於國此危國重故不暇隱也疏注不書至恥也解云如此注者正決昭十一年楚子虔誘蔡侯般殺之于申之文也○注地者至隱也○解云魯侯被殺例不舉地故隱公閔公直言薨而已今此言齊故如此解丁酉公之喪至自齊凡公薨外致日者危痛之外多窮厄伐喪內哆乘便而起不可不戒慎加之者喪者死之外通辭也本以別御死不以明貴賤非配公之稱故加之以絕○便婢面反別彼列反稱尺證反疏注凡公至痛之○即此及定元年夏六月癸亥公之喪至自乾侯之屬是也○秋七月○冬十有二月己丑葬我君桓公賊未討何以書葬據隱公也讎在外也讎在外

則何以書葬據俱讎也君子辭也時齊強魯弱不可立得報故君子量力且假使書葬於可復讎而不復乃責之諱與齊狩是也桓者謚從生有爵死有謚所以勸善懲惡也禮諸侯薨天子謚之卿大夫受謚於君唯天子稱天以誄之蓋以爲祖祭乃謚丁酉公之喪至自齊丁巳葬我君定公雨不克葬戊午日下昃乃克葬是也以公配謚者終有臣子之辭上葬日者起生者之事也且明王者當遣使者與諸侯共會之加我君者録内也猶君薨地也○懲直升反使所吏反

【疏】注諱與齊狩是也○解云莊四年冬公及齊人狩于郜公曷爲與微者狩齊侯也齊侯則其稱人何諱與讎狩是也○注禮諸至誄之解云即曾子問曰賤不誄貴幼不誄長禮也鄭注云誄累也累列生時行迹讀之以作謚謚當由尊者成又云唯天子稱天以誄之注云以其無尊焉又云諸侯相累非禮也是也○蓋以至是也○解云所以知祖祭乃謚者正以公之喪至自齊未有謚丁巳葬我君定公欲葬遇雨不得葬經書定公故知宜是作祖祭時爲之也禮記檀弓下篇云公叔文子卒其子戌請謚於君云日月有時將葬矣請所以易其名者義亦通於此○注上葬至地也○解云考諸古本皆無上字衍文隱三年傳過時而日隱之注云隱痛賢君不得以時葬丁亥葬

齊桓公是也然則此君四月薨至于今十二月亦是過時而日者亦是痛其賢君不得以時葬非其辭貞故曰起生者之事言其非爲臣子矣或者上葬爲此上文之葬若昭三年葬滕成公之下注云月者襄公上葬諸侯莫肯加禮獨滕子來會葬故恩録之之類也

監本附音春秋公羊注疏莊公卷第五

江南蘇松督糧道方　體栞

公羊注疏卷五校勘記

阮元撰盧宣旬摘錄

公羊注疏桓公卷第五

七年

辟寔國也 閩監毛本同誤也鄂本寔作實當據正

則民不偷 釋文作不愉云本又作偷按當依陸本作愉今本從人旁非周禮大司徒以俗教安則民不愉今本亦改偷○按愉偷古今字說文無偷鄭箋詩有之

八年

薦尚麥苗麥始熟可礿 閩監毛本苗作魚無下麥字按苗字誤當定從魚宋本亦有下麥字穀梁疏引同與儀禮經傳通解合今本無者誤脫也段玉裁云此礿當作汋以汋釋礿同音詁訓法也汋亦作瀹

薦尚相鴈 鄂本宋本閩監本同毛本鴈改雁非全書仿此

天子之牲角握　監毛本同誤也鄂本及儀禮經傳通解作蓋本作握後反據誤本改角握穀梁疏引同當據正閩本握字剜改

注不異至　閩監毛本下有之物二字

牆屋既繕　今祭義繕作設

勿勿乎其欲饗之也　依祭義當作其欲其饗之也

注禮本下爲士制者　按者當作○下脱解云二字自此以下皆屬下節士不及茲四者疏

怠解　鄂本作怠懈釋文作怠解

禦寒暑之美服　鄂本同閩監毛本禦作御按釋文作御

立三台以爲三公　浦鏜云立當法字誤

內宿部衛之列　浦鏜云內上疑脱爲

上大夫卽例稱五十字 閩監毛本五十改伯仲非

次大夫例稱二十字 閩監毛本改不稱伯仲字誤甚

職號尊名 何挍本此下有也字

當與天子參聽萬機 浦鏜云唐諱幾爲機非也尚書本作萬機周禮疏亦作萬機

惡不勝任 何挍本任上有其字

曷爲待君命然後卒大夫 此本複衍此十字閩監毛本刪正是也

九年

則未知其在齊與曹與 唐石經鄂本宋本元本閩本同監毛本曹與上衍在字

卽襄九年冬公會晉侯已下齊世子光滕子薛伯小邾婁子伐鄭 浦鏜云經齊世子光在小邾婁子下十一年伐鄭同此誤倒

十年

傳言公不要見者閩監毛本作見要按上云時桓公欲要見諸侯與此合傳則云公不見要也

宜隱十年以當之閩監毛本宜誤言

言兵圍都城相似閩監毛本似改近非注云幾與圍無異相似猶無異也

十有一年

即成十年晉侯孺卒閩監毛本孺作獳是也毛本年字實缺

鄭相也鄭本以下同唐石經作鄭之相也嚴杰云周禮大司徒正義引亦無之字

鄭國處于留先鄭伯有善于鄶公者唐石經宋本閩本同監毛本鄶誤鄶按釋文鄶古外反于並當作於下同

而野留何注野鄙也按周禮大司徒職注引春秋傳曰遷鄭焉而鄙留野作鄙與注合遷鄭焉上無而字與何本

異

爲我出忽而立突　毛本突誤㚇注同

稱愈於國之亡　閩監毛本同誤也鄂本稱作猶疏亦云猶愈於國之亡也當據正

后有安天下之功　閩監毛本同鄂本后作後當據正

脅鄭之篡　鄂本作立篡此誤

晉侯執曹伯歸于京師　毛本于改於非

邾婁人執鄫子用之　毛本同閩監本鄫誤鄶

常言鄭突　諸本同誤也鄂本常作當宜據正

外未能結欵諸侯　鄂本欵作助

盟于葵丘是也　毛本于改於非○按此經無盟字

非居尸柩前 浦鏜云注作非尸柩之前

故時已葬之稱 浦鏜云作誤時

則與諸侯改伯從子辭同 諸本同誤也鄂本諸侯作春秋當據正

爲承衰亂 毛本承誤乘

故后王起 鄂本后作後此非

蔡侯稱叔者 鄂本無侯此衍疏標起訖亦作蔡稱

而此與俠是也 浦鏜云而疑則字誤

公會宋公于夫童 釋文夫童下音鍾左氏作夫鍾

十有二年

公會宋公于龜 毛本龜改龜非

解云上十年來戰于郎　毛本解誤經

十有三年

其情外奈何　閩監毛本柰作奈非

必出萬死而不奔此　諸本同誤也鄂本此作北當據正

明見我者爲主　鄂本同宋本閩監毛本我作伐誤按者字當衍蓋我誤爲伐始衍者字矣

十有四年

無冰　鄂本冰誤水

從内爲王義　鄂本元本閩本同監毛本王誤主下云明王者當以至信先天下可證此本作王

東田千畞　閩監本畞作畝毛本改畮非下同

謂慮之言藻之義故也　藻疑澡

皆出祭義之文　孫志祖云禮記祭義無此文祭統云天子親耕於南郊王后蠶於北郊與此異白虎通耕桑篇云耕於東郊何東方少陽農事始起桑於西郊何西方少陰女功所成與此親耕東田親西郊采桑之語合疑出古逸禮也

御廩災何以書者　按此釋下傳當另節屬下

乙亥嘗　唐石經宋本閩本同監毛本嘗改甞下同

正以宋非强國　毛本强誤其

十有五年

故復於此名　鄂本宋本閩監本同毛本名誤明

小國例時也　鄂本無也此衍疏標起訖同

公會齊侯于鄗　釋文鄗左氏作艾穀梁作蒿○按艾蒿同物也蒿鄗同音也

祭仲存則存矣 鄂本以下同唐石經無矣非十一年疏引此亦有矣字

故曰解不虛設危險之嫌 閩本同監毛本不誤云

公會齊侯宋公衛侯陳侯于侈伐鄭 唐石經諸本同釋文侈二傳作袲按二傳無齊侯侈袲皆多聲故文異○按說文衣部引春秋傳公會齊侯于袳說文所謂春秋傳皆左傳也而有齊侯字袳亦與今體不同

十有六年

善其比與善行義 毛本義字空缺

行役遠方 毛本行字空缺

十有七年

及齊師戰于奚 唐石經諸本同惠棟云左氏亦作奚穀梁作郎

起宜爲天子大夫天子大夫也 鄂本無下天子大夫四字非

十有八年

公夫人姜氏遂如齊鄂本公下有與字是也左穀皆有與

於國此危閩監毛本同誤也鄂本此作尤當訂正

本以別生死也宋本同蓋誤倒鄂本閩監毛本皆作死生是

雠在外也鄂本宋本閩本同監毛本雠改讐

戊午日下昃宋本同閩監毛本昃作昊

上葬日者解云考諸古本皆無上字衍文

公叔文子卒閩本同監毛本叔誤孫

非其辭貞閩本同監毛本貞作眞

公羊注疏卷五校勘記終　工部屯田司員外郎胡祖謙挍

傳古樓景印

四部要籍選刊・經部

蔣鵬翔 主編

阮刻春秋公羊傳注疏

二

〔清〕阮元 校刻

浙江大學出版社

本册目録

卷第六

卷第七

卷第八

卷第九

卷第十

卷第十一

監本附音春秋公羊注疏莊公卷六 起元年盡七年

何休學

元年春王正月公何以不言即位春秋君弒子不言即位君弒則子何以不言即位據繼君不絶也○君弒申志反下皆同疏公何以不言即位○解云隱元年傳云公何以不言即位注云據文公言即位然則彼已注解是以此處不復注之○春秋至即位○解云而言春秋者欲道孔子意春秋之內皆爾非止此處故舉其大號言之是以僖元年傳云公何以不言即位繼弒君子不言即位此非子也其稱子何臣子一例也然則宣公之傳不言子直以其無臣子之道不念其君父亦不由宣公非子赤之子故不言子隱之也孰隱隱子也隱痛是子之禍不忍言即位疏孰隱至子也○解云莊公既踰年即位之後合稱成君而言子者凡諸侯於其封內三年稱子故也若表臣子之心不可曠年無君乃稱公耳○三月夫人孫

于齊孫者何孫猶孫也孫猶遁也○孫音遜下及注皆同孫猶遁也遁徒日反

疏孫者何○解云欲言初出實先在齊欲言非初出而與公孫文同故執不知問○孫猶孫也○解云凡言孫者孫遁自去之辭今此言孫與尚書序云將孫於位讓於虞舜義同故言孫猶孫也猶彼文也而注云孫猶遁也者欲解彼此之孫皆為孫遁自去之義故曰遁也

內諱奔謂之孫言于齊者盈諱文

疏內諱奔謂之孫○解云据百二十國寶書以為春秋非獨魯也而言內者託王於魯故言內猶言內其國外諸夏之義也然則內魯為王王者無出奔之義故謂之孫矣而傳二十四年冬天王出居于鄭言出者彼傳云王者無外此其言出何不能於母也注云不能事母罪莫大於不孝故絕之言出也者是○注言于至諱文○解云凡言于某者從此往彼之辭今此夫人實非始往而言于齊與昭二十五年公孫于齊文同者盈滿其諱文若今始然故云言于齊者盈諱文耳

夫人固在齊矣其言孫于齊何据公夫人遂如齊未有來文

疏注据公至來文○解云公夫人遂如齊在桓十八年言未有來文者欲決文九年春夫人姜氏如齊夫人姜氏至自齊之

文耳若然案下二年注云不致者本無出道有出道乃致奔喪致是也若然則何氏指文九年夫人姜氏如齊亦無出道而責未有來文者夫人如齊之時得公之命非無出道故如此解

念母也固在齊而書孫者所以起念母也

正月以存君念母以首事禮練祭取法存君夫人當首祭事時莊公練祭念母而迎之當書迎反書孫者明不宜也

（疏）注禮練至宜也○解云存君者即襄二十九年注云正月歲終而復始臣子喜其君父與歲終而復始執贄存之然則今此練祭者亦是臣子閔君父往年此日沒今年復此日存而禮練祭之取法存君矣言夫人當首祭事者謂夫人當爲首而營其祭事也言時莊公練祭者謂桓公去年四月薨今年三月方爲練祭而欲迎母非謂此時已爲練矣

夫人何以不稱姜氏據夫人姜氏孫于邾婁

（疏）注據夫至邾婁者。解云閔二年經文

貶曷爲貶據俱以孫爲文**與弒公也其與弒公奈何夫人譖公於齊侯**如其事曰訴加誣曰譖○與殺音預下同譖側鴆反加誣曰譖

公曰同非吾子齊侯之子也

以淫於齊侯所生（疏）公曰至子也○解云夫人加誣此言非謂桓公實有此言何者正以夫人之至在桓三年秋子同之生乃在六年九月故也

齊侯怒與之飲酒欲醉而殺之禮飲酒不過三爵（疏）注禮飲不過三爵○解云玉藻云君子之飲酒也受一爵而色灑如也注云灑如肅敬貌也二爵而言言斯注云言言和敬貌。禮已三爵而油油注云油油悅敬貌以退注云禮飲酒過三爵則敬殺可以去矣也者是也。

於其出焉使公子彭生送之於其乘焉於其將上車時○將上時掌反下同搚。幹而殺之。搚折聲也扶上車以手搚折其幹○搚幹路合反本又作拹亦作拉皆同折聲也幹音古旦反脇也（疏）於其至送之○解云與下句絕讀○於其乘焉搚幹而殺之○解云二句連讀之○注扶上至幹解云折音如字

念母者所善也則曷爲於其念母焉貶据貶必於其重（疏）念母者所善也○解云謂念母者宜春秋之所善也○注据貶必於其重○解云即僖元年傳云夫人何以不稱姜氏貶曷爲貶與弒公也然則曷爲不於弒焉貶貶必於其重者莫重

乎其以喪至也注云刑人于市與衆棄之故必於其臣子集迎之時貶之所以明誅得其罪是也**不與念母也**念母則忘父背本之道也故絶文姜不爲不孝距蒯聵不爲不順脅靈社不爲不敬蓋重本尊統使尊行於卑上行於下貶者見王法所當誅至此乃貶者并不與念母也又欲以孫爲內見義明但當推逐去之亦不可加誅誅不加上之義非實孫月者起練祭左右○背音佩蒯聵苦怪反下五怪反見王賢徧反下同爲內于僞反下爲卑爲營同去起呂反【疏】注故絶至不順○解云謂貶氏是也距蒯聵不爲不順者哀三年傳云曼姑受命乎靈公而立輒以曼姑之義爲固可以距之也注云曼姑無惡文者起曼姑得拒之曼姑臣也距之者上爲靈公命下爲輒故者是也○注脅靈至不敬○解云即莊二十五年傳云日食則曷爲鼓用牲于社求乎陰之道也注云求責求也以朱絲營社或曰脅之注云脅之與責求同義社者土地之主也月者土地之精也上繫于天而犯日故鳴鼓而攻之脅其本也朱絲營之助陽抑陰也是脅靈社不爲不敬之道也○注蓋重至當誅○解云此蓋詁爲皆也謂脅社以重陽距父以尊祖皆是尊行於卑上行於下之義○注至此至之義○解云注言此者欲道桓十八年公始如齊之時不貶意也言又欲以孫爲內見

義者正言道魯臣子不合誅夫人之意○注非實至左右○解云閔二年九月夫人姜氏孫于邾婁彼注云凡公夫人奔例日此月者有罪然則此書月者正是其例而言月者起練祭左右者謂此夫人非孫今乃書孫書三月起其練祭在左右故也若直言春無以起其練祭矣

○**夏單伯逆王姬單伯者何吾大夫之命乎天子者也**以稱字也禮諸侯三年一貢士於天子天子命與諸侯輔助爲政所以通賢共治示不獨專重民之至大國舉三人次國舉二人小國舉一人○單伯音善後放此逆王姬左氏作送王姬治直吏反

疏單伯者何○解云若言內臣而逆王女若言王臣文無王使故執不知問○注以稱字也解云諸侯之大夫例合稱名若貢于天子理宜尊異是以見其稱字知其貢于天子○注諸至一人○解云皆書傳文射義云古者天子之制諸侯歲獻貢士于天子天子試之於射宮鄭注云歲獻獻國事之書及計偕物也三歲而貢士舊說云大國三人次國二人小國一人者是與此同

何以不稱使據公子遂如京師言如者內稱使之文

疏注據公子遂如京師言如者內稱使之文○解云公子遂如京師者僖三十年經文也言如者內稱使之文者

欲道傳云何以不稱使者問經不道單伯如京師之意天子召而使之也逆之者何使我主之也逆者魯自往之文方使魯爲父母主嫁之故與魯使自逆之不言于京師者使魯主之故使若自魯女無使受之【疏】逆之者何○解云天子之臣其數非一而魯大夫使逆其女故孰不知問曷爲使我主之據諸侯非之天子嫁女乎諸侯必使諸侯同姓者主之諸侯與天子同姓者諸侯嫁女于大夫必使大夫同姓者主之大夫與諸侯同姓者不自爲主者尊卑不敵其行婚姻之禮則傷君臣之義行君臣之禮則廢婚姻之好故必使同姓有血脉之屬宜爲父道與所適敵體者主之禮尊者嫁女于卑者必持風旨爲卑者不敢先求亦不可斥與之者申陽倡陰和之道天子嫁女於諸侯備姪娣如諸侯之禮義不可以天子之尊絶人繼嗣之路○主書者惡天子也禮齊衰不接弁冕仇讎不交婚姻○好呼報反風如字又方鳳反倡昌亮反和戶臥反惡烏路反齊衰音咨下七雷反【疏】注其行婚姻之禮○解云謂敵偶行事○注行

君臣之禮○解云謂君坐于上而臣立于下○注必使至主之○解云謂於女有血脉之親屬○注禮尊至之道○解云風猶放也言使卑者待已放其命云道有女可嫁然後卑者乃敢求婚也云亦不可斥與之者亦不可斥言嫁於某國所以然者正以申陽倡陰和之道故也○注天子至之禮○解云知者見十九年傳諸侯娶一國則二國往媵之以姪娣從若其禮異當有別文○注義不至之路○解云注知如此者正見十九年傳下文云諸侯壹聘九女諸侯不再娶然則既不得再娶適夫人沒無姪娣即是絶嗣之義故云此○注禮齊至婚姻○解云義取穀梁之文仇讎之人非所以接婚姻衰麻非所以接弁冕之言也所以然者正由吉凶不相求矣今莊公主婚于齊相犯二事是以春秋主書惡天子耳○

秋築王姬之館于外何以書譏何譏爾築之禮也于外非禮也以言外知有築內之道也于外非禮也禮同姓本有主嫁女之道必闕地于夫人之下羣公子之上也時魯以將嫁女于讎國故築于外

疏注以言至道也○解云正以經言于外以爲非禮則知于內是禮明矣○注必闕至上也○解云取下傳文爲義

于外何以非禮据非

内也。築于外非禮也于遠辭也爲營衞不固不以將嫁于讎國除譏者魯本自得以讎爲解無爲受命而外之故曰非禮。○解古賣反其築之何以禮據禮當豫設主王姬者必爲之改築主王姬者則曷爲必爲之改築據諸侯宮非一。必爲于僞反下必爲爲襄公并注同疏注據諸至非一。解云即下云路寢小寢之屬是也於路寢則不可者謂外内無別於路寢則不可小寢則嫌皆所以遠別也。○別彼列反疏小寢則嫌。解云嫌褻瀆。注築例時者。即此年秋築王姬之館二十八年冬築微三十一年春築臺于郎　秋築臺于秦之屬是也羣公子之舍謂女公子也則以卑矣以爲大卑。○大音泰一音他賀反其道必爲之改築者也以上傳言爾知當築夫人之下羣公子之上築例時○冬十月乙亥陳侯林卒○王使榮叔來錫桓公命錫者何賜也上與下之辭。

錫星歷反疏錫者何。解云正以變賜言錫與禮九賜之文異故執不知問

命者何加我服也

增加其衣服令有異於諸侯禮有九錫一曰車馬二曰衣服三曰樂則四曰朱戶五曰納陛六曰虎賁七曰弓矢八曰鈇鉞九曰秬鬯皆所以勸善扶不能言命不言服者重命不重其財物禮百里不過九命七十里不過七命五十里不過五命。令力呈反賁音奔鈇鉞音甫又方于反下音越秬音巨黑黍也鬯勑亮反香酒疏命者何。解云正以生時有功而受褒賜今死乃賜命故執不知問。注禮有至不能。解云此禮緯含文嘉文也彼注云諸侯有德當益其地不過百里後有功加以九賜進退有節行步有度賜以車馬以代其步其言成文章行成法則賜以衣服以表其德其長於教誨内懷至仁賜以樂則以化其民其居處脩理房内不泄賜以朱戶以明其別其動作有禮賜以納陛以安其體其勇猛勁疾執義堅强賜以虎賁以備非常其内懷至仁執義不傾賜以弓矢使得專征其亢陽威武志在宿衞賜以斧鉞使得專殺其孝慈父母賜以秬鬯使之祭祀皆如有德則陰陽和風雨時四方所瞻臣子所望則有秬鬯之草景星之應是也。注禮百里至五命。解云案周禮典命曰上公九命侯伯七命子男五命者是也

其言

桓公何据錫文公命不言謚疏注据錫至言謚○解云即文元年夏四月天王使毛伯來錫公命不言謚是也追命也舉謚明知追命死者禮生有善行死當加善謚不當復加錫不言天王者桓行實惡而乃追錫之尤悖天道故云爾○善行下孟反下同復扶又反悖補内反疏注不言至云爾○解云如此注者欲決文元年稱天王也〇王姬歸于齊何以書我主之也魯主女為父母道故恩録而書之内女歸例月外女不月者聖人探人情以制恩實不如魯女疏注内女至之也解云即隱三年冬十月伯姬歸于紀隱七年春王三月叔姬歸于紀成九年二月伯姬歸于宋之屬是也然則此事亦在月下而言不月者何氏以意斟酌故如此解而莊十一年冬王姬歸于齊而不書月者彼則魯不主婚自著天子有恩于王姬故也〇

齊師遷紀郱鄑郚遷之者何取之也以稱師知取之○郱步丁反鄑子斯反又音晉郚音吾疏遷之者何○解云欲言實遷不言處所欲言取之而經書遷故執不知問取之則曷為不言取之也据莒人伐杞取牟婁疏注据莒至牟婁

解云即隱四年經文爲襄公諱也襄公將復讎於紀故先孤弱取其邑本不爲利舉故爲諱不舉伐順諱文也外取邑不書此何以書大之也何大爾自是始滅也將大滅紀從此始故重而書之

二年春王二月葬陳莊公○夏公子慶父帥師伐餘丘於餘丘者何邾婁之邑也曷爲不繫乎邾婁國之也曷爲國之君存焉爾慶父幼少將兵不譏者從不言弟意亦起之○少詩照反

疏於餘丘者何○解云欲言是國天下未聞欲言是邑而不繫國故執不知問○曷爲至焉爾○解云桓七年傳云咸丘者何邾婁之邑也曷爲不繫乎邾婁國之也曷爲國之君存焉爾然則彼已有傳而復發之者正以邑不繫國凡有二種故須解之即昭三十二年取闞傳云闞者何邾婁之邑也曷爲不繫乎邾婁諱亟也注云與受濫爲亟是○注慶父至起之○解云正以桓六年九月丁卯子同生則莊公年十五矣慶父

之年宜十二三故云幼少將兵矣所以不書月以譏之者正以不言弟意亦起之何者文元年注云不稱王子者時天子諸侯不務求賢而專貴親親故尤其在位子弟刺其早任以權也魯得言公子者方録異辭故獨不言弟也諸侯得言子弟者一國失賢輕然則魯不言在位之弟者刺其專貴親親而早任以權今慶父實是公之母弟若於凡平諸侯之國則合言弟但是魯公之弟故于例不得言之既不言弟刺其專貴親親早任以權則於幼少將兵之義亦自見矣故云從不言弟意亦起之也杜氏云慶父者莊公異母兄何氏知其幼者正見稱仲非兄明矣

○秋七月齊王姬卒外夫人不卒此何以卒録焉爾曷爲録焉爾據王后崩猶不録我主之也魯主女爲父母道故卒録之明當有恩禮内女卒例日外女卒不日〔疏〕注内至至女也○解云即僖十六年四月丙申鄫季姬卒成八年冬十月癸卯杞叔姬卒襄三十年夏五月甲午宋災伯姬卒之屬是也而莊四年三月紀伯姬卒莊二十九年十二月紀叔姬卒之屬皆不日莊四年下文注云卒不日者實不如魯女也葬日者魯本宜葬之故移恩録文於葬是也

○冬十有二

月，夫人姜氏會齊侯于郜。書者，婦人無外事，外則近淫。不致者，本無出道，有出道乃致，奔喪致是也。○郜，古報反，二傳作禚，四年亦爾。近，附近之近，亦如字。〔疏〕注「不致」至「是也」。○解云：即文九年「春，夫人姜氏如齊」，「三月，夫人姜氏至自齊」，注云「奔父母之喪也。不言奔喪者，尊内也。出獨致者，得禮，故與臣子辭」是也。

○乙酉，宋公馮卒。

三年，春，王正月，溺會齊師伐衛。溺者何？吾大夫之未命者也。所伐大夫不卒者，莊公薄於臣子之恩，故不卒大夫，與桓同義。月者，衛朔背叛出奔，天子新立衛公子留，齊、魯無憚天子之心而伐之，故明惡重於伐，故月也。○溺，乃歷反。〔疏〕溺者何。○解云：欲言内臣，經不書氏；欲言外臣，復不繫國，故執不知問。○吾大至者也。○解云：隱九年傳云「俠者何？吾大夫之未命者也」，桓十一年「柔會宋公」以下「于折」，傳曰「柔者何？吾大夫之未命者」，注云「輒發傳者，無氏嫌娶也」。然則今復發傳者，嫌會讎人而致娶故也。○注「所伐」至「大夫」。○解云：稱名爲貶，大夫不書卒者，正以莊公薄於臣子之恩故也。知未命大夫得書卒者正見隱九年經書俠卒也彼注云未命所以卒之者賞宜從重無氏者少略也者即其義○注與桓同義○解云桓十一年柔會宋公已下于折傳曰柔者何吾大夫之未命者也彼注云所以不卒柔者深薄桓公不與有恩禮於大夫也今溺亦然故言與桓同義○注月者至出奔○解云正以侵伐例時即上二年夏公子慶父伐於餘丘之屬是也今此月者皆叛出奔罪重故也其背叛出奔之事者即桓十六年衛侯朔出奔齊是也○注天子新立衛公子留○解云世本及史記並有其事

○夏四月葬宋莊公莊公馮篡不見書葬者篡以計除非以起他事不見也○不見賢偏反下皆同

疏注莊公馮篡不見書葬者篡以計除非以起至見也○解云春秋之例篡不明者皆貶去其葬以見篡即僖二十四年晉侯夷吾卒彼注云篡故不書葬明當絕也又宣九年秋晉侯黑臀卒于扈彼注云不書葬者篡也之屬是也其篡明者不嫌非篡故不去葬以見篡即隱四年衛人立晉桓十二年冬衛侯晉卒十三年春葬衛宣公又莊九年齊小白入于齊至僖十七年冬齊侯小白卒十八年秋葬齊桓公又哀六年秋齊陽生入于齊至哀十年春齊侯陽生卒夏葬齊悼公此等皆由其初有立入之文不嫌非篡故書其葬今宋公馮初篡不明所以亦書

其葬者正以其父繆公有讓國之善故計其父功而除其篡罪故云篡以計除也襄十四年夏衛侯衎出奔齊至二十六年春甯喜弑其君剽衛侯衎復歸于衛傳云然則曷爲不言剽之立不言剽之立者以惡衛侯也注云起衛侯失衆出奔故不書剽立剽立無惡則衛侯惡明矣又宣六年傳言而立成公黑臀彼注云不書者以惡夷獋也然則剽與成公之篡皆不惡者以惡衎與夷獋矣是爲以起他事不見今宋莊公之立不書惡之者自以計除之不見義故云非以起他事不見也既以計除則迥然無罪故得書葬何則晉侯重耳亦篡不明而僖公三十三年得書葬晉文公者春秋爲賢者諱也

○五月葬桓王此未有言崩者何以書葬蓋改葬也改更也改葬服輕不當月月者時無非常之變榮奢改葬爾故惡錄之書者諸侯當有恩禮

［疏］此未有言崩者○解云桓十五年經書三月乙未天王崩何言未有言崩者正以此年事不相接故也○蓋改葬也○解云案宣三年郊牛之口傷改卜牛經即書其改卜此若改葬經宜書改而不書改者蓋以天王之崩去此七年是改可知何勞書改乎其改卜牛須書改者若直言卜牛嫌卜前口傷之牛故須言改以明之傳必知改葬者正見春秋說云恒星

不見周人榮奢改葬桓王冢死尸復擾終不覺之文故也。○注改葬至録之○解云：言改葬服輕者，即喪服云改葬緦是也。言不當月月者，欲決昭二十二年六月叔鞅如京師葬景王之文也。言時無非常之變者，即決禮有非常之變者，將亡失尸柩之時改葬也。言榮奢改葬者，即春秋說云恒星不見夜明，周人榮奢改葬桓王冢，死尸復擾，終不覺之文也。若然，案春秋說改葬在恒星不見之後，即宜在七年之末，而在三年者，宋氏云：由三年改葬，故七年恒星不見夜明者，正由今日榮奢改葬故也。云故惡録之者，謂由此之故，惡而深録之也。○注書者至恩禮○解云：文九年傳云王者不書葬，此何以書？不及時書，過時書。注云：重録失時，我有往者則書。注云：謂使大夫往也。惡文公不自往，故書葬以起大夫會之。然則此改葬桓王非彼之類而得書者，欲見諸侯當有恩禮故也。

○秋，紀季以酅入于齊。紀季者何？紀侯之弟也。何以不名？賢也。何賢乎紀季？据叛也。○酅，戸圭反。【疏】紀季者何○解云：欲言其君，經不書爵；欲言大夫，又不言氏，故執不知問。服罪也。其服罪奈何？魯子曰：請後五廟以存姑姊妹紀與齊爲讎不直齊大紀小季知必亡故以酅首服先祖有罪於齊請爲五廟後以酅共祭祀存姑姊妹稱字賢之者以存先祖之功則除出奔之罪明其知權言入者難辭賢季有難去兄入齊之心故見之男謂女先生爲姊後生爲妹父之姊妹爲姑○共音恭難辭乃旦反下皆同

疏魯子曰至姊妹○解云傳所以記魯子者欲言孔氏之門徒受春秋非唯子夏故有他師矣其隱十一年傳記子沈子者欲明子夏所傳非獨公羊氏矣故輒記其人以廣義也季爲附庸而得有五廟者舊說云比諸侯之禮故也直言以存姑姊妹不言兄弟子姪者謙不敢言之欲言兄弟子姪亦隨國亡但外出之女有所歸趣而已○注故以至於齊○解云凡言首者先服之辭紀國未滅今以往服故謂之首服也先祖有罪於齊者即四年傳云哀公亨乎周紀侯譖之是也○注言入至見之○解云正以襄二十六年二月衛孫林父入于戚定十三年晉荀寅士吉射入于朝歌之屬皆是不獲已故以爲難辭也○注男謂至爲姑○解云皆釋親文○

冬公次于郎次者兵舍止之名

疏注次者至之名○解云正以僖元年齊師宋師曹師次于聶北救邢之文故也

其言次于郎何國內兵而當書公斂處父

帥師而至雖有事而猶不書是也【疏】注國内至是也○解云公斂處父帥師而至者定八年傳文案昭十三年春叔弓帥師圍費定十二年冬公圍成之屬是也

刺欲救紀而後不能也

惡公既救人辟難道還故書其止次以起之諸侯本有相救之道所以抑强消亂也次例時○惡烏路反【疏】注諸侯至亂也○解云言此者欲道春秋善齊襄復讎不書其滅而刺魯侯不救紀者以諸侯本有相救之道所以抑强消亂是以刺不相救也而善齊襄復讎者所以申仁孝之恩各自爲義豈相妨奪乎○注次例時○解云即此及三十年夏師次于成之屬是也而八年春王正月師次于郎云云書月者自爲下文甲午祠兵出之次仍不蒙月也十年夏六月齊師宋師次于郎公敗宋師于乘丘書月者自爲下文敗宋師出之次仍不蒙月也

四年春王二月夫人姜氏饗齊侯于祝丘

書者與會郜同義牛酒曰犒加飯羹曰饗月者再出重也三出不月者省文從可知例○犒苦報反勞也【疏】注書者至同義○解云即二年冬十有二月夫人姜氏會齊侯于郜彼注云書者婦人無外事外事則近淫今此亦然故云同義○

注牛酒至曰饗○解云時王之禮也○注月者至知例○解云案上二年經云冬十有二月夫人姜氏會齊侯于郜一出亦書月而言再出重者正以下文三出四出皆無月故也而上二年月者自爲下經乙酉宋公馮卒其會仍自不蒙月矣言三出不月者即下五年夏夫人姜氏如齊師是也

○三月紀伯姬卒禮天子諸侯絕期大夫絕緦天子唯女之適二王後者諸侯唯女之爲諸侯夫人者恩得申故卒之○期音基緦音絲

疏注禮天至絕期○解云正見不杖期章無天子諸侯服故也○注大夫絕緦○解云正見緦麻章無大夫服故也

○夏齊侯陳侯鄭伯遇于垂○紀侯大去其國大去者何滅也孰滅之齊滅之曷爲不言齊滅之爲襄公諱也春秋爲賢者諱何賢乎襄公据楚莊王亦賢滅蕭不爲諱○爲襄于僞反下爲賢注爲諱及下注爲諱爲襄同

疏大去者何○解云欲言其奔而經言大去欲言其滅又無滅文故執不知問○爲襄公至者諱○解云言所以爲襄公諱者正由春秋爲賢者諱故也○

注據楚莊王亦賢滅蕭不爲諱者即宣十二年冬十有二月戊寅楚子滅蕭彼注云日者屬上有王言今反滅人故深責之是也若然莊十年齊師滅譚莊十三年齊人滅遂之屬不爲賢者諱滅而不據之者滅遂之下注云不諱者桓公行霸不任文德而尚武力又功未足以除惡然則桓公是時賢德未著不爲諱適是其宜寧得據之乎楚莊是時已有王言賢德已著宜爲之諱而書其滅故據之也復讎也何讎爾遠祖也哀公亨乎周亨煮而殺之○亨普庚反注同煑殺也【疏】注公亨乎周○解云鄭氏云懿始受譖而亨齊哀公是也爲譖亦有其事紀侯譖之以襄公之爲於此焉者事祖禰之心盡矣盡者何襄公將復讎乎紀卜之曰師喪分焉龜曰卜蓍曰筮分半也師喪亡其半○禰乃禮反師喪息浪反注同蓍音尸筮市制反【疏】盡者何○解云以襄公淫泆行同鳥獸而言事祖禰之心盡故執不知問○卜之至分焉解云卜之者謂襄公之辭○注龜曰卜蓍曰筮○解云曲禮文寡人死之襄公若卜者之辭不

爲不吉也遠祖者幾世乎九世矣九世猶可以復讎乎雖百世可也百世大言之爾猶詩云嵩高維嶽峻極于天君子萬年○幾居豈反嵩高息忠反本亦作崧〔疏〕寡人死之不爲不吉也○解云皆齊侯之語故注云若卜者之辭所以謂死爲吉事者以復讎以死敗爲榮故也○注百世至萬年○解云蓋以百十者數之終施之於彼則無罪施之於已則無義故謂之大言耳家亦可乎家謂大夫家曰不可國何以可據家不可國君一體也先君之恥猶今君之恥也今君之恥猶先君之恥也先君謂哀公今君謂襄公言其恥同也國君何以爲一體據非一世國君以國爲體諸侯世故國君爲一體也雖百世號猶稱齊侯今紀無罪今紀侯也此非怒與怒遷怒齊人語也此非怒其先祖遷之於子孫與○怒與音餘曰非也古者

有明天子則紀侯必誅必無紀者紀侯之不誅至今有紀者猶無明天子也古者諸侯必有會聚之事相朝聘之道號辭必稱先君以相接然則齊紀無說焉不可以並立乎天下無説無説懌也○無説音悅注同懌音亦（疏）古者至天子也○解云從康王已下歷宣王之世而言無明天子者蓋以宣王之德駁而不純故也○號辭至相接○解云正以號辭必稱先君之故是以齊紀不得並立于天下古若有明天子則須去其不直是以上文云古者有明天子則紀侯必誅也故將去紀侯者不得不去紀也有明天子則襄公得爲若行乎若如也猶曰得爲如此行乎○將去起呂反下及注同若行下孟反注同（疏）故將至紀也○解云若不去紀則有紀侯故也○襄公至行乎○解云行讀如有子行之之行曰不得也不得則襄公

曷爲爲之上無天子下無方伯有而無益於治曰無猶易曰闚其無人○治直吏反闚苦鵙反

疏注猶易至無人○解云豐卦上六爻辭也

緣恩疾者可也疾痛也賢襄公爲諱者以復讎之義除滅人之惡言大去者爲襄公明義但當遷徙去之不當取有有明亂義也不爲文實者方諱不得貶

疏緣恩疾者可也○解云時無明王賢伯以誅無道緣其有恩痛於先祖者可以許其復讎矣故曰緣恩疾者可也○注賢襄至之惡○解云擅滅同姓合書而絕之今不書者以復讎除罪故也○注不當至義也解云謂但當推逐而已不當取而有之明其亂正義矣然則襄公亂義而不惡者正已復讎除之○注不爲至得貶○解云凡爲文實者皆初以常事爲罪而貶之然後計功除過是以僖元年經云齊師宋師曹師次于聶北救邢傳云曷爲先言次後言救君也君則其稱師何不與諸侯專封也曷爲不與實與而文不與文曷爲不與諸侯之義不得專封也諸侯之義不得專封則其曰實與之何上無天子下無方伯天下諸侯有相滅亡者力能救之則救之可也者是文實之義耳今此若作文實經宜言齊師滅紀或言齊人滅紀傳曰孰滅之襄公滅之曷爲不言襄公滅之不與諸侯擅滅曷爲不與

實與而文不與文曷爲不與諸侯之義不得擅滅諸侯之義不得擅滅則其曰實與之何上無天子下無方伯緣恩疾者可若其如此即經不免貶惡襄公若貶惡襄公則不名爲之諱是以不得作文實之義矣而後桓公得作文實者桓公非滅人其罪惡輕也○六月乙丑齊侯葬紀伯姬外夫人不書葬此何以書据鄫季姬也疏注据鄫季姬也○解云即僖公十六年鄫季姬卒卒無葬文是隱之也何隱爾其國亡矣徒葬於齊爾徒者無臣子辭也國滅無臣子徒爲齊侯所殺。故痛而書之明魯宜當閔傷臨之卒不日葬日者魯本宜葬之故移恩錄文於葬疏注徒者至臨之○解云正以徒詁爲空○注卒不至於葬○解云卒不日者即上經書三月紀伯姬卒是也春秋之義內女卒例日而紀伯姬卒不日故如此解其隱三年傳云不及時而日者渴葬也不及時而不日慢葬也者自施於諸侯非。夫人之例故此文雖不及五月不得以渴隱解之此復讎也曷爲葬之据恩怨不兩行滅其可滅葬其可葬此其爲可葬奈何復讎者非將殺之逐之也以爲雖遇紀侯之殯亦將葬之也以爲者設事辭而言之以大斂而徙棺曰殯夏后氏殯於阼階之上若存殷人殯於兩楹之間賓主夾之周人殯於西階之上賓之也稱齊侯者善葬伯姬得其宜也○斂力驗反夾古洽反疏注夏后至賓之也○解云檀弓上篇文○秋七月○冬公及齊人狩于郜公曷爲與微者狩據與高傒盟諱此競逐恥同疏注據與高傒盟諱○解云即莊二十二年秋及齊高傒盟于防○傳云公則曷爲不言公諱與大夫盟也是也○注此競逐恥同○解云謂與微者競逐禽獸與大夫盟不異矣齊侯也以不沒公知爲齊侯也疏注以不至侯也○解云正以大夫盟即沒公此不沒公者齊侯故也齊侯則其稱人何諱與讎狩也禮父母之讎不同戴天兄弟之讎不同國九族之讎不同鄉黨朋友之讎不同市朝稱人者使若微者不沒公言齊人者公可以見齊微者至於魯人皆當復讎義不可以見齊侯也○以見賢徧反下同

疏注禮父至市朝○解云皆出曲禮上篇與檀弓上篇何氏差約而爲此言也檀弓云從父昆弟之讎故此何氏以九族言之曲禮云交遊之讎故此何氏以朋友言之定四年傳云朋友相衛古之道也義亦通於此鄭氏云交遊或爲朋友是也前此者有事矣溺會齊師伐衛是也疏注溺會至是也○解云在上三年春後此者有事矣師及齊師圍盛是也疏注師及至是也○解云在莊八年夏則曷爲獨於此焉譏於讎者將壹譏而已故擇其重者而譏焉莫重乎其與讎狩也狩者上所以共承宗廟下所以教習兵行義○共音恭於讎者則曷爲將壹譏而已讎者無時焉可與通通則爲大譏不可勝譏故將壹譏而已其餘從同同其餘輕者從義與重者同不復譏都與無讎同文論之所以省文達其異義矣凡二同故言同同○勝音升復扶又反疏注其餘至者同○解云謂皆是與讎

交接矣○注不復至論之○解云謂更無貶文矣○注所以至義矣○解云一則省文二則達其異義矣其異義者圍盛不稱公者諱其滅同姓溺會齊師伐衞不稱氏者見未命大夫故也若不省文無以見此義故曰所以省文達其異義矣○注凡二同故言同同○解云輕者不譏見與重者同一同也都與無譏同文論之一同也故曰凡二同矣考諸古本傳及此注同字之下皆無重語有者衍文且理亦宜然

五年春王正月○夏夫人姜氏如齊師○秋倪黎來來朝倪者何小邾婁也小邾婁國○倪五兮反二傳皆作郳黎來力兮反小邾婁力居反二傳亦無婁字疏郳者何○解云欲言是國而言名欲言非國經言來朝故執不知問小邾婁則曷爲謂之倪未能以其名通也郳者小邾婁之都邑時未能爲附庸不足以小邾婁名通故略謂之倪黎來者何名也其名何據僖七年稱子疏注據七年稱子○解云即僖七年夏小邾婁子來朝是也微國

也此最微得見者其後附從齊桓爲僖七年張本文○見賢偏反爲僖于僞反下文注同〔疏〕注此最至本文○解云時未能爲附庸故謂之最微矣言爲僖七年張本文者即彼注云至是所以稱爵者時附從霸者朝天子旁朝罷行進齊桓公白天子進之固因其得禮著其能以爵通是也

○冬公會齊人宋人陳人蔡人伐衛此伐衛何納朔也曷爲不言納衛侯朔據納頓子于頓言納下朔入公入致伐齊人來歸衛寶知爲納朔伐之〔疏〕注據納頓子于頓言納○解云即僖二十五年秋楚人圍陳納頓子于頓是也○注下朔入公入致伐○解云即下六年衛侯朔入于衛公至自伐衛是也然則衛侯朔入于衛之下即言公至自伐衛亦一隅也○注齊人來歸衛寶○解云即下六年冬齊人來歸衛寶是也辟王也辟王者兵也王人子突是也使若伐而去不留納朔者所以正其義因爲内諱

六年春王三月王人子突救衛王人者何微

者也子突者何別何之者稱人序上又僖八年王人不稱字嫌二人

【疏】王人者何○解云欲言微者書其美字欲言其貴連人言之故執不知問○子突者何○解云稱字尊卑未分故執不知問○注別何至二人○解云所以不言王人子突者何而別何之者正以稱人序在子突之上又僖八年公會王人以下于洮單稱王人不稱字問者之意嫌此王人與子突別人故別何之然則言嫌二人者猶言疑二人矣

貴也貴子之稱○稱尺證反

貴則其稱人何據王子瑕不稱人本當言王子突示諸侯親親以責之也

【疏】注據王子瑕不稱人○解云即襄三十年夏王子瑕奔晉是也○注本當至之也○解云言王子則是王之親親所以責諸侯違王命之深

繫諸人也曷爲繫諸人據不以微及大

【疏】注據不以微及大○解云即定二年傳云然則曷爲不言雉門災及兩觀主災者兩觀也主災者兩觀則曷爲後言之不以微及大也是也然則彼不以微及大而此以子突繫諸人故難之

王人耳刺王者朔在岱陰齊時一使可致一夫可誅而緩令交連五國之兵伐天子所立還以自納王遣貴子突卒不能救遂爲天下笑故爲王者諱使若遣微者弱愈因

爲內殺惡救例時此月者嫌實微者故加録之以起實貴子突○使所吏反令力陳反爲王于僞反下因爲不爲危録皆同

疏 王人耳○解云欲道子突但是微者矣○注刺王至可誅○解云即桓十六年冬衛侯朔出奔齊傳曰衛侯朔何以名絶曷爲絶之得罪于天子也其得罪于天子奈何見使守衛朔而不能使衛小衆越在岱陰齊屬負兹舍不即罪爾者是其朔在岱陰齊時之事也言當爾之時微弱至甚一使可攝取一夫可就誅故曰一使可致一夫可誅耳○注而緩至自納○解云即上五年冬公會齊人宋人陳人蔡人伐衛者是其交通五國之兵矣言伐天子所立者在上三年耶彼注云天子新立衛公子留是也○注王遣至能救○解云王遣貴子突者此文是也卒不能救者下文朔入衛是也○注因爲內殺惡○解云謂犯微人之命惡淺犯貴者之命惡深故也○注救例時○解云即僖六年秋諸侯遂救許僖十八年夏師救齊之屬是

○夏六月衛侯朔入于衛衛侯朔何以名據衛侯入于陳儀不名

疏 注據衛至不名○解云在襄二十五年秋

絶曷爲絶之據俱入也犯命也犯天子命尤重其言入何據頓子不復書入○不復

扶又反下皆同〔疏〕注据頓至書入○解云即僖二十五年秋楚人圍陳納頓子于頓是而言不復書入者謂彼經直連圍陳而言納不復別書入也今此衛朔之事去年已書伐衛訖今復別言入故如此注

篡辭也

上辟王不得言納故復從篡辭書入也不直言篡者事各有本也殺而立者不以當國之辭言之非殺而立者以當國之辭言之國人立之曰立他國立之曰納從外曰入諸侯有屬託力加自文也不書公子留出奔者天子本當絕衛不當復立公子留因爲天子諱微弱○殺而申志反下皆同屬音燭

〔疏〕注上辟至言納○解云即上五年傳云此伐衛納朔也曷爲不言納衛侯朔辟王也者是○注故從至入也○解云正以公羊之例立納入皆爲篡辭故也○注不直至本也解云欲道春秋上下所以不直言衛晉篡齊小白篡衛世子篡而書其立入納者事各有本故也○注殺而至言之○解云即文十四年秋齊公子商人弒其君舍不去公子是也所以然者正以其弒君取國不嫌非篡故也○注非殺至言之解云衛晉言立蒯聵言納小白言入是也所以然者以其非殺而立恐不成篡故也○注國人立之曰立○解云隱四年衛人立晉是也○注他國立之曰納○解云即哀二年夏晉趙鞅納衛世子于戚是也○注從外曰入○解云即莊九年

夏齊小白入于齊是也○注諸侯至文也○解云即昭元年秋莒去疾自齊入于莒昭十三年夏楚公子比自晉歸于楚之屬是也○注因爲至微弱○解云公子留本天子所立故也其立公子留之事說在上三年也○**秋公至自伐衛曷爲或言致會或言致伐得意致會**所伐國服兵解國安故不復錄兵所從來獨重其本會之時【疏】曷爲至致會○解云即襄十一年公至自會是也○注所伐至之時○解云即襄十一年秋公會晉侯宋公衛侯曹伯齊世子光以下伐鄭會于蕭魚公至自會是也**不得意致伐**所伐國不服兵將復用國家有危故重錄所從來此謂公與二國以上也公與一國及獨出用兵得意不致不得意致伐公與二國以上出會盟得意致會不得意不致公與一國出會盟得意致地不得意不致皆例時【疏】注所伐至從來○解云即襄十一年夏公會晉侯宋公衛侯曹伯齊世子光已下伐鄭秋七月己未同盟于京城北公至自伐鄭是也又僖四年春公會齊侯宋公以下侵蔡蔡潰遂伐楚次于陘秋八月公至自伐楚傳云楚已服矣何以致伐楚叛盟之屬是也若然成十六年秋公會尹子晉侯齊國佐邾婁人伐鄭冬十二月

公至自會又成十七年夏公會尹子單子晉侯齊侯宋公衛侯曹伯邾婁人伐鄭六月乙酉同盟于柯陵秋公至自會又成十七年冬公會單子晉侯宋公衛侯曹伯齊人邾婁人伐鄭十一月公至自伐鄭以此言之則十六年秋伐鄭十七年夏伐鄭皆是鄭人不服而致會者正以十六年時鄭人始叛晉帥諸侯伐而討之當是時寔服明年乃叛是以致會也其十七年夏公會單子已下伐鄭者正以比年用兵不能服故以得意爲文其十七年冬公會單子已下伐鄭以伐致者至於三伐事寔當見故言公至自伐鄭矣若然桓十六年夏四月公會宋公衛侯陳侯蔡侯伐鄭秋七月公至自伐鄭從此之後鄭不背叛何故不致而致伐者桓元年三月公會鄭伯于垂彼注云不致之者桓弒賢君簒慈兄與人交接則有危故奪臣子辭成誅文然則桓是惡人本不合致而桓十六年注云致者善桓公能疾惡同類比與諸侯行義兵伐鄭也者是其得致之由而致伐者諸侯本意正欲助忽以誅突突終得國忽死不還以其不得伐力故致伐○注公與至致伐○解云其獨出用兵得意不致者即隱七年秋公伐邾婁僖三十二年夏公伐邾婁哀七年秋公伐邾婁之屬皆不致是也其與一國用兵不得意致伐者即僖二十六年冬公以楚師伐齊取穀公至自伐齊傳云此已取穀矣何以致伐未得乎

取穀也曰患之起必自此始也是也其公獨出用兵不得意致伐者即下二十六年春公伐戎夏公至自伐戎是也其公與一國用兵得意不致春秋之內偶爾無之春秋既無而知然者正以用兵得意兵不復用何勞致伐乎不致會者離不成會故也其不得意所以致伐者兵將復用重録兵所從來故也○注公與二國至不致○解云其二國以上出會盟得意致會者即哀十三年夏公會晉侯及吳子于黃池秋公至自會是也其不得意不致者即宣七年冬公會晉侯宋公衛侯鄭伯曹伯于黑壤之屬是也其得意致會者以其成會也其不得意不致者無功可言故也○注公與一國至不致○解云其得意致地者即桓二年秋公及戎盟于唐冬公至自唐之屬是也其不得意不致之者即隱二年秋八月庚辰公及戎盟于唐之屬是也其得意所以致地者離不成會故也其不得意所以不致者無功可致矣○注皆例時○解云謂鄉來諸例皆書時即桓二年冬公至自唐僖二十六年冬公至自伐齊哀十三年秋公至自會之屬是也其僖四年八月公至自伐楚彼注云月者凡公出滿二時月危公之久然則彼以公正月出會齊侯伐楚至八月乃反故云滿二時矣成六年春王正月公至自會何氏云月者前魯大夫獲齊侯今親相見故危之是也而襄十一年公至自伐鄭公至自會不

滿二時而皆在日月下，何氏不注，蓋以爲不蒙月故也。成十六年公至自會亦不滿二時而在日月下，是不蒙月明矣。成十七年十一月公至自伐鄭，彼注云月者方正下壬申，故月之，然則公至亦不蒙月矣。

衞侯朔入于衞。何以致伐？據得意。不敢勝天子也。與上辟王同義。久不月者，不與伐天子也，故不爲危錄之。疏注與上辟王同義○解云：上五年五國伐衞之時，寔納衞侯朔，所以不言納衞侯朔者，辟王者兵，使若伐而去，不留納朔者，所以正其義，因爲内諱也。今此寔得意，所以不致會而致伐者，不敢勝天子，使若更以他事伐衞，不爲納朔然，所以正其義，因爲内諱，故曰同義。○注不月至錄之○解云：僖四年八月公至自伐楚，彼注云月者，凡公出滿二時，月，危公之久。然則今此兵歷四時而不月者，不與伐天子，故不爲危錄故也。

○螟。先是伐衞納朔，兵歷四時乃反，民煩擾之所生。○螟，亡丁反。疏注兵歷四時○解云：謂從五年冬訖于此年之秋，故也。

○冬，齊人來歸衞寶。此衞寶也，則齊人曷爲來歸之？衞人歸之也。以稱人，共國辭。○衞寶，左氏經作衞俘。疏注以稱人共國辭○解云注言此者欲決三十一年齊侯來獻戎捷不言人也言以稱人共國辭者謂稱齊人可以兼得兩國人之辭也衛人歸之則其稱齊人何讓乎我也其讓乎我奈何齊侯曰此非寡人之力魯侯之力也時朔得國後遣人賂齊齊侯推功歸魯使衛人持寶來雖本非義賂齊當以讓除惡故善起其事主書者極惡魯犯命復貪利也不爲大惡者納朔本不以賂行事畢而見謝爾寶者玉物之凡名○惡烏路反

疏注故善起其事○解云言春秋善齊侯之讓是以不言衛人而稱齊人所以起其讓事矣○注不爲至謝爾○解云所傳聞之世内大惡諱之今此書見故知不爲大惡矣○注寶者至凡名○解云猶言玉物之揔名耳定八年傳云寶者何璋判白弓繡質龜青純是也

七年春夫人姜氏會齊侯于防○夏四月辛卯夜恒星不見夜中星霣如雨恒星者何列

星也恒常也常以時列見○辛卯夜一本無夜字穀梁作昔不見賢徧反注及傳皆同〔疏〕恒者何○解云欲道星稱宿無恒星欲言非星而連星言之故執不知問○恒常也至列見○解云恒者常也天之常宿故經謂之恒星矣言以時列見于天故傳謂之列星矣

列星不見何以知夜之中星反也反者星復其位〔疏〕列星至之中○解云謂無所准度故也○注反者星復其位○解云謂星反附在半夜之後則知鄉者不見之時是夜中矣

如雨者何如雨者非雨也非雨則曷爲謂之如雨不脩春秋曰雨星不及地尺而復不脩春秋謂史記也古者謂史記爲春秋○雨星于付反一音如字下注雨星同〔疏〕如雨者何○解云欲言是雨不應言如其實非雨而文言雨故執不知問○注不脩春秋○解云据此傳及注言則孔子未脩之時已謂之春秋矣而舊解云孔子脩之春作秋成謂之春秋者失之遠矣云云之說在首卷

君子脩之曰星霣如雨明其狀似雨爾不當言雨星不言尺者霣則爲異不以尺寸録之

何以書記異也列星者天之常宿分守度諸侯之象周之四月夏之二月昏參伐狼注之宿當見參伐主斬艾立義狼注主持衡平也皆滅者法度廢絕威信陵遲之象時天子微弱不能誅衛侯朔是後遂失其正諸侯背叛王室。日畢星霣未墜而夜中星反者房心見其虛危斗房心天子明堂布政之宮也虛危齊分其後齊桓行霸陽穀之會有王事○常宿音秀下同參伐所林反下同狼注張又反與味同朱鳥口星也一音之住反艾魚廢反墜有類反分扶問反

疏注分守至之象○解云言分者謂十二之分野矣言守度者守三十度爲一次矣言諸侯之象者謂星度有多少若諸侯之國有大小耳○注昏參至當見○解云正以參伐狼注爲西南之維候故也○注參伐至立義○解云以其在西方金主斷割之義故也○注狼注至平也○解云正以其在南方南方主禮故也○注而夜至危斗○解云火見於周爲五月者謂昏時今在周之四月是以半夜之後乃房星見其虛危斗者謂在夜半時明矣○注房心至宮也○解云即上備云房爲天子明堂文耀鉤云房心爲中央火星天王位若相對言之則房爲明堂心爲天王矣既有天王復有明堂布政之象也○注其後至王事○解云齊桓行霸者虛危斗也有王事者房心見也

○秋大

水○無麥苗無苗則曷爲先言無麥而後言無苗苗者禾也生曰苗秀曰禾据是時苗微麥彊俱遇水災苗當先亡一災不書待無麥然後書無苗明君子不以一過責人水旱螟螺皆以傷二穀乃書然不書穀名至麥苗獨書者民食最重螟螺音終

疏一災不書○解云一穀之災不書于經也○注明君至責人○解云謂災傷五穀者皆人行致之故也○注水旱至穀名○解云大水傷二穀書於經者即桓元年秋大水傳云何以書記災也彼注云災傷二穀以上書災也其旱傷二穀以上書者即僖二十一年夏大旱是也其螟螽書者即隱五年經書螟傳云何以書記災也文入年經書螽之類是也○注至麥至最重○解云災傷麥苗常書即此及莊二十八年大無麥禾之屬皆是也麥禾比於餘穀最重故言民食最重矣

何以書記災也先是莊公伐衛納朔用兵踰年夫人數出淫泆民怨之所生○數所角反泆音逸

疏注先是至踰年○解云即五年冬公會齊人宋人陳人蔡人伐衛六年秋公至自伐衛是也○注夫人數出淫泆○解云即五年夏夫人姜氏如齊師七年春夫人姜氏會齊侯於

冬夫人姜氏會齊侯于穀防冬夫人姜氏會齊侯于穀之屬故言數出耳〇

監本附音春秋公羊注疏莊公卷第六

大清嘉慶二十年重栞

宋本用文選樓藏本校

江南蘇松督糧道方　體栞

公羊注疏卷六挍勘記

阮元撰盧宣旬摘錄

公羊注疏卷六

春秋公羊經傳解詁莊公第三　釋文但題莊公第三四字餘卷準此

元年

春秋君弑子不言卽位　唐石經諸本同釋文作君殺云申志反下皆同

解云而言春秋者　而字疑衍

三年稱子故也　閩本同監毛本三誤二

不能於母也　案僖二十四年傳於作乎

案下二年注云　毛本注誤傳

注据夫至邾婁者　閩監毛本者作○注字閩本同監毛本脫

夫人譖公於齊侯 唐石經諸本同毛本於改于

言言和敬皃 何校本此下有斯猶耳也四字與玉藻注合

可以去矣也者是也 按上也當衍

搚幹而殺之 唐石經諸本同釋文作拹幹云本又作搚亦作拉皆同按詩南山正義引作拉幹而殺之玉篇引作拉公幹而殺之皆作拉字○段玉裁云依說文當作拹許云摺也从手劦聲作搚者或體也作拉者假借字也

搚折聲也 詩正義引何休云幹脇拉折聲今本脫幹脇二字

扶上車 宋本扶作抉誤

距蹦蹪不爲不順 宋本閩本同監毛本蹪誤從目

又欲以孫爲內見義 定四年䟽引此下有言孫者三字

据諸侯非之 閩監毛本同誤也鄂本宋本之作一當據正

天子嫁女乎諸侯　諸本同唐石經缺下諸侯嫁女于大夫唐石經亦作于

有血脉之屬　宋本脉作脈

禮尊者嫁女于卑者必持風旨　宋本閩監毛本同誤也鄂本持作待當據正于當作於

主書者惡天子也　鄂本宋本同監毛本上有我字當衍元本上空一字此本上有一〇今刪正閩本我字重刻蓋原本亦空缺一字也〇按有我字是也我主書謂以我主之書法書之也我主見上文

据非內也　鄂本宋本也作女當據正

注築例時者以下云云　何煌云此當在注末築例時之下

與禮九賜之文異　閩監本同毛本賜改錫曲禮上注引含文嘉作賜

其亢陽威武　禮記曲禮正義作抗揚

皆如有德　何按本如作加

尤悖天道　宋本悖誤存

注內女至之也　閩監本同毛本之也改魯女按疏本如二年秋七月注蓋作實不如魯女也之也爲女也之誤

据莒人伐杞　毛本杞誤郲

二年

夏公子慶父帥師伐餘丘　唐石經及諸本伐下有於字此本誤脫

夫人姜氏會齊侯于郜　釋文郜二傳作禚四年亦爾

三年

吾大夫之未命者　按此下當有也字

書三月己未　浦鏜云乙誤己按浦云是也作乙字與十五年經合

春秋說　嚴杰云按穀梁疏此乃感精符文也故知解中凡言春秋說皆春秋緯書作解者用漢人之法不出書名耳

魯子曰請後五廟以存姑姊妹　唐石經宋本閩本同監毛本姊作姉注同惠棟云董子以魯子曰爲紀侯謂其弟之語又云以鄭人於齊者實紀侯爲之而春秋詭其辭以予紀季按春秋繁露玉林篇謂其第曰請以立五廟使我先君歲時有所依歸

國內兵而當書　鄂本而作不當據正此誤

四年

加飯羹曰饗　鄂本飯作飰非

周語亦有其事　按嚴杰云周語當作齊世家

嵩高維嶽釋文作崧高云本亦作嵩按維當作惟

遷之于子孫與按于當作於

猶無明天子也唐石經諸本同惠棟云猶由同

無說懌也宋本同閩監毛本改悅懌按釋文亦作說懌○按段玉裁云依說文注當作說釋說悅釋懌皆古今字

不當取而有鄂本宋本而作有疑誤按解云不當取而有之明其亂正義矣

徒爲齊侯所殺閩監毛本同誤也鄂本殺作葬當據正

不得以濶隱解之浦鏜云濶誤隱

師及齊師圍盛是也浦鏜云成誤盛非按八年傳云成者何盛也注據此

其餘從同同唐石經諸本同注凡二同故言同同解云考諸古本傳及此注同字之下皆無重語有者衍文

按疏中標注亦作凡二同故言同同衍一同字

六年

春王三月 孫志祖云左氏作正月穀梁作二月

使若遣微者弱愈 鄂本宋本同閩監毛本弱改爲非按弱愈猶少也

据頓子不復書入 監本入字空缺

公至自會是也 閩監毛本脱也字

公會晉侯宋公衛侯曹伯齊世子光 毛本誤齊伯曹世子光

又成十七年冬公會單子晉侯 浦鏜云尹誤單按浦誤

桓弒賢君 閩監毛本弒誤殺

公伐邾婁之屬 毛本伐誤以

何以致伐 唐石經諸本同毛本伐誤會

因爲內諱故曰同義 毛本因誤內

冬齊人來歸衛寶 唐石經諸本同釋文衛寶左氏經作衛俘○按俘聲孚聲古音同第三部

故善起其事主書者 鄂本主誤王

璋判白弓繡質 閩監毛本判誤叛繡誤肅

七年

夏四月辛卯夜 唐石經諸本同釋文辛卯夜一本無夜字穀梁作昔○按段玉裁云古多假昔爲夕左傳爲一昔之期列子昔昔夢爲君皆是也

何以知夜之中星反也 諸本同唐石經鄂本何上有則字當據補

君子脩之曰星霣如雨 毛本星霣誤倒

威信陵遲之象　鄂本宋本閩監本同毛本信誤儀

是後遂失其正　閩監毛本同誤也鄂本宋本正作政當據以訂正

解云郎上備云　按上備爲星備之誤星備亦見周禮大宗伯疏

房心爲中央火星　盧文弨曰火乃大之誤○按開元占經六十云心爲明堂中大星各本火乃大之誤

生曰苗　左傳此經正義禾初生曰苗此添字使人易了注本無闕字也

文八年經書夏螽之類是也　浦鏜云經螽作螺按浦説是也

公羊注疏卷六挍勘記終

工部屯田司員外郎胡祖謙挍

監本春秋公羊注疏莊公卷第七　起八年盡十七年

何休學

八年春王正月師次于郎以俟陳人蔡人次不言俟此其言俟何据次于陘俟屈完不書俟○屈居勿反【疏】注据次至書俟○解云即僖四年經云遂伐楚次于陘傳云其言次于陘何有俟也孰俟俟屈完也是也然則彼但録其次而不書俟與此異故據之

託不得已也師出本爲下滅盛與陳蔡屬與魯伐衛同心人國遠故因假以諱滅同姓託待二國爲留辭主所以辟下言及也加以者辟實俟陳蔡稱人者略以外國辭稱人微之○本爲于僞反傳及注爲久皆同屬與音燭【疏】注陳蔡至伐衛○解云即其經云公會齊人宋人陳人蔡人伐衛是也○注同心人國遠○解云欲對齊宋雖亦同心而近魯是以不得託待齊宋○注所以辟下言及也○解云即經下云夏師及齊師圍成是也凡言及者汲汲之辭若此時已出師其間更無所待即下文言及乃至汲汲之甚者便是魯人欲得滅同姓孜孜

之深是以託待陳蔡以辟之○注加以者辟實侯○解云若其實侯宜但云師次于郎侯陳人蔡人而已何須言以乎今言以侯陳人蔡人明更有由以乃始侯之故言加以者辟實侯也

甲午祠兵祠兵者何出曰祠兵禮兵不徒使故將出兵必祠於近郊陳兵習戰殺牲饗士卒○祠兵音辭祭也左氏作治兵下文注同卒子忽反

疏祠兵者何○解云凡出師之禮皆有祠兵之事而此特書故執不知問○出曰祠兵○解云何氏之意以爲祠兵有二義也一則祠其兵器二則殺牲享士卒故曰祠兵矣○注禮兵至近郊○解云時王之禮也

入曰振旅五百人曰旅

疏注五百人曰旅○解云大司馬敘官文

其禮一也皆習戰也言與祠兵禮如一將出不嫌不習故以祠兵言之將入嫌於廢之故以振訊士衆言之互相見也祠兵壯者在前難在前振旅壯者在後復長幼且衞後也○訊音信又音峻本亦作迅相見賢徧反下同難乃旦反長丁丈反

何言乎祠兵據不書

疏注據不書○解云今此書之而言據不書者正謂他處皆不書即例不書矣而此書之者是以致難

爲久也爲久稽留之辭

疏

注爲久稽留之辭○解云爲猶作言作久稽留之辭矣**曷爲爲久**据取長葛久之〔疏〕注据取長葛久之○解云隱五年冬宋人伐鄭圍長葛六年冬宋人取長葛傳云外取邑不書此何以書久也是然則彼所以書者譏其久今以祠兵者爲久稽留之辭似於義反故難之**吾將以甲午之日然後祠兵於是**諱爲久留辭使若無欲滅同姓之意因見出竟明盛非內邑也〔疏〕注因見至邑也○解云出曰祠兵即爾雅出曰治兵之文也今書祠兵即是出竟之義則知下言圍成者非內邑明矣○**夏師及齊師圍成成降于齊師成者何盛也**以上有祠兵下有盛伯來奔○成如字二傳作郕降于戶江反傳及下注皆同〔疏〕成者何○解云成爲內邑孟氏所有而與齊圍之故執不知問○注以上至來奔○解云文十二年春王正月盛伯來奔傳云盛伯者何失地之君也何以不名兄弟辭也是也**盛則曷爲謂之成諱滅同姓也**因魯有成邑同聲相似故云爾〔疏〕注因魯至云爾○解云定十二年十有二月公圍成者是魯有成邑之文**曷爲**

不言降吾師据戰於宋不言歸鄭【疏】注据戰至歸鄭○解云桓十二年十有二月及鄭師伐宋丁未戰于宋是也彼則不言宋歸于鄭此言成降于齊師故難之其歸字有作敗字者誤也辟之也辟滅同姓言圍者使若魯圍之而去成自從後降於齊師也降者自伏之文所以醇歸於齊言及者起魯實欲滅之不月者順諱文不書盛伯出奔深諱之【疏】注言及者至滅之○解云以及者汲汲之文故也○注不月者順諱文○解云凡滅例月即莊十年冬十月齊師滅譚莊十三年夏六月齊人滅遂之屬是也今此亦滅而不書月者順諱文使若不滅矣○注不書至諱之○解云如此注者正欲決莊十年冬十月齊師滅譚譚子奔莒之屬書其出奔也今成被滅至文十二年春乃書盛伯來奔於所傳聞世不言所奔者深諱故也

○秋師還還者何善辭也此滅同姓何善爾病之也慰勞其罷病○慰勞力報反下同其罷音皮下同【疏】還者何○解云欲言其惡還是善辭欲言其善實滅同姓故執不知問曰師病矣曷爲病之据師出皆罷病曷為獨勞此病也非師之罪

也明君之使重在君因解非師自汲汲疏注明君至在君○解云所以慰勞師之罷病者明君之滅同姓

非師之罪其重在于君也○注因解非師自汲汲○解云正以及者汲汲之辭故也○冬十有一月

癸未齊無知弒其君諸兒諸兒襄公也無知公子夷仲年之子襄公從弟

○兒如字一音五兮反從才用反

九年春齊人殺無知○公及齊大夫盟于暨。

公曷爲與大夫盟據與高傒盟諱不言公○暨其器反左氏作蔇疏注據與至

言公○解云莊二十二年秋七月丙申及齊高傒盟于防傳云齊高傒者何貴大夫也曷爲就吾微者而盟公也公則曷

爲不言公諱與大夫盟也者是齊無君也然則何以不名據高傒名爲

其諱與大夫盟也使若衆然鄰國之臣猶吾臣也君之於臣當告從命

行而反歃血約誓故諱使若悉得齊諸大夫約束之者愈也不月者是時齊以無知之難小白奔莒子糾奔魯齊迎子糾

欲立之魯不與而與之盟齊爲是更迎小白然後乃伐齊欲納子糾不能納故深諱使若信者也不致者魯地也子糾出奔不書者本未命爲嗣賤故不録之○爲其于僞反注爲是及下注寔爲魯爲同歃所洽反又所甲反難乃旦反

（疏）注不月至信者也○解云公羊之例大信時小信月不信日經今不月使若信者謂若大信也不謂月非信辭也○注不致者魯地也○解云正決桓二年秋公及戎盟于唐冬公至自唐之文也若然定十二年十有二月公至自圍成然則成是内邑而書致者彼注云成仲孫氏邑圍成月又致者天子不親征下士諸侯不親征叛邑公親圍成不能服不能以一國爲家甚危若從他國來故危録之是也○注子糾至録之解云如此注者正決桓十一年鄭忽出奔衛書之故也子糾出奔魯宜言來奔而言出奔者据齊言之亦無傷矣

○夏公伐齊納糾。納者何入辭也其言伐之何 据晉人納捷菑于邾婁不言伐 ○納糾左氏經亦作納子糾

（疏）夏公伐齊納糾○解云無子字者與左氏經異○納者何○解云欲言得國下有齊人取殺之文欲言不得國納者入辭故執不知問○其言伐之何○解云案隱七年冬戎伐凡伯于楚丘以歸傳云此聘也其言伐之何彼注云加

之者辟問輕重兩舉之然則此傳非問輕重兩舉而亦言之下十年傳云觕者曰侵精者曰伐戰不言伐圍不言戰入不言圍滅不言入書其重者也然則侵伐戰圍入滅數者相對是其輕重之名今以納問伐直据納接菑不言伐而已實非輕重兩舉故得言之矣○注据晉至言伐○解云即文十四年經云晉人納接菑于邾婁是也**伐而言納者猶不能納也**伐者非人國辭故云爾（疏）注伐者至云爾○解云下十年傳云觕者曰侵精者曰伐然則伐者雖重於侵仍非入國之義是以此經兼舉其伐見不能納矣**糾者何公子糾也何以不稱公子**据下言子糾知非當國本當去國見挈言公子糾○上國起呂反下故去同（疏）糾者何○解云欲言己臣納於他國欲言齊臣交不繼齊故執不知問○注据下至子糾○解云下經云九月齊人取子糾殺之傳云其稱子糾何貴也其貴奈何宜為君者也彼注云故以君薨稱子其言之者著其宜為君則下經言子見其貴則知此經單言糾者非當國之辭既不作當國之辭故今宜但去國言公子糾見挈於魯侯而已是以問其名不稱公子**君前臣名也**春秋別嫌明疑嫌當為齊君在魯君前不為臣禮公

子無去國道，臣異國義，故去公子，見臣於魯也。納不致者，言伐得意不得意可知，猶遇弗遇例也。不月者，非納篡辭。○別，彼列反。見，賢徧反。

疏注禮公至國義○解云：然則禮有三諫不從待放去者，其異姓之臣乎。公子者，同姓之臣，本無去國之義矣。○注納不至可知○解云：上六年注云「公與一國及獨出用兵，得意不致，不得意致伐」。今此納糾而不入，亦是不得意，而不言公至自伐齊者，謂此經既言公伐齊納糾，言伐者，不得意明矣，何勞致伐見不得意乎？故云納不致者，言伐得意不得意可知矣。○注猶遇弗遇例也○解云：上六年注云「公與一國出會盟，得意致地，不得意不致」，然則春秋之内亦有遇禮，所以不致地以見得意者，正以經書亦有遇弗遇之文，則知書遇得意明矣，何勞致地以見之乎？則知隱四年夏「公及宋公遇於清」，言遇得意可知；桓十年秋「公會衛侯于桃丘，不遇」，不得意明矣。故云猶遇弗遇例也。○注不月至篡辭○解云：隱四年「冬，十有二月，衛人立晉」，注云「月者，大國篡例月，小國時。立、納、入皆爲篡」。然則莊六年「夏，六月，衛侯朔入于衛」，哀六年「秋，七月，齊陽生入于齊」之屬皆是也。今此亦書納而不月者，子糾次正，宜立，非篡故也。非篡而言納者，納者，入辭，子糾不得國，魯公之由，是以書伐納，見其伐而不能納，以刺魯侯矣。

齊小白入于

齊曷爲以國氏据宋公子地自陳入于蕭氏公子也〈疏〉注据宋至子也○解云即定十一年春宋公之弟辰及仲佗石彄公子地自陳入于蕭以叛是也當國也常國故先氏國也不月者移惡于魯也〈疏〉注不月至魯也○解云正以大國篡例月故言此矣而言移惡于魯者正以小白成篡實由魯人不早送子糾故也其言入何篡辭也○秋七月丁酉葬齊襄公○八月庚申及齊師戰于乾時我師敗績内不言敗此其言敗何据郎之戰〈疏〉其言入何○解云据桓十七年秋八月蔡季自陳歸于蔡不言入今言入故難之不注言者文不悉也○秋七月至襄公○解云隱三年傳曰過時而日隱之也彼注云隱痛也痛賢君不得以時葬則襄公去年十一月見殺至今年秋七月整九月也而書日葬之明是痛賢君不得以時葬故也而注不言之者從可知省文也其襄公之賢見於上四年○注据郎之戰○解云桓十年冬十有二月丙午齊侯衛侯鄭伯來戰于郎傳云此偏戰也何以不言師敗績内不言戰言戰乃敗矣然則彼文師有成解故

此弟子据而難之**伐敗也**自誇大其伐而取敗○自誇苦瓜反本又作夸下同**曷爲伐敗**据内不言敗績曷爲自誇大其伐而取敗**復讎也**復讎以死敗爲榮故錄之高齊襄賢仇牧是也〔疏〕注高齊襄○解云即上四年夏紀侯大去其國傳云曷爲不言齊滅之爲襄公諱也春秋爲賢者諱何賢乎襄公復讎也襄公將復讎乎紀卜之曰師喪分焉寡人死之不爲不吉也者是高齊侯復讎以死敗爲榮之事矣注賢仇牧是也者即下十二年秋宋萬弑其君接及其大夫仇牧傳云何以書賢也何賢乎仇牧仇牧可謂不畏强禦矣其不畏强禦奈何云萬怒搏閔公絶其脰仇牧聞君弑趨而至遇之于門手劒而叱之萬臂撥仇牧碎其首齒著乎門闔仇牧可謂不畏强禦矣是賢仇牧復讎以死敗爲榮之義**此復讎乎大國曷爲使微者**据納子糾公猶自行即大夫當有名氏〔疏〕注即大夫當有名氏○解云公羊之義以大夫得見名氏謂士爲微故言此**公也**如上据知爲公**公則曷爲不言公不與公復讎也曷爲不與公復讎**据諱與讎狩〔疏〕注据諱與讎狩解云即上四年

冬公及齊人狩于郜傳云公曷爲與微者狩齊侯也齊侯則其稱人何諱與讎狩也然則公與讎人狩則以爲不書而諱之今乃復讎于齊宜以爲善而反不與故難之**復讎者在下也**時實爲不能納子糾伐齊諸大夫以爲不如以復讎伐之於是以復讎伐之非誠心至意故不與也書敗者起託義戰不致者有敗文得意不得意可知例【疏】注書敗者起託義○解云春秋之例內不言戰言戰乃敗今乃經上文云戰于乾時即內敗明矣而又言我師敗績者起託以敗爲榮故也○注戰不至知例○解云六年不得意致伐之下注云公與一國及獨出用兵得意不致不得意致伐今此亦不得蒙合致伐而不致伐者既有我師敗績之文不得意明矣故言可知例○**九月**

齊人取子糾殺之其取之何据楚人殺陳夏徵舒不言取執齊慶封殺之言執也○夏戶雅反【疏】注据楚至言取○解云宣十一年冬十月楚人殺陳夏徵舒是也○注執齊至執也○解云即昭四年秋七月楚子蔡侯陳侯以下伐吳執齊慶封殺之是也**內辭也脅我使我殺之也**以下浚洙知其脅也以稱人共國辭知使魯殺之時小白得國與鮑叔牙圖國政故鮑叔

薦管仲召忽曰使彼國得賢己國之患也乃脅魯使殺子糾求管仲召忽魯懼恐殺子糾歸管仲召忽死之故深諱使若齊自取殺之○邵忽本又作召上照反恐丘勇反〔疏〕注以稱至殺之○解云謂不言齊鮑叔取子糾殺之而言齊人則知一人之號二國共有一人之號既二國共有則知齊魯皆有殺子糾之惡明矣是以注者約之○注時小白至取殺之○解云皆世家及齊語之事

其稱子糾何據不立也〔疏〕注據不立也○解云正以下三十二年冬十月乙未子般卒傳云君存稱世子君薨稱子某然則子糾者嗣君之稱今竟不立得言子糾故難之

貴也其貴奈何宜爲君者也故以君薨稱子某言之者著其宜爲君明魯爲齊殺之皆當坐弑君因解上納言糾皆不爲篡所以理嫌疑也月者從未踰年君例主書者從齊取也○當坐才臥反後當坐之類皆放此〔疏〕注故以君至言之○解云取三十二年傳文○注明魯至弑君○解云魯所以當坐弑君即穀梁傳云十室之邑可以逃難百室之邑可以隱死以千乘之魯而不能存子糾以公病矣是○注因解至嫌疑○解云此經若不言子糾上納言糾有當國之嫌後人疑其篡矣今作嗣君之稱則知上經單言糾作君前臣名之故也故言所

以理嫌疑也○注月者從未踰年君例○解云隱公四年春王二月戊申衛州吁弑其君完注云日者從外赴辭以賊聞例然則弑成君者例皆書日即宣二年秋九月乙丑晉趙盾弑其君夷獋宣四年夏六月乙酉鄭公子歸生弑其君夷之屬是也今此子糾見弑而書月故知從未踰年君例若然僖九年冬晉里克弑其君之子奚齊傳云其言弑其君之子奚齊何弑未踰年君之號也所以不月者彼注云弑未踰年君例當月不月者不正遇禍終始惡明故略之是也若然僖十年春正月晉里克弑其君卓子及其大夫荀息其踰年而不日者彼注云不日者不正遇禍終始惡明故略之是也鄉來所述皆是外諸侯之例若其內例則異於此是以莊三十二年冬十月乙未子般卒文十八年十月子卒皆是未踰年之君而日或月者彼自作三世之義云云之說已寫于上○注主書者從齊取也○解云言主書此事者正欲從而罪齊但因見魯之惡耳

○冬浚洙洙者何水也 以言浚也○浚思俊反深也洙音珠水名

【疏】洙者何○解云欲言城邑而無營築之文欲言小水更無比例故執不知問○注以言浚也○解云正以與尚書浚畎澮之文同故知水名

浚之者何深之也曷爲深之 据本非人

功所爲

疏浚之者何○解云正以洙是舊水今始言浚故執不知問○注據本非人功所爲○解云正言畎澮之屬是人功爲之故也

畏齊也洙在魯北齊所由來曷爲畏齊也據伐敗也

疏注據伐敗也○解云即上傳云內不言敗此其言敗何伐敗也注云自誇大其伐而取敗是也

辭役。子糾也時魯新見脅畏齊浚之微弱恥甚故諱使若辭不肯殺子糾也齊自取殺之畏齊怒爲備亦所以起上脅也

疏注亦所以起上脅也○解云言今此畏齊者由前被脅而殺子糾因茲失操遂深洙水矣

十年春王正月公敗齊師于長勺○勺時灼反○二月公侵宋曷爲或言侵或言伐觕者曰侵觕麤也將兵至竟以過侵責之服則引兵而去用意尚麤○觕者七奴反又才古反

疏曷爲或言侵或言伐○解云即此文公侵宋及上九年夏公伐齊納糾之屬是○注以過侵責之○解云以其犯過而侵責之

精者曰伐精猶精密也侵責之不服推兵入竟伐擊之益深用意稍精密

疏注侵責至益深○解云推猶舉也言淺侵不服

則更舉兵深入其竟而伐擊之益深於前戰不言伐舉戰爲重黎戰是也合兵血刃曰戰圍
不言戰舉圍爲重楚子圍鄭是也以兵守城曰圍入不言圍舉入爲重晉侯入曹執曹
伯是也得而不居曰入滅不言入舉滅爲重齊滅萊是也取其國曰滅書其重者
也明當以重者罪之猶律一人有數罪以重者論之月者屬北敗彊齊之兵南侵彊宋南北有難復遠禍於大國
故危之○數所主反屬音燭疏注月者至危之○解云正以侵伐例時即上九年夏公伐齊之屬是也今書月
故如此解是以穀梁傳曰侵例時此其月何也乃深其怨於齊又退侵宋以衆其敵惡之故謹而月之是也○三
月宋人遷宿遷之者何不通也以其不道所遷之地疏遷之
者何○解云欲言其遷不言于某欲言不遷經書遷宿故執不知問○注以其不道所遷之地○解云正以不言于某知
非實遷矣以地還之也還繞也解上不通也不通反爲遷者宋本欲遷宿君取其國不知宿之不
肯邪宋逆詐邪先繞取其地使不得通四方宿窮從宋求遷故得言遷疏注宋逆詐邪○解云謂宋人逆慮其

不服預詐而還之○宿窮從宋求遷○解云謂宿君服去矣子沈子曰不通者蓋因而臣之也以宋稱人也宿不得通四方宿君遷宋因臣有之不復以兵攻取故從國辭稱人也月者遷取王封當與滅人同罪書者宋當坐滅人宿不能死社稷當絕也主書者從宋也○不復扶又反疏注故從國辭稱人也○解云端拱取宿不煩兵武人人皆欲故以國辭稱人矣○注月者至絕也○解云春秋之例大國之遷例月即僖三十一年十有二月衛遷于帝丘小國時者即昭九年春許遷于夷之屬是也今此宿是小國宋人遷之而反書月故云月者遷取王封當與滅人同罪也其滅國書月即下冬十月齊師滅譚十三年夏六月齊人滅遂之屬是也若然案僖元年夏六月邢遷於陳儀邢是小國而書月者彼注云遷例大國月重煩勞也小國時此小國月者霸者所助城故與大國同是也○注主書者從宋也○解云言主書此事者正欲從而罪宋遷取王封但因見宿君不死社稷之惡耳

○夏六月齊師宋師次于郎公敗宋師于乘丘其言次于郎何据齊國書伐我不言次敗不言乘丘○乘繩證反疏注据

齊至言次○解云即哀十一年春齊國書帥師伐我是也○注敗言乘丘○解云正以敗言乘丘反次在郎於義似乖故難之

伐也時伐魯故書次郎魯地**伐則其言次何**据齊國書伐我不言次**齊與伐而不與戰故言伐也**此道本所以當言伐意也齊與伐而不與戰伐兵得成敗當言伐也○齊與音預下及注同

【疏】齊與伐至言伐也○解云若齊本與宋共伐而但不與戰故有書其伐耳

我能敗之故言次也此解本所以不言伐言次意也二國纔止次未成於伐魯即能敗宋師齊師罷去故不言伐言次也明國君當彊折衝當遠魯微弱深見犯至於近邑賴能速勝之故云爾所以彊內且明臣子當將順其美匡救其惡○折衝之設反下昌容反

【疏】注折衝當遠○解云謂折服衝禦之心當遠也○注至於近邑○解云即桓十年傳云郎者何吾近邑是也○注且明至其惡孝經及襄十四年左氏傳文也言爲臣子之法宜行君父之義順君父之美即此上注云賴能速勝之是也若見君父之惡當匡而救之即上注云魯微弱深見犯至於近邑是也

○秋九月荊敗蔡師于莘以蔡侯獻

舞歸荆者何州名也州謂九州冀兖青徐楊荆豫梁雍○華所巾反雍於用反

疏荆者何○解云欲言是國由來未有欲言非國而敗蔡師故執不知問○注州謂至梁雍○解云案禹貢冀州既載鄭注云載之言事事謂作徒設也兩河間曰冀州不書其界者時帝都之使若廣大然濟河惟兖州鄭注云兖州之界在此兩河間海岱惟青州鄭注云今青州界自海至岱東岳曰岱山海岱及淮惟徐州鄭注云徐州界又南至淮水淮海惟楊州鄭注云楊州界自淮而南至海以東也荆及衡陽惟荆州鄭注云荆州界自荆山南至衡山之南荆河惟豫州鄭注云豫州界自荆山而北至河華陽黑水惟梁州鄭注云梁州界自華山之南至于黑水也黑水西河惟雍州鄭注云雍州界至黑水而東至西河也然則何氏此注九州之名及次第皆依禹貢之州界不敢依職方與爾雅何者正以禹貢爲正典故也案爾雅釋地云兩河間曰冀州李巡云兩河間其氣性相近故曰冀冀近也河南曰豫州孫氏郭氏皆云自東河至西河之南曰豫州李巡曰河南其氣著密厥性安舒故曰豫豫舒也河西曰雝州李氏云其氣蔽壅受性急凶故曰雝雝壅塞也漢南曰荆州其氣慘剛稟性强梁故曰荆荆强也江南曰楊州李氏云江南其氣慘勁厥性輕楊故曰楊州也孫

氏郭氏曰自江至南海也濟河間曰兖州李氏云濟河間其氣專質厥性信謹故曰兖兖信也燕曰幽州李氏云燕其意氣惡厥性慓疾故曰幽幽惡也孫氏郭氏曰自易水至北狄也齊曰營州李氏曰齊其氣清舒受性平均故曰營營平也今爲青州孫氏郭氏曰自岱東至海濟東曰徐州李氏曰濟東至海其氣寬舒稟性安徐徐舒也孫氏郭氏曰濟東至海也然則爾雅九州有幽營無梁青蓋是殷制故與禹貢不同案今禹貢則有梁青無幽營蓋是夏之法矣其舜改九州而置十二者則幽并及營是案周禮職方氏云東南曰揚州正南曰荆州河南曰豫州正東曰青州河東曰兖州正西曰雍州東北曰幽州河内曰冀州正北曰并州然則周禮有青幽并也若對爾雅則長青并無徐營若對禹貢則長幽并無徐梁矣但職方周法何氏不取故此注不依之耳

州不若國國不若氏氏不若人人不若名名不若字 皆取精詳録也〔疏〕州不若國○解云言荆不如言楚○國不若氏○解云言楚不如言潞氏甲氏○氏不若人○解云言潞氏不如言楚人○人不若名○解云言楚人不如言介葛盧○名不若字○解云言介葛盧不如言邾婁儀父○注皆取精詳録也○解云正以貴重爲詳録輕賤爲略之

也。字不若子，爵最尊。春秋假行事以見王法，聖人爲文辭孫順，善善惡惡不可正言其罪，因周本有奪爵稱國氏人名字之科，故加州文，備七等以進退之，若自記事者書人姓名，主人習其讀而問其傳，則未知已之有罪焉爾，猶此類也。○見賢徧反。孫音遜。惡惡並如字，一讀上烏路反。傳有專反。

【疏】字不若子○解云：言邾婁儀父不如言楚子吳子。○注「春秋至王法」○解云：即孔子曰「我欲託諸空言，不如載諸行事」是也。○注「善善至其罪」○解云：若其善善可正言其美，但以惡惡不可正言其罪，若正言其罪，則非孫順之義，故此何氏偏以其罪言之。若其備文，宜云不可正言其善惡矣。○注「因周至之科」○解云：即隱元年注邾婁儀父云「稱字所以爲襃者，春秋前失爵在名例」之屬是也。○注「故加州至姓名」○解云：所以必備七等之法者，正以北斗七星主賞罰，示法春秋者賞罰之書，故則之。故《設題辭》曰「北斗七星有政，春秋亦以七等宜化」，《運斗樞》曰「春秋設七等之文，以貶絶録行，應斗屈伸」是也。○注「主人至焉爾」○解云：定元年傳文。彼注云「此假設而言之，主人謂定哀也，習其經而讀之，問其傳解詁，則未知已之有罪於是」是也。

蔡侯獻舞何以名？据獲晉侯不名。

【疏】注据獲晉侯不名○解云：僖十五年晉侯及秦

伯戰于韓獲晉侯是也

絶曷爲絶之據晉侯不名絶疏絶○解云禮諸侯不生名則書名者絶之不以爲諸侯也

獲也獲得也戰而爲敵所得獻舞不言獲故名以起之

曷爲不言其獲據晉侯言獲也不與夷狄之獲中國也與凡伯同義夷狄謂楚不言楚言荊者楚彊而近中國卒暴責之則恐爲害深故進之以漸從此七等之極治也○近附近之近卒七忽反

疏不與至中國也○解云秦亦夷狄而得獲晉侯者非真故也是以爵得稱伯居晉土耳○注與凡伯同義○解云即隱七年注云中國者禮義之國也執者治文也君子不使無禮義制治有禮義故絶不言執正之言伐也所以降夷狄尊天子爲順辭然則此亦獲者治文君子不使無禮義制治有禮義故絶不言獲正之所以降夷狄尊中國爲順辭矣故云與凡伯同義然則彼已有傳此復發之者彼是天子大夫此則諸侯嫌其異故同之○注夷狄至極始也○解云注言此者欲道楚屬荊州吳屬楊州所以抑楚言荊不抑吳言楊者正以楚近中國恐爲中國之害故欲進之以漸先從卑稱進之若先得貴名而後退之則恐害於諸夏故也運斗樞曰抑楚言荊不使夷狄主中國者義亦通於此戴氏云荊楚一物義能

相發吳楊與訓故不得州名也者與何氏異穀梁傳曰荊者楚也何爲謂之荊狄之也何爲狄之聖人立必後至天子弱必先叛故曰荊狄之也與此異不得合也

○冬十月齊師滅譚譚子奔莒何以不言出○據衛侯出奔也譚徒南反

疏注據衛侯出奔也解云即僖二十八年衛侯出奔楚襄十四年衛侯衎出奔齊之屬是也注者欲據二人故不道所奔國也

國已滅矣無所出也別於有國出奔者孔子曰君子於其言無所苟而已矣月者惡不死位也○別彼列反惡烏路反

十有一年春王正月○夏五月戊寅公敗宋師于鄑○鄑子斯反○秋宋大水何以書記災也外災不書此何以書據漷移不書○漷火虢反又音郭

疏注據郭移不書○解云即襄十九年取邾婁田自漷水傳云其言自漷水何以漷爲竟也何言乎以漷爲竟漷移也注云魯本與邾婁以漷爲

竟漸移入邾婁界魯隨而有之者是也、**及我也**時魯亦有水災書魯則宋災不見兩舉則煩文不省故詭例書外以見內也先是二國比與兵相敗百姓同怨而俱災故明天人相與報應之際甚可畏之○不見賢徧反下同省所景反應應對之應（疏）注時魯至見內也○解云案襄九年春宋火傳云外災不書此何以書爲王者之後記災與此異者正以比年大水水者流通之道可以及兩國故得書外以明內矣彼是火災無及內之理而得書見明爲王者之後記災故也若然襄十九年傳云漸移也亦是水災何不書邾婁大水以見及內者彼直移入邾婁竟內故魯隨而侵之實不及魯寧得類此○注先是二國比與兵相敗○解云即上所云公敗宋師于鄑十年夏公敗宋師于乘丘之屬是也

○**冬王姬歸于齊何以書過我也**時王者嫁女於齊塗過魯明當有送迎之禮在塗不稱婦者王者無外故從在國辭○過古禾反（疏）注在塗不稱至在國辭○解云正以隱二年傳云女在其國稱女在塗稱婦入國稱夫人今此在塗而不稱婦故如此注也云王者無外者桓八年傳云女在其國稱女此其稱王后何王者無外其辭成矣是也

十有二年春王三月紀叔姬歸于酅其言歸于酅何 据國滅來歸不書酅非紀國而言歸 【疏】注据國至不書○解云即上四年紀侯大去其國不書叔姬來歸是也叔姬來歸所以不書者江熙云叔姬來歸不書非歸寧且非大歸是也然則紀國之滅在莊四年至此乃歸酅者江熙云叔姬守節積有年矣季雖有酅入于齊不敢懷二然襄公豺狼未可闇信桓公既立德行方宣於天下是以叔姬歸于酅魯喜其女得申其志也○注酅非紀國而言歸○解云謂非國都今又屬齊如此注者意決隱七年叔姬歸于紀之經矣

隱之也何隱爾其國亡矣徒歸于叔爾也 叔者紀季也婦人謂夫之弟爲叔來歸不書書歸酅者痛其國滅無所歸也酅不繫齊者時齊聽後五廟故國之起有五廟存也月者恩錄之 【疏】注婦人至爲叔○解云爾雅文即曲禮上篇云嫂叔不通問是也○注酅不至廟存也○解云如此注者正欲決昭二十一年宋華亥等自陳入于宋南里以畔之文矣○注月者恩錄之○解云即上元年注云內女歸例月外女不月者聖人探人情以制恩實不如魯女然則內女之歸皆書月者悉爲恩錄故也是

以此注云月者恩録之〇夏四月〇秋八月甲午宋萬弑其君接及其大夫仇牧及者何累也弑君多矣舍此無累者乎孔父荀息皆累也舍孔父荀息無累者乎曰有復反覆發傳者樂道人之善也孔子曰益者三樂損者三樂樂節禮樂樂道人之善樂多賢友益矣樂驕樂樂佚遊樂宴樂損矣〇接左氏作捷仇牧音求下音木舍音捨下舍孔父同復扶又反年未同覆芳服反驕樂音洛下宴樂同

【疏】宋萬弑其君接〇解云正本皆作接字故賈氏云公羊穀梁曰接是也〇及者何〇解云尊卑灼然而言及以殊之故執不知問〇孔父荀息皆累也〇解云孔父之累在桓二年荀息之累在僖十年〇曰有〇解云欲指文公十八年叔仲惠伯被殺之事〇注復反至之善也〇解云謂桓二年已有此傳矣〇注孔子曰至損矣〇解云樂皆是發心之樂唯有禮下一樂是禮樂之樂耳言樂節禮樂者言樂得禮樂之節言樂道人之善者謂口道之道言樂佚遊者樂欲遊從言樂宴樂者樂欲安樂而好內矣

有則此何以

書賢也何賢乎仇牧据與孔父同也疏注据與孔父同。解云案桓二年傳云何賢乎孔父彼注云据叔仲惠伯不賢今此傳云何賢乎仇牧者亦與孔父同据故言据與孔父同仇牧可謂不畏彊禦矣以下録萬出奔月也禦禁也言力彊不可禁也。禦魚呂反疏注以下至月也。解云即下文冬十月宋萬出奔陳注云月者使與大國君奔同例明彊禦也是其不畏彊禦奈何萬嘗與莊公戰莊公即魯莊公戰者乘丘時疏注戰者乘丘時。解云即上十年公敗宋師于乘丘是也獲乎莊公莊公歸散舍諸宮中散放也舍止也獲不書者士也疏注獲不書者士也者。解云公羊之例大夫見經故也數月然後歸之歸反爲大夫於宋與閔公博傳本道此者極其禍生於博戲相慢易也。數所主反公博如字戲名也字書作薄易以豉反疏歸反至於宋。解云歸而反國乃爲大夫於宋矣婦人皆在側萬曰甚矣魯侯之淑淑善魯侯之美也美好天下諸侯宜爲君者唯魯侯爾萬見婦人皆在側故訴閔公以此言言閔公不如魯侯美好○許九列反九謁反一音九刈反又一本作揭其例去列二反閔公矜此婦人色自美大於此婦人妒其言顧曰此虜也顧謂側婦人曰此萬也虜執虜也○妒丁故反爾虜焉故爾女也謂萬也更向萬曰女嘗執虜於魯侯故稱譽爾○爾女音汝下同稱譽音餘又音預魯侯之美惡乎至惡乎至猶何所至○惡音烏注同萬怒搏閔公絶其脰脰頸也齊人語○搏音博脰音豆脛也仇牧聞君弒趨而至遇之于門手劒而叱之手劒持拔劒叱罵之○叱昌實反萬臂摋仇牧碎其首側手曰摋首頭○萬臂必賜反本又作辟婢亦反摋素葛反又素結反側手繫也齒著乎門闔闔扇○著直略反門闔戶臘反門扇也仇牧可謂不畏彊禦矣

猶乳犬攫虎伏雞搏貍精誠之至也爭搏弑君而以當國言之者重録彊禦之賊禍不可測明當防其重者急誅之○乳如住反攫俱縛反又九碧反一本作搏又音付伏扶又反貍力之反【疏】注猶乳至之至也○解云言仇牧知力不敵而有討心亦有精誠之至也似若産乳之犬不憚猛虎伏雞愛子投命敵貍之類故比之○注爭搏弑至急誅之○解云當國者即言宋萬是也故隱四年衞州吁弑其君完傳云曷為以國氏當國也者是也

○冬十月宋萬出奔陳萬弑君所以復見者重録彊禦之賊明當急誅之也月者使與大國君奔同例明彊禦也○見賢徧反【疏】注萬弑君至誅之也○解云欲道春秋上下皆是弑君之賊皆不重見即宋督鄭歸生齊崔杼之屬是也而宋萬趙盾之屬復見者當文皆有注更不勞重説○注月者至禦也○解云春秋之例云大國君奔皆悉書月即桓十六年十一月衞侯朔出奔齊之屬是也今此大夫而書月者明彊禦之甚故也若然昭二十年冬十月宋華亥向甯華定出奔陳亦是大夫而書月彼注云月者危三大夫同時出奔將為國家患明當防之是也而范氏此處注云宋久不討賊致令得奔故謹而月之也者與何氏別

十有三年春齊侯宋人陳人蔡人邾婁人會于北杏齊桓行霸約束諸侯尊天子故爲此會也桓公時未爲諸侯所信鄉故使微者會也桓公不辭微者欲以卑下諸侯遂成霸功也○鄉許亮反下遐嫁反

疏注桓公時至會也○解云言未爲諸侯所信任而歸鄉之是以諸侯皆使微者會即宋人陳人之屬是也

○夏六月齊人滅遂不會北杏故也不諱者桓公行霸不任文德而尚武力又功未足以除惡

疏注不諱者至武力○解云春秋爲賢者諱而不諱者正以不任文德而尚武力故也其武力者即此滅遂是也繁露云論功則桓兄文弟論德則文兄桓弟是也而論語云齊桓公九合諸侯不以兵車之力謂自此以後○注又功未足以除惡○解云春秋褒貶皆以功過相除計桓公之立雖有北杏之會前有篡逆滅譚之非論其功不足而惡有餘故不爲諱也而言未者欲道其九合之後功足以除惡也

○秋七月○冬公會齊侯盟于柯何以不日據唐之盟日○柯音歌

疏注據唐之盟日○解云即隱二年秋八月庚辰公及戎盟于唐是也

易也易猶佼易

也相親信無後患之辭○易也以豉反注及下同佼古卯反其易奈何桓之盟不日其會不致信之也其不日何以始乎此莊公將會乎桓曹子進曰君之意何如進前也曹子見莊將會有慙色故問之疏桓之至信之也○解云謂桓公諸會皆如是也以不日爲信者公羊之例不信者日故也以不致爲信者凡致者臣子喜其君父脫危而至其會無危故以不致爲信也○注曹子至慙色○解云注者之意也莊公曰寡人之生則不若死矣自傷與齊爲讎不能復也伐齊納糾不能納反復爲齊所脅而殺之○能復扶又反下同疏注自傷至復也○解云桓十八年公薨于齊莊九年及齊師戰于乾時我師敗績是也○注伐齊納糾不能納○解云即上九年夏公伐齊納糾傳曰伐而言納者猶不能納也是也○注反復至殺之○解云即上九年齊人取子糾殺之是也曹子曰然則君請當其君臣請當其臣當猶敵也將劫之辭莊公曰諾於是會

乎桓莊公升壇土基三尺土堦三等曰壇會必有壇者爲升降揖讓稱先君以相接所以長其敬。壇大丹反以長丁丈反疏注土基至曰壇。解云時王之禮也必爲三等者正以公爲上等侯爲次等伯子男爲下等故也。注稱先君以相接。解云即四年傳云古者諸侯必有會聚之事相朝聘之道號辭必稱先君以相接是也曹子手劒而從之從隨也隨莊公上壇造桓公前而脅之曹子本謀當其臣更當其君者見莊有不能之色。上時掌反造桓七報反下同疏注曹子至見莊有不能之色。解云亦注者之意也管子進曰君何求乎管子管仲也君謂莊公也桓公卒愕不能應故管子進爲此言。卒七忽反愕五各反應應對之應爲此言于僞反下爲殺同疏注桓公至此言。解云正以劫桓公而管子對故也曹子曰莊公亦造次不知所言故任曹子疏注莊公至曹子。解云正以問莊公而曹子對故言此城壞壓竟齊數侵魯取邑以喻侵深也。壓於甲反又於輒反數所角反疏城壞壓竟。解云謂齊此來攻魯城令至壞敗抑壓魯竟以爲巳物也君不圖與君謂齊桓公圖計也猶曰君不當計侵魯太甚○與音餘管子曰然則君將何求所侵邑非一欲求何者【疏】管子曰至何求○解云意欲少還而已曹子曰願請汶陽之田欲復魯竟【疏】曹子曰至之田○解云舉其大畔言之欲盡取之故注云欲復魯竟矣管子顧曰君許諾諸侯死國不死邑故可許諾【疏】注諸侯至許諾○解云即曲禮下篇云國君去其國止之曰若之何去社稷矣是無去國之文不言若之何去田邑故知不死邑也桓公曰諾曹子請盟桓公下與之盟下壇與曹子定約盟誓莊公也必下壇者爲殺牲不潔○又盟本非禮故不于壇上也【疏】注下壇至莊公也○解云猶言定約束其盟誓莊公也○注必下至不潔○解云不字亦作清字者○注又盟本非禮○解云即桓三年傳云古者不盟結言而退是也已盟曹子摽劒而去之摽辟也時曹子端劒守桓公已盟乃摽劒置地與桓公相去離故云爾○摽劒普交反辟也辟劒置地劉兆云辟捎也辟也婢亦反下同去離力智反【疏】注時曹子端至故云爾○解云端猶始也

言曹子從始持劒而守桓公矣及其盟訖乃摽劒而置于地乃與桓公相去離者釋傳云而去之之文 要盟可犯臣約其君曰要彊見要脅而盟爾故云可犯○要一遥反 而桓公不欺曹子可讎以臣劫君罪可讎 而桓公不怨桓公之信著乎天下自柯之盟始焉諸侯猶是翕然信鄉服從再會于鄄同盟于幽遂成霸功故云爾劫桓公取汶陽田不書者諱行詐劫人也 疏 注再會于鄄。解云即下十四年冬及十五年春比會于鄄是也○注同盟于幽○解云即下十六年冬同盟于幽是也○注劫桓至劫人也○解云正以成二年書取汶陽之田故也

十有四年春齊人陳人曹人伐宋○夏單伯會伐宋其言會伐宋何據伐國不殊會曹伯襄言會諸侯 疏 注據伐國不殊○解云與上諸侯俱是伐宋事不殊異何勞別生會文乎故難之○注曹伯至諸侯○解云即僖二十八年冬曹伯襄復歸于曹遂會諸侯圍許是也 後會也本期而後故但舉會書者刺其不信因以分別功惡有深淺也

從義兵而後者功薄從不義〔疏〕注本期至畢會○解云若兵而後者惡淺○別彼列反其不後宜言單伯會齊人陳人曹人伐宋如下文單伯會齊侯宋公衛侯鄭伯于鄄之文○注從義兵至功薄○解云即此是○注從不義至惡淺解云無經可據但言理當然也○秋七月荆入蔡○冬單伯會齊侯宋公衛侯鄭伯于鄄○鄄本亦作甄規因反

十有五年春齊侯宋公陳侯衛侯鄭伯會于鄄○夏夫人姜氏如齊○秋宋人齊人邾婁人伐兒○兒音郳〔疏〕夫人姜氏如齊○解云復與桓通也○秋宋人至伐兒○解云范氏云宋主兵故序齊上也班序上下以國大小爲次征伐則以主兵爲先春秋之常也○鄭人侵宋○冬十月

十有六年春王正月○夏宋人齊人衛人伐

鄭○秋荆伐鄭○冬十有二月公會齊侯宋公陳侯衛侯鄭伯許男曹伯滑伯滕子同盟于幽同盟者何同欲也同心欲盟也同心爲善善必成同心爲惡惡必成故重而言同心也。滑于八反〔疏〕同盟者何。解云欲言同善不見褒賞之文欲言同惡復無刺譏之處故譏不知問

○邾婁子克卒小國未嘗卒而卒者爲慕霸者有尊天子之心行進也不日始與霸者未如瑣瑣卒在二十八年。爲慕于僞反如瑣息果反〔疏〕注小國至進也。解云正以所傳聞之世未錄小國卒葬故也。○注不日者至二十八年。解云即二十八年經云夏四月丁未邾婁子瑣卒注云日者附從霸者朝天子行進是也然則此亦行進而不日者但始與霸者有尊天子之心未朝天子故也其始與霸者之事即上十三年春齊侯宋人陳人邾婁人會于北杏是也

十有七年春齊人執鄭瞻鄭瞻者何鄭之微

者也以無氏也〔疏〕鄭瞻者何○解云欲言尊卿名氏不具欲言微者書名見經故執不知問此鄭之微者何言乎齊人執之据獲宋萬不書者不坐獲微者今書齊稱人坐執文○鄭瞻二傳作詹〔疏〕注据獲至執文○解云上十二年傳云萬嘗與莊公戰獲乎莊公注云獲不書者士也然則以獲微者不罪坐故不書今書齊稱人作坐執之文故難之書甚佞也爲甚佞故書惡之所以輕坐執人也然不得爲伯討者事未得行罪未成也孔子曰放鄭聲遠佞人罪未成者伯當遠之而已○爲其于僞反惡之烏路反下惡之皆同遠佞于萬反下同〔疏〕注不得爲至未成也○解云僖四年傳云執者曷爲或稱侯或稱人稱侯而執者伯討也稱人而執者非伯討也今稱人而執故云不得爲伯討矣○注孔子曰至佞人○解云論語文案樂記魏文侯問子夏曰敢問溺音何從出也子夏對曰鄭音好濫淫志宋音燕女溺志衛音趨數煩志齊音敖辟喬志此四者皆淫於色而害於德是以祭祀弗用也然則四國皆有淫聲蓋逐甚者言之故許氏云鄭詩二十一篇說婦人者十九此之謂也或何氏云鄭聲淫與服君同皆謂鄭重其手而音淫過非鄭國之鄭也

○夏齊人

瀸于遂瀸者何瀸積也衆殺戍者也瀸者死文瀸之爲死積死非一之辭故曰瀸積衆多也以兵守之曰戍齊人滅遂遂民不安欲去齊强戍之遂人共以藥投其所飲食水中多殺之古者有分土無分民齊戍之非也遂不常坐也故使齊爲自積死文也稱人者衆辭也不書戍將帥者封内之兵故不書○瀸子廉反二傳作殲積本又作漬强其丈反將帥子匠反下所類反〔疏〕瀸者何○解云正以異於常例故執不知問○注瀸者至衆多也○解云即曲禮下篇云羽鳥曰降四足曰漬鄭注云異於人也降落也漬謂相瀸汙而死是也○注齊人滅遂○解云在上十三年○古者有分土無分民○解云說在桓元年注文也

□秋鄭瞻自齊逃來何以書書甚佞也曰佞人來矣佞人來矣重言來者道經主書者若傳云爾蓋痛魯知而受之信其計策以取齊淫女丹楹刻桷卒爲後敗也加逃者抑之也所以抑之者上執稱人嫌惡未明繫鄭者明行當本於鄉里也子貢問曰鄉人皆好之何如子曰未可鄉人皆惡之何如子曰未可不若鄉人之善者善之鄉人之惡者惡之○重直用反明行下孟反〔疏〕注重言至

云爾○解云經所以主書此事者正惡佞人之來恐其作禍矣○注蓋痛魯知而受之○解云春秋痛傷魯人知其佞人惡而受之○注僞其計至淫女○解云即下二十四年夏公如齊逆女秋夫人姜氏入是也知取齊淫女是鄭瞻之計者春秋說文云○注丹楹刻桷○即下二十三年秋丹桓宮楹二十四年春刻桓宮桷是也○注卒爲後敗也解云即淫二叔殺二嗣子是也○注加逃者抑之也○解云謂逃是猝事不應見經而見逃于經者抑之故也或者子哀慶封之屬皆言奔今此加逃故決之○注上執至未明○解云謂稱人爲坐執文非伯討之義故也○注子貢至惡之○解云一鄉之人皆好此人此人何如子曰未可即以爲善何者此人或者行與衆同或朋黨矣子貢又曰若一鄉之人皆惡此人此人何如子曰未可即以爲惡也何者此人或者行與衆異或孤特矣不若鄉人之善行者善之惡行者惡之與善人同復與惡人異道理勝於前故知是實善云云之說備于鄭注

冬多麋何以書記異也麋之爲言猶迷也象魯爲鄭瞻所迷惑也言多者以多爲異也○麋亡悲反

疏注象魯至惑也○解云感精符文○注言多至異也○解云魯舊有麋但今乃多耳

○春秋公羊注疏卷第七

公羊注疏卷七挍勘記

阮元撰盧宣旬摘錄

公羊注疏莊公卷第七

八年

師出本爲下滅盛與　鄂本以下同毛本與誤與

同心人國遠　鄂本同宋本閩監毛本人作又疏中諸本同

略以外國辭稱人微之　鄂本人作知此誤當讀知微之三字爲句

是以託待陳蔡以辟之　閩監毛本辟誤辭

甲午祠兵　唐石經諸本同經義雜記曰禮記曲禮注引春秋傳甲午祠兵正義引異義公羊說以爲甲午祠兵左氏說甲午治兵鄭駮之云公羊字誤也以治爲祠因爲作說案周禮左傳穀梁爾雅皆爲治兵知公羊是聲近之誤故詩箋周禮注用公羊經改作治詩正義所言是也

出曰祠兵入曰振旅唐石經諸本同詩采芑箋云春秋傳曰出曰祠兵入曰振旅其禮一也正義曰公羊爲祠兵此言出曰治兵者諸文皆作治兵明彼爲誤故徑改其文而引之

成者何盛也九經古義云成與盛通釋名成盛也僖廿四年左氏傳管蔡郕霍文之昭也郕後爲魯邑說文云郕魯孟氏邑是郕與成同

據戰于宋不言歸鄭解云歸字有作敗字者誤也

九年

公及齊大夫盟于暨唐石經諸本同釋文暨左氏作塈毛本公誤冬

夏公伐齊納糾釋文納糾左氏經亦作納子糾解云無子字者與左氏經異按疏本所據左氏作納子糾釋文本所據左氏作納糾亦作納子糾

據宋公子地鄂本以下同何煌云地當作池

其言入何。解云此本此二節疏在何注據郎之戰下閩監毛本移此節於傳文其言入何節下移秋七月至襄公節於經文秋七月丁酉葬齊襄公下

自誇大其伐而取敗釋文自誇本又作夸下同按夸大字作夸從言者詞之誇誕也見爾雅挍勘記郭景純注釋詁云陵犯夸奢

趮而至遇之於門閩監毛本趮作趨監本遇誤禦

萬臂摋仇牧毛本摋誤殺

時實爲不能納子糾伐齊鄂本宋本閩本同監毛本爲不能誤倒作不能爲

其取之何唐石經作其言取之何諸本誤脫言字

以公病矣是浦鏜云以下脫爲按浦說是也有爲字與穀梁傳合

辭役子糾也閩監毛本同誤也唐石經鄂本宋本役作殺當據正

十年

觕者曰侵精者曰伐 唐石經諸本同周禮大司馬職賊賢害民則伐之注引春秋傳曰粗者曰侵精者曰伐按何注觕麤也周禮音義云粗音麤本亦作麤何訓觕爲麤而鄭引傳即作麤猶何訓野爲鄙而鄭引傳即作鄙留也

舉戰爲重黎戰是也 毛本爲誤謂鄂本黎誤犂

以其不道所遷之地 鄂本宋本同閩監毛本道誤通疏同蓋因與傳文不通相涉也

注敗不言乘丘 閩監毛本脫注此本脫不今互訂

正以敗言乘丘反次在郎 按反疑及之誤

於義似乖 毛本似誤遂

敗當言伐也 閩監毛本同誤也鄂本宋本敗作故當訂正

故有善其伐耳有當伹之誤

二國纔止次宋本纔作讒鄂本止作上皆誤

兾兗青徐閩監毛本兾改冀非疏同

專謂作徒設也浦鏜云設當役字誤是也

在此兩河閒○按史記夏本紀集解引作在此兩水之閒謂在泲水河水之閒

至黑水而東至西河也按上至字當作自詩韓奕正義引作自

其氣性相近毛本氣性倒

江南曰楊州閩監毛本楊作揚下並同

燕其意氣惡爾雅釋地䟽惡作要此誤

幽惡也何校本惡皆作要○按惡字是也爾雅䟽所據非善本

則幽并及益是　按益當作營

絕　唐石經諸本同僖廿六年疏引此作絕之以意添之字也

解云秦亦夷狄　毛本秦亦誤春秋

十有二年

然襄公犲狼　閩監毛本犲作豺

自陳入于宋南里以畔之文矣　閩監毛本畔作叛

宋萬弑其君接　唐石經諸本同解云正本皆作接字釋文接左氏作捷○按妾聲捷聲古音同第八部

舍孔父荀息無累者乎　鄂本無者唐石經有者此行十一字

公羊穀梁曰接○　按今穀梁自唐石經以下本皆作捷與賈氏所據不同

歸反爲大夫於宋　唐石經諸本同惠棟云漢書注反作又

爾虜焉故魯侯之美惡乎至萬怒　唐石經諸本同九經古義云春秋繁露曰此虜也爾虜焉知魯侯之美惡乎致萬怒搏閔公絕脰韓詩外傳云閔公矜此婦人妬其言顧曰爾虜焉知魯侯之美惡乎何本知作故以爾虜焉故句魯侯之美惡乎至句意反迂曲

脰頸也　蜀大字本及漢制考同宋本閩監毛本頸誤脛按釋文脰音豆頸也

手劒持拔劒　閩監毛本同鄂本宋本拔作拔

萬臂摋仇牧　唐石經臂作辟釋文臂必賜反本又作辟婢亦反按此當作辟音婢亦反是辟摋非臂摋也

齒著乎門闔　唐石經闔字磨改重刻按爾雅釋宮郭注引公羊傳曰齒著于門闔今本于作乎非

猶乳犬攫虎　鄂本同閩監毛本攫作攫是也釋文攫一本作搏

爭搏弒君　監毛本同誤也鄂本閩本搏作搏當據正宋本作傳

投命猶狸之類　作貍　閩本同監毛本狸改貍○按依說文當

十有三年

易猶佼易也 惠棟云安知非非刺客聑人而簡易若是義與此同易之易簡鄭亦訓爲佼易按周易音義大壯喪羊于易鄭音亦謂佼易也繫辭易知以豉反鄭荀董並音亦詩天作岐有夷之行傳夷易也箋云以岐邦之君有佼易之道正義曰言乾以佼易故爲知坤以凝簡故爲能易詩義並與此同

將劫之辭 鄂本劫作刦誤

城壞壓竟 唐石經諸本同鄂本竟作境按釋文亦作壓境是俗竟字

爲殺牲不潔 宋本潔作絜閩監毛本作潔解云不字亦有作清字者

臣約其君曰要 閩監毛本同誤也鄂本宋本其作束當據正

十有四年

注据伐國不殊 按下脫會

十有六年

公會齊侯宋公陳侯衛侯鄭伯許男曹伯滑伯滕子同盟于幽　諸本同唐石經損缺以字數計之有公會二字惠棟云左氏穀梁無公字故穀梁傳云不言公按公會二字當爲衍文左氏穀梁無公字猶賸會字據十九年何注云先是鄄幽之會公比不至公子結出竟遭齊宋欲深謀伐魯故專矯君命而與之盟然則幽之盟非特魯君不至卽士大夫亦未有來會者猶十五年齊侯宋公陳侯衛侯鄭伯會于鄄不曰公公會齊侯及會齊侯云云也春秋繁露滅國下篇云幽之會莊公不往

故重而言同心也　惠棟云心字衍

始與霸者未如瑣　閩監本同鄂本宋本瑣作璅釋文作瑣毛本改從之○按瑣正璅俗

注不日者至二十八年　閩監毛本者作始今注無者字

十有七年

事未得行　毛本未誤不

伯當遠之而已　閩監毛本同誤也鄂本朱本伯作但當據正

說婦人者十九　孫志祖云此許叔重五經異義語禮樂記正義云鄭詩說婦人者唯九經異義云十九誤也

皆謂鄭重其手而音淫過　惠棟云鄭重猶頻煩也左氏傳煩手淫聲是也

濺者何濺積也　諸本同釋文積本又作漬唐石經此字缺毛本依釋文改漬非

郎下二十三年秋丹桓宮楹　閩本同監毛本三誤二宮誤公下同

公羊注疏卷七挍勘記終　工部屯田司員外郎胡祖謙挍

監本春秋公羊注疏莊公卷第八 起十八年盡二十七年

何休學

十有八年春王三月日有食之是後戎犯中國魯蔽鄭瞻夫人如莒淫泆不制所致疏注是後戎犯中國○解云即下文夏公追戎于濟西是也○注魯蔽鄭瞻○解云下文秋有蜮是○注夫人至所致○解云即下十九年秋夫人姜氏如莒之屬是也是陰勝陽之象是以日爲之食○夏公追戎于濟西追○濟子禮反以兵逐之曰此未有言伐者其言追何据公追齊師至酅舉齊侵也疏注据公至侵也○解云即僖二十六年齊人侵我西鄙公追齊師至嶲弗及是也大其爲中國追也以其不限所至知爲中國追也○爲中于僞反注及下皆同疏注以其至追也○解云公追齊師至嶲限其所至乃是自爲己追故知如此此未有伐中國者則其言爲中國追何大其未

至而豫禦之也其言于濟西何据公追齊師至巂弗及不言于也大之也大公除害恩及濟西也言大者當有功賞也追例時【疏】注言大者至賞也○解云公追齊師至巂弗及不言于今言于者謂公有大功於王法當賞矣○注追例時○解云即此文是而僖二十六年公追齊師雖在正月己未下不蒙日月○秋有蜮何以書記異也蜮之猶言蜮也其毒害傷人形體不可見象魯爲鄭瞻所蜮其毒害傷人將以大亂而不能見也言有者以有爲異也○蜮音或短狐也或謂之射工音食【疏】注蜮之猶言蜮也○解云即五行志云蜮猶蜮也者是○注其毒害傷人○解云即五行志云能射人甚者至死是也○注形體不可見○解云即草木志云在水中射人影即死是也○注言有者以有爲異也○解云謂魯先無蜮今乃有之案昭二十五年經書有鸜鵒來巢今此不書來者亂氣所生不從外來故也○冬十月

十有九年春王正月○夏四月○秋公子結媵陳人之婦于鄄遂及齊侯宋公盟媵者何

諸侯娶一國則二國往媵之以姪娣從言往媵之者禮君不求媵二國自往媵夫人所以一夫人之尊○媵陳以證反又繩證反娣從才用反下注同

疏 媵者何 解云媵是碎事例不見經今而書之故執不知問

姪者何兄之子也娣者何弟也諸侯壹聘九女諸侯不再娶必以姪娣從之者欲使一人有子二人喜也所以防嫉妒令重繼嗣也因以備尊尊親親也九者極陽數也不再娶者所以節人情開媵路○嫉音疾又音自

疏 姪者何○解云昭穆異等而與嫡俱行故執不知問○娣者何○解云與姪同倫而在姪下故執不知問○諸侯至再娶○解云傳言此者解所以有媵之意言諸侯娶女非一者正由不得再娶故也○注必以至人喜也○解云即穀梁傳云一人有子三人緩帶范氏云欲共享其祿是也○注所以防嫉妒○解云謂三人不相疾也○注令重繼嗣也解云謂三人不相疾共保其子○注因以備至親也○解云謂備姪所以尊尊備娣所以親親其上尊下親皆指嫡也○注九者極陽數也○解云謂對一三五七以爲極矣也○注開媵路○解云謂亦有爲嫡之望也

媵不書

此何以書据伯姬歸于紀不書媵也疏注据姬歸于紀者　解云在隱二年冬為其有遂事書為下有遂事善也故書所以不當書以起將有所詳錄猶伯姬書媵也不媵則當取得書者張本文言公子結如陳遂及齊侯宋公盟于鄄○為其于僞反注及下注同疏注為下有遂事善也○解云即遂及齊侯宋公盟是也○注故書所至不當書○解云謂書媵是也○注以起將有所詳錄○解云正欲見盟事之善合詳而錄之○注猶伯姬書媵也○解云即成八年衛人來媵傳曰媵不書此何以書錄伯姬也九年晉人來媵傳曰媵不書此何以書錄伯姬也十年齊人來媵傳云媵不書此何以書錄伯姬也三國來媵非禮也曷爲皆以錄伯姬之辭言之婦人以衆多為侈也者是也○注言公至盟于鄄○解云是其得書之文也大夫無遂事此其言遂何聘禮大夫受命不受辭以外事不素制不豫設故云爾出竟有可以安社稷利國家者則專之可也先是鄄幽之會公比不至公子結出竟遭齊宋欲深謀伐魯故專矯君命而與之盟除國家之難全百姓之命

故善而詳録之先書地後書盟者明出竟乃得專之也盟不地者方使上爲出竟地即更出地嫌上地自爲媵出地也陳稱人者爲内書故略以外國辭言之此陳侯夫人言婦者在塗也加之者禮未成也冬齊人宋人陳人伐我西鄙而盟不日者起國家後背結之約非結不信注先是至不至○也○嬌居表反難乃旦反背音佩

疏 解云即上十五年春齊侯宋公陳侯衛侯鄭伯會于鄄十六年冬會齊侯宋公以下同盟于幽是也正以彼二經皆不言公會故知魯侯不至矣○注欲深謀伐魯○解云正以善而詳録之故知欲伐矣○注先書地○解云謂書鄄是也○注明出竟乃得專之也○解云正以鄄爲衛地故也○注此陳至在塗也○解云即隱二年傳云在塗稱婦是○注加之者禮未成也○解云正以此婦未成爲夫人故加之絶之若其已配禮宜言媵陳夫人不假言之以絶也○注冬齊至西鄙○解云即下經也○注而盟不至不信也○解云以公羊之例不信者書日故如此解

○夫人姜氏如莒

○冬齊人宋人陳人伐我西鄙　鄙者邊垂之辭榮見遠也

二十年春王二月夫人姜氏如莒　月者再出也不從四年巳

月者〔疏〕注月者再出也○解云欲對上十九年秋夫人姜
異國〔疏〕氏如莒之文也○注不從至異國○解云即上四
年經云春王二月夫人姜氏饗齊侯于祝丘彼注云月者再
出重也三出不月者省文從可知例然則此經不從四年之
例而復出月者正爲齊
莒異國不得相因故也　○夏齊大災大災者何大
瘠也　瘠病也齊人語也以加大知非火災也○大瘠在亦
反病也本或作瘠才細反一本作漬才賜反鄭注曲
禮引〔疏〕大災者何○解云欲言大疾疫而經書災故執不
此同〔疏〕知問○注以加大知非火災也○解云正以襄三
十年宋災昭九年陳火之屬皆不言大故也案襄九年傳云
大者曰災小者曰火注云大者謂正寢社稷宗廟朝廷也下
此則小矣然彼是兩火自對故以
災火別之此則非火故更言大耳　大瘠者何痢也　痢者
民疾
疫也○痢力二反
疾疫也疫音役　何以書記災也外災不書此何
以書及我也　與宋大水同義痢者邪亂之氣所生是時
魯任鄭瞻夫人如莒淫泆齊侯亦淫諸姑
姊妹不嫁者七
人○邪似嗟反〔疏〕注與宋大水同義○解云即上十一年
宋大水傳云何以書記災也外災不書

此何以書及我也注云時魯亦有水災書魯則宋災不見兩舉則煩文不省故詭例書外以見内也是也○注齊侯至七人○解云晏子春秋文案彼齊景公問於晏子曰吾先君桓公淫女公子不嫁者九人而得爲賢君何又此解言七人者彼此其有誤矣然則襄公霸諸侯唯淫妹而已齊人猶作南山崔崔以刺之桓公小白相淫九人而齊人不刺之者葢以功多足以除惡故也或者遇爾不作或之不得寧可問乎○秋七月○冬齊人伐戎

二十有一年春王正月○夏五月辛酉鄭伯突卒○鄭伯突徒汲反厲公也○秋七月戊戌夫人姜氏薨

○冬十有二月葬鄭厲公春秋篡明者書葬

【疏】注春秋至書葬○解云言春秋者欲見通例如此矣篡明者謂有立入之文即隱四年冬衛人立晉桓十三年春葬衛宣公上九年夏齊小白入于齊僖十八年秋葬齊桓公之屬是也今此鄭突入于鄭桓十五年秋亦有入櫟之文即是篡明書其葬耳若篡不明者則去其葬以見其篡不合爲諸侯是以僖十年里克弒卓子之時惠公無入文至僖二十四年晉侯夷吾卒下不書葬

晉惠公矣若有立入之文者不嫌非簒何勞去葬以見簒若然案文公重耳亦無簒文而僖三十年經書葬晉文公者正以文公功蓋天下春秋爲賢者諱故書其葬若其不簒然也若然齊侯小白是賢者而書其入又錄其葬見其簒明不爲之諱者僖十年傳云桓公之享國也長美見乎天下故不爲之諱本惡也文公之享國也短美未見乎天下故爲之諱本惡也是也

二十有二年春王正月肆大省肆者何跌也

跌過度○肆音四本或作佚大省所景反除自省皆同二傳作眚跌大結反過度也 疏 肆大省○解云肆讀如字放肆也省讀如減省之省也○肆者何大省者何○解云皆以異於常例故執不知問

大省者何

災省也

謂子卯日也夏以卯日亡殷以子日亡先王常以此日省吉事不忍舉又大自省勑得無獨有此行乎常若聞災自省故曰災省也○行下孟反 疏 注先王至忍舉○解云此先王謂夏殷之後成禮者以是夏殷亡日故省吉事而已不忍舉而行之○注又大至此行乎○解云又若似見不賢而內自省之義矣○注常若至災省也

者釋傳云災省之文也言聞有災輒自省察若爲行而致之乎肆大省何以書譏何譏爾譏始忌省也時魯有夫人喪忌省日不哭省日本以忌吉事不以忌凶事故禮哭不辟子卯日所以事孝子之思也不與念母而譏忌省者本不事母則已不當忌省猶爲商人責不討賊○忌息嗣反爲于僞反

〔疏〕肆大省何以書○解云不但言何以書者恐人以爲但問大省云大自省勑何以書故復舉句而問之○注故禮至卯日○解云案士喪禮既殯之後云朝夕哭不辟子卯是也引之者證不以忌凶事也○注不與至忌省解云不與念母者即上元年三月夫人孫于齊傳曰夫人固在齊矣其言孫于齊何念母也念母者所善也則曷爲於其念母焉貶不與念母也彼注云念母則忘父背本之道也是也○注猶爲至討賊○解云文十四年九月齊公子商人弒其君舍然則商人者是簒弒之賊也齊之臣子理宜討之而反臣事失其所也及文十八年夏齊人弒其君商人而不書其葬者以責臣子不討賊也似文姜罪實宜絕之公既不絕宜盡子道而反忌省故得責之

○癸丑葬我小君文姜文姜者何莊公之母也輒發傳者起仇母録

子恩凡母在子年無適庶皆繫子也不在子年適母繫夫庶母繫子言小君者比於君爲小俱臣子辭也文者謚也夫人以姓配謚欲使終不忘本也○無適丁歷反下同

疏 葬我小君文姜○解云穀梁傳曰小君非君其曰君何也以其爲公配可以言小君也者是○文姜者何○解云欲言莊母謚異其父欲言非母備禮葬之故執不知問○注輒發至子恩○解云隱元年傳云仲子者何桓之母也今假令不發亦是桓之夫人莊公之母可知而云文姜者何莊公之母故言輒矣今此經云葬我小君文姜傳云文姜者何莊公之母也者正欲録子之恩故備禮而葬之○注凡母至繫子也解云即此傳云文姜者何莊公之母是適母繫子也宣八年傳云頃熊者何宣公之母也襄四年傳云定弋者何襄公之母也皆是庶母繫子也而僖二年傳云哀姜者何莊公之夫人也在子年而繫夫者蓋以僖公非所生爲其非子故也○注不在至繫夫○解云即僖二年哀姜是也○注庶母繫子也○解云即文五年傳云成風者何僖公之母也是也定十五年秋姒氏卒傳曰姒氏者何哀公之母也者亦是庶母不在子年而繫于子然則鄉來所言傳皆葬上乃言某公之母而姒氏特于卒上發傳者正以姒氏之葬直云葬定姒不得稱小君是以傳家亦於葬略之矣定姒所以葬不得稱小君

公羊之義母以子貴哀公爾時未得爲君是以定姒未得全同夫人矣○注欲使終不忘本也○解云本即姓是也○陳人殺其公子禦寇書者殺君之子重也疏注書者殺君之子重也○解云正以不言大夫而得書殺則知由其是君之子故也○夏五月以五月首時者譏莊公取仇國女不可以事先祖奉四時祭祀猶五月不宜以首時○秋七月丙申及齊高傒盟于防防魯地傒音兮○齊高傒者何貴大夫也曷爲就吾微者而盟据暨與公盟也疏齊高傒者何○解云欲言其貴魯侯恥之欲言微者名氏見經故執不知問○注据暨與公盟也○解云即上九年春公及齊大夫盟于暨是也公也以其日微者不得日大夫盟當出名氏疏注以其日至得日○解云即隱元年九月及宋人盟于宿傳曰孰及之内之微者也彼注云宋稱人者亦微者也微者盟例時不能專正故責略之此月者隱公賢君雖使微者有可采取故録也是其微者不得日矣其微者盟例時者即僖十九年冬會陳人蔡人楚人鄭人盟于齊之屬是也○注夫人至名氏○解云即成元

年臧孫許及晉侯盟于赤棘之屬是也公則曷爲不言公諱與大夫盟也○冬公如齊納幣納幣即納徵納徵禮曰主人受幣士受儷皮是也禮言納徵春秋言納幣者春秋質也凡婚禮皆用鴈取其知時候唯納徵用玄纁束帛儷皮玄纁取其順天地也儷皮者鹿皮所以重古也○纁許云反儷力計反本又作麗

疏注納徵至天地也○解云即隱元年注云束帛謂玄三纁二玄三法天纁二法地是也何者玄纁者是天地之色故也○注儷皮者鹿皮所以重古也○解云正以古者食肉衣皮服捕禽獸故也儷者兩也兩皮者二儀之數

納幣不書此何以書據桓三年公子翬如齊逆女不書納幣譏何譏爾親納幣非禮也時莊公實以淫泆大惡不可言故因其有事於納幣以無廉恥爲譏不譏喪娶者舉淫爲重也凡公之齊所以起淫者皆以危致也

疏注凡公至致也○解云即下二十三年春公至自齊夏公如齊觀社公至自齊二十四年夏公如齊逆女秋公至自齊之屬是也凡書至者臣子喜其君父脫危而至故也

二十有三年春公至自齊桓之盟不日其會不致信之也據柯之盟不日柯之會不致疏注據柯至不致。解云即上十三年冬公會齊侯于柯不書日不致是也此之桓國何以致危之也何危爾公一陳佗也公如齊淫與陳佗相似如一也。佗大何反疏注公如至如一也。解云即桓六年蔡人殺陳佗傳云陳佗者何陳君也陳君則曷爲謂之陳佗絕也曷爲絕之賤也其賤奈何外淫也惡乎淫淫于蔡蔡人殺之是也○祭叔來聘不稱使者公一陳佗故絕使若我無君以起其當絕因不與天子下聘小人。祭側界反疏注不稱使至小人。解云如此注者正欲決隱七年天王使凡伯來聘九年天王使南季來聘等是王使而皆稱使今此獨不稱使故決之何氏知不稱使是我無君之文者正見閔二年高子來盟傳云何以不言使我無君是也若然案桓四年夏天王使宰渠伯糾來聘桓五年夏天王使仍叔之子來聘桓八年春天王使家父來聘然則桓公篡逆經猶稱使而不絕之莊公時淫絕之者桓四年伯糾之下何氏云下去二時者桓公無王而行天子不能誅反下聘之故爲貶見其罪明不宜也然則桓公惡甚故去二時以明不宜莊公罪輕故不言使以見絶因不與天子下聘小人而已春秋見義非唯一種未可然怪也

○夏公如齊觀社何以書譏何譏爾諸侯越竟觀社非禮也觀社者觀祭社諱淫言觀社者與親納幣同義社者土地之主祭者報德也生萬物居人民德至厚功至大故感春秋而祭之天子用三牲諸侯用羊豕

疏 注諱淫至同義。解云謂實以淫泆大惡不可言因其有事于觀社故以觀社譏耳。注天子至羊豕者 解云時王之禮

公至自齊○荆人來聘荆何以稱人据上稱州

疏 注据上稱州。解云即上十六年秋荆伐鄭之屬是也

始能聘也春秋王魯因其始來聘明夷狄能慕王化脩聘禮受正朔者當進之故使稱人也稱人當繫國而繫荆者許夷狄者不一而足

疏 注稱人至而足。解云正以十年傳云州不若國知進稱人宜繫國矣文九年楚子使椒來聘傳云椒者何楚大夫也楚無大夫此何以書始有大夫也始有大夫則何以不氏許夷狄者不一而足也又襄二十九年傳云札者

何吳季子之名春秋賢者不名此何以名許夷狄者不壹而足也是以此注引之耳○公及齊侯遇于穀○蕭叔朝公其言朝公何据公在內不言朝公在外言會

疏注据公至朝公。解云即隱十一年春滕侯薛侯來朝之屬是也。注在外言會。解云定十四年邾婁子來會公及公會某侯之屬皆是也

公在外也時公受朝於外故言朝公惡公不受於廟。惡公烏路反下同

疏注時公至於廟。解云隱七年注云不言聘公者禮聘受之於大廟孝子謙不敢以已當之歸美於先君且重賓也隱十一年注云不言朝公者禮朝受之於大廟與聘同義今此言公故如此解

○秋丹桓宮楹何以書譏何譏爾丹桓宮楹非禮也楹柱也丹之者爲將娶齊女欲以誇大示之傳言丹桓宮者欲道天子諸侯各有制也禮天子斲而礱之加密石焉諸侯斲而礱之不加密石大夫斲之士首本失禮宗廟例時。宮楹音盈柱也下傳及注同爲將子僞反斲丁角反下同礱力工反

疏注禮天子至首本。解云皆外傳晉語張老謂趙文子椽之制穀梁傳曰天子之桷斲之礱之加密石焉諸侯之桷斲之

礱之大夫斲之士斲本今此何氏於丹楹之下摠言之矣斲本者正謂全以樹本而行斤斲之。注失禮宗廟例時。解云正謂此文是也下經二十四年三月刻桓宮桷而書月者以其功重故也此謂失禮脩營之例也若其祭祀失禮者則書日是以隱五年初獻六羽之下何氏云失禮鬼神例日是也若始造宗廟而失禮者亦書日即成六年春王二月辛巳立武宮是也而定元年九月立煬宮亦爲非禮而不書日者所見之世其恩尤厚故不爲書日使若得禮然 ○冬

十有一月曹伯射姑卒 曹達春秋常卒月葬時也始卒日葬月嫌與大國同後卒而不日入所聞出可日不復日。射姑音亦復扶又反

疏 注曹達至時也。解云即文九年秋八月曹伯襄卒冬葬曹共公昭十八年春王三月曹伯須卒秋葬曹平公之屬是也其有卒葬在日月下者不蒙日月矣其文各自有解。注始卒日葬月。解云即桓十年春王正月庚申曹伯終生卒夏五月葬曹桓公是也所以然者敬老重恩故也。注後卒而不日。解云正以對桓十年曹伯終生卒以爲後矣。注入所聞世可日不復日。解云即文九年秋八月曹伯襄卒是案曹爲小國入所聞之世正合卒月而言可日者正以傳聞之世巳得録之故所聞世可以書日但以嫌同大國

故不日矣○十有二月甲寅公會齊侯盟于扈桓之盟不日此何以日危之也何危爾我貳也莊公有淫泆汚貳之行○扈音戶有汙汙辱之汙一音烏臥反後放此行下孟反（疏）注汚貳之行○解云謂莊公之行既不清潔又不專一故謂之汚矣魯子曰我貳者非彼然我然也嫌上說以齊惡我貳相疑而盟故日也解言非齊惡我也我行汚貳動作有危故日之也

二十有四年春王三月刻桓宮桷何以書譏何譏爾刻桓宮桷非禮也與丹楹同義月者功重於丹楹○桷音角椽也（疏）注與丹楹同義○解云即上注云丹之者爲將娶齊女欲以誇大示之是也○注月者功重於丹楹○解云正以失禮宗廟例時故如此注○葬曹莊公○夏公如齊逆女何以書親迎禮也諱淫故使若以得禮書也禮諸侯既娶三月然後夫人見宗廟見宗

廟然後成婦禮○迎魚命反見宗賢徧反下傳文見也見用幣及注同【疏】葬曹莊公○解云雖在月下不蒙上月也○何以書親迎禮也○解云魯侯如齊本實淫通非爲親迎而往但春秋之意以其大惡不可言之要以言其逆女使若得禮善而書日矣是以注云諱淫故使若以得禮書也○注禮諸侯至婦禮○解云注言此者欲道莊公夫人未至于國而行婦事既非正禮明矣**○秋公至自齊八月丁丑夫人姜氏入其言入何**據夫人姜氏言至不言入【疏】注據夫人至言入○解云即桓三年九月夫人姜氏至自齊是**難也其言日何**據夫人姜氏至不日○難也乃旦反下及注同**難也其難奈何夫人不僂不可使入與公有所約然後入**僂疾也齊人語約約遠媵妾也夫人稽留不肯疾順公不可使即入公至後與公約定八月丁丑乃入故爲難辭也夫人要公不爲大惡者妻事夫有四義鷄鳴縱笄而朝君臣之禮也三年惻隱父子之恩也圖安危可否兄弟之義也樞機之內寢席之上朋友之道不可純以君臣之義責之○不僂力主反疾也注同遠于萬反要

一遥反縱笄所買反又 疏 注夫人要公至責之○解云正
所綺反惻隱初力反 以所傳聞之丗內之大惡皆諱
不書今而書
之故知然也 戊寅大夫宗婦覿用幣宗婦者何
大夫之妻也覿者何見也用者何用者不宜
用也 不宜用幣爲贄也○覿 大歷反見也贄音至 疏 宗婦者何○解云欲言 大夫之妻文不言及欲
言非妻相與俱見故執不知問○覿者何○解云欲言是禮
男女無別欲言非禮而在用上故執不知問○用者何○解
云初至之覿禮則有之而經書
用乃是不宜之稱故執不知問 見用幣非禮也 以文在 覿下不
使齎見知 疏 見用幣非禮也○解云言其見夫人之法卿
非禮也 大夫宜用羔鴈宗婦宜用棗栗腶脩而皆用
幣是爲非禮也○注以至非禮也○解
云若其是禮宜言大夫宗婦用幣覿也 然則曷用棗栗
云乎腶脩云乎 腶脩者脯也禮婦人見舅姑以棗栗爲 贄見女姑以腶脩爲贄見夫人至尊兼
而用之云乎辭也棗栗取其早自謹敬腶脩取其斷斷自脩
正執此者若其辭云爾所以叙情配志也凡贄天子用鬯諸

侯用玉卿用羔大夫用鴈士用雉雉取其耿介鴈取其在人上有先後行列羔取其執之不鳴殺之不號乳必跪而受之類死義知禮者也玉取其至清而不自蔽其惡潔白而不受汚內堅剛而外溫潤有似乎備德之君子鬯取其芬芳在上臭達於天而醇粹無擇有似乎聖人故視其所執而知其所任矣日者禮夫人至大夫皆郊迎明日大夫宗婦皆見故著其明日也大夫妻言宗婦者大夫爲宗子者也族所以有宗者爲調族理親疏令昭穆親疏各得其序也故始統世世繼重者爲大宗旁統者爲小宗小宗無子則絕大宗無子則不絕重本也天子諸侯世以三牲養禮有代宗之義大夫不世不得專宗著言宗婦者重教化自本始也○斷脩丁亂反注同本又作腶音同鍛脯加薑桂曰脩耿介古幸反下音界行戶郎反號戶刀反跪其委反醇音純粹雖遂反爲調于僞反下仕爲同令力呈反昭穆上遙反凡昭穆之例皆同

疏注腶脩者脯也○解云正以穀梁傳云束脩之肉不行竟內以肉言之故知脩爲脯矣又下曲禮婦人之贄脯脩棗栗謂之脯脩其義益顯○注禮婦人至志也○解云時王之禮且以其文先言棗栗故也○注凡贄至用雉○解云皆下曲禮文彼言諸侯用圭此言玉者蓋所見異也○注大夫不世不得專宗○解云欲道大夫之妻所以謂之婦人之義○注重

教化自本始也○解云正以宗子者宗族之本故也

○大水夫人不制遂淫二叔陰氣盛故明年復水也○復扶又反疏注夫人至二叔○解云即下二十七年傳云公子慶父公子牙通乎夫人以脅公是也○注明年復水也○解云即二十五年秋大水云云是也

○冬戎侵曹曹羈出奔陳

曹羈者何曹大夫也以小國知無氏爲大夫○曹羈居宜反下同疏曹羈者何○解云欲言曹君經不稱伯欲言大夫畢名無氏故執不知問○注以小至大夫○解云即襄二十三年邾婁鼻我來奔昭二十七年邾婁快來奔之屬是也若其大國大夫不書名氏者或有未命或有罪見貶矣

曹無大夫此何以書據羈無氏疏注據羈無氏○解云曹無大夫之文也言問者見羈無氏知曹無大夫既無大夫何以特書曹羈故難之

賢也何賢乎曹羈據國見侵出奔以辟難

戎將侵曹曹羈諫曰戎衆以無義戎師多又常以無義爲事

君請勿自敵也禮兵敵則戰不敵則守君師少不如守且使臣下往○則守手又反又如字下

同

曹伯曰不可臣下不可獨往三諫不從遂去之故君子以爲得君臣之義也孔子曰所謂大臣者以道事君不可則止此之謂也諫必三者取月生三日而成魄臣道就也不從得去者仕爲行道道不行義不可以素餐所以申賢者之志孤惡君也諫有五一曰諷諫孔子曰家不藏甲邑無百雉之城季氏自墮之是也二曰順諫曹羈是也三曰直諫子家駒是也四曰爭諫子反請歸是也五曰贛諫百里子蹇叔子是也○魄普白反餐七千反諷方鳳反墮許規反爭爭鬭之爭贛諫陟降反又呼弄反又丑用反

【疏】三諫不從至義也○解云然則下二十七年傳云君子辟内難而不辟外難者謂三諫不從之屬是也而曲禮下篇云三諫不聽則逃之蓋士不待放故言逃之○注諫必三者至君也○解云即此及鄉飲酒義云讓之三也象月之三日而成魄是也○注諫有五至墮之是也○解云即定十二年傳云孔子行乎季孫三月不違曰家不藏甲邑無百雉之城於是帥師墮費是也○注二曰順諫○解云即此文是也○注三曰至駒是也○解云昭二十五年傳云昭公將弒季氏告子家駒曰季氏爲無道僭於公室久矣吾欲弒之何如子家駒曰諸侯僭於天子大夫僭於諸侯久

矣昭公曰吾何僭矣哉子家駒曰設兩觀乘大路朱干玉戚以舞大夏八佾以舞大武皆天子之禮也是也○注四日至歸是也○解云即宣十五年傳云外平不書此何以書大其平乎已也何大其平乎已莊王圍宋軍有七日之糧爾盡此不勝將去而歸爾於是使司馬子反乘堙而闚宋城宋華元亦乘堙而出見之子反曰子之國何如華元曰憊矣曰何如曰易子而食之析骸而炊之司馬子反曰嘻甚矣憊雖然吾聞之也圍者柑馬而秣之使肥者應客是何子之情也華元曰吾聞之君子見人之厄則矜之小人見人之厄則幸之吾見子之君子也是以告情於子也司馬子反曰諾勉之矣吾軍亦有七日之糧爾盡此不勝將去而歸爾揖而去之反于莊王莊王曰何如司馬子反曰憊矣曰何如曰易子而食之析骸而炊之莊王曰嘻甚矣憊雖然吾今取此然後而歸爾司馬子反曰不可臣已告之矣軍有七日之糧爾莊王怒曰吾使往視之子曷為告之司馬子反曰以區區之宋猶有不欺人之臣可以楚而無乎是以告之也莊王曰諾舍而止雖然吾猶取此然後歸爾司馬子反曰然則君請處于此臣請歸爾莊王曰子去我而歸吾孰與處于此吾亦從子而歸爾引師而去之故君子大其平乎已也者是也○注五日至子是也○解云僖三十三年傳云秦伯將襲鄭百里子與蹇叔

子諫曰千里而襲人未有不亡者也秦伯怒曰若爾之年者宰上之木拱矣爾曷知師出百里子與蹇叔子送其子而戒之曰爾即死必於殽之嶔巖是文王之所辟風雨者也吾將尸爾焉子揖師而行百里子與蹇叔子從其子而哭之秦伯怒曰爾曷爲哭吾師對曰臣非敢哭君師哭臣之子也者是也

〇**赤歸于曹郭公赤者何曹無赤者蓋郭公也**以郭公在赤下〇赤歸于曹郭公此連爲句郭音虢亦如字連讀郭公爲一句

疏 赤者何〇解云欲言曹伯經不書爵欲言微者復有郭公之號故執不知問〇曹無至公也〇解云謂此郭公實非曹人故也言蓋郭公者蓋郭之公矣

郭公者何失地之君也失地者出奔也名言歸倒郭公置赤下者欲起曹伯爲戎所殺故使若曹伯死謚之爲郭公而赤微者自歸曹也不言赤奔者從微者例不得録出奔

疏 郭公者何〇解云欲言郭君經無其事欲言曹伯而文言郭公故執不知問〇注不言至出奔〇解云謂不言郭公赤奔曹者假作微人之文即從微者例寧得録其奔正得言道赤歸于曹

二十有五年春陳侯使女叔來聘稱字者敬老也禮七十雖庶人主孝而禮之孝經曰昔者明王之以孝治天下也不敢遺小國之臣是也○女音汝

疏 注稱字敬老也○解云正以稱字異於諸侯大夫之例故知其老也○注孝經至是也○解云注言此者欲道春秋假魯以爲明王謂女叔爲小國之臣矣

○夏五月癸丑衛侯朔卒春秋篡明者當書葬朔不書葬嫌與篡同例身絶國不絶故去葬明犯天子命重不得書葬與盜國同○故去起呂反年末同

疏 注春秋至國同○解云篡明者謂經有立入之文也不嫌非篡則書其葬隱四年冬衛人立晉桓十三年春葬衛宣公莊九年夏齊小白入于齊僖十八年秋葬齊桓公之屬是也若篡不明者則去其葬以見其篡不合爲諸侯即晉惠公之屬是也今此衛朔於上六年經云夏六月衛侯朔入于衛既有入文即是篡明當合書葬而不書葬者若其書葬則嫌與篡明者同例但身合絶而已其國不合絶故亦去其葬明其犯天子之命罪重不得書葬與盜國同盜國即篡是也朔犯天子命在上六年

○六月辛未朔日有食之鼓用牲于社日食則

曷爲鼓用牲于社据日食在天疏注据日食在天○解云謂日食在天上何由于地而鼓用牲乎求乎陰之道也求責求也以朱絲營社或曰脅之或曰爲闇恐人犯之故營之或曰者或人辭其義各異也或曰脅之與責求同義社者土地之主也月者土地之精也上繫于天而犯日故鳴鼓而攻之脅其本也朱絲營之助陽抑陰也或曰爲闇者社者土地之主尊也爲日光盡天闇冥恐人犯歷之故營之然此說非也記或傳者示不欲絶異說爾先言鼓後言用牲者明先以尊命責之後以臣子禮接之所以爲順也不言鼓于社用牲者與禘于大廟用致夫人同嫌起用牲爲非禮書者善内感懼天災應變得禮也是後夫人遂不制通於二叔殺二嗣子也○營社一傾反又如字本亦作縈同爲闇于僞反注爲闇爲日光同大廟音泰應變應對之應疏注或曰至說非也○解云知其非者正以日食者陰氣侵陽社官五土之神理宜抑之而反營衛失抑陰之義故也○注不言至非禮○解云公羊之義救日食而有牲者以臣子之道接之故也與左氏天災有幣無牲異矣僖八年秋七月禘于大廟用致夫人彼注云以致

文在廟下不使入廟知非禮也然則此經若鼓用牲之文在于社之下不使在社上則用牲爲非禮若然上二十四年傳云用者不宜用也而此注復以用牲爲得禮者公羊之義以用爲時事不必著不宜也○注書者至嗣子也○解云謂經書日食善内之得禮矣夫人遂不制以下是其日食之義言通於二叔者下二十七年傳云公子慶父公子牙通乎夫人以脅公是也言殺二嗣子者子般閔公是也

○伯姬歸于杞○秋大水鼓用牲于社于門其言于社于門何據一鼓用牲耳于社禮也于門非禮也于門非禮故畧不復舉鼓用牲不舉非禮爲重者如去于社嫌于門禮也大水與日食同禮者水亦土地所爲雲實出于地而施于上乃雨歸功于天猶臣歸美于君○復扶又反

疏注大水至于君○解云同禮謂同鼓用牲矣

○冬公子友如陳如陳者聘也内朝聘言如者尊内也書者録内所交接也朝京師大國善有加録文如楚有危文聘無月者此於朝輕也

疏注朝京至録文○解云凡朝聘例時加録謂書月是也即成十三年三月公如京師彼注云月者善公尊天子者是其朝京師有加録之

文矣襄二十一年春王正月公如晉彼注云月者溴梁之盟後中國方乖離善公獨能與大國者是朝大國有加録之文矣○注如楚有危文○解云即襄二十八年冬十有一月公如楚彼注云如楚皆月者危公朝夷狄也是也○注聘無月至輕也○解云即春秋上下内聘京師及大國悉書時是也而襄三十年春王正月楚子使薳頗來聘書月者彼注云月者公數如晉希見荅今見聘故喜録之是也然則此云聘無月者據内言之矣

二十有六年。公伐戎○夏公至自伐戎○曹殺其大夫何以不名據莒小於曹殺公子意恢名疏春公伐戎夏公至自伐戎○解云即上六年注云公獨出用兵不得意致伐者即此是也○注據莒至恢名○解云知莒小於曹者正以春秋上下曹伯恒敘於莒上故也其莒殺公子意恢名者即昭十四年冬莒殺其公子意恢是也眾也曷爲眾殺之据殺三郤名疏注据殺三郤名○解云即成十七年晉殺其大夫郤錡郤州郤至是也言晉殺三郤亦是衆殺之而皆書名此曷爲衆殺而復不稱其名乎不死于曹君者也曹諸大夫與君皆敵戎戰曹伯爲戎所殺諸大夫不伏節死義獨退求生後嗣子立而誅之春秋以爲得其罪故衆略之不名凡書君殺大夫大夫有罪以專殺書他皆以罪舉

疏　注凡書至罪舉○解云春秋之義諸侯之君不得專殺大夫若殺有罪大夫春秋書之者責君專殺矣其他無罪君枉殺之而書之者欲以罪君之故而舉之其罪君者即去其君之葬是也

君死乎位曰滅曷爲不言其滅據胡子髠滅○髠苦門反

疏　注據胡子髠滅○解云即昭二十三年云胡子髠沈子楹滅云云是也此注不言沈子楹者省文故也

爲曹羈諱也此蓋戰也何以不言戰如上語知爲戰○爲曹于僞反下同

疏　注如上語知爲戰○解云即上謂不死于曹君是也

爲曹羈諱也諱者上出奔嫌辟難欲起其賢又所諫者戰也故爲去戰滅之文所以致其意也曹無大夫書殺大夫者起當誅也○避難乃旦反爲去于僞反下起呂反

疏　注故爲至意也○解云謂曹羈之意唯恐其滅欲其不戰是故諱其戰滅之文所以使若諫得其君然也○注曹無大夫○解云上二十四年傳文○注起當誅也○解云言大夫之義理合死於君今

不死君當合誅討是以經書殺其大夫欲起其合誅矣〇秋公會宋人齊人伐徐〇冬十有二月癸亥朔日有食之異與上日食略同〇

疏注異與上日食略同〇解云上二十五年日食之下注云是後夫人遂不制通于二叔殺二嗣子也今此日食之異亦爲此事故云異與上日食之說相似是以不復指解之

二十有七年春公會杞伯姬于洮書者惡公教內女以非禮也洮內也凡公出在外致在內不致其與婦人會不別得意雖在外猶不致伯姬不卒者蓋不與卒于無服女會來例皆時〇洮他刀反惡惡公烏路反下惡莊同別彼列反

疏注凡公出在外致〇解云即哀十三年夏公會晉侯及吳子于黃池秋公至自會是其公與二國以上得意致會也桓二年秋公及戎盟于唐冬公至自唐是其公與一國出會盟得意致地也其不得意皆不致矣〇注在內不致〇解云即隱五年公觀魚于棠不書公至自棠之屬是也〇注其與至不致〇解云春秋上下無公會婦人于外之經而注言雖在外猶有不致者但偶爾無之〇注伯姬至無服〇解云凡諸

侯之女嫁於諸侯者爲之期若嫁於大夫者則不服矣其有服者春秋皆書其卒以録恩則紀伯姬宋伯姬之屬是若無服者則略之今此伯姬春秋不記其卒者蓋以其嫁於大夫故云不與卒于無服矣○注女會來例皆時○解云即此經書春公會杞伯姬于洮下文云冬杞伯姬來之屬是也

○夏六月公會齊侯宋公陳侯鄭伯同盟于幽○秋公子友如陳葬原仲原仲者何陳大夫也大夫不書葬此何以書据益師等皆不書葬稱字者葬從主人也【疏】原仲者何○解云欲言陳君其稱異常欲言大夫不合録葬故執不知問○注据益至書葬○解云即隱元年冬十二月公子益師卒之屬皆無葬文是也○注稱字至人也○解云若五等諸侯之卒例書本爵及其葬時悉皆稱公亦是葬從主人之稱故取尊名矣

通乎季子之私行也不以公事行曰私行私行不言葬原仲于陳若告糴者告糴上有無麥禾知以國事起此上下無起文而不言如陳嫌不辟國事實私行也不嫌使乎大夫者有國文也○告糴音狄下同使所吏反【疏】

注私行至告糴○解云即下二十八年經云冬築微大無麥禾臧孫辰告糴于齊傳云何以不稱使以爲臧孫辰之私行是也○注不嫌至國文也○解云成二年傳云君不使乎大夫此其行使乎大夫何者是其文也又閔二年傳云高子者何齊大夫也何以不稱使我無君也者亦是也今此葬原仲不嫌使乎大夫者正以上有如陳之文故也無國事言如陳者文九年注云大夫繫國是也

何通乎季子之私行據大夫私行不書辟內難也欲起其辟內難○內難乃旦反注及與下同君子辟內難而不辟外難禮記曰門內之治恩揜義門外之治義揜恩○之治直吏反下之治同

疏注禮記曰至揜恩○解云喪服四制文也案彼文事作治字下揜字作斷字蓋以所見異

內難者何公子慶父公子牙公子友皆莊公之母弟也公子慶父公子牙通乎夫人通者淫通

疏內難者何○解云正以弒君之事乃在莊三十二年冬今已辟之故執不知問

以脅公語在三十二年

疏注語在三十二年○解云即公

曰不謂我曰魯一生一及君已知之矣慶父也存是也季子起而治之則不得與于國政坐而視之則親親親至親也○與音預因不忍見也因緣已心不忍見親親之亂故於是復請至于陳而葬原仲也書者惡莊公不能任用使辟難而出疏故於是復請至於陳。解云案上二十五年冬公子友如陳今又請往故言復也

○冬杞伯姬來其言來何據有來歸疏冬杞伯姬來。解云即上二十五年夏伯姬歸于杞者是也非謂此年春公會杞伯姬于洮者杞伯姬自是大夫之妻然則此伯姬是其女洮之伯姬是其姊妹故今得並稱伯矣○注据有來歸。解云即宜十六年秋郯伯姬來歸是也直來曰來直來無事而來也諸侯夫人尊重既嫁非有大故不得反唯自大夫妻雖無事歲一歸宗疏注諸侯至得反。解云即此文直來曰來是也其大故者奔喪之謂文九年夫人姜氏如齊彼注云奔父母之喪也是也○注唯自大夫至一歸宗。解云自從也言從大夫妻以下即詩云歸寧父母是也案詩是后妃之事而云大夫妻者何

氏不信毛敘故也

大歸曰來歸大歸者廢棄來歸也婦人有七棄五不娶三不去嘗更三年喪不去不忘恩也賤取貴不去不背德也有所受無所歸不去不窮窮也喪婦長女不娶無教戒也世有惡疾不娶棄於天也世有刑人不娶棄於人也亂家女不娶類不正也逆家女不娶廢人倫也無子棄絕世也淫泆棄亂類也不事舅姑棄悖德也口舌棄離親也盜竊棄反義也嫉妒棄亂家也惡疾棄不可奉宗廟也○更音庚背音佩喪息浪反長丁丈反悖補內反

【疏】注不背德也○解云言已賤時彼已事已是其恩德也若貴而棄之即是背德而不報非禮也○注之家至人倫也○解云謂仍見其家不行正直而行頑嚚廢其尊卑之倫次故不可娶

○莒慶來逆叔姬莒慶者何莒大夫也莒無大夫此何以書譏何譏爾大夫越竟逆女非禮也禮大夫任重爲越竟逆女於政事有所損曠故竟內乃得親迎所以屈私赴公也言叔姬者婦人以字通言叔姬賤故略與歸同文重乖離也

【疏】莒慶者何○解云欲言莒君經不稱子欲言大夫莒無大夫故執不知問○大夫至非禮也○解云大夫

所以不得越竟逆女者，正以大夫任重於政事，有所損曠故也。若士則得越竟娶妻，正以其任輕故也。是以士昏禮云若異邦則贈丈夫送者以束錦是也。○注言叔至乖離也。○解云：若不與歸同文，宜言莒慶來逆女，叔姬歸于莒矣。然則言叔姬者，是其歸文也。又云重乖離者，謂書其逆女與歸文同也。何者？嫁于大夫賤，不合録，而書其逆叔姬者，重其乖離矣。

○杞伯來朝。杞，夏后，不稱公者，春秋黜杞，新周而故宋，以春秋當新王。黜而不稱侯者，方以子貶起。○伯爲黜說在僖二十三年。○夏，戶雅反。

疏 注杞夏后不稱公。○解云：隱五年傳云王者之後稱公，今而稱伯，故怪之。○注黜而至三年。○解云：僖二十三年十有一月，杞子卒，注云始見稱伯，卒獨稱子者，微弱爲徐莒所脅，不能死位。春秋伯子男一也，辭無所貶，貶稱子者，春秋黜杞不明，故以其一等貶之，明本非伯，乃公也。又因以見聖人子孫有誅無絶，故貶不失爵是也。言方以子貶者，方以僖二十三年貶之稱子，令與伯共爲一等，故於此處不得稱侯耳。

○公會齊侯于城濮。○濮音卜。

監本附音春秋公羊注疏莊公卷八

古虞盧氏宣旬校定

清嘉慶二十年重刊
用文選樓藏本校

江南蘇松督糧道方體栞

公羊注疏卷八挍勘記　阮元撰盧宣旬摘録

公羊注疏莊公卷八

十有八年

日有食之　經義雜記曰五行志嚴公十八年三月日有食之董仲舒等所見公羊傳曰日晦今公羊無傳何注無食晦之文蓋亦以爲食晦公羊有之或漢初公羊家説也劉歆説左氏

据公追齊師至鄬　閩監毛本同鄂本鄬作巂下同此本疏中凡鄬字皆作巂當據正

象魯爲鄭瞻所惑　鄂本瞻誤贍

十有九年

故書所以不當書　按以字衍當刪正

此其言遂何　唐石經此其損缺或言石經無其今以字數核之當本有

公比不至　鄂本宋本同十行本比誤此今訂正閩監毛本改皆非○按比猶頻也

榮見遠也　諸本同句當有誤

二十年

大災者何大瘠也　唐石經諸本同釋文大瘠在亦反本或作瘠才細反一本作漬才賜反鄭注曲禮引此同經義雜記曰禮記曲禮下四足死曰漬注漬謂相瀸汙而死也春秋傳曰大災者何大漬也吕氏春秋貴公篇仲父之疾病矣漬甚高誘注漬亦病也公羊傳曰大災者大漬也然則鄭高所據公羊皆作大漬按此當是嚴顏之異

痢者民疾疫也　惠棟云痢即癘字古厲列通

二十有一年　唐石經作廿有一年下二十準此鄂本作二年誤字也

見其誠明不爲之諱者　毛本見誤兒

二十有二年

肆大省　唐石經諸本同釋文肆本或作佚省二傳作告

又大白省勑　宋本同閩監毛本勑作敕疏同

所以專孝子之思也　閩監毛本同鄂本宋本思作恩

證不以忌凶事也　閩監本同毛本證誤正

起仇母錄子恩　鄂本仇作讎下同

以其爲君配　何校本君作公與穀梁傳合

譏莊公取仇國女　鄂本取仇作娶讎穀梁疏引同

大夫盟當出名氏　閩監毛本同修改本出作書蓋非

納幣卽納徵納徵禮曰　鄂本納徵不重此衍毛本禮誤者

二十有三年

春公至自齊　毛本自誤日

莊公時淫絕之者　按時蓋特之誤

注天子至羊豕者　閩監毛本者改○

許夷狄者不一而足　六經正誤云一當作壹按此本疏引襄廿九年傳作不壹而足閩監毛本亦改爲一

傳言丹桓宮者　毛本宮誤公疏中刻桓宮楹同

莊公有淫泆汚貳之行　諸本同鄂本汚作汙按淫泆二字當衍釋文出有汙二字疏標注汚貳之行四字解云莊公之行既不清絜又不專壹故謂之汚貳矣是本無淫泆可知

故謂之汚矣　按汚下當脫貳字

娣上說以齊惡我貳　鄂本說作訖此誤

二十有四年

既非正禮明矣　浦鏜云既疑即字誤

僂疾也　段玉裁云僂即婁婁即今屢字訓數亦訓疾

鷄鳴縰笄而朝　鄂本宋本閩監本同毛本鷄改雞縰笄誤縱笄

腶脩云乎　唐石經諸本釋文文作斷脩云丁亂反注同本又作腶音同此本腶誤暇今訂正

取其斷斷自脩正　鄂本正誤止

士用雉　此本雉誤雜今據諸本訂正

令昭穆親疏各得其序也　鄂本無疏此涉上理親疏誤衍

何以特書曹羈　閩監本同毛本特改獨非

戎師多　毛本戎誤我

治事聲相近何據禮記不與鄭本同

賤取貴不去　按取當作娶上下皆作娶

於政事有所損曠故竟内乃得親迎　宋本同監毛本損誤捐迎誤逆閩本損字亦誤迎字不誤疏中損皆誤捐

則贈丈夫送者以束錦是也　毛本錦誤帛

杞夏后　鄂本后作後此誤疏同

方以子貶起伯爲黜　鄂本起作杞此誤

有誅無絶　毛本絶誤貶

公羊注疏卷八挍勘記終　工部屯田司員外郎胡祖謙挍

監本春秋公羊注疏莊公卷第九　起二十八年盡閔公二年

何休學

二十有八年春王三月甲寅齊人伐衛衛人及齊人戰衛人敗績伐不日此何以日據鄭人伐衛不日疏注據鄭人伐衛不日○解云在隱二年冬按彼文雖在十二月乙卯夫人子氏薨之下不蒙其日月故得据之至之日也用兵之道當先至竟侵責之不服乃伐之今日至便以今日伐之故曰以起其暴也戰不言伐此其言伐何至之日也至日便伐明暴故舉伐疏戰不至伐何○解云正以上十年傳云戰不言伐云云書其重者故此弟子据而難之春秋伐者爲客伐人者爲客讀伐長言之齊人語也○伐者爲客何云讀伐長言之伐人者也疏春秋伐者爲客○解云謂伐人者必理直而兵强故引聲唱伐長言之喻其無畏矣伐者爲主見伐

者爲主讀伐短言之齊人語也○伐者爲主何云讀伐短之見伐者也疏伐者爲主○解云謂被伐主必理曲而寡援恐得罪於鄰國故促聲短言之喻其恐懼也公羊子齊人因其俗可以見長短故言此故使衛主之也戰序上言及者爲主曷爲使衛主之據宋襄公伐齊宋主齊疏注据宋至主齊○解云即僖十八年春王正月宋公會曹伯衛人邾婁人伐齊夏五月戊寅宋師及齊師戰于甗齊師敗績傳云戰不言伐此其言伐何宋公與伐而不與戰故言伐春秋伐者爲客伐者爲主曷爲不使齊主之與襄公之征齊也曷爲與襄公之征齊桓公死豎刁易牙爭權不葬爲是故伐之也是也衛未有罪爾蓋爲幽之會服父喪未終而不至故○蓋爲于僞反疏注蓋爲至至故○解云上二十七年夏公會齊侯宋公陳侯鄭伯同盟于幽是也按上二十五年夏五月癸丑衛侯朔卒至二十七年六月幽之會時始二十六月未盡今傳復以爲無罪故知正爲父喪未終是以不至則幽之會不至之衛侯惠公朔之子蓋懿公也敗者稱師衛何以不稱師据桓十三年己巳燕人戰敗績稱師也疏注据桓至稱師也解云即彼經云十

三年春二月公會紀侯鄭伯己巳及齊侯宋公衛侯燕人戰齊師宋師衛師燕師敗績是**未得乎師也**未得成列爲師也詐戰不言戰言戰者衛未有罪方欲使衛主齊見直文也不地者因都主國也○見直賢徧反

（疏）注詐戰不言戰　解云通例如此

夏四月丁未邾婁子瑣卒日者附從霸者朝天子行進○瑣素果反

（疏）注日者至行進○解云欲決上十六年冬十二月邾婁子克卒不書日故也正以行進而書日故知附從霸者朝天子賢於會霸者於北杏而已但外相如例所不書故無其文何氏以理知之故如此解

○**秋荊伐鄭公會齊人宋人邾婁人救鄭**書者善中國能相救○**冬築微**○築微左氏作麋**大無麥禾**

冬既見無麥禾矣曷爲先言築微而後言無麥禾諱以凶年造邑也諱使若造邑而後無麥禾者惡愈也此蓋秋水所傷就築微下俱舉水則嫌冬水推秋無麥禾使若冬水所傷者但言無麥禾則嫌秋自不成不能起秋水因疾莊公行類同故加

大明有秋水也此夫人淫泆之所致【疏】注此蓋至秋水○解云既言無麥是建未之前事故知秋水所傷也若其經云冬築微大水無麥禾即大水在冬下嫌是冬水矣則嫌推尋此秋無麥禾之事若使冬水傷殺之者矣若不言大而但言無麥禾則嫌此秋但地氣不養而麥禾不成不能起見此秋實有水矣因欲疾莊公之行不制夫人令其陰盛類同於水故加大以見之○臧孫辰告糴于齊告糴者何請糴也買穀曰糴【疏】告糴者何○解云欲言買穀不見將物之文欲言非買穀而經書糴者故執不知問何以不稱使據上大無麥禾不知以國事行當言如也【疏】注當言如也○解云正以如者內稱使文故也以爲臧孫辰之私行也曷爲以臧孫辰之私行據國事也君子之爲國也必有三年之委一年不熟告糴譏也古者三年耕必餘一年之儲九年耕必有三年之積雖遇凶災民不饑乏莊公享國二十八年而無一年之畜危亡切近故諱使若國家不匱大夫自私行糴也○委於鬼反諸直魚反

畜勑六反匱其位反〔疏〕注危亡切近故諱○解云謂危亡之事切於國家理應不遠矣

二十有九年春新延廄新延廄者何脩舊也舊故也繕故曰新有所增益曰作始造曰築○廄九又反〔疏〕新延廄者何○解云欲言新造不見作名欲言修舊修舊不書故執不知問○注繕故曰新○解云即此是也○注有所增益曰作○解云即僖二十年新作南門是也○注造°曰築○解云即上築微傳云凶年不造邑也之屬是也脩舊不書此何以書据新宮災後修不書〔疏〕注据新至不書○解云即成三年二月甲子新宮災三日哭於此以後不見修作之文是也譏何譏爾凶年不脩不諱者繕故功費差輕於造邑延廄馬廄也○費芳味反差初賣反〔疏〕注不諱至造邑○解云上二十八年築微之事實在大無麥禾後而在前言之者諱以凶年造邑故也然則去年無麥禾今茲凶歲而修廄不諱者正以功費輕也○夏鄭人侵許○秋有蜚何以書記異也蜚者臭惡之蟲也象夫人有臭惡之行言有者南越盛暑所生非中

國之所有。○蜚，扶味反。臭蟲也。行，下孟反。

○冬，十有二月，紀叔姬卒。國滅卒者，從夫人行，待之以初也。

疏 注「國滅」至「以初也」。○解云：桓七年夏，「穀伯綏來朝，鄧侯吾離來朝」，傳云「皆何以名？失地之君也。其稱侯朝何？貴者無後，待之以初也」。然則今此叔姬其國已滅而書卒，正以本貴爲夫人，今雖國滅，猶以夫人之禮待之而書其卒，故云待之以初也。案隱七年，則此叔姬乃是伯姬之媵，而言從夫人行者，正以十二年春叔姬歸于酅，傳云「其言歸于酅何？隱之也。何隱爾？其國亡矣，徒歸于叔爾也」。然則初去之時雖爲媵妾，至莊四年三月伯姬卒之後，紀國未滅之前，紀侯立之爲夫人。其言夏紀侯大去其國，叔姬乃歸于魯，至十二年春歸于酅之時爲夫人，故曰從夫人行也。

○城諸及防。諸，君邑；防，臣邑。言及，別君臣之義。君臣之義正，則天下定矣。○別，彼列反。

疏 注「諸君」至「臣邑」。○解云：知如此者，正以昭五年夏，「莒牟夷以牟婁及防茲來奔」，傳云「其言及防茲來奔何？不以私邑累公邑也」。彼注云「公邑，君邑也；私邑，臣邑也。累，次也。義不可使臣邑與君邑相次序，故言及以絕之」。然則都邑言及，別公私，故知此言城諸及防者，是君臣邑故也。○注「言及」至「定矣」。○解云：所以君臣之義正，則天下定可以

爲王者之法矣

三十年春王正月○夏師次于成○秋七月齊人降鄣鄣者何紀之遺邑也降之者何取之也取之則曷爲不言取之爲桓公諱也時霸功足以除惡故爲諱言降者能以德見歸自來服者可也○降鄣戸江反下注同鄣音章爲桓于僞反注同〔疏〕鄣者何○解云欲言是國春秋未有欲言非國復無所繫故執不知問○降之者何○解云欲言自服文道齊人欲言兵加而文又言降故執不知問外取邑不書此何以書盡也襄公服紀以過而復盡取其邑惡其不仁之甚也月者重於取邑○復扶又反惡其烏路反下同〔疏〕注月者重於取邑○解云以取邑例時即隱六年冬宋人取長葛之屬是○八月癸亥葬紀叔姬外夫人不書葬此何以書隱之也何隱爾其國

亡矣徒葬乎叔爾○九月庚午朔日有食之鼓用牲于社是後魯比弑二君狄滅邢衛○比殺申志反疏徒葬乎叔爾○解云謂不得與夫合葬故言徒徒者空也案上四年齊侯葬紀伯姬傳云外夫人不書葬此何以書隱之也何隱爾徒葬于齊爾而此重發之者正以彼則于齊此則于叔故重言之○注是後魯比弑二君○解云謂下三十二年子般卒閔二年公薨是也○注狄滅邢衛○解云謂僖元年次聶北救邢僖二年春王正月城楚丘之屬是也○冬公及齊侯遇于魯濟○濟子禮反○齊人伐山戎此齊侯也其稱人何據下言齊侯來獻戎捷疏注據下至戎捷○解云即下三十一年夏六月齊侯來獻戎捷是也貶曷爲貶據齊侯伐北戎不貶疏注據齊至不貶○解云即僖十年夏齊侯許男伐北戎是也若然而此注不道許男者正以其解齊人伐山戎之故省文子司馬子曰蓋以操之爲已蹙矣操迫也已甚也蹙痛也迫殺之甚痛○以操七刀反迫也注同蹙子

六反此蓋戰也何以不言戰据得捷也春秋敵者言戰

桓公之與戎狄驅之爾時桓公力但可驅逐之而已戎亦天地之所生而乃迫殺之甚痛故去戰貶見其事惡不仁也山戎者戎中之別名行進故録之○去起呂反見賢徧反〔疏〕春秋敵者言戰解云謂軍人衆寡相敵者不謂將之尊卑等是以僖二十八年晉侯已下及楚人戰于城濮宣十二年晉荀林父帥師及楚子戰于邲之屬雖君與大夫亦言戰矣○注故去至不仁也○解云謂貶去其戰以見力不得等惡齊侯之不仁也○注行進故録之○解云謂言山詳録之耳

三十有一年春築臺于郎何以書譏何譏爾

臨民之所漱浣也無垢加功曰漱去垢曰浣齊人語也譏者爲瀆下也禮天子外屏諸侯内屏大夫帷士簾所以防泄慢之漸也禮天子有靈臺以候天地諸侯有時臺以候四時登高遠望人情所樂動而無益於民者雖樂不爲也四方而高曰臺○漱素口反浣戶管反垢古口反去起呂反爲瀆于僞反下爲威同〔疏〕

臨民之所漱浣也○解云謂郎臺近泉臺故知如此是以文十六年傳云泉臺者何郎臺也郎臺則曷爲謂之泉臺未成爲郎臺既成爲泉臺彼注云既成更以所置名之者即其近泉之證也○注無垢加功曰漱○解云謂但用手矣既無垢而加功者蓋亦少有但無多垢故謂之無非全無也又取其斗漱耳若以里語曰斗漱也注去垢曰浣者蓋用足物是以舊說云用足曰浣是也故內則云冠帶垢和灰請漱衣裳垢和灰請澣鄭注云手曰漱足曰澣和漬也是也○注禮天至士簾○解云禮說文也○注天子至四時○解云皆是禮說文也文王受命之後乃築靈臺亦是天子曰靈臺之義正以侯天地故以靈言之諸侯侯四時故謂之時臺○注四方而高曰臺○解云爾雅釋宮文

○夏四月薛伯卒卒者薛與滕俱朝隱公桓弒隱而立滕朝桓公薛獨不朝知去就也○桓殺申志反

疏卒者至去就也○解云所傳聞之世小國卒例不合書而今書之故解之耳言薛與滕俱朝隱公者即隱十一年滕侯薛侯來朝是也言滕朝桓公者即桓二年滕子來朝是也言知去就者謂知去惡就善矣

○築臺于薛何以書譏何譏爾遠也禮諸侯之觀不過郊○觀工喚反

疏注禮諸至過郊

解云正以郎爲近邑而在郊內鄉者上傳不譏其遠今此云薛傳云遠也故知禮法不得過郊矣〇六月齊侯來獻戎捷戰所獲物曰捷齊大國也曷爲親來獻戎捷据齊未嘗朝魯威我也以威恐怖魯也如上難知爲威魯書之〇恐怖丘勇反下普故反其威我奈何旗獲而過我也旗軍幟各各有色與金鼓俱舉使士卒望而爲陳者旗獲建旗縣所獲得以過魯也不書威魯者恥不能爲齊所忌難見輕侮也言獻捷繫戎者春秋王魯因見王義古者方伯征伐不道諸侯交格而戰者誅絶其國獻捷於王者楚獻捷時此月者刺齊桓憍慢恃盈非所以就霸功也〇幟音志又申志反又尺志反本又作織同難乃旦反因見賢徧反

疏注旗軍至有色〇解云即禮大帛以即戎之屬是也〇注與金鼓俱舉〇解云謂以金錞和鼓金鐸通鼓之時而建之〇注旗獲至過魯也〇解云凡言過者謂道所經過之稱今齊侯伐山戎而得過魯則此山戎不在齊北可知蓋戎之別種居于諸夏之山故謂之山戎耳〇注言獻捷繫戎至不道〇解云正決僖二十一年冬楚人使宜申來獻捷無所繫矣〇注諸侯交至於王者〇解云格猶距也謂

與交戰而距王令人謂不順之處爲格化之類○注楚獻至此月○解云即僖二十一年冬楚人使宜申來獻捷是也而云持盈者謂自持盈滿之道而侮諸侯失謙虛之義故月之○

秋築臺于秦何以書譏何譏爾臨國也

言國者社稷宗廟朝廷皆爲國明皆不當臨也臨社稷宗廟則不敬臨朝廷則泄慢也○

冬不雨何以書記異也

京房易傳曰旱異者旱久而不害物也斯祿去公室福由下作故陽雖不施而陰道獨行以成萬物也先是比築三臺慶牙專政之應○施申豉反

疏 注先是比築三臺○解云即上文于郎于薛于秦之屬是也○注慶牙專政○解云即上二十七年傳云公子慶父公子牙公子友皆莊公之母弟也公子慶父公子牙通乎夫人以脅公季子起而治之則不得與于國政坐而視之則親親因不忍見也故於是復請至于陳而葬原仲也下三十二年傳云季子至而授之以國政然則上既言二子脅公季友不得爲政下文始言授季子國政即於是時慶牙爲政明矣○

三十有二年春城小穀○夏宋公齊侯遇于

梁丘○秋七月癸巳公子牙卒何以不稱弟据公弟叔肸卒○肸許乙反（疏）城小穀○解云二傳作小字與左氏異夏宋公至梁丘○解云隱八年注云宋公序上者時衞侯要宋公使不虞者爲主明當戒慎之然則今宋公序上亦爲齊侯所要故也○注据公弟叔肸卒○解云即宣十七年冬十有一月壬午公弟叔肸是也殺也殺則曷爲不言刺。据公子買有罪殺之言刺不言卒（疏）注据公至言卒○解云即僖二十八年公子買戍衞不卒戍刺之傳云不卒戍者何不卒戍者內辭也不可使往也不可使往則其言戍衞何遂公意也是也爲季子諱殺也曷爲爲季子諱殺据叔孫得臣卒不日者惡不發揚公子遂弒也○爲季于僞反下爲季而爲注故爲同（疏）注据叔至遂弒也○解云即宣五年九月叔孫得臣卒注云不日者知公子遂欲弒君爲人臣知賊而不言明當誅是也然則季子若其發揚牙之罪惡誅之正是臣人之道今而諱殺故難之云季子之遏惡也遏止○遏於葛反止也不以爲國獄不就致獄○其刑故言

卒緣季子之心而爲之諱季子過在親親疑於非正故爲之諱所以別嫌明疑○別彼列反

疏注季子至明疑○解云季子仁者不忍用刑其兄是失事君之道然則季子之過在於親其親者故曰過在親親春秋以掩過牙之惡與周公行誅于兄異是以疑其非正禮耳故爲之諱刺文所以別嫌者謂諱刺別於親親失臣道之嫌明疑者明於掩惡非正禮之疑耳

季子之過惡奈何莊公病將死以病召季子召之於陳

疏注召之於陳○解云正以上二十七年傳云因不忍見也故於是復請至于陳而葬原仲也之文故也

季子至而授之以國政至不書者內大夫出與歸不兩書

疏注至不至兩書○解云謂通例如此宣八年夏公子遂如齊至黃乃復書其乃復者彼傳云何言乎有疾乃復譏何譏爾大夫以君命出聞喪徐行而不反彼注云喪尚不當反況於疾乎是也宣十八年秋公孫歸父如晉冬歸父還自晉至檉遂奔齊書其還者彼傳云還者何善辭也何善爾歸父使於晉還自晉至檉聞君薨家遣墠帷反命乎介自是走之齊彼注云主書者善其不以家見遂怨懟成踊哭君終臣子之道起

時莫能然也言至棰者善其得禮于棰是也昭十四年春隱如至自晉又昭二十四年春叔孫舍至自晉皆書至者正由被執而得歸是以重而書至猶非正歸當書之例也閔二年秋季子來歸書者初出亦不書不得難此也 曰寡人即不起此病吾將焉致乎魯國 致與也○焉於虔反 季子曰般也存君何憂焉公曰庸得若是乎 庸猶傭傭無節目○辭之般音班 牙謂我曰魯一生一及君已知之矣 父死子繼曰生兄死弟繼曰及言隱公生桓公及今君生慶父亦當及是魯國之常也 慶父也存 時莊公以爲慶父也存者牙欲立慶父 疏 解云莊公辭 季子曰夫何敢是將爲亂乎夫何敢 再言夫何敢者反覆思惟且欲以安病人也孔子曰君子有九思視思明聽思聰色思溫貌思恭言思忠事思敬疑思問忿思難見得思義○夫何音扶下及注同覆芳服反思難乃旦反也 疏 注再言至病人也○解云謂反覆思惟躕躕之間故再告此言夫何敢使病者意安耳○注孔子曰至思義○解云引之

者欲言季子反覆思惟合於君子之道言見得思義者得謂利祿也俄而牙弒械成是時牙實欲自弒君兵械已成但事未行爾有攻守之器曰械○俄五多反牙殺申志反注及下親弒同械戶戒反季子和藥而飲之藥者酖毒也傳曰酖之是也時季子亦有械故能飲之傳不道者從可知○飲於鴆反注同酖毒本亦作鴆直蔭反下文同疏注藥者至是也○解云即下云然則曷為不直誅而酖之云云者是曰公子從吾言而飲此則必可以無為天下戮笑必有後乎魯國時世大夫誅不宜揚子當繼體如故疏則必可以無為天下戮笑○解云言不為天下所共戮不為天下所共笑矣○注時世大夫○解云欲道古禮大夫不世矣不從吾言而不飲此則必為天下戮笑必無後乎魯國於是從其言而飲之飲之無傫氏至乎王堤而死公子牙今將爾今將欲殺無傫○無本又作巫傫音力委

反又力追反堤丁兮反〔疏〕飲之無倮氏○解云或是大夫家或是地名言飲酖毒之藥于無倮氏矣舊云飲之無倮氏者言飲此毒不累其子孫謂當立其氏族也者非也○至乎王堤而死○解云王堤蓋地名**辭曷爲**

與親弑者同辭傳序經辭親躬親也〔疏〕注辭傳序經辭○解云知如此者正以經書公子牙卒無誅殺之文傳云曷爲不言刺之云是將爲亂乎故知此辭與親弑者同但是傳序經辭非爲經也**君**

親無將將而誅焉親謂父母○無將如字閔公本將不誅將而皆同或子匠反非也

然則善之與曰然殺世子母弟直稱君者甚之也季子殺母兄何善爾誅不得辟兄君臣之義也以臣事君之義也唯人君然後得申親親之恩○與音餘〔疏〕殺世子母弟至之也○解云即僖五年春晉侯殺其世子申生襄二十六年秋宋公殺其世子痤之屬者是殺世子直稱君之經也隱元年夏五月鄭伯克段于鄢襄三十年夏天王殺其弟年夫之屬者是殺母弟直稱君之經也○注唯人至之恩○解云欲道殺世子母弟

所以直稱君甚之之義言得申親親之恩而不申之故甚其惡耳然則曷爲不直誅而酖之行誅乎兄隱而逃之使託若以疾死然親親之道也明當以親親原而與之於治亂當賞疑從重於平世當罰疑從輕莊不卒大夫而卒牙者本以書國將弒君書日者錄季子過惡也行誅親親雖酖之猶有恩也

疏隱而逃之○解云言隱匿辟殺是以不直誅而酖之矣○注明當至與之○解云明春秋之道當親其親而原季子之心而與之故善之耳○注於治至從輕○解云注言此者欲道春秋者撥亂之書是以原其親親而賞季氏即賞疑從重也當所傳聞之世天下未平是以升平疑獄不得不誅故云於平世乃可罰疑從輕矣○注莊不至弒君○解云上三年春王正月溺會齊師伐衞傳云溺者何吾大夫之未命者也彼注云所伐大夫不卒者莊公薄於臣子之恩故不卒大夫與桓同義是也今牙書卒者本以當國將弒君故也○注書日至過惡也○解云正以春秋之義於所傳聞之世大夫之卒不問有罪無罪皆不書日以略之因示其恩淺即隱元年冬十二月公子益師卒隱八年冬十有二月無駭卒之屬是也今而書日故解之言錄季

子過惡也者正以爲季子過其惡之故是以詳録之耳

○八月癸亥公薨于路寢路寢者何正寢也公之正居也天子諸侯皆有三寢一曰高寢二曰路寢三曰小寢父居高寢子居路寢孫從王父母妻從夫寢夫人居小寢在寢地。加録内也夫人不地者外夫人不卒内書薨已録之矣故出乃地

疏路寢者何○解云欲言正寢公存之時經文無路寢之名欲言非正寢而公薨於内故執不知問○注天子諸侯至人居小寢○解云皆時王之禮矣若春秋定十五年夏五月壬申公薨於高寢僖三十三年冬十二月乙巳公薨于小寢之屬是也然則諸侯有三寢而薨一其内者是正矣而文十八年二月丁丑公薨于臺下襄三十一年夏六月辛巳公薨于楚宫之屬皆爲失處而無譏文者蓋以不在三寢非禮自見故也而云父居高寢者蓋以寢中最尊若父子並薨之時父殯于高寢矣其嗣君亦薨乃居於路寢若其孫又薨則從王父母小寢所以不再言母者妻從夫寢故也其夫人若存定居于寢内之三宫矣若非有並喪則從寢之中科薨其一而謂路寢爲公之正居者以其始正之常處也○注在寢地加録内也○解云正決外諸侯之卒不地故也○注故出乃地○解云即僖元年秋七月戊辰夫人姜

氏薨于夷是也〇冬十月乙未子般卒子卒云子卒此其稱子般卒何据子赤不言子赤卒〔疏〕据子赤不言子赤卒〇解云文十八年冬十月子卒傳云子卒者孰謂謂子赤也是也君存稱世子明當世父位爲君〔疏〕君存稱世子〇解云內外同矣而桓六年九月丁卯子同生不言世子者彼注云而不以世子正稱書者明欲以正見無正疾惡桓公是也君薨稱子某緣民臣之心不可一日無君故稱子某明繼父也名者尸柩尚存猶以君前臣名也〔疏〕注緣民臣至名也〇解云子者嗣君之稱是以稱子某明其嗣父也既不可無君令之繼父而書名者正以尸柩尚存猶君前臣名故也其緣民臣之心不可一日無君者文九年傳文既葬稱子不名者無所屈也緣終始之義一年不二君故稱子也〔疏〕注不名至子也〇解云正以先君既葬更無所屈所以不稱爵而言子者一年不二君矣其緣終始之義一年不二君者文九年傳文踰年稱年不可曠年無君〔疏〕注不可曠年無君〇解云文九年傳文子般卒何以不書葬据定姒俱

稱卒書葬。疏注據定至書葬。○解云：即定十五年秋七月壬申姒氏卒，九月辛巳葬定姒。然則定姒稱卒而書葬，今子般稱卒不書葬，故難之。

未踰年之君也，有子則廟，則立廟也廟則書葬，錄子恩也無子不廟，不廟則不書葬。未踰年之君禮臣下無服，故無子不廟，不廟則不書葬，示一年不二君也。稱卒不地者，降成君也。日者，爲臣子恩錄之也。殺不去日，見隱者，降子赤也。○去，起呂反。見，賢徧反。疏注未踰至二君也。○解云：案喪服不杖期章之內有爲君之長子，臣下猶服之，況爲嗣君而言無服者，正以爲長子之時，其臣下從君而服之，若其爲嗣君，則無從服之義，是以知其無服矣。不但如此，作君長子之時，其臣皆吉，故得爲之服期；若作未踰年之君，臣下皆爲前君服斬，寧得更爲之服乎？若還服期，即是廢重服輕；若爲斬衰三年，即違一年不二君之義故也。○注稱卒不至之也。○解云：案隱公、閔公皆是成君，而亦不地，故隱十一年傳云「公薨何以不地？不忍言也」，故彼注云「不忍言其僵尸之處」。今子般亦殺死，正合不書地，而言降成君者，欲道好死者亦不書地，所以降成君故也。其好死者，即襄三十一年秋九月癸巳子野卒是也。○注殺不至子赤也。○解云即文十八年冬十月子卒傳云子卒者孰謂。子赤也何以不日隱之也何隱爾弒也弒則何以不日不忍言也彼注云所聞世臣子恩痛王父深厚故不忍言其日與子般異是也然則子般猶是所傳聞之世恩降于子赤是以忍言日也○

公子慶父如齊如齊者奔也是時季子新酖牙慶父雖歸獄鄧扈樂猶不自信於季子故出也不言奔者起季子不探其情不暴其罪。樂音洛暴步卜反

疏 注慶父至扈樂○解云其歸獄鄧扈樂之事在閔元年傳也

○**狄伐邢**

閔公

起元年盡二年

元年春王正月公何以不言即位繼弒君不言即位復發傳者嫌繼未踰年君義異故也明當隱之如一○弒申志反

疏 注復發至如一解云則莊元年傳云公何以不言即位春秋君。子不言即位君弒則子何以不言即位隱之也孰隱隱子也然則莊元年已有此傳今復發之者正嫌此繼未踰年之君異于成君故也其異。一成一未而不異之者明臣子隱痛之當如一矣若然案

莊公繼弑弑是齊侯今閔公繼弑弑是慶父何氏寗知不嫌此異而知爲所繼之君成與不成者正以解即位之義欲道后君痛其見弑不忍即其位處明据子般弑不見恩之深淺無弑者内外之義故也　孰繼○見賢徧反繼子般也孰弑子般慶父也殺公子牙今將爾季子不免慶父弑君何以不誅將而不免遏惡也既而不可及因獄有所歸不探其情而誅焉親親之道也論季子當從議親之辟猶律親親得相首匿當與叔孫得臣有差○探他南反辟婢亦反匿女亦反　疏　注論季子至首匿○解云謂季子緩縱慶父之事當從周禮小司徒議親之法非其罪也○注當與至有差○解云即宜五年叔孫得臣卒注云不日者知公子遂欲弑君爲人臣知賊而不言明當誅則得臣與遂不宜相隱是以罪之今慶父季友親則親矣得相首匿是以舍之故言當與叔孫得臣有差矣　惡乎歸獄歸獄僕人鄧扈樂曷爲歸獄僕人鄧

扈樂据師還也○惡音烏扈樂音洛或如字疏注据師還也○解云即莊八年秋師還傳云還者何善辭也此滅同姓何善爾非師之罪也注云明君之使重在君然則莊八年尊者使師滅同姓而歸善於師今則尊者使樂殺子般而反歸惡於樂故難之莊公存之時樂曾淫于宮中子般執而鞭之莊公死慶父謂樂曰般之辱爾國人莫不知盍弒之矣使弒子般然後誅鄧扈樂而歸獄焉殺鄧扈樂不書者微也○曾才能反盍戶臘反疏樂曾淫于宮中解云即左氏傳云雩講於梁氏女公子觀之圉人犖自牆外與之戲也者得與此合季子至而不變也至者聞君弒從家至朝季子知樂勢不能獨弒而不變正其真僞○齊人救邢○夏六月辛酉葬我君莊公○秋八月公及齊侯盟于洛姑時慶父內則素得權重外則出奔彊齊恐爲國家禍亂故季子如齊閒之奉閔

公託齊桓爲此盟下書歸者使與君致同主書者起託君也【疏】注故季子如齊聞之。解云正以下經云季子來歸故知時如齊矣。注書君至致同。解云正以大夫歸例不書而下經書歸故如此解也。注主書者起託君也。解云謂主書此盟又下文即書季子來歸者欲起季子託君于齊侯矣所以不書公至自洛者桓之會不致故也○

季子來歸其稱季子何据如陳名不稱季卒不稱子【疏】注据如陳名不稱季。解云即莊二十七年公子友如陳葬原仲是也。注不稱子。解云即僖十六年三月壬申公子季友卒是也

賢也嫌季子不探誅慶父有甚惡故復於託君安國賢之所以輕歸獄顯所當任達其功不稱季友者明齊繼魯本感洛姑之託故令與高子俱稱子起其事○令力呈反【疏】注嫌季至賢之。解云嫌有趙盾不誅趙穿而獲弒君之惡故曰甚惡也。注所以至其功。解云所以輕歸獄者欲輕季子往前縱慶父歸獄之過矣言顯所當任者謂書曰季子來歸明託君而還欲顯當存國之任矣言達其功者欲達其存國之功矣。注不稱至其事。解云以僖十六年卒時稱季友故決之但當稱季足得起其賢而稱子者見義故也何者案下二年冬齊高子來盟傳云高子者何齊

大夫也何以不名喜之也何喜爾正我也其正我奈何莊公死子般弒閔公弒比三君死曠年無君設以齊取魯。不興師徒以言而已矣桓公使高子將南陽之甲立僖公而城魯魯人至今以爲美談曰尤望高子也然則齊侯所以遣高子存魯而立君繼之者由此洛姑之託故令季子與高子同稱子起見其事矣**其言來歸何**据召歸不書隱如言至

疏注据召歸不書○解云即莊二十七年公子友如陳葬原仲莊三十二年傳云莊公召季子季子至而授之以國政彼注云至不書者内大夫出與歸不兩書是也○注隱如言至○解云即昭十四年隱如至自晉是也

喜之也季子來歸則國安故喜之而變至加錄云爾蓋與賢相起言歸者主爲喜出言來者起從齊自外來盟不日公不致者桓之盟不日其會不致信之也○主爲于僞反下文注皆同

疏注蓋與賢相起○解云謂稱字所以賢之亦見其喜矣變至言歸所以喜之亦起其賢故云與賢相起耳○注桓之盟不日至之也○解云莊十三年傳文

○冬齊仲孫來齊仲孫者何公子慶父也公子慶父則曷爲謂之齊仲孫繫之齊也曷

爲繫之齊據欒盈出奔楚還還不繫楚疏齊仲孫者何○解云欲道齊人經不言使欲言己臣而繼于齊故執不知問○注據欒至不繫楚○解云即襄二十一年秋晉欒盈出奔楚至襄二十三年夏欒盈復入于晉大夫于曲沃是也外之也曷爲外之據俱出奔遠也春秋爲尊者諱爲閔公諱受賊人也爲親者諱爲季子親親而受之故諱也疏注爲季至諱也○解云謂季子是閔公之親親而反受其賊故爲諱耳爲賢者諱以季子有遏牙不殺慶父之賢故爲諱之子女子曰以春秋爲春秋以史記氏族爲春秋言古謂史記爲春秋疏注以史記氏族爲春秋○解云謂以史記人之氏族而爲春秋○注言古至春秋○解云夫子脩史記爲春秋今言以春秋爲春秋則史記舊有春秋之名是言古者謂史記爲春秋矣齊無仲孫其諸吾仲孫與齊有高國崔魯有仲孫氏亦足以知魯仲孫言仲孫者以后所氏起其事明主書者賊不宜來因以起上如齊實殺君出奔○子女子音汝疏注齊有高國崔○解云即國夏高固高張崔杼之屬是矣

○注魯有仲孫氏○解云即仲孫蔑仲孫羯之屬是也○注主書至出奔○解云正以經書其來見不宜來則知上如齊者是其犯罪而去矣莊三十二年冬公子慶父如齊者即上如齊之經矣

二年春王正月齊人遷陽不爲桓公諱者功未足以覆比滅人之惡也

【疏】台王正月齊人遷陽○解云莊十年三月宋人遷宿彼注云月者遷取王封當與滅人同罪然則春秋之例大國之遷例月小國書時即僖三十一年十有二月衞遷于帝丘昭九年春許遷于夷之屬是也而今陽爲小國齊人遷之亦是遷取王封當與滅人同罪故云月矣云云之説在莊十年○注不爲至惡也○解云莊十年冬十月齊師滅譚莊十三年夏六月齊人滅遂今遷取王封因而臣之雖當時未滅終不得在故云比滅人之惡矣如此注者正決僖十七年夏滅項傳云孰滅之齊滅之曷爲不言齊滅之爲桓公諱也春秋爲賢者諱桓公嘗有繼絶存亡之功故君子爲之諱然則彼經不言齊而此言齊人故決之

夏五月乙酉吉禘于莊公其言吉何據禘于大廟不言吉○吉禘大計反大廟音泰下同

【疏】注據禘至言吉○解云即僖八年七

月禘于大廟用致夫人是也

言吉者未可以吉也都未可以吉祭經舉重不書禘于大廟嫌獨莊公不當禘于大廟可禘者故加吉明大廟皆不當

疏注都未可以吉祭○解云在三年之内莊公及始祖之廟皆未可以吉祭故言都爾○注經舉重不書解云春秋之義常事不書有善惡者乃始録而美刺之今既已舉重特書于莊公不書于大廟則嫌莊公一廟獨不當禘大廟便可禘矣然莊公卑于始祖而言舉重者言三年之内作吉祭之時莊公最不宜吉故言舉重不謂莊公尊于始祖也

曷爲未可以吉據三年也

疏注据三年也○解云莊三十二年八月公薨至今年五月已入三年之竟故言据三年也

未三年也禮禘祫從先君數朝聘從今君數三年喪畢遭禘則禘遭祫則祫○君數所主反下同祫音洽

疏未三年也○解云謂未滿二十五月也○注禮禘祫從先君數○解云謂爲禘祫之祭合從先君死時日月而數之若滿三年已后○遭禘則禘遭祫即祫耳○注朝聘從今君數○解云謂從今君即位以后數其年歲制爲朝聘之數

三年矣曷爲謂之未三年三年之喪實以二十五月時莊

公薨至是適二十二月所以必二十五月者取期再期恩倍漸三年也孔子曰子生三年然後免于父母之懷夫三年之喪天下之通喪禮士虞記曰期而小祥曰薦此常事又期而大祥曰薦此常事中月而禫是月也吉祭尤未配是月者二十七月也傳言二十五月者在二十五月外可不議○取期音基下同禫大感反

【疏】注所以至三年也○解云二十五月是再期矣故曰取期再期矣父母之喪倍於期者之恩正當其禮數故曰其恩倍矣言漸三年也者謂二十五月漸得三年之竟故云漸三年也議如得漸二君之遺教○注禮士至常事○解云彼注云小祥祭名祥吉也古文期皆作基常者期而祭禮古文常爲祥○注又期至祥事○解云亦彼文注中月而禫是月也吉祭尤未配者亦彼文彼注云中九間也禫祭名也與大祥間一月自喪至此凡二十七月禫之爲言澹澹然平安意也是月是禫月當四時之祭月則祭尤未以某妃配某氏哀未忘也

其言于莊公何據禘于大廟不言周公祫僖公不言僖宮

【疏】注據禘至周公○解云即僖八年秋七月禘于大廟用致夫人是也○注祫僖至僖宮○解云祫僖公不言僖宮定八年從祀先公傳云從祀者何順祀也文公逆祀去者三人定公順祀叛者五人彼注云諫不以禮而去曰叛云不

書禘者后。祫亦順非獨禘也不言僖公者閔公亦得其順是其祫僖公不言僖公者即文二年八月丁卯大事于大廟躋僖公傳云大事者何大祫也者是也**未可以稱宮廟也**時閔公以莊公在三年之中未可入大廟禘之于新宮故不稱宮廟明皆非也**曷爲未可以稱宮廟**据言禘也（疏）注据言禘也○解云正以禘是吉祭之稱既得言禘何故不得稱宮廟故難之**在三年之中矣**當思慕悲哀未可以鬼神事之（疏）注未可以鬼神事之○解云正言以宮廟者鬼神居之之稱故也**吉禘于莊公何以書譏何譏爾譏始不三年也**與託始同義（疏）注與託始同義○解云案隱二年九月紀履緰來逆女不書此何以書譏何譏爾譏始不親迎也始不親迎昉於此乎前此矣前此則曷爲始乎此託始焉爾曷爲託始焉爾春秋之始也然則此亦宜云始不三年昉於此乎前此矣前此則曷爲始乎此託始焉爾曷爲託始焉爾春秋之始也故云與託始同義矣而傳不言託始蓋省文從可知也○**秋八月辛丑公薨公薨何以不地隱之**

也何隱爾弒也孰弒之慶父也殺公子牙今將爾季子不免慶父弒二君何以不誅將而不免遏惡也既而不可及緩追逸賊親親之道也與不探其情同義不書葬者賊未討○弒音試下及注同

疏公薨何以不地○解云隱十一年傳云公薨何以不地注云據莊公薨于路寢然則此傳云公薨何以不地者亦据莊公但從彼注省文故也○注與不至同義○解云即上元年傳云孰弒子般慶父也殺公子牙今將爾季子不免慶父弒君何以不誅將而不免遏惡也既而不可及因獄有所歸不探其情而誅焉親親之道也○注不書葬賊未討○解云即隱十一年冬十有一月壬辰公薨傳云何以不書葬隱之也何隱爾弒也弒則何以不書葬春秋君弒賊不討不書葬以爲无臣子也是也而言未者欲道於后討得之即僖元年傳於是抗輈經而死者是也

九月夫人姜氏孫于邾婁爲淫二叔殺二嗣子出奔不如文姜于出奔貶之者爲内臣子明其義不得以子絕母凡公夫人奔例日此月者有罪

注不如文姜至絶毋○解云莊元年三月夫人孫于齊

疏 傳云夫人何以不稱姜氏貶曷爲貶與弑公也是於出時貶之之文也爲內臣了明其義不得以子絶母者正謂此處見其義而已不謂此夫人卒竟不絶也故僖元年夫人氏之喪傳云夫人何以不稱姜氏貶曷爲貶與弑公也然則曷爲不於弑焉貶貶必以其重者莫重乎以其喪至也者是其亦貶之矣○注凡公至有罪○解云正以昭二十五年九月己亥公孫于齊而書日則如夫人之孫亦宜然而此及文姜之孫皆書月案此二人皆有罪故如此注之耳

公子慶父出奔莒

慶父弑二君不當復見所以復見者起季子緩追逸賊也不日者內大夫奔例無罪者日有罪者月外大夫奔例皆時○當復扶又反下同見賢偏反下文後見同

疏 注慶父至逸賊也○解云知弑父之人不合復見者正見宜六年春晉趙盾衛孫免侵陳傳云趙盾弑君此其復見何復注云據宋督鄭歸生齊崔杼弑其君後不復見傳又曰親弑君者趙穿也彼注云復見趙盾者欲起親弑者趙穿非盾是○注不日者至皆時○解云襄二十三年冬十月乙亥臧孫紇出奔邾婁是無罪書日也其有罪書月者即昭十二年冬十月公子整出奔齊之屬及此文皆是而文八年公孫敖如京師不至復丙戌奔莒案傳

公羊疏卷九　十七

云不可使往也則是有罪而書丙戌者彼注云日者嫌赦罪明則起君弱故諱使若無罪者是也其外大夫奔例皆時者不問有罪與無罪即襄二十七年夏衛侯之弟鱄出奔晉二十八年夏衛石惡出奔晉冬齊慶封來奔之屬是也〇

冬齊高子來盟高子者何齊大夫也以有高傒也

疏 高子者何〇解云欲言齊侯而經稱子欲言大夫名不書見經故執不知問〇注以有高傒也〇解云即莊二十二年秋七月丙申及齊高傒盟于防是也

何以不稱使據鄭伯使其弟語來盟

疏 注据鄭至來盟〇解云在桓十四年夏

我無君也時閔公弒僖公未立故正其義明君臣無相適之道也春秋謹於別尊卑理嫌疑故絕去使文以起事張例則所謂君不使乎大夫也〇別彼列反故絕去起呂反下欲去同

疏 注所謂君不使乎大夫也〇解云成二年齊侯使國佐如師之下傳云君不行使乎大夫此其行使乎大夫何佚獲是也

然則何以不名據國佐盟名

疏 注据國佐盟名〇解云即成二年及國佐盟于袁婁者是也

喜之也何喜爾正我也其正我奈何莊

公死子般弒閔公弒比三君死曠年無君與曠年無君無異疏注與曠年無君無異○解云正以莊公死時子般即位子般弒後閔公即位閔公弒後僖公即位君常不絕而傳言曠年無君者正以三年之內三君比死與曠年無君無異非實無君也設以齊取魯曾不與師徒以言而已矣設時勢然桓公使高子將南陽之甲南陽齊下邑甲革皆鎧冑也○革更百反鎧苦愛反冑直又反立僖公而城魯或曰自鹿門至于爭門者是也或曰自爭門至于吏門者是也魯人至今以為美談曰猶望高子也久闊思相見者引此為喻美談至今不絕也立僖公城魯不書者諱微弱喜而加高子者美大齊桓繼絕于魯故尊其使起其功明得子續父之道○鹿門魯南城東門也○其使所吏反

疏注明得至之道○解云凡人子之道宜繼祖禰之功不絕之今桓公繼于魯正得續父功德之義故尊其使而

稱子耳言明其得人子續其人父功德之道也○十有二月狄入衛○鄭棄其師鄭棄其師者何連國者并問稱國疏鄭棄其師者何○解云正以言異常例故執不知問惡其將也以言棄師○惡其烏路反下及注同將也子匠反下同

鄭伯惡高克使之將逐而不納棄師之道也鄭伯素惡高克欲去之無由使將師救衛隨後逐之因將師而去其本雖逐高克實棄師之道故不書逐高克舉棄師為重猶趙盾加殺也不解國者重衆從國體録可知繫閔公篇于莊公下者子未三年無改於父之道傳曰則曷為於其封内三年稱子録孝子之心則三年不忍當也○盾徒本反疏注猶趙盾加弑○解云謂實逐克但舉棄師為重實趙穿弑君但舉加弑為重相似趙盾加弑在宣二年○注子未三年○解云謂莊三十二年八月薨至閔二年八月薨時始二十五月故曰未三年也○注傳曰至忍當也○解云文九年傳文也

監本附音春秋公羊注疏閔公卷第九

孝感盧氏宣旬校刊

公羊注疏卷九挍勘記

阮元撰盧宣旬摘錄

公羊注疏莊公卷九 末附閔公

二十有八年

見伐者爲主　鄂本主誤也

短之見伐者也　補毛本作短言之與疏合

豎刀易牙爭權不葬　閩監毛本刀改刁非

公會齊人宋人邾婁人救鄭　唐石經諸本同按左氏穀梁無邾婁人

曷爲先言築微而後言無麥禾　唐石經鄂本宋本閩本同監毛本後言作後書誤○按桓二年正義引此傳正作言

推秋無麥禾　監毛本推誤惟

卽大水在冬下　閩本水空缺

則嫌推尋此秋無麥禾之事　毛本之誤一

民不饑之　鄂本饑作飢

二十有九年

春新延廏　釋文唐石經廏作廄

新作南門是也　閩本同監毛本作誤造

注造曰築　補毛本造上有始字與注合

臭惡之蟲也　毛本蟲作虫非

注諸君至臣邑　閩監毛本改諸君邑防臣邑

注言及至定矣　閩監毛本及下衍别君臣三字

三十年

謂僖元年次聶北救邢　閩監毛本脫次字

冬公及齊侯遇于魯濟　毛本脫濟字

蓋以操之爲已蹙矣　唐石經諸本同武億云操古本作躁詩江漢正義引此躁迫也按蹙當本作戚何訓爲痛也是傷戚之意考工記不微至無以爲戚速也注引春秋傳曰蓋以操之爲已戚矣可證鄭本作戚○按說文有戚無蹙

三十有一年

臨民之所漱浣也　唐石經鄂本閩本漱作潄此誤釋文及注疏同

刺齊桓憍慢持盈　宋本同閩監毛本誤驕慢恃盈按解云持盈者謂自持盈滿之道閩監毛本疏亦誤恃矣此本修改者憍亦作驕

三十有二年

春城小穀　解云二傳作小字與左氏異按今左氏亦作小字據疏葢二傳作城小穀左氏作城穀也

据公弟叔肸卒　閩監毛本肸作肹非釋文作肹

殺則曷爲不言刺　鄂本下有之此脫唐石經之字剜滅以字數計之本有下疏引傳云曷爲不言刺之

不就致獄其刑　鄂本作獄致此誤倒

魯一生一及　唐石經諸本同盧文弨曰史記魯世家作一繼一及裴解引何休云父死子繼兄死弟及疑此傳本作一世一及○按生謂已所生子也及謂兄弟相踵者也傳文不誤

慶父也存者　閩監毛本者作○

故再告此言　閩監毛本告作言

得謂利祿也　補刊本祿誤錄毛本誤樂

俄而牙弑械成　唐石經諸本同釋文弑作殺云申志反注及下親弑同按今本注作弑君下作親弑皆後人所改陸本則皆作殺也

則必可以無爲天下戮笑　唐石經鄂本同閩監毛本笑改笑疏及下同

宋公殺其世子痤之屬者是　閩監毛本痤誤座

在寢地　鄂本下有者此脫

令之繼父　閩監毛本令誤今

示一年不二君也　毛本示誤是

子卒者孰謂　按下脫一謂字

其歸獄鄧扈樂之事　閩本同監毛本脫之字

春秋公羊經傳解詁閔公第四　唐石經下有附莊公卷四小字今據以分卷

元年 此本閔公二大字下有起元年盡二年六小字閩監毛本脫

春秋君子不言卽位 按君下脫弒字

其異一成一未 按異當作義

孰弒子般 唐石經此弒字磨改當是本作殺按此作殺非也

樂曾淫于宮中 唐石經亦作于按當作於疏中毛本改於

盍弒之矣 釋文作盍殺唐石經此弒字磨改亦本作殺按此作殺是也

季子至而不變也 唐石經諸本及諸按本同惠士奇說易由辯之不早辯釋文載荀爽古文辯作變棟案變卽辯也猶言不探其情古變辯通

所以不書公至自洛者 補毛本洛下有姑字

設以齊取魯 傳下有曾字

而繼于齊盧文弨曰繼即繫後漢書多如此

据俱出奔遠也鄂本遠作還諸本皆誤當訂正

二年

据禘于大廟不言吉鄂本宋本閩本同監毛本大改太非疏及下同釋文大音泰

若滿三年巳后遭禘則禘閩監毛本則作卽與下句同按后當作後

又期而大祥曰薦此常事鄂本同宋本閩監毛本常作祥按疏標起訖云注又期至祥事與今儀禮同此作常葢涉上文而誤

議如得漸二君之遺教按議當作義

古文期皆作基閩監毛本基改朞非也

解云亦彼文法何按本無注字是也

亦彼文彼注云　何校本亦上有解云二字是也

禪之爲言　士虞禮記注無爲字

不言僖宮　段玉裁按本宮乃公誤○按疏引定八年注作僖公彼疏云不言從祀禧公

后祫亦順　何校本后作後與定八年注合

紀履緰來逆女不書　何校本女下有外逆女三字是也與隱二年傳合

何隱爾弒也　唐石經諸本同釋文弒作殺云音試下及注同

貶必以其重者　何校本以作於與僖元年傳合

莫重乎以其喪至也　傳以其作其以此處誤倒

傳云趙盾弒君　閩監毛本弒誤殺

欲起親弒者　閩本同監毛本起誤見

衛侯之弟鱄出奔晉此本鱄誤縛今據閩本訂正監毛本誤鱄

衛石惡出奔晉閩本同監毛本脫出字

君不行使乎大夫今本傳脫行疏引皆有

自鹿門至于爭門者是也唐石經諸本同說文淨魯北城門池也从水爭聲士耕切又才性切許據公羊當作淨門以水名其門也何注本省作爭自鹿門至于爭門者自南門至于北門也

以闔思相見者引此爲喻毛本闔作潤鄂本喻作諭

明得子續父之道閩監毛本此下有鹿門魯南城東門也八字係釋文竄入鄂本無之此本雖有此八字而加○以別之則不以爲注也

繫閔公篇于莊公下者子未三年無改於父之道按于當作於漢書藝文志公羊穀梁二家經及傳各十一卷者繫閔公篇於莊公下故也宋王儉七志梁阮孝緒七錄皆云何注十

一卷皆以閔附莊也唐石經於閔公傳末題春秋公羊卷第三於僖公第五之下附注卷四葢據晉宋古本皆十一卷

公羊注疏卷九挍勘記終　工部屯田司員外郎胡祖謙挍

監本附音春秋公羊注疏僖公卷第十 起元年盡七年

何休學

元年春王正月公何以不言即位據文公言即位繼弒君子不言即位此非子也其稱子何僖公者閔公庶兄據閔公繼子般傳不言子○弒申志反臣子一例也僖公繼成君閔公繼未踰年君禮諸侯臣諸父兄弟以臣之繼君猶子之繼父也其服皆斬衰故傳稱臣子一例○衰七雷反○齊師宋師曹師次于聶北救邢救邢救不言次此其言次何據夏師救齊不言次○聶女涉反○【疏】注據夏至言次○解云即下十八年夏師救齊是也不及事也不及事者何邢已亡矣刺其救急舒緩使至於亡故録之止次以起之

【疏】不及事者何○解云正以次者閒暇之名而言不及事似於義違故執不知問孰亡之蓋

狄滅之以上有狄伐邢〔疏〕注以上有狄伐邢者解云即莊三十二年冬狄伐邢者是

曷爲不言狄滅之据狄滅溫言滅〔疏〕注据狄滅溫言滅者解云即下十年春狄滅溫溫子奔衛者是

爲桓公諱也曷爲爲桓公諱据徐人取舒晉滅夏陽楚滅黃皆不諱○爲桓于僞反下爲桓曷爲并下注爲諱爲桓爲內爲傳皆同夏戶雅反〔疏〕注据徐人取舒解云即下三年夏徐人取舒者是也○注晉滅夏陽○解云即下二年虞師晉師滅夏陽是也○注楚滅黃○解云即下十二年夏楚人滅黃是也然即彼三事皆不爲桓公諱者取舒之下何氏云不爲桓諱者刺其不救也是也今此實救故爲之諱耳

上無天子下無方伯天下諸侯有相滅亡者桓公不能救則桓公恥之故以爲諱所以醇其能以治世自任而厚責之〔疏〕上無至方伯○解云上無天子下無方伯莊四年何氏云有而無益于治曰無猶易曰闃其無人者是也○注以治出自任者猶言以天子治世爲己任矣○

曷爲先言次而後言救据叔孫豹先言

救。〔疏〕注据叔至言救。解云即襄二十三年秋齊侯伐衛遂伐晉八月叔孫豹帥師救晉次于雍榆是也。君也叔孫豹臣也當先通君命故先言救今此先言次知實諸侯。君則其稱師何不與諸侯專封也故沒君文但舉師而已。曷爲不與据狄滅之爲桓公諱實與不書所封歸是也。〔疏〕注不書至是也。解云昭十三年秋蔡侯廬歸于蔡陳侯吳歸于陳傳云此皆滅國也其言歸何不與諸侯專封也彼注云故使若有國自歸者也名者專受其封當誅然則彼經書所封歸是不與楚專封則知此經不書所封歸者與齊桓專封明矣若書所封歸宜言邢侯歸于邢矣而文不與文曷爲不與据實與也〔疏〕而文不與。解云連上句讀之諸侯之義不得專封也此道大平制。大音泰。〔疏〕注此道大平制。解云正以春秋作義實與齊桓專封而言諸侯之義不得專封故知是大平制也諸侯之義不得專封則其曰實與之何上無天子下無方伯天下諸侯有相滅亡者力能救之則救之可也主書者起文從實也〔疏〕注主書至實也○解云謂雖文不與其義實與故言起文從實也○夏六月邢遷于陳儀遷者何其意也其意自欲遷時邢創畏狄兵更欲依險阻○陳儀左氏作夷儀〔疏〕遷者何○解云欲言自遷實齊遷之欲言齊遷而作自遷之文故執不知問○遷之者何非其意也謂宋人遷宿也書者譏之也王者封諸侯必居土中所以教化者平貢賦者均在德不在險其後爲衞所滅是也遷例大國月重煩勞也小國時此小國月者霸者所助城故與大國同〔疏〕注謂宋人遷宿也○解云即莊十年三月宋人遷宿是也彼傳云遷之者何不通也以地遂之也今又發之者正以此有自遷之文故取此對之也○注王者至土中○解云謂各處其土中不謂據天下○注其後至是也○解云即二十五年春王正月丙午衞侯燬滅邢是也○注遷例大國月○解云即下三十一年十有二月衞遷于帝丘之屬是也○注小國時○解云即昭九年春許遷于夷之屬是也○齊師宋師曹師城邢此一

事也曷爲復言齊師宋師曹師据首戴前目而後凡○復言扶又反下同〔疏〕注据首至後凡○解云即下五年夏公及齊侯宋公陳侯衞侯鄭伯許男曹伯會王世子于首戴秋八月諸侯盟于首戴是也不復言師則無以知其爲一事也言諸師則嫌與首戴同嫌實師言諸侯則嫌與緣陵同嫌歸聞其遷更與諸侯來城之未必反故入也故順上文則知桓公宿留城之爲一事也○〔疏〕注言諸師至實師○解云首戴之會歷序齊師宋公之屬下文摠道諸侯更是實諸侯今此亦上歷序齊師之屬若下文直摠言諸師則與首戴同嫌是實師非必齊侯宋公等是以得序之以順上文也○注言諸侯至入也○解云即下十三年公會齊侯宋公陳侯衞侯鄭伯許男曹伯于鹹十四年春諸侯城緣陵是時會諸侯各自還國至十四年春更來城之故此復注云言諸侯則嫌與緣陵同嫌歸聞其遷更與諸侯來城之未必反故人也○注故順至事也○解云宿音須就反留音盧胄反案十四年穀梁傳曰其曰諸侯散辭也范氏云直曰諸侯無大小之序是各自欲城無摠一之者非伯者所制故曰散辭傳又曰聚而曰散何也范氏云据言諸侯城則是聚傳又云諸侯城有散

辭也桓德衰矣范氏云言諸侯城則非伯者之爲可知也齊桓德衰所以散也何休曰案先是盟亦言諸侯非散也又穀梁美九年諸侯盟于葵丘即散何以美之於義穀梁爲短然則何氏彼處廢穀梁不聽爲散散辭而此所引似作散辭者何氏之意直以言諸侯者見桓德衰待諸侯然後能城之故嫌穀梁以爲散辭耳今此注正道緣陵之諸侯十三年鹹之會各自歸國十四年復來城之仍自不道十四年諸侯爲散辭矣○秋七月戊辰夫人姜氏薨于夷齊人以歸夷者何齊地也齊地則其言齊人以歸何據從國中歸不當書邾婁人執鄫子不書以歸是也○鄫似陵反

【疏】夷者何　解云夫人之薨例不言地今言于夷故執不知問○注邾婁至是也○解云即下十九年夏六月宋人曹人邾婁人盟于曹南鄫子會盟于邾婁已酉邾婁人執鄫子用之是

夫人薨于夷則齊人以歸夫人所以薨于夷者齊人以歸至夷夫人薨于夷則齊人曷爲以歸據上說夫人薨于夷者齊人以歸至夷也齊人曷爲故以歸至于夷桓公

召而縊殺之先言薨後言以歸而不言喪者起桓公召夫人于邾婁歸殺之于夷因爲內諱耻使若夫人自薨于夷然後齊人以歸者也主書者從內不絶録因見桓公行霸王誅不阿親親疾夫人淫泆二叔殺二嗣子而殺之○縊一賜反一本作搤於革反見賢徧反泆音逸【疏】注主書至殺之○解云即閔二年九月夫人姜氏孫于邾婁注云不如文姜于出奔貶之者爲內臣子明其義不得以子絶母者是○楚人伐鄭楚稱人者爲僖公諱與夷狄交婚故進使若中國又明嫁娶當慕賢者○【疏】注楚稱人者○解云欲對莊二十八年秋荆伐鄭之經也○注爲僖至交婚○解云即下八年秋七月禘于大廟用致夫人傳云夫人何以不稱姜氏譏以妾爲妻也其言以妾爲妻奈何蓋脅于齊媵女之先至者也彼注云僖公本聘楚女爲嫡齊女爲媵齊先致其女脅僖公使用爲嫡故從父母辭言致不書夫人及楚女至者起齊先致其女然後脅魯使立也楚女未至而豫廢故皆不得以夫人至書也者是其與夷狄交婚之事○注故進使若中國○解云正以稱人爲楚進稱故也○八月公會齊侯宋公鄭伯曹伯邾婁人于朾月者危公會霸者而與邾

婁有辨也不從有夫人喪出會惡之者不如危亟也〔疏〕八月○朾勑貞反又他丁反左氏作檉惡之烏路反下同〔疏〕月至于朾○解云朾字左氏作檉亦有作朾字○注月者至辨也○解云正以月非大信辭故也知與邾婁有辨者即下文公敗邾婁師于纓是也既出尊者之側而有私爭故危之○九月公敗邾婁師于纓有夫人喪不惡親用兵者時怨邾婁人以夫人與齊於喪事無薄故也○于纓左氏作偃〔疏〕九月公敗至于纓○解云左氏作偃字○注有夫至故也○解云正以僖三十三年晉人及姜戎敗秦于殽下傳云襄公親至則其稱人何貶曷爲貶君在乎殯而用師危不得葬也然則彼背殯用兵貶而危之今此經云九月公敗邾婁師于纓與莊十年春王正月公敗齊師于長勺夏六月公敗宋師于乘丘之屬無異者時於喪事無薄故也然則公敗邾婁者爲哀姜復讎也若然案莊九年及齊師戰于乾時亦是爲桓公復讎于齊經不言公此言公者彼傳云此復讎于大國曷爲使微者公也公則曷爲不言公不與公復讎也曷爲不與公復讎復讎者在下也注云時實爲不能納子糾伐齊諸大夫以爲不如以復讎伐之於是以復讎伐之非誠心至意故不與也然則此言公者本出公意故也冬十月壬

午公子友帥師敗莒師于犂獲莒挐莒挐者何莒大夫也莒無大夫此何以書大季子之獲也何大乎季子之獲据獲人當坐。于犂力知反又力兮反左氏作酈莒挐女居反一音女加反一本作茹音同〔疏〕莒挐者何。解云欲言莒君經不稱子欲言大夫莒無大夫故執不知問季子治内難以正謂拒慶父。内難乃旦反下同禦外難以正其禦外難以正奈何公子慶父弑閔公走而之莒莒人逐之將由乎齊齊人不納郤反舍于汶水之上使公子奚斯入請季子曰公子不可以入入則殺矣義不可見賊而不殺〔疏〕將由乎齊。解云欲從齊而自安矣。舍于汶水之上。解云舊本皆作洛誤也何者今齊魯之間有汶無洛也。奚斯不忍反命于慶父自南涘涘水涯涘音俟○北面而哭時慶父自汶水之北慶父聞之曰嘻嘻發痛語首之聲○嘻許其反〔疏〕注嘻發至之聲○解云謂發心自痛傷而以嘻為語之首也此奚斯之聲也諾已諾已皆自畢語〔疏〕注諾已皆自畢語○解云猶似今人云休一生罷去已自畢竟之辭故云自畢語矣畢作畢字誤耳曰吾不得入矣於是抗輈經而苑輈小車轅兾州以北名之云爾○輈音竹由反車轅也○〔疏〕於是至而死○解云鄭氏云慶父輈死者正取此文莒人聞之曰吾已得子之賊矣以求賂乎魯魯時雖緩追猶外購求之○購古豆反魯人不與為是興師而伐魯故與季子獲之季子待之以偏戰傳云爾者善季子忿不加暴得君子之道〔疏〕注傳云至之道○解云此待之以偏戰者即經書敗文是也敗者內戰文耳莒人可忿而能結日偏戰偏戰是其不加暴之義故得君子之道○十有二月

丁巳，夫人氏之喪至自齊。夫人何以不稱姜氏？据薨于夷稱姜氏，經有氏，不但問不稱姜，并言氏者，嫌据夫人婦姜欲使去氏。○去，起呂反。〔疏〕注「經有至去氏」。（一）解云：夫人婦姜之文，即宣元年三月「遂以夫人婦姜至自齊」是也。貶。曷爲貶？据薨于夷不貶。與弒公也。與慶父共弒閔公。○與殺音預，又如字，下申志反。〔疏〕注「與慶至閔公」。解云：不言子般者，据成君言之，省文。○然則曷爲不於弒焉貶？据酖牙於卒時貶。〔疏〕注「据酖至時貶」。○解云：即莊三十二年「公子牙卒」，傳云「何以不稱弟？殺也」，是傳言殺者，言由其見殺，貶之矣。貶必於重者，莫重乎其以喪至也。刑人于市，與衆棄之，故必於臣子集迎之時貶之，所以明誅得其罪，因正王法所加，臣子不得以夫人禮治其喪也。貶置氏者，殺子差輕於殺夫，別逆順也。致者，從書薨，以常文錄之。言自齊者，順上以歸文。○差，初賣反，又初佳反。別，彼列反。〔疏〕注「刑人至棄之」。解云：《禮記》文。○注「所以至喪也」。○解云：季子之遏慶父，齊桓之討哀姜，二義相違而皆善之者，誅不辟親，王者之道；親親相隱古今通式然則齊桓之討哀姜得伯者之義季子之縱慶父因獄有所歸遂申親親之恩義各有途不可爲難矣。注貶置氏者。解云謂貶而西置其氏矣。殺子至順也。解云言殺子差輕於殺夫者欲道莊元年夫人孫于齊姜氏並去者正猶殺夫罪重故也言別逆順者言殺夫之逆甚於殺子二事相對而言之不謂哀姜殺子得爲順是以習侯宋公殺世子皆直稱君而甚之。注致者至錄之。解云謂不書殺而書薨作常文是以於歸亦作常文錄之若公之喪至自齊至自乾侯之屬。注言自至歸文。解云其實從夷來而言至自齊正以上文云薨於夷齊人以歸故言至自齊順之

二年春王正月城楚丘孰城。据内城不月故問之【疏】注据内至問之。解云内城不月者即隱七年夏城中丘襄十九年冬城西郛之屬是也其内城有在日月下者皆不蒙日月城衛也曷爲不言。城衛据無遷文以言城故當言城衛【疏】注据無至城衛。解云舊本曷爲之下有不言二字今無者脫也言以前之經未有遷衛于楚丘之文今此城之固當言城衛不應言城楚上故難之固字亦有作故字者言由是之故。當言城衛滅也孰滅之蓋狄滅之以上

有狄入衛〔疏〕滅也○解云言正由是時衛國已滅故不得言衛矣○注以上有狄入衛○解云即閔二年冬狄入衛是也曷爲不言狄滅之爲桓公諱也曷爲爲桓公諱上無天子下無方伯天下諸侯有相滅亡者桓公不能救則桓公恥之也然則孰城之据不出主名見桓公德優不待之又不獨書齊實諸侯也○爲桓于僞反下爲桓曷爲注深爲同見桓賢徧反下傳荀息見并注同桓公城之曷爲不言桓公城之不與諸侯專封也曷爲不與實與而文不與文曷爲不與諸侯之義不得專封諸侯之義不得專封則其曰實與之何上無天子下無方伯天下諸侯有相滅亡者力能救之則救之

可也復發傳者若子樂道人之善也不繫衛者明去衛而國楚丘起其遷也不書遷與救次者深爲桓公諱使若始時尚倉卒有所救其後晏然無干戈之患所以重其任而厚責之主書者起文從實也○復扶又反卒寸忽反〔疏〕注不繫至遷也○解云欲決襄十年冬戍鄭虎牢繫鄭矣○注不書至責之○解云正決元年經次于聶北救邢邢遷于陳儀之文○注主書至實也○解云謂經文雖不與當從其實理而與之

○夏五月辛巳葬我小君哀姜哀姜者何莊公之夫人也誅當絕不當以夫人禮書葬書葬者正齊桓討賊辟責內讎齊

〔疏〕哀姜者何○解云欲言其妾經書小君欲言適妻與夫別謚故執不知問○注誅當至讎齊○解云即元年夫人氏之喪不言姜者是其誅文也上既誅之即當合絕不以夫人之禮書葬而書葬者欲正齊桓討得其賊故也而言辟責內讎齊者公羊之例君弒賊不討不書其君葬責臣子不討賊令君喪無所繫矣今若不書葬即似責魯臣子不討齊桓故言正齊桓討賊辟責內讎齊耳

○虞師晉師滅夏陽虞微國也曷爲序乎大國之上据稱師有加文

知不主會○夏〔疏〕注据稱至主會○解云即隱五年秋邾陽左氏作下陽婁人鄭人伐宋注云邾婁小國序上者主會也然則邾婁小國稱人無加文而得序于鄭上者正由主會故也今虞爲小國而得稱師是有加文則知序于晉上者不爲主會既不爲主會而在大國之上故難之知稱師爲加文者正以小國例不得稱師其稱師者乃是大國將卑師衆之稱故也○使虞首惡也曷爲使虞首惡据楚人巴人滅庸不使巴首惡〔疏〕注据楚人至首惡○解云即文十六年秋楚人秦人巴人滅庸是案彼經有秦人而不言之者直取巴爲小國不序在上之意故省文○虞受賂假滅國者道以取亡焉其受賂奈何獻公朝諸大夫而問焉曰寡人夜者寢而不寐其意也何諸大夫有進對者曰寢不安與其諸侍御有不在側者與獻公不應荀息進曰虞郭見與猶曰虞郭豈見於君之心乎荀息素知獻公欲伐此二國

故云爾○安與音餘下者與見與同應〔疏〕寢不至者與○應對之應郭音號又如字注及下同○解云言直置寢自不安與爲侍御之人有不在側者與其諸蓋爲辭矣故桓六年傳云公羊子曰其諸以病桓與彼注云其諸辭也則知論語云其諸異乎人之求之與者其諸亦爲辭矣

獻公揖而進之以手通指曰揖〔疏〕注以手通指曰揖○解云蓋謂揖而招之言用拱揖并招引近已若文七年傳云眣晉大夫使與公盟彼注云以目通指曰眣眣大結反又丑乙反

遂與之入而謀曰吾欲攻郭則虞救之攻虞則郭救之如之何願與子慮之荀息對曰君若用臣之謀則今日取郭而明日取虞爾君何憂焉獻公曰然則奈何荀息曰請以屈產之乘屈產出名馬之地乘備駟也○屈貝物反之乘繩證反注及下同〔疏〕注屈產至駟也○解云謂屈產爲地名不似服氏謂產爲產生也○

與垂棘之白璧垂棘出美玉之

地玉以尚白爲美○棘一本作蕀音同往必可得也則寶出之內藏藏之外府如虞可得猶外府藏也○內藏才浪反注同○疏注如虞至藏也○解云本藏下有之字馬出之內廄繫之外廄爾君何喪焉獻公曰諾雖然宮之奇存焉如之何荀息曰宮之奇知則知矣君欲言其知實知也○廄九又反喪息浪反知則音智下及注同○雖然虞公貪而好寶見寶必不從其言請終以往於是終以往虞公見寶許諾宮之奇果諫記曰脣亡則齒寒記史記也○好呼報反疏虞公貪而好寶○解云謂立性貪賄於寶甚也○請終以往○解云請君終竟齎寶馬以往不欲令其難之○虞郭之相救非相爲賜賜猶惠也則晉今日取郭而明日虞從而亡

爾君請勿許也虞公不從其言終假之道以取郭明郭非虞不滅虞當坐滅人○疏注明郭至滅人○解云欲道虞虞干言上令其首惡之義也○還四年反取虞還復往故言反疏還四年反取虞○解云言晉人滅郭還歸其四年反往滅虞矣虞公抱寶牽馬而至荀息見曰臣之謀何如獻公曰子之謀則已行矣寶則吾寶也雖然吾馬之齒亦已長矣蓋戲之也以馬齒長戲之喻荀息之年老傳極道此者以終荀息宮之奇言且以爲戒又惡獻公不仁以滅人爲戲謔也晉至此乃見者著晉楚俱大國後治同姓也以滅人見義者比楚先治大惡親疎之別○牽馬本又作掔音同已長丁丈反注同惡烏路反謔許略反別彼列反○疏注以馬至謔也○解云言雖有謀年老必昏耄不任使故言蓋戲之○注晉至至姓也○解云即莊十年秋九月荆敗蔡師于莘以蔡侯獻舞歸是先書楚小惡而治之也以前不見晉之小惡者後治同姓故也○注以滅

至之別○解云以前楚滅穀鄧不書之而先書此晉滅夏陽者先治同姓之大惡欲見骨肉之親大則誅小則隱故言親疏之別耳**夏陽者何郭之邑也曷爲不繫于郭國之也曷爲國之君存焉爾**疏夏陽者○解云欲言是國天下未有欲言是邑而不繫國故執不知問**○秋九月齊侯宋公江人黃人盟于貫澤江人黃人者何遠國之辭也**桓公德盛不嫌使微者知以遠國辭稱人○貫澤古亂反二傳無澤字疏江人黃人者何○解云欲言是君經不稱子欲言微者得敵齊侯故執不知問**遠國至矣則中國曷爲獨言齊宋至爾大國言齊宋遠國言江黃則以其餘爲莫敢不至也**晉。大于宋不序晉。而序宋者時實晉楚之君不至君子成人之美故褒益以爲偏至之辭所以獎夫霸功而勉盛德也江黃附從霸者當進不進者方爲偏至之辭○偏至音遍下同疏注江黃至進者○解云恠

其不稱爵矣○注方爲偏至之辭○解云言方爲偏至之○辭故直以遠國辭稱人若進而稱爵無以見偏至之義

冬十月不雨何以書記異也說與前同 疏 注說與前同○解云即莊三十一年冬不雨傳云何以書記異也彼注云京房易傳曰旱異者旱久而不害物也斯祿去公室福由下作故陽雖不施而陰道獨行以成萬物也先是比築三臺慶牙專政之應今此亦是僖公喜於得立委任陪臣不恤政事故有此罰耳故言說與前同○楚人侵鄭

三年春王正月不雨○夏四月不雨何以書記異也太平一月不雨即書春秋亂世一月不雨未害物未足爲異當滿一時乃書一月書者時僖公得立欣喜不恤庶衆比致三年即能退辟正殿飭過求已循省百官放佞臣郭都等理寃獄四百餘人精誠感天不雩而得澍雨故一月即書善其應變改政旱不從上發傳者著人事之備積於是○太平音泰飭過音勑下同寃於元反澍之樹反其應應對之應後災祥之應皆放此 疏 注太平至即書○解云正以大平之時陰陽和調若一用不雨足以爲異

故知然也○注當滿至即書○解云即莊三十一年多不雨傳云何以書記異是也○注比致三年○解云即上二年冬十月不雨三年春王正月不雨夏四月不雨是也○注即能至澍雨○解云皆感精符文○注故一月即書○解云即去年十月不雨今年正月不雨夏四月不雨是也○注不從上發傳○解云即上二年十月不雨之下已發云何以書記異也今不從其例而又發之者欲著人事之備積于是故也

○徐人取舒其言取之何據國言滅【疏】注據國言滅○解云即莊十年齊師滅譚十三年齊人滅遂之屬是也易也易者猶無守禦之備不爲桓諱者刺其不救也○易以豉反注同爲于僞反【疏】注不爲至救也解云決上元年二年狄滅邢衞皆爲桓公諱下書其滅也

○六月雨其言六月雨何據上得雨不書【疏】注据上得雨不書○解云即上二年十一月十二月三年二月三月五月之屬皆不書不雨是其得雨故也上雨而不甚也所以詳錄賢君精誠之應也僖公飭過求巳六月澍雨宣公復古行中其年穀大豐明天人相與報應之際不可不察其意【疏】注宣公至大豐○解云謂宣十五年初稅畝其冬蝝生宣

公受過變牖明年復古行中十六年冬大有年是也○注明天至其意○解云謂人行德天報之福人行惡天報之禍兩令相吸故言之際矣此大會也○秋齊侯宋公江人黃人會于陽穀此大會也曷爲末言爾末者淺耳但言會不言盟據貫澤言盟【疏】曷爲末言爾○解云上二年齊侯宋公江人黃人盟于貫澤傳云大國言齊宋遠國言江黃則以其餘爲莫敢不至也此經亦書齊侯宋公江人黃人故弟子言此大會也以難之○注据貫澤言盟者○解云謂貫澤亦大會言盟故据之桓公曰無障谷無障斷川谷專水利也水注川曰溪注溪曰谷○障之亮反一音章注同斷丁管反溪口兮反【疏】注水注至曰谷○解云釋水文李巡云水出于山入於川爲谿水相屬曰谷是無貯粟有無當相通○貯中呂反無易樹子樹立本正辭無易本正當立之子無以妾爲妻此四者皆時人所患時桓公功德隆盛諸侯咸曰無言不從曷爲用盟哉故告誓而已○○冬公子友如齊莅盟莅盟者何往盟乎彼也猶曰往盟於齊

莅臨也時國齊都盟主國主名不出者春秋王魯故言莅以見王義使若王者遣使臨諸侯盟飭以法度○莅音利又音類注同以見賢徧反下同遣使所吏反【疏】莅盟者何○解云欲言誓盟例不言莅欲言非盟而書盟見經故執不知問

其言來盟者何來盟于我也此亦因魯都以見王義使若來之京師盟白事于王不加莅者來就魯魯已尊矣【疏】來盟者何○解云即文十五年春宋司馬華孫來盟宣七年春衛侯使孫良夫來盟之屬是也但此經既有莅盟之文故引來盟以對之○注不加至尊矣○解云正以上經言莅者見尊魯為王之義今此來盟者已是就魯之文足見尊魯矣何勞言莅以見之乎若其加莅宜直云莅孫良夫盟也○

○楚人伐鄭

四年春王正月公會齊侯宋公陳侯衛侯鄭伯許男曹伯侵蔡蔡潰潰者何下叛上也國曰潰邑曰叛不與諸侯潰之為文重出蔡者侵為加蔡舉潰為惡蔡録義各異也月者善義兵也

潰例月叛例時○蔡潰戶内反下及注同重直用反惡蔡烏路反下惡其專并六年注同〔疏〕潰者何○解云侵若淺辭潰者深辭二者並書故執不知問○國曰潰○解云即此及文三年春正月沈潰之屬是也○邑曰叛○解云即襄二十六年衛孫林父入于戚以叛定十三年秋晉趙鞅入于晉陽以叛冬晉荀寅等入于朝歌以叛之屬是也○注月者善義兵○解云正以侵伐例時故也○注潰例月○解云即此經書正月文三年沈潰書正月是也成九年經云庚申莒潰彼注云日者錄責中國無信同盟不能相救至爲夷狄所潰是也○注叛例時○解云即晉趙鞅書秋荀寅書冬之屬是也

遂伐楚次于陘其言次于陘何據召陵侵楚不言次來盟不言陘○陘音刑召陵上照反下文同〔疏〕注据召至言次○解云即定四年三月公會劉子晉侯已下于召陵侵楚是也○注來盟不言陘○解云即下文夏楚屈完來盟于召陵是也

有俟也孰俟俟屈完也時楚強大卒暴征之則多傷士衆桓公先犯其與國臨蔡蔡潰兵精威行乃推以伐楚楚懼然後使屈完來受盟脩臣子之職不頓兵血刃以文德優柔服之故詳錄其止次待之善其重愛民命生事有漸故斂則有功○屈居

勿反卒寸忽反〔疏〕注善其至有功○解云言上事有漸者即先犯于蔡乃遂伐楚是也言斂則有功者斂審也言舉事斂審則有成功矣

○夏許男新臣卒不言卒於師者桓公師無危不月者爲下盟去月方見大信○爲于僞反下爲桓公同去起呂反見賢徧反〔疏〕注不言至無危○解云決成十三年曹伯廬卒于師之屬皆以其有危故言于師矣○注不月至大信解云正以莊二十三年冬十有一月曹伯射姑卒然則許與曹等而不月者若會盟之例大信者時若不去月恐其盟不爲大信故也

○楚屈完來盟于師盟于召陵屈完者何楚大夫也何以不稱使據陳侯使袁僑如會○僑其驕反一本作驕音同〔疏〕屈完者何○解云欲言楚子經不書爵欲言大夫文不言使故執不知問○注據陳至如會○解云即襄三年六月公會單子晉侯已下同盟于雞澤陳侯使袁僑如會是也尊屈完也曷爲尊屈完據陳侯使袁僑如會不尊之以當桓公也增倍使若得其君以醇霸德成王事也〔疏〕注增倍至其君○解云倍讀如陪益之陪矣○

注以醇至事也○解云即下傳云桓公救中國而攘夷狄卒怗荆以此爲王者之事也其言盟于師盟于召陵何据戊寅叔孫豹及諸侯之大夫及陳袁僑盟不舉會與地疏注据戊寅至與地○解云在襄三年夏也彼經不言陳袁僑來盟于會盟于雞澤與此異故難之師在召陵也時喜得屈完來服於陘即退次召陵與之盟故言盟于師盟于召陵師在召陵則曷爲再言盟据齊侯使國佐如師已酉及國佐盟于袁婁俱從地不再言盟疏注据齊至言盟解云在成二年秋言俱從地者謂國佐從晉于袁婁也喜服楚也孔子曰書之重辭之復○嗚呼不可不察其中必有美者焉○重直用反又直容反之復扶又反年末乃復同又音福疏注孔子曰至美者焉○解云春秋說文何言乎喜服楚据服蔡無喜文疏注据服蔡無喜文解云即上侵蔡蔡潰是也楚有王者則後服桓公行霸至是乃服楚無王者則先叛桓公不脩其師先叛盟是也疏注桓公至是也○解云即下經云八月公至自伐楚傳云楚已

服矣何以致伐楚叛盟也彼注云爲桓公不脩其師而執濤塗故也者是**夷狄也而亟病中國**數侵滅中國○亟去冀反數音朔〔疏〕注數侵滅中國○解云即莊二十八年秋荆伐鄭者是其數侵中國之文其數滅中國者即滅鄧穀之屬是也而經不書者後治夷狄故也**南夷與北狄○交**南夷謂楚滅鄧穀伐蔡鄭北夷謂狄滅邢衛至于温交亂中國〔疏〕注南夷至蔡鄭○解云楚滅鄧穀不書而此言者正以上桓七年夏穀伯綏來朝鄧侯吾離來朝傳云皆何以名失地之君也故知之伐蔡鄭者謂蔡鄭服從楚即上經齊侯侵蔡蔡潰遂伐楚者蓋是蔡爲楚之屬矣其鄭爲楚屬者蓋見莊十五年鄭人侵宋十六年夏宋人齊人衛人伐鄭之文也何者莊十五年時正是桓公爲霸宋爲齊屬而鄭侵之豈不從楚故也莊十六年齊人助宋伐之豈不怒乎其從楚而侵宋也葢于時鄭人又服于齊是以十六年秋荆伐鄭故此作注云蔡鄭矣○注北夷至中國○解云狄滅邢衛在閔元年二年狄滅温在僖十年温言至于者以其在後故言至于僖十年狄滅温也或者温是圻内之國去京師近故言至于矣**中國不絶若綫**綫縫帛縷以喻微也○綫思賤反**桓公救**

中國存邢衞是也而攘夷狄攘却也北伐山戎是也○攘如羊反却也卒怗荆卒盡也怗服也荆楚也○怗他恊反一本作貼服也劉兆同廣雅云靜也玉篇又丁簟反一本作拈或音章貶反以此爲王者之事也言桓公先治其國以及諸夏治諸夏以及夷狄如王者爲之故云爾其言來何据陳袁僑如會不言來與桓爲王也以從內文知與桓公爲天下霸主前此者有事矣謂城邢衞是也疏注謂城邢衞是也○解云即上九年夏六月齊師宋師曹師城邢二年春王正月城楚丘孰城城衞也是後此者有事矣謂城緣陵是也疏注謂城緣陵是也○解云即下十四年春諸侯城緣陵是也則曷爲獨於此焉與桓公爲主序績也序次也績功也累次桓公之功德莫大於服楚明德及強夷最爲盛○齊人執陳袁濤塗濤塗之罪何辟軍之道也其辟軍之道奈何濤塗謂桓公曰

君既服南夷矣何不還師濱海而東服東夷且歸濱涯也順海涯而東也東夷吳也從召陵東歸不經陳而趨近海道多廣澤水草軍所便也○濤徒刀反辟匹亦反又音避下同濱音賓涯五隹反近附近之近便婢面反〔疏〕注而趨近海道○解云趨猶鄉也謂鄉近海之道也桓公曰諾於是還師濱海而東大陷于沛澤之中草棘曰沛漸洳曰澤○沛澤音貝又普貝反草棘曰沛斬洳曰澤斬子廉反洳人庶反〔疏〕注草棘至曰澤者解云爾雅無文也顧而執濤塗時濤塗與桓公俱行執者曷爲或稱侯或稱人稱侯而執者伯討也言有罪方伯所宜討〔疏〕執者曷爲或稱侯○解云即下二十八年晉侯執曹伯畀宋人成十五年晉侯執曹伯歸之于京師之屬是也稱人而執者非伯討也此執有罪何以不得爲伯討古者周公東征則西國怨西征

則東國怨此道黜陟之時也詩云周公東征四國是皇〔疏〕注此道至時也○解云正以諸典不見周公西討之文故也桓公假塗于陳而伐楚則陳人不欲其反由已者師不正故也故令濤塗有此言○令力呈反不脩其師而執濤塗古人之討則不然也以已所招而反執人古人所不爲也凡書執者惡其專執〔疏〕注凡書至專執○解云言雖有罪方伯所宜討要須白天子乃可執之○秋及江人黃人伐陳○八月公至自伐楚楚已服矣何以致伐楚叛盟也爲桓公不脩其師而執濤塗故也月者凡公出滿三時月危公之久〔疏〕秋及至伐陳○解云內之微者矣○楚已至致伐○解云莊六年傳云得意致會不得意致伐今此楚已服而致伐故難之○注凡公至之久○解云即此僖公春去秋乃還而云八月公至自伐楚又襄二十八年冬公如楚二十九年夏五月公至自楚之屬皆是危而久之久字亦有作之字者案莊五年冬公會齊人已

下伐衛至六年秋公至自伐衛兵歷四時而不月者彼注云久不月者不與伐天子也故不爲危録之者是○葬**許繆公**得卒葬於所傳聞世者許大小次曹故卒少在曹後○傳文專反

疏注得卒至曹後○解云所傳聞之世微國卒葬例不録之今許得書葬故須注解也何者正以曹許雖非大國亦非微故得録見也知許大小次曹後者案僖五年夏公及齊侯宋公陳侯衛侯鄭伯許男曹伯會王世子于首戴許在曹上者正是會盟之序皆是主會次之非孔子之意本必得其正故何氏不以爲妨矣若然案昭十二年傳云春秋之信史也其序則齊桓晉文彼注云唯齊桓晉文會能以德優劣國大小相次序傳文云其會則主會者爲之也彼注云非齊桓晉文則如主會者爲之雖優劣大小相越不改更信史也又云其詞則丘有罪焉爾彼注云丘孔子名其貶絶譏刺之辭有所失者是丘之罪然則首戴之會正是齊桓爲伯之時而云許在曹上皆是主會者次之未必得其正者案下五年之會注云世子所以會者時桓公德衰諸侯背叛故上假王世子示以公義然則桓公德衰故曹在許下仍自不妨小于曹則知昭十二年傳云其序則齊桓晉文者據其盛時大判言耳

○**冬十有二月公孫慈帥師會**

齊人宋人衛人鄭人許人曹人侵陳 月者刺佰公不脩其師因見患誣不內自責乃復加人以罪○慈左氏作茲誣九況反 疏 注月者至以罪○稱云正以侵伐例時今此書月故須注解也言因見患誣者言因是不脩其師之故而為陳之所苦患遂為所調誣矣

五年春晉侯殺其世子申生曷為直稱晉侯以殺 据鄭殺其大夫申侯稱國也續問以殺者問殺所稱例爾非謂晉侯不當稱國爵也 疏 注据鄭至例爾○解云即不七年夏鄭殺其大夫申侯是也○注非謂至爵也○解云若直問曷為直稱晉侯即嫌時不合稱晉侯傳須云以殺明其但怪何故稱晉侯以殺耳 殺世子母弟直稱君者甚之也 甚之者甚惡殺親親也春秋公子貫於先君唯世子與母弟以今君錄親親也今舍國體直稱君知以親親責之○舍音捨 疏 注今舍國體○解云謂不直言晉殺申生也

○杞伯姬來朝其子其言來朝其子何 据微者不當書朝連來者內辭也與其子來者問為

直來乎爲下朝出。○爲下，于僞反。〔疏〕注据微至書朝。○解云：即隱十一年傳云「諸侯來曰朝，大夫來曰聘」是也。○注連來至朝出。○解云：直來者，即莊二十七年冬紀伯姬來，傳云「其言來何？直來曰來」，注云「直來，無事而來」是也。今此傳又何故不云其言朝其子何，而連來問之者，欲問伯姬來者，爲是無事而來，爲是有事言來者，爲是朝其子而出之。○

內辭也，與其子俱來朝也。因其與子俱來，禮，外孫初冠有朝外祖之道，故使若來朝其子，以殺直來之恥，所以辟教戒之不明也。微無君命，言朝者，服非實。○冠，古亂反。〔疏〕注禮外至之道。○解云：正以士冠禮冠訖，見于母，見于兄弟，入見于姑妹，乃易服玄冠、玄端、爵韠，奠摯見于君，遂以摯見于鄉大夫、鄉先生。鄭氏云：「易服不朝服者，非朝事也。摯，雉也。鄉先生，鄉中老人爲鄉大夫致仕者。」然先生猶尚見之，況其外祖乎？故言外孫初冠有朝外祖之道。○注微無至非實。○解云：正見桓九年「曹伯使其世子射姑來朝」，彼言使來朝，則有君命，今既是微人，復不言使，而經書來朝，明其非實也。

○夏，公孫慈如牟。○牟，莫侯反。

○公及齊侯、宋公、陳侯、衛侯、鄭伯、許男、曹伯會王

世子于首戴曷爲殊會王世子据宰周公不殊別也○首戴左氏作首止別彼列反〔疏〕注据宰至別也○解云即僖九年公會宰周公齊侯宋子已下于葵丘是也

世子貴也世子猶世世子也解貴意也言當世父位儲君副主不可以諸侯會之爲文故殊之使若諸侯爲世子所會也自王者言之以屈遠世子在三公下禮喪服斬衰曰公上大夫之衆臣是也自諸侯言之世子尊於三公此禮之威儀各有所施言及者因其文可得見汲汲也世子所以會者時桓公德衰諸侯背叛故上假王世子示以公義〔疏〕注使若諸至會也○解云使若世子爲會主致諸侯於此而會之故言使若諸侯爲世子所會也○注自王至是也○解云何氏引喪服者欲言三公臣有爲之斬衰世子則無是卑於三公之義○注自諸至所施○解云即殊與不殊是也何者世子於諸侯將有君臣之義故也○注言及至會者○解云及汲汲之文故隱元年傳云及猶汲汲及我欲之然則此言及者因會王世子之緫得見魯侯汲汲于齊桓矣○注時桓至公義○解云即上四年傳文桓公不脩其師楚叛盟下文鄭伯逃歸不盟九年葵丘之盟書日以見危之屬皆是也

○秋

八月，諸侯盟于首戴。諸侯何以不序？据上會序。一事而再見者，前目而後凡也。省文，從可知。間無事，不省諸侯；會盟一事，不舉盟者，時世子不與盟。○見，賢徧反。省文，所景反，下同。與，音預。

疏注間無至諸侯○解云：昭十三年秋，公會劉子、晉侯已下于平丘，八月甲戌，同盟于平丘，然則彼經以其間無事，不重言諸侯，今重言諸侯盟于首戴，故解之。○注會盟至與盟○解云：文十四年，公會宋公、陳侯、衛侯已下，同盟于新城，然則彼是會盟一事，舉盟以爲重，不言會于某，今此會盟並舉，故須解之也。言時世子不與盟者，若不言諸侯，則恐世子亦與之盟，故須言諸侯盟于首戴，則世子不與可知。○

鄭伯逃歸不盟。其言逃歸不盟者何？据上言諸侯，鄭伯在其中，弟子疑，故執不知問。

疏注据上至其中○解云：亦有無据字者，非正本。

不可使盟也。時鄭伯内欲與楚，外依古不盟爲解，安居會上，不肯從桓公盟，故後言不盟。○解，古賣反。

疏注時鄭伯至不盟○解云：知古不盟者，正見桓三年夏，齊侯、衛侯胥命于蒲，傳云：胥命者何？相命也。何言乎相命？近正也。此其爲近正奈何？古者不盟結言而退是也。不可使盟，盟則其言逃歸何？據後言不盟居會上辭。魯子曰：蓋不以寡犯衆也。諸侯以義相約而鄭伯懷二心，依古不肯盟，故言逃歸，所以抑一人之惡，申衆人之善，故云爾。○楚人滅弦，弦子奔黃。○九月戊申朔，日有食之。此象齊桓德衰，是後楚遂背叛，狄伐晉滅溫，晉里克比弒其二君。○比，申志反。【疏】注"楚遂背叛"。○解云：即下六年秋楚人圍許之屬是也。○注"狄伐晉滅溫"。○解云：即下八年夏狄伐晉，十年春狄滅溫之屬是也。○注"晉里克比弒其二君"。○解云：即下九年晉里克弒其君之子奚齊，十年春晉里克弒其君卓子是也。○冬，晉人執虞公。虞已滅矣，其言執之何？據滅言以歸。上傳云四年反取虞，知去滅變以歸言執。○去，起呂反，下同。【疏】注"據滅言以歸"。○解云：即定六年鄭游遬帥師滅許，以許男斯歸之屬是也。○上傳至取虞。○解云：在上二年。○注"知去至言執"。○解云：注言此者，欲解傳家得知虞已滅矣之義耳。不與滅也。曷爲不與滅？滅者亡國之善辭也言滅者王者起當存之故爲善辭滅者上下之同力者也言滅者臣子與君戮力一心共死之辭也不但去滅復去以歸言執者明虞公滅人以自亡當絕不得責不死位也晉稱人者本滅而執之不以王法執治之故從執無罪辭也虞稱公者奪正爵起從滅也不從滅例月者略之○戮音六又作勠力彫反

六年春王正月○夏公會齊侯宋公陳侯衛侯曹伯伐鄭圍新城邑不言圍此其言圍何彊也惡桓公行霸彊而無義也鄭背叛本由桓公過陳不以道理當先脩文德以來之而便伐之彊非所以附疏○彊也其良反○秋楚人圍許諸侯遂救許○冬公至自伐鄭事遷於救許以伐鄭致者舉不得意【疏】注事遷至得意○解云莊六年傳云得意致會不得意致伐今此以伐致故云舉不得意然伐鄭救許皆不得意故以伐致或者但伐鄭不得意兵將復用於鄭故

舉其不得意者言之即下七年春齊人伐鄭是也

七年春齊人伐鄭○夏小邾婁子來朝至是所以進稱爵者時附從霸者朝天子旁朝罷行進齊桓公白天子進之固因其得禮著其能以爵通

疏注至是至爵者○解云如此注者欲決莊五年秋倪犂來來朝之文○注時附至爵通○解云正以得進而稱爵故如此解小邾婁子朝天子不書者例所不錄也今朝魯而謂之旁朝者正以諸侯之法五年一朝天子但是常事故不書之欲對朝王爲正朝故謂之旁朝案隱十一年滕侯薛侯來朝皆以其來朝新王故進稱侯今此知不由朝新王而得進者正以僖公非受命之王故也

○鄭殺其大夫申侯其稱國以殺何據晉侯殺其世子申生稱侯

疏注據晉至稱侯○解云在上五年春

稱國以殺者君殺大夫之辭也諸侯國體以大夫爲股肱士民爲肌膚故以國體錄○秋七月公會齊侯宋公陳世子款鄭世子華盟于甯母

○款苦管反毌音無或音某○曹伯般卒○公子友如齊○冬

葬曹昭公

監本附音春秋公羊注疏僖公卷第十

虞山盧氏宣旬校栞

嘉慶二十年重栞宋本十三經注疏

江南蘇松督糧道方　體栞

公羊注疏卷十挍勘記

阮元撰盧宣旬摘錄

公羊注疏僖公卷十　唐石經僖公第五卷四

元年

齊師宋師曹師次于聶北救邢救邢　唐石經鄂本救邢字不疊此本誤衍閩監毛本同

然即彼三事　何挍本即作則

次于雍榆是也　浦鏜云榆左傳字此當作渝○按浦云是也襄廿三年釋文亦云渝左傳作榆

故入也　閩監毛本同誤也鄂本元年入作人此本疏中同當據正○按故人者仍是齊宋曹也反故人言仍是救邢之三國

便是實諸侯　閩監毛本便誤更

是以得序之　浦鏜云得當復字誤

未必反故人也　閩監毛本人作入誤

解云宿音須就反留音盧胄反　此本十字略旁注盧文弨曰史記武帝紀宿留海上索隱音秀溜漢書郊祀志同又五行志其宿留告曉人備具深切亦有讀本字者

王誅不阿親親　鄂本同閩監毛本王誤正

公會齊侯宋公鄭伯曹伯邾婁人于朾　釋文朾左氏作檉解云朾字左氏作檉亦有作朾字

下傳云襄公親至　浦鏜云之誤至按浦說是

此復讎于大國　傳于作乎

謂拒慶父　元本閩監本同鄂本拒作距毛本誤据

舍于汶水之上　唐石經諸本同解云舊本皆作洛者誤也今齊魯之間有汶無洛

時慶父自汶水之北　鄂本自作在此誤

諾已皆自畢語　解云畢作畢誤

冀州以此名之云爾　閩監毛本同誤也蜀大字本此作北當據正漢制考同

然則曷爲不於弑焉貶　毛本於誤與

貶必於重者　閩監毛本同唐石經鄂本於下有其字此脫按閔二年疏引此傳云貶必於其重者亦有其字

正猶殺夫罪重故也　浦鏜云猶疑由字誤

是以於歸亦作常文錄之若公之喪至自齊　毛本於改于若誤諱下甍於夷於字同

二年

孰城　十四年傳曰孰城之疏引此傳亦有之字唐石經以下本皆脫

曷爲不言城衛 解云舊本曷爲之下有不言二字今無者脫也按唐石經曷爲下原刻作城後磨改爲不則本作曷爲城衛不言二字係磨改補入故此行及次行皆十一字其蹟可覆也疏本亦無不言二字十四年傳云曷爲城杞亦無不言

故當言城衛 疏本故作固解云固難之固亦有作故字者諸本作故難之固誤也按何氏當本用固字七年注云固因其得禮著其能以爵通此注今本作故非

令君喪無所繫矣 監毛本令誤今閩本今字剜改當本作令

假滅國者道以取亡焉 唐石經焉字磨改

𥨊而不寐 唐石經諸本𥨊作寢下同○按不當从穴

其諸異乎人之求之歟者 閩監毛本歟作與

眣晉大夫 ○按眣當作眣从夨下同

荀息請曰以屈產之乘　唐石經諸本作荀息曰請以屈產之乘

與垂棘之白璧　唐石經璧作辟

猶外府藏也　解云本藏下有之字

馬出之內廄繫之外廄爾　唐石經廄作廏外字磨改

謂立性貪賄於寶甚也　閩監本同毛本賄誤賂

齊侯宋公江人黃人盟于貫澤　唐石經同釋文貫澤二傳無澤字按九年傳貫澤之會解云卽上二年秋九月齊侯宋公江人黃人盟于貫是也而此言于貫澤者蓋地有二名然則公羊僖二年經本作盟于貫九年傳云貫澤陸氏猶未深考○按此九年疏奪澤字耳前說非也

晉大于宋不序晉而序宋者　孫志祖云穀梁疏引二晉字下皆有楚字乃與下文合各本脫也

所以獎夫霸功 鄂本夫作大此誤按穀梁疏正作大

三年

即十二年十一月十二月 浦鏜云上二年上字誤作十

故言之際矣此大會也 末四字當在下節疏曷爲末言爾之上割裂疏文誤屬此

水出于山入於川爲谿 閩監本同按于當作於毛本於改于誤甚

猶曰往盟於齊 毛本於改于

時國齊都盟 閩監毛本同誤也鄂本國作因當據正

但此經既有莅盟之文 閩監毛本既誤即

四年

卒怗荆 閩監毛本怗誤帖

時喜得屈完來服於陘　毛本於改于此本翻刻陘誤陛

辭之復　鄂本復作複釋文作復

何言乎喜服楚　唐石經何言乎喜四字磨改多增一字

至是乃服楚　鄂本乃服楚三字誤作傳文閩監毛本楚字猶誤作傳文屬下惟此本與唐石經合

南夷與北狄交　閩監毛本同誤也唐石經鄂本作北夷當據正注同此本疏標起訖云注北夷至中國閩監毛本亦改作北狄矣

皆何以名　閩本同監毛本名誤明

卒怗荊　唐石經鄂本同閩監毛本怗誤帖釋文怗他協反一本作貼服也劉兆同一本作拈或音章貶反石經考文提要云唐元度九經字樣宋景德本鄂泮官書本皆作怗

卽上九年夏六月　浦鏜云元誤九按浦說是

序績也唐石經諸本同何注序次也績功也按鹽鐵論執務江海行積而成君子與何本異蓋是嚴顏之別篇引傳曰予積也下云故上積而成山阜水積而成

君既服南夷矣唐石經鄂本宋本閩監本同毛本旣誤能

桓公假塗于陳而伐楚唐石經鄂本宋本閩本同監毛本塗改途

凡公出滿三時閩監毛本同誤也鄂本三作二當據正

月危公之久解云危而久之久字亦有作之字者按久作之則不通

其序則齊桓晉文閩監毛本序改事○按作事則與昭十二年傳不合

其詞則丘有罪焉閩監本同毛本詞改辭非

五年

紀伯姬來傳云浦鏜云杞誤紀按浦說是也

言朝者服非實　鄂本服作明此誤疏亦云經書來朝明其非實

鄉中老人爲卿大夫致仕者　閩本同監毛本卿誤鄉

公上大夫之衆臣是也　鄂本上作士此誤

據上言諸侯　解云亦有無據字者非正本

戮力一心　鄂本戮作勠此本文十三年疏所引同釋文戮又作勠

七年

夏小邾婁子來朝　毛本邾誤邦

旁朝罷行進　鄂本罷作能○按旁應讀去聲於朝天子罷而朝魯所謂朝罷朝也作能者應誤

盟于甯毋　閩本毋作母釋文甯毋音無或音某葉鈔本及唐石經作甯母

公羊注疏卷十挍勘記終

工部屯田司員外郎胡祖謙挍

監本春秋公羊注疏僖公卷第十一 起八年盡二十一年

何休學

八年，春，王正月，公會王人、齊侯、宋公、衛侯、許男、曹伯、陳世子款、鄭世子華盟于洮。王人者何？微者也。曷爲序乎諸侯之上？先王命也。銜王命會諸侯，諸侯當北面受之，故尊序於上。時桓公德衰，甯毋之盟，常會者不至，而陳、鄭又遣世子，故上假王人之重以自助。○洮，他刀反。【疏】注"甯毋"至"不至"。○解云：在上七年傳也。其常會者不至，正以衛侯、許男已下不至也。○注"而陳"至"世子"。○解云：即世子款、世子華之屬是也。

鄭伯乞盟。乞盟者何？處其所而請與也。以不序也。【疏】"乞盟者何"。○解云：正以盟是常事，自應得與，今而言乞，故執不知問。其處其所而請與奈何？盍酌之也。酌，挹也。時鄭伯欲與楚不肯自來盟處其國遣使挹取其血而請與之約束無汲汲慕中國之心故抑之使若叩頭乞盟者也不錄使者方抑鄭伯使若自來也不盟不爲大惡者古者不盟也○遣使所吏反下錄使同【疏】注不盟不爲大惡○解云知非大惡者正以鄭伯不貶不絕故也若其是大惡宜如陳佗之貶爵而書名也知古者不盟者桓三年傳云古者不盟結言而退是也

○夏狄伐晉○秋七月禘于太廟用致夫人用者何用者不宜用也致者何致者不宜致也禘用致夫人非禮也以致文在廟下不使入廟知非禮也禮夫人始見廟當特祭而因禘諸公廟見欲以省煩勞不謹敬故譏之不日者下用失禮明○大音泰始見賢徧反下同省所景反【疏】用者何○解云欲言失禮而經不明欲言得禮而文言用故執不知問○致者何○解云見夫見廟禮當特祭禘而言致故執不知問○注禮夫至特祭○解云正以三月見廟見廟期限明其不得因事爲之故知然也○注不日至禮明○解云正以隱五年考仲子之宮下注云失禮鬼神例日然則此亦失禮而不書日故知用在廟下失禮已明不勞舉日也○

夫人何以不稱姜氏貶曷爲貶据夫人姜氏入不貶〔疏〕注据夫至不貶○解云即莊二十四年八月丁丑夫人姜氏入是也

譏以妾爲妻也以逆不書入廟當稱婦姜而稱夫人者夫人當坐篡嫡也妾之事嫡猶臣之事君同○篡嫡初患反下音的下同〔疏〕以逆至不書○解云欲道傳家知以妾爲妻者正以初逆不書與桓莊之屬夫人文異故也○入廟當至嫡也○解云言入廟當稱婦者正以婦者服也對舅姑服從之辭也今而稱夫人作不服之稱明其有篡嫡之心欲得爲夫人是以稱之曰夫人見其當有篡嫡之罪矣猶如桓宣篡弑得即位是以春秋亦如其意書其即位明其本意耳○注妾之事嫡猶臣之事君同○解云注言此者欲道妾之篡嫡欲得爲夫人而春秋書之曰夫人猶如臣子篡君欲得即位而春秋亦書其即位之義矣

其言以妾爲妻奈何蓋脅于齊媵女之先至者也以不致楚女及夫人至皆不書也僖公本聘楚女爲嫡齊女爲媵齊先致其女脅僖公使用爲嫡故從父母辭言致不書夫人及楚女至者起齊先致其女然後脅魯立也楚女未至而豫廢故皆不得以夫人至書也〔疏〕

注僖公至爲媵○解云春秋說文○注故從至言致○解云即成九年夏季孫行父如宋致女是也○注起齊至書也○解云皆欲道若齊女未至而已脅魯之時可以書其至今先致其女乃後脅魯爲夫人其初至之時乃爲媵妾是以不得書其至矣○冬十有二月丁未天王崩惠王也

九年春王三月丁丑宋公禦說卒何以不書葬爲襄公諱也襄公背殯出會宰周公有不子之惡後有征齊憂中國尊周室之心功足以除惡故諱不書葬使若非背殯也○說音悅爲襄于僞反下注爲天爲桓皆同

疏何以不書葬○解云正以隱十一年公薨之下傳云何以不書葬彼注云據莊公書葬然則彼已有解故不重釋○注襄公至周公○解云在下經文○注後有至殯也○解云即下十八年傳云曷爲不使齊主之與襄公之征齊也桓公死豎刁易牙爭權不葬爲是故伐之也是爲齊之文也

夏公會宰周公齊侯宋子衛侯鄭伯許男曹伯于葵丘宰周公者何天子之爲

政者也宰猶治也三公之職號尊名也以加宰知其職大尊重當與天子參聽萬機而下爲諸侯所會惡不勝其任也宋未葬不稱子某者出會諸侯非尸柩之前故不名○惡不烏路反勝音升

〔疏〕宰周公者何○解云欲言三公而文加宰欲言卿士經書周公故執不知問○注宰猶治也○解云正以宰者和治之名得爲治事之義○注而下至其任也○解云如此注者欲決上五年首戴之會揔序諸侯乃言會王世子若以世子爲會主致諸侯于此會而會之然也今此宰周公文與彼異故知下爲諸侯所會○注宋未葬至不名○解云莊三十二年傳云君存稱世子君薨稱子某旣葬稱子踰年稱公然則宋未葬宜稱子某而曰稱子者非尸柩之前無父前子名君前臣名之義知宋未葬者正以宋公之卒在上三月下有七月之文當此之時未滿五月是以知其未葬若然案桓公十一年鄭忽出奔傳云忽何以名注云据宋子旣葬稱子者正以其非居尸柩前故作旣葬之稱非謂葬訖其説在彼○秋七月乙酉伯姬卒此未適人何以卒据杞叔姬不卒

〔疏〕此未適人何以卒○解云正以文無所繫知其未適人○注据杞叔姬不卒解云宜作伯姬字即莊二十七年春公會杞伯姬于洮注云

伯姬不卒者蓋不與卒于無服此未適人何以卒乎故難之也案春秋之內唯有杞叔姬來歸成八年冬杞叔姬卒更無叔姬不卒之事故如此解

許嫁矣婦人許嫁字而笄之字者尊而不泄所以遠別也笄者簪也所以繫持髮象男子飾也服此者明繫屬於人所以養貞一也婚禮曰女子許嫁笄而醴之稱字○笄古兮反泄息列反別彼列反簪莊林反【疏】注字者至遠別也○解云正以字尊於名故言尊而不泄所以遠別者正以內之公子爲大夫者卒皆稱名而內女許嫁卒而稱字者所以遠別之故也○注婚禮曰至稱字○解云士婚禮記文彼注云許嫁已受納徵禮也笄女之禮猶冠男也使主婦女賓執其禮是也

死則以成人之喪治之不以殤禮降也許嫁卒者當爲諸侯夫人有即貴之漸猶俠卒也日者恩尤重於未命大夫故從諸侯夫人例○俠音協【疏】注許嫁卒者至夫人○解云則知許嫁於大夫者不卒之何者爲大夫妻者賤雖至其家卒猶不書况其許嫁乎○注猶俠卒也○解云在隱九年春三月俠卒彼傳云俠者何吾大夫之未命者也彼注云未命所以卒之者賞疑從重然則未命大夫所以卒之以其將爲大夫有即貴之漸賞疑從重故錄之今此許

嫁之女亦有將爲諸侯夫人之漸故得書之○注日者至夫人例○解云以俠卒不日故言日者恩尤重於未命大夫故從諸侯夫人之卒例皆書日成八年冬十月癸卯杞叔姬卒之屬是也故言從諸侯夫人例

○九月戊辰諸侯盟于葵丘桓之盟不日此何以日危之也何危爾貫澤之會桓公有憂中國之心不召而至者江人黄人也葵丘之會桓公震而矜之叛者九國下伐厲善義兵是也會不書者叛也叛不書者爲天子親遣三公會之而見叛故上爲天子下爲桓公諱也會盟一事不舉重者時宰周公不與盟○不預音豫

〔疏〕貫澤之會○解云即上二年秋九月齊侯宋公江人黄人盟于貫是也而此言于貫澤者蓋地有二名然則案彼經盟此言會者舉其初會而言也彼直書盟者舉重故也○注下伐至是也○解云即下十五年秋七月齊師曹師伐厲注云月者善録義兵厲葵丘之會叛天子之命也者是也○注會不至叛也○解云言厲等九國亦在于會而葵丘之會不書之者以其叛天子

之命故不録之但書曹伯以上于會○注會盟至不與盟○解云正以文十四年公會宋公已下同盟于新城然則彼是會盟一事舉盟以爲重不言會于某今此會盟並舉故須兩解之言解周公是時實不與盟若言公會宰周公齊侯已下盟于葵丘則是文害其義不舉盟直書上會會輕於盟失舉重之例矣以此之故必須兩舉書云諸侯盟于葵丘則知周公不與盟矣

震之者何猶曰振振然亢陽之貌疏震之者何解云欲言是善前盟書曰欲言其惡賢伯所爲故執不知問○矜之者何猶曰莫若我也色自美大之貌疏矜之者何○解云既名賢伯美見天下而取夸矜異于本行故執不知問○注色自美大之貌○解云謂其顔色自有美大之勢○甲戌晉侯詭諸卒不書葬者殺世子也○詭九委反疏注不書葬者殺世子也○解云在上五年○春凡君殺無罪大夫例去其葬以絶之

冬晉里克弑其君之子奚齊此未踰年之君其言弑其君之子奚齊何据弑其君舍不連先君連名者上不書葬子某

弑君名未明也○殺其音試下及注放此〔疏〕注據弑至先君○解云即文十四年齊公子商人弑其君舍是也○注連名至未明也○解云言名未明者弟子本意正欲問弑其君之子而連奚齊何之者恐人不知奚齊之名爲是先君未葬稱子某似若子般子野之屬是也爲是被弑之故稱名似若諸兒卓子之屬是也是以將名連弑問之欲使後人知其稱名之義

殺未踰年君之號也

欲言弑其子奚齊嫌無君文與殺大夫同欲言弑其君又嫌與弑成君同故引先君冠子之上則弑未踰年君之號定而坐之輕重見矣加之者起先君之子不解名者解言殺從弑名可知也弑未踰年君例當月不月者不正遇禍終始惡明故略之○冠古亂反見賢徧反〔疏〕注則弑至見矣○解云言罪差於成君與殺大夫異矣○注加之至之子○解云若不加之嫌是君子爲一人故○注不解名至知也○解云正以傳云弑未踰年君之號止荅上云其言弑其君之子何之文故云不解名矣既解言弑則書奚齊之名由弑之故明矣是以不復荅之○注弑未踰至略之○解云正以隱四年春戊申衛州吁弑其君完注云日者從外赴辭以賊聞例然則弑成君者例書日即莊八年冬十一月癸未齊無知弑其君諸兒之屬是弑成君者例既書日知弑未

踰年君當月明矣今此不月故須解之

十年春王正月公如齊書如者錄內所與外交接也故如京師善則月榮之如齊晉善則月安之如楚則月危之明當尊賢慕大無友不如己者月者僖公本齊所立桓公德衰見叛獨能念恩朝事之故善錄之○〔疏〕注故如京至榮之○解云即成十三年春三月公如京師彼注云月者善公尊天子是○注如齊至安之○解云即襄二十一年春王正月公如晉彼注云月者溴梁之盟後中國方乖離善公獨能與大國是也○注如楚則月危之○解云即襄二十八年十一月公如楚彼注云如楚皆月者危公朝夷狄也必如此注者正以朝聘例時而書月故須解矣○注明當尊賢慕大○解云正覆如齊晉則月安之○注無友不如己○解云覆如楚則月危之

〇狄滅溫〇溫子奔衞〇晉里克弒其君卓子及其大夫荀息及者何累也弒君多矣舍此無累者乎曰有孔父仇牧皆累也舍孔父仇牧

無累者乎曰有有則此何以書賢也何賢乎荀息据與孔父同○君卓子勑角反又丁角反左氏經無子字舍音捨下同〔疏〕及者何○解云君之與臣尊卑異等今而言及故執不知問○累也○解云桓二年注云累累從君而死齊人語也則彼已有解故此處不復注之○曰有○解云桓二年注云叔仲惠伯是也○何賢乎注据與孔父同○解云桓二年傳云何賢乎孔父注云据叔仲惠伯不賢然則此言据與孔父同者謂與孔父同据叔仲惠伯矣荀息可謂不食其言矣不食言者不如食受之而消亡之以奚齊卓子皆立〔疏〕注以奚至皆立○解云欲指不食其言之事狀矣○其不食其言奈何奚齊卓子者驪姬之子也荀息傅焉禮諸侯之子八歲受之少傅教之以小學業小道焉履小節焉十五受大傅教之以大學業大道焉履大節焉○驪力知反少詩照反大傅音泰〔疏〕注禮諸侯至節焉○解云皆藝文志文也注云小道小節正謂始甲典覔師受業大道大節謂博習盡誠也驪姬者國色也其顏色一

國之選○選息戀反獻公愛之甚，欲立其子，於是殺世子申生。申生者，里克傳之。獻公病將死，謂荀息曰：「士何如則可謂之信矣？」獻公自知廢正當有後患，欲託二子於荀息，故動之云爾。荀息對曰：「使死者反生，生者不愧乎其言，則可謂信矣。」荀息察言觀色，知獻公欲爲奚齊、卓子來動已，故荅之云爾。○欲爲，于僞反，下文爲文公、不爲、故爲皆同。獻公死，奚齊立。里克謂荀息曰：「君殺正而立不正，廢長而立幼，長謂重耳。○長，丁丈反，注同。如之何？願與子慮之。」荀息曰：「君嘗訊臣矣，上問下曰訊，言臣者明君臣相與言不可負。○訊音信，上問下曰訊。臣對曰：『使死者反生，生者不愧乎其言，則可謂信矣。』」里克知其不可與謀退弑奚齊荀息立卓子里克弑卓子荀息死之荀息可謂不食其言矣起時莫不背死鄉生去敗與成荀息一受君命終身死之故言及與孔父同義不日者不正遇禍終始惡明故略之○背音佩鄉許亮反〔疏〕注故言至同義○解云桓二年宋督弑其君與夷及其大夫孔父彼注云言及者使上及其君若附大國以名通明當封爲附庸不絶其祀所以重社稷之臣也今荀息一受君命終身死之故言及亦使上及其君若附大國以名通明當封爲附庸不絶其祀所以重社稷之臣故云與孔父同義○注不日者至故略之○解云正以成君見弑者例書日今此不日故解之○

○夏齊侯許男伐北戎○晉殺其大夫里克

里克弑二君則曷爲不以討賊之辭言之据衛人殺州吁〔疏〕注据衛人殺州吁○解云即隱四年九月衛人殺州吁于濮是也惠公之大夫也惠公篡立已定晉國君臣合爲一體無所復責故曰此乃惠公之大夫安得以討賊之辭言之○所復扶

又反下同然則孰立惠公欲難殺之意○難乃旦反里克也里克弒奚齊卓子逆惠公而入里克立惠公則惠公曷爲殺之惠公曰爾既殺夫二孺子矣孺子小子也奚齊卓子時皆幼小○夫音扶孺如住反○又將圖寡人如我有不可將復圖我如二孺子○爲爾君者不亦病乎於是殺之然則曷爲不言惠公之入據齊小白入于齊晉之不言出入者踊爲文公諱也踊豫也齊人語若關西言渾矣獻公殺申生文公與惠公恐見及出奔不子當絶還入爲篡文公功足以并掩前人之惡故惠公入懷公出文公入渾皆不書悉爲文公諱故也爲文公諱者欲明文公之功大也語在下懷公者惠公子也惠公卒懷公立而秦納文公故出奔惠公文公出奔不書者非命嗣也○踊音勇豫也言渾戶昆反又戶本反下同

〔疏〕注文公與惠公至嗣也○解云正以同姓之臣尚無去義況於兄子乎且惠公文公庶子

假令不去亦不殺之，故知去父宜當絶矣。齊小白入于齊則曷爲不爲桓公諱？桓公之享國也長，享食美見乎天下，故不爲之諱本惡也。文公之享國也短，美未見乎天下，故爲之諱本惡也。桓公功大，善惡相除，足封有餘，較然爲天下所知。文公功少，嫌未足除身篡而有封功，故爲之諱，并不言惠公、懷公出入者，明非徒足以除身篡而已，有足封之明較也。美不如桓公之功大。○美見，賢徧反，下同。較然，音角，下同。○秋七月。○冬大雨雹。何以書？記異也。夫人專愛之所生也。雨，于付反。雹，步角反。○〔疏〕冬大雨雹。解云：左氏作雪。○注夫人專愛之所生也。○解云：蔽障楚女而專取君愛，故生此雹災。

十有一年春，晉殺其大夫丕鄭父。○丕，普悲反。〔疏〕丕鄭父。○解云：左氏經無父字。○夏，公及夫人姜氏會齊侯于陽

穀○秋八月大雩公與大人出會不恤民之應○冬楚人伐黄

十有二年春王三月庚午日有食之是後楚滅黄狄侵衛

疏注是後楚滅黄○解云在今年夏注狄侵衛○解云在十三年春○夏楚人滅黄

○秋七月○冬十有二月丁丑陳侯處臼卒○處臼左氏作杵臼疏夏楚人滅黄○解云莊十年冬十月齊師滅譚十三年夏六月齊人滅遂然則滅例月而此不月者所傳聞之世始録夷狄滅小國也

十有三年春狄侵衛○夏四月葬陳宣公○

公會齊侯宋公陳侯衛侯鄭伯許男曹伯于鹹桓公自貫澤陽穀之會後所以不復舉小國者從一法之後小國言從令行大國唯曹許以上乃會○鹹音咸不復扶又反下同○秋九月大雩由陽穀之會不恤民復會于鹹城緣陵煩擾之應疏

注由陽至之應○解云謂上十一年夏公及夫人姜氏會齊侯于陽穀是○冬，公子友如齊。

十有四年春，諸侯城緣陵。孰城之？諸侯不序，故問誰城。疏注諸侯至誰城○解云案上二年春王正月城楚丘傳云孰城之彼注云据内城不月故問之然彼經書月故得此解此經不月傳云孰城之漫道諸侯無所指据緣陵之號由來未有故怪而問之○城杞也。曷爲城杞？滅也。孰滅之？蓋徐莒脅之。以下皆狄徐也言脅者杞王者之後尤微是見恐曷而亡○恐丘勇反曷火葛反疏注以下至曷而亡○解云即下十五年冬楚人敗徐于婁林注云謂之徐者爲滅杞不知尊先聖法度惡重故狄之也文七年冬徐伐莒彼注云謂之徐者前共滅王者後不知尊先聖法度今自先犯文對事連可以起同惡莒在下不得狄故復狄徐也一罪再狄者明爲莒狄之爾是也曷爲不言徐莒脅之？爲桓公諱也。曷爲爲桓公諱？上無天子，下無方伯，天下諸侯有相滅亡者，桓公不能救則桓公恥之也然則孰城之桓公城之曷爲不言桓公城之不與諸侯專封也曷爲不與實與而文不與文曷爲不與諸侯之義不得專封也諸侯之義不得專封則其曰實與之何上無天子下無方伯天下諸侯有相滅亡者力能救之則救之可也輙發傳者與城衛同義言諸侯者時桓公德衰待諸侯然後乃能存之外城不月者文言諸侯非內城明矣○爲桓于僞反下爲桓爲天下并注臣爲同〔疏〕注外城至明矣○解云正以隱七年夏城中丘襄十九年冬城西郛城武城之屬是內城不月外城月者即上元年夏六月城邢二年春王正月城楚丘之屬是也今外不月正以文言諸侯非內城可知故省文而昭三十二年冬城成周不月蓋以城天子與內同

○夏六月季姬及鄫子遇于

防使鄫子來朝鄫子曷爲使乎季姬來朝據使者臣爲君銜命文也內辭也非使來朝使來請已也使來請娶已以爲夫人下書歸是也禮男不親求女不親許魯不防正其女乃使要遮鄫子淫泆使來請已與禽獸無異故卑鄫子使乎季姬以絕賤之也月者甚惡內也○要一遥反遮諸奢反泆音逸惡烏路反

〔疏〕注下書歸是也　解云即下十五年季姬歸于鄫是也○注禮男不親求○解云即昏禮不稱主人之屬是也○女不親許○解云即致女之禮是也○注以絕賤之也○解云謂絕而賤之不以爲諸侯也○注月者甚惡也○解云正以遇例時即隱四年夏公及宋公遇于清八年春宋公衛侯遇于垂莊三十年冬公及齊侯遇于魯濟之屬是也今此月者甚惡內也范氏云魯女無故遠會諸侯遂得淫通此亦事之不然左傳曰鄫季姬來寧公怒之以鄫子不朝遇于防而使來朝此近合人情何氏以爲鄫魯相近信使泆通男女之情風流應合末世無禮容或有之若姜氏如莒之流寧可然問也

○秋八月辛卯沙鹿崩沙鹿者何河上之邑也此邑也其

言崩何据梁山言崩〔疏〕沙鹿者何○解云欲言是邑邑無崩道欲言其山文無山稱故執不知問○注据梁山言崩○解云即成五年夏梁山崩是也襲邑也襲者嘿陷入于地中言崩者以在河上也河崩有高下如山有地矣故得言崩也〔疏〕注襲者至地中○解云謂嘿然而陷矣沙鹿崩何以書記異也外異不書此何以書据長狄之齊晉不書〔疏〕注据長至不書○解云即文十一年傳云狄者何長狄也兄弟三人一者之齊一者之魯一者之晉其之齊者王子成父殺之其之魯者叔孫得臣殺之則未知其之晉者也何以書記異也然則長狄之齊晉皆不書之是外異不書也爲天下記異也土地者民之主霸者之象也河者陰之精爲下所襲者此象天下異齊桓將卒霸道毀夷狄動宋襄承其業爲楚所敗之應而不繫國者起天下異〔疏〕注宋襄至天下異○解云即下二十二年冬十一月己巳朔宋公及楚人戰于泓宋師敗績是也○狄侵鄭○冬蔡侯肸卒不書葬者潰當絕也不月者賤其背中國而附父讎故略之甚也肸立不書者父獻舞見獲留卒於楚肸以次立非篡也

○肦許乙反，注同。背音佩。（疏）注不月至纂也。○解云：正以大國之卒例合書日，即隱八年夏六月己亥蔡侯考父卒之屬是也。今此反不月者，故言略之甚也。其父者，即蔡侯獻舞，莊公十年爲楚所獲而卒於楚，故謂楚爲父讎。上四年齊侯已下侵蔡，蔡潰，遂伐楚，是其背中國附父讎之事。

十有五年春王正月，公如齊。月者，善公既能念恩尊事齊桓，又合古五年一朝之義，故録之。（疏）注月者至齊桓。○解云：即上十年春王正月公如齊，彼注云月者，僖公本齊所立，桓公德衰見叛，獨能念恩朝事之，故善録之故也。○注又合至録之。解云：何氏以爲古者天子五年一巡守，諸侯亦五年一朝天子，分天子諸侯爲五部，部朝一年，五年而徧。其小國事大國亦然，故以十年朝齊，今又往朝，是爲合古。桓元年傳云諸侯時朝乎天子，天子之郊，諸侯皆有朝宿之邑焉，注云：緣臣子之心莫不欲朝朝莫夕，王者與諸侯别治，勢不得自專朝，故即位比年使大夫小聘，三年使上卿大聘，四年又使大夫小聘，五年一朝。王者亦貴得天下之歡心，以事其先王，因助祭以述其職，故分四方諸侯爲五部，部有四輩，輩主一時。孝經曰：四海之内，各以其職來助祭。尚書云：羣后四朝，敷奏以言。

明試以功車服以庸是也○楚人伐徐○三月公會齊侯宋公陳侯衛侯鄭伯許男曹伯盟于牡丘遂次于匡○公孫敖率師及諸侯之大夫救徐言次者刺諸侯緩於人恩既約救徐而生事止次不自往遣大夫往卒不能解也大夫不序者起會上大夫君已目故臣凡也內獨出名氏者臣不得因君殊尊省文別尊卑也○別彼列反【疏】注臣不至省文○解云正以上言公會齊侯以下是殊尊魯之文今若不舉內大夫名氏即因君鄉者殊尊之經而省文○夏五月日有食之是後秦獲晉侯齊桓公卒楚執宋公霸道衰中國微弱之應○秋七月齊師曹師伐厲月者善錄義兵厲葵丘之會叛天子之命也曹稱師者桓公霸道衰曹獨能從之征伐不義故褒之所以勸勉不能扶助霸功激揚解惰也○厲如字舊音賴激古歷反解古賣反惰也徒臥反【疏】注月者善錄義兵○解云正以侵伐例時故也其例時者即上十一年冬楚人伐黃之屬是也○八月蝝公久出煩擾之

所生○蝝之戎反○九月公至自會桓公之會不致此何以致据柯之會不致久也久暴師衆過三時○暴步卜反○季姬歸于鄫○己卯晦震夷伯之廟晦者何冥也書日而冥○冥亡丁反又亡定反注同疏晦者何○解云欲言月晦例所不書欲言晝冥亦非常録故執不知問震之者何雷電擊夷伯之廟者也夷伯者曷爲者也季氏之孚也孚信也季氏所信任臣疏震之者何○解云欲言天震文不言天欲言地震又無地稱故執不知問加之者以震有二種故也且避問輕重兩舉云云之説在隱九年季氏之孚則微者其稱夷伯何大之也曷爲大之据陽虎稱盜疏注据陽虎稱盜○解云即是八年盜竊寶玉大弓是也天戒之故大之也明此非但爲微者異乃公家之至戒故尊大之使稱字過于大夫以起之所以畏天命孔子曰君子

有三畏畏天命畏大人畏聖人之言何以書記異也此象桓公德衰彊楚以邪勝正僖公蔽於季氏季氏蔽於陪臣陪臣見信得權僭立大夫廟天意若曰蔽公室者是人也當去之。去起呂反〇冬宋人伐曹〇楚人敗徐于婁林謂之徐者爲滅杞不知尊先聖法度惡重故狄之也不月者畧兩夷狄也。爲于僞反疏注不月至狄也。解云正以敗例書月即莊十年春王正月公敗齊師于長勺秋九月荆敗蔡師于莘是也以其非兩夷故書月〇十有一月壬戌晉侯及秦伯戰于韓獲晉侯此偏戰也何以不言師敗績据泓之戰言宋師敗績。泓烏宏反君獲不言師敗績也舉君獲爲重也釋不書者以獲君爲惡書者以惡見獲與獲人君者皆當絶也主書者從獲人例。惡烏路反疏注釋不書至人例。解云正決二十一年釋宋公之經矣然莊十年荆敗蔡師于莘以蔡侯獻舞歸傳云曷爲不言其獲不與夷狄之獲中國也然則秦楚同類得獲晉侯者正以爵稱伯非真夷狄故與楚異十有六年春王正月戊申朔霣石于宋五是月六鷁退飛過宋都曷爲先言霣而後言石据星霣後言霣○十六年本或從此下别爲卷案七志七録何注此十一卷公羊以閔附莊故也後人以僖卷大輒分之爾霣于敏反是月如字或一音徒兮反六鷁五歷反水鳥疏注据星霣後言霣○解云即莊七年夜中星霣如雨是也霣石記聞聞其磌然視之則石察之則五是月者何僅逮是月也是月邊也魯人語也在正月之幾盡故曰劣及是月也磌然之八反又大年反聲響也一音芳君反本或作砰八耕反僅其斬反劣也逮音代又大計反及也幾音祈疏是月者何○解云正以言異常例故執不知問○注是月至語也○解云案上十年傳云踊爲文公諱何氏云踊豫也齊人語若關西言渾矣是以春秋之内於此乎悉解爲齊人語而此一文獨爲魯人語者以是經文孔子作之孔子魯人故知魯人語彼皆是諸傳文乃胡毋生公羊氏皆爲齊人故解爲齊人語注在正月之幾盡者謂晦日乃在正月之欲盡矣

何以不日据五石言日○【疏】注据五石言日○解云等是災異何故五石書言戊申朔而六鷁不書日乎故難之晦日也凡災異晦日不日日食是也日食嘗於晦朔不日晦可知也六鷁無常故言是月以起晦也【疏】注凡災至不日○解云即莊十八年三月日有食之之屬是也今此亦晦故不書日○注日食至起晦也○解云案隱三年王二月己巳日有食之傳云日食則曷爲或日或不日或言朔或不言朔曰某月某日朔日有食之者食正朔也注云桓三年秋七月壬辰朔日有食之是也傳又云其或日或不日或失之前或失之後失之前者朔在前也注云謂二日食己巳日有食之是也傳又云失之後者朔在後也注又云謂晦日食莊十八年三月日有食之是也然則日食亦有二日食此注何言日食常於晦朔乎二日食者雖非正朔若欲比晦言之亦得謂之朔矣言若正朔食朔日並言若二日食則言日則知日朔並不言是晦日明矣故云不日晦可知也晦則何以不言晦据上言朔春秋不書晦也事當日者日平居無他卓佹無所求取言晦朔也趆盟奚戰是也○佹尤委反趆翠軌反【疏】注平居無他卓佹○解云謂無他卓異佹戾平常之事也○注無所至戰

是也○解云即桓十七年二月丙午及邾婁儀父盟于趡春秋説以爲二月晦矣五月丙午及齊侯戰于奚春秋説以爲五月之朔也然則此傳云春秋不書晦謂平常之事下文朔有事則書晦雖有事不書者謂卓佹之事合書晦朔矣 朔有事則書重始故書以録事若泓之戰及此皆是也【疏】注若泓至是也○解云即下二十二年冬十有一月己巳朔宋公及楚人戰于泓及此經皆書朔是其卓佹之事書朔也晦雖有事不書重始而終自正故不復書以録事○不復扶又反下同 曷爲先言六而後言鷁据霣石後言五六鷁退飛記見也視之則六察之則鷁徐而察之則退飛鷁小而飛高故視之如此事勢然也宋都者宋國所治也人所聚曰都言過宋都者時獨過宋都退飛○所治直吏反 五石六鷁何以書記異也外異不書此何以書爲王者之後記異也王者之後有亡徵非親王安存之象故重録爲戒記災異也石者陰德之專者也鷁者鳥中之耿介

者皆有似宋襄公之行襄欲行霸事不納公子目夷之謀事事耿介自用卒以五年見執六年終敗如五石六鷁之數天之與人昭昭著明甚可畏也於晦朔者示其立功善甫始而敗將不克終故詳録天意也○爲王于僞反注同耿介音戒之行下孟反○〔疏〕注卒以五年見執○解云即下二十一年執宋公以伐宋是計有六年而言五年者据實日月言之以合五石之數故也又六年終敗者即下二十二年戰于泓宋師敗績是也計有七年而言六年者如上說○注天之與人至畏也者解云春秋說文也

○三月壬申公子季友卒其稱季友何据挚戰名不稱季來歸不稱友〔疏〕注据挚至稱季○解云即上元年冬十月壬午公子友帥師敗莒師于犁是也○注來歸不稱友解云閔二年季子來歸是也賢也閔公不書葬故復於卒賢之明季子當蒙討慶父之功遏牙存國終當録也不稱子者上歸本當稱字起事言子○〔疏〕注閔公至録也○解云正以君弒賊不討惡臣子不討賊君喪無所繫往前閔公不書葬恐季子有甚惡故書字見其賢○注不稱子至言子○解云即閔元年歸之下注云不稱季友者明齊繼魯本感落姑之託故令與高子俱稱子起其事是也○夏四月丙

申鄫季姬卒○秋七月甲子公孫慈卒日者僖公賢君宜有恩禮於大夫故皆日也一年喪骨肉三人故曰痛之〔疏〕注日者至皆日也○解云以所傳聞之世大夫之卒不問有罪以否例不日隱元年十二月公子益師卒是也今此季友公孫慈之卒皆書日者正以賢君宜有恩禮於大夫故也然則言皆者皆季友與公孫慈也其鄫季姬之卒例自合日即上九年秋七月乙酉伯姬卒之屬是也○注一年至痛之○解云言由其是賢君故宜痛骨肉之卒若直見是賢君宜有禮于大夫但當見季一人書日故知宜痛其頻死故也○冬十有二月公會齊侯宋公陳侯衛侯鄭伯許男邢侯曹伯于淮月者危桓公德衰任豎刀易牙墮功滅項自此始也○墮許規反〔疏〕注月者至此始也○解云正以盟會之例大信書時今而書月故如此解知任豎刀易牙者下十八年傳文言墮功滅項者謂墮毀霸功而滅項即下十七年夏滅項是也

十有七年春齊人徐人伐英氏稱氏者春秋前黜稱氏也伐國

而舍氏言之者非主名故伐之得從國舉〔疏〕注伐國至主名○解云若其主名即爵等是也○夏滅項孰滅之齊滅之以言滅知非內也以不諱知齊滅○項戶講反國名〔疏〕注以言滅知非內也○解云案經直言滅不載主名何知非內滅之正以春秋之例內大惡諱今言滅知非內矣○以不諱知齊滅○解云春秋之例爲賢者諱故上十二年楚人滅黃不爲諱今諱不言齊人故知齊滅之曷爲不言齊滅之据齊師滅譚〔疏〕注据齊師滅譚○解云在莊十年冬也爲桓公諱也春秋爲賢者諱此滅人之國何賢爾君子之惡惡也疾始絕其始則不得終其惡○爲桓于僞反下及注同惡惡並如字一讀上烏路反善善也樂終樂賢者終其行○行下孟反桓公嘗有繼絕立僖公也〔疏〕注立僖公也○解云即元年是也存亡之功存邢衛杞〔疏〕注存邢衛杞○解云存邢上元年城邢是也存衛上二年城楚丘是也存杞上十四年城緣陵是也故君子爲之諱

也言嘗者時桓公德衰功廢而滅人嫌當坐故上述所嘗盛美而爲之諱所以尊其德彰其功傳不言服楚獨舉繼絶存亡者明繼絶存亡足以除殺子糾滅譚遂項覆終身之惡服楚功在覆篡惡之表所以封桓公名。當如其事也不月者桓公不坐滅略小國

疏注傳不言服楚至亡者○解云其服楚在上四年傳云曷爲再言盟喜服楚也是也○注明繼至身之惡○解云殺子糾者即莊九年九月取子糾殺之是也滅譚即莊十年冬十月齊師滅譚是也其滅遂者即莊十三年夏六月齊人滅遂是也以繼絶除殺子糾以存三亡國除其三滅故云覆終身之惡○注服楚至事也○解云即莊九年齊小白入于齊是其篡文也而言之表者取以蓋藏之○注不月至小國○解云言滅國例書月者惡其篡而罪之今桓公功足除其滅是以不月故云不坐滅也而滅譚滅遂皆月者是時未足以覆之也畧小國者欲道既諱不言齊知。是誰滅而不書月又以畧小國故也

○秋夫人姜氏會齊于卞○卞皮彥反○九月公至自會○。十有二月乙亥齊侯小白卒

十有八年春王正月宋公會曹伯衛人邾婁人伐齊月者與襄公之征齊善録義兵（疏）注月者至征齊○解云正以侵伐例時故也戰不言伐者莊十年師解故難之○夏師救齊○五月戊寅宋師及齊師戰于甗齊師敗績戰不言伐此其言伐何宋公與伐而不與戰故言伐春秋伐者爲客伐者爲主曷爲不使齊主之据甲寅衛人及齊人戰○甗魚輦反又音言與伐音預下不與同○（疏）宋公至故言伐○解云謂宋公但與伐而不與戰故不得舉重是以兩舉之○注据甲至人戰○解云即莊二十八年春王三月甲寅齊人伐衛衛人及齊人戰衛人敗績傳云春秋伐者爲客伐者爲主故使衛主之也彼注云戰序上言及者爲主是也與襄公之征齊也曷爲與襄公之征齊据齊桓公霸者猶不與征衛（疏）與襄公之征齊也○解云謂使

征而正之征是上討下之辭○注据齊至征衛解云即莊二十八年春衛人及齊人戰是也

桓公死豎刀易牙爭權不葬爲是故伐之也不爲文實者保伍連率本有用兵征伐不義之道○刀音彫爲是于僞反注同〔疏〕注不爲文至之道○解云其爲文實者即上元年春齊師宋師曹師次于聶北救邢傳云曷爲先言次而後言救君也君則其稱師何不與諸侯專封也曷爲不與實與而文不與文曷爲不與諸侯之義不得專封也諸侯之義不得專封則其曰實與之何上無天子下無方伯天下諸侯有相滅亡者力能救之則救之可也其二年城楚丘之下亦復發文實之傳矣今此經何以不言宋師伐齊傳云此公也其稱師何不與諸侯專征曷爲不與實與而文不與文曷爲不與諸侯之義不得專征諸侯之義不得專征則其曰實與之何上無天子下無方伯天下諸侯有不道者力能征之則征之可也正以諸侯本無專封之道是以元年二年之經皆爲文實以保伍連率本有用兵征不義之道是以不貶宋公稱師矣

○狄救齊○秋八月丁亥葬齊桓公○冬邢人狄人伐衞狄稱人者善能救齊雖拒

義兵猶有憂中國之心故進之不於〔疏〕注狄稱人至兵壅
救時進之者辟襄公不使義兵壅塞〇解云案穀梁
傳狄救齊傳云善救齊也又云邢人狄人伐衞傳云其稱人
何也善累而後進之伐衞所以救齊也何氏廢之曰即伐衞
救齊當兩舉如伐楚救江矣又傳以爲江遠楚近故伐楚救
江今狄亦近衞而遠齊其事一也於義穀梁爲短以此言之
則何氏之意適自伐衞不爲救齊之故而此注又以狄稱人
者善能救齊者謂以其上能救齊是以於此進之不謂此時
伐衞爲救齊也所以不於救時進者不使義兵壅塞也

十有九年春王三月宋人執滕子嬰齊名者著葵丘之會叛天子命者也不得爲伯討者不以其罪執之妄執之所以著有罪者爲襄公殺恥也襄公有善志欲承齊桓之業執一惡人不能得其過故爲見其罪所以助賢者養善意也月者録責之〇爲襄于僞反下故爲起爲爲襄公深爲若不爲皆同見賢徧反〔疏〕注名者至命者〇解云即上九年夏公會宰周公齊侯宋子衞侯鄭伯許男曹伯于葵丘九月戊辰諸侯盟于葵丘傳云桓公震而矜之叛者九國是也〇注不得爲伯討〇解云上四年傳云稱侯而執者伯討也稱

人而執者非伯討也今此不稱侯故解之○注月者録責之解云正以執例書時即上四年夏齊人執陳袁濤塗五年冬晋人執虞公之類是也今此書月者録責之也

○夏六月宋人曹人邾婁人盟于曹南因本會于曹南盟故以地實邾婁說在下（疏）注因本至在下○解云言此盟之前相與于曹南矣其實此盟在邾婁故言實邾婁矣

鄫子會于邾婁其言會盟何據言諸侯會盟不録及曹伯襄言會諸侯（疏）注據外至會諸侯○解云舊本皆無及字言外諸侯會盟不録者正以竟春秋上下無外諸侯會盟之文若存及宜下句讀之

後會也說與會伐宋同義君不會大夫刺後會者起實君也地以邾婁者起爲邾婁事也不言君者爲襄公諱也魯本許嫁季姬於邾婁季姬淫泆使鄫子請已而許之二國交忿襄公爲此盟欲和解之既在會間反爲邾婁所欺執用鄫子恥辱加於宋無異故没襄公使若微者也不於上地以邾婁者深爲襄公諱使若不爲邾婁事盟而鄫子自就邾婁爲所執者也上盟不日者深順諱文從微者例使若下執不以上盟爲辨也會盟不日者言會盟不信已明無取於日自其正文也（疏）注說與會伐宋同義

解云即莊十四年春齊人陳人曹人伐宋夏單伯會伐宋傳云其言會伐宋何後會也彼注云本期而後故但舉會書者刺其不信○注君不會大夫○解云案莊九年春公及齊大夫盟于暨傳云公曷爲與大夫盟齊無君也然則何以不名爲其諱與大夫盟也使若衆然又莊二十二年秋及齊高傒盟于防傳云曷爲不言公諱與大夫盟也皆是君不會大夫之辭○注起實君也○解云言起上宋人曹人之屬實是宋公曹伯耳○注地以邾婁○解云正以二十八年夏公會晉侯以下盟于踐土陳侯如會傳云其言如會何後會也然則彼言陳侯如會此亦宜言鄫子如會而言于邾婁起爲邾婁事也○注不言君者○解云上曹南之盟不言宋公等是也○注季姬淫泆至微者也○解云即上十四年夏六月季姬及鄫子遇于防使鄫子來朝傳云鄫子曷爲使乎季姬來朝内辭也非使外朝使來請已也○注不於上至執者也○解云上經云盟于曹南者實是盟于邾婁故以此解之所以不於上經地以邾婁者深爲襄公諱使若不爲邾婁事盟而鄫子自就邾婁所見執者也○注上盟不至日者○解云春秋上下微者之盟例皆書時而下文冬會陳人蔡人楚人鄭人盟于齊之屬是今此乃以不日爲微者例者正以宋襄賢君雖使微者有可采取故宜書月隱元年注云微者盟例時不

能專正故責略之此月者隱公賢君雖使微者有可采取故録也是也○注會盟至正文也○解云正以春秋之例不信者日故也言自其正文也者謂既言會盟即是不信之正文不勞書日以見

己酉邾婁人執鄫子用之惡乎用之用之社也其用之社奈何蓋叩其鼻以血社也惡無道也不言社者本無用人之道言用之已重矣故絕其所用處也日者魯不能防正其女以至於此明當痛其女禍而自責之○惡乎音烏惡無烏路反用處昌慮反〔疏〕注日者魯至自責之○解云正以凡執例時即上四年夏齊人執陳袁濤塗之屬是也今日故解之

○秋宋人圍曹○衛人伐邢○冬公會陳人蔡人楚人鄭人盟于齊因宋征齊有隙爲此盟也是後楚遂得中國翟之會執宋公○〔疏〕注因宋征至執宋公○解云謂上十八年襄公征齊齊與宋有間隙齊遂搆會諸侯之人而爲此盟以謀宋矣霍之會執宋公即下二十一年秋宋公楚子陳侯蔡侯鄭伯許男曹伯會于霍執宋公以伐宋是也

○梁亡此未

有伐者其言梁亡何據蔡潰以自潰爲文舉侵也〔疏〕注據蔡至侵也○解云即上四年春公會齊侯云云侵蔡蔡潰是也自亡也其自亡奈何魚爛而亡也梁君隆刑峻法一家犯罪四家坐之一國之中無不被刑者百姓一旦相率俱去狀若魚爛魚爛從內發故云爾著其自亡者明百姓得去之君當絕者〔疏〕魚爛而亡也○注梁君至絕者○史記春秋說有此文也

二十年春新作南門何以書譏何譏爾門有古常也惡奢泰不奉古制常法○惡烏路反〔疏〕注惡奢至常法○解云言其直是奢泰不依古法非僭天子也隱五年傳云始僭諸侯昉於此乎前此矣前此則曷爲始於此僭諸公猶可言也僭天子不可言也定二年雉門及兩觀災之下何氏云立雉門兩觀不書者僭天子不可言雖在春秋中猶不書然則此新作南門書之知不僭天子也

○夏郜子來朝郜子者何未有存文嫌不名故執不知問○郜古報反姬姓之國下同○〔疏〕注未有存至知問○解云桓二年夏四月取郜大鼎于宋隱二年傳云始滅昉於此乎前此矣

何氏云前此者在春秋前謂宋滅郜是也然則宋人滅郜在春秋之前是以桓二年取郜大鼎于宋自爾以來不見存在之文若然則是失地之君例合書名而來朝不名故執不知問**失地之君也何以不名**據鄧穀名〔疏〕注據鄧穀名○解云即桓七年夏穀伯綏來朝鄧侯吾離來朝傳云皆何以名失地之君是也**兄弟辭也**郜魯之同姓故不忍言其絕賤明當尊遇之異於鄧穀也書者喜內見歸〔疏〕注不忍至絕賤○解云即不書其名是也何者若非兄弟宜書其名絕而賤之○注明當至見歸○解云正以穀鄧書名而此不名也

○**五月乙巳西宮災西宮者何小寢也小寢則曷爲謂之西宮有西宮則有東宮矣魯子曰以有西宮亦知諸侯之有三宮也**西宮者小寢內室楚女所居也禮諸侯娶三國女以楚女居西宮知二國女於小寢內各有一宮也故云爾禮夫人居中宮少在前右媵居西宮左媵居東宮少在後○〔疏〕西宮者何○解云欲言是廟不書其謚欲言居寢而書宮舉災故執

不知問○注西宮者至云爾○解云案襄九年春宋火傳云曷云或言災或言火大者曰災小者曰火何氏云大者謂正寢社稷宗廟朝廷也此西宮者小寢内室楚女所居也何故不言火而書災彼傳又云内何以不言火内不言火者甚之也彼注云春秋以内爲天下法動作當先自克責故小有火如大有災是以雖小言災耳○禮夫人居中宮○解云王者之制也

西宮災何以書記異也是時僖公爲齊所脅以齊媵爲嫡楚女廢在西宮而不見恤悲愁怨曠之所生也言西宮不繫小寢者小寢夫人所統妾之所繫也天意若曰楚女本當爲夫人不當繫於齊女故經亦云爾○爲適丁歷反又作嫡

○鄭人入滑○秋齊人狄人盟于邢狄稱人者能常與中國也○冬楚人伐隨叛楚故也

二十有一年春狄侵衛貶狄者爲犯中國諱○爲于僞反下不爲襄下文爲執皆同

○宋人齊人楚人盟于鹿上○夏大旱何以書記災也新作南門之所生○秋宋公楚子陳侯蔡

侯鄭伯許男曹伯會于霍執宋公以伐宋孰執之楚子執之以下獻捷貶○霍左氏作盂〔疏〕會于霍○解云左氏作盂穀梁作雩盩誤或所見異○注以下獻捷貶○解云即下文冬楚人使宜申來獻捷傳云此楚子也其稱人何貶曷爲貶爲執宋公貶是也曷爲不言楚子執之據溴梁盟下執莒子邾婁子復出晉人也○溴古闃反〔疏〕注據溴梁盟○解云即襄十六年春公會晉侯宋公以下于溴梁晉人執莒子邾婁子以歸是也不與夷狄之執中國也不與執爲重復舉伐者刼質諸侯求其國事當起也不爲襄公諱者守信見執無恥說在下也〔疏〕注刼質諸侯○解云言刼諸侯以爲質而求其國事當起也是以執伐兩舉見其外貪利也下云楚人謂宋人曰子不與我國吾將殺子君矣是也○冬公伐邾婁○楚人使宜申來獻捷此楚子也其稱人何據稱使知楚子貶曷爲貶據齊侯獻戎捷不貶爲執宋公貶曷爲爲執宋公貶

據上已沒不與執中國宋公與楚子期以乘車之會盂鹿上之盟【疏】注盂鹿上之盟○解云即上文春宋人齊人楚人盟于鹿上是也言鹿上盟爲此約公子目夷諫曰楚夷國也彊而無義請君以兵車之會往宋公曰不可吾與之約以乘車之會自我爲之自我墮之曰不可終以乘車之會往楚人果伏兵車執宋公以伐宋詐諼劫質諸侯求其國當絕故貶○墮許規反諼音許援反詐也又音援宋公謂公子目夷曰子歸守國矣國子之國也吾不從子之言以至乎此公子目夷復曰君雖不言國國固臣之國也所以堅宋公意絕彊楚之望【疏】君雖不言國○解云即言君假令不道是臣之國今國當是爲臣之國矣所以堅宋公意欲使宋公乃心

在楚不急求還○注絕彊楚之望○解云欲絕楚人使知宋難取不復望之於是歸設守械而守國楚人謂宋人曰子不與我國吾將殺子君矣宋人應之曰吾賴社稷之神靈吾國已有君矣楚人知雖殺宋公猶不得宋國於是釋宋公宋公釋乎執走之衛襄公本謂公子目夷曰國子之國也宋公褫前語故慙不忍反走之衛不書者執解而往非出奔也○守手又反又如字應應對之應〔疏〕注走之衛至奔也○解云正決襄十四年夏衛侯衎出奔齊也公子目夷復曰國爲君守之君曷爲不入然後逆襄公歸凡出奔歸書執獲歸不書者出奔已失國故錄還應盜國與執獲者異臣下尚隨君事之未失國不應盜國無爲錄也○國爲于僞反下爲襄爲公子注爲沒故爲皆同〔疏〕注凡出奔至爲錄也○解云正以桓十五年夏鄭伯突云云彼傳云曷爲或言歸或言復

歸復歸者出惡歸無惡復入者出無惡入有惡入者出入惡歸者出入無惡不應盜國盜國即入與復入是也春秋皆錄其歸以別之其執獲而歸不書者本未失國無義可著何錄之有案不二十八年三月丙午晉侯入曹執曹伯畀宋人冬曹伯襄復歸于曹晉人執衛侯歸之于京師三十年衛侯鄭歸于衛哀七年秋公伐邾婁八月己酉入邾婁以邾婁子益來八年夏歸邾婁子益于邾婁然則三者皆執獲而歸所以書之者曹伯之下注云執歸不書書者名惡當見其曹伯名者刺天子歸有罪也衛侯歸下注爲殺叔武惡天子歸有罪也執歸不書主書者名惡當見也邾婁子益之下注云善魯能悔過歸之

惡乎捷捷乎宋以上言伐宋○惡音烏曷爲不言捷乎宋據戎捷也爲襄公諱也襄公本會楚欲行霸憂中國也不用目夷之言而見詐執伐宋幾亡其國故諱爲沒國文所以申善志不月者因起其事○幾音祁〔疏〕注不月者因起其事○解云正以獻戎捷書六月也起事者正以春秋之義滅國例月莊十年冬十月齊師滅譚十三年夏六月齊人滅遂之類是也今此宋公幾亡國是以爲諱之去其月以起其賢曷爲不言其鬭者案舊本傳注三者皆作圍字唯有守下知上一國字以其有

皆作圍字者誤守國即上傳設守械而守是也此圍辭也曷爲不言其圍據上言守國知圍也爲公子目夷諱也目夷遭難設權救君有解圍存國免主之功故爲諱圍起其事所以彰目夷之賢也歸捷書者刺魯受惡人物也○遭難乃旦反〔疏〕注設權至人物也○解云救君者即上傳宋公釋乎執走之衛是也解圍者楚人釋宋公去而不復圍也○十有二月癸丑公會諸侯盟于薄言諸侯者起霍之會諸侯也不序者起公從旁以議釋宋公會盟一事也言會者因以殊諸侯也〔疏〕注起霍之會諸侯也○解云即上文秋宋公楚子陳侯蔡侯鄭伯許男曹伯會于霍執宋公以伐宋是上文序之下文揔之故得起其上會諸侯也不序者若其序之云公會某侯某侯即無以見公從旁別來今諸侯不序并作一文別言公會則知魯公從旁而來是以不序諸侯以起其義○注會盟一事至侯也○解云上言會于霍下言盟於薄明其但是一出之行而更言公會諸侯者因以殊諸侯矣○釋宋公執未有言釋之者此其言釋之何據執滕子不言釋〔疏〕釋宋

公○解云不言楚子釋宋公者何氏廢疾公羊以爲公會諸侯釋之故不復出楚耳○注据執至言釋○解云即上十九年春王二月宋人執滕子嬰齊是也公與爲爾也公與爲爾奈何公與議爾也善僖公能與楚議釋賢者之厄不言公釋之者諸侯亦有力也【疏】公與議爾○解云言魯公與爲釋宋公之事也

監本附音春秋公羊注疏卷第十一

[illegible]

[illegible]

江南蘇松督糧道方體栞

公羊注疏卷十一挍勘記　阮元撰盧宣旬摘錄

公羊注疏僖公卷十一

八年

公會王人齊侯宋公衛侯許男曹伯陳世子款鄭世子華盟于洮　唐石經諸本同按左氏穀梁無鄭世子華故下鄭伯乞盟此蓋因注言甯母之盟陳鄭遣世子而誤衍

解云見夫見廟禮　浦鏜云見夫當夫人之誤

而春秋亦書其即位之義矣　此本其字剜擠閩監毛本遂排入當衍

然後脅魯立也　元年疏引作脅魯使立也此脫使字

九年

使若非背殯也　監本也作者

据杞叔姬不卒 解云宜作伯姬字即莊二十七年春公會杞伯姬于洮

笄而醴之 鄂本宋本閩監本同毛本醴誤禮

解云即下十五年 毛本即誤此

言解周公是時實不與盟 按解當作宰

謂其顏色自有美大之勢 何校本作有自此誤倒

甲戌 左氏穀梁戌作子

殺未踰年君之號也 閩監毛本同唐石經鄂本宋本殺作弒按釋文則此經弒多作殺或讀爲弒以意求之唐石經以下本皆作弒此作殺爲岐出然殺可讀弒弒不可讀殺也

欲言弒其子奚齊 段玉裁云弒當作殺

而坐之輕重見矣 鄂本宋本閩監毛本同或改坐爲非

從弑名可知也　此本知誤加今據諸本訂正

十年

正謂始甲典覔師受業　閩監本同毛本甲作申覔改覓○按説文作覛俗作覔又俗作覓

故荅之云爾　鄂本宋本同閩監毛本荅作答非

冬大雨雹　解云左氏作雪

十有一年

春晉殺其大夫平鄭父　唐石經諸本同解云左氏經無父字按今左氏有父

十有二年

陳侯處臼卒　唐石經諸本同釋文處臼左氏作杵臼

十有四年

是見恐曷而亡　釋文曷火葛反九經古義云恐曷卽漢書王子侯表曰葛魁侯戚坐縛家吏恐猲受賕棄市平城侯禮坐恐猲取雞免承鄉侯德天坐恐猲國人受財臧五百以上免籍陽侯顯坐恐猲國民取財物免師古曰猲者謂以威力脅人也音呼葛反

公怒之　浦鏜云怒下脫止按左傳有止字

河崩有高下　閩監毛本同誤也鄂本宋本崩作岸當據正

冬蔡侯肸卒　釋文唐石經肸作肹閩監毛本作肸非注同

十有五年

故善錄之故也　浦鏜云下故當作是按浦說是也

盟于牡丘　監毛本丘誤兵

公孫敖率師唐石經鄂本宋本同閩監毛本作帥師○按此依左穀作帥改也公羊多作率

激揚解隋也宋本閩本同監毛本解作懈非按釋文作解隋也

久也余本脫一頁此久也之也字起至曷爲先言六而後言鷁後字止

書日而冥鄂本書作晝諸本皆誤書字

季氏之孚則微者唐石經諸本同鄂本孚誤季

十有六年

是月唐石經諸本同釋文是月如字或一音徒兮反盧文弨曰是月有作提月者故一音徒兮反初學記晦日條引此作提月又鶡冠子王鈇篇家里用提陛佃注云提零日也引公羊爲證○按是月與月令是月似異而實同改作提者俗人所爲也

六鷁退飛過宋都諸本同唐石經六鷁字缺釋文作六鶂五歷反經義雜記曰說文鶃鳥也从鳥兒聲

春秋傳曰六鷁退飛不收从益字左氏正義曰鷁字或作鶂釋文六鷁本或作鶂公穀釋文皆云六鶂五歷反可證三傳本皆作鶂與說文同今公羊注疏皆作鷁穀梁注疏皆作鶂惟經文六鷁退飛此一字从益蓋因唐時左傳已有作鷁者故後人據以易二傳也穀梁疏引賈逵云鶂水鳥陽中之陰象君臣之訟鬩也以鬩解鶂取同聲爲詁可證左傳字本从兒

聞其磌然　唐石經諸本同釋文磌然之人反又大年反本或作砰八耕反經義雜記曰穀梁疏云說文玉篇字林等無磌字學士多讀爲砰公羊古本並爲磌張揖讀爲磌是石聲之類今玉篇有磌字云音響也蓋孫强等增加廣雅四釋詁砰普耕反聲也而無磌字楊云張揖讀爲磌是古本廣雅有磌矣五經文字磌之人反又大年反聲響也見春秋傳

而六鷁不書日乎　閩監毛本鷁作鶂非

六鷁無常　鄂本宋本同閩監毛本鷁作鶂爲錯見字今本公羊經注及疏皆作鷁也

平居無他卓佹　釋文卓佹九委反惠棟云卓佹亦見漢書蓋當時語

及齊侯戰于奚　浦鏜云師作侯按桓十七年經作師

非親王安存之象　閩監毛本同誤也鄂本親作新當據正

不納公子目夷之謀　毛本目誤自

閔二年季子來歸是也　浦鏜云元誤二是也

君喪無所繫往　閩監毛本往作住爲句

即閔元年歸之下　浦鏜云下脫來是也

本感落姑之託　盧文弨曰當依公羊本字作洛姑

公孫茲卒　唐石經諸本作公孫慈此本疏中慈皆作茲

不問有罪以否　何按本同閩監毛本以作與

任暨刀易牙閩監毛本刀改刁非此本暨誤塈今訂正疏同

十有七年

伐國而舍氏言之者宋本同閩監毛本舍作合

名當如其事也閩監毛本同鄂本名作各是也

欲道既諱不言齊浦鏜云疑脫不字

十有二月乙亥唐石經十上有冬字諸本誤脫

十有八年

戰不言伐者莊十年師解故難之何校本云此十三字當在下疏宋公至故言伐之前

春秋伐者爲客伐者爲主唐石經原刻作春秋伐者爲客而不伐者爲主後磨改同今本

豎刁易牙 釋文唐石經作豎刁閩監毛本同

實以保伍連率 監本伍誤五

何氏廢之曰 閩監毛本廢誤發○按之字乃疾字之誤

十有九年

宋人曹人邾婁人盟于曹南 唐石經諸本同左氏穀梁作宋公

鄫子會于邾婁 唐石經宋本會下有盟字此脱毛本子誤人

及曹伯襄言會諸侯 解云舊本皆無及字

既在會間 鄂本會誤人

言會盟不信已明 毛本明誤盟

而鄫子自就邾婁 齊召南云下疑脱一爲字

注上盟不至日者　閩監毛本作上盟不至者例是也

而下文冬會陳人蔡人楚人鄭人盟于齊之屬是　浦鏜云而當卽字誤

卽是不信之正文　閩監毛本卽誤旣

蓋叩其鼻以血社也　唐石經諸本同周禮肆師注引春秋僖十九年夏邾人執鄫子用之傳曰用之者何蓋叩其鼻以衈社也惠士奇云山海經東山經祠毛用一犬祈聃注云聃音餌以血塗祭爲聃也公羊傳蓋叩其鼻以聃社今本公羊作血訛穀梁作衈社與鄭注合

齊人執陳袁濤塗之屬是也　毛本濤字實缺

者其自亡者　鄂本宋本作著其自亡者此本誤

二十年

不奉古制常法　鄂本常誤當

始僭諸公　毛本公作侯與隱五年傳不合

前此則曷爲始於此　案隱五年傳於作乎

取郜大鼎于宋　閩監毛本于作於非

動作當先自克責　閩本同監毛本克責誤内始則與襄九年注不合

西宮災何以書記異也　唐石經鄂本作記災也諸本作異誤

以齊媵爲嫡　宋本同鄂本閩監毛本嫡作適釋文適又作嫡

二十一年

秋宋公楚子陳侯蔡侯鄭伯許男曹伯會于霍　唐石經諸本同解云左氏作盂穀梁作雩蓋誤或所見異

以下獻捷貶　按此下毛本有霍左氏作孟五字乃釋文而誤入注中者

詐諼劫質諸侯　釋文作讙諼云讙本亦作詐

吾不從子之言以此乎此　唐石經鄂本同閩監毛本乎此誤倒

君雖不言國國固臣之國也　唐石經原刻言下不疊國字後磨改同今本此行及前一行皆本九字此行後磨改故亦十字讀君雖不言句國固臣之國也句

注絕強楚之望　閩監毛本强作彊與注合

衛侯歸下注　按下當脫云字

曷爲不言其圍者　此下疏文當屬下節者字今本多改作○此其改之未盡者

据上言守國　解云國字有作圍字者誤

即上十九年春王二月　浦鏜云三誤二按浦說是也

止

傳古樓景印

四部要籍選刊・經部
蔣鵬翔 主編

阮刻春秋公羊傳注疏 三

〔清〕阮元 校刻

浙江大學出版社

本册目録

卷第十二

卷第十三

卷第十四

卷第十五

卷第十六

卷第十七

監本春秋公羊注疏僖公卷第十二 起二十二年盡三十三年 長塘鮑氏校正

何休學

二十有二年春，公伐邾婁取須朐。○朐，其俱反。左氏作句。○夏，宋公、衛侯、許男、滕子伐鄭。○秋，八月丁未，及邾婁人戰于升陘。○陘，音刑。○冬，十有一月己巳朔，宋公及楚人戰于泓，宋師敗績。偏戰者日爾，此其言朔何？據奚之戰不言朔。〔疏〕注據奚之戰不言朔。○解云：即桓十七年五月丙午，及齊師戰于奚，春秋說以爲五月朔日也。春秋辭繁而不殺者，正也。繁，多也；殺，省也。正得正道尤美。○不殺，所戒反，注同；省，所景反。何正爾？宋公與楚人期戰于泓之陽，泓，水名。水北曰陽。楚人濟泓而來，濟渡有司復曰請迨其未畢濟而繫之迨及宋公曰不可吾聞之也君子不厄人吾雖喪國之餘我雖前幾爲楚所喪所以得其餘民以爲國喻弱○喪國息浪反注同幾音祁寡人不忍行也既濟未畢陳有司復曰請迨其未畢陳而擊之宋公曰不可吾聞之也君子不鼓不成列軍法以鼓戰以金止不鼓不戰不成列未成陳也君子不戰未成陳之師○畢陳直覲反下及注同已陳然後襄公鼓之宋師大敗故君子大其不鼓不成列臨大事而不忘大禮有君而無臣言朔亦所以起有君而無臣惜其有王德而無王佐也若襄公所行帝王之兵也有帝王之君宜有帝王之臣有帝王之臣宜有帝王之民未能醇粹而守其禮所以敗也○王德于況反又如字下王佐同醇粹音純下雖遂反以爲

雖文王之戰亦不過此也有似文王伐崇。陸戰當舉地，舉水者，大其不以水厄人也。

二十有三年春齊侯伐宋圍緡邑不言圍此其言圍何疾重故也疾，痛也。重故，喻若重故創矣。襄公欲行霸，守正履信，屬爲楚所敗，諸夏之君宜雜然助之，反因其困而伐之，痛與重故創無異，故言圍以惡其不仁也。○緡，亡巾反。重故，直用反，又直龍反，注同。故創，初良反，下同。屬音燭。雜，七合反。父如字。惡，烏路反。○夏五月庚寅宋公慈父卒何以不書葬盈乎諱也盈，滿也。相接足之辭也。襄公本以背殯不書其父葬，至襄公身背葬，則嫌霸業不成，所覆者薄，故復使身不書葬，明當以前諱除背殯，以後諱加微封內娶，不去日略之者，功覆之也。○慈父，左氏作茲父。復，扶又反。去，起呂反。

〔疏〕注襄公至背殯○解云：即九年春王三月丁丑，宋公禦説卒，傳云：何以不書葬？爲襄公諱也。彼注云：襄公背殯出會宰周公，有不子之惡，後有征齊憂中國尊周室之心功足以除惡故諱不書葬是也○注以後諱加微封○解云謂以至功薄微故加而爲之諱而封之其封字亦有下句讀之非也○注內娶至覆之也○解云即下二十五年夏宋殺其大夫傳云何以不名宋三世無大夫三世內娶也彼注云三世謂慈父王臣處臼也內娶而責其去日者正以文七年夏四月宋公王臣卒注云不日者內娶略文十六年冬十一月宋人弒其君處臼彼注云不日者內娶略賤之然則三世內娶二人皆略此獨書日者明是覆之 ○秋

楚人伐陳○冬十有一月杞子卒 卒者桓公存王者後功尤美故爲表異卒錄之始見稱伯卒獨稱子者微弱爲徐莒所脅不能死位春秋伯子男一也辭無所貶貶稱子者春秋黜杞不明故以其一等貶之明本非伯乃公也又因以見聖人子孫有誅無絕故貶不失爵也不名不日不書葬者從小國例也○始見賢偏反

［疏］注杞桓公存至錄之○解云正所以傳聞之世小國之卒未合書見故解之○注始見稱伯○解云即莊二十七年冬杞伯來朝是也○注爲徐莒所脅○解云即十四年傳云曷爲城杞滅也孰滅之蓋徐莒脅之是也○注貶稱至不明○解云正以春秋之前周王舊有黜陟之法隱元年儀父稱字上十七年春英氏稱氏之類今杞公

之爵雖爲伯仍恐春秋之前周王黜之非爲新周故曰不明○注故以其一等貶之○解云謂伯之與子春秋合以爲一而已杞君從伯至子乃是同事之内故云一等○注明本非伯乃公也○解云正以一等貶之明是王者之後本非伯爾莊二十七年杞伯來朝之時所以不稱侯正欲此處以一等貶之故彼不稱侯也聖人子孫有誅無絶者若其有過但當誅責不合絶去其爵是以雖微弱見貶仍但從伯至子不失其爵矣○注不名不日至例也○解云謂所傳聞之世尤小國如此若其曹許之屬仍自書名書葬即上四年許男新臣卒秋葬許繆公彼注云得卒葬於所傳聞世者許大小次曹故卒少在曹後也

二十有四年春王正月○夏狄伐鄭○秋七月○冬天王出居于鄭王者無外此其言出何據王子瑕奔晉不言出

疏 王者無外○解云桓八年傳云女在其國稱女此其稱王后何王者無外其辭成矣是也○注據王至言出者○解云即襄三十年王子瑕奔晉是也

不能乎母也不能事母

罪莫大於不孝故絶之言出也下無廢上之義得絶之者明母得廢之臣下得從母命【疏】注明母至母命○解云正以襄王之母於今仍在亦非繼母與左氏異也鄭氏發墨守云聖人制法必因其事非虛之孟子曰夫人○自侮而後人侮之家必自毀而後人毀之國必自伐而後人伐之今襄王實不能孝道稱惠后之心令其寵專於子失教而亂作出居于鄭自絶于周故孔子因其自絶而書之公羊以母得廢之則左氏已死矣是也襄王正是惠后所生非繼母又云失教而亂作自絶於周從左氏鄭氏雜用三家不苟從一

魯子曰是王也不能乎母者其諸此之謂與

猶曰是王也無絶義不能事母而見絶外者其諸謂此灼然異居不復供養者與主書者録王者所居也○與音餘復扶又反供養九用反下餘亮反【疏】注灼然異至居也○解云公羊以爲此天王出居于鄭不事其母而自出居于鄭春秋惡其所爲是以書出以絶之實非出奔故云灼然異居不復供養養者與

晉侯夷吾卒

篡故不書葬明當絶也不日月者失衆身死子見篡逐故略之猶薛伯定也【疏】注篡故不書明當絶也○解云正以惠公無立入之文於例去葬以絶之○注不日月至略之

解云大國之卒例書日月上十七年冬十有二月乙亥齊侯小白卒之類是也○注猶薛伯定也○解云即定十二年春薛伯定卒彼注云不日月者子無道當廢之而以爲後未至三年失衆見弑危社稷宗廟禍端在定故略之然則惠公之子亦是不肖而以爲後未朞之間文公篡之是以不書日月

二十有五年春王正月丙午衛侯燬滅邢衛侯燬何以名據楚子滅蕭不名○燬況委反絕曷爲絕之據俱滅人滅同姓也絕先祖之體尤重故名甚之也日者爲魯憂內錄之○爲魯于僞反下同【疏】滅同姓也○解云曲禮下篇云滅同姓名是也以此言之則知公羊何氏以爲齊人滅萊楚滅隗晉滅下陽之屬皆非同姓是以不名耳○注日者至錄之○解云凡滅例月即莊十年冬十月齊師滅譚之屬是而此書日也

○夏四月癸酉衛侯燬卒○宋蕩伯姬來逆婦宋蕩伯姬者何蕩氏之母也蕩氏宋世大夫【疏】宋蕩伯姬者何○解云欲言婦人而來逆

婦欲言大夫而言伯姬故執不知問○注蕩氏宋世大夫○解云正以稱蕩氏若崔氏尹氏之屬文同也

其言來逆婦何 據莒慶言逆叔姬連來者嫌內女爲殺直來也

【疏】注連來者○解云弟子本意據莒慶逆叔姬難此逆婦之文宜云其言逆婦何而連來言之者正以伯姬是內女嫌經言來逆婦爲殺直來之恥非實逆婦是以連來問之○若上五年杞伯姬來朝其子傳云其言來朝其子何彼注云連來者問爲直來乎爲下朝出之類其直來者即莊二十七年冬杞伯姬來傳云其言來何直來曰來彼注云直來無事而來也是也

兄弟辭也

其稱婦何有姑之辭也 宋魯之間名結婚姻爲兄弟稱婦者見姑之辭以逆實文知不殺直來也主書者無出道也○見賢偏反

【疏】其稱婦何○解云隱二年傳云在塗稱婦今此非在塗而稱婦故難之不注者從省文可知也○注宋魯至兄弟○解云蓋時猶然公羊子齊人而取宋魯間語者正以蕩伯姬來逆婦宋魯之事故取解之亦何傷○注主書者無出道也○解云言伯姬無逆婦之道是以書而譏之

○**宋殺其大夫何以不名** 據宋殺其大夫山名

宋三世無大夫

三世內娶也三世謂慈父王臣處臼也內娶大夫女也言無大夫者禮不臣妻之父母國內皆臣無娶道故絕去大夫名正其義也外小惡正之者宋以內娶故公族以弱妃黨益彊威權下流政分三門卒生篡弒親親出奔疾其末故正其本○去起呂反〔疏〕注三世至臼也○解云即上二十三年夏宋公慈父卒文七年夏宋公王臣卒文十六年冬宋人弒其君處臼是也○注外小惡正之者所傳聞之世外小惡不書故也○注威權下流○解云謂君之威權下流于臣而臣下用之也○秋，楚人圍陳，納頓子于頓。何以不言遂据楚子鄭人侵陳遂侵宋兩之也徽者不別遂但別兩耳別兩耳別之者惡國家不重民命一出兵為兩事也納頓子書者前出奔當絕遂入為盜國當誅書楚納之與之同罪也主書者從楚納之頓子出奔不書者小國例也不見挈者故君不可見挈於臣○惡烏路反〔疏〕注頓子至例也○解云正以春秋之例小國出入不兩書桓十五年夏許叔入于許注云不書出時者小國是例也○注不見挈者○解云故君不可見挈於臣者案桓十一年九月宋人執鄭祭仲突歸于鄭傳云突何以名挈乎祭仲也彼注云挈猶提挈也突當國本當言鄭突欲明祭仲從宋人命提挈而納之故上繫於祭仲不繫國者使與外納同也桒莊九年夏公伐齊納糾傳曰何以不稱公子彼注云据下言子糾知非當國本當去國見挈言公子糾此若作挈文宜言楚人納某甲于頓去其國爵以見挈于楚矣故君不可以見挈於臣

○葬衛文公不月者滅同姓故奪臣子恩也〔疏〕主不月者至恩也○解云卒日葬月大國之常桒桓十二年冬十一月丙戌衛侯晉卒十三年三月葬衛宣公之類是也

○冬十有二月癸亥公會衛子莒慶盟于洮莒無大夫書莒慶者尊敬壻之義也洮內地公與未踰年君大夫盟不別得意雖在外猶不致也○別彼列反〔疏〕注書莒至之義也○解云即莊二十七年冬莒慶來逆叔姬傳云大夫越竟逆女非禮也○注公與未至致也○解云桒莊六年注云公與二國以上出會盟得意致會不得意不致謂與諸侯會時然也今此衛子莒慶皆是卑者得意不得意亦可知故言不別得意耳今洮是內地位不合致假令在外亦不致之何者正以其與卑者會盟得意不假別之如定十二年冬公至自圍成成是孟氏之邑而書致彼注云天子不親征下土諸侯不親征叛邑公親圍成不能服不能以一國爲家甚危若從他國

來故危録之是也

二十有六年春王正月己未公會莒子衛甯遬盟于向。○遬音速向舒亮反○齊人侵我西鄙公追齊師至嶲弗及其言至嶲弗及何据公追戎于濟西不言所至又不言弗及○嶲戶圭反又似兖反侈也侈猶大也大公能郤強齊之兵弗者不之深者也言齊人畏公士卒精猛引師而去之深遠不可得及故曰侈不直言大之者自爲追唯臣子得褒之耳不得與追戎同也言師者侈大公所追也國內兵不書而舉地者善公齊師去則止不遠勞百姓過復取勝得用兵之節故録詳之○侈昌爾反又昌者反大也卒子忽反自爲于僞反下深爲同

[疏]主不直言至録詳之○解云案莊十八年公追戎于濟西傳云此未有言伐者其言追何大其爲中國追也此未有伐中國者則其言爲中國追何大其未至而豫禦之也其言于濟西何大之也彼注云大公除害恩及濟西也言大者當有公賞也然則彼爲諸侯追於王法當有功賞故得云大此則自爲已追但臣子得

褒之故傳不言大以見義云言師者侈大公所追也者正〇以上言齊人侵我西鄙下言公追齊師與上文異故也

夏齊人伐我北鄙〇衛人伐齊〇公子遂如楚乞師乞師者何卑辭也曷爲以外內同若辭 据春秋尊魯〔疏〕乞者至若辭〇解云案成十六年夏晉侯使欒黶來乞師十七年秋晉侯使荀罃來乞師外亦言乞師也重師也外內皆同卑其辭者深爲與人者重之曷爲重師 据泓之戰不重師〔疏〕注据泓之戰不重師〇解云上二十二年十有一月己巳朔宋公及楚人戰于泓宋師敗績傳云宋公與楚人期戰于泓之陽楚人濟泓而來直司復曰請迨其未畢濟而擊之宋公曰不可吾聞之也君子不厄人吾雖喪國之餘寡人不忍行也旣濟未畢陳有司復曰請迨其未畢陳而擊之宋公曰不可吾聞之也君子不鼓不成列已陳然後襄公鼓之宋師大敗故君子大其不鼓不成列臨大事而不忘大禮有君而無臣以爲雖文王之戰亦不過此也然則宋公守古敗師而春秋善之也是其不重之文師出不正反戰不正勝也

不正者不正自謂出當復反戰當必勝兵凶器戰危事不得已而用之爾乃以假人故重而不暇别外内也稱師者正所乞名也乞師例時○當復扶又反下同别外彼列反下同〔疏〕注戰必當勝○解云以義言之此句亦宜云戰不正勝者不正自謂戰當必勝但何氏省文不復備言○注乞師例時○解云正以據文承夏下文成十三年春晉侯使郤錡來乞師之屬皆書時故也○秋楚人滅隗以隗子歸不月者略夷狄滅微國也不言獲者舉滅爲重書以歸者惡不死位不名者所傳聞世見治始起責小國略但絶不誅之○隗五罪反二傳作夔惡烏路反下同傳直專反見治賢遍反下直吏反〔疏〕注不月者略夷狄○解云正以莊十年冬十月齊師滅譚十三年夏六月齊人滅遂之類皆書月故也○注不名者至不誅之○解云案上二十三年杞子卒之下注云又因以見聖人子孫有誅無絶故貶不失爵也以此言之似誅輕絶重此注云但絶不誅自相違者凡誅有二種一是誅責之誅若齒路馬有誅於予與何誅之類一是誅絶之誅似武王誅紂誅君之子不立之類然則上言有誅無絶聖人子孫但當誅責而已不合絶去此言但絶不誅者謂所傳聞之世責小國略今此不書其名但欲絶去一身不聽爲君不合誅滅其國

哀七年八月已酉入邾婁以邾婁子益來傳云邾婁子益何以名絶之又莊十年以蔡侯獻舞歸傳曰蔡侯獻舞何以名絶之以此二文言絶之則似書名爲絶之此注云不名者但絶而不誅又以不名爲絶者葢以絶亦有二種一是絶去其身一是絶滅其國蔡侯獻舞大國之君不能死難爲楚所獲春秋之義不與夷狄得志于諸夏是以不得書獲故名蔡侯起其當合絶滅矣邾婁正當所見之世爲晉所獲春秋之義內獲人皆諱不書故名邾婁子以起不死難當絶滅矣今此隗子既是微國復當傳聞之世若其書名恐如二君亦合絶滅故不名見責之略也但合一身絶去而已○冬

楚人伐宋圍緡邑不言圍此其言圍何刺道用師也時以師與魯未至又道用之於是惡其視百姓之命若草木不仁之甚也稱人者楚未有大夫未聞稱師楚自道用之故從楚文

疏 邑不至用師也○解云案隱五年宋人伐鄭圍長葛之下傳云邑不言圍此其言圍何彼已注云據伐於餘丘不言圍然則彼已有注故此不復解耳○注稱人至從楚文○解云以文九年冬楚子使椒來聘彼傳云椒者何楚大夫也楚無大夫此何以書始有大夫也始有大夫則何以不氏許夷狄者不一而足也然則

文九年始有大夫則知今時未有然上四年夏楚屈完來盟于師下二十八年夏楚殺其大夫得臣在椒來聘之前而有大夫者屈完之下傳云屈完者何楚大夫也何以不稱使尊屈完也曷爲尊屈完以當桓公也注云增倍使若得其君以醇霸德成王事也然則欲尊屈完使當桓公以醇霸德非常事子玉之下注云楚無大夫言其大夫者欲起上楚人本當言子玉得臣所以詳錄霸事○注楚自道至楚文○解云欲道下文公以楚師得稱楚師而此不得者以楚自道用之故從楚文也

○公以楚師伐齊取穀 言以者行公意別魯兵也稱師者順上文

疏 注言以者行公意○解云桓十四年冬宋人以齊人衞人蔡人陳人伐鄭傳云以者何行其意也彼注云以已從人曰行言四國行宋意也

公至自伐齊此已取穀矣何以致伐 据伐邾婁取叢不致 未得乎取穀也 未可謂得意於取穀 曷爲未得乎取穀 据俱取邑 曰患之起必自此始也 魯內虛而外乞師以犯強齊會齊侯昭卒晉文行霸幸而得免孔子曰人之生也直罔之生也幸而免故雖得意猶致伐也

疏 注魯內虛而外

乞師○解云言內虛者謂自無師○會齊侯昭卒○解云即下二十七年齊侯昭卒是也○注晉文行霸○解云即二十八年侵曹伐衛敗楚師于城濮盟于踐土是也○注故雖至伐也○解云莊六年注云公與一國及獨出用兵得意不致不得意致伐然則此文公以楚師伐齊取穀是得意宜合不致今致伐作不得意之文以解之

二十。七年春杞子來朝貶稱子者起其無禮不備故魯人之

疏注貶稱子至入之○解云杞本公爵但春秋欲新周故宋而黜之稱伯即莊二十七年冬杞伯來朝是也至二十三年經書杞子卒者但以微弱爲徐莒所脅不能死位故以其一等貶之見聖人子孫有誅無絕而已至於此經復稱子者起其無禮故左氏皆有魯人之文也

○夏六月庚寅齊侯昭卒○秋八月乙未葬齊孝公○乙巳公子遂帥師入杞日者杞屬脩禮朝魯雖無禮君子躬自厚而薄責於人不當乃入之故錄責之○屬音燭○冬楚人陳侯蔡侯鄭伯許男圍宋此楚子也其稱人何据序

諸侯之上貶曷爲貶据圍鄭不貶爲執宋公貶故終僖之篇貶也古者諸侯有難王者若方伯和平之後相犯復故罪楚前執宋公僖公與共議釋之今復圍犯宋故貶因以見義終僖之篇貶者言君子和平人當終身保也○爲于僞反難乃旦反今復扶又反見賢徧反〔疏〕注楚前執宋公○解云即二十一年秋執宋公以伐宋十二月公會諸侯盟于薄釋宋公傳云執未有言釋之者此其釋之何公與議爾也彼注云善僖公能與楚議釋賢者之厄○十有二月甲戌公會諸侯盟于宋地以宋者起公解宋圍爲此盟也宋得與盟則宋解可知也而公釋之見矣○與音預

二十有八年春晉侯侵曹晉侯伐衛曷爲再言晉侯据楚人圍陳納頓子于頓亦兩事不再出楚人〔疏〕注据楚至出楚人○解云在上二十五年秋也非兩之也然則何以不言遂据侵蔡遂伐楚言遂〔疏〕非兩之也○解云上二十五年頓子之下傳云何以不言遂兩之也注云微者不別遂但別兩稱耳別之者惡國家不重民命

一出兵爲兩事也以此言之初發國即有兩伐之意○注據侵蔡伐楚言遂○解云即上四年春王正月公會齊侯以下侵蔡蔡潰遂伐楚是也

未侵曹也未侵曹則其言侵曹何致其意也其意侵曹則曷爲伐衛晉侯將侵曹假塗于衛衛曰不可得則固將伐之也

曹有罪晉文行霸征之衛壅遏不得使義兵以時追故著言侵曹以致其意所以通賢者之心不使壅塞也宋襄公伐齊月此不月者晉文公功信未著且當脩文德未當深求於諸侯故不美也○衛壅於勇反下同又作壅同遏於葛反

【疏】衛曰不至伐之也○解云言衛不可得塗則固將先伐之其意猶自欲得侵曹矣○注曹有至征之○解云言征之者謂伐而正之上討下之辭如上十八年傳云與襄公之征齊也

○公子買戍衛不卒戍刺之不卒戍者何不卒戍者內辭也不可使往也

即注當言戍衛不卒

【疏】不卒戍者何○解云欲言實戍乃有不卒戍之文欲言不戍而經書

戍衛故執不知問不可使往則其言戍衛何据言戍衛行文遂公意也使臣子不可使恥深故諱使若往不卒竟事者明臣不得壅塞君命刺之者何殺之也殺之則曷爲謂之刺之內諱殺大夫謂之刺之也有罪無罪皆不得專殺故諱殺言刺之不言刺公子買但言不卒戍刺之者起爲上事刺之也內殺大夫例有罪不日無罪日外殺大夫皆時○起爲于僞反下爲下卒爲晉深爲不爲同疏刺之者何○解云欲言不殺文言刺之欲言實殺文不言殺故執不知問○注有罪至刺之也○解云孟子言大夫者天子命之輔助其政諸侯不得專殺大夫也然則孟子之文論有罪故此何氏云有罪無罪皆不得專殺也○注內殺大至無罪日○解云其有罪不日即此文是而不月者與上同月故也無罪日者成十六年冬十二月乙酉刺公子偃是也○注外殺大夫皆時○解云即上七年夏鄭殺其大夫申侯下三十年秋衛殺其大夫元咺之類是也○楚人救衛○三月丙午晉侯入曹執曹伯畀宋人畀

者何與也其言畀宋人何 据下執衛侯言歸之于京師○畀宋必二反與也下同〔疏〕畀者何○解云欲言是與文不言歸欲言非與畀者與義故執不知問○注据下至京師○解云即下經云冬晉人執衛侯歸之于京師是也然則彼言歸于京師此言以畀宋人故難之 與使聽之也 與使聽其獄也時天王居于鄭晉文欲討楚師以宋王者之後法度所存故因假使治之宋稱人者明聽訟必師斷與其師衆共之○斷丁亂反下當斷同 曹伯之罪何甚惡也其甚惡奈何不可以一罪言也 曹伯數侵伐諸侯以自廣大傳曰晉侯執曹伯班其所取侵地于諸侯是也齊桓既沒諸侯背叛無道者非一晉與曹同姓恩惠當先施刑罰當後加起而征之嫌其失義故著其甚惡者可知也以兵得不言獲者晉文伯討不坐獲者故亦不責曹不死義兵日者喜義兵得時入○數所角反下數道同〔疏〕注傳曰晉侯至是也○解云即下三十一年春取濟西田之下傳云惡乎取之取之曹也此未有伐曹者則其言取之曹何晉侯執曹伯班其所取侵地于諸侯是也○注恩惠當先施○解云即堯典云九族既睦平

章百姓是也○注刑罰當後加○解云即小司寇議親議賢之辟是也○注故著其甚惡○解云即執而言畀宋人使治其罪是也○注晉文伯討○解云即稱侯以執是也○注不坐獲者○解云謂諸侯言獲者皆是惡其擅獲是以上十五年獲晉侯之下傳云君獲不言師敗績也注云舉君獲爲重也釋不書者以獲君爲惡書者以惡見獲與獲人君者皆當絶也主書者從獲人例是其坐獲之文今晉侯伯討故不坐獲

○夏四月己巳晉侯齊師宋師秦師及楚人戰于城濮楚師敗績

此大戰也曷爲使微者据秦稱師録功知大戰必不使微者楚雖無大夫齊桓行霸書屈完也○濮音卜

疏 注据秦稱師○解云案文十二年秋秦伯使遂來聘傳云秦無大夫此何以書賢繆公也然則至文十二年秦始有大夫則知此時未合稱師今乃稱師録功故知大戰既是大戰則明知必不應使微者云楚雖無大夫者文九年冬楚子使椒來聘傳云楚無大夫此何以書始有大夫也以此言之則知此時未有大夫故曰楚雖無大夫矣云齊桓行霸書屈完也者即上四年夏楚屈完來盟于師傳云屈完者何楚大夫也何以不稱使尊屈完也

曷爲尊屈完以當桓公也注云增倍使若得其君以醇霸德成王事是也子玉得臣也以上敗績下殺得臣〔疏〕子玉得臣也○解云傳及注意似子玉爲得臣之氏子玉得臣則其稱人何据屈完當桓公稱名氏貶曷爲貶据郯之戰林父不貶○郯皮必反大夫不敵君也臣無敵君戰之義故絶正也秦稱師者助霸者征伐克勝有功故褒進之齊桓先朝天子晉文先討夷狄者晉文之時楚與爭彊所遭遇異〔疏〕注齊桓先朝天子○解云正以莊十三年冬柯之盟桓公之信著于天下豈不朝天子而得然乎但以外朝不書是以無經可指耳但何氏以理知之故言先朝天子言先者欲道至僖四年乃始服楚之意云所遭遇異者謂齊桓初霸之時楚未强大雖侵諸夏未能爲伯者之害是以桓公養成其驕至僖四年乃往討而服之至晉文之時楚人孔熾圍宋救衞與之爭盛是以未暇朝王先討子玉矣時事不同故云所遭遇異矣○楚殺其大夫得臣楚無大夫其言大夫者欲起上楚人本當言子玉得臣所以詳錄霸事不氏者子玉得臣楚之驕蹇臣數道其君侵中國故貶明當與君俱貶也○道音導○衞

侯出奔楚晉文逐之不書逐之者以王事逐之擇立其次無絕衞之心惡不如出奔重〔疏〕注釋立至奔重○解云立叔武是也叔武衞侯之弟故曰其次耳惡不如出奔重者言文公逐人之惡少於衞侯出奔之罪

○五月癸丑公會晉侯齊侯宋公蔡侯鄭伯衞子莒子盟于踐土陳侯如會其言如會何據曹伯襄言會諸侯〔疏〕注據曹伯襄○解云即下文曹伯襄復歸于曹遂會諸侯圍許是也後會也說與會伐宋同刺諸侯不慕霸者反歧意于楚失信後會會不致者安信與晉文也盟日者譎也衞稱子者起叔武本無即位之意陳歧意于楚在二十七年○譎古穴反〔疏〕注盟日者譎也○解云正以春秋之例不信者日今而書日故解之而言譎者正以孔子謂之譎而不正故取其文○注衞稱子至之意○解云衞侯爲王伯所逐而立叔武叔武即是成君何不稱侯而作未踰年之君號欲起其本無即位之心故也無即位之心者即下云文公逐衞侯而立叔武叔武辭立而他人立則恐衞侯之不得反也故於是已立然後爲踐土之會治反衞侯是也

○公

朝于王所曷爲不言公如京師据三月公如京師天子在是也天子在是則曷爲不言天子在是据狩于河陽不與致天子也時晉文公年老恐霸功不成故上自天子曰諸侯不可卒致願王居踐土下謂諸侯曰天子在是不可不朝迫使正君臣明王法雖非正起時可與故書朝因正其義不書諸侯朝者外小惡不書獨録内也不書如不言天王者從外正君臣所以見文公之功○卒七忽反下倉卒同見賢徧反下不見當見見其同

【疏】注時晉至録内也○解云皆春秋説文及史記文檀弓下篇云晉獻公之喪秦穆公使人弔公子重耳且曰喪亦不可久也時亦不可失也孺子其圖之鄭玄注云孺稚也孺子猶稚子則於僖九年獻公卒時仍謂之稚子今得稱云年老者正以禮記非正典何氏不醇取之云明王法雖非正起時可與者言明王之法雖以爲非正欲見當時事勢不得不然是故遂書其朝云公朝于王所言因正其義者欲道臣無召君之義故不言王之所在云不書至不書者正以諸侯朝王不在京師亦是其惡但非大惡當所傳聞之世見在不録之限是以特書公朝故隱元年公子益師卒之下何

氏云於所傳聞世見治起於衰亂之中用心尚粗觕故内其國而外諸夏先詳内而後治外内小惡書外小惡不書是也○注不書如不言至之功○解云春秋之例内朝言如外來言朝今此魯侯不言如反言朝故云從外正君臣所以見文公之功也不言天王所以得正君臣見文公之功者以隱元年秋七月天王使宰咺來歸惠公仲子之賵下何氏云天王者時吳楚上僭稱王王者不能正而上自繫于天也春秋不正者因以廣是非然則稱王爲正稱於天則非禮今此經書不言天王者亦是正君臣以見文公之功也

○六月衛侯鄭自楚復歸于衛

言復歸者天子有命歸之名者刺天子歸有罪也言自楚者爲天子諱也天子所以陵遲者爲善不賞爲惡不誅衛侯出奔當絶叔武讓國不當復廢而反衛侯令殺叔武故使若從楚歸者復歸例皆時此月者爲下卒出也○當復扶又反令力呈反下令自同

疏 注言復歸至歸之○解云春秋文是以傳云然後爲踐土之會治反衛侯何氏云叔武訟治於晉文公令白王者反衛侯使還國也天子有命歸而言復歸者正以衛侯出惡歸無惡故也何者正以衛侯初出之時晉文以王事逐之是其出惡及其歸國得天子之命是其歸無惡矣桓十五年傳曰復歸者出惡歸無

惡是也○注名者至罪也解云諸侯不生名若其生名皆欲絕之不以爲諸侯是以莊十年蔡侯獻舞之下傳云蔡侯獻舞何以名絕也今此衞侯王事不供而爲伯者所逐故當合絕但天子歸之失誅臣之義是以書名刺天子也○注自楚者爲天子之諱也解云正以自者有力之文故言自楚得爲天子諱者若似自得楚力而歸然云復歸至出也者案桓十七年秋蔡季自陳歸于蔡下三十年秋衞侯鄭歸于衞之屬是歸書時也其復歸書時者即下冬衞元咺自晉復歸于衞之類是例合時而此月故知爲他事出也○衞元咺出奔晉○咺況元反○陳侯欵卒不書葬者爲晉文諱行霸不務教人以孝陳有大喪而差會其孤故深爲恥之宋襄亦背殯獨不爲齊桓諱者時宋襄自會之【疏】注卒不日者○解云以大國之卒例書日已說于上○卒不日者賤其歧意于楚

秋杞伯姬來○公子遂如齊○冬公會晉侯齊侯宋公蔡侯鄭伯陳子莒子邾婁子秦人于溫○天王狩于河陽狩不書此何以書据常

事也不與再致天子也一失禮尚愈再失禮重故深正其義使若天子自狩非致也魯子曰溫近而踐土遠也此魯子一說也溫近狩地故可言狩踐土遠狩地故不言狩也公以再朝而日言之上說是【疏】溫近而踐土遠也○解云近讀如附近之近遠爲遠外之遠○注公以至上說是○解云正以上朝不日而下朝始日危錄內再失禮則知此書狩者不與再致天子也故言上說是

○壬申公朝于王所其日何據上朝不日錄乎內也危錄內再失禮將爲有義者所惡不月而日者自是諸侯不繫天子若自不繫於月○惡烏路反下惡衛同

○晉人執衛侯歸之于京師歸之于者何歸于者何歸之于者罪已定矣歸于者罪未定也罪未定則何以得爲伯討此難成十五年晉侯執曹伯歸于京師○難乃旦反下方難同【疏】歸之于者何○解云欲言伯執晉不稱侯欲言非伯而云歸之于京師似得伯執之義故執不知問歸

之于者執之于天子之側者也罪定不定已可知矣歸之者次絕之辭執于天子之側已白天子罪定不定自在天子故言已可知歸于者非執之于天子之側者也罪定不定未可知也未得白天子分別之者但欲明諸侯尊貴不得自相治當斷之于天子爾大惡雖未可知執有罪當爲伯討矣無罪而執人當貶稱人○別彼列反衛侯之罪何殺叔武也何以不書据殺大夫書爲叔武諱也春秋爲賢者諱何賢乎叔武据失兄意○爲叔于僞反下爲賢爲叔武及注而爲深爲皆同讓國也其讓國奈何文公逐衛侯而立叔武叔武辭立而他人立則恐衛侯之不得反也故於是已立故上稱子然後爲踐土之會治反衛侯叔武訟治於晉文公令白王者

反衞侯使還國也叔武讓國見殺而爲叔武諱殺者明叔武治反衞侯欲見饗國故爲去殺巳之罪所以起其功而重衞侯之無道○爲去起呂反

衞侯得反曰叔武篡我元咺爭之曰叔武無罪終殺叔武元咺走而出此晉侯也其稱人何此以伯討而何貶者言歸之于伯討明知坐他事故更問之○篡初患反

【疏】注此以伯討而何貶者○解云上四年齊人執陳袁濤塗之下傳云此執有罪何以不得爲伯討然則此傳宜云此執有罪何以不稱侯而云此晉侯也其稱人何問其貶者正以言歸之于者罪定巳可知即是伯討明矣知稱人更有所爲故問其稱人之義

貶曷爲貶据他罪不見衞之禍文公爲之也文公爲之奈何文公逐衞侯而立叔武使人兄弟相疑春秋許人臣者必使臣許人子者必使子文公惡衞侯大深愛叔武大甚故使兄弟相疑○大深音泰下同放乎殺母弟者文公爲之也文公本逐之非故致

此禍也逐之文不見故貶主書者以起文公逐之○放乎甫往反〔疏〕注文公本逐之非○解云上注文公以王事逐之而言非者雖王事不供罪不至逐而文公逐之疾惡大甚故以爲非也案論語云人而不仁疾之已甚亂也○注以起文公逐之○解云其主書者即文公執衛侯之事是也今執衛侯貶文公稱人見其失所是故貶以起文公逐之

○衛元咺自晉復歸于衛自者何有力焉者也有力焉者有力于晉也言恃晉有屬已力以歸方難下意故於是發問○屬音燭〔疏〕自者何○解云文公賢伯而有力於惡人似非其義故執不知問此執其君其言自何上元咺出奔晉而文公執衛侯知以元咺訴執之怪訴其君而助之爲叔武爭也解文公助之意以元咺爲叔武爭訴以爲忠於已而助之雖然臣無訴君之義復於衛非也悖君臣之義故著言自明不當有力於惡人也言復歸者深爲霸者恥之使若無罪○爭爭鬭之爭下注同悖必內反○諸侯遂圍許○曹伯襄復歸于曹○遂會諸侯圍許曹伯言復歸者天子歸之也名者與

衛侯鄭同義執歸不書書者名惡當見本無事不當言遂又不更舉曹伯者見其能悔過即時從霸者征伐也霸兵不月者刺文公不假武脩文以附疏倉卒欲服許卒不能降威信自是衰故不成其善○降戶江反〔疏〕復歸于曹○解云天子歸之以得天子之命其罪可以除故言復歸作入無惡之文矣上衛侯之下注云言復。者天子有命歸之不言衛侯而此處著言曹伯者正以文承元咺復歸之下辨嫌也○注執歸至言遂○解云正以上二十一年宋公被執而歸經不書之故知執歸不書今書者其名之惡當須見之○注又不更舉曹伯者○解云謂何以不言曹伯遂會諸侯圍許正以言遂又不更舉曹伯皆是風疾之義故可以見悔過即時從霸者征伐也○注欲服許至其善○解云正以上文溫之會許男不至是不慕霸者而從于楚故因而服之云卒不能降者正以二十九年春經書公至自圍許作不得意之文莊六年秋公至自伐衛之下傳云得意致會不得意致伐今此不致會知卒不能降也

二十有九年春介葛盧來介葛盧者何夷狄之君也何以不言朝據諸侯來曰朝○介葛音介國名〔疏〕介葛盧者

何○解云欲言諸侯文不言朝欲言大夫文不書聘故執不知問不能乎朝也不能升降揖讓也介者國也葛盧者名也進稱名者能慕中國朝賢君明當扶勉以禮義疏注進稱名者○解云正以下三十年秋介人侵蕭不名故知此稱名是其進○公至自圍許○夏六月公會王人晉人宋人齊人陳人蔡人秦人盟于狄泉文公圍許不能服自知威信不行故復上假王人以會諸侯年老志衰不能自致故諸侯亦使微者會之月者惡霸功之廢於是○故復扶又反年末同惡烏路反疏注月者至廢於是○解云正以月非大信之辭也○秋大雨雹夫人專愛之所生○雨于付反雹步角反○冬介葛盧來前公圍許不在故更來朝不稱字者一年再朝不中禮故不復進也○中丁仲反

三十年春王正月○夏狄侵齊○秋衛殺其大夫元咺及公子瑕衛侯未至其稱國以殺

何據歸在下道殺也時已得天子命還國於道路遇而殺之坐之與至國同故但稱國不復別也言及公子瑕者下大夫別尊卑○復扶又反別彼列反○衛侯鄭歸于衛此殺其大夫其言歸何據未至而有專殺之惡與入惡同疏其言歸何解云正以歸者是出入無惡也○注與入惡同○解云正以復入者出無惡入有惡今此衛侯未至而殺故宜與入惡同不合言歸故難之歸惡乎元咺也衛侯歸殺無惡則元咺之惡明矣曷爲歸惡乎元咺據師還疏注據師還○解云即莊八年秋師還傳云還者何善辭也此滅同姓何善爾非師之罪也彼注云明君之使重在君然則彼魯公遣師滅同姓歸善于師而歸惡于公此衛侯即歸惡于元咺與彼義違元咺之事君也君出則已入晉人執衛侯歸之于京師元咺自晉復歸于衛恃晉力疏注恃晉至是也○解云即彼傳云自者何以歸是也有力焉者也注云有力焉者有力于晉也言恃晉有屬已力以歸是君入則已出衛侯鄭自楚復歸于衛元咺出奔晉是也以爲

不臣也故不從犯伯執爲天子所還言復歸從出入無惡言歸以見元咺有出入罪衛侯得殺之所以專臣事君之義名者爲殺叔武之惡天子歸有罪也執歸不書主書者名惡當見○以見賢徧反下同爲于僞反夫烏路反

○晉人秦人圍鄭○介人侵蕭稱人者侵中國故退之疏注稱人者至退之○解云正以上二十九年來朝稱名今不名故知此稱人者退之也○冬天王使宰周公來聘與葵丘會同義疏注與葵丘會同義○解云葵丘之會在上九年公會宰周公以下于葵丘彼注云宰猶治也三公之職號尊名也以加宰知其職大尊重當與天子參聽萬機而下爲諸侯所會惡不勝任也此宰周公亦職大尊重當與天子參聽萬機而下聘諸侯惡不勝任故云與葵丘同義○公子遂如京師遂如晉大夫無遂事此其言遂何公不得爲政爾不從公政令也時見使如京師而橫生事矯君命聘晉故疾其驕蹇自專當絕之不舉重者遂當有本○撟君居表反本又作矯疏大夫無遂事○解云正以臣無自專之道也

三十有一年春取濟西田惡乎取之以不月與取運異知非內叛邑○惡音烏【疏】注以不月至叛邑○解云昭元年三月取運傳云運者何內之邑也其言取之何不聽也注云不聽者叛也不言叛者為內諱故書取以起之月者為內喜得之故書月也此不書月與彼異知非內之邑是以傳云惡乎取之猶言何處取之取之曹也曷為不言取之曹据取叢言邾婁田也諱取同姓之田也同姓相貪利惡差重恥差深○惡差初賣反下同此未有伐曹者則其言取之曹何据伐同姓不諱即有兵當舉伐曹下日若甲戌取須朐【疏】注即有兵至須朐○解云即文七年春公伐邾婁三月甲戌取須朐傳云取邑不日此何以日內辭也使若他人然注云使若公春伐邾婁而去他人自以甲戌日取之晉侯執曹伯班其所取侵地于諸侯也班者布徧還之辭○布徧音遍下文同晉侯執曹伯班其所取侵地于諸侯則何諱乎取

同姓之田據晉還之得爲伯疏注據晉還之得爲伯○解云即上二十八年三月丙午晉侯入曹執曹伯畀宋人是也何者稱侯以執伯討之文然此傳云晉侯執曹伯班其所取侵地于諸侯乃指上二十八年執曹伯以畀宋人之文言晉還之者謂執曹伯而還諸侯之田矣久也魯本爲霸者所還當時不取久後有悔更緣前語取之不應以得故當坐取邑○公子遂如晉○夏四月四卜郊不從乃免牲猶三望曷爲或言三卜或言四卜三卜禮也四卜非禮也三卜何以禮四卜何以非禮據俱卜也疏曷爲或言三卜○解云即襄七年夏四月三卜郊不從乃免牲是也○三卜禮也○解云案曲禮上篇云卜筮不過三是其舊典之遺存鄭玄云求吉不過三魯四卜郊春秋譏之是也三卜禮謂是魯禮若天子之郊則不卜以其常事但以魯郊非常是以卜之吉則爲之凶則已之求吉之道三三卜吉凶必有相奇者可以決疑故求吉必三卜○奇居丑反疏求吉之道三○解云周禮大卜

掌三王之龜易義亦通于此然三卜是禮理應不書襄七年三卜郊何以書正以魯人之郊博卜三正襄七年乃在周之四月以其不時是以書也**禘嘗不卜郊何以卜**禘比祫爲大嘗比四時祭爲大故据之〔疏〕禘嘗不卜○解云即僖八年秋七月禘于太廟桓十四年八月乙亥嘗之類皆不見卜筮之文故言此○禘比祫爲大○解云禘之與祫雖皆大祭但禘及功臣於祫則否故以禘爲大是以文二年大事於大廟之下傳云五年而再殷祭彼注云謂三年祫五年禘禘所以異於祫者功臣皆祭也祫猶合也禘猶諦也審諦無所遺失盤庚曰茲予大享于先王爾祖其從與享之義亦通于此也○注嘗比四時祭爲大○解云以此傳配禘禘既大於祫則知嘗大于四時且嘗是秋成萬物薦馨故以爲盛也**卜郊非禮也**禮天子不卜郊〔疏〕注禮天至卜郊○解云欲道天子之郊以其常事故不須卜魯郊非禮是以卜之異於禘嘗耳**卜郊何以非禮**据上言三卜禮〔疏〕卜郊何以非禮○解云弟子之意以爲上言三卜是禮何言卜郊非禮乎荅者以爲由魯郊非正故須卜何妨天子之郊不卜乎**魯郊非禮也**以魯郊非禮故卜爾昔武王既没成王幼少周公居

攝行天子事制禮作樂致太平有王功周公薨成王以王禮
葬之命魯使郊以彰周公之德非正故卜三卜吉則用之不
吉則免牲謂之郊者天人相與交接之意也不言郊天
者謙不敢斥尊○少詩照反太平音泰王功于況反〔疏〕注謂之
郊至意也○解云何氏以爲郊特牲云於郊故謂之
郊禮記非正典故不從之○注不言郊天者至尊者○解云
欲道禘于大廟于莊公武宮之屬皆斥尊言之若然乙亥嘗
己郊烝之屬亦不斥言者以是時祭于大廟小於禘故也

魯郊何以非禮據成公乃不郊惡之○惡之烏路反下皆同**天子祭天**

郊者所以祭天也天子所祭莫重於郊於南郊者就陽位也
槀席玄酒器用陶匏大珪不琢大羹不和爲天至尊物不可
悉備故推質以事之○槀古老反匏白交反琢大轉
反和戶卧反爲天于僞反下則爲本爲主爲皆同〔疏〕注居
南郊至以事之○解云皆出禮記郊特牲彼文云郊之祭也
大報天而主日也兆於南郊就陽位也又云莞簟之安而蒲
越槀鞂之尚酒醴之美玄酒明水之尚器用陶匏以象天地
之性也大圭不琢美其質也大羹不和貴其質也鄭氏云明
水司烜以陰鑑所取於月之水也蒲越槀鞂藉神席也而彼
文又云祭天掃地而祭焉於其質而已矣而云槀鞂神席者

正謂對不爲壇故言埽地不全無席諸侯祭土土謂社也諸侯所祭莫重於社卿大夫祭五祀士祭其先祖〔疏〕諸侯祭土○解云欲道魯郊爲非禮之意也天子有方望之事方望謂郊時所望祭四方羣神日月星辰風伯雨師五嶽四瀆及餘山川凡三十六所〔疏〕注方望至三十六所解云舊說云四方羣臣是爲四也通日與月爲六星是五星爲十一也辰是十二辰爲二十三風伯雨師爲二十五五岳爲三十四瀆爲三十四餘小山川爲二是爲三十六所無所不通盡八極之內天之所覆地之所載無所不至故得郊也諸侯山川有不在其封內者則不祭也故魯郊非禮也〔疏〕注故魯至禮也○解云正以其所主狹是以不得祭天地也曷爲或言免牲或言免牛免牲禮也魯卜郊不吉免之禮卜郊不吉則爲牲作玄衣纁裳使有司玄端放之於南郊明本爲天不敢留天牲〔疏〕或言免牛○解云即成七年王正月鼷鼠食郊牛角改卜牛鼷鼠又食其角乃免牛是也免牛非禮也免牛何以非禮

傷者曰牛養牲不謹敬○有災傷天不饗用不得復爲天牲故以本牛名之非禮者非大牲不當復見免但當內自省責而已○復爲扶又反下同見免賢徧反下以見同三望者何望祭也然則曷祭祭泰山河海曷爲祭泰山河海據郊者主爲祭天○大山音泰本亦作泰下同〔疏〕三望者何○解云欲言祭名文在免牲之下欲言非祭因郊天爲之故執不知問山川有能潤于百里者天子秩而祭之此皆助天宣氣布功故祭天及之秩者隨其大小尊卑高下所宜禮祭天牲角繭栗社稷宗廟角握六宗五嶽四瀆角尺其餘山川視卿大夫天燎地瘞日月星辰布山縣水沉風磔雨升燎者取俎上七體與其珪寶在辨中置於柴上燒之○繭古典反燎力召反瘞於例反縣音玄磔陟百反〔疏〕注禮祭天至大夫○解云皆王制與禮說文耳其餘山川視卿大夫者小山川之屬但牽牛而已○注天燎至雨升○解云爾雅祭天曰燔柴者蓋以燎柴而燔之故謂祭爲燔柴云地瘞者即爾雅云祭地曰瘞埋李巡曰祭地以玉埋地中瘞亦埋也云日月星辰布者即爾雅云祭星曰布孫氏云既

祭布散於地位似星辰布列郭氏曰布散祭於地然則爾雅雖不言日月日月之義宜附於星故何氏連日月言之云山縣者爾雅云祭山曰庪縣郭氏云或庪或縣置之於山李氏曰祭山以黃玉及璧以庪置几上遥遥而眂之若縣故曰庪縣孫氏曰庪縣埋於山足曰庪埋於山上曰縣是也云水沈者即爾雅祭川曰浮沈孫氏曰置祭於水中或浮或沈故曰浮沈是也言風磔者即爾雅云祭風曰磔孫氏云旣祭披磔其牲以風散之李氏曰祭風以牲頭蹄及皮破之以祭故曰磔郭氏曰今俗當大道中磔狗云以止風此其象云雨升者無文何氏更有所見蓋患其雨多祭使上升故祭雨曰升明上水沈是祭川也○注燎者取至燎之○解云上。天燎。之文其七體者即少牢之肩臂臑肫胳正脊脡脊橫脊短脅長脅代脅之屬也

觸石而出膚寸而合側手爲膚案指爲寸言其觸石理而出無有膚寸而不合○膚寸方于反側手爲膚按指爲寸**不崇朝而徧雨乎天下者唯泰山爾**崇重也不重朝言一朝也○崇朝如字注同雨于付反又如字崇重直龍反下同**河海潤于千里**亦能通氣致雨潤澤及于千里韓詩傳曰湯時大旱使人禱于山川是也郊望非一

獨祭三者魯郊非禮故獨祭其大者猶者何通可以已也已止何以書譏不郊而望祭也譏尊者不食而卑者獨食書者惡失禮也魯至是郊者僖公賢君欲尊明其先祖之功德不就廢之譏者春秋不見事不書皆從事舉可知也不告言不從者明已意汲汲欲郊而上不從爾所以見事鬼神當加精誠○秋七月○冬杞伯姬來求婦其言來求婦何兄弟辭也其稱婦何有姑之辭也書者無出道也○狄圍衛○十有二月衛遷于帝丘月者惡大國遷至小國城郭堅固人衆彊遷徙畏人故惡之也

三十有二年春王正月○夏四月己丑鄭伯接卒不書葬者殺大夫申侯也君殺大夫皆就葬别有罪無罪唯内無貶公之道不可去葬故從殺時别之○接二傳作捷别有彼列反下同去起吕反〔疏〕注君殺至無罪○解云正謂大夫有罪則書其君葬若其大夫無罪

則去其君葬以見惡○注唯内至別之○解云正其別之者卽有罪不日上二十八年春公子買戍衛不卒戍刺之是也若其無罪則書日卽成十六年十有二月乙酉刺公子偃是也○衛人侵狄○秋衛人及狄盟不地者起因上侵就狄盟也復出衛人者嫌與内微者同也言及者時出不得狄君也稱人而言及則知狄盟者卑○復扶又反○冬十有二月己卯晉侯重耳卒○重直龍反

三十有三年春王二月秦人入滑○齊侯使國歸父來聘○夏四月辛巳晉人及姜戎敗秦于殽其謂之秦何据敗者稱師未得師稱人○殽本又作肴戶交反或戶高反

〔疏〕注据敗至稱人○解云卽莊二十八年春王三月甲寅齊人伐衛衛人及齊人戰衛人敗績傳云敗者稱師衛何以不稱師何氏云据桓十三年己巳燕人戰敗績稱師傳云未得乎師也何氏云未得成列爲師也然則燕人敗績稱

師衛人未得師稱人今此稱國故難之夷狄之也曷爲夷狄之据俱見敗秦伯將襲鄭輕行疾至不戒以入曰襲○輕遣政反百里子與蹇叔子諫曰千里而襲人未有不亡者也行疾不假塗變必生道遠多險阻遭變必亡○蹇居輦反秦伯怒曰若爾之年者宰上之木拱矣宰冢也拱可以手對抱○拱九勇反以手對抱【疏】注宰冢也○解云正以穀梁傳云子之冢木已拱矣范氏云拱合抱未知同異如何也爾曷知師出百里子與蹇叔子送其子而戒之曰爾即死必於殽之嶔巖是文王之所辟風雨者也其處險阻隘勢一人可要百故文王過之驅馳常若辟風雨襲鄭所當由也○嶔苦銜反鄒深生褚詮之音上林賦並同徐音欽韋昭漢書音義去瞻反又本或作廞同岩五銜反韋音嚴處昌慮反隘於賣反要一遥反傳要之同吾將尸爾焉在牀曰尸在棺

曰樞子揖師而行揖其父於師中介冑不拜爲其拜如蹲○冑直又反爲于僞反蹲音存【疏】注介冑不拜○解云出曲禮上篇彼文蹲作𨄔字少儀亦云介者不拜鄭注云軍中之拜肅拜是也百里子與蹇叔子從其子而哭之秦伯怒曰爾曷爲哭吾師對曰臣非敢哭君師哭臣之子也言恐臣先死子不見臣故先哭之弦高者鄭商也鄭商賈人○賈音古遇之殽矯以鄭伯之命而犒師焉詐稱曰矯犒勞也見其軍行非常不似君子恐見虜掠故生意矯君命勞之○矯以居表反犒苦報反勞也勞力報反下同掠音亮或曰往矣或曰反矣已知將見襲必設備不如還或曰緒出當遂往之軍中語也時以爲鄭賈使弦高犒之或以爲鄭伯然而晉人與姜戎要之殽而擊之匹馬隻輪無反者然然上議猶豫留徒之頭也匹馬一馬也隻踦也皆喻盡○隻輪如字一本又作易輪董仲舒云車皆不

還故不得易輪轍隻蹄居宜反一本作易蹄其言及姜戎何據秦人白狄不言及吳子。主會也〔疏〕注及吳子主會也○解云即黃池傳云吳何以稱子吳主會吳主會即曷爲先言晉侯不與夷狄之主中國也姜戎微也故絕言及稱人亦微者也何言乎姜戎之微據邢人狄人伐衛不言及先軫也先軫晉大夫也言姜戎微則知稱人者尊或曰襄公親之以既貶又危文公葬〔疏〕注以既至公葬○解云即下經云癸巳葬晉文公是也何者隱三年傳云當時而不日正也當時而日危不得葬也今此文公去年十二月薨至今年四月正宜合葬而書其日故云危文公葬襄公親之則其稱人何據桓十三年衛侯背殯用兵不稱人〔疏〕注據桓十三年至稱人○解云即桓十三年二月公會紀侯鄭伯己巳及齊侯宋公衛侯燕人戰云云是也知彼衛侯背殯用兵者即以桓十二年十一月丙戌衛侯晉卒至十三年三月葬衛宣公然則三月乃葬先君二月而已出戰故知背殯明矣貶曷爲貶據俱背殯用兵君在乎殯而用師危不得葬也與衛迫齊宋異故惡不子也○惡不烏路反下同〔疏〕注與衛至宋異○解云即彼注云背殯用兵而月不危之者衛弱於齊宋不從亦有危故量力不責是也詐戰不日此何以日據不言敗績外詐戰文也詐卒也齊人語也○卒七忽反盡也惡者不仁○癸巳葬晉文公○狄侵齊○公伐邾婁取叢取邑不致者得意可知例○取菆才工反二傳作取訾婁〔疏〕取叢○解云有作鄒字者○取邑至知例○解云公與二國以上用兵之時得意致會不得意致伐若與一國及獨出用兵之時得意不致不得意致伐今此取邑例皆不致不別得意者既言取邑得意明矣何勞別之○秋公子遂率師伐邾婁○晉人敗狄于箕不月者略微者與夷狄也〔疏〕注不月至狄也○解云以隱六年注云戰例時偏戰日詐戰月今此不月故解之○冬十月公如齊月者善公念齊恩及子孫〔疏〕注月者至子孫○解云正以朝聘例時故如此解而言念齊恩及子孫者正以十年春公如齊之下注云月者僖公本齊

所立桓公德衰見叛獨能念恩朝事之故善錄之十五年公如齊之下注云月者善公既能念恩尊事齊桓又合古五年一朝之義故錄之今桓公既卒能復朝齊書月故以念恩及子孫解之○十有二月公至自齊○乙巳公薨于小寢○霣霜不殺草李梅實何以書記異也何異爾不時也周之十二月夏之十月也易中孚記曰陰假陽威之應也旱霣霜而不殺萬物至當霣霜之時根生之物復榮不死斯陽假與陰威陰威列索故陽自霣霜而反不能殺也此祿去公室政在公子遂之應也○復扶又反索息各反〔疏〕注陰威列索○解云正謂陰威列見而散萬物矣○晉人陳人鄭人伐許

監本春秋公羊注疏僖公卷第十二

江南蘇松督糧道方體渠

公羊注疏卷十二挍勘記　阮元撰盧宣旬摘錄

公羊注疏僖公卷十二

二十有二年

取須朐　唐石經諸本同釋文須朐左氏作句

二十有三年

以後諱加微封　解云封字亦有下句讀之非也

正所以傳聞之世　浦鏜云以所字誤倒

二十有四年

鄭氏發墨守云　閩本同監毛本氏誤云

夫人自偒而後人偒之　補毛本作夫人必自侮不誤

今其龍專於子 浦鏜云今疑令字誤

不復供養養者與 補養字誤重

二十有五年

即莊二十年冬 浦鏜云十下脫七字按浦説是也

疾其末 鄂本末誤宋

遂但别兩耳 鄂本同閩監毛本兩下衍稱字此本下複衍别兩耳三字皆當删正

不書出時者小國是例也 浦鏜云者下脫略字按浦説是也

位不合致 按位當作但

天子不親征下土 閩本同監本土誤上毛本誤士

二十有六年

故錄詳之　鄂本作詳錄此誤倒

當有公賞也　蒲鏜云功誤公是也

乞師者何卑辭也　閩監毛本同誤也唐石經鄂本無師字此誤衍按疏標起訖云乞者至若辭亦無師字

曷爲重師　宋本脫半頁自重字起曰患之起必自自字止

注戰必當勝　閩監本同誤也毛本必當作當必宜據正

邾婁子益何以名絕之　哀七年傳絕字下有曷爲絕三字下蔡侯獻舞何以名絕字下亦宜依莊十年傳補曷爲絕三字

以此二文言絕之　毛本二誤上

內獲八皆諱不書　毛本獲誤楚

未聞稱師　閩監毛本誤也鄂本聞作得當據正

注稱人至從楚文　從楚文三字當作得稱師三字

言其大夫者　浦鏜云其言字誤倒

故從楚文也　毛本楚誤此

作不得意之文以解之　浦鏜云以當故字誤

二十七年　唐石經作廿有七年鄂本二十下有有字此脫

二十有八年

晉文行霸征之　鄂本文下有公字此脫

衛壅遏不得使義兵以時進　釋文壅又作壅同此本進誤追今據諸本訂正

未能爲伯者之害　閩監毛本伯作霸

明當與君俱昭也　鄂本昭作治無也此誤衍

刺諸侯不慕霸者反歧意于楚　鄂本同宋本諸作陳此誤閩監毛本歧作岐下並同

陳歧意于楚　鄂本同監毛本于作於閩本誤如

云不書至不書者　當作云不書諸侯朝者

何氏云天王者　浦鏜云天上脫言是也

爲天子諱也　宋本子下衍之字疏同

注自楚者爲天子之諱也　閩監本同毛本作言自楚者爲天子諱也

陳侯欵卒　唐石經諸本欵作款是也

則何以得爲伯討　唐石經原刻作執後磨改作討按下云歸于者非執之于天子之側者也則此當從原刻作執

此難成十五年　鄂本成下有公字

歸之者次絶之辭執于天子之側　鄂本次作決此誤毛本側誤例

故於是已立　唐石經原刻作爲是後磨改作於

曹伯言復歸者　浦鏜云自此下二十九字當在上文曹伯襄復歸于曹之下按廿一年疏引此曰曹伯之下注云則此注本在上經下也

書者名惡當見　鄂本見誤是

言復者天子有命歸之　浦鏜云復下脫歸字是也

二十有九年

盟于狄泉　唐石經諸本同左氏作翟泉

三十年

君出則已入唐石經諸本同隷釋載公羊殘碑後云三十年言君出則已入然則熹平石經不與何本同故舉其異者言之

爲殺叔武之惡天子歸有罪也閩監毛本同鄂本無之字此衍按廿一年疏引此注亦無之字

當與天子參聽萬機閩監毛本機改幾下同

故疾其驕蹇自專當絕之也宋本同閩監毛本之在專下誤

三十有一年

當舉伐曹下曰宋本閩監毛本同鄂本下誤不

布徧還之辭鄂本徧字空缺按釋文作布徧經注本蓋作布還此合併爲一

何者稱侯以執盧文弨曰何疑向

不應以得 鄂本以作復此誤宣元年疏引此注此本閩本皆作復

於南郊者 鄂本於作居此本疏標起訖同當據正

稾席元酒 何挍本稾作稾从禾是也

大珪不琢 鄂本同閩監毛本琢作琢非疏同釋文亦作琢

故推質以事之 鄂本同閩監毛本推誤惟

舊說云四方羣臣 閩本同監本剜改臣作神是也毛本從之

五岳爲三十 閩監毛本岳作嶽

養牲不謹敬有災傷 鄂本宋本閩本同監本剜改有作致毛本從之

非大牲不當復見免 鄂本同閩監毛本大作天是也上文兩言天牲

祭泰山河海 唐石經鄂本同閩監毛本泰作大下同按釋文作大山云本亦作泰今本當據此改

既祭布散於地位　浦鏜云位衍按爾雅音義無位

注燎者取至燎之　按注當作燒之

上天燎之文　浦鏜云疑衍盧文弨曰疑作上釋天之文

肩膂臑肫胳　何校本肫作膞與少牢饋食禮合

長脅　何校本長脅作正脅與少牢禮合

而上不從爾　鄂本上作卜此誤

三十有三年

晉人及姜戎敗秦于殽　唐石經諸本同釋文殽本又作肴惠棟云二傳皆作敗秦師

必於殽之嶔巖　唐石經諸本同釋文嶔本或作廞同盧文弨曰說文作欽崟高誘注淮南地形訓作欽吟○按說文有岑崟無欽崟義與傳亦不同

介胄不拜爲其拜如蹲 解云出曲禮上篇彼文蹲作蓌經義雜記曰今禮記作介者不拜爲其拜而蓌拜釋文蓌拜盧本作蹲與何邵公合蓌乃俗字介者作介胄葢何氏以義言之而如古通此當從公羊注而讀爲如

恐見虜掠 鄂本掠作略按釋文作虜掠

或曰緒出當遂往之 鄂本同葢誤閩監本作既出毛本誤既自此本緒字剜改當本作旣也

匹馬隻輪無反者 唐石經諸本同釋文隻輪一本又作易輪董仲舒云車皆不還故不得易輪轍經義雜記曰河注匹馬一馬也隻蹄也穀梁傳作匹馬倚輪無反者范解倚輪一隻之輪漢書五行志載劉向說謂晉敗秦師匹馬觭輪無反者服虔曰觭音奇偶之奇師古曰觭隻也凡作觭作踦作倚皆奇字之通借疑公羊傳本作匹馬踦輪與穀梁及漢志同何注作踦隻也與范解及顏注同今本及釋文皆誤倒若傳本作隻文義已明反訓爲踦義轉晦矣

猶豫留往之頃也 閩監毛本同誤也鄂本往作住當據正

隻蹄也 釋文隻蹄也一本作易蹄○按據此則知傳一本作易輪與董仲舒合而何釋爲蹄

據秦人白狄不言及吳子主會也 閩監毛本同鄂本疊吳子二字盧文弨曰秦人白狄伐晉在成九年及吳子在哀十三年舊本吳子重但脫一及字按疏中標注云及吳子主會也如今本依疏疊及字義可通矣○按此注當據秦人白狄不言及句絕下云及吳子吳子主會也謂如哀十三年言及吳子者因吳子主會今姜戎非主會者何以言及

卽曷爲先言晉侯 浦鏜云則誤卽

惡者不仁 鄂本者作晉此誤

取叢 唐石經諸本同釋文作取菆云才工反二傳作取訾樓解云叢有作鄹字者

故善録云 浦鏜云之誤云

公羊注疏卷十二挍勘記終

工部屯田司員外郎胡祖謙挍

監本春秋公羊注疏文公卷第十三　起元年盡九年

何休學

元年春王正月，公即位。〇二月癸亥朔，日有食之。是後楚世子商臣弑其君，楚滅江六，狄比侵中國。

疏 注是後至其君。○解云即下經云冬十月丁未，楚世子商臣殺其君髡是也。○注楚滅江六。○解云即下四年秋，楚人滅六是也。○注狄比侵中國。○解云即下四年夏狄侵齊，七年夏狄侵我西鄙之屬是也。

〇天王使叔服來會葬。其言來會葬何？據奔喪以非禮書，歸含且賵不言來。○歸含本又作唅，戶暗反。五年經同。賵，芳鳳反。

疏 注據奔喪以非禮書。○解云即定十五年夏五月壬申，公薨于高寢，下云邾婁子來奔喪，傳云其言來奔喪非禮也是。○注歸含至言來。○解云下五年春王正月，王使榮叔歸含且賵是也。

會葬，禮也。但解會葬者，明言來者常文，不為早晚施也。常事書者，文公不肖，諸侯莫肯會之，故書天子之厚，以起諸侯之薄，蓋以長補短也。叔服者王子虎也服者字也叔者長幼稱也不繫王者不以親親故疏録也不稱王子者時天子諸侯不務求賢而專貴親親尤其在位子弟剌其早任以權也魯得言公子者方録異辭故獨不言弟也諸侯得言子弟者一國失賢輕○不爲于僞反下不爲同長幼丁丈反稱也尺證反

疏 注但解至施也○解云在隱元年也○注常事書者○解云僖公之卒在去年十二月至今年四月葬之是爲五月而葬叔服來會附在葬前適得其所故謂之常事常事不書今書之故須注解○注文公至會之○解云正以下七年秋八月公會諸侯晉大夫盟于扈傳云諸侯何以不序大夫何以不名公失序也公失序奈何諸侯不可使與公盟眣晉大夫使與公盟也注云文公爲諸侯所薄賤不見序故深諱爲不可知之辭是其不肖諸侯莫肯會之之義也○注故書至之薄○解云言天子恩厚於文公而經書其會葬起諸侯之薄無恩於文公故經不書矣而襄三十一年冬十月滕子來會葬亦是常事而書之者亦起當時更無人會故彼注云此書者與叔服同義是也○注葢以長補短也○解云謂書天子得禮欲以補諸侯之短令其非禮見矣其非禮者不相會葬是也○注叔服至稱也○解云知叔服爲王子虎者正以下三年夏五月王子虎卒傳云王子虎者何天子之大夫也外大夫不卒

此何以卒新使乎我也注云王子虎即叔服也新爲王者使來會葬在葬後三年中卒君子恩降於親親則加報之故卒明當有恩禮也是也○注不繫至錄也○解云若繫王宜云王使王服子來會葬似若宣十五年王札子矣今不如此者春秋主見天子之厚使來會葬而已何須錄其使人之親疏乎是以不言王子服子矣宣十五年王札子殺召伯毛伯傳云王札子者何長庶之號注云子者王子也天子不言子弟故變文上札繫先王以明之是其類也○注不稱至權也○解云言尤其在位子弟則知聘使與會盟之時不得稱子弟若其卒與奔猶得稱之何者卒與出奔不復在位何須刺其早任以權乎即下三年夏五月王子虎卒襄三十年夏王子瑕奔晉之屬是也○注魯得至弟也○解云魯君在位公子得言之者即桓五年公子翬如齊逆女莊二年公子慶父伐於餘丘之屬是也言方錄異辭者謂上異於天子下異於諸侯見其爲新王之義故曰方錄異辭矣故獨不言弟也者謂尤其在位之弟若其卒與出奔不妨有之即宣十七年冬公弟叔肹卒之屬是也○注諸侯至賢輕○解云諸侯在位公子得見經者即宣二年春及鄭公子歸生戰于大棘之屬是也其諸侯在位之弟得見經者即隱七年夏齊侯使其弟年來聘桓十四年夏鄭伯使其弟語來盟之屬是也一國失賢輕

者雖是不務求賢而專貴親親要其一國失賢其罪輕故也○夏四月丁巳葬我君僖公○天王使毛伯來錫公命錫者何賜也命者何加我服也復發傳者嫌禮與桓公同死生異也主書者惡天子也古者三載考績三考黜陟幽明文公新即位功未足施而錫之非禮也○錫恩歷反復扶又反惡烏路反

疏錫者何○解云明始即位未有功美天子加錫異於常典故執不知問○注復發至禮也○解云莊元年王使榮叔來錫桓公命傳云錫者何賜也注云上與下之辭傳又云命者何加我服也注云增加其衣服令有異於諸侯然則若不重發即嫌悉與桓公同故復言之明有異矣彼是贈死之衣此是朝祭之服故言死生異也云云之說在莊元年

○晉侯伐衛○叔孫得臣如京師書者與莊二十五年同知不爲喪聘書者聘爲貢職天子當得異方之物以事宗廟又欲以知君父無恙不以喪廢故不譏也如他國就不三年一譏而已○恙餘亮反

疏注書者至譏也○解云即莊二十五年冬公子友如陳彼注云如陳者聘也內朝聘言如者尊內也書者錄內所交接也

今此亦然故曰同也○注如他至而已○解云如他國所以合譏者正以聘是吉禮又非君父之國於喪宜廢故也言就不三年一譏而已者即下二年冬公子遂如齊納幣傳云納幣不書此何以書譏何譏爾譏喪娶也娶在三年之外則何譏乎喪娶三年之内不圖婚是也言就其重者一譏而已其餘不譏從可知　○衛人伐晉○

秋公孫敖會晉侯于戚○戚千寂反　○冬十月丁未楚世子商臣弑其君髡楚無大夫言世子者甚惡世子弑父之禍也不言其父言其君者君之於世子有父之親有君之尊言世子者所以明有父之親言君者所以明有君之尊又責臣子當討賊也日者夷狄子弑父忍言其日○髡苦門反左氏作頵

疏　注楚無至賊也○解云下九年冬楚子使椒來聘傳云椒者何楚大夫也楚無大夫此何以書始有大夫也始有大夫則何以不氏許夷狄者不一而足也然則至下九年楚始有大夫則知此處未有大夫矣既無大夫其世子亦未當見故解之○注日者至其日○解云如此注者正决襄三十年夏四月蔡世子般弑其君固何氏云不日者深爲中國隱痛有子弑父之禍故不忍言其日是也　○公

孫赦如齊書者譏喪娶吉凶不相干

二年春王二月甲子晉侯及秦師戰于彭衙

秦師敗績稱秦師者愍其衆惡其將前以不用賢者之言匹馬隻輪無反者今復重師敗績師敵君不正者賤之不嫌得敵君○衙音牙本或作牙惡烏路反將子匠反復扶反反下不復皆同重直用反〔疏〕注稱秦秦至其將○解云正以秦于是時未有大夫則不合稱師今而稱師故解之○注前以至敗績○解云在僖三十三年矣○注師敵至敵君○解云僖二十八年夏晉侯以下及楚人戰于城濮傳云此大戰也曷爲使微者子玉得臣也子玉得臣則其稱人何故大夫不敵君也然則彼是大夫嫌其與君敵故正之稱人此師者乃是秦之衆人是以不勞正之耳

○丁丑作僖公主作僖公主者何爲僖公作

主也爲僖公廟作主也主狀正方穿中央達四方天子長尺二寸諸侯長一尺○爲僖公廟于僞反下盖爲以爲下欲爲同〔疏〕作僖公主者何○解云欲言是禮書而譏之欲言非禮禮有作主之事故執不知問○爲僖公

作主也。解云爲于僞反。注主狀至一尺。解云皆孝經說文也卿大夫以下正禮無主故不言之云云之說備在左氏

主者曷用虞主用桑禮平明而葬日中而反虞以陽求陰謂之虞者親喪以下壙皇皇無所親求而虞事之虞猶安神也。用桑者取其名與其麤觕所以副孝子之心禮虞祭天子九諸侯七卿大夫五士三其奠處猶吉祭。壙苦晃反又音曠麤才古反又七奴反

【疏】注禮平至反虞。解云出檀弓與士虞記也言以陽求陰者謂以日中求神是也而鄭注士虞記云朝葬而日中。虞君子舉事必用辰正也者兩相須也彼鄭氏又云再虞三虞皆質明則日中而反虞者指葬日言之。注禮虞至吉祭。解云自諸侯七以下雜記文其天子九虞者何氏差之耳異義左氏說亦有成文云云之說具左氏傳疏

練主用栗謂期年練祭也埋虞主於兩階之間易用栗也夏后氏以松殷人以柏周人以栗松猶容也想見其容貌而事之主人正之意也柏猶迫也親而不遠主地正之意也栗猶戰栗謹敬貌主天正之意也禮士虞記曰桑主不文吉主皆刻而謚之蓋爲禘祫時別昭穆也虞主三代同者用意尚麤觕未暇別也。期年音基三年同人正音征下同別彼列反下同

【疏】注謂期至栗也。解云出禮記文

注夏后至以栗。解云出論語也而鄭氏注云謂社主正以古文論語哀公問社於宰我故也今文論語無社字是以何氏以爲廟主耳用栗者藏主也藏于廟室中當所當奉事也質家藏于堂作僖公主何以書据作餘公主不書譏何譏爾不時也其不時奈何欲久喪而後不能也禮作練主當以十三月文公亂聖人制欲服喪三十六月十九月作練主又不能卒竟故以二十五月也日者重失禮鬼神疏注禮作至三月。解云即禮記云十三月而練是也。注日者至鬼神解云即隱五年注云失禮鬼神例日是也○三月乙巳及晉處父盟此晉陽處父也何以不氏据晉陽處父伐楚救江疏注据晉至救江。解云即下三年冬晉陽處父帥師伐楚救江是也諱與大夫盟也諱去氏者使若得其君如經言邾婁儀父矣不地者起公就於晉也日者起公盟也俱没公齊高傒不使若君處父使若君者親就其國恥不得其君故使若得其君也如晉不書不致者深諱之。去起呂反疏注諱

去至晉也○解云儀父之事在隱元年凡五等諸侯失爵在
名字之例者但直書其名字不言其氏即倪黎來蔡叔邾婁
儀父之類是也今此處父無氏故云使若得其君矣○注日
者起公盟也○解云正以微者盟例不日故也○注俱沒至
君也○解云高傒之事在莊二十二年彼經云秋七月丙申
及齊高傒盟于防是也○注如晉至諱之○解云正決下三
年冬公如晉十有二月己巳公及
晉侯盟四年春公至自晉之文也

○夏六月公孫敖會宋公陳侯鄭伯晉士穀盟于垂斂。盟不日者欲共

盟誅商臣雖不能誅猶爲疾惡故也褒與信辭也不如平丘
爾舉會盟詳錄之者時至即盟會禮不成○穀戶木反垂斂
左氏作垂隴

〔疏〕盟于垂斂者左氏作垂隴○注雖不能誅○解云正以共討惡逆乃是義之高者若能誅之理
應書見似若昭四年經書執齊慶封殺之然今無其經故知
不能誅也○注不如平至不成○解云即昭十三年公會劉
子晉侯以下于平丘八月甲戌同盟於平丘是也

○自十有二月不雨至于秋七月何以書記異也以不言旱大旱以災書此

亦旱也曷爲以異書大旱之日短而云災云言也言有災〔疏〕大旱以災書○解云即僖二十一年經書夏大旱傳云何以書記災也是也故以災書此不雨之日長而無災故以異書也此祿去公室政在公子遂之所致也不就莊三十一年發傳者此最甚事著〔疏〕注不就至事著○解云莊三十一年冬不兩傳云何以書記災也然則彼一時不雨是以不得發傳云不雨之日長此則歷四時故言最甚事著也○八月丁卯大事于大廟躋僖公大事者何大祫也以言大與有事異又從僖八年禘數之知爲大祫○大廟音太下太祖皆同躋僖子兮反升也本又作隮同祫音洽大祭禘數大帝反下所主反〔疏〕大事者何○解云欲言大祭無禘祫之文欲言時祭而經書大故執不知問○注以言至事異○解云宜八年夏六月辛巳有事于太廟彼是時祭不言大則知此言大者是大祭明矣○注又從僖至大祫解云春秋說文云三年一祫五年一禘爾雅云禘大祭也孫氏云禘五年大祭也然則三年一祫五年一禘禮如然也案

僖八年秋七月禘於太廟從此以後三年一祫數則十一年祫十四年祫十七年祫二十年祫二十三年祫二十六年祫二十九年祫三十二年祫文二年祫也若作五年一禘數則從僖公八年禘十三年禘十八年禘二十三年禘二十八年禘三十三年禘文五年禘則文二年非禘年正當合祫故知此年大事爲祫矣是以注云又從僖八年禘數之知爲大祫也若然從僖八年禘數之則十一年祫十三年禘隨次而下至僖二十三年并爲禘祫何得下傳云五年而再殷祭者蓋爲其初時三年作祫五年作禘大判言之得言五年而再殷祭其閒三五參差隨次而下何妨或有同年時乎知非祫與禘相因而數爲三年五年者若從僖八年禘十一年祫十六年禘十九年祫數之至僖三十二年禘文公二年祫亦相當但於五年而再殷祭之言不合故不得然

大祫者何合祭也其合祭奈何毁廟之主陳于大祖

其主于大祖廟毁廟謂親過高祖毁其廟藏室笮以爲死者炊沐大祖周公之廟陳者就陳列大祖前大祖東鄉昭南鄉穆北鄉其餘孫從王父父曰昭子曰穆昭取其鄉明穆取其北面尚敬○笮側白反炊沐昌垂反下音木東鄉許亮反下同

【疏】大祫者何○解云正以祫小于

禘而文加大故執不知問○注禮取至炊沐○解云出禮記文**未毀廟之主皆升合食于大祖**自外來曰升**五年而再殷祭**殷盛也謂三年祫五年禘禘所以異於祫者功臣皆祭也祫猶合也禘猶諦也審諦無所遺失禮天子特禘特祫諸侯禘則不礿祫則不嘗大夫有賜於君然後祫其高祖○諦音帝礿羊略反〔疏〕注禘所以至皆祭也○解云出禮記與春秋說文○注禮天至特祫○解云禮記及春秋說文即不主禘祫是也○注諸侯至不嘗○解云即禮記王制所云夏禘則不礿秋祫則不嘗是也○注大夫至高祖○解云正以於禮不得故也**躋者何升也何言乎升僖公**據禘于大廟不道所升〔疏〕躋者何○解云先君昭穆自有常次今而言躋故執不知問○注據禘至所升○解云即僖八年秋七月禘于大廟用致夫人是也**譏何譏爾逆祀也其逆祀奈何先禰而後祖也**升謂西上禮昭穆指父子近取法春秋惠公與莊公當同南面西上隱桓與閔僖亦當同北面西上繼閔者在下文公緣僖公於閔公爲庶兄置僖公於閔公上失先後之義故譏之傳

曰後祖者僖公以臣繼閔公猶子繼父故閔公於文公亦猶
祖也自先君言之隱桓及閔僖各當爲兄弟顧有貴賤耳自
繼代言之有父子君臣之道此恩義逆順各有所施也不〔疏〕
言吉祫者就不三年不復譏略爲下張本○禘乃禮反
注不言至張本○解云閔二年夏五月乙酉吉禘于莊公傳
云其言吉何言吉者未可以吉也曷爲未可以吉未三年也
然則吉禘于莊公在三年之内今此大事亦在三年之内是
不須更言吉祫以譏之但略言大事于太廟爲下躋僖公張
本而
已○冬晉人宋人陳人鄭人伐秦○公子遂
如齊納幣納幣不書此何以書譏何譏爾譏
喪娶也娶在三年之外則何譏乎喪娶據逆在四年○
喪取七住反〔疏〕納幣不書○解云正以桓三年秋公
本亦作娶同子翬如齊逆女不書納幣故難之三
年之内不圖婚僖公以十二月薨至此未滿二十五月
又禮先納采問名納吉乃納幣此四者
皆在三年之
内故云爾吉禘于莊公譏然則曷爲不於祭

焉譏据吉禘于莊公譏始不三年大事圖婚俱不三年大事猶從吉禘不復譏三年之恩疾矣疾痛非虛加之也非虛加責之以人心爲皆有之以人心爲皆有疾痛不忍娶以人心爲皆有之則曷爲獨於娶焉譏据孝子疾痛吉事皆不當爲非獨娶也娶者大吉也合二姓之好傳之於無窮故爲大吉○好呼報反傳直專反非常吉也與大事異其爲吉者主於已主於已身不如祭祀尚有念先人之心以爲有人心焉者則宜於此焉變矣變者變慟哭泣也有人心念親者聞有欲爲已圖婚則當變慟哭泣矣況乃至于納幣成婚哉○慟杜貢反

三年春王正月叔孫得臣會晉人宋人陳人衛人鄭人伐沈沈潰○伐沈音審國名潰戶內反○夏五月王

子虎卒王子虎者何天子之大夫也外大夫不卒此何以卒據原仲也〔疏〕王子虎者何○解云欲言大夫例不書卒欲言諸侯而經書王子故執不知問○注據原仲也○解云即莊二十七年秋公子友如陳葬原仲是也新使乎我王子虎即叔服也新爲王者使來會葬在葬後三年中卒君子恩隆於親親則加報之故卒明當有恩禮也尹氏卒日此不日者在期外也名者卒從正○新使所吏反〔疏〕注尹氏至外也○解云隱三年夏四月辛卯尹氏卒下傳云外大夫不卒此何以卒天王崩諸侯之主也何氏云時天王崩魯隱往奔喪尹氏主儐贊諸侯與隱交接而卒隱恩隆於王者則加禮錄之故爲隱恩痛之日者恩錄之明當有恩禮然則彼天王崩尹氏四月卒仍在期內其恩近故書日此則已經三年其恩殺故不日是以注云在期外○注名者卒從正○解云隱八年夏六月己亥蔡侯考父卒八月葬蔡宣公傳云卒從正何氏云卒當赴告天子君前臣名故從君臣之正義言也傳云而葬從主人何氏云至葬者有常月可知不赴告天子故自從蔡臣子辭稱公然則此亦從君臣之正義言之故云名者卒從正也○秦人伐

晉○秋，楚人圍江○雨螽于宋。雨螽者何？死而墜也。以先言雨也。墜，隋地也。不言如雨，言雨螽者，本飛從地上而下至地，似雨尤醇。○雨螽于付反，下及注同，一音如字。螽音終。而隊，直類反，注同。隋，大果反。上，時掌反。醇音純。

〔疏〕雨螽者何○解云：欲言是雨，而特施于螽；欲言非雨，而文言雨螽，故執不知問。○注以先言雨也○解云：正以先言雨，後言螽，則知死而墜者也。○注不言至尤醇○解云：欲道莊七年"星霣如雨"者，本從天來，又不及地，如雨不醇，故云如雨。此則初從地上而還至地，故不言如，言其真似雨也。

何以書？記異也。外異不書，此何以書？爲王者之後記異也。螽猶衆也。衆死而墜者，羣臣將爭彊相殘賊之象。是後大臣比爭鬬相殺，司城驚逃，子哀奔亡，國家廓然無人，朝廷久空，蓋由三世内娶，貴近妃族，禍自上下，故異之云爾。○爲王，于僞反。近，附近之近。

〔疏〕注是後至相殺○解云：即七年夏"宋人殺其大夫"，八年冬"宋人殺其大夫"是也。○注司城驚逃○解云：即八年冬"宋司城來奔"是也。○注子哀奔亡○解云：十四年秋"宋子哀來奔"是也。○注蓋由三世内娶解云僖二十五年及卄七年傳皆云宋三世無大夫三世內娶也之屬是也〇冬，公如晉。十有二月己巳，公及晉侯盟。〇晉陽處父帥師伐楚救江。此伐楚也，其言救江何？據兩之當先言救也。非兩之當重出處父也。生事當言遂，三者皆違例，知後言救江起伐楚意，故問之。〇重，直用反。【疏】注據兩至救也〇解云即僖二十五年秋楚人圍陳納頓子于頓傳云何以不言遂兩之也是也必知先言救者正以以江近楚遠故也〇注非兩至父也〇解云即僖二十八年春晉侯侵曹晉侯伐衛傳云曷爲再言晉侯非兩之也是也〇注生事當言遂〇解云即宣元年秋楚子鄭人侵陳遂侵宋是也爲諼也。諼，詐。〇諼，許元反。其爲諼奈何？伐楚爲救江也。救人之道，當指其所之。實欲救江而反伐楚，以爲其勢必當引圍江兵當還自救也，故云爾。孔子曰：“自古皆有死，民無信不立。”

四年春，公至自晉。〇夏，逆婦姜于齊。其謂之逆婦姜于齊何据不書逆者主名不言如齊不稱女【疏】夏逆歸姜于齊解云隱二年注云不親迎例月重録之今此書時者蓋以聚于大夫賤不可以奉宗廟故略之○注据不至稱女○解云決宣元年公子遂如齊逆女之經也略之也稱婦姜至文也逆與至共文故爲畧【疏】注稱婦至爲畧解云欲道遂以夫人婦姜至自齊之經還至始言婦姜今此始逆已言婦姜故云逆與至共文耳高子曰娶乎大夫者略之也賤非所以奉宗廟故略之不書逆者主名卑不爲録使也不言如齊者大夫無國也不稱女者方以婦姜見與至共文重至也不稱夫人爲致文者賤不可奉宗廟也不言氏者本當稱女女者父母辭君子不奪人之親故使從父母辭不言氏○爲于僞反使所吏反見與賢偏反【疏】注不言至言氏解云莊二十七年秋公子友如陳葬原仲案彼亦是大夫無國而得言如陳者何氏云不言如陳嫌不辟國事實私行也是也○狄侵齊○秋楚人滅江○晉侯伐秦○衛侯使甯俞來聘○冬十有一月壬寅夫人風氏薨

〇甯俞乃定反下音餘〔疏〕衞侯使甯俞來聘〇解云正本作速字故賈氏云公羊曰甯速是也

五年春王正月王使榮叔歸含且賵含者何口實也孝子所以實親口也緣生以事死不忍虛其口天子以珠諸侯以玉大夫以碧士以具春秋之制也文家加飯以稻米〇飯扶晚反〔疏〕含者何〇解云欲言實口上下無例欲言他物而經書含故執不知問〇注天子至具者〇解云皆春秋說文故云春秋之制也〇注文家加飯以稻米〇解云即禮記檀弓下篇云飯用米具弗忍虛也

其言歸含且賵何據宰咺歸賵不言且也連賵何之者嫌據賵言歸〇咺況阮反〔疏〕注据宰至且也〇解云即隱元年秋七月天王使宰咺來歸惠公仲子之賵是也〇注連賵至言歸〇解云若傳直言其言且何即嫌責此賵事亦當言歸故連言賵以辯嫌**兼之兼之非禮也**且兼辭以言且知幾兼之也含言歸者時主持含來也去天者含者臣子職以至尊行至卑事失尊之義也不從含晚言來者本不當含也主書者從含也〇去起呂反下同〔疏〕注含者臣子職〇解云正以大宰掌之故也〇注不從至

含也○解云正以含者殯前之禮遥始行之故知晚然則宜言來以見晚而不言來者正以本不當含寧得責其晚乎○注主書至含也○解云言春秋主書此事者正欲譏其含而并言且賵者因譏之

○三月辛亥葬我小君成風成風者何僖公之母也風氏也任宿顓臾之姓○任音壬、顓臾音專下音榆

疏成風者何○解云欲言其妾經書小君欲言夫人不同夫謚故執不知問○注風氏至之姓○解云風氏謂此成風即上文風氏薨者矣知任宿等之姓者左傳文

○王使召伯來會葬去天者不及事刺此失喪禮也○夏公孫敖如晉○秦人入鄀○鄀音弱○秋楚人滅六○冬十月甲申許男業卒○

疏秋楚人滅六○解云不月者畧夷狄滅小國也說在僖二十六年○許男業卒○解云正本作辛字

六年春葬許僖公○夏季孫行父如陳○秋

季孫行父如晉○八月乙亥晉侯讙卒○讙好官反○冬十月公子遂如晉○葬晉襄公書遂者刺公生時數如晉葬不自行非禮也禮諸侯薨使大夫弔自會葬○數所角反〔疏〕注書遂至會葬○解云晉侯生時公數如晉者即上二年三月乙巳及晉處父盟彼下注云如晉不書不致者深諱之三年冬公如晉之屬是也言葬不自行非禮云云者異義公羊説云襄三十年叔弓如宋葬宋共姬譏公不自行也者與此注合○晉殺其大夫陽處父○晉狐射姑出奔狄晉殺其大夫陽處父則狐射姑曷爲出奔據蔡殺其大夫公子燮蔡公子履出奔楚此非同姓恐見及○射姑音亦又音夜穀梁作夜〔疏〕注据蔡至見及○解云事在襄二十年秋彼則履是燮之同姓言恐禍及已而出奔此非同姓而亦奔故難之射姑殺也以非恐見及知其殺射姑殺則其稱國以殺何君漏言也自上言泄下曰漏○君漏

力豆反泄也言泄息列反又以制反其漏言奈何君將使射姑將謂作中軍大夫○姑將子匠反下同陽處父諫曰射姑民衆不說不可使將於是廢將陽處父出射姑入君謂射姑曰陽處父言曰射姑民衆不說不可使將射姑怒出刺陽處父於朝而走明君漏言殺之當坐殺也易曰君不密則失臣臣不密則失身幾事不密則害成○不說音悅下同刺七亦反又一音七賜反【疏】注明君至坐殺也○解云襄公當坐則例去其葬而上文經書冬十月公子遂如晉葬襄公者蓋謂葬訖乃相殺不得追去葬是以穀梁傳曰襄公死處父主竟上之事夜姑使人殺之是也然則此傳雖連言之仍不妨殺之在葬後是以經書葬在殺前矣○注易曰至害成○解云上繫辭文也鄭氏云幾微也密靜也言不愼于微而以動作則禍變必成

○閏月不告月猶朝于廟不告月者何不告朔也禮諸侯受十二

月朔政於天子，藏于大祖廟。每月朔朝廟，使大夫南面奉天子命，君北面而受之。比時使有司先告朔，謹之至也。受於廟者，孝子歸美先君，不敢自專也。言朝者，緣生以事死，親在朝朝莫夕，已死不敢渫鬼神，故事必于朔者，感月始生而朝。○大祖音泰。比，必利反。朝朝，上如字，下直遙反。渫，息列反。疏不告月者何。○解云：欲言朔日，文不言朔；欲言非朔，刺其不告，故執不知問。○注禮諸侯至受之。○解云：出玉藻，但謂禮法然，非謂禮有成文。○注比時至告朔。○解云：比時者，言比至月初之時也。○注親在朝朝莫夕。○解云：據禮有朝玄端、夕深衣之文故也。而文王世子云「文王之爲世子，朝於王季日三」者，蓋謂越禮之高矣。

曷爲不告朔？据具月也。**天無是月也。閏月矣，何以謂之天無是月？非常月也。**所在無常，故無政也。**猶者何？通可以已也。**朝者因視朔政，爾無政而朝，故加猶。不言朔者，閏月無告朔禮也。不言公者，內事可知。疏猶者何。○解云：欲言非禮，禮則有之；欲言是禮，而經書猶，故執不知問。○注不言至可知。○解云：欲道下十六年「夏五月，公四不視朔」言公矣，故解之。

七年春公伐邾婁○二月甲戌取須朐取邑

不日此何以日據取叢也○朐其俱反〔疏〕注據取叢也○解云考諸舊本叢皆作闞字是以昭三十二年春王正月取闞傳云闞者何邾婁之邑也若作叢字即僖三十三年夏四月辛巳晉人及姜戎敗秦于殽癸巳葬晉文公狄侵齊公伐邾婁取叢文承日月之下而將取邑不日據之非其義也且案彼叢字多作鄒字耳

內辭也使若他人然使若公春伐邾婁而去他人自以甲戌日取之內再取邑然後甚而日也今此一取而日故○使若他人然所以深諱者扈之盟不見序并爲取邑故○并爲于僞反年末注同〔疏〕注內再至日也○解云即隱十年夏六月辛未取郜辛巳取防傳云取邑不日此何以日一月而再取也何言乎一月而再取甚之也是也若然哀二年春王二月季孫斯叔孫州仇仲孫何忌帥師伐邾婁取漷東田及沂西田亦是再取邑而不日者隱公之時新王始起當先自正而此取人邑小惡之甚者書日以甚之至定哀之時久致太平內之小惡亦諱而不書是以不書其日矣所以不全諱之者如彼注云○注今此至人然解云舊本故下有知字○注扈之至邑故○解云

扈之盟在下文秋八月　○遂城郚主書者甚其生事困極師衆○郚音吾　○夏四月宋公王臣卒不書葬者坐殺大夫也不日者內娶略　疏　注不書至夫也解云正以僖二十四年宋公王臣即位至二十五年夏宋殺其大夫而不書葬明其坐此故也○注不日至娶略○解云正決僖九年春王三月丁丑宋公禦說卒書丁丑故也　○宋人殺其大夫何以不名据宋殺其大夫山名　疏　注据宋至山名○解云即成十五年秋宋殺其大夫山是也　○宋三世無大夫三世內娶也故使無大夫　疏　宋三至娶也○解云僖二十五年傳云宋三世無大夫三世內娶也注云三世謂慈父王臣處臼也內娶大夫女也言無大夫者禮不臣妻之父母國內皆臣無娶道故絕去其大夫名正其義也是也然則彼已有傳今復發之者恐大夫不書名更有佗義故明之其有佗義者即莊二十六年夏曹殺其大夫傳云何以不名衆殺之之類是耳　○戊子晉人及秦人戰于令狐○令力丁反　晉先眛以師奔秦此偏戰也何

以不言師敗績据秦師敗績○昧音茂左氏作茂〔疏〕晉先昧○解云左氏穀梁作先茂○注据秦師敗績○解云即上二年春王二月甲子晉侯及秦師戰于彭衙秦師敗績是也敵也俱無勝負此晉先昧也其稱人何据奔無出文知先昧也貶曷爲貶据新築之戰衛孫良夫敗績不貶〔疏〕注据新築至不貶○解云即成二年夏衛孫良夫帥師及齊師敗于新築衛師敗績是也外也其外奈何以師外也懷持二心有功欲還無功便持師出奔故於戰敗之起其以師外也本所以懷持二心者其咎亦由晉侯要以無功當誅也不起者敵而外事可知也○咎其九反〔疏〕注不起至知也○解云言所以不申作文起見晉侯要無功當誅之義者以其可知故也何以不言出据楚囊瓦俱戰而奔言出〔疏〕注据楚至言出○解云即定四年冬蔡侯以吳子及楚人戰于伯莒楚師敗績楚囊瓦出奔鄭也以此言之則令狐非晉地伯莒爲楚地亦明矣遂在外也起其生事成於竟外從竟外去狄侵我西鄙○秋八月公會諸

侯晉大夫盟于扈諸侯何以不序大夫何以
不名序次也據新城盟諸侯序趙盾名〔疏〕注據新城至盾名○解云即下十四年夏六月公會宋公
陳侯以下晉趙盾癸酉同盟于新城是公失序也公失序奈何諸侯
不可使與公盟眣晉大夫使與公盟也以目通指曰眣
文公內則欲久喪而後不能喪娶逆祀外則貪利取邑爲諸
侯所薄賤不見序故深諱爲不可知之辭不日者順諱爲善
文也○眣音舜本又作眣丑乙反又大結反以目〔疏〕注以
通指曰眣本又作睽音同字書云眣瞚也以恐反目通
指曰眣○解云言其用目眡之而并指向曾若今時瞬眼矣
○注文公至不能○解云即上二年二月丁丑作僖公主傳
云何以書譏何譏爾不時也其不時奈何欲久喪而後不能
是也○注喪娶逆祀○解云其喪娶即二年冬公子遂如齊
納幣傳云何以書譏喪娶是也其逆禮即二年秋大事于大
廟躋僖公傳云何譏爾逆祀也者是也而先引喪娶者正以
納幣之前仍有數禮不妨在大事之前故見之○注外則貪
利取邑○解云即上春公伐邾婁取須朐是也○注不日至

善文○解云正以日爲不信辭故也○冬徐伐莒謂之徐者前共滅王者後不知尊先聖法度今白先犯文對事連可以起同惡莒在下不得狄故復狄徐也一罪再狄者明爲莒狄之爾徐先狄在僖十五年○復扶又反【疏】注謂之至同惡○解云即僖十四年春諸侯城緣陵傳曰孰城之城杞也曷爲城杞滅也孰滅之蓋徐莒脅之是也言不知尊先聖法度者謂杞有禹法度也○注莒在至徐也○解云謂莒時被伐例不得出主名是以無由狄之○注徐先至五年○解云即僖十五年冬楚人敗徐于婁林彼注云謂之徐者爲滅杞不知尊先聖法度惡重故狄之也是也○公孫敖如莒莅盟

八年春王正月○夏四月○秋八月戊申天王崩○冬十月壬午公子遂會晉趙盾盟于衡雍○雍於用反○乙酉公子遂會伊雒戎盟于暴四日不能再出不卒名者非一事再見也○雒音洛暴步報反本又作曝一音蒲沃反見賢遍反【疏】注四日至

見也○解云欲道宣元年公子遂如齊三月遂以夫人婦姜至自齊傳云遂何以不稱公子一事而再見者卒名也注云卒竟也竟但舉名者省文耳言彼是一事再見故得省文與此異也

○公孫敖如京師不至復丙戌奔莒不至復者何不至復者內辭也不可使往也安居不肯行故諱使若已行但不至還爾即已行當道所至乃言復如至黄矣〔疏〕不至復者何○解云欲言不到經有如文欲言實到復有不至之稱故執不知問○注即已至黄矣解云即宣八年夏六月公子遂如齊至黄乃復是也

不可使往則其言如京師何遂公意也正其義不使君命壅塞○壅於勇反何以不言出據慶父言出奔〔疏〕注據慶至出奔○解云即上閔二年九月公子慶父出奔莒是也

遂在外也諱使若從外來不敢復還者也日者嫌敖罪明則起君弱故諱使若無罪○復扶又反〔疏〕注日者至無罪○解云閔二年九月公子慶父出奔莒彼注云不日者內大夫奔例無罪者日有罪者月是也故此作注云日者使若無罪矣

内大夫奔例曰者襄二十三年冬十月乙亥臧孫紇出奔邾婁之屬是也

○螽先是公如晉公子遂公孫敖比出不可使勢奪於大夫煩擾之應○螽音終

疏注先是至之應○解云公子遂不可使者即僖三十年冬公子遂如京師遂如晉傳云大夫無遂事此其言遂何公不得爲政爾注云不從公政令也時見使如京師而横生事矯君命聘晉故疾其驕蹇自專當絶之者是

○宋人殺其大夫司馬○宋司城來奔司馬者何司城者何皆官舉也皆以官名舉言之天子有大司徒大司馬大司空皆三公官名也諸侯有司徒司馬司空皆卿官也宋變司空爲司城者辟先君武公名也

疏司馬者何○解云欲言大夫例不官舉欲言非大夫而經有大夫之文故執不知問○司城者何○解云欲言大夫例不官舉欲言非大夫司城者宋大夫之號故執不知問○注宋變至武公名也○解云桓六年左氏傳文○

曷爲皆官舉據宋殺其大夫山不官舉

疏注據宋殺至官舉○解云即在成十五年秋○

宋三世無大夫三世内娶也宋以内娶故威勢下流三世妃黨爭權相

殺司城驚逃子哀奔之。主或不知所任朝廷久空故但舉官起其事也大夫相殺例皆時（疏）注子哀奔亡○解云即下十四年宋子哀來奔是也○注大夫相殺例皆時○解云正以此經及下九年晉人殺其大夫先都晉人殺其大夫士縠之屬皆不別書日月故也知彼此是大夫相殺之經者正以下十六年傳云大夫相殺稱人矣

九年春毛伯來求金毛伯者何天子之大夫也何以不稱使據南季稱使（疏）毛伯者何○解云欲言諸侯經不書朝欲言大夫又不言使故執不知問○注據南季稱使○解云即隱九年春天王使南季來聘是當喪未君也時王新有三年喪（疏）注時王新有三年喪○解云即去年八月天王崩是也踰年矣何以謂之未君據崩在八年踰年當即位即位矣而未稱王也未稱王何以知其即位以諸侯之踰年即位亦知天子之踰年即位也俱繼體其禮不得異以天子三年

然後稱王亦知諸侯於其封內三年稱子也各信恩於其下○信音申踰年稱公矣則曷爲於其封內三年稱子緣民臣之心不可一日無君緣終始之義一年不二君故君薨稱子某既葬稱子明繼體以繫民臣之心【疏】踰年稱公解云莊二十年師解云爾故據難之不可曠年無君故踰年稱公緣孝子之心則三年不忍當也孝子三年志在思慕不忍當父位故雖即位猶於其封內三年稱子子張曰書云高宗涼闇三年不言何謂也孔子曰何必高宗古之人皆然君薨百官總已以聽冢宰三年○涼音亮又音良闇如字又音陰毛伯來求金何以書譏何譏爾王者無求求金非禮也然則是王者與据未稱王○與音餘曰非也非王者則曷爲謂之王者王者無求

曰是子也雖名爲三年稱子者其實非唯繼父之位繼文王之體守文王之法度文王之法無求而求故譏之也引文王者文王始受命制法度

○夫人姜氏如齊奔父母之喪也不言奔喪者尊內猶不言朝聘也故以致起得禮也書者大夫家危重言如齊者大夫繫國

〔疏〕注奔父母之喪也○解云知者正以諸侯夫人尊重既在夫家終身不反唯三年之喪乃可越竟而奔之今此夫人如齊直書不諱故知其奔父母之喪也○注故以致起得禮也○解云正以春秋之例夫人違禮而出會者皆不致之唯此一文而書至故莊元年注云有出道乃致奔喪致是也○注書者至危重○解云欲道夫人如齊奔父母之喪禮既許之則是常事而書之者但此夫人所適乃是大夫之家卑于夫人有不制之義而危重之是以書也○注言如齊至繫國○解云案上四年逆婦姜之下注云不言如齊者大夫無國也與此違者正以四年經云夏逆婦姜于齊逆至共文又不書如齊見其娶于大夫矣故不言如齊正由大夫無國故也今此夫人仍彼婦姜一也經書如齊明知正由大夫繫國故也何者今既尊內不言奔喪若去如齊即文不

可施是以將大夫繫國書如齊矣○二月，叔孫得臣如京師。○辛丑，葬襄王。王者不書葬，此何以書？不及時書，過時書。重錄先時〔疏〕王者不至以書○解云：正以隱三年天王崩之下師作解云天子記崩不記葬，必其時也，故此弟子據而難之○不及時書過時書○解云：其不及時書者，即宣二年十月天王崩，三年正月葬匡王，昭二十二年夏四月乙丑天王崩，六月叔鞅如京師葬景王之屬是也，以其不及七月，故書之也。其過時書者，上下無文，唯桓十五年三月乙未天王崩，至莊三年夏五月葬桓王，蓋以當之○注重錄失時○解云：以天下共葬一人而不如禮，故重錄之，刺其失時矣。我有往者則書。謂使大夫往也。惡文公不自往，故書葬以起大夫會之。日者，僖公成風之喪，襄王比加禮，故恩錄之，所以甚責內○惡，烏路反〔疏〕注日者至責內○解云：如此注者，正以昭二十二年六月叔鞅如京師葬景王之屬不日故也。言襄王比加禮者，即元年叔服來會葬，五年榮叔歸含且賵，召伯來會葬之屬是也○晉人殺其大夫先都。○三月，夫人姜氏至自齊出獨致者得禮故與臣子辭月者婦人危重從始至例〔疏〕注出獨至子辭○解云書致者臣子喜其脫危而致故曰與臣子辭耳○注月者至始至例○解云獨行無制恐有非禮之惡故曰危重也言從始至例者即宣元年三月遂以夫人婦姜至自齊成十四年九月僑如以夫人婦姜氏至自齊之屬是也○晉人殺其大夫士穀及箕鄭父○楚人伐鄭○公子遂會晉人宋人衛人許人救鄭○夏狄侵齊○秋八月曹伯襄卒○九月癸酉地震地震者何動地也動者震之故傳先言動者喻若物之動地以曉人也〔疏〕地震者何○解云大陰沈重本無動性而書震故執不知問何以書記異也天動地靜者常也地動者象陰爲陽行是時魯文公制於公子遂齊晉失道四方叛德星孛之萌自此而作故下與北斗之變所感同也不傳天下異者從王內録可知○行下孟友孛音佩〔疏〕注孛星至同也○解云即十四年秋七月有星孛入于北斗是

也言與北斗之變所感同者即十四年注云齊晉並爭吳楚更謀競行天子之事齊宋莒魯弒其君而立之應是也○注不傳至可知○解云僖十四年秋八月辛卯沙鹿崩傳云何以書記異也外異不書此何以書爲天下記異也今此地震爲內録之內爲新王天下明矣故言不傳天下異者從王內録可知

○冬楚子使椒來聘椒者何楚大夫也楚無大夫此何以書始有大夫也入文公所聞世見升平法內諸夏以外夷狄也屈完子玉得臣者以起霸事此其正也聘而與大夫者本大國○椒子遥反一本作萩子小反見賢徧反

〔疏〕椒者何○解云欲言大夫不言其氏欲言微者書名見經故執不知問○注入文至升平○解云知文公爲所聞之世者春秋說云文宣成襄所聞之世是也言見治升平者升進也欲見其治稍稍上進而至于平也○注內諸夏外夷狄○解云即成十五年冬叔孫僑如會晉士燮以下會吳于鍾離傳云曷爲殊會吳外吳也曷爲外也春秋內其國而外諸夏內諸夏而外夷狄是也○注屈完至覇事○解云僖四年夏楚屈完來盟于師盟于召陵傳曰屈完者何楚大夫也何以不稱使尊屈完也曷爲尊屈完以當桓公也何氏

云增倍使若得其君以醇霸德成王事也是也其子玉得臣者即僖二十八年夏楚殺其大夫得臣何氏云楚無大夫其言大夫者欲起上楚人本當言子玉得臣所以詳錄霸事是也然則彼二人皆是傳聞之世未合書之而書之者欲起齊桓晉文霸事故也○注此其正至大國○解云等是夷狄而舒越之屬皆無大夫而楚得有大夫者正以本是大國故入所聞之世於是見法矣

始有大夫則何以不氏據屈完氏**許夷狄者不一而足也**許與也足其氏則當純以中國禮責之嫌夷狄質薄不可卒備故且以漸○卒七忽反

○秦人來歸僖公成風之襚其言僖公成風何兼之兼之非禮也禮主于敬當各使一使所以別尊卑○襚音遂贈喪之衣服一使所吏反別彼列反下同〔疏〕其言僖成風之襚何○解云欲言非禮禮有襚文欲言是禮而二人并致故執不知問

曷爲不言及成風據及者別公夫人尊卑文也連成風者但問尊卑體當絕非欲上成風使及僖公○上時掌反又如字〔疏〕注據及至卑文也○解云即僖十一年夏公及夫人姜氏會齊

侯于陽穀是也成風尊也不可使卑及尊也母尊序在下者明婦人有三從之義少繫父既嫁繫夫夫死繫子○少詩召反葬曹共公○共音恭

監本附音春秋公羊注疏卷第十三

江南蘇松督糧道方　體琛

公羊注疏卷十三挍勘記

阮元撰盧宣旬摘錄

公羊注疏文公卷十三　唐石經文公第六卷五

元年

二月癸亥朔日有食之　唐石經諸本同左氏穀梁無朔字

狄比侵中國　宋本同閩監毛本比誤北疏同

卽下四年秋　浦鏜云下脫楚人滅江五年秋七字

新爲王者使來會葬　閩監毛本新誤親

君子恩降於親親　浦鏜云隆誤降按浦說是也

明當有恩禮也是也　閩本同監毛本脫上也

卽桓五年公子彄如齊逆女　浦鏜云三誤五按浦說是也

楚世子商臣弑其君髡　葉鈔釋文唐石經髡作髠字從兀此從几非釋文髡左氏作頵

則知此處未有大夫矣　閩本同監毛本矣改也

蔡世子般弑其君固　閩監本般作殷毛本誤殷

二年

親喪以下壙皇皇無所親　穀梁疏引作親喪已入壙皇皇無所見此作親誤

虞猶安神也用桑者　穀梁疏引作虞猶安也無神字此衍用桑者下有桑猶喪也四字○按用

桑者上穀梁有虞主二字

朝葬而日中虞　注作日中而虞

埋虞主於兩階之間　此本毛本埋誤理閩監本不誤

正以古文論語哀公問社於宰我故也　浦鏜云社下脫主非古論語作

問社魯論語作問主

藏于廟室中當所當奉事也　閩監本同毛本上當作堂宜據正儀禮經傳通解上當作常鄂本下當作常皆誤○按當作藏於廟中堂所常奉事也質家藏於室蓋各本有誤俟再攷

質家藏于堂　閩監毛本同誤也鄂本于作於儀禮經傳通解堂作室宜據以訂正文家尊尊故藏於堂質家親親故藏於室

盟于垂歛　鄂本監本同唐石經閩毛本歛作斂釋文垂斂左氏作垂隴

正以共討惡逆　閩監毛本共誤其

傳云何以書記災也　浦鏜云異誤災○按僖二十一年傳正作災

故不得然　浦鏜云儀禮經傳通解續下有解字此誤

卽不主禘祫是也　盧文弨曰疑不王不禘之誤

不復譏　鄂本復作獨

三年

故爲隱恩痛之　浦鏜云恩下脱録○按何挍本有與隱三年注合

死而墜也　諸本同釋文墜作隊唐石經墜字後加土

衆死而墜者　何煌云穀梁疏引無衆字按無者非也

羣臣將爭彊　何煌云羣上穀梁疏有象宋二字按此乃疏家以意改也

朝廷久空　鄂本空作虗此誤

葢由三世内娶　鄂本由改猶

及十七年傳　浦鏜云下誤十是也

晉陽處父帥師伐楚　監本師誤帥

正以以江近楚遠故也　閩監毛本下以作其

四年

衞侯使甯俞來聘　唐石經諸本同解云正本作速字故賈氏云公羊曰甯速經義雜記曰賈氏所據公羊作甯速即徐所謂正本是也後人依左穀改之釋文甯俞音餘已同今本矣

五年

天子以珠　鄂本珠作球誤

大夫以碧　檀弓下正義作璧

注天子至貝者　閩監毛本作天子至以貝是也

知幾兼之也　鄂本幾作機此誤

許男業卒　唐石經諸本同解云正本業作辛字

謹之至也鄂本謹作慎此當是避宋諱所改猶許慎作許謹也

据具月也閩本具作俱

何以謂之天無是月非常月也唐石經鄂本皆叠是月二字此脫

七年

据取叢也解云考諸舊本叢皆作闞若作叢非其義且彼叢字多作鄒按此當從舊本作闞

故使若他人然解云舊本故下有知字

取漷東田及沂西田閩本同監毛本沂誤泝

更有佗義故明之毛本明誤用

晉先眛以師奔秦唐石經鄂本閩本同監毛本眛誤眜下同段玉裁云从末是也解云左氏穀梁作先蔑

狄侵我西鄙　毛本狄誤秋

眣晉大夫使與公盟也　諸本同唐石經眣字缺段玉裁云成二年作郤克眣魯衞之使字從目從矢釋文眣音舜本又作眴丑乙反本又作眣音同今釋文眣亦誤眣眣誤眣

其逆禮卽二年秋　浦鏜云祀誤禮是也

八年

諱使若從外來　閩監毛本同誤也鄂本來作奔當據正

子哀奔亡　此本亡誤之今訂正鄂本哀奔二字及下起其二字皆空缺

晉人殺其大夫士穀之屬　閩監毛本穀作縠是也

九年

莊二十年師解云爾　按當作莊三十二年傳云爾

高宗涼闇三年　鄂本涼作諒釋文作涼音亮

故莊二年注云　閩監毛本二誤元

注孛星至同也　閩監毛本作星孛是也

冬楚子使椒來聘　唐石經諸本同釋文椒一本作萩○按秋聲叔聲古音同弟三部

見升平法　諸本同解云言見治升平者升進也見下當有治字釋文出見升二字則陸本與此同

不一而足也　浦鏜云壹誤一按唐石經諸本皆作一

則當純以中國禮貴之　鄂本貴作責此誤

其言僖成風之禭何　閩監毛本僖下有公字此脱何按本無之禭

公羊注疏卷十三挍勘記終

工部屯田司員外郎胡祖謙挍

監本春秋公羊注疏文公卷第十四 起十年盡十八年

何休學

十年春王三月辛卯臧孫辰卒○夏秦伐晉謂之秦者起令狐之戰敵均不敗晉先昧以師奔秦可以足矣而猶不知止故夷狄之○楚殺其大夫宜申○自正月不雨至于秋七月公子遂之所招○及蘇子盟于女粟○女音汝本亦作汝○冬狄侵宋○楚子蔡侯次于屈貉魯恐故書刺微弱也○屈貉居勿反又音厥下麥又戶各反二傳作厥貉

十有一年春楚子伐圈○圈求阮反一音卷說文作圈字林臼萬反二傳作麇○夏叔彭生會晉郤缺于承匡○秋曹伯來朝○公子遂如宋○狄侵齊○冬十月甲午

叔孫得臣敗狄于鹹。狄者何？以日嫌夷狄不能偏戰，故問也。○鹹音咸。

〔疏〕注以日至問也。○解云：正以春秋之例，偏戰日，詐戰月。夷狄不能偏戰，今而書日，故執不知問。

長狄也。蓋長百尺。

〔疏〕注蓋長百尺。○解云：何氏蓋取關中記云：秦始皇二十六年，有長人十二見於臨洮，身長百尺，皆夷狄服。天誡若曰：勿大爲夷狄行，將滅其國。始皇不知反喜，是時初併六國，以爲瑞，乃收天下兵器，鑄作銅人十二象之是也。其文穀梁、左氏與此長短不同者，不可强合。

兄弟三人，言相類如兄弟。

〔疏〕注言相類如兄弟。○解云：正以別之三國，不相援助，是以知其非親兄弟。

一者之齊，一者之魯，一者之晉。不書者，外異也。

〔疏〕注不書者外異也。○解云：案上文狄侵齊，而云不書者，蓋以爲侵齊之狄非此等也。

其之齊者，王子成父殺之；其之魯者，叔孫得臣殺之。經言敗，殺不明，故復云爾。○復，扶又反。則未知其之晉者也。其言敗何？据敗者内戰文，非殺一人也。

〔疏〕注敗者至人也。○解云：以

春秋之義內魯爲王王王於諸侯無敵之義但當戰戰則是內敗之文言敗某師則是內戰之文今敵其一人而言敗狄于鹹作內戰之經故難之

大之也 長狄之三國皆欲爲君長大非一人所能討興師動衆然後殺之如大戰故就其事言敗

〔疏〕注長狄至爲君○解云正以各之一國故也何者雖非兄弟若不爲君羣行亦得即長人十二見於臨洮是也

其日何 据日而言敗與公子友敗莒師于犂同非殺一人文○犂力知反又力兮反

〔疏〕注据日至人文○解云即僖元年冬十月壬午公子友帥師敗莒師于犂獲莒拏傳云莒人聞之曰吾已得子之賊矣以求賂于魯魯人不與爲是興師而伐魯季子待之以偏戰是也

大之也 如結日大戰

其地何

大之也 如大戰故地

何以書記異也 魯成就周道之封齊晉霸尊周室之後長狄之操無羽翮之助別之三國皆欲爲君比象周室衰禮義廢大人無輔佐有夷狄行事以三成不可苟指一故自宜成以往弑君二十八亡國四十○行下孟反

〔疏〕注魯成就周道之封○解云正以周公相成王而致太平意封于魯故云爾○注齊晉至之後○解云正以晉文齊桓皆率諸侯尊事天子此是齊晉之君子孫故云爾○注長狄至之助

解云謂執持此意也○注事以三成○解云即長狄之三國共成其異是也言不可苟指一者明知其異亦不苟指一事而已○注故自宣成至四十○解云案今春秋之經自宣成以下訖于哀十四年止有弑君二十亡國二十四則知此注誤也宜云弑君二十也八是衍字亡國二十四也作四十者錯也其殺君二十即宣二年趙盾弑其君夷獋四年歸生弑其君夷十年夏徵舒弑其君平國襄二十五年崔杼弑其君光吳子謁伐楚門于巢卒爲巢人所弑二十六年衞甯喜弑其君剽二十九年閽弑吳子餘祭三十年蔡世子般弑其君固三十一年莒人弑其君密州昭八年陳招殺偃師十一年楚子虔誘蔡侯般殺之十三年公子比殺其君虔棄疾殺比十九年許世子止弑其君買二十三年吳殺胡子髡沈子楹二十七年吳弑其君僚定四年蔡殺沈子嘉十三年薛弑其君比哀六年齊陳乞弑其君舍之屬是也其滅國二十四者宣八年楚滅舒蓼十二年楚滅蕭十五年晉滅潞氏十六年滅甲氏及留吁成十七年楚滅舒庸襄六年莒人滅鄫齊滅萊十年遂滅偪陽十三年取詩二十五年楚滅舒鳩昭四年遂滅厲八年楚滅陳十一年楚滅蔡十七年晉滅賁渾戎二十三年胡子髡沈子楹滅二十四年吳滅巢三十年吳滅徐定四年蔡滅沈六年鄭滅許十四年楚滅頓十五年楚滅胡

哀八年宋滅曹之屬是其二十四也然則三國變異起自今年而注者所以不言自今以後而言自宣成以往者蓋以文公之年已過半以後既不得其初故遺去其實楚人滅宋弑處曰莒弑庶其之屬皆由此禍耳或者弑君二十八亡國四十者春秋說文其間亦有經不書者故不同耳

十有二年春王正月盛伯來奔盛伯者何失地之君也何以不名兄弟辭也與郜子同義月者前為魯所滅今來見歸尤當加意厚過之

疏 盛伯者何○解云欲言諸侯不見存文欲言大夫而經書伯故執不知問○何以不名○解云桓七年夏穀伯綏鄧侯吾離來朝之下傳云皆何以名失地之君也是以此處見道失地之君即貴云何以不名然則何氏此處不言据穀鄧名者正以僖公二十年郜子來朝之下已注訖故也○注與郜子同義○解云即僖二十年郜子來朝傳云郜子者何失地之君也何以不名兄弟辭也何氏云郜魯之同姓故不忍言其絕賤明當尊遇之異於穀鄧也書者喜內見歸是也然則言同義者謂尊遇兄弟異於他姓是以不忍言其名不謂朝奔之文相似○注月者至遇之

解云正以穀鄧郜子之屬皆書時此特書月故須解也言前爲魯所滅者即莊八年夏師及齊師圍成成降于齊師傳云成者何盛也盛則曷爲謂之成諱滅同姓也是也○杞伯來朝○二月庚子子叔姬卒卒者許嫁疏注卒者許嫁○解云舊本皆無此注且理亦不須疑衍字此未適人何以卒許嫁矣婦人許嫁字而笄之死則以成人之喪治之其稱子何據伯姬卒亦許嫁不稱子疏注此未至以卒○解云正以叔姬無所繫故知未適人也○注據伯至稱子解云即僖九年秋七月乙酉伯姬卒是也貴也其貴奈何母弟也不稱母姊而繫先君言子者遠別也禮男子不絕婦人之手婦人不絕男子之手疏注禮男至之手○解云既夕禮及喪大記皆有此文○夏楚人圍巢○秋滕子來朝○秦伯使遂來聘遂者何秦大夫也秦無大夫此何以書賢繆公也何賢乎

繆公據聘不足與大夫荆人來聘是也。使遂二傳作術繆音木【疏】秦伯使遂來聘。解云左氏穀梁皆作術字經亦有作術字者疑遂字誤。遂者何。解云欲言微者書名見經欲言大夫不録其氏故執不知問。注荆人來聘是也。解云莊二十三年夏荆人來聘傳云荆何以稱人始能聘也是也以爲能變也其爲能變柰何惟諓諓善竫言諓諓淺薄之貌竫猶撰也。諓諓徐在淺反又子淺反又音牋尚書截截淺薄貌也賈逵注外傳云巧言也善竫在井反撰也本或作諞皮勉反又必淺反本作諓七全反又仕勉反【疏】惟諓諓善竫言。解云謂其念有淺薄之善而撰其言也俾君子易怠俾使也易怠猶輕惰也。俾必爾反注同使也易以豉反注同惰大臥反【疏】俾君子易怠。解云能撰善言故謂之君子言使此君子易爲輕惰何者自恃其善而欲慢人以自尊矣而況乎我多有之惟一介斷斷焉無他技一介猶一槩斷斷猶專一也他技奇巧異端也孔子曰攻乎異端斯害也已。一介古拜反一介猶一槩也尚書音古貨反斷斷丁亂反專一也注同技其綺反槩古愛反奇其宜反本又作琦同（疏）而況至有之○解云我謂秦伯也言況於秦伯之懷其善言無算故曰多有之○惟一至他技○解云秦伯之善雖曰無算若思念之皆是一槩專一之事更無奇巧異端之術言其醇粹其善無擇矣○注斷斷至異端○解云即鄭注大學云斷斷誠一之貌也他技異端之技也是與此合**其心休休**休休美大貌○休休許虯反美大貌**能有容**能含容賢者逆耳之言**是難也**是難行也秦繆公自傷前不能用百里子蹇叔子之言感而自變悔遂霸西戎故因其能聘中國善而與之使有大夫子貢曰君子之過也如日月之食焉過也人皆見之更也人皆仰之此之謂也（疏）注秦繆至言之○解云事在僖三十三年

○冬十有二月戊午晉人秦人戰于河曲此偏戰也何以不言師敗績敵也曷爲以水地以水地者謂以水曲折起地遠近所在也据戰于泓不言曲○折之設反（疏）此偏戰○解云以其書日故知之○注据戰于泓不言曲○解云即僖二十二年冬宋公及楚人戰于泓宋師敗績是也**河曲疏矣河千**

里而一曲也河曲流以据地明故可以曲地因以起二國之君數興兵相伐戰無已時故不言及不別曲自而地以河曲明兩曲也○數所角反不別彼列反下同

季孫行父帥師城諸及運帥帥師者刺魯微弱臣下不可使邑久不脩不敢徒行與師厲衆然後敢城之言及者別君邑臣邑也○運二傳作鄆後皆爾

疏注書帥至城之○解云如此注者正見隱七年夏城中丘之屬皆不言帥師故也言臣下不可使者即上八年公孫敖如京師不至復丙戌奔莒傳云不至復者何不至復也內辭也不可使往也之屬是也○注言及至邑也○解云正見昭五年莒牟夷以牟婁及防茲來奔彼傳云其言及防茲來奔何不以私邑累公邑也何氏云公邑君邑也私邑臣邑也累次也義不可使臣邑與公邑相次序故言及以絶之是也

十有三年春王正月○夏五月壬午陳侯朔卒不書葬者盈爲晉文諱也晉文雖霸會人孤以尊天子自補有餘故復盈爲諱○盈爲于僞反下文盈爲爲周公皆同復扶又反

疏注不書至盈爲諱○解云盈者相接足之辭晉文於僖二十八年之時此朔之父陳侯款

夏六月卒至冬未未葬而晉文會諸侯於溫經有陳子是强會人孤令失子行亦是文公恥之是以春秋遂卒竟不書款葬深爲文公諱也今若款之子陳侯朔書葬則文公之惡還見是以此處須去朔葬使若陳國之君例不書葬然故言盈爲晉文諱故僖二十八年夏陳侯款卒之下注云不書葬者爲晉文諱行霸不務教人以孝陳有大喪而彊會其孤故深爲恥之是也

○邾婁子蘧篨卒○蘧篨其居反下直居反

○自正月不雨至秋七月公子遂所致

○世室屋壞世室者何魯公之廟也魯公周公子伯禽○世室二傳作太室〔疏〕世室者何○解云欲言君寢於例不書欲言宗廟未有世室之名故執不知問

周公稱太廟魯公稱世室羣公稱宮少差異其下者所以上尊周公○大廟音泰下同〔疏〕周公稱大廟解云即僖八年禘于大廟文二年大事于大廟是也○魯公稱世室○解云即此經是也○羣公稱宮○解云即武宮煬宮之屬是也○注少差至周公○解云正以廟者尊卑達名鬼神所居之稱今此稱異其名知上尊周公故也

此魯公

之廟也曷爲謂之世室世室猶世室也世世不毀也魯公始封之君故不毀也疏世室猶世室也○解云言謂之世室者猶世世室也周公何以稱大廟于魯據魯公始封也封魯公以爲周公也爲周公故語在下周公拜乎前魯。拜乎後始受封時拜于文王廟也尚書曰用命賞于祖是也父子俱拜者明以周公之功封魯公也疏注尚書至於祖○解云甘誓文也曰生以養周公生以魯國供養周公○以養餘亮反注皆同供養九用反下同死以爲周公主如周公死當以魯公爲祭祀主加曰者成王始受其茅土之辭禮記明堂位曰封周公於曲阜地方七百里革車千乘蓋以爲有王功故半天子也○死以爲如字注死以爲周公主同乘繩證反王于況反疏注加曰至之辭○解云即周書作洛篇曰封人社壝諸侯受命于周乃建大社于國中其壝東青土南赤土西白土北驪土中央釁以黃土將建諸侯鑿取其一面之土包以黃土苴以白茅以爲社之封孔氏云王者封五色土爲社建諸侯則各割其方土與之使立社燾以黃土苴以白茅茅取其絜黃取其王者覆四方者是其茅土之文耳○注蓋以至子也解云正以天子千里方百里者百周公七百里方百里者四十九大判言之故得言半天子矣然則周公之魯乎曰不之魯也封魯公以爲周公主然則周公曷爲不之魯据爲周公者謂生以養周公死以爲周公主周公不之魯則不得供養爲主欲天下之一乎周也周公聖人德至重功至大東征則西國怨西征則東國怨嫌之魯恐天下迴心趣鄉之故封伯禽命使遙供養死則奔喪爲主所以一天下之心于周室○鄉許亮反〔疏〕注東征至東國怨解云僖四年傳文魯祭周公何以爲牲据廟異也周公用白牡白牡殷牲也周公死有王禮謙不敢與文武同也不以夏黑牡者謙改周之文當以夏辟嫌也〔疏〕注不以至嫌也○解云知黑牡爲夏牲者出明堂位文正朔三而改改天正十一月者當以十三月爲正故言當以夏矣魯公用騂犅騂犅赤脊周牲也魯公以諸侯不嫌故從周制以脊爲差○騂

息營反犅音對詩作剛騂犅赤脊也〔疏〕注騂犅至牲也○解云正以山脊曰岡故知騂犅爲赤脊矣

羣公不毛不毛不純色所以降于尊祖〔疏〕注不毛至尊祖○解云正以牲用純色祭祀之禮而言不毛故以降子尊祖解之

魯祭周公何以爲盛据牲異也○盛成政反又音成粢盛也在器曰盛

周公盛盛者新穀

魯公燾燾者冒也故上一新也○燾徒報反一本作濤音同冒也冒亡報反〔疏〕注燾者至新也○解云正以燾詁爲覆故也若似周書燾以黃土之類也然則言周公盛者謂新穀滿其器言魯公燾者謂下故上新裁可半平

羣公廩廩者連新於陳上財令半相連爾此謂方祫祭之時序昭穆之差○廩力甚反財令力呈反下同〔疏〕羣公廩○解云廩謂全是故穀但在上少有新穀財得相連而已故謂之廩廩者希少之名是以鄭注云廩讀如羣公廩之廩者是也○注謂方至之差○解云正以若其時祭粢食精鑿羣公之饌一何至此故知正是祫祭之時序昭穆之差所以降子尊祖故也

世室屋壞

何以書譏何譏爾久不脩也簡忽久不以時脩治至令壞敗故譏之言

屋者重宗廟詳録之以不務公室不月者知久不脩當蒙上月　［疏］注以不務至上月○解云當蒙上月者謂蒙上秋七月也不務公室月者即定二年冬十月新作雉門及兩觀傳云其言新作之何脩大也脩舊不書此何以書譏何譏不務乎公室。何氏云務勉也不務公室亦可施於久不脩亦可施于不務如公室之禮微辭也月者久也當即脩之如諸侯禮是也然則彼久不脩是以書月此亦久不脩故知當蒙上月爾　○冬公如晉○衞侯會于沓　沓徒合反　○狄侵衞○十有二月己丑公及晉侯盟○還自晉○鄭伯會公于斐還者何善辭也何善爾往黨衞侯會公于沓至得與晉侯盟反黨鄭伯會公于斐故善之也　黨所也所猶時齊人語也文公前扈之盟不見序後能救鄭之難不逆王者之求上得尊尊之義下得解患之恩一出三爲諸侯所榮故加録於其還時皆深善之○斐本又作棐芳尾反難乃旦反　［疏］還者何○解云正以不言至而言還異於常例故執不知問○注文公至見序○解云即上七年秋公會諸侯晉大夫盟于扈傳云諸侯何以不序大夫何以不名公失序也是也○注後能至之難○解云即上九年春楚人伐鄭公子遂會晉人宋人衛人許人救鄭是也○注不逆王者之求○解云即上九年春毛伯來求金經無不與之文是也○注上得至之義○解云即不逆王者之求是也○注下得至之恩○解云即公子遂救鄭是也

十有四年春王正月公至自晉月者爲臣子喜錄上事○爲臣于僞反下爲後當爲同〔疏〕注月者至上事○解云出上文也○邾婁人伐我南鄙○叔彭生帥師伐邾婁○夏五月乙亥齊侯潘卒不書葬者潘立儲嗣不明乍欲立舍乍欲立商人至使臨葬更相篡弒故絕其身明當更立其先君之次○潘普于反更相音庚下吳楚更同篡殺申志反下同〔疏〕注至使至篡弒○解云即下九月齊公子商人弒其君舍是其臨葬相篡弒之文○六月公會宋公陳侯衛侯鄭

伯許男曹伯晉趙盾癸酉同盟于新城盟下日者刺諸侯微弱信在趙盾○盾徒本反〔疏〕注盟下至趙盾○解云言信任在於趙盾若如盟日定否趙盾制之然是以下日以近之○秋七月有星孛入于北斗孛者何彗星也狀如篲○孛步內反徐扶潰反〔疏〕孛者何○解云欲言是星星名未有欲言非星錄爲星稱故執不知問其言入于北斗何據大辰不言入又不言孛名〔疏〕注據大至言入○解云即昭十七年冬有星孛于大辰是也○注又不言孛名解云謂昭十七年直言于大辰不言所孛之星名今此言有星孛入于北斗故難之何者大辰非星名故也是以昭十七年傳云其言于大辰何彼注云據北斗言入于大辰非常名是也北斗有中也中者魁中何以書記異也孛者邪亂之氣篲者掃故置新之象也北斗天之樞機玉衡七政所出是時桓文迹息正都不能統政自是之後齊晉並爭吳楚更謀競行天子之事齊宋莒魯弒其君而立之應○爭爭鬬之爭〔疏〕注北斗至所出○解云即堯典云在璿璣玉衡以齊七政七政

謂日月五星也○注齊宋至之應○解云即下文九月齊公子商人弒其君舍十八年夏五月齊人弒其君商人是齊弒君事也十六年冬宋人弒其君處臼是宋弒其君事也十八年冬莒弒其君庶其是莒弒其君事。十八年冬十月子卒傳云子卒者孰謂謂子赤也何以不日隱之也何隱爾弒也弒則何以不日不忍言也者是魯弒其君事也

○公至自會○晉人納接菑于邾婁弗克納納者何入辭也其言弗克納何據言于邾婁與納頓子于頓同俱入國得立辭○捷菑在妾反又如字下側其反二傳作捷菑

（疏）納者何○解云欲言得國下有不克之文欲言不得國納者人辭故執不知問○注據言至立辭○解云即僖二十五年秋楚人圍陳納頓子于頓是也此上言于邾婁是其得國下云弗克納自相違故難之

大其弗克納也克勝也鄭伯以勝為惡此弗勝故為大

（疏）注鄭伯以勝為惡○解云即隱元年夏五月鄭伯克段于鄢傳云克之者何殺之也殺之則曷為謂之克大鄭伯之惡也曷為大鄭伯之惡母欲立之已殺之如弗與而已矣注云克者詐為殺亦為能惡其能忍戾母而親殺之是也

何

大乎其弗克納 据伐齊納子糾恥不能納【疏】注据伐至能納○解云即莊九年夏公伐齊納糾傳云納者何入辭也其言伐之何伐而言納者猶不能納也是也 晉郤缺帥師革車八百乘以納接菑于邾婁力沛若有餘 沛有餘貌○乘繩證反沛若普貝反有餘貌 而納之邾婁人言曰接菑晉出也玃且齊出也 出外孫也○玃且俱縛反下子餘反 子以其指 指手指【疏】子以其指注指手指○解云子謂郤缺言子以手指指麾于邾婁令使納接菑也 則接菑也四玃且也六八 言俱不得天之正性【疏】注言俱至正性解云地四生金于西方地六成水于北方皆非天數也言此者喻皆庶子矣貴則皆貴矣 子以大國壓之 壓服也服邾婁使從命○壓於甲反又於輒反服也 則未知齊晉孰有之也 設齊復興兵來納玃且亦欲服邾婁使從命未知齊晉誰能使外孫有邾婁者○齊復扶又反下同 貴則皆貴

矣時邾婁再娶二子母尊同體敵疏注時邾至體敵○解云蓋皆是右媵之子或是左媵之子言非姪娣
所生也舊云子以其指者言凡立子之法以其手指相似則
接菑猶人之四指且猶人之六指皆異於人故曰俱不得
天之正性也雖然者雖皆不得正性但四不如六故長者宜立矣雖然鑁且也長既爾不得
正性又皆貴唯當以年長故立之○長丁丈反注同郤缺曰非吾力不能納
也義實不爾克也如邾婁人言義不可奪也故云爾引師而去
之故君子大其弗克納也大其不以已非奪人之是此晉郤
缺也其稱人何貶曷爲貶据趙鞅納蒯聵不貶疏注据趙至不貶
解云即哀二年夏晉趙鞅帥師納衛世子蒯聵于戚是也不與大夫專廢置君也
曷爲不與据大其弗克納實與弗克納是而文不與文曷
爲不與大夫之義不得專廢置君也不復發上無天子下

無方伯傳者諸侯本有錫命征伐憂天下之道故明有亂義大夫不得專也接菑不繫邾婁者見挈于邾缺也不氏者本當言邾婁接菑見當國也○見挈賢徧反下音苦結反

疏注不復至之道○解云欲道僖元年救邢城楚丘之經悉是實與而文不與文與此同其傳皆云上無天子下無方伯天下諸侯有相滅亡者力能救之則救之可也今此不復言之故云爾言諸侯本有錫命征伐憂天下之道故者正謂保伍連帥本有共相存恤之義是以上無天子下無方伯之時容有存恤之道是故異於大夫耳○注明有至專也○解云言大夫若有專廢置君者即是亂義故曰明有亂義大夫不得專也正由大夫不得專廢置故也○注接菑至缺也解云據僖二十五年納頓子繫頓也○注不氏者○解云據宣十一年納公孫甯儀行父于陳皆言氏也○注本當至當國也○解云即隱元年傳云段者何鄭伯之弟也何以不稱弟當國也注云欲當國爲之君故如其意使如國君氏上鄭所以見段之逆是也

○九月甲申

公孫敖卒于齊已絶卒之者爲後齊脅魯歸其喪有恥故爲内諱使若尚爲大夫

疏注已絶至大夫○解云言已絶者即上八年公孫敖奔莒是也春秋之例大夫出奔之後即絶於大夫之位不復書其卒

即公子慶父臧孫紇之屬是是以於此恠其書卒矣言爲後齊脅魯歸其喪有恥者即下十五年夏齊人歸公孫敖之喪傳云何以不言來内辭也脅我而歸之是也

○齊公子商人弑其君舍此未踰年之君也其言弑其君舍何據弑其君之子奚齊也連名何之者弑成君未成君俱名問例所從也〔疏〕注據弑至齊也○解云即僖九年冬晉里克弑其君之子奚齊傳云弑未踰年君之號是也已立之已殺之商人本正當立恐舍緣潘意爲害故先立而弑之〔疏〕注商人本正當立○解云正以弑舍不書日見不正遇禍則知商人本正明矣成死者而賤生者也惡商人懷詐無道故成舍之君號以賤商人之所爲不解名者言成君可知從成君不日者與卓子同○惡烏路反卓勑角反〔疏〕注從成君至子同○解云即僖十年春晉里克弑其君卓子彼下注云不日者不正遇禍終始惡明故畧之是也○宋子哀來奔宋子哀者何無聞焉爾○冬單伯如齊齊人執單伯齊

人執子叔姬執者曷爲或稱行人或不稱行人此問諸侯相執大夫所稱例〔疏〕宋子哀者何○解云欲言宋君經書子哀欲言大夫文不言氏故執不知問○無聞焉爾○解云即隱二年注云言無聞者春秋有改周受命之制孔子畏時遠害又知秦將燔詩書其說口授相傳至漢公羊氏及弟子胡毋生等乃始記於竹帛故有所失也是也稱行人而執者以其事執也以其所銜奉國事執之晉人執我行人叔孫舍是也〔疏〕注晉人至是也○解云即昭二十三年晉人執我行人叔孫舍是不稱行人而執者以已執也已者已大夫自以大夫之罪執之分別之者罪惡各當歸其本○別彼列反單伯之罪何道淫也惡乎淫淫乎子叔姬時子叔姬嫁當爲齊夫人使單伯送之○惡音烏然則曷爲不言齊人執單伯及子叔姬据夫人婦姜繫公子遂〔疏〕注据夫至子遂○解云即宣元年三月遂以夫人婦姜至自齊是也内辭

也使若異罪然深諱使若各自以他事見執者不書叔姬歸于齊者深諱以起道淫書單伯如齊者起送叔姬也齊稱人者順諱文使若非伯討〔疏〕注不書至姬也○解云言此者欲決隱二年冬十月伯姬歸于紀之屬書歸也言深諱者正以子叔姬有罪故也言以起道淫者謂深諱不言其歸即是以起道淫之義何者若更爲小事而見執何須諱其歸于齊今不言歸于齊而與單伯俱見執明其在道與單伯淫于歸事不醒醒矣或曰不書歸于齊者深諱其起道淫故也何者若言叔姬歸于齊人執單伯齊人執子叔姬即有道淫之理也○注齊稱人至伯討解云即僖四年夏齊人執袁濤塗之下傳云稱侯而執者伯討也稱人而執者非伯討也是也

十有五年春季孫行父如晉○三月宋司馬華孫來盟月者文公微弱大夫秉政宋亦蔽於三世之黨三亂結盟故不與信辭不稱使者宋無大夫官舉者見宋亂也録華孫者明惡二國非以月惡華孫也○華孫戶化反見賢徧反惡二烏路反下皆同〔疏〕注月者至秉政○解云即公子遂是也○注宋亦至之黨○解云即上九年傳云曷爲皆官舉宋三世無大夫三世内娶

也是也言爲三世内娶之故三世妃黨皆强而爲君之所蔽故云蔽于三世之黨矣。注故不與信辭。解云正以春秋之例凡莅盟來盟例皆書時所以然者欲見王者當以至信先于天下故也是以桓十四年夏鄭伯使其弟語來盟注云時者從内爲王義明王者當以至信先天下是也今而書月故言不與信辭耳。不稱使至大夫。解云正決鄭伯使其弟語來盟之文也。注官舉至孫也。解云大夫之義例不官舉而此言司馬者正以見宋之亂是以詳録華孫明其書月不與信辭者不由華孫之故也

○夏曹伯來朝○齊人歸公孫敖之喪何以不言來 據齊人來歸子叔姬 疏 注據齊至叔姬 解云在此年十二月

內辭也脅我而歸之筍將而來也 一筍者竹箯一名編輿齊魯以此。名之曰筍將送也爲叔姬淫惡魯類故取其尸置編輿中傳送而來脅魯令受之故諱不言來起其來有恥不可言來也不月者不以恩録與子叔姬異。筍將音峻竹箯也將送也竹箯婢緜反一音步賢反服虔音編韋昭音如頻反編必緜反一音篇郭璞音步典反輿音餘爲叔于僞反下父爲子爲若爲賓爲同傳直專反令受力呈反下同 疏

注故取其尸解云謂取其死尸矣。注不月至姬異解云正以下十有二月齊人來歸子叔姬書月故也○六月辛丑朔日有食之鼓用牲于社是後楚人滅庸宋人弒其君處臼齊人弒其君商人宣公弒子赤莒弒其君庶其〈疏〉注是後楚人滅庸。解云即下十六年秋楚人秦人巴人滅庸是也。注宋人弒處臼。解云在十六年冬。注齊人弒商人。解云在十八年夏五月。注宣公弒子赤。解云即十八年冬子卒傳云子卒者孰謂謂子赤也何以不日隱之也何隱爾弒也者是也。莒弒其君庶其解云在十八年冬。○單伯至自齊大夫不致此致者喜患禍解也不省去氏者淫當絕使若他單伯至也。解戶買反省所景反〈疏〉注大夫不至禍解也。解云正以內大夫出聘例不書至故也。注不省至伯至也解云正以昭十四年春隱如至自晉彼是被執而歸省去其氏今單伯存氏故解之○晉郤缺帥師伐蔡戊申入蔡入不言伐此其言伐何至之日也其日何据甲寅齊人伐衛日伐也〈疏〉入不言伐。解云莊十年師解云爾故此弟子諾而難之。注據甲至伐也。解云即莊二十八年春王三月甲寅齊人伐衛衛人及齊人戰衛人敗績是也。至之日也嫌至日伐不至日入故曰入也主書與甲寅同義疏注主書至同義。解云即彼云伐不日此何以日至之日也何氏云用兵之道當先至竟侵責之不服乃伐之今日至便以今日伐之故日以起其暴也是也然則今此郤缺亦今日至便以今日伐之故書以日起其暴也○秋齊人侵我西鄙○季孫行父如晉○冬十有一月諸侯盟于扈不序不日者順上諱文使若扈之盟都不可得而知疏注不序至而知。解云上七年秋八月公會諸侯晉大夫盟于扈傳云諸侯何以不序大夫何以不名公失序也公失序奈何諸侯不可使與公盟云云何氏云文公內則欲久喪而後不能喪娶逆祀外則貪利取邑爲諸侯所薄賤不見序故深諱爲不可知之辭不日者順諱爲善文也然則此不序者爲不可知之辭不日者順諱爲善文也何者盟不日善文故也○十有二月齊人來歸子叔姬其言來何據齊人歸公孫敖之喪不言來閔之也閔傷其棄絶來歸此有罪何閔爾父母之於子雖有罪猶若其不欲服罪然孔子曰父爲子隱子爲父隱直在其中矣所以崇父子之親也言齊人不以棄歸爲文者令與敖同文相發明叔姬于文公爲姊妹言父母者時文公母在明孝子當申母恩也月者閔録之從無罪例

疏注所以至親也。解云即言來以閔之是也。注言齊人至母者。解云若以棄歸爲文即言子叔姬來歸不言齊人即宣十六年郯伯姬來歸之文是今言齊人來歸故謂之同文也言相發明者言敖爲齊所惡而來歸之今此亦爲齊人所歸之故曰相發明耳。注時文至恩也。解云正以下十六年秋八月辛未夫人姜氏薨十七年夏葬我小君聖姜傳云聖姜者何文公之母也是。注月者閔至例。解云正以棄歸之例有罪者時無罪者月故也其有罪者時即宣十六年秋郯伯姬來歸是也其無罪者月成五年春王正月杞叔姬來歸之屬是也

〇齊侯侵我西鄙遂伐曹入其郛郛者何恢郭也恢大也郭城外大郭〇郛芳夫反郭也恢廓苦回反大也

疏郛者何。解云欲言城郭經無城郭之文欲言非城郭上文言入故執不

知問入邪書乎曰不書闓不言入入邪是也〈疏〉入邪至不書。解云案諸舊本此傳之下悉皆無注有注云闓不言入入邪是也者衍字耳入邪不書此何以書動我也諱使若爲同姓見入邪故動懼我也動我者何內辭也其實我動焉爾齊侵魯魯實爲子叔姬故動懼失操云爾鄉者不去幾亦入我邪故舉入邪以起魯恥且明兵之所鄉苟得其罪則莫敢不懼。鄉者許亮反下同幾音祈

十有六年春季孫行父會齊侯于陽穀齊侯弗及盟其言弗及盟何据序上會也連盟何者嫌据盟〈疏〉注据序至据盟解云据序上會何得弗及盟乎是以問之云嫌据盟者嫌直据盟問之不見與盟也與齊期盟爲叔姬故中見簡賤不見與盟侮辱有恥故諱使若行父會而去齊侯不及得與盟故言齊侯弗及亦所以起齊侯不肯。爲于僞反〈疏〉注使若至與盟。解云使若行父會齊侯于陽穀詭即棄之而去齊侯不及盟。注亦所以起

齊侯不肯○解云若直言不及盟文體已具足見不得盟矣而更言齊侯不及者欲道是時不肯盟者是齊侯也若直言季孫行父會齊侯于陽穀不及盟不妨行父不及無以見齊侯不肯矣

○夏五月公四不視朔視朔說在六年不舉不朝廟者禮月終于廟先受朝。政乃朝明王教尊也朝廟禮也故以不視朔爲重常以朔者始。重也〈疏〉注視朔說在六年○解云即上六年注云禮諸侯受十二月朔政於天子藏于大祖廟每月朔朝廟使大夫南面奉天子命君北面而受之是也○注不舉至爲重○解云正以視朔之時必有朝廟之禮故上六年經云閏月不告月猶朝于廟是也今此經直言四不視朔不道不朝廟故解之○注常以至始也○解云言十二月之政令所以不在年初一受之而已必以月之朔日受之者重月之始故也

公曷爲四不視朔据無事也公有疾也以不諱舉公如。有疾公有疾乃復舉公是也○乃復扶又反下同〈疏〉注公有至是也○解云即昭二十三年冬公如晉至河公有疾乃復是也

何言乎公有疾不視朔据有疾無惡也〈疏〉注据有疾無惡也○解云即昭二十三年傳云何言乎公有疾乃復殺恥

也者是自是公無疾不視朔也有疾無惡不當書又不言有疾者欲起公自是無疾不視朔也〔疏〕注公自至朔也○解云即鄭氏云魯自文公四不視朔視朔之禮已後遂廢者正取此書也

然則曷爲不言公無疾不視朔有疾猶可言也無疾不可言也言無疾大惡不可言也是後公不復視朔政事委任公子遂○

六月戊辰公子遂及齊侯盟于犀丘○犀丘彥西左氏作郪丘穀梁作師丘〔疏〕盟于犀丘○解云正本作菑丘故賈氏公羊曰菑丘穀梁曰師丘是也今左氏經作郪字

○秋八月辛未夫人姜氏薨○毀泉臺泉臺者何郎臺也莊公所築臺于郎以郎譏臨民之漱浣○漱素侯反浣戶管反〔疏〕泉臺者何解云泉臺之名自前未有今而言毀故執不知問○注莊公至漱浣○解云即莊二十一年春築臺于郎傳云何以書譏何譏爾臨民之所漱浣也是也然則何以知泉臺爲郎臺正以彼傳云譏臨民之所漱浣書與此泉臺之義合故也郎

臺則曷爲謂之泉臺未成爲郎臺未成時但以地名之既成爲泉臺既成更以所置名之毁泉臺何以書譏何譏爾築之譏毁之譏先祖爲之已毁之不如勿居而已矣但當勿居令自毁壞不當故毁暴揚先祖之惡也築毁譏同知例皆時○令力呈反暴步卜反

〔疏〕注築毁至皆時○解云言築毁譏同者即上傳云築之譏毁之譏是也言知例皆時者正以此經文承月下恐蒙月故如此解賤者窮諸人首言士先自稱人今弑君亦稱人故曰窮諸人矣云賤者窮諸盜者言士之賤名不過于盜故也

○楚人秦人巴人滅庸巴布加反○冬十有一月宋人弑其君處臼弑君者曷爲或稱名氏或不稱名氏大夫弑君稱名氏賤者窮諸人賤者謂士也士正自當稱人○處臼二傳作杵臼大夫相殺稱人賤者窮

諸盜。降大夫使稱人，降士使稱盜者，所以別死刑有輕重也。無尊上、非聖人、不孝者斬首梟之，無營上、犯軍法者斬要，殺人者刎脰。故重者錄，輕者畧也。不日者，內娶畧賤之。○別，彼列反。梟，古堯反。要，一遙反。刎，亡粉反。頭，如字，本又作脰，音豆。〔疏〕注故重至畧也○解云：謂大夫弑君罪重，故稱名氏，責之深；若大夫相殺，罪輕於犯君，故降稱盜者，義之輕。然也。○注不日至賤之者，既說于上。

十有七年春，晉人、衞人、陳人、鄭人伐宋。○夏四月癸亥，葬我小君聖姜。聖姜者何？文公之母也。○聖姜，二傳作聲姜。〔疏〕聖姜者何○解云：欲言夫人，謚異其夫號；欲言爲妾，而卒葬並不見，故執不知問。○齊侯伐我西鄙。○六月癸未，公及齊侯盟于穀。○諸侯會于扈。○秋，公至自穀。○公子遂如齊。

十有八年春王二月丁丑公薨于臺下○秦伯罃卒秦穆公也至此卒者因其賢○伯罃乙耕反何云穆公也左氏穆公子康公〔疏〕注秦穆至其賢○解云正以秦是戎狄春秋外之往前以來未錄其卒今乃始書故以賢解之而左氏爲康公者與此別穀梁無解○夏五月戊戌齊人弒其君商人商人弒君賊復見者與大夫異齊人已君事之殺之宜當坐弒君○復見扶又反下同下賢徧反〔疏〕注商人至弒君○解云春秋之義諸是弒君之賊皆不復見所以賤之是以宣六年書晉趙盾衞孫免侵陳傳云趙盾弒君此其復見何注云據宋督鄭歸生齊崔杼弒其君後不復見傳又云親弒君者趙穿也注云復見趙盾者欲起親弒者趙穿非盾是也今此商人於上十四年弒其君舍而復見者正以其爲君故也與大夫異者齊人以君事之殺之宜當坐弒君然則商人弒其君舍而存之欲責臣子不討賊故也是以莊二十二年注云不與念母而譏忌省者本不事母則已不當忌省猶爲商人責不討賊義亦通於此○六月癸酉葬我君文公○秋公子遂叔

孫得臣如齊不舉重者譏魯猥使二大夫出虛國家廢政事重録內也〔疏〕注不舉至內也解云書事舉重春秋之常今而悉舉故解之穀梁傳云使舉上客而不稱介不正其同倫而相爲介故列而數之也者亦是宜舉重之義也而言重録內者正以外大夫未有並見者於內唯有此經及定六年夏季孫斯仲孫何忌如晉之文故知正是重録內也

○冬十月子卒子卒者孰謂謂子赤也何以不日据子般卒日隱之也何隱爾弒也弒則何以不日据子般卒日○弒也音試下及注同〔疏〕注据子般卒日○解云即莊三十二年冬十月乙未子般卒是也不忍言也所聞世臣子恩痛王父深厚故不忍言其日與子般異〔疏〕注故不忍至般異○解云正以子般爲所傳聞之世故也是以莊三十二年子般卒之下何氏云殺不去日見隱者降子赤也是

○夫人姜氏歸于齊歸者大歸也夫死子殺賊人立無所歸留故去也有去道書者重絶不復反〔疏〕注歸者大歸也○解云凡言大歸一出不反之辭若紀侯大去其國之類

故言歸者大歸也○注有去至不復○解云正以常事不書故也

○季孫行父如齊

○莒弑其君庶其稱國以弑何据莒人弑其君密州疏注据莒至密州○解云即襄三十一年十有二月莒人弑其君密州是也稱國以弑者衆弑君之辭一人弑君國中人人盡喜故舉國以明失衆當坐絶也例皆時者略之也疏注例皆至之也解云謂是失衆而稱國以弑者皆書時以略之即定十三年冬薛弑其君比之屬是也若然昭二十七年夏四月吳弑其君僚亦是稱國而書月者彼非失衆但以見弑之義故不書時賤之是以何氏云不書闔閭弑其君者爲季子諱明季子不忍父子兄弟自相弑讓國闔閭欲其享之故爲没其罪也月者非失衆見弑故不略之者是也

監本附音春秋公羊注疏文公卷十四

長塘盧氏宣旬校定

[illegible]嘉慶二十年重栞宋本十三經注疏附校

江南蘇松督糧道方　體栞

公羊注疏卷十四挍勘記

阮元撰盧宣旬摘錄

公羊注疏文公卷十四

十年

楚子蔡侯次于屈貉　釋文屈貉二傳作厥貉

十有一年

天誡若曰　毛本天誤大

與公子友敗莒師于犂同　鄂本無于犂非也按釋文出于犂二字

以求賂于魯　案僖元年傳于作乎

大人無輔佐　鄂本宋本閩監本同毛本改輔助非也

弒君二十八亡國四十　解云宜云弒君二十也八是衍字亡國二十四也作四十者錯也

其殺君二十　閩監毛本殺作弒

陳招殺偃師　閩監本同毛本殺改弒非也

十三年取詩　閩本同監毛本詩作邿非

十有二年

尤嘗加意厚遇之　鄂本同閩監毛本尤誤猶

卒者許嫁　解云舊本皆無此注

婦人不絕男子之手　毛本子誤人

泰伯使遂來聘　釋文唐石經作使遂解云左氏穀梁皆作術字經亦有作術字者疑遂字誤○按疏非也古書遂術音同

惟諓諓善竫言　諸本同唐石經缺釋文諓尚書作截竫或作諞本作諓九經古義云說文引書曰戔戔巧

言李尋傳云昔秦穆說諓諓之言任佐佐之勇王逸楚辭章句引書云諓諓靖言靖與竫同

俾君子易怠 諸本同唐石經缺九經古義云尚書怠作辭籀文辭從台史記三王世家齊王策云俾君子怠與公羊傳合

而況乎我多有之 唐石經況字缺九經古義云尚書況作皇依字當作兄兄滋也無逸云無皇曰又云則皇自敬德漢石經無佚皆作兄詩倉兄填兮義作況

惟一介斷斷焉 唐石經諸本同釋文一介古拜反尚書音古賀反惠棟云古無个字作一介爲是九經古義云焉與夷同見周禮行夫注夷聲近猗故尚書作猗

其善言無筭 閩監毛筭改算下同

能有容 唐石經諸本同九經古義云尚書曰如有容古如字作而而讀爲能能讀曰如詩民勞柔遠能邇箋云能猶伽也伽當作如此述秦誓之辭而字多異然與尚書無大抵牾蓋古今文之殊爾

河曲疏矣河千里而一曲也　唐石經諸本同爾雅釋水百里一小曲千里一曲一直注引公羊傳曰河曲流河千里一曲一直也疏云此注以疏爲流引加一直字誤也按郭氏所據公羊不與何本同何本作疏不作流也○按此是流字鄂本唐石經等作疏乃譌字耳邢昺所據已譌

河曲流以据地　閩監毛本同鄂本流作疏

書帥師者　鄂本同此本疏標起訖亦作書帥至城之此本及閩本書誤帥今訂正監毛本改言帥師者非

不至復也　浦鏜云者誤也是也

十有三年

會人孤以尊天子　鄂本會字上有彊字此脫按僖廿八年注云陳有大喪而彊會其孤

令失子行　監本失誤夫

至秋七月　唐石經鄂本皆作至于秋此脫

世室屋壞唐石經諸本同釋文世室二傳作大室九經古義云公羊皆以世爲大如衛大叔儀爲世叔齊宋樂大心爲樂世心推而廣之如鄭大夫子大叔論語作世叔天子之子稱大子春秋傳云會世子于首止諸侯之子稱世子而晉有大子申生鄭有大子華春秋經齊世子光左傳云大子光是古世與大通按世與大聲相近故文異

少差異其下者余本脱一頁自此少字起至後注後能救鄭之難不字止

所以上尊周公鄂本同閩監毛本上作尚

魯拜乎後唐石經鄂本作魯公拜乎後此脱禮記明堂位正義引有

成王始受其茅土之辭浦鏜云受當授字誤

包以黃土盧文弨曰周書包作苞按苞苴字當從艸

周公用白牲閩監毛本同誤也唐石經鄂本作白牡當據正此本注中亦作牡不誤

謙改周之文鄂本謙作嫌此誤

所以降于尊祖 盧文弨曰于當作子按此本疏中作降子尊祖

羣公廩 唐石經諸本同詩采薇正義引鄭易注作羣公溓溓廩聲相近此疏引鄭注云廩讀如羣公廩之廩當是後人改竄

是以鄭注云 按云上當有周易二字

不月者知久不脩 鄂本同閩監毛本不誤書

何譏不務乎公室 何校本譏下有爾字公室下有也字

故知當蒙上月爾 閩監本同毛本爾改耳

所猶時齊人語也 鄂本宋本閩監本同毛本時誤是

十有四年

王都不能統政 閩監毛本同此本王作正皆誤鄂本作王者當據正

是莒弒其君 閩監毛本下有也

晉人納接菑于邾婁 唐石經諸本同釋文接菑二傳作捷菑經義雜記曰莊十二年宋萬弒其君接今左氏穀梁作捷賈景伯所見公羊穀梁皆作接僖三十二年鄭伯接卒左氏穀梁作鄭伯捷接捷二字古多互用

注揞手揞 何校本此四字在解云子謂郤缺之下

言俱不得天之正性 毛本俱誤据

俱不得天之正性也雖然者雖皆不得正性 閩監毛本移雖然者以下分配下節又刪雖然者三字增雖然至長〇解云六字一〇大失疏文舊式矣

義實不爾克也 唐石經鄂本閩監本同毛本爾克誤倒

終始惡明 閩本同監毛本明誤名

宋子哀者何 此下二節疏此本在何注此問諸侯相執下閩監毛本移於宋子哀來奔傳下

罪惡各當歸其本　浦鏜云當各字誤倒

淫乎子叔姬　唐石經諸本同毛本乎誤于

十有五年

三亂結盟　閩監毛本同誤也鄂本三作二當據正此本三字剜改當本作二

即上九年傳云　浦鏜云八誤九是也

脅我而歸之　唐石經鄂本閩本同監毛本我誤物

齊魯以此名之曰筍　閩監毛本同誤也鄂本蜀大字本此作北漢制考同當據正九經古義云史記張陳列傳上使泄公持節問貫高箯輿前服虔曰箯音編編竹木如今峻可以糞除也韋昭音如頻反云如今輿牀人輿以行案服氏云如今峻峻即筍也同物同音釋文筍音峻

隱如至自晉　閩本同監毛本隱作意非

故曰入也　鄂本同盖誤閩監毛本作日

令與敖同文相發明　鄂本宋本閩本同監毛本令作今

剡伯姬來歸是也　閩監毛本剡作郯不誤

圍不言入入郛是也　解云舊本此下無注有注云圍不言入入郛是也者衍字耳

十有六年

于廟先受朝政　鄂本朝作朔此誤

朝廟礼也　鄂本礼作私此誤因形相近也閩監毛本改作禮

故以不視朔爲重　鄂本作故不以非是

常以朔者始重也　諸本同誤倒鄂本作重始當據正此本疏標起訖云注當以至始也則本作重始

以不諱舉公如有疾　鄂本如作知此誤

正取此書也　浦鏜云文誤書從儀禮經傳通解按

盟于犀丘　唐石經諸本同解云正本作菑丘故賈氏云公羊曰菑丘穀梁曰師丘今左氏經作鄑字經義雜記曰釋文作犀丘穀梁音義亦云公羊作犀丘則唐以來本不作菑字矣公羊疏唐以前人爲之所據皆晉宋古書故猶見正本與賈景伯合也

卽莊二十一年春　浦鏜云三誤二是也

故如此解賤者窮諸人首　浦鏜云首爲者之誤閩監毛本移賤者以下四十二字作賤者窮諸盜之注在降大夫使稱人之上鄂本注無之元年疏與此同不誤

殺人者刎脰　鄂本同閩監毛本脰改頭按釋文作頭云如字本又作脰音豆

義之輕然也　浦鏜云輕下脫重

十有七年

而卒葬並不見　閩監毛本作書見是也

公子遂如齊　唐石經鄂本上有冬字此脫

十有八年

秦伯罃卒　注秦穆公也釋文左氏穆公子康公解云左氏爲康公與此別穀梁無解惠棟云以康公爲穆公直以意說

齊人巳君事之殺之且當坐弑君　閩監毛本同鄂本且作宜當據正疏巳作以且亦作宜古巳以通

是以莊三十三年　閩監本同誤也當從毛本作三十二

注有去至不復字　閩監毛本作有去至復反按注當有反

解云卽襄三十三年 浦鏜云一年誤三年浦說是也

十有二月 何校本二作一是也

春秋公羊卷第五 唐石經原刻第六後改第五

公羊注疏卷十四挍勘記終

工部屯田司員外郎胡祖謙校

監本春秋公羊注疏宣公卷第十五 起元年盡九年

何休學

元年春王正月公即位繼弒君不言即位此其言即位何其意也桓公篡成君宣公篡未踰年君嫌其義異故復發傳疏注桓公至發傳○解云即桓元年傳云繼弒君不言即位此言即位何注云據莊公不言即位彼傳云如其意也注云弒君欲即位故如其意也注云弒君欲即位故如其意以著其惡是也若然案禮未踰年之君臣下為之無服臣為君斬衰三年誠實自異何言嫌其義異者正以惻隱者相似故也是以閔元年何氏云復發傳者嫌繼未踰年君義異故也明當一隱之如一是也

公子遂如齊逆女譏喪娶復書不親迎者嫌觸諱不成其文也有母言如者緣內諱無貶公文疏注譏喪至其文○解云何氏以為人君喪娶者宜有貶刺之文若其吉逆使卿者宜書譏之見不親迎而已即叔孫僑如之徒是也今公子遂為君喪娶宜去公子以見譏而存公子復作不親迎之經

書之者正以公子遂本是弒君之賊若去公子即嫌爲觸弒君大惡之故諱去公子即似隱四年十年公子翬之類是以不得成其貶文若然文公二年公子遂如齊納幣亦譏喪娶之經而不去公子者彼是喪未畢納幣爲失禮猶淺此乃初喪逆女固當合貶即下八年而注云元年逆女嫌爲喪娶貶也者義亦通於此云云之說八年注備○注有母至公文○解云下八年夏六月戊子夫人熊氏薨冬十月己丑葬我小君頃熊頃熊者何宣公之母也是其今日有母母不命使者婦人之命不通四方何得言如作内使之文者正以緣内無貶公之文故也何者若其去如則嫌宣公喪娶爲絶賤不成爲諸侯然也正緣此事不得去如也若然莊二十八年臧孫辰告糴于齊不言如所以不嫌莊公不能貯蓄絶而賤之者彼告糴之事可以通臧孫之私行此大夫不外娶無通私行之義故如是○三月遂以夫人婦姜至自齊遂何以不稱公子一事而再見者卒名也卒竟也竟但舉名者省文夫人何以不稱姜氏据僑如以夫人婦姜氏至自齊也經有姜不但問不稱氏者嫌据夫人氏欲使去姜疏注据僑至齊也 解云在成十四

年九月○注嫌据至去姜○解云即僖元年夫人氏之喪至自齊是也 貶曷爲貶 据俱至也 譏喪娶也喪娶者公也則曷爲貶夫人 据師還也 疏 注据師還也○解云即莊八年秋師還傳曰還者何善辭也如滅同姓何善爾病之也曷爲病之非師之罪也彼公自滅同姓非師之罪是以歸惡于公書還以善師此公自喪娶非夫人之罪而貶夫人與彼義違故据而難之 內無貶于公之道也 明下無貶上之義 內無貶于公之道則曷爲貶夫人 据俱有諱義 疏 注据俱有諱義○解云春秋之道多爲內諱何故此經不爲夫人諱而貶之乎 夫人與公一體也 恥辱與公共之夫人貶則公惡明矣去氏比於去姜差輕。可言故不諱貶夫人○差初買反 疏 夫人與公一體○解云初則判合終成一體是以寡妻之號稱未亡人言其事體先亡遺餘半在爾故傳以一體言之○恥辱至明矣○解云正以夫人與公共謚知榮辱同矣○注去氏至夫人○解云去姜即僖元年夫人氏之喪至自齊是也然此不諱者以其輕而僖元年去姜者則重矣而亦不諱者何氏云因正王法所加臣子不得以夫人禮治其喪也是也。其稱婦何？据桓公夫人至不稱婦。

疏 注据桓至稱婦○解云即桓三年九月夫人姜氏至自齊是也。

有姑之辭也。有姑當以婦禮至，無姑當以夫人禮至，故分別言之。言以者，見行遂意也。見繼重在遂，因遠別也。月者，公不親迎，危錄之例也。

疏 有姑之辭也○解云隱二年傳云在塗稱婦，與此違者，兼二義也。言在塗見夫而服從夫，故謂之婦；至國對姑而服從姑，是以亦謂之婦矣。○注有姑至禮至○解云當以婦禮至而稱夫人者，臣下錄之故也。○注言以至別也○解云桓十四年傳云以者何？行其意也。何氏云以已從人曰行。然則此經云遂以夫人者，欲見夫人是時進止由遂，故言見繫重在遂。若不言以，直云遂夫人，則嫌恠夫人男女無別，故云因遠別也。○注月者至例也○解云即桓三年九月夫人姜氏至自齊之屬是也。言公不親迎，故書月，危錄之例也。

○夏，季孫行父如齊。○晉放其大夫胥甲父于衛。放之者何？猶曰無去是云爾。是是衛。

疏 放之者何○解云大夫去國，於例言出奔，此經言放，故執不知問。

然

則何言爾近正也此其爲近正奈何古者大夫已去三年待放古者刑不上大夫蓋以爲摘巢毁卵則鳳凰不翔刳胎焚夭則麒麟不至刑之則恐誤刑賢者死者不可復生刑者不可復屬故有罪放之而已所以尊賢者之類也三年者古者疑獄三年而後斷易曰繫用徽墨寘於叢棘三歲不得凶是也自嫌有罪當誅故三年不敢去。摘吐狄反刳口狐反屬音蜀叢棘才工反

【疏】近正也。解云用古放臣而言近正者正以古者放臣任其所去今此晉又處之於衛故言近耳。古者刑不上大夫。解云曲禮上篇文鄭注云不與賢者犯法其犯法則在八議輕重不在刑書是也。注蓋以爲至不至。解云皆家語文是時孔子之晉聞趙簡子殺舜華之屬故爲此言而遂還耳。注易曰至是也。解云此坎卦上六爻辭也鄭氏云繫拘也爻辰在巳巳爲蛇蛇之蟠屈以徽墨也云五互體艮文與震同體艮爲門闕於木爲多節震之所爲有叢拘之類門闕之內有叢木多節之木是天子外朝左右九棘之象也外朝者所以詢事之處也左嘉石平罷民焉右肺石達窮民焉罷民邪惡之民也上六乘陽有邪惡之罪故縛約徽墨置于叢棘而後公卿以下議之其害人者置之

圜土而施職事焉以明刑恥之能復者上罪三年而赦中罪
二年而赦下罪一年而赦不得者不自思以得正道終不自
改而出圜土者殺故凶是也○注自嫌至不敢去○解云莊
二十四年曹羈之下傳云三諫不從遂去之故君子以爲得
君臣之義也何氏云孔子曰所謂大臣者以道事君不可則
止此之謂也諫必三者取月生三日成魄臣道就也以此言
之則知待放之臣三年乃去者亦取月生三日成魄臣道就之義故也

君放之非也曰無去是非也**大夫待放正也**○聽君不去衞正也

〔疏〕君放之非也大夫待放正也○解云此二句皆是今事非古法

古者臣有大喪則君三年不呼其門重奪孝子之恩也禮父母之喪三年不從政齊衰大功之喪三月不從政故孔子曰夏后氏三年之喪既殯而致事殷人既葬而致事周人卒哭而致事君子不奪人之親亦不可奪親也

〔疏〕注禮父至不從政○解云禮記王制文也此政
謂稅矣○注故孔子至卒哭而致事○解云曾子問文鄭云
致事者還其職位於君是也○注君子至親也○解云亦曾
子問文彼云君子不奪人之親亦不可奪
親也此之謂乎鄭云二者恕也孝也者是

已練可以弁

冕此說詩哀正失非謂禮當然弁禮所謂皮弁爵弁也皮弁武冠爵弁文冠夏曰收殷曰冔周曰弁加旒曰冕主所以入宗廟○冔況甫反【疏】注夏曰至曰弁○解云即郊特牲云周弁殷冔夏收是也○注加旒曰冕○解云何氏以爲弁冕之形制一耳但加旒爲異矣注主所以入宗廟○解云以其文冠故也服金華之事謂以兵事使之君使之非也非古道也臣行之禮也臣順爲命亦禮也此與君放之非臣待君放正同故引同類相發明閔子閔子騫以孝聞【疏】注閔子騫以孝聞○解云出論語也要經而服事禮已練男子除乎首婦人除乎帶○要一遥反【疏】注禮已至乎帶○解云閒傳文孔子蓋善之也者蓋猶是也言於此三事孔子皆善之其三事者初則要經而服事次則謂君爲古者後則退而致事是也既而曰若此乎古之道不即人心既事畢言古者不敢斥君即近也退而致仕退退身也致仕還祿位于君孔子蓋善之也善其服事外得事君之義致仕内不失親親之恩言古者又孫順不訕其君也不言君子者時賢者多以

爲非唯孔子以爲是。○孫音遜○公會齊侯于平州○公子遂如齊○六月齊人取濟西田外取邑不書此何以書据曹取之不書。○濟子禮反疏注据曹取之不書。○解云即僖三十一年取濟西田傳云惡乎取之取之曹也曷爲不言取之曹諱取同姓之田也此未有伐曹者則其言取之曹何晉侯執曹伯班其所取侵地于諸侯也晉侯執曹伯班其所取侵地于諸侯則何諱乎取同姓之田久也何氏云魯本爲霸者所還當時不取久後有悔更緣前語取之不應復將故當坐取邑其濟西田本魯物而曹取之不書之矣所以賂齊也魯所以賂遺齊故稱人共國辭。○遺唯季反疏注魯所至國辭。○解云謂一人字齊魯共有何者魯人簒弑以地賂人齊人失所取簒者之賂皆合稱人故也曷爲賂齊据上無戰伐無所謝疏注据上至所謝解云正決哀七年秋公伐邾婁八月己酉入邾婁子益來八年夏齊人取讙及禪傳云外取邑不書此何以書所以賂齊也曷爲賂齊爲以邾婁子益來也然則此文之上不見戰伐之文應無所謝曷爲以地賂齊乎故難之爲弑子赤之賂也子赤齊外孫宣公篡弒之恐爲齊所誅爲是賂之故諱使若齊自取之者亦因惡齊取篡者賂當坐取邑未之齊坐者由律行言許受賂也月者惡内甚于邾婁子益〔疏〕注子赤齊外孫○解云文公四年經書娶于齊而生也○注未之至受賂也○解云十年齊人歸我濟西田傳云齊已取之矣其言我何言我者未絕于我也曷爲未絕于我齊已言取之矣其實未之齊也何氏云齊已言語許取之其人民貢賦尚屬於魯實未歸於齊不言來者明不從齊來不當坐取邑是以知其未之齊矣○注月者至子益○解云哀八年夏齊人取讙及僤傳云外取邑不書此何以書所以賂齊也曷爲賂齊爲以邾婁子益來也彼注云邾婁齊與國畏爲齊所怒而賂之恥甚故諱使若齊自取然則彼彼爲侵奪小國而賂齊此爲篡適而賂齊罪重於彼是以書月以諱其惡故云月者惡内甚於邾婁子益矣

○秋邾婁子來朝○楚子鄭人侵陳遂侵宋微者不得言遂遂者楚子之遂也不從鄭人去遂者兵尊者兼將○將子匠反〔疏〕注微者至之遂也解云正以遂者專事之文也是以僖二十五年注云微者不別遂但別兩耳是也其若大例不合遂若其竟外有利國家之事亦權許之即

莊十九年秋公子結媵陳人之婦于鄄遂及齊侯宋公盟下傳云大夫無遂事此其言遂何聘禮大夫受命不受辭出竟有可以安社稷利國家者則專之可也是

○晉趙盾帥師救陳宋公陳侯衛侯曹伯會晉師于棐林伐鄭此晉趙盾之師也據上趙盾救陳微者不能會諸侯○棐芳尾反【疏】注微者至諸侯○解云謂若是微者即不能爲會主以致諸侯于棐林而會之曷爲不言趙盾之師據公子遂會晉趙盾于衡雍伊雒戎盟再出名氏【疏】注據公子至名氏○解云即文八年冬十月壬午公子遂會晉趙盾盟于衡雍乙酉公子遂會伊雒戎盟于暴是君不會大夫之辭也時諸侯爲趙盾所會不與卑致尊故正之去大夫名氏使若更有師也殊會地之者起諸侯爲盾所會【疏】注殊會至所會○解云言殊會者正謂先序諸侯訖乃言會晉師是也所以不言宋公陳侯衛侯曹伯帥師伐鄭而先言會晉師于棐林乃言伐鄭者若以趙盾之師先在是致諸侯來會之然也故曰起諸侯爲盾所會耳

○冬、晉趙穿帥師侵

柳柳者何天子之邑也天子之閒田也有大夫守之晉與大夫忿爭侵之。閒音閑〔疏〕柳者何。解云欲言是國又復未聞欲言是邑文無所繫故執不知問曷爲不繫乎周据王師敗績于貿戎繫王。貿音茂〔疏〕注据王至繫王。解云即莊元年秋王師敗績于貿戎是也不與伐天子也絕正其義使若兩國自相伐〔疏〕注絕正其義。解云謂絕柳不使繫之於王所以正君臣之義也○晉人宋人伐鄭

二年春王二月壬子宋華元帥師及鄭公子歸生帥師戰于大棘宋師敗績獲宋華元復出宋者非獨惡華元明恥辱及宋國。華戸化反〔疏〕宋華至華元。解云宋鄭皆言帥師者其將皆尊其師皆衆故也○秦師伐晉秦稱師者閔其衆惡其將本秦之忿起殽之戰今襄公繆公已死可以止矣而復伐晉惡其構怨結禍無已〔疏〕注秦稱至其將。解云正以文十二年秦伯使遂來聘始有大夫宜見將之名

氏若其貶之宜稱人稱國而言師者正以閔其衆惡其將故也。注本秦至之戰。解云在僖三十三年夏。注今襄至已死。解云即文六年晉侯讙卒文十八年秦伯罃卒是也。○夏晉人宋人衞人陳人侵鄭○秋九月乙丑晉趙盾弒其君夷獔。夷獔戶刀反又古刀反二傳作夷皐。○冬十月乙亥天王崩匡王

疏注匡王。解云即三年春葬匡王是也

三年春王正月郊牛之口傷改卜牛牛死乃不郊猶三望其言之何据食角不言之。疏注据食角不言之。解云即成七年春王正月鼷鼠食郊牛角改卜牛鼷鼠又食其角乃免牛是也。緩也辭閒容之故爲緩不若食角急也別天牲主以角書者譏宣公養牲不謹敬不絜清而災重事至尊故詳錄其簡甚。疏注不若食角急也。解云言食角之時正以有不順之處爲天所災不敬簡慢故不言之耳。注別天牲主以角。解云即王制云祭天地之牛角繭栗宗廟之

牛角握賓客之牛角尺是○注壹事至簡甚○解云正謂言之是也何者之爲緩辭故以簡慢之甚言矣言簡者欲取五行傳云簡宗廟之言耳

曷爲不復卜據定十五年牛死改卜牛〔疏〕注據定至卜牛○解云据彼經云十五年春王正月鼷鼠食郊牛牛死改卜牛是也

養牲養二卜二卜語在下**帝牲不吉**帝皇天大帝在北辰之中主總領天地五帝羣神也不吉者有災〔疏〕注帝皇至有災○解云在北辰之中者言其北辰之處紫微宮內也云總領天地五帝羣神也者總領天地之內五帝羣臣也其五方之帝東方青帝靈威仰之屬是其五帝之名春秋緯文耀鉤具有其文

則扳稷牲而卜之先卜帝牲養之有災更引稷牲卜之以爲天牲養之凡當二卜爾復不吉不復郊○扳普顔反又甫姦反〔疏〕注更引至天牲○解云即定十五年牛死改卜牛者正謂此

帝牲在于滌三月滌宮名養帝牲三牢之處也謂之滌者取其蕩滌絜清三牢者各主一月取三月一時足以充其天牲○于滌大歷反養牲宮名〔疏〕注養帝至之處○解云其三牢之文出春秋說文

於稷者唯具是視視其身體具無災害

而已不特養于滌宮所以降稷尊帝

郊則曷爲必祭稷据郊者主爲祭天王者必以其祖配祖謂后稷周之始祖姜嫄履大人迹所生配配食也

疏注姜嫄至所生 解云即詩云履帝武敏歆文周本紀云有邰氏女曰姜嫄爲帝嚳元妃出野見巨人迹心忻然說欲踐之踐之身動如孕者居期而生子以爲不祥棄之隘巷或棄山林寒冰之上云云姜嫄以爲神遂收養長之初欲棄之因名曰棄是也

王者則曷爲必以其祖配据方父事天

疏注据方父事天 解云言既以爲父特祭何嫌而要須以祖配祭之乎故難之

自內出者無匹不行匹合也無所與會合則不行自外至者無主不止必得主人乃止者天道闇昧故推人道以接之不以文王配者重本尊始之義也故孝經曰郊祀后稷以配天宗祀文王於明堂以配上帝上帝五帝在太微之中迭生子孫更王天下書改卜者善其應變得禮也○迭大結反更王音庚下于況反

疏注必得至接之 解云正謂天之精神靈不明察矣○注上帝至禮也○解云此五帝者即靈威仰之屬言在太微宮內迭王天下即感精符云蒼帝之始

二十八世滅蒼者翼也彼注云堯翼之星精在南方其色赤滅翼者斗注云舜斗之星精在中央其色黄滅斗者參注云禹參之星精在西方其色白滅參者虚注云湯虚之星精在北方其色黑滅虚者房注云文王房星之精在東方其色青五星之謀是其義

○葬匡王○楚子伐賁渾戎○賁渾舊音六或音奔下戶門反二傳作陸渾〔疏〕葬匡王○解云天子記崩不記葬今而書者正以去年十月天王崩至今年春未滿七月即文九年傳曰王者不書葬此何以書不及時書過時書我有往者書然則此未滿七月所謂不及時書也

○夏楚人侵鄭○秋赤狄侵齊○宋師圍曹○冬十月丙戌鄭伯蘭卒○葬鄭繆公葬不月者子未三年而弒故畧之也○繆音穆〔疏〕注葬不月至之也○解云即下四年夏六月乙酉鄭公子歸生弒其君夷是也然則春秋之內卒日葬月大國之常今而不月故爲此解似若定公十三年春薛伯定卒何氏云不日月者子無道當廢之而以爲後未至三年失衆見弒危社稷宗廟禍端在定故畧之之類也考諸舊本皆無注然則有者衍字耳而不月者與卒同月

故也即隱三年傳云不及時而不日慢葬何氏云慢薄不能以禮葬是也然則薛伯定之子是失衆見弒者即定十三年薛弒其君比稱國以弒是也今此繆公之子爲公子歸生弒之非失衆之文是以經書冬十月丙戌鄭伯蘭卒而不畧之以此言之有注者非也

四年春王正月公及齊侯平莒及郯莒人不肯公伐莒取向此平莒也其言不肯何據取汶陽田不言棘不肯〔疏〕注據取汶至不肯○解云即成二年秋取汶陽田至三年秋叔孫僑如率師圍棘傳云棘者何汶陽之不服邑也其言圍之何不聽也何不聽也何氏云不聽者叛也不言叛者爲內諱故書圍以起之是也辭取向也爲公取向作辭也恥行義爲利故諱使若莒不肯起其平也聽公平伐取其邑以弱之者愈也莒言及者明非莒不肯起其平也書齊侯者公不能獨平也月者惡錄之○公爲于僞反〔疏〕注莒言及至其平也○解云正以及是汲汲之意亦見直之義故如此解○注月者惡錄之○解云正以定十一年冬及鄭平知平例不月今而書月故以

爲惡録之若然定十年春王三月及齊平而書月何氏云月者頰谷之會齊侯欲執定公故不易是也又昭七年春王正月暨齊平而書月何氏云月者刺内暨暨也時魯方結婚于吳外慕强楚故不汲汲于齊是也○秦伯稻卒○夏六月乙酉鄭公子歸生弑其君夷○赤狄侵齊○秋公如齊○公至自齊○冬楚子伐鄭

五年春公如齊○夏公至自齊○秋九月齊高固來逆子叔姬○叔孫得臣卒不日者知公子遂欲弑君爲人臣知賊而不言明當誅

疏秋九月至叔姬○解云隱二年注云親逆例時知此月爲下卒出高固不嫌月也○注不日至當誅○解云正以所聞之世大夫之卒無罪者日有罪者月今此不日故解之但推尋上下更不見得臣有罪之文惟有文十八年秋公子遂叔孫得臣如齊冬十月公子遂弑子赤是以何氏消量作如此解○冬

齊高固及子叔姬來。何言乎高固之來？據當舉叔姬爲重。大夫私事不當書。疏注據當至爲重○解云：正以春秋尊內故也。○注大夫至當書○解云：正以內之大夫直録其如，不書其大夫私事故也。今書高固，是以難之。○爲重，直用反，下同。言叔姬之來，而不言高固之來，則不可。禮，大夫妻歲一歸宗。叔姬屬嫁而與高固來，如但言叔姬來而不言高固來，則魯負教戒重，不可言，故書高固，明失教戒重在固。言及者，猶公及夫人。疏注故書至在固○解云：婦人之道，既嫁從夫故也。○注言及至夫人○解云：即僖十一年夏，公及夫人姜氏會齊侯于陽穀是也。然則公羊之義，以爲夫妻言及者，遠別之稱，刺其無別。是以下注云言其雙行匹至，似於鳥獸是也。故桓十八年春，公夫人姜氏遂如齊，傳云"公何以不及夫人"，注云"據公及夫人會齊侯于陽穀"；"夫人外也"，注云"若言夫人已爲公所絕外也"；傳云"夫人外者何？內辭也"，注云"內爲公諱，辭其實夫人外公也"；注云"時夫人淫於齊侯而譖公，故云爾"。然則桓公十八年而不言及者，若言夫人爲公所絕外，是以不得言及以遠之。子公羊子曰：其諸爲其雙雙而俱至者與言其雙行匹至似於鳥獸疏注言其至鳥獸○解云言其無別如雄狐綏綏故曰雙行游匹而來鶉鵲不異故言匹至似於鳥獸矣而舊說云雙雙之鳥一身二首尾有雌雄隨便而偶常不離散故以喻焉非何氏意也○楚人伐鄭

六年春晉趙盾衛孫免侵陳趙盾弑君此其復見何据宋督鄭歸生齊崔杼弑其君後不復見○見何賢徧反疏注据宋督至不復見○解云其宋督之事即桓二年春王正月戊申宋督弑其君與夷及其大夫孔父者是也歸生之事上四年夏六月乙酉鄭公子歸生弑其君夷是也崔杼之事即襄二十五年夏五月齊崔杼弑其君光是也然則春秋之內書名弑君後不復見者唯此三人耳餘見者皆著義焉即桓三年公子翬如齊逆女宣元年公子遂如齊逆女之屬欲見罪在桓宣故翬遂得見閔二年公子慶父出奔莒書者彼注云慶父弑二君不當復見所以復見者起季子緩追逸賊是也隱四年衛人殺州吁于濮彼注云書者善之也然則善其臣子討得其賊是以書見則知莊九年齊人殺無知書之者亦是討得其賊善而書之莊

十二年宋萬出奔陳得書之者彼注云萬弑君所以復見者重録彊禦之賊明當急誅之也是也僖十年夏晉殺其大夫里克得書之者亦輩遂之類也故彼傳云里克弑二君則曷爲不以討賊之辭言之惠公之大夫也何氏云惠公簒立已定晉國君臣合爲一體無所復責故曰此乃惠公之大夫安得以討賊之辭言之然則欲歸惡於惠公尚不作討賊之辭何得怪其見于經矣襄二十七年衞殺其大夫甯喜得書之亦輩遂之類也是見其與獻公同謀而弑剽是以二十六年弑剽之下何氏云甯喜爲衞侯衎弑剽不舉衎弑剽者議成於喜是也其二十六年晉人執甯喜之下傳云不以其罪執之也何氏云明不得以爲功當坐執人亦是其得書之義文十八年齊人弑其君商人昭十一年楚子虔誘蔡侯般殺之于申皆書者商人之下何氏云商人弑君賊復見者與大夫異齊人已君事之殺之宜當坐弑君是也昭十三年楚公子棄疾弑公子比得書者亦是加弑故也如趙盾之類矣

親弑君者趙穿也復見趙盾者欲起親弑者趙穿非盾

親弑君者趙穿則曷爲加之趙盾不討賊也何以謂之不討賊据皆去葬不加弑

疏注据皆去

葬不加弒○解云春秋之義君弒賊不討則不書葬所以責臣子不討賊若其加弒者雖不討賊亦書其葬以其不親弒不責臣子之討賊是以昭十九年夏許世子止弒其君買冬葬許悼公傳云賊未討何以書葬不成于弒也曷爲不成于弒止進藥而藥殺也止進藥而藥殺則曷爲加弒焉爾譏子道之不盡也是以君子加弒焉爾葬許悼公是君子之赦止也赦止者免止之罪辭也是也然則此趙盾之弒君與他親弒者同文皆去其葬則趙盾不加弒趙盾既不加弒即其身是賊何得謂之不討賊乎故難之

晉史書賊曰晉趙盾弒其君夷獋趙盾曰天乎無辜辜罪也呼天告冤

（疏）注呼天告冤○解云冤謂冤枉之冤也

吾不弒君誰謂吾弒君者乎史曰爾爲仁爲義人弒爾君而復國不討賊此非弒君如何復反也趙盾不能復應者明義之所責不可辭趙盾之復國奈何靈公爲無道使諸大夫皆内朝禮公族朝於内朝親親也雖有富貴者以

齒明父子也外朝以官體異姓也宗廟之中以爵爲位崇德也宗人授事以官尊賢也升餕受爵以上嗣尊祖之道也喪紀以服之精粗爲序不奪人之親也○餕音俊〔疏〕注禮公族至之親也○解云此皆文王世子文彼注云內朝路寢廷也云雖有貴者以齒明父子也彼注云謂以宗族事會也云外朝以官體異姓也者彼鄭氏云外朝路寢門之外廷體猶連結也云宗廟之中以爵爲位崇德也者鄭氏云崇高也以爵貴賤異位云宗人授事以官尊賢也者鄭氏云宗人掌禮及宗廟也以官官各有所掌也若司徒奉牛司馬奉羊司空奉豕云升餕受爵以上嗣尊祖之道也者彼文云其登餕獻爵則以上嗣尊祖之道也注云上嗣祖之正統爵謂上嗣舉奠也今此何氏以登爲升復無獻字蓋所見異也云喪紀以服之精粗爲序不奪人之親也者彼文作輕重字此作精粗者亦所見異也其上文云其公大事則以其喪服之精粗爲序注云大事謂死喪也其爲君雖皆斬衰序之必以本親也是也

然後處乎臺上引彈而彈之已趨而辟丸已已諸大夫也○已音紀是樂而已矣○以是爲笑樂○是樂音洛趙盾已朝而出與諸大夫立

於朝有人荷畚荷負也畚草器若今市所量穀者是也齊人謂之鍾○有人何本又作荷胡可反又音何畚音本〔疏〕注齊人謂之鍾○解云即昭三年左傳云齊舊四量豆區釜鍾是也自閨而出者宮中之門謂之闈其小者謂之閨從內朝出立于外朝見出閨者知外朝在閨外內朝在閨內可知〔疏〕注宮中至之閨○解云釋宮文孫氏曰闈者宮中相通小門也其小者謂之閨小閨謂之閤李氏曰皆門戶大小之異是也趙盾曰彼何也夫畚曷爲出乎閨彼何者始怪何等物之辭熟視知其爲畚乃言夫畚者賤器何故乃出尊者之閨乎呼之不至怪而呼欲問之曰子大夫也欲視之則就而視之顧君責已以視人欲以見就爲解也古者士大夫通曰子○解佳賣反又如字趙盾就而視之則赫然死人也赫然已支解之貌趙盾曰是何也曰膳宰也主宰割殺膳者若今大官宰人熊蹯不熟蹯掌公怒以斗摮而殺之摮猶摮也

摮謂旁擊頭項○摮五羔反又苦交反猶擊也摮口弔反擊也 支解將使我棄之趙盾曰嘻趨而入靈公望見趙盾愬而再拜 愬者驚貌禮臣拜然後君荅拜靈公先拜者畚出盾入知其欲諫欲以敬拒之使不復言也禮天子爲三公下階卿前席大夫興席士式几○愬所革反又訴路反

疏 注禮天至式几○解云春秋說文亦時王禮也

趙盾逡巡北面再拜稽首 頭至地曰稽首頭至手曰拜手

疏 注頭至地至拜手解云出大祝文

趨而出 本欲諫君君以拜謝知已意冀當覺悟故出 靈公心怍焉 怍慙貌慙盾知已過○怍在洛反 欲殺之於是使勇士某者往殺之 某者本有姓字記傳者失之 勇士入其大門則無人門焉者入其閨則無人閨焉者 焉者於也是無人於閨門守視者也 上其堂則無人焉 但言焉絕語辭堂不設守視人故不言堂焉者 俯而闚其戶 俯挽頭戶室戶

方食魚飧勇士曰嘻子誠仁人也吾入子之大門則無人焉入子之閨則無人焉上子之堂則無人焉是子之易也易猶省也○飧音孫子爲晉國重卿而食魚飧是子之儉也君將使我殺子吾不忍殺子也雖然吾亦不可復見吾君矣負君命也遂刎頸而死勇士自斷頭也傳極道此者明約儉之衞也甚於重門擊柝孔子曰禮與其奢也寧儉此而謂也○頸居郢反斷音短重直容反柝他洛反

【疏】注傳極至謂也○解云易下繫辭云重門擊柝以待暴客是也

靈公聞之怒滋欲殺之甚滋猶益也衆莫可使往者於是伏甲于宮中召趙盾而食之趙盾之車右祁彌明者國之力士也禮大夫驂乘有車右

有御者○而食音嗣下同祁工支反仡然從乎趙盾而入，仡然壯勇貌○仡魚乙反放乎堂下而立。嫌靈公復欲殺盾故入以爲意禮器記曰天子堂高九尺諸侯七尺大夫五尺士三尺趙盾已食，靈公謂盾曰：吾聞子之劒蓋利劒也，子以示我，吾將觀焉。授君劒當拔而進其首靈公因欲以推殺之趙盾起將進劒，祁彌明自下呼之曰：盾食飽則出，何故拔劒於君所？趙盾知之，由入曰知之自已知曰覺焉

〔疏〕注由入至覺焉○解云：由入曰知之，此文是也。自已知曰覺者，即昭三十一年傳云夏父曰以來人未足而盱有餘叔術覺焉曰嘻此誠爾國也六起而致國于夏父是也。

躇階而走。躇猶超遽不暇以次○躇丑畧反與踱同一本作辵音同劇不其據反本亦作遽靈公有周狗，周狗可以比周之狗所指如意○比毗志反謂之獒。犬四尺曰獒○獒五刀反

〔疏〕注犬四尺曰獒○解云：釋

畜文呼獒而屬之獒亦躇階而從之祁彌明逆而踆之以足逆蹋曰踆○踆音存以足逆蹋之蹋徒臘反〔疏〕呼獒而屬之○解云謂呼而指屬之今呼犬謂之屬義出於此絕其頷頷口○頷戶感反趙盾顧曰君之獒不若臣之獒也然而宮中甲鼓而起甲即上所道伏甲約勒聞鼓聲當起殺盾有起于甲中者抱趙盾而乘之欲避疾走趙盾顧曰吾何以得此于子猶曰吾何以得此救急之恩於子邪非所以意悟曰子某時所食活我于暴桑下者也某時者記傳者失之暴桑蒲蘇桑傳道此者明人當素積恩德趙盾曰子名爲誰欲後報之曰吾君孰爲介介甲也猶曰我晉君誰爲與此甲兵豈不爲盾乎子之乘矣何問吾名之乘即上車也猶曰子以上車矣何不疾去而反徐問吾名乎欲令蚤免去不望報矣○蚤音早

趙盾驅而出衆無留之者明盾賢人不忍殺也且靈公無道民衆不悅以致見殺趙穿緣民衆不說起弒靈公然後迎趙盾而入與之立于朝復大夫位也即所謂復國不討賊明史得用責之傳極道此上事者明君雖不君臣不可以不臣○不說音悅而立成公黑臀不書者明以惡夷獋猶不書剽立○臀徒門反剽匹妙反〔疏〕注不書至剽立○解云襄公二十六年二月辛卯衞甯喜弒其君剽甲午衞侯衎復歸于衞然則曷爲不言剽之立不言剽之立者以惡衞侯矣注云欲起衞侯失衆出奔故不書剽立剽立無惡則衞侯惡明矣然則此處不書黑臀之立以惡夷獋明矣故如此解○夏四月○秋八月螽先是宣公伐莒取向公比如齊所致〔疏〕注先是至取向○解云在上四年春也○注公比如齊○解云即四年秋公如齊五年春公如齊是也○冬十月

七年春衞侯使孫良夫來盟○夏公會齊侯

伐萊○秋公至自伐萊爲伐萊踰時也○大旱○爲于僞反【疏】春衞侯至來盟○解云不書日月者桓十四年夏鄭伯使其弟語來盟之下何氏云時者從内爲王義明王者當以至信先天下然則成三年冬十有一月晉侯使荀庚來聘衞侯使孫良夫來聘丙午及荀庚盟丁未及孫良夫盟亦是來盟而書日月彼下注云書者惡之詩曰君子屢盟亂是用長二國既脩禮相聘不能親信反復相疑故舉聘以非之是其惡故不舉重而書日月之義也是當文皆有注解○冬公會晉侯宋公衞侯鄭伯曹伯于黑壤

八年春公至自會○夏六月公子遂如齊至黃乃復其言至黃乃復何據公孫敖不言至復又不言乃【疏】注據公至言乃○解云即文八年冬公孫敖如京師不至復丙戌奔莒是也有疾也乃難辭也上言乃復下有卒知以疾爲難○難辭乃旦反何言乎有疾乃復據公如晉以有疾乃復諱恥以爲有

疾無惡〔疏〕注据公如至無惡○解云即昭二十三年冬公如晉至河公有疾乃復傳云何言乎公有疾乃復殺恥也注云因有疾以殺畏晉之恥是也

譏何譏爾大夫以君命出聞喪徐行而不反聞喪者聞父母之喪徐行者不忍疾行又爲君當使人追代之以喪喻疾者喪尚不當反況於疾乎順經文而重責之言乃不言有疾者有疾猶不得反也赦不言乃者明無所難爲重赦當誅遂當絕〔疏〕注順經文至難爲重○解云正以傳不言大夫以君命出遇疾而還非禮而言聞喪徐行而不反者是其順經文而重責之故也○注赦當誅遂絕○解云以赦違命罪大故當誅誅者罪累家也遂前雖弒君而宣公不以爲罪直以當時行事而責之責其奉命不終而以疾辭故當絕其身而已

○辛巳有事于太廟○仲遂卒于垂仲遂者何据不稱公子故問之公子遂也自是後無遂卒知公子遂何以不稱公子据公子季友卒雖加字猶稱公子也〔疏〕注据公至子也○解云即僖十六年三月壬申公子季友卒是也言雖加字者欲道仲遂亦加字而不稱公子矣貶

曷爲貶据叔孫得臣卒不貶疏注据叔至不貶○解云即宣五年秋九月叔孫得臣卒是也何氏云不日者知公子遂欲弒君爲人臣知賊而不言明當誅然則得臣與遂同罪而或貶或否故難之爲弒子赤貶然則曷爲不於其弒焉貶据翬終隱之篇貶欲使於文十八年子赤卒年中貶疏注据翬至中貶○解云即隱四年秋翬帥師會宋公以下伐鄭傳云翬何以不稱公子貶曷爲貶與弒公也十年夏翬帥師會齊人鄭人伐宋傳云此公子翬也何以不稱公子貶曷爲貶隱之罪人也故終隱之篇貶也是也於文則無罪於子則無年此解十八年秋如齊不貶意也十八年編於文公貶之則嫌有罪於文公無罪於子赤也卒乃貶者元年逆女嫌爲喪娶貶也公會平州下如齊也嫌公遂如齊嫌坐乃復貶也貶加字者起嬰齊所氏明爲歸父後大宗不得絕也地者絕外卒明當有卒外禮也日者不去樂也書有事者爲不去樂張本○編必連反疏注元年逆至貶也○解云即上元年公子遂如齊逆女彼注云嫌觸諱不成其文也是也○注云會至公遂○解云即元年經云夏公會齊侯于平州公子遂如齊是也若不言公子直言遂如齊

文承公會於平州之下嫌謂公遂如齊非公子遂是以不得去公子矣○注如齊嫌坐乃復貶也○解云公子翬助桓簒弒入篇即不貶見其無罪於桓公今此公子遂助宣簒弒而於宣貶者正以於子赤則無年遂之罪重不得令免會須貶之諸見之處悉皆有嫌不得作文是以正於卒時貶見其事○注貶加字至絕也○解云成十五年三月乙巳仲嬰齊卒傳云仲嬰齊者何公孫嬰齊也公孫嬰齊則曷爲謂之仲嬰齊爲兄後也爲兄後則曷爲謂之仲嬰齊爲人後者爲之子也注云更爲公孫之子故不得復氏公孫傳文云爲人後者爲其子則其稱仲何孫以王父字爲氏也然則嬰齊孰後後歸父也歸父使于晉而未反何以後之注云据已絕也傳云叔仲惠伯傳子赤者也文公死子幼公子遂謂叔仲惠伯曰君幼如之何願與子慮之叔仲惠伯曰吾子相之老夫抱之何幼君之有公子遂知其不可與謀退而殺叔仲惠伯弒子赤而立宣公宣公死成公幼臧宣叔者相也君死不哭聚諸大夫而問焉曰昔者叔仲惠伯之事孰爲之諸大夫雜然曰仲氏也其然乎於是遣歸父之家注云時見君幼欲以防示諸大夫然後哭君歸父使乎晉還自晉至檉聞君薨家遣墠帷哭君成踊反命于介自是走之齊魯人徐傷歸父之無後也注云徐者皆共之辭也關東語傷其先人爲惡身見逐絕

不忿懟也於是使嬰齊後之也注云弟無後兄之義爲亂昭穆之序失父子之親故不言仲孫明不與子爲父爲父孫是也然遂既被貶而加字者欲起成十五年仲嬰齊以仲爲氏故也嬰齊者仲遂之子宜稱公孫而氏仲者明爲其兄公孫歸父之後不得氏公孫故氏仲矣所以弟爲兄後者正以大宗不得絶故也○注地者至禮也○解云欲道公子季友之文皆不地此言於垂者正以卒於外故也所以卒於外則地之者明其當有卒於外之禮故也○注日者不去樂也○解云正以春秋之例失禮鬼神例日故也○注書有至張本○解云正以時祭之禮礿夏作之即是得時不書之例而書之者爲下不去樂張本故也而言有事者礿不合書是以但言有事爲下張本而已似若文二年注云不言吉禘者就不三年不復譏畧爲下張本而已之類

○壬午猶繹萬入去籥繹者何祭之明日也

禮繹繼昨日事但不灌地降神爾天子諸侯曰繹大夫曰賓尸士曰宴尸去事之殺也必繹者尸屬昨日配先祖食不忍輒忘故因以復祭禮則無有誤敬慎之至殷曰肜周曰繹繹者据今日道昨日不敢斥尊言之文意也肜者肜肜不絶据昨日道今日斥尊言之質意也祭必有尸者節神也禮天子以卿爲尸諸侯以大夫

爲尸，卿大夫以下以孫爲尸。夏立尸，殷坐尸，周旅酬六尸。○屬音燭，肜羊弓反。〔疏〕繹者何。○解云：欲言是祭，去祊大近；欲言非祭，繹者祭名，故執不知問。○注禮繹至神爾。○解云：正以釋天云「繹，又祭也」，孫氏云「祭之明日，尋繹復祭」，故言繼昨日事。正以昨日祭已灌地降神，是以今日繹主爲尸作，何以爲灌乎？故云但不灌地降神爾。○注天子諸侯至宴尸。○解云：春秋說文也。稍得言名，繹在正祭之後，故曰去事之殺也。○注則無有誤。○解云：畏敬先君之尸而爲之設祭，則無有過誤也。○注殷曰肜，周曰繹。○解云：釋天文。案郭氏爾雅，其下文仍有「夏曰復胙」之文，而何氏不言之者，正以諸家爾雅悉無此言，故不引之。「復胙」，郭氏云「未見義所出」也。○注繹者至意也。○解云：祭尊于繹，欲道今日所尋繹乃是昨日之正祭，故云據今日道昨日，不敢斥尊，乃是尊正之義，故曰文意也。○注肜者至神也。○解云：正由昨日正祭，是以今日作又祭，相因而不絕，肜肜然，故曰據昨日道今日，乃是追近而不尊，故曰質意也。○注禮天子至孫爲尸。○解云：何氏差約古禮也。天子不使公，諸侯不使卿，皆爲其疑也。卿大夫已下以孫爲尸，以其昭穆同也。○注夏立至六尸。○解云：即禮器云「周坐尸」，注云「言此亦周所因於殷也。夏立尸而卒祭」，注云「夏禮尸有事乃坐，殷坐尸」，注云「無事猶坐，周旅酬六尸」。

注云使之相酌也后稷之尸發爵不受旅曾子曰周禮其猶醵與注云斂錢飲酒爲醵旅酬相酌似之也**萬者何干舞也**于謂楯也能爲人扞難而不使害人故聖王貴之以爲武樂萬者其篇名武王以萬人服天下民樂之故名之云爾○楯食允反扞戶旦反〔疏〕萬者何○解云欲言其樂文無樂名欲言非樂祭祀用之故孰不知問○注武王至云爾○解云春秋說文昔武王一會八伯諸侯人數豈止萬而已蓋以萬是摠名故据以言耳**籥者何籥舞也**籥所吹以節舞也吹籥而舞文樂之長〔疏〕籥者何○解云欲言非樂籥是樂名欲言是樂臨祭見去故孰不知問○注吹籥而舞文樂之長○解云正以萬是武樂入而用之而籥特備矣**其言萬入去籥何**据入者不言萬去樂不言名〔疏〕注去樂不言名○解云即昭十五年二月癸酉有事于武宮籥入叔弓卒去樂卒事是也**去其有聲者**不欲令人聞之也**廢其無聲者**廢置也置者不去也齊人語**存其心焉爾存其心焉爾者何知其不可而爲之也**明其心猶存於樂知其不

可故去其有聲者而爲之〔疏〕存其心焉爾者何○解云欲道存心于樂而有去籥之文欲道存心于殷肱而繹萬不廢故執不知問

猶者何通可以已也禮大夫死爲廢一時之祭有事于廟而聞之者去樂卒事。而聞之者廢繹日者起明日也言入者据未奏去籥時書凡祭自三年喪已下各以日月廢時祭唯郊社越紼而行事可〔疏〕猶者何○解云欲言是禮書而譏之欲言非禮乃當正祭之明日故執不知問○禮大夫至之祭○解云正以正祭爲吉事故也○注有事至去樂○解云即昭十五年二月癸酉有事于武宮籥入叔弓卒去樂卒事傳云其言去樂卒事何禮也君有事于廟聞大夫之喪去樂注云恩痛不忍舉○注卒事至日也○解云即檀弓下篇云仲遂卒于垂壬午猶繹萬入去籥仲尼曰非禮也卿卒不繹是也○注言入至時書○解云欲道所以不言萬作而言萬入之意也○注凡祭至事可○解云即王制曰喪三年不祭唯祭天地社稷爲越紼而行事鄭注云不敢以卑廢尊越猶躐也紼輴車索是也

○戊子夫人熊氏薨○晉師白狄伐秦○楚人滅舒蓼○秋七月甲子日有食之

既是後楚莊王圍宋析骸易子伐鄭勝晉鄭伯肉袒晉大敗於邲中國精奪屈服彊楚之應（疏）注是後至易子○解云圍宋者即下十四年秋九月楚子圍宋是也言析骸易子者即十五年傳云易子而食之析骸而炊之是也○注伐鄭勝晉○解云即下九年冬楚子伐鄭晉郤缺帥師救鄭十年夏晉人宋人衞人曹人伐鄭冬楚子伐鄭十一年夏楚子陳侯鄭伯盟于辰陵注云不日月者莊王行霸約諸侯明王法討徵舒善其憂中國故爲信辭然則比年之間晉楚爭共伐鄭鄭伯終服于楚盟于辰陵楚勝于晉居然明矣故云伐鄭勝晉也○鄭伯肉袒○解云即下十二年春楚子圍鄭鄭伯肉袒左執茅旌右執鸞刀以逆莊王是也○注晉大敗于邲○解云即下十二年夏晉荀林父帥師及楚子戰于邲晉師敗績○注中國精奪○解云正以日者大陽之精諸夏之象今而被食故曰中國精奪

○冬十月己丑葬我小君頃熊雨不克葬庚寅日中而克葬頃熊者何宣公之母也熊氏楚女宣公即僖公妾子○頃音傾

（疏）頃熊者何○解云欲言是妾卒葬備書欲言夫人與君別謚故執不知問

而者何難

也乃者何謂問定公日下昃乃克葬疏而者何○解云魯公夫人甍葬多矣此獨言故執不知問○注謂問定公日下昃乃克葬解云即是十五年九月丁巳葬我君定公雨不克葬戊午日下昃乃克葬是也然則言乃之經不干此事而於此問之者正以葬時遇雨廢葬而乃異文是以連而問之難也禮卜葬從遠日不克葬見難者臣子重難不得以正日葬其君疏禮卜葬從遠日○解云即曲禮上篇云喪事先遠日鄭注云喪事葬與練祥也左氏傳云禮卜葬先遠日辟不懷也舊典之遺存也曷爲或言而或言乃乃難乎而也言乃者內而深言而者外而淺下昃日昳久故言乃孔子曰其爲之也難言之得無訒乎皆所以起孝子之情也雨不克葬者爲不得行葬禮孔子曰生事之以禮死葬之以禮祭之以禮故不得行禮則不葬也魯録雨不克葬者恩録內尤深也別朝莫者明見日乃葬也○訒音刃昃音暮疏注孔子至訒乎○解云論語文引之者證難言之事必須訒而言之似若臣子不得正日難言重難亦須訒而葬之○注所以起孝子之情也○解云謂春秋言而言乃者所以起見孝子之情重難有淺深故也○注魯録至深也○解云欲道外諸侯葬多矣而無不克

一六

之文者以其恩淺也○注別朝至葬也解云謂日中與昃然則朝莫猶早晚也○城平陽○楚師伐陳

九年春王正月公如齊月者善宣公事齊合古禮卒使齊歸濟西田不就十年月者五年再朝近得正孔子曰知和而和不以禮節之亦不可行也明雖事人皆當合禮

疏注月者至西田○解云即下十年春齊人歸我濟西田是也○注不就至合禮○解云何氏之意以為春秋之道祖述堯舜天子五年一巡狩諸侯亦五年一朝天子是以桓元年注故即位比年使大夫小聘三年使上卿大聘四年又使大夫小聘五年一朝是也然則諸侯自相朝雖文不著若欲以朝亦不過是也宜公五年春公如齊今九年春又如齊乃五年之内不得正盡五年故曰近得正言近者不正是之辭也雖不正是近合於禮是以春秋此年書月以見善宣公至十年公復如齊是為大數唯近取濟西田之文亦不得見善故言不就十年月者五年再朝近得正○公至自齊○夏仲孫蔑如京師○齊侯伐萊○秋取根牟根

牟者何？邾婁之邑也。曷爲不繫乎邾婁？諱亟也。

亟疾也屬有小君之喪邾婁子來加禮未期而取其邑故諱不繫邾婁也上有小君喪而下諱取之則邾婁加禮明矣未期年從加禮數者猶王子虎從會葬數○亟去冀反未期音基

疏根牟者何○解云欲言是國經典未有欲言非國文無所繫故執不知問○注屬有小君之喪○解云即上八年夏夫人熊氏薨是也○注邾婁子來加禮○解云謂上八年冬十月葬頃熊之時邾婁子使人來加禮但例不書之故不見也○注未期至婁也○解云去年十月來加禮今年七月而取邑故言未期也加禮者或是賵襚之屬皆是葬前之事而要繫會葬言之言未期者欲取諱亟之義强故也必知過期之後不復諱之者正以定十五年夏五月定公薨邾婁子來奔喪至於哀元年冬仲孫何忌帥師伐邾婁注云邾婁子新來奔喪伐之不諱者期外恩殺惡輕明當與根牟有差是也○注未期年至葬數解云此文欲取未期之義而從加禮數之若取薨之時則過於期矣若似僖三十三年冬十二月公薨于小寢文元年天王使叔服來會葬夏四月葬我君僖公文三年夏五月王子虎卒傳云王子虎者何天子之大夫也外大夫不卒此何以卒新使乎我也

注云王子虎即叔服也新爲王者使來會葬在葬後三年中卒君子恩隆於親親則加報之故卒明當有恩禮也然則王子虎之卒在文三年夏若數來會葬之時則在三年之内若數公卒時四年矣與此相似故猶之○八月滕子卒○九月晉侯宋公衛侯鄭伯曹伯會于扈○晉荀林父帥師伐陳○辛酉晉侯黑臀卒于扈扈者何晉之邑也諸侯卒其封内不地此何以地据陳侯鮑卒不地【疏】扈者何○解云若言晉地不應書之欲道外地文無所繫故執不知問○注据陳侯鮑卒不地○解云桓五年春正月甲戌己丑陳侯鮑卒傳云曷爲以二日卒之怴也甲戌之日亡己丑之日死而得君子疑焉故以二日卒之也是其卒於封内不書地故難之卒于會故地也起時衰多窮厄伐喪而卒於諸侯會上故地危之未出其地故不言會也左右皆臣民雖卒於會上危愈於竟外故不復著言會也出外死有輕重死於師尤甚於

會次之，如。入國次之，於封內最輕，不書葬者，故篡也。【疏】注「出外死至最輕」。○解云：時衰多窮厄，伐喪師者，用兵之處，而君死焉，故言于師，著其危甚，即襄十八年曹伯負芻卒于師是也。是以僖四年夏許男新臣卒，何氏云「不言卒於師者，桓公師無危」，是其義也。云「於會次之」者，與人交接之處，或相刼詐，未可知，若柯之盟曹子刼桓公之類是也。而君卒焉，故言次之，即定四年夏杞伯成卒于會是也。云「於人國次之」者，正以時多背死向生，而君卒於竟外，似有掩襲之理，但於主國有賓客之道，是故又以爲次矣，即襄二十六年秋許男甯卒于楚之屬是也。云「於封內最輕」者，正以左右皆民臣，危少於竟外，是以不言於會矣。但有外國之人，亦有危理，故書其地，即此文書晉侯黑臀卒於扈是也。若不聚會，直卒於封內者，仍自不地，即陳侯鮑卒是也。若然，昭十三年夏四月，楚公子比自晉歸于楚，弑其君虔于乾谿，不與人會而書地者，彼注云「封內地者，起禍所由，因以爲戒」是也。而云起禍所由者，案彼傳云「靈王爲無道，作乾谿之臺，三年不成，楚公子棄疾脅比而立之，然後令于乾谿之役曰：此已立矣，後歸者不得復其田里。衆罷而去之，靈王經而死」，是其致禍之由。○注「不書至篡也」。○解云：春秋之義，篡明者書葬，即小白之屬是也；篡不明者，即不書其葬以見篡，即此黑臀之屬是也。云云已詭于上○冬十月癸酉衛侯鄭卒不書葬者殺公子瑕也疏注不書葬至瑕也○解云即僖三十年秋衛殺其大夫元咺及公子瑕也不言殺元咺元咺有罪云云已詭于上○宋人圍滕○楚子伐鄭○晉郤缺帥師救鄭○陳殺其大夫泄冶

大清嘉慶二十年重栞
宋本[illegible]藏[illegible]校

監本附音春秋公羊注疏宣公卷十五

[illegible]盧氏宣旬校定

江南蘇松督糧道方體栞

公羊注疏卷十五挍勘記　　阮元撰盧宣旬摘錄

公羊注疏宣公卷十五　唐石經宣公第七卷六

元年

注云弑君欲卽位故如其意也　浦鏜云十二字衍是也

公子遂齊納弊　閩監毛本遂下有如字弊作幣下同

卽下八年而注云　浦鏜云而衍字

如滅同姓　浦鏜云此誤如是也

比於去姜差輕　閩監毛本同鄂本下叠輕字

言其事體先亡　浦鏜云事疑半字誤

見繼重在遂　閩監毛本同按繼當讀爲繫解云故言見繫重在遂

則鳳凰不翔　鄂本凰作皇此加几者俗字

繫用𦉪壘　鄂本閩本同監毛本壘改纍疏竝同

已爲虵虵之蟠屈以𦉪壘也　閩本同監毛本虵作蛇壘改纍浦鏜云似誤以從玉海校

艮文與震同　浦鏜云又誤文從李氏集解校

置于叢棘　閩監本同毛本于改於

聽君不去衞正也　閩監毛本同按衞蓋是字誤或當作爲

周人卒哭而致事　今本曾子問無此文此與岳珂九經三傳沿革例引與國本合段玉裁說

此說時哀正失　鄂本正作政此誤

般曰哻　鄂本閩監本同毛本哻作㝵疏同按釋文作㝵

主所以入宗廟　鄂本主誤王

非古道也　監本道誤旨

臣順爲命亦禮也　鄂本爲作君此誤

不應復將　閩本亦作復監毛本改以非將字監毛本作得此誤閩本作注非○按僖三十一年注作不應復得

齊人取讙及禪　此僤字之誤閩本作僤是也此本下亦作僤監毛本改闡非下同

由律行言許受賂也　浦鏜云由猶通十年疏引受賂作受財

楚子鄭人侵陳　唐石經諸本同鄂本作楚人

但別兩耳是也　浦鏜云兩下脫稱是也

冬晉趙穿帥師侵柳　唐石經諸本同左氏穀梁作侵祟

三年

十五年春王正月　閩監本同毛本王誤上此本誤正今訂正

二卜語在下　此本監本下誤卜今訂正

摠領天地之内五帝羣臣也　閩監毛本臣作神是也

正謂天之精神靈不明察矣　毛本正誤王按不字疑衍

五星之謀是其義　閩監毛本同按謀當精字之誤

楚子伐賁渾戎　釋文賁渾舊音六或音奔二傳作陸渾○案毛本此句別分一節以葬匡王疏係葬匡王下

葬不月者子未三年而弑故略之也　鄂本無也此行解云考諸舊本皆無注然則有者衍字耳

其言圍之何不聽也　浦鏜云下衍何不聽也四字是也

故諱使若莒不肯起其平也聽公平　鄂本無起其平也四字諸本皆涉下誤衍當刪正讀故諱使若莒不肯聽公平爲一句

月者頰谷之會　閩本同監毛本頰誤夾

五年

公何以不及夫人　浦鏜云不下脫言字是也

傳云夫人外者何　按傳云二字當衍何校本無

其諸爲其雙雙而俱至者與　唐石經鄂本閩本同監毛本雙作雙俗字也注及疏同

六年

殺之宜當坐弒君是也　閩本同監毛本誤作殺君

據皆去葬不加弒　鄂本葬下有日字此脫○按依疏日字不當有

此非弒君如何而　唐石經鄂本同閩監毛本改而何按如當讀而

雖有富貴者以齒　鄂本無富字此衍○按禮記文王世子無富字

升餕受爵以上嗣　閩監毛本同鄂本餕誤餕此本誤酸今訂正○按文王世子升作登

喪紀以服之精粗爲序　鄂本粗作麤按疏中引注作觕

其登餕獻爵　惠按本爵上增受字下爵謂上嗣舉奠之上亦增受字

此作精粗者　按粗亦當作觕

其上文云　閩本同監毛本文誤又按上當作下

已趨而辟丸是樂而已矣　唐石經閩本同皆上作已下作巳監毛本皆作巳誤釋文已趨音紀

何注云已已諸大夫也

始怪何等物之辭鄂本同閩監毛本怪作恠俗字

顧君責已以視人欲以見就爲解也毛本君誤尹按見就或云當作就見非也

奠當覺悟閩監毛本奠作冀鄂本悟作寤按下注云非所寤以意悟用悟字成七年注云重錄魯不覺寤用寤字蓋覺寤字當作寤猶人寐而覺寤也

則無人門焉者唐石經諸本同段玉裁云此當作焉門者下當作焉閨者故注云焉者於也是無人於門閨守視者也今本誤倒

故不言堂焉者鄂本無焉段玉裁云當作焉堂者

俯挽頭閩監毛本同誤也鄂本挽作俛當據正

明約儉之衞也鄂本無也字此誤衍

此而謂也閩監毛本同誤也鄂本而作之當據正

仡然從乎趙盾而入　唐石經諸本同經義雜記曰何注仡然壯勇貌案說文仡勇壯也从人气聲周書曰仡仡勇夫此何義也鄉飲酒禮賓西階上疑立注疑讀爲疑然從於趙盾之疑疑正立自定之貌則鄭所據公羊仡然作疑然乃立定之貌不取勇壯義按乎作於亦異

躇階而走　唐石經諸本同釋文躇與踱同一本作辵音同經義雜記曰說文辵作行乍止也从彳从止讀若春秋公羊傳曰辵階而走釋文謂一本作辵與說文正合則古本公羊作辵階矣公食大夫禮賓栗階升注不拾級連步趨主國君之命不拾級而下曰辵公羊義當如禮經注較之說文作行乍止之訓更密也

靈公有周狗　唐石經諸本同何注云可以比周之狗按爾雅釋畜狗四尺爲獒郭注公羊傳曰靈公有害狗謂之獒也又宋本張華博物志云晉靈公有害狗害與周形相近故文異害狗謂能害人之狗

絕其頷　段玉裁云玉篇引作絕其頷

欲趍疾走　鄂本同閩監毛本趍作趨

所食活我于暴桑下者也　唐石經閩監本同毛本暴改暴非

猶曰子以上車矣　鄂本以作已

不望報矣　鄂本矣作也

衞侯衎復歸于衞　浦鏜云下脫傳云是也

在上四年春也　毛本春誤冬

七年

春衞侯至來盟　此本此節疏在大旱下閩監毛本移於經文七年春衞侯使孫良夫來盟之下

八年

春公至自會　毛本會誤齊

以有疾乃復弑恥　閩監毛本弑作殺此誤蓋凡殺字皆改爲弑遂誤改此爾

猶稱公子也　鄂本無也字

公會平州下如齊也嫌公遂如齊嫌坐乃復貶也　閩監毛本同誤也鄂本如齊下無也字公遂下有八年二字當據以訂正言於元年公會平州下如齊貶不稱公子則嫌公如齊矣於八年如齊至黄乃復貶不稱公子則嫌因坐乃復貶之矣

地者絶外卒　鄂本作地者卒外此本絶衍字外卒誤倒按解云此言於垂者正以卒於外故也是疏本亦作卒外不言絶

注如齊嫌坐乃復貶也　○按如齊之上當有八年二字

傳文云爲人後者爲其子　浦鏜云文當乂字誤是也

明不與子爲父爲父孫是也　浦鏜云複衍爲父二字按何校本無此二字是也

禮繹繼昨日事　毛本繼誤祭

不欲令人聞之也　鄂本無也字此誤衍

有事于廟而聞之者去樂卒事而聞之者廢繹事　鄂本疊卒事二字此因重文誤脫當據補按疏引昭十五年經去樂卒事以證上卒事又標注卒事至日也以釋下注則疏本亦疊卒事二字

各以日月廢時祭唯郊社越紼而行事可　毛本祭字空缺鄂本可作也按疏標起訖作凡祭至事可

紼輔車索是也　浦鏜云輴誤輔是也

謂問定公日下昗乃克葬　鄂本無謂字此誤衍監毛本昗改昃非下同閩本與此同疏中亦然

卽是十五年　十五年上當有定字

不干此事閩本同監本干誤于毛本因改於

別朝莫者明見日乃葬也釋文莫音暮鄂本莫作暮毛本作莫非下並同監本日誤目

似若臣子不得正日毛本日誤者

九年

唯近取濟西田之文浦鏜云唯疑雖

雖卒於會上鄂本閩監本同毛本雖誤所於作于

如人國次之鄂本元本同誤也閩監毛本如作於當據正

不書葬者故篡也閩監毛本同鄂本無故字

弑比而立之閩監毛本比誤此下同

陳殺其大夫泄治宋本閩監毛本同唐石經避諱作洩

止

監本春秋公羊注疏宣公卷第十六 起十年盡十八年

何休學

十年，春，公如齊。公至自齊。齊人歸我濟西田。齊已取之矣，其言我何？據歸讙及闡齊已取不言我○僤本又作闡昌善反〔疏〕注據歸至言我○解云哀公八年夏齊人取讙及僤冬齊人歸讙及僤是也○言我者，未絕於我也。曷爲未絕于我？據有俄道〔疏〕注據有俄道○解云即桓二年傳云至乎地之與之○則不然俄而可以爲其有矣彼注云俄者謂須臾之間制得之頃也言俄爾之間則有絕于本主之道爾來十年何言未絕于我乎故難之齊已言取之矣，齊已言語許取之○其實未之齊也。其人民貢賦尚屬於魯實未歸於齊不言來者明不從齊來不當坐取邑凡歸邑物例皆時○〔疏〕注不言來至取邑○解云案元年注云亦因惡齊取篡者賂當坐取邑者正以篡逆之賊天下共惡齊乃許取其賂而與之同似若漢律行言許受財之類故云當坐取邑耳今言不當坐取邑者正以爾來十年仍不入已見宜有禮還復歸之功過相除可以滅其初惡是以春秋恕之不復書來以除其過故曰不當坐取邑耳○注凡歸邑物例皆時○解云其歸邑時者即定十年夏齊人來歸運讙龜陰田及此經書春之屬皆是也其歸物時者即莊六年冬齊人來歸衛寶注云寶者玉物凡名是也以此言之則知哀八年齊人歸讙及僤在日月之下不蒙日月亦可知也○夏

四月丙辰日有食之與甲子既同事重故累食〈疏〉注與甲子既同○解云即上八年秋七月甲子日有食之既彼注云是後楚莊王圍宋析骸易子伐鄭勝晉鄭伯肉袒晉師大敗于邲中國精奪屈服强楚之應今此與彼同占故曰與甲子既同也○

○已巳齊侯元卒○齊崔氏出奔衛崔氏者何齊大夫也其稱崔氏何據齊高無咎出奔名連崔氏者與尹氏俱稱氏嫌爲采邑〈疏〉崔氏者何○解云欲言大夫而直言崔氏欲言微者而得書于經故執不知問○注据齊至奔名○解云即成十七年秋齊高無咎出奔莒是也○注連崔氏者○

解云與尹氏俱稱氏嫌爲采邑者即隱三年夏四月辛卯尹氏卒是也○貶曷爲貶据外大夫奔不貶○疏注据外大夫奔不貶○解云即上引高無咎出奔莒之屬是也譏世卿世卿非禮也復見譏者嫌尹氏王者大夫職重不當世諸侯大夫任輕可出也因齊大國禍著故就可以爲法戒明王者尊莫大於周室彊莫大於齊國世卿猶能危之○疏注復見至世也○解云即隱三年尹氏卒單稱氏已是譏之今復單言崔氏故言復也○注因齊大國至危之○解云欲道等是諸侯科取即得所以不於僖二十八年衛元咺出奔晉之經見之者因齊大國有弒君之禍著明于出奔故也○公如齊不言奔喪者尊内也猶不言朝聘○疏注不言至内也○解云正以上文四月己巳齊侯元卒則知此經公如齊者奔喪而往而言尊内也者欲道定十五年夏公薨于高寢邾婁子來奔喪彼則書之今此否者尊内故也○五月公至自齊○癸巳陳夏徵舒弒其君平國○六月宋師伐滕○公孫歸父如齊葬齊惠公○晉人宋

人衞人曹人伐鄭○秋天王使王季子來聘

王季子者何天子之大夫也其稱王季子何据叔服不繫王不稱子王札子不稱季○

疏五月公至自齊○解云致例時而書五月者爲下癸巳出之○王季子者何○解云欲言諸侯而王使來聘欲言大夫而經書子故執不知問○注据叔至稱子○解云即文元年天王使叔服來會葬是也○王札子不稱季○解云即下十五年夏六月王札子殺召伯毛伯是也

貴也其貴奈何母弟也子者王子也天子不言子弟故變文上季繫先王以明之著其骨肉貴體親也

疏注子者王子至明之○解云言天子不言子弟者即文元年注云叔服者王子虎也不繫王者不以親疏錄也不稱王子者時天子諸侯不務求賢而專貴親親故尤其在位子弟刺其早任以權也是也既言尤其在位子弟是以不得稱之王子瑕奔晉天王殺其弟年夫難之云云已說在文元年○注著其至親也○解云以其禀氣于先王故言骨肉貴以其今王母弟故曰體親也

○公孫歸父帥師伐邾婁取蘱○蘱音類又力對

欺類二反○大水先是城平陽取根牟及蘱役重民怨之所生。疏注先是城平陽解云在上八年冬。○注取根牟者解云在上九年秋。○季孫行父如齊○冬公孫歸父如齊○齊侯使國佐來聘○饑何以書以重書也民食不足百姓不可復興危亡將至故重而書之明當自省減開倉庫贍振乏。哀公問於有若曰年饑用不足如之何有若對曰盍徹乎曰二吾猶不足如之何其徹也對曰百姓足君孰與不足百姓不足君孰與足。贍當豔反○楚子伐鄭

十有一年春王正月○夏楚子陳侯鄭伯盟于辰陵不日月者莊王行霸約諸侯明王法討徵舒善其憂中國故爲信辭○公孫歸父會齊人伐莒○秋晉侯會狄于欑函離不言會言會者見所聞世治近升平內諸夏而詳錄之殊夷狄也下發傳於吳者方具說其義故從外內悉舉者明言之。疏注發

傳於吳至明言之○解云：即成十五年冬十有一月叔孫僑如會晉士燮、齊高無咎、宋華元、衞孫林父、鄭公子鰌、邾婁人會吳于鍾離，傳云「曷爲殊會吳？外吳也。曷爲外也？春秋內其國而外諸夏，內諸夏而外夷狄。王者欲一乎天下，曷爲以外內之辭言之？言自近者始也」，注云「明當先正京師，乃正諸夏；諸夏正，乃正夷狄，以漸治之」是也。

○冬，十月，楚人殺陳夏徵舒。此楚子也，其稱人何？據下入陳稱子。

疏注據下入陳稱子○解云：即下丁亥楚子入陳是也。

貶。曷爲貶？據徵舒有罪。○不與外討也。辟天子，故貶見之，即所謂貶絕然後罪惡見。○

疏注即所謂至惡見○解云：即昭元年傳云「春秋不待貶絕而罪惡見者，不貶絕以見罪惡也」是也。○

不與外討者，因其討乎外而不與也，雖內討亦不與也。雖自討其臣下，亦不得與也。○

疏雖內討亦不與也○解云：案檀弓云「臣弒君，凡在官者殺無舍」，是以隱四年九月衞人殺州吁于濮，傳曰「其稱人何？討賊之辭也」，注云「討者，除也。明國中人人得討之，所以廣忠孝之路」。以此言之，則弒君之賊，國內人人皆得殺之而言雖内討亦不與者正以與莊王非國内是以不與其外討又言雖内討亦不與者正以莊王身爲君而見在寧得更有弑君之賊而討之乎明知莊王内討者更以他罪耳諸侯不得專殺大夫是以不與

曷爲不與

据善爲齊誅之（疏）注据善爲齊誅之○解云即昭四年秋七月楚子以下伐吴執齊慶封殺之傳云此伐吴也其言執齊慶封何爲齊誅也其爲齊誅奈何慶封走之吴吴封於防何氏云月者善義兵是也○

實與

不言執與討賊同文（疏）注不言執至同文○解云正以昭八年夏楚人執陳行人于徵師殺之言執非討賊之文隱四年衛人殺州吁莊九年齊人殺無知皆不言執以見此不言執乃與討賊同文故知實與矣○

而文不與文曷爲不與諸侯之義不得專討也諸侯之義不得專討則其曰實與之何上無天子下無方伯天下諸侯有爲無道者臣弑君子弑父力能討之則討之可也

與齊桓專封同義不書兵者時不伐（疏）

注與齊桓專封同義○解云即僖元年齊師救邢之下傳云曷爲先言次後言救君也君則其稱師何不與諸侯專封也曷爲不與實與而文不與文曷爲不與諸侯之義不得專封也諸侯之義不得專封則其曰實與之何上無天子下無方伯天下諸侯有相滅亡者力能救之則救之可也注云主書者起文從實也今此亦然故曰齊桓專封同義耳○注不書兵者時不伐○解云欲決昭四年秋楚子以下伐吳執齊慶封殺之彼實有兵故言伐今此不書兵者時實不伐非是省文之義耳

○丁亥楚子入陳日者惡莊王討賊之後欲利其國復出楚子者爲下納善不當貶不可因上貶文

疏注日者至利其國○解云正以春秋之義入例書時傷害多則書月今此書日以詳其惡故如此解○注復出楚至貶文○解云春秋之義以納爲篡辭而言爲下納善者正以上有起文故與凡納異何者上有討賊之文而即言納二子于陳故知其善所謂美惡不嫌同辭矣

○納公孫甯儀行父于陳此皆大夫也其言納何據納者謂已絶也今甯儀行父上未有出奔絶文故見大夫反言納也○甯乃定反音寧

疏注據納至言納也○解云定十四年秋衛世子蒯聵出奔宋至

哀二年夏晉趙鞅納衛世子蒯聵于戚是其上有出奔絶文而下言納矣而僖二十五年秋楚人圍陳納頓子于頓上文不言頓子出奔者正以頓是微國出入不兩書故彼注云頓子出奔不書小國例也云故見大夫者言此二子上無絶文故見任爲大夫而反言納于陳

納公黨與也

徵舒弑君甯儀行父如楚訴徵舒徵舒之黨從後絶其位楚爲討徵舒而納之本以助公見絶故言納公黨與不書徵舒絶之者以弑君爲重主書者美楚能變悔改過以遂前功卒不取其國而存陳不繫國者因上入陳可知〔疏〕注不書至主書者○解云若書徵舒絶之宜云陳公孫甯等出奔楚傳云此訴于楚矣曷爲謂之出奔徵舒絶其位是以謂之奔也○注美楚至改過○解云謂之入陳是也○注以遂前功○解云討徵舒是也○注不繫國至可知○解云欲決哀二年納衛世子云云繫衛是也

十有二年春葬陳靈公討此賊者非臣子也何以書葬

据惠公殺里克不書卓子葬○〔疏〕注据惠至子葬○解云僖十年春里克殺其君卓子夏晉惠公殺里克是也

君子辭也楚已討之矣臣子雖欲

討之而無所討也無所復討也不從殺泄冶不書葬者泄冶有罪故從討賊書葬則君子辭與泄冶罪兩見矣不月者獨備儀行父有訴楚功上已言納故從餘臣子恩薄畧之〈疏〉君子至討也○注無所復討也○解云然則卓子之賊亦是惠公已討之其臣子雖欲討之亦無所討而不作君子辭者正以惠公之殺里克不作討賊之意是以春秋不書卓子葬以責其臣子也今此楚莊本有討賊之意而殺徵舒一賊不可再討故不責之○注不從至有罪○解云案何氏作膏肓以爲泄冶無罪而此注云有罪者其何氏兩解乎正以春秋之義殺無罪大夫者例去其葬以見之今乃經書靈公之葬則知泄冶有罪明矣而膏肓以爲無罪者蓋以諫君之人罪之無文而左氏罪之故言無罪矣而此何氏以爲有罪者其更有他罪乎○注從討至兩見矣○解云賊不討不書葬者欲責臣子不討賊今而書葬則知賊已討矣君子恕之不復責臣子矣又且君殺無罪大夫則不書其葬今靈公殺泄冶而得書葬則知泄冶有罪明矣故云兩見矣○注不月者至畧之○解云正以卒日葬月大國之常今書春故須辨之

○楚子圍鄭○夏六月乙卯晉荀林父帥師及楚子

戰于邲，晉師敗績。大夫不敵君，此其稱名氏以敵楚子何？据城濮之戰子玉得臣貶也○【疏】注据城濮至貶也○解云即僖二十八年夏晉侯以下。楚人戰于城濮楚師敗績傳云此大戰也曷爲使微者子玉得臣也子玉得臣則其稱人何貶曷爲貶大夫不敵君也不與晉而與楚子爲禮也。不與晉而反與楚子爲君臣之禮以惡晉【疏】不與晉至禮也○解云但作一句連讀之注云不與晉而反與楚子爲君臣之禮亦爲一句連讀之○注以惡晉○解云內諸夏以外夷狄春秋之常今敘晉于楚子之上正是其例而知其惡晉者但楚莊德進行修同於諸夏討陳之賊不利其土入鄭皇門而不取其地既卓然有君子之信寧得殊之既不合殊即是晉侯之匹林父人臣何得序於其上既序人君之上無臣子之禮明矣臣而不臣故知惡晉也曷爲不與晉而與楚子爲禮也？据城濮之戰貶得臣者不與楚爲禮莊王伐鄭，勝乎皇門，勝戰勝皇門鄭郭門放乎路衢。路衢郭內衢道四達謂之衢○【疏】注道四達謂之

衛○解云釋宮文

鄭伯肉袒左執茅旌茅旌祀宗廟所用迎道神指護祭者斷曰藉不斷曰旌用茅者取其心理順一自本而暢乎末所以通精誠副至意○斷音短藉在夜反〔疏〕注茅旌至至意○解云茅旌祀宗廟所用云者皆時王之禮正以公羊子是景帝時人是以何氏取當時之事以辯其語云用茅者取其心理順一者言茅心文理皆順無逆矣云自本而暢乎末者言其文理從本而中暢于末無絕以絕之

右執鸞刀鸞刀宗廟割切之刀環有和鋒有鸞執宗廟器者示以宗廟不血食自歸首〔疏〕注鸞刀宗至有鸞○解云亦時王之制祭義亦云祭之日君牽牲卿大夫序從彼注云序以次第從也既入廟門麗于碑卿大夫袒而毛牛尚耳鸞刀以封取膟膋鄭注云麗猶繫也毛牛尚耳以耳毛爲上也膟膋血與腸間脂也又祭統云鸞刀羞嚌是鸞刀爲宗廟割切之刀矣○注執宗廟至自歸首○解云言示以宗廟者言示楚以宗廟血食之器也言已宗廟將墮滅斟酌在楚耳故言自歸首矣○

以逆莊王曰寡人無良邊垂之臣諸侯自稱曰寡人天子自稱曰朕良善也無善喻有過言已有過於楚邊垂之臣謙不敢斥莊王○〔疏〕注諸侯自稱曰寡人

解云曲禮文。注天子自稱曰朕。解云時王之禮也若古禮自稱爲予一人矣。以干天禍干犯也謙不敢斥莊王歸之於天。是以使君王沛焉沛焉者怒有餘之貌猶傳曰力沛若有餘。沛普蓋反。〔疏〕注猶傳至有餘。解云文十四年傳文辱到敝邑辱到於鄭也諸侯自稱國曰敝邑君如矜此喪人自謂已喪亡。錫之不毛之地墝埆不生五穀曰不毛謙不敢求肥饒。墝埆上苦交反下音确。〔疏〕注墝埆至肥饒解云墝埆者壃鹵之稱若俗言墝埆矣使帥一二耋老而綏焉六十稱耋七十稱老綏安也謙不敢多索丁夫願得主帥一二老夫以自安。多索所白反舊本作策音索。〔疏〕注六十至稱老解云七十稱老曲禮文也案今曲禮云七十曰耋與此異也蓋何氏所見與鄭注者不同或者此耋字誤耳。請唯君王之命莊王曰君之不令臣交易爲言是亦莊王謙不斥鄭伯之辭令善也交易猶往來也言君之不善臣數往來爲惡言。屢往力住反又作數音朔。是以使寡人得見君之玉面而微至乎此微喻小也積小語言以致於此疏是以使至玉面。解云若祭統云故國君取夫人之辭曰請君之玉女與寡人共有敝邑事宗廟社稷鄭注云言玉女者美言之也君子於玉比德焉然則此言玉面者亦美言之也。莊王親自手旌自以手持旌也緇廣充幅長尋曰旐繼旐如燕尾曰旆加文章曰旗錯革鳥曰旟注旄首曰旌疏注緇廣充至曰旌。解云此注皆爾雅釋天文其間少有不同者蓋所見異或何氏潤色之案今爾雅釋天緇作緇字孫氏云緇黑繒也郭氏云帛全幅長八尺又云繼旐曰旆孫氏云帛續旐末亦長尋詩云帛旆英英是也郭氏曰帛續旐末爲燕尾者故此何氏云繼旐如燕尾曰旆也又云有鈴曰旂李氏云有鈴以鈴著旐端孫氏曰鈴在旂上旂者畫龍郭氏曰縣鈴於竿頭畫交龍於旒是以此注云加文章曰旗也又云錯革鳥曰旟李氏云以革爲之置於旐端孫氏曰錯置也革急也言畫急疾之鳥于旒周官所謂鳥隼爲旟者矣又云注旄首曰旌李氏云以犛牛尾旌首者郭氏云載旄於竿頭如今之幢亦有旒是也。左右撝軍退舍七里將軍子重諫曰南郢之與鄭相去數千里南郢楚都不能二千里言數千里者欲深感莊王使納其言○數所主反諸大夫死者數人廝役扈養死者數百人艾草爲防者曰廝汲水漿者曰役養馬者曰扈炊亨者曰養○扈養餘亮反艾魚廢反○疏注艾草至曰養○解云蓋于時猶然是以何氏知之今君勝鄭而不有無乃失民臣之力乎無乃猶得無○疏注無乃猶得無○解云言得無失民臣之力乎言其失民臣之力矣莊王曰古者杅不穿皮不蠹則不出於四方杅飲水器穿敗也皮裘也蠹壞也言杅穿皮蠹乃出四方古者出四方朝聘征伐皆當多少圖有所喪費然後乃行爾喻已出征伐士卒死傷固其宜也不當以是故滅有鄭恥不能早服也○杅不音于費芳味反○疏注杅飲水器○解云其音于若今馬盂矣舊說云杅是衧字若今食䉛矣案今音作于則舊說非○是以君子篤於禮而薄于○利篤厚也不惜杅皮之費而貴朝聘征伐者厚於禮義薄於財利要其人而不要

其土本所以伐鄭者欲要其人服罪過耳不要取其土地猶古朝聘欲厚禮義不顧杅皮告從從服從不赦不詳善用心曰詳吾以不詳道民災及吾身何日之有何日之有猶無有日既則晉師之救鄭者至荀林父也曰請戰荀林父請戰。莊王許諾將軍子重諫曰晉大國也國大眾彊王師淹病矣淹久也諸大夫斷役死者是。君請勿許也莊王曰弱者吾威之彊者吾辟之是以使寡人無以立乎天下以是故必使寡人無以立功名于天下。令之還師而逆晉寇言還者時莊王勝鄭去矣會晉師至復還戰也言寇者傳序經音謂晉如寇虜莊王鼓之晉師大敗晉眾之走者舟中之指可掬矣時晉乘舟度邲水戰兵敗反走欲急去先入舟者斬後扳舟者指指隋舟中身隋邲水中而死可掬者言其多也以兩手曰掬禮天子造舟諸侯維舟卿大夫方舟士特舟○可掬九六反注同扱普顔反又必顔反造七報反○【疏】注禮天子造舟至士特舟○解云釋水文也造孫氏云比舟爲梁郭氏云比船爲橋舊說云以舟爲橋詣其上而行過故曰造舟也言以舟爲梁故謂之造造成也諸侯維舟孫氏云維連四船音義曰維持使不動搖也者是也大夫方舟者李氏云併兩船曰方舟也士特舟者郭注云單船李氏云一舟曰特舟是也案爾雅下文云庶人乘泭李氏曰併木以渡別尊卑是也此注引之不盡者蓋何氏所見者無此文矣案今孫郭所注者亦有其文莊王曰嘻吾兩君不相好敵大夫戰言兩君者林父本以君命來○百姓何罪令之還師而佚晉寇佚猶過使得過渡邲水去也晉見莊王行義於陳功立威行嫉妒欲敗之救鄭雖解猶擊之不止爲其欲壞楚善行以求二人故奪不使與楚成禮而序林父於上罪起其事言及者大臣及君不嫌晉直明晉汲汲欲敗楚爾陸戰當舉地而舉水者大莊王閔隋水而佚晉寇○而佚音逸注同壞音怪【疏】注晉見莊至立威行○解云即上十一年討夏徵舒是其行義也討陳既得鄭人遂服是其功立威行也○注

救鄭至之不止○解云上文令之還師之下注云言還者時莊王勝鄭去矣會晉師至復還戰也以此言之晉師未至之時楚師已解去也非謂晉人擊之令解也言猶擊之不止者謂欲一逐而擊之非謂已擊也○秋七月

○冬十有二月戊寅楚子滅蕭日者屬上有王言今反滅人故深責之○疏注日者至深責之○解云春秋之義滅例書月即莊十年冬十月齊師滅譚之屬是今乃書日故解之也言屬上有王言謂適上文云莊王曰嘻吾兩君不相好百姓何罪令之還師而佚晉寇者王霸之言也王者之道宜存人矜患今反滅人爲過深矣是故書日變於常例故曰深責之耳宋師伐陳者案諸家經皆有此文唯賈氏注者闕此一經疑脫耳 ○晉人宋人衛人曹人同盟于清丘○宋師伐陳○衛人救陳

十有三年春齊師伐衛○夏楚子伐宋○秋螽先是新饑而使歸父會齊人伐莒賦斂不足國家遂虛下求不已之應○螽音終 疏注先是新饑○

解云即十年冬書饑是也○注而使至伐莒者解云即上十二年公孫歸父會齊人伐莒是也冬晉殺其大夫先縠

十有四年春衛殺其大夫孔達○夏五月壬申曹伯壽卒日者公子喜時父也緣臣子尊榮莫不欲與君父共之故加録之所以養孝子之志許人子者必使父也〔疏〕注日者公子至使父也○解云正以曹爲小國卒月葬時即昭十八年三月曹伯須卒秋葬曹平公之屬是今而書日故以加録解之也公子喜之讓在成十三年曹伯廬卒處也其傳云云之説在昭二十年曹公孫會自鄸出奔宋之下云所以養孝子之志者正以喜時之讓而春秋尊榮其父故曰養孝子之志也云許人子者必使人父也者謂喜時爲子必使其人父亦尊榮是以加録之似若襄二十九年傳云以季子爲臣則宜有君者也之類也

○晉侯伐鄭○秋九月楚子圍宋月者惡久圍宋使易子而食之○惡烏路反○〔疏〕注月者至而食之○解云正以凡圍例時即上十二年春楚子圍鄭之屬是今而書月故

解之言使易子而食之者下十五年傳文〇葬曹文公〇冬公孫歸父會齊侯于穀

十有五年春公孫歸父會楚子于宋宋見圍不得與會地以宋者善内爲救宋行雖不能解猶爲見人之厄則矜之故養遂其善意不嫌與實解宋同文者平事見刺皆可知〇與音預

〔疏〕注宋見至皆可知〇解云春秋盟會之義以國都爲地名者皆是主人與之可知即隱元年九月及宋人盟于宿注云宿不出主名者主國主名與可知故省文明宿當自首其榮辱也今宋見圍不得與會而地以宋者正欲善内爲救宋行養遂其善意故地于宋耳不嫌與實解宋同文者平事見刺皆可知者魯春會楚子于宋宋至夏宋楚始平付度其事則知魯人不能平得之宋圍自解也且下傳云此皆大夫也其稱人何貶曷爲貶平者在下也注云言在下者譏二子在君側不先以便宜反報歸美于君而生事專平故貶稱人然則二子專平口云易子析骸明其急矣遂不告君是以見刺被貶稱人以此言之宋圍不解亦可知矣故言平事見刺皆可知舊云見刺者謂魯人見刺也者疑之〇夏

五月宋人及楚人平外平不書此何以書据上楚鄭平不書〇【疏】注据上至不書〇解云適上十二年春楚子圍鄭之時傳云莊王親自手旌左右㧑軍退舍七里是其平也但經不書之故難之〇大其平乎已也已二大夫何大乎其平乎已据大夫無遂事【疏】注据大夫無遂事〇解云即莊十九年傳云大夫無遂事此其言遂何聘禮大夫受命不受辭是也莊王圍宋軍有七日之糧爾盡此不勝將去而歸爾於是使司馬子反乘堙而闚宋城宋華元亦乘堙而出見之堙距堙上城具【疏】軍有七日之糧至歸爾〇解云考諸舊本或云軍有七日之糧爾七日盡此不勝將去而歸爾即云更留七日之糧有糧而不得勝將去宋而歸爾今定本無下七日二字〇司馬子反曰子之國何如華元曰憊矣曰何如問憊意也〇憊皮誡反曰易子而

食之，析骸而炊之。析，破。骸，人骨也。司馬子反曰：「嘻！甚矣憊！雖然，雖如所言。吾聞之也，圍者古有見圍者。○柑馬而秣之，秣者，以粟置馬口中。柑者，以木銜其口，不欲令食粟，示有畜積。○柑，其廉反，以木銜馬口。使肥者應客，示飽足也。是何子之情也？」猶曰何大露情。

【疏】是何子之情也○解云：言是何者，猶言是何大然也。子之情者，言子之露情也。是以何氏云猶曰何大露情。○

華元曰：「吾聞之，君子見人之厄則矜之，矜，閔。小人見人之厄則幸之。幸，僥幸。吾見子之君子也，是以告情于子也。」司馬子反曰：「諾，諾者，受語辭。勉之矣！勉猶努力，使努力堅守之。吾軍亦有七日之糧爾，盡此不勝，將去而歸爾。」揖而去之，反于莊王。反報於莊王。莊王曰：「何如司馬子反曰憊矣曰何如曰易子而食之析骸而炊之莊王曰嘻甚矣憊雖然雖已憊。吾今取此然後而歸爾意未足也司馬子反曰不可臣已告之矣軍有七日之糧爾莊王怒曰吾使子往視之子曷爲告之司馬子反曰以區區之宋區區小貌猶有不欺人之臣可以楚而無乎是以告之也莊王曰諾先以諾受絶子反語舍而止受命。築舍而止示無去計雖然雖宋已知我糧短。吾猶取此然後歸爾欲徹糧待勝也司馬子反曰然則君請處于此臣請歸爾莊王曰子去我而歸吾孰與處于此吾亦從子而歸爾引師而去之故君子大其平乎已也大其有仁恩○此皆大夫也其稱人何貶曷爲貶據大其平平者在下也言在下者譏二子在君側不先以便宜反報歸美于君而生事專平故貶稱人等不物貶不言遂者在君側無遂道也以主坐在君側遂爲罪也知經不以文實貶也凡爲文實貶者皆以取專事爲罪月者專平不易〔疏〕注等不勿貶至道也○解云案莊十九年秋公子結媵陳人之婦于鄄遂及齊侯宋公盟之下傳云大夫無遂事此其言遂何聘禮大夫受命不受辭出竟乃得專之以此言之則知大夫在君側無遂道也是以此注言等欲見大夫專平爲罪不勿貶但當言遂亦足以見其專平矣所以不言遂者正以在君側無遂道故也若當言楚圍宋宋華元楚子反遂平于宋矣○注以主至爲罪○解云凡言遂者專事之辭也爲文實貶者皆以時無王霸諸侯專事雖違古典于時爲宜是以春秋文雖貶惡其實與之即僖元年齊師云云救邢貶齊侯稱師刺其專事不言狄人滅邢而爲之諱見其實與是也今此以主坐爲在君側專事爲罪更無起文則知經稱人者實爲專貶之稱人非

是實與而文不與矣所以反覆解之者正以凡爲文實貶者皆以取專事爲罪故也○注月者專平不易○解云正以定十二年冬及鄭平不書月者易故也昭七年春王正月暨齊平注云月者刺内暨暨也定十年王三月及齊平注云月者頰谷之會齊侯欲執定公故不易之類皆如此○六月癸卯晉師滅赤狄潞氏以潞子嬰兒歸潞何以稱子据其滅潞稱氏○潞子之爲善也躬足以亡爾躬身雖然君子不可不記也離于夷狄疾夷狄之俗而去離之故稱子而未能合于中國未能與中國合同禮義相親比也故猶繫赤狄晉師伐之中國不救狄人不有是以亡也以去俗歸義亡故君子閔傷進之日者痛錄之名者示所聞世始錄小國也錄以歸者因可責而責之責而加進之者明不當絕當復其氏○〔疏〕注以去至其氏解云言以去俗歸義亡者謂去離夷狄之俗而欲歸中國之義卒無救助者是以亡也正以文在蠻夷氏之下故取以說之云日者痛錄

公羊疏卷十六　十三

之者正以凡滅例月今此書日故以爲哀痛而詳録之耳云名者示所聞世始録小國也者正以僖二十六年秋楚人滅隗以隗子歸彼注云不名者所傳聞世見治始起責小國畧然則此書名者示所聞世始録小國也云録以歸者因可責而責之者謂因其行進在可責之限故書以歸責其不死位是以僖二十六年以隗子歸之下何氏云書以歸者惡不死位是也云明不當絶當復其氏者言其行既進明不當絶滅其國還當復其潞氏以爲國矣○

○秦人伐晉○王札子殺召伯毛伯王札子者何長庶之號也天子之庶兄札者冠且字也禮天子庶兄冠而不名所以尊之子者王子也天子不言子弟故變文王札繫先王以明之不稱伯仲者辟同母兄弟起其爲庶兄也主書者惡天子不以禮尊之而任以權至令殺尊卿二人不言其大夫者挈也惡二大夫居尊卿之位爲下所提挈而殺之大夫相殺不稱人者正之諸侯大夫顧弒君重故降稱人王者至尊不得顧

疏王札子者何○解云欲言王子以札間之欲言其非而經有王子之文故執不知問○注天子至得顧○解云言禮天子庶兄冠而不名所以尊之者時王之制與春秋同也言既加冠之後天子不復名之所以

尊之也云子者王子也天子不言子弟故變文上札繫先王以明之者言子者王子也者王以子在札下故須解之言天子不言子弟者謂不言在位子弟也即文元年注云不稱王子者時天子諸侯不務求賢而專貴親親。尤其在位子弟剌其早任以權也是也至於出奔被殺仍自言子弟即王子瑕奔晉天王殺其弟年夫之屬是言故變文者謂變文不言王子也言上札繫先王以明之者謂以札於子上以札近先王明其今王之庶兄矣云不稱伯仲者辟同母兄弟起爲庶兄也者若其與君同母者即稱伯仲字即上十年秋天王使王季子來聘彼傳云其稱王季子何貴也其貴奈何母弟也是也今稱王札子故言辟同母兄弟起其爲庶兄也云云主書者天子不以禮尊之而任以權至令殺尊卿二人者正以經不稱爵知非公故云不以禮尊之矣正以堪殺二卿故知任以權也云不言其大夫者摯也者由其爲下所提摯而殺之失大夫位故不云大夫也云居尊卿之位者正以稱其五十字知是尊卿耳云大夫相殺不稱人者正之者以文十六年宋人弑其君處臼之下傳云大夫弑君稱名氏賤者窮諸人注云賤者謂士也士正自當稱人大夫相殺稱人賤者窮諸盜注云降大夫使稱人降士使稱盜者所以別死刑有輕重也然則大夫相殺例合稱人今此不稱人者正之使稱王札子故也所以正之者如下云諸侯大夫顧弑君重故降稱人者即大夫弑君稱名氏大夫相殺稱人是也云王者至尊不得顧者言至尊之人無有弑之理不可顧是以大夫相殺不假降之稱人矣○

○秋蝝從十三年之後上求未已而又歸父比年再出會內計稅畝百姓動擾之應○疏注從十三年至之應○解云即上十三年秋螽注云先是新饑而使歸父會齊人伐莒賦斂不足國家遂虛下求不已之應是以此注足之云爾云而又歸父比年再出會者即上十四年冬公孫歸父會齊侯于穀十五年春公孫歸父會楚子于宋是也

○仲孫蔑會齊高固于牟婁○初稅畝初者何始也稅畝者何履畝而稅也時宣公無恩信於民民不肯盡力於公田故履踐案行擇其善畝穀最好者稅取之疏初者何○解云賦稅之式國之常經今而言初故執不知問○稅畝者何○解云什一而行明王舊典今而變文謂之稅畝故執不知問

初稅畝何以書譏何譏爾譏始履畝而稅也何譏乎始履畝而稅据用田賦不言初亦不言

稅畝〔疏〕注据用田至稅畝○解云即哀十二年春用田賦是也然則用田賦亦是改古易常而不言初又不言稅畝今此特言初稅畝以譏之故難之也**古者什一而藉**什一以借民力以什與民自取其一為公田○**古者曷為什一而藉**据數非一**什一者天下之中正也多乎什一大桀小桀**奢泰多取於民比於桀也〔疏〕多乎至小桀○解云夏桀無道重賦於人今過什一與之相似若十取四五則為桀之大貪若取二三則為桀之小貪故曰多乎什一大桀小桀所以不言紂者畧舉以為說耳舊說云不言紂者近事不嫌不知○**寡乎什一大貉小貉**蠻貉無社稷宗廟百官制度之費稅薄○大貊亡百反費芳味反○〔疏〕寡乎至小貉○注蠻貉至稅薄○解云若十四五乃取其一則為大貉行若十二十三乃取一則為小貉行故曰寡乎什一則大貉小貉也然則多於什一則有為桀之譏寡於什一則有蠻貉之恥是以什一而稅三王所不易故傳比于中正之言**什一者天下之中正也什一行而頌聲作矣**頌聲

者大平歌頌之聲帝王之高致也春秋經傳數萬指意無窮狀相須而舉相待而成至此獨言頌聲作者民以食爲本也夫飢寒並至雖堯舜躬化不能使野無寇盜貧富兼并雖臯陶制法不能使彊不陵弱是故聖人制井田之法而口分之一夫一婦受田百畝以養父母妻子五口爲一家公田十畝即所謂十一而稅也廬舍二畝半凡爲田一頃十二畝半八家而九頃共爲一井故曰井田廬舍在內貴人也公田次之重公也私田在外賤私也井田之義一曰無泄地氣二曰無費一家三曰同風俗四曰合巧拙五曰通財貨因井田以爲市故俗語曰市井種穀不得種一穀以備災害田中不得有樹以妨五穀還廬舍種桑荻雜菜畜五母雞兩母豕瓜果種疆畔女上蠶織老者得衣帛焉得食肉焉死者得葬焉多於五口名曰餘夫餘夫以率受田二十五畝十井共出兵車一乘司空謹別田之高下善惡分爲三品上田一歲一墾中田二歲一墾下田三歲一墾肥饒不得獨樂墝埆不得獨苦故三年一換主易居財均力平兵車素定是謂均民力彊國家在田曰廬在邑曰里一里八十戶八家共一巷中里爲校室選其耆老有高德者名曰父老其有辯護伉健者爲里正皆受倍田得乘馬父老比三老孝弟官屬里正比庶人在官吏民春夏出田秋冬入保城郭田作之時春父老及里正且開

門坐塾上，晏出後時者不得出，莫不持樵者不得入。五穀畢入，民皆居宅，里正趨緝績，男女同巷，相從夜績，至於夜中，故女功一月得四十五日作，從十月盡正月止。男女有所怨恨，相從而歌。飢者歌其食，勞者歌其事。男年六十、女年五十無子者，官衣食之，使之民間求詩。鄉移於邑，邑移於國，國以聞於天子。故王者不出牖戶，盡知天下所苦；不下堂而知四方。十月事訖，父老教於校室。八歲者學小學，十五者學大學。其有秀者移於鄉學，鄉學之秀者移於庠，庠之秀者移於國學。學於小學。諸侯歲貢小學之秀者於天子，學於大學。其有秀者，命曰進士。行同而能偶，別之以射，然後爵之。士以才能進取，君以考功授官。三年耕，餘一年之畜；九年耕，餘三年之積；三十年耕，有十年之儲。雖遇唐堯之水、殷湯之旱，民無近憂，四海之内莫不樂其業，故曰頌聲作矣。○數，所主反。以食，音嗣。伉，苦浪反，一音苦杏反。塾，音淑。莫，音暮。○

【疏】什一行而頌聲作矣。○解云：頌者，大平之歌。案文宣之時，乃升平之世也，而言頌聲作者，因事而言之故也。何者？案文宣之時，乃升平之世，言但能均其衆寡，等其功力，平正而行，必時和而年豐。什一而稅之，則四海不失業，歌頌功德而歸鄉之，故曰頌聲作矣，不謂宣公之時實致頌聲。○注"帝王之高致也"。解云：謂帝王之行淸高，乃致頌聲，故曰高致也。○注"春秋經傳至作矣○解云言春秋經與傳數萬之字論其科指意義實無窮然其上下經例相須而舉其上下意義相待而成以此言之則非一言可盡至此獨言頌聲作者正以此處論稅畝之事若稅畝得所以致太平故云民以食爲本也云夫飢寒並至雖堯舜躬化不能使野無寇盜云云者是謂假設之辭耳云是故聖人制井田之法而口分之一夫一婦受田百畝云云以下皆是時王之制云井田之義一曰無泄地氣者謂其冬前相助犂云二曰無費一家者謂其田器相通云三曰同風俗者謂其同耕而相習云四曰合巧拙者謂共治耒耜云五曰通財貨者謂井地相交遂生恩義貨財有無可以相通云因井田以爲市故俗語曰市井者古者邑居秋冬之時入保城郭春夏之時出居田野既作田野遂相交易井田之處而爲此市故謂之市井云里正旦開門坐塾上者即鄭注學記曰古者仕焉而已者歸教於閭里朝夕坐於門門側之堂謂之塾是也○

冬蝝生未有言蝝生者此其言蝝生何蝝即蟓也始生曰蝝大曰蟓○蝝與專反蝝生不書此何以書幸之也幸僥幸○疏蝝生不書○解云謂例不書之幸之者何聞災當懼反喜非其

類故執不知問猶曰受之云爾受之云爾者何上變古易常上謂宣公變易公田古常舊制而稅畝○〔疏〕受之云爾者何○解云災是害物宜避之今而云受之於義似乖故執不知問應是而有天災應是變古易常而有天災蝝民用飢其諸則宜於此焉變矣言宣公於此天災饑後能受過變寤明年復古行中冬大有年其功美過於無災故君子深爲喜而僥倖之變蝝言蝝以不爲災書起其事○饑

十有六年春王正月晉人滅赤狄甲氏及留吁言及者留吁行微不進○夏成周宣謝災成周者何東周也後周分爲二天下所名爲東周名爲成周者本成王所定名天下初號之云爾○宣謝災左氏作宣謝火〔疏〕成周者何○解云欲言天子正居經無京師之文欲言是邑而錄其災故執不知問○注後周至之云爾○解云何氏之意以成周爲天子正居但至昭二十二年夏景王崩敬王即位王子猛與之爭立入于王城自號西周是故天

下之人因號成周爲東周矣是以昭二十二年秋劉子單子以王猛入于王城傳云王城者何西周也注云時居王城邑自號西周王二十六年冬十月天王入于成周傳云成周者何東周也注云是時王猛自號爲西周天下因謂成周爲東周也云名爲成周者即鄭注書序云居攝七年天下太平而此邑成乃名曰成周也者是其名作成周之義矣

宣謝者何宣宮之謝也宣宮周宣王之廟也至此不毀者有中興之功室有東西廂曰廟無東西廂有室曰寢無室曰謝○〔疏〕宣謝者何○解云宣王親盡不宜有廟今災其榭故執不知問○注室有東西至曰謝○解云皆釋宮文李氏曰室有東西廟謂宗廟殿有東西小堂也孫氏云夾室前堂無東西廂有室曰寢者郭注云但有大室云無室曰榭者但有大殿無室內名曰榭郭注云榭即今堂堭是也

何言乎成周宣謝災据天子之居稱京師宋災不別所燒〔疏〕注据天子至所燒○解云即桓九年紀季姜歸于京師傳云京師者何天子之居也京者何大也師者何衆也天子之居必以衆大之辭言之是也云宋災不別所燒者即襄三十年夏五月宋災是也特据宋災者以其王者之後與周相類也

樂器藏焉爾宣王

中興所作樂器〔疏〕注宣王至樂器○解云蓋夷厲之時樂器有壞故宣王作之不謂更造別樂何者正以考諸古典不見宣王別有樂名故也

成周宣謝災何以書記災也外災不書此何以書新周也新周故分別有災不與宋同也孔子以春秋當新王上黜杞下新周而故宋因天災中興之樂器示周不復興故繫宣謝於成周使若國文黜而新之從爲王者後記災也〔疏〕注使若至記災也○解云使周成成爲國與宋齊之屬相似云從爲王者之後記災也者即襄九年宋火之下傳云外災不書此何以書爲王者之後記災也是也

○秋郯伯姬來歸嫁不書者爲媵也來歸書者後爲嫡也死不卒者已棄有更適人之道或時爲大夫妻故不得待以初也棄歸例有罪時無罪月○〔疏〕注嫁不至罪月○解云正于春秋上下魯女嫁爲諸侯夫人者無不書之即叔姬歸于紀伯姬歸于宋之屬是也今此不書故知爲媵若然案隱七年叔姬歸于紀注云叔姬者伯姬之媵也媵賤書者後爲嫡然則彼後爲嫡初去則書此亦後得爲嫡而初嫁不書者蓋以不賢故也是以彼注云媵賤書者後爲嫡終有賢行紀侯爲齊所滅紀季以酅入于齊叔姬

歸之能處隱約全竟婦道故重録之是也然則彼以終有賢行故初去得書此則初去不書明其無賢也正以其嫡不書則知伯姬非姪娣也左媵右媵皆尊于嫡姪娣故後得爲嫡耳云來歸書者後爲嫡也者正以紀叔姬後爲嫡卒葬皆書即莊二十九年紀叔姬卒三十年葬紀叔姬是也今此被出亦待書見故知後得爲嫡矣云死不卒者已棄云云案莊二十九年紀叔姬卒注云國滅卒者從夫人行待之以初也然則彼叔姬者莊十二年歸于酅時從夫人行故雖國滅猶得待之以初今此伯姬或時爲大夫妻故不得作夫人待之是以不復書其卒矣云云之說在莊二十九年云棄歸例云云有罪時者此文書秋是也無罪月者即成五年春王正月杞叔姬來歸之屬是也

○冬大有年

十有七年春王正月庚子許男錫我卒。錫思歷反

○丁未蔡侯申卒

○夏葬許昭公

○葬蔡文公 不月者齊桓晉文沒後先背中國與楚故畧之與楚在文十年

[疏]注不月至文十年 解云正以卒日葬月大國之常例今此蔡侯不月故解之云與楚在文十年者即文十年冬楚子蔡侯次于屈貉者是也。

○十八

月癸卯日有食之是後邾婁人戕鄫子四國大夫敗齊師于鞌齊侯逸獲君道微臣道強之所致○鞌音安【疏】注是後至之所致○解云即十八年秋邾婁人戕鄫子于鄫傳云殘賊而弒之也是也云四國大夫敗齊師于鞌者即成二年夏六月季孫行父云云會晉郤克衛孫良夫曹公子手及齊侯戰于鞌齊師敗績是也言齊侯佚獲者即成二年秋七月齊侯使國佐如師傳云君不使乎大夫此其行使乎大夫何佚獲也注云佚獲者已獲而逃亡也當絕賤使與大夫敵體以起之是也○己未公會晉侯衛侯曹伯邾婁子同盟于斷道○斷音短又大短反○秋公至自會○冬十有一月壬午公弟叔肸卒稱字者賢之宣公篡立叔肸不仕其朝不食其祿終身於貧賤故孔子曰篤信好學守死善道危邦不入亂邦不居天下有道則見無道則隱此之謂也禮盛德之士不名天子上大夫不名春秋公子不為大夫者不卒卒而字者起其宜為天子上大夫也孔子曰興滅國繼絕世舉逸民天下之民歸心焉

十有八年春晉侯衛世子臧伐齊○公伐杞○夏四月○秋七月邾婁人戕鄫子于鄫戕鄫子于鄫者何殘賊而殺之也支解節斷之故變殺言戕戕則賤賊惡無道也言于鄫者刺鄫無守備小國本不卒故亦不日○斷音短〔疏〕戕鄫子于鄫者何○解云欲言殘賊於鄫國都欲言非殘賊戕者殘文故執不知問○注小國本至不日○解云正以凡滅例月即莊十年冬十月齊師滅譚之屬是若有所責者則書日即上十二年十二月戊寅楚子滅蕭注云日者屬上有王言今反滅人故深責之是也然則邾婁無道殘賊人君于其國都與滅相似亦宜書日以責其暴而不日者正以鄫爲微國本不合卒是以畧之不書其日也而僖十九年夏六月已酉邾婁人執鄫子用之亦是無道與此相似而書日者彼注云日者魯不能防正其女以至於此明當痛其女禍而自責之是也○甲戌楚子旅卒何以不書葬据日而名〔疏〕注据日而名○解云書日書名全一是諸夏大國之例是以郳子因遂責其不與大國例同書葬是也○

吳楚之君不書葬辟其號也旅即莊王也葬從臣子辭當稱王故絶其葬明當誅之至此卒者因其有賢行○行下孟反○〔疏〕注至此至賢行○解云正以已前未有書楚子卒處故也若文十八年春秦伯罃卒彼注云秦穆公也至此卒者因其賢○公孫歸父如晉

○冬十月壬戌公薨于路寢○歸父還自晉至檉遂奔齊還者何善辭也何善爾歸父使於晉上如晉是〔疏〕還者何○解云以大夫使反例不書至今乃書還違於常例故執不知問還自晉至檉聞君薨家遣家爲魯所逐遣以先人弒君故也○〔疏〕注家爲至弒君故也○解云即成十五年春仲嬰齊卒之下傳言公子遂殺叔仲惠伯弒子赤而立宣公宣公死成公幼臧宣叔者相也君死不哭聚諸大夫而問焉曰昔者叔仲惠伯之事孰爲之諸大夫皆雜言曰仲氏也其然乎於是遣歸父之家然後哭君歸父使乎晉還自晉至檉聞君薨家遣墠帷哭君成踊反命于介自是走之齊是也○墠帷埽地曰墠

今齊俗名之云爾將祖踊故設帷垂形○墠帷音善掃地張帷**哭君成踊**踊辟踊也禮必踊者如嬰兒之慕母矣成踊成三日五哭踊之禮禮臣爲君本服斬衰故成踊比二日朝莫哭踊三日朝哭踊莫不復哭踊去事之殺也○殺所戒反○〔疏〕注成三日至之禮者解云出禮記奔喪也**反命乎介**因介反命禮卿出聘以大夫爲上介以士爲衆介○〔疏〕注禮卿至衆介解云出聘禮○**自是走之齊**主書者善其不以家見逐怨懟成踊哭君終臣子之道起時莫能然也言至檉者善其得禮於檉言遂者因介反命是也不待報罪也遂弒君本當絕小善録者本宣公同篡之人又不當逐不日者伯討可逐故從有罪例也○懟直類反〔疏〕注不日至例也○解云凡內大夫出奔例無罪者日即襄二十三年冬十月乙亥臧孫紇出奔邾婁昭十二年冬十月公子整出奔齊之屬是也今此歸父亦無罪出奔不日者正以仲遂弒君其家合沒但與宣公同謀魯人不合逐之若作伯討之時歸父可逐故從有罪之例矣

監本附音春秋公羊注疏宣公卷十六

旴郡盧氏宣旬校刊

公羊注疏卷十六挍勘記　　阮元撰盧宣旬摘録

公羊注疏宣公卷十六

十年

齊人歸我濟西田閩監毛本同唐石經磨改西下增之字鄂本亦有

据歸讙及闡閩監毛本闡作僤釋文作及僤云本又作闡

未絶於我也閩監毛本同唐石經鄂本於作于

曷爲未絶于我唐石經鄂本閩監本同毛本于改於疏同

据有俄道閩監毛本同鄂本俄作我是也當據正

至乎地之與之浦鏜云與人人誤之是也與桓六年傳合

日有食之旣閩監毛本旣誤即

取蘋　唐石經諸本同惠棟云蘋二傳作繹

開倉廩贍振乏　鄂本乏作之此誤

十有一年

會吳于鍾離　監本鍾作鐘

吳封於防　毛本於改于何校本作吳封之于防與昭四年傳合

臣弑君子弑父　唐石經諸本同昭十一年疏引作臣弑君子殺父蓋弑字本皆作殺後改弑君而仍殺父耳

故曰齊桓專封同義耳　浦鏜云曰下脫與是也

言此二子上無絕文　毛本上誤二

十有二年

不從殺㳄治（鄂本㳄作洩下並同）

晉侯以下（浦鏜云下脫及）

不利其土（毛本土誤上）

使帥一二耋老而綏焉（唐石經耋作耊）

案今曲禮云七十曰耋（閩監毛本同經義雜記曰當作今曲禮六十曰耆徐據今禮記曰耆不作耋故下云或者此耋字誤也）

數往來爲惡言（宋本同閩監毛本數作屢釋文作屢往又作數）

緇廣充幅長尋曰旐（解云今爾雅釋天緇作縿字按此則何注本作縿廣充幅當訂正）

加文章曰旗（旂按旗當作旂疏同疏引爾雅及孫炎注皆作旂）

注旄首曰旌（宋本閩本同監毛本注作註非疏同）

詩云帛旆英英是也　浦鏜云白誤帛非也孫氏所據毛詩作帛旆引以證帛續旐末今本詩作白旆浦鏜又云央央誤英英亦非也詩出其東門正義引六月亦作英英

繼旐如燕尾曰旃也　按旃當依注作旆

言畫急疾之鳥于旐周官所謂鳥隼爲旟者矣　浦鏜云縿誤旒隼誤準

廝役扈養　唐石經閩本同監毛本廝改厮非注同

養馬者曰扈　惠棟云閔元年僕人鄧扈樂郎圉人樂圉人即養馬者

炊亨者曰養　閩本同監毛本亨作烹俗字

古者杅不穿　唐石經諸本同釋文杅音于解云其音于若今馬盂矣舊說云杅是祄字若今食㡀矣○按說文有盂飯器也杅槾也所以涂也然則古經皆假杅爲盂

恥不能早服也　毛本能誤得

是以君子篤於禮而薄于利　唐石經鄂本同閩監毛本于作於是也

欲要其人服罪過耳　閩監毛本同是也鄂本耳作爾

度郟水戰　鄂本度作渡按下注云使得過渡郟水去也作渡字此誤

比舩爲橋　閩監毛本舩作船下同

以求二人　鄂本作上人此誤

言及者大臣及君　鄂本大作以此誤大字剜改當本作以

令之還師而佚晉冦者　閩監本同毛本令誤舍

宜存人矝患　閩監毛本矝改矜非古矝憐字皆從令詳見爾雅挍勘記

宋師伐陳　唐石經諸本同解云宋師伐鄭者按諸家經皆有此文唯賈氏注者闕此一經疑脫耳盧文弨曰賈

氏所闕當并衛人救陳亦闕否則救陳之文何所承乎

十有四年

許人子者必使父也　元本同閩監毛本父上有人字按疏中引注亦作必使人父也此脫

十有五年

謂魯人見刺也者疑之　浦鏜云之疑非字誤

軍有七日之糧爾盡此不勝　唐石經諸本同解云舊本或云軍有七日之糧爾七日盡此不勝將去而歸爾今定本無下七日二字按定本是也

於是使司馬子反乘堙而闚宋城　唐石經鄂本閩監本同毛本闚改窺非

土城具　閩監本同誤也鄂本土作上當據正

柑馬而秣之　唐石經秣從末○按柑當作拑

子曷爲告之　毛本子誤則

受命築舍而止　鄂本受作更此誤

此皆大夫也　唐石經鄂本閩監本同毛本皆誤其

等不勿貶　疏標起訖亦作等不勿貶言與不勿貶相等謂貶也此本勿作物誤今訂正

若當言楚圍宋　浦鏜云若下當脱言遂二字

正以定十二年冬　何挍本二作一是也

而未能合于中國　唐石經鄂本閩監本同毛本于改於

故變文上札　閩監毛本同此本上作王誤解云謂以札於子上以札近先王

尤其在位子弟　浦鏜云上脱故字是也

今稱二十字　補閩監毛本二十改王札

正以稱其五十字　閩監毛本五十改伯仲非

内計稅畝　閩監毛本同鄂本計作議

即上十三年秋螽　按螽當依經作蝝

仲孫蔑會齊高固于牟婁　唐石經諸本同左氏穀梁無婁字

初稅畝　唐石經畝作畞閩監本作畆毛本作畝非下並同

則爲桀之小貪　毛本爲桀誤倒

夫飢寒並至　鄂本閩本同監毛本飢改饑下及疏同

即所謂十一而稅也　閩監毛本作什一

還廬舍種桑荻○按食貨志無荻字此荻當作萩萩者楸之假借字楸者梓也

女上蠶織　閩監毛本同浦鏜云工誤上○按上同尙

故三年一換主易居　閩監毛本同誤也鄂本主作土當據正

中里爲校室　毛本校改挍案毛本作挍避所諱全書皆然

辯護伉健者　○按辯當作辨辨卽今人所用之辦字辦護謂能幹辦護衞也

父老此三老孝弟官屬　鄂本此作比當據正

里正比庶人在官吏　鄂本官下有之字儀禮經傳通解同

其有秀者命曰進士　鄂本進作造儀禮經傳通解同當據正

其功美過於無災　鄂本其作有

故君子深爲喜而僥倖之　按上云幸僥倖此幸加人旁非也

十有六年

夏成周宣謝災　鄂本閩本同監毛本謝作榭下及注疏並同唐石經缺襌文宣謝災左氏作宣榭惠棟云

襄九年疏引作謝古無榭字或止作射周郙敦銘曰王格于宣射是也三傳皆作謝俗從木又災左傳作火

卽襄三十年　毛本三誤王

樂器藏焉爾　漢書五行志曰榭者所以臧樂器唐石經諸本作藏俗字

新周也　唐石經諸本同惠棟云當作親周古親新通新讀爲親按春秋繁露三代改制質文篇云絀夏親周故宋史記孔子世家云春秋據魯親周故殷皆作親字何注云孔子以春秋當新王上黜杞下新周而故宋是何注本作新周也當亦爲嚴顏之異〇按董子史記親周皆新周之誤錢大昕言之當矣惠棟未憭此

云從爲王者之後記災也者　閩監毛本無之字按注中亦無乃衍文

今此被出亦待書見　浦鏜云待疑特字誤

十有七年

殘賊而弒之也是也　浦鏜云殺誤弒按何校本正作殺

十有八年

諸大夫皆雜言曰　閩監毛本作雜然與傳同

掃地曰墠　釋文注作埽地此從手旁非

反命乎介　唐石經諸本同成十五年傳作反命于介

不待報罪也　鄂本罪作非

遂殺君本當絶　鄂本遂作逐誤

又不當逐　鄂本同閩監毛本又誤父

公羊注疏卷十六挍勘記終

工部屯田司員外郎胡祖謙挍

監本附音春秋公羊注疏成公卷十七

起元年盡十年

何休學

元年，春，王正月，公即位。○二月辛酉，葬我君宣公。○無冰。周二月，夏十二月。尚書曰：舒恒燠若。易京房傳曰：當寒而温，僭賞也。是時成公幼少，季孫行父專權而委任之所致。○舒恒如字，緩也。注尚尚書作豫，與本又作燠，於六反，煖也。少，詩召反。〔疏〕書至燠若○解云：洪範文。舒，遲也；恒，常也；若，順也。言人君舉事太舒，則有常燠之咎氣來順之是也。○注易京至賞也○解云：凡爲賞罰，宜出君門，而臣下行之，故曰僭賞也。是以洪範云：唯辟作福，唯辟作威，唯辟玉食。鄭氏云：此凡君抑臣之言也。作福，專慶賞；作威，專刑罰；玉食，備珍美。又云：臣之有作福作威玉食，其害于而家，凶于而國。鄭氏云：害于汝家，福去室；凶于汝國，亂下民是也。然則是時成公幼少，季孫專政，是以無冰矣。桓十四年無冰之下，何氏云：此夫人淫泆，陰而陽行之所致。襄二十八年無冰之下，何氏云：劉𨥣爲政之所致。皆與此注合。○三月，作丘甲。何以書譏何譏爾譏始丘使也四井爲邑四邑爲丘甲鎧也譏始使丘民作鎧也古者有四民一曰德能居位曰士二曰辟土殖穀曰農三曰巧心勞手以成器物曰工四曰通財貨曰商四民不相兼然後財用足月者重錄之○鎧苦代反辟婢亦反粥羊六反

疏譏始丘使也○解云謂不辨能否以丘責甲故譏之矣○注四井至爲丘○解云司馬法文周禮經亦然○注古者至錄之○解云四民之言出齊語也德能居位曰士者即彼云處士就閒宴是也辟土殖穀曰農者即彼云處農就田野是也巧心勞手以成器物曰工者即彼云處工就官府是也通財粥貨曰商者即彼云處商就市井是也云月者重錄之者欲道宣十五年秋初稅畝哀十二年春用田賦皆書時今書月故如此解

○夏臧孫許及晉侯盟于赤棘時者謀結鞌之戰不相負也後爲晉所執不日者執在三年外尋舊盟後非此盟所能保

疏注時者至負也○解云正以春秋之義大信者書時故也鞌之戰在下二年○注後爲至能保○解云春秋之義不信者日故如此注也言後爲晉所執者即下十六年九月晉人執季孫行父舍之於招丘是也言執在三年外尋舊盟後者即下三年冬十有一月晉侯使荀庚

來聘丙午及荀庚盟傳云此聘也其言盟何聘而言盟者尋舊盟也是秋王師敗績于貿戎孰敗之蓋晉敗之以晉此侵柳圍郊知王師討晉而敗之○貿伐音茂一音茅左氏作茅戎〔疏〕注以晉至茅戎○解云宣元年冬晉趙穿帥師侵柳傳云柳者何天子之邑也曷爲不繫乎周不與伐天子也者是晉侵柳之事昭二十三年春晉人圍郊傳云郊者何天子之邑也曷爲不繫于周不與伐天子也者是晉人圍郊之事然則圍郊之事趙在此經之後得如此明義者正以往前晉人侵柳已犯天子至於在後圍郊復犯天子二經之間天子敗績據上下更無餘國犯王之處故知正是天子討晉而爲所敗故如此解或曰貿戎敗之以地貿戎故〔疏〕注以地貿戎故○解云蓋晉侯不臣知王討之逆往敗之亦何傷然則曷爲不言晉敗之據侵柳圍郊言晉王者無敵莫敢當也正其義使若王自敗于貿戎莫敢當敵敗之也不日月者深正之使若不戰〔疏〕王者至當也解云春秋之義託魯爲王而使舊王無敵者見任爲王寧可魯奪正可時時內魯見義而已○注不日至不戰○解云正

以春秋之例偏戰者日詐戰者月故如此解○冬十月

二年春齊侯伐我北鄙○夏四月丙戌衛孫良夫帥師及齊師戰于新築衛師敗績○築音竹○六月癸酉季孫行父臧孫許叔孫僑如公孫嬰齊帥師會晉郤克衛孫良夫曹公子手及齊侯戰于鞌齊師敗績曹無大夫公子手何以書據羈無氏○公子手一本作午左氏作首鞌音安

疏注據羈無氏○解云即莊二十四年冬曹羈出奔陳傳曰曹羈者何曹大夫也注云以小國知無氏爲大夫然則曹爲小國例無大夫假有須見者仍名氏不具以此言之則是不合有大夫之限故傳云曹無大夫公子手何以書憂內也春秋託王于魯因假以見王法明諸侯有能從王者征伐不義克勝有功當褒之故與大夫大夫敵君不貶者隨從王者大夫得敵諸侯也不從內言敵

之者君子不掩人之功故從外言戰也魯舉四大夫不舉重者惡內多虛國家悉出用兵重録內也○以見賢偏反年未注同惡烏路反

疏 注大夫至侯也○解云欲決僖二十八年夏晉侯以下及楚人戰于城濮楚師敗績即傳云此大戰也曷爲使微者子玉得臣也子玉得臣則其稱人何貶曷爲貶大夫不敵君也注云臣無敵君戰之義故絶正也然則彼是大夫敵君故貶之此不貶者隨從王者大夫有得敵諸侯之義故也以此言之即知宣十二年晉荀林父序于楚子之上爲惡者時無王者大夫故也○注不從至戰也○解云桓十年冬齊侯衛侯鄭伯來戰于郎傳云此偏戰也何以不言師敗績內不言戰言戰乃敗矣注云春秋託王於魯戰者敵文也王者兵不與諸侯敵戰乃其已敗之文故不復言師敗績矣然則此戰之內有魯大夫若從魯爲文宜直云季孫行父以下敗齊師于鞌而已但以君子不掩人功故從外爲文言戰于鞌齊師敗績耳何氏必如此解者正以桓十三年春二月公會紀侯鄭伯己巳及齊侯宋公衛侯燕人戰齊師宋師衛師燕師敗績傳云內不言戰此其言戰何從外也曷爲從外恃外故從外也何氏云明當歸功乎紀鄭言戰然則此亦歸功于晉衛不掩其功故從外言戰也

○秋七月齊侯使國佐如

師己酉及國佐盟于袁婁君不使乎大夫此其行使乎大夫何據高子來盟魯無君不稱使不從王者大夫稱使者實晉郤克爲主經先晉傳舉郤克是也○不使所吏反下及注使乎大夫同

【疏】注據高至稱使○解云即閔二年齊高子來盟傳云何以不稱使我無君也何氏云時閔公弒僖公未立故正其義明君臣無相適之道也春秋謹於別尊卑理嫌疑故絕去使文以起事張例則所謂君不行使乎大夫也者是○注不從至是也○解云經先晉謂未戰之時經已言及晉侯盟于赤棘是也云傳舉郤克是也者即下傳云師還齊侯晉郤克投戟逡巡再拜稽首馬前之屬是也或者言先晉正謂會晉郤克是也何者序四大夫乃言會晉郤克則似郤克先在是而四大夫往會之是爲先晉之文猶如宣元年宋公陳侯以下會晉師于斐林伐鄭然

佚獲也佚獲者已獲而逃亡也當絕賤使與大夫敵體以起之君獲不言師敗績等起不去師敗績者辟內敗文○佚獲音逸下同一本作失去起呂反

【疏】注君獲至敗文解云言君獲不言師敗績者即僖十五年冬晉侯及秦伯戰于韓獲晉侯傳云此偏戰也何以不言師敗績君獲不言師敗績也注云舉

君獲爲重也是也然則君若被獲則不言師敗績今此經等欲起見齊侯被獲何不去師敗績以見之而書使乎大夫以起之者正欲辟内敗之文故也何者春秋王魯内不言戰言戰乃敗若直言季孫行父以下及齊侯戰于鞌不言齊師敗績則是内敗之文 其佚獲奈何師還齊侯還繞○還音環注同晉郤克投戟逡巡再拜稽首馬前逢丑父者頃公之車右也人君驂乘有車右有御者○逡七巡反頃音傾乘繩證反〔疏〕晉郤至馬前○解云禮介者不拜而郤克再拜者蓋齊師已敗行賓命之禮投戟之後得再拜矣若當戰之時將軍有不可犯之色寧有拜乎故表記曰君子衰絰則有哀色端冕則有敬色甲冑則有不可辱之色鄭注云言色稱其服也是 面目與頃公相似衣服與頃公相似禮皮弁以征故言衣服相似頃公有負晉魯之心故特異丑父備急欲以自代〔疏〕注禮皮弁以征○解云時王之禮即昭二十五年注云皮弁以征不義是也韓詩傳亦有此文○注頃公至之心○解云即下傳云前此者晉郤克與臧孫許同時而聘于齊則客或跛或眇於是

使跛者迓跛者，眇者迓眇者是也。

代頃公當左升車象陽，陽道尚左，故人君居左，臣居右。○尚，時亮反。使頃公取飲，頃公操飲而至不知頃公將欲堅敵意邪？勢未得去邪？○公操，七刀反，持也。曰：革取清者革，更也。軍中人多，水泉濁，欲使遠取清者，因亡去。○頃公用是佚而不反不書獲者，內大惡諱。

疏注不書至惡諱。解云：獲人君，故爲大惡，是以諱而不書也。若獲大夫，則當書之，是以莊十二年傳云万嘗與莊公戰，獲乎莊公，莊公數月然後歸之，何氏云獲不書者，士也。然則万若大夫，書之明矣。

逢丑父曰：吾賴社稷之神靈，吾君已免矣。郤克曰：欺三軍者，其法奈何顧問執法者。曰：法斮斮，斬。○斮，在畧反，又仕畧反，斬也。

疏曰法斮。○解云：釋器云魚曰斮之，樊光云斮，斫也。又說文云斮，斬也，故此何氏亦云斮，斬也。

於是斮逢丑父丑父死君不賢之者，經有使乎大夫，於王法頃公當絕，如賢丑父，是賞人之臣絕其君也。若以丑父故不絕頃公，是開諸侯戰不能死難也。如以衰世無絶項公者自齊所當善爾【疏】注若以至難也○解云非王法所當貴○難乃旦反 言若以丑父故不絶項公似若襄二十九年吳子使札來聘傳曰吳無君無大夫此何以有君有大夫賢季子也何賢乎季子讓國也賢季子則賢君許使臣存大夫族宜存君矣今若以丑父賢以爲齊國宜有君而不絶項公即開諸侯不死社稷○注如以至得貴○解云丑父權以免齊侯是以齊人得善之但春秋爲王法是以不得貴耳而公羊説解疑論皆譏丑父者非何氏意不是爲妨

已酉及齊國佐盟于袁婁曷爲不盟于師而盟于袁婁據國佐如師**前此者晉郤克與臧孫許同時而聘于齊**不書恥之○【疏】注不書恥之謂魯使尊卿聘齊爲所侮戲假藉大國而雪其恥是以不書如齊恥之矣其郤克不書者自從外相如之例○注臧孫許眇也者正以當聘之時無有内魯之義晉爲大國郤克宜先而魯宜後傳先言或跛故知眇者是臧孫許矣或曰一本云臧孫許跛舊解傳言客或跛或眇据魯序上者非也案此一句注宜在不書恥之下今定本無疑脱誤也

蕭同姪子者齊君之

母也蕭同國名姪子者蕭同君姪娣之子嫁於齊生頃公○姪大結反又文乙反踊于棓而窺客踊上也凡無高下有絶加躡板曰棓齊人語○踊音勇上也棓普口反又步侯反高下有絶加躡板曰棓而闚去規反本又作窺上時掌反躡女輒反〔疏〕注凡無至曰棓○解云無高下猶言莫問高下但當有縣絶而加躡板者皆曰棓矣則客或跛或眇於是使跛者迓跛者使眇者迓眇者迓迎卿主迎者也聘禮賓至大夫率至于館卿致館宰夫朝服致飧腍厥明至于館○跛布可反眇亡小反迓本又作訝五嫁反迎也飧音孫腍而審反〔疏〕注聘禮至于館○解云皆聘禮文二大夫出相與踦閭而語閭當道門閉一扇開一扇一人在外一人在内曰踦閭將別恨爲齊所侮戲謀伐之而不欲使人聽之○踦居倚反踦足也又音於綺反初義反何云閉一扇開一扇一人在外一人在内曰踦閭移日然後相去齊人皆曰患之起必自此始知必爲國家憂明芻蕘之言不可廢且起頃公不覺寤○芻初俱反蕘如遥反二大夫

歸相與率師爲鞌之戰齊師大敗齊侯使國佐如師怪師勝猶不解往問之郤克曰與我紀侯之甗齊襄公滅紀所得甗邑其土肥饒欲得之或說甗玉甑○甗音言又魚輦反又音彥邑也〈疏〉注齊襄公至甗邑○解云襄公滅紀者即莊四年夏紀侯大去其國是也正以繫紀侯言之故知紀邑而或說云甗玉甑者蓋以左傳云賂以紀甗玉磬又別言與地明甗是器名非地故以玉甑解之反魯衛之侵地使耕者東畝使耕者東西如晉地〈疏〉注使耕至晉地○解云蓋晉地谷川宜東畝者多故言此是以下傳云使耕東畝是則土齊也何氏云則晉悉以齊爲土地是不可行者是其晉東畝之義也舊云如者往也使齊東西其畝往來於晉地易非公羊意也且以蕭同姪子爲質見侮戲本由蕭同姪子○爲質音致下注及下同則吾舍子矣國佐曰與我紀侯之甗請諾反魯衛之侵地請諾使耕者東畝是則土齊

也則晉悉以齊爲土地是不可行〔疏〕是則土齊○解云亦有一本云是則土齊曰不可也者○蕭同姪子者齊君之母也齊君之母猶晉君之母也不可言至尊不可爲質請戰如欲使耕者東西畝質齊君之母當請戰壹戰不勝請再再戰不勝請三言齊雖敗尚可三戰三戰不勝則齊國盡子之有也何必以蕭同姪子爲質揖而去之郤克眣魯衛之使使以其辭而爲之請郤克恥傷其威故使魯衞大夫以國佐辭爲國佐請○眣音舜又王乙反又達結反之使所吏反爲之于僞反注皆同然後許之逮于袁婁而與之盟逮及也追及國佐于袁婁也傳極道此者本禍所由生因録國佐受命不受辭義可拒則拒可許則許一言使四國大夫汲〻追與之盟〔疏〕注因録國至與之盟○解云其受命不受辭者即莊十九年傳云聘禮大夫受命不受辭是也○八月壬午

宋公鮑卒○鮑白卯反○庚寅衛侯遫卒○遫音速○取汶陽田汶陽田者何鞌之賂也以國佐言反魯衛之侵地請諾本所侵地汶陽非一摠繫汶陽者省文也不言取之齊者恥內乘勝脅齊求賂得邑故諱使若非齊邑○汶音問〔疏〕汶陽田者何○解云欲言是國曾來未有欲言非國乃與取邾婁田同文故執不知問○注本所侵地至省文也○解云知侵非一者正以下三年秋叔僑如率師圍棘傳云棘者何汶陽之不服邑也以此言之則知汶陽大畔之名明矣○注不言至非齊邑○解云決襄十九年春取邾婁田自漷水繫邾婁言之故也　○冬楚師鄭師侵衛○十有一月公會楚公子嬰齊于蜀○丙申公及楚人秦人宋人陳人衛人鄭人齊人曹人邾婁人薛人鄫人盟于蜀此楚公子嬰齊也其稱人何據會而盟一處知一人也○處昌慮反〔疏〕鄭人齊人至盟于蜀○解

云亦有一本無齊人者脫也得一貶焉爾得一貶者獨此一事得具見其惡故貶之爾不然則當沒公也如齊高傒矣不沒公者明不主為公故也上會不序諸侯大夫者嬰齊專政驕蹇臣也數道其君率諸侯侵中國故獨先舉於上乃貶之明本在嬰齊當先誅其本乃及其末○數道所角反下音導〔疏〕得一貶焉爾者解云正以於此處得一貶焉爾○注不然則至高傒矣○解云即莊二十二年秋及齊高傒盟于防傳云公則曷為不言公諱與大夫盟也○注不沒公至公故也○解云言高傒本意敵公故恥之今嬰齊者止自元性驕蹇不主為公是以春秋不沒公以見之矣○注數道至侵中國○解云即宣十四年秋楚子圍宋十五年夏宋人及楚人平上文冬楚師鄭師侵衛之屬是也以其非一故謂之數也

三年春王正月公會晉侯宋公衛侯曹伯伐鄭○辛亥葬衛繆公○繆音穆○二月公至自伐鄭○甲子新宮災三日哭新宮者何宣公之宮也以無

新宫知宣公之宫廟〔疏〕二月公至自伐鄭○解云莊公六年傳云得意致會不得意致伐何氏云此謂公與二國以上也然則此言公至自伐鄭者不得意故也莊六年注云皆例時今此書二月者爲下甲子出也○新宫者何○解云欲言宫廟未有新公之名欲言非廟言宫舉災故執不知問○注以無新宫知宣公之宫廟者正以春秋上下無新公宫則知此言新宫者正是其父宣公之宫以其至近被災故謂之新宫災

宣宫則曷爲謂之新宫不忍言也親之精神所依而災孝子隱痛不忍正言也謂之新宫者因新入宫易其西北角示昭穆相繼代有所改更也〔疏〕注謂之新宫至有所改更也者○解云即穀梁傳云壞廟之道易檐可也者是易其西北角之檐也乎故爾雅釋宫云西北隅謂之屋漏是也孫氏曰當室之日光所漏入也不與何氏別

其言三日哭何据桓僖宫災不言三日哭〔疏〕注据桓至日哭者即下哀三年夏辛卯桓宫僖宫災是也

廟災三日哭禮也善得禮痛傷鬼神無所依歸故君臣素縞哭之○縞古老反

〔疏〕注善得禮至縞哭之○解云即檀弓下曰有焚其先人之室則三日哭鄭氏云謂人燒其宗廟哭者哀精神之

有虧傷故此注云善得禮痛傷鬼神無所依歸是也云故君臣素縞哭之者謂著素衣縞冠哭之新宮災何以書記災也此象宣公篡立當誅絕不宜列昭穆成公幼少臣威大重結怨彊齊將不得久承宗廟之應○幼少詩召反下同大重音泰一音他賀反〔疏〕注此象至昭穆○解云案桓公亦篡立不災其宮者蓋以桓母言媵次第宜立隱公攝位久不還天示其變隱猶不覺是以隱九年三月癸酉大雨震電何氏云周之三月夏之正月雨當水雪雜下雷當聞於地中電未可見而大雨震電此陽氣大失其節猶隱公久居位不反於桓失其宜也然則桓正宜立隱是左媵之子据位失宜而桓弒之雖曰篡君其罪差輕是以不災其廟豈若宣公以庶篡適其子失政將不得久承宗廟之應故災其宮矣而哀三年五月辛卯桓宮僖宮災者彼是已毀後復立之是不宜立故天災之不謂怒其篡隱也○乙亥葬宋文公○夏公如晉○鄭公子去疾率師伐許○去起呂反○公至自晉○秋叔孫僑如率師圍棘棘者何汶陽之不服邑也棘民初未服於魯○

〔疏〕棘者何○解云欲言内邑不應圍之欲言外邑不繫於國故執不知問○注棘民初未服於魯○解云言初未服者欲言終服於魯矣知終服者正以汶陽田者大畔之名棘者乃是其小邑上二年經取汶陽田以知盡得之但有不服之意故魯圍之若然公羊之義以圍者爲不克之文若其得之而言圍者正謂當時未克何妨終得之乎

其言圍之何据國内兵不舉〔疏〕注据國内兵不舉者○解云即定八年傳云公斂處父帥師而至經不書之是也

不聽也不聽者叛也不言叛者爲内諱故書圍以起之不先以文德來之而便以兵圍之當與圍外邑同罪故言圍也得曰取不得曰圍○爲于僞反〔疏〕注當與圍外邑至圍也者欲道國内之兵本自不書而此書者惡其失所令與圍外邑同矣○注得曰取不得曰圍○解云取者是得文故言得曰取也即上文取汶陽田及哀九年春宋皇瑗帥師取鄭師于雍丘之屬是也故傳云其言取之何易也其易奈何詐之也何氏云詐謂陷阱奇伏之類也其不得曰圍者即定四年楚人圍蔡之屬是也正以圍而去者非克之故也

○大雩成公幼少大臣秉政變亂政教先是作丘甲爲鞌之戰伐鄭圍棘不恤民之所生〔疏〕注先是作丘甲者○解云在上元年云爲鞌之

戰者在上二年云伐鄭者在上正月也云圍棘者在上文秋也○晉郤克衞孫良夫伐將咎如○將咎如咎音古刀反左氏作廧咎如〔疏〕伐將咎如者左氏將作廧字○冬十有一月晉侯使荀庚來聘○衞侯使孫良夫來聘○丙午及荀庚盟○丁未及孫良夫盟此聘也其言盟何據不舉重嫌生事故此以輕問重也〔疏〕注據不舉至重也○解云春秋之義舉重畧輕即莊十年傳戰不言伐圍不言戰入不言圍滅不言入書其重者也是也今聘盟兩受命書故云不舉重矣云嫌生事者嫌是荀庚初受君命但聘而已至及於魯生事而盟故曰嫌生事矣云故此以輕問重也者聘輕而盟重即此傳云此聘也其言盟何是也聘而言盟者尋舊盟也尋猶尋繹也以不舉重連聘而言之知尋繹舊故約誓也書者惡之詩曰君子屢盟亂是用長二國既脩禮相聘不能相親信反復相疑故舉聘以非之○繹音亦惡之烏路反下同屢力住反用長丁丈反反復扶又反〔疏〕注不舉至約誓

解云若其特結約誓當但舉重即文十五年三月宋司馬華孫來盟宣七年春衛侯使孫良夫來盟之屬皆因聘而爲之不言聘而言盟故知特結盟此則言聘又言盟故知非特○結盟而尋繹舊事盟矣故傳云聘而言盟者尋舊盟也

鄭伐許謂之鄭者惡鄭襄公與楚同心數侵伐諸夏自此之後中國盟會無已兵革數起夷狄比周爲黨故夷狄之。○數侵所角反下同比毗志反

四年春宋公使華元來聘○三月壬申鄭伯堅卒。○伯堅苦刃反本或作臤〔疏〕鄭伯堅卒者。○解云左氏作堅字穀梁作賢字今定本亦作堅字○杞伯來朝○夏四月甲寅臧孫許卒○公如晉○葬鄭襄公○秋公至自晉○冬城運○

鄭伯伐許未踰年君稱伯者時樂成君位親自伐許故如其意以著其惡〔疏〕注未踰年至其意以著其惡。○解云正以莊三十二年傳云君存稱世子君薨稱子某既葬稱子踰年稱公即僖二十五年夏衛侯燬卒

秋葬衛文公冬衛子莒慶盟于洮是也今此鄭伯未踰年而已稱伯故如此注矣

五年春王正月杞叔姬來歸始歸不書與郯伯姬同〔疏〕注始歸不書與郯伯姬同。解云即宣十六年秋郯伯姬來歸何氏云嫁不書者為媵也來歸書者後為嫡也棄歸例有罪時無罪月是也然則今書月者無罪之文矣○仲孫蔑如宋○夏叔孫僑如會晉荀秀于穀。荀秀左氏作荀首○梁山崩梁山者何河上之山也梁山崩何以書記異也何異爾大也何大爾梁山崩壅河三日不沵故不日以起之不書壅河者舉崩大為重。壅於勇反沵音流〔疏〕梁山者何。解云欲言晉山文不繫晉欲言魯物見在晉竟故執不知問。注故不日以起之。解云謂起其三日不沵也則但一日不可不書日矣若無所起例當書日即僖十四年秋八月辛卯沙鹿崩是也外異不書此何以書為天下記異也山者陽精德澤所由生君之象河者四瀆所以通道中國與正道同記山崩壅河者此象諸侯失勢王道絕大夫擅恣爲海內害自是之後六十年之中弒君十四亡國三十二故溴梁之盟徧刺天下之大夫〔疏〕外異不書者正以文十一年長狄之齊晉不書故也。注河者至道同。解云釋水云江河淮濟爲四瀆四瀆者發源注海者也。注記山至河者。解云壅河不書而言記壅河者正以不書日以起壅河三日不沶之義故亦謂之記壅河矣。注自是之後至亡國三十二春秋說文若對經數之從今以後訖於六十年則不及於此數何者自今以後盡昭十六年弒君止有十亡國止有九即襄二十五年齊崔杼弒其君光吳子門于巢爲巢人所弒二十六年衛甯喜弒其君剽二十九年閽弒吳子餘祭三十年蔡世子般殺其君固三十一年莒人弒其君密州昭公八年陳招殺偃師十一年楚子殺蔡侯般十三年楚公子比弒其君虔楚公子棄疾弒公子比是六十年弒君但十矣其亡國止有九者成十七年楚滅舒庸襄六年莒人滅鄫齊侯滅萊十年遂滅偪陽十三年取詩二十五年楚滅舒鳩昭四年遂滅厲八年楚滅陳十三年滅蔡是九也然則春秋書遂其可書者矣說文舉者悉言之是以多少異爾或者此注誤也。注故溴梁至之大夫。解云襄十六年春公會晉侯宋公以下于溴梁戊寅大夫盟傳云諸侯皆在是其言大夫盟何信在大夫也何言乎信在大夫徧剌天下之大夫也曷爲徧剌天下之大夫君若贅旒然何氏云旒旂旒贅繫屬之辭以旂旒喻者爲下所執持東西是矣

○秋，大水。先是既有丘甲築棘之役又重以城鄆民怨之所生○重直用反 疏 注先是既至之所生○解云作丘甲在元年三月築之師在二年夏叔孫僑如圍棘在三年秋城運在四年冬

○冬十有一月己酉，天王崩。定王

○十有二月己丑，公會晉侯、齊侯、宋公、衛侯、鄭伯、曹伯、邾婁子、杞伯同盟于蟲牢。約備彊楚○蟲牢直弓反下力刀反

六年春王正月，公至自會。月者前魯大夫獲齊侯今親相見故危之 疏 注月者前至故危之○解云諸致例時即桓二年冬公至自唐僖二十六年冬公至自伐齊哀十三年秋公至自會之屬是也今此書月故解之也言前魯大夫獲齊侯者即上二年鞌戰時也言今親相見者即上五年冬公會晉侯齊侯以下于蟲

牢是也

○二月辛巳立武宫武宫者何武公之宫也在春秋前疏武宫者何。解云春秋之内未有武公之文而立武宫故執不知問立者何

立者不宜立也立武宫非禮也禮天子諸侯立五廟受命始封之君立一廟至於子孫過高祖不得復立廟周家祖有功尊有德立后稷文武廟至於子孫自高祖已下而七廟天子卿大夫三廟元士二廟諸侯之卿大夫比元士二廟諸侯之士一廟立武宫者蓋時衰多廢人事而好求福於鬼神故重而書之臧孫許伐齊有功故立武宫。復扶又反好呼報反疏立者何　解云置廟是常而乃書立故執不知問。立者不宜立也　解云亦有直云不宜立無在上立者二字也。注天子諸侯立五廟至元士二廟。解云皆出祭法也其文云天下有王分地建國注云建國封諸侯也置都立邑注云置都立邑爲卿大夫采地及賜士有功者之地設廟祧壇墠而祭之注云廟之言貌也宗廟者先祖之尊貌也祧之言超也超上去意也封土曰壇除地曰墠書曰三壇同墠乃爲親踈多少之數是故王立七廟一壇一墠曰考廟曰王考廟曰皇考廟曰顯考廟曰祖考廟皆月祭之注云王皇皆君也顯明

也祖始也名先人以君明始者所以尊本之意也有二祧享嘗乃止云享嘗謂四時之祭諸侯立五廟一壇一墠曰考廟曰王考廟曰皇考廟皆月祭之顯考廟祖考廟享嘗乃止大夫立三廟二壇曰考廟曰王考廟曰皇考廟享嘗乃止顯考祖考無廟有禱焉爲壇祭之適士二廟一壇曰考廟曰王考廟享嘗乃止顯考無廟有禱焉爲壇祭之注云適士上士也此適士云顯考無廟非也當爲皇考字之誤官師一廟曰考廟王考無廟而祭之庶士庶人無廟注云官師中士下士庶士府史之屬然則此注云禮天子諸侯立五廟者據正禮通諸上代而言之祭法云王立七廟者據周言之耳祭法云大夫立三廟適士二廟者皆据天子大夫士也云諸侯之卿大夫比元士。解云更無正文何氏以意當之。注諸侯之士二廟禮說文云而鄭注王制云士一廟者謂諸侯之中士名曰官師者上士廟也與何氏異。注立武至書之。解云案明堂位云武公之廟武世室然則謂之世室者世世不毀而此傳也及注譏其立者明堂位之作在此文之後記人見武公之廟已立欲成魯之善故言此非實然故彼下即云魯之君臣未嘗相弒也鄭注春秋時魯國君弒而云君臣未嘗相弒亦近誣矣。注臧孫許伐齊有功解云正以伐齊之由本起臧孫故也

○取鄟鄟者何邾

婁之邑也曷爲不繫于邾婁諱亟也諱魯背信亟也屬相與爲蟲牢之盟旋取其邑故使若非蟲牢人矣○鄟市轉反又音專亟去冀反注同背音佩屬音燭〔疏〕鄟者何○解云欲言是國實來未有欲言是邑文無所繫故執不知問○注屬相至其邑○解云即上五年冬公會晉侯齊侯以下同盟于蟲牢是也○注故使若非蟲牢人矣○解云謂所取之邑非同盟之物然也○衛孫良夫率師侵宋○夏六月邾婁子來朝○公孫嬰齊如晉○壬申鄭伯費卒不書葬者爲中國諱蟲牢之盟約備彊楚楚伐鄭喪不能救晉又侵之故去葬使若非伐喪○費音祕爲于僞反去起呂反○〔疏〕注楚伐鄭喪不能救晉又侵之者○解云即下文秋楚公子嬰齊帥師伐鄭冬晉欒書帥師侵鄭是也○秋仲孫蔑叔孫僑如率師侵宋○楚公子嬰齊率師伐鄭○冬季孫行父如晉○晉欒書率師侵鄭

七年春王正月鼷鼠食郊牛角改卜牛鼷鼠又食其角乃免牛鼷鼠者鼠中之微者角生上指逆之象易京房傳曰祭天不慎鼷鼠食郊牛角書又食者重録魯不覺寤重有災也不重言牛獨重言鼠者言角牛可知食牛者未必故鼠故重言鼠○鼷音兮重有直用反下同〔疏〕注角生上指逆之象○解云言角在牲體之上指于天亦是上逆之象○注書又食者至有災也○解云重讀如煩重之重也異義公羊說云鼷鼠初食牛角告在有司又有告在人君取已有災而不云改更者義通于此若然改卜牛之徒皆言改而莊三年夏五月葬桓王傳云此未有言崩者何以書葬蓋改葬經何故不言改者蓋改卜牛之徒皆有所由故得言改其葬桓王者上未有經是以無由言之○吳伐郯吳國見者罕與中國交至升平乃見故因始見以漸進○郯音談見者賢徧反下同〔疏〕注吳國見者至以漸進○解云正以莊十年秋荊敗蔡師于莘傳云荊者何州名也州不若國國不若氏云云何氏不言楚言荊者楚強而近中國卒暴責之則恐為害深故進之以漸從此七等之極始也然則吳楚相敵亦宜言揚當以揚州言之而經言吳者正以罕與中國交至今升

平之世乃始見經故因其始見于升平故經直以漸進之○夏五月曹伯來朝○不郊猶三望○秋楚公子嬰齊率師伐鄭○公會晉侯齊侯宋公衛侯曹伯莒子邾婁子杞伯救鄭八月戊辰同盟于馬陵公至自會○吳入州來○冬大雩先是公會諸侯救鄭承前不恤民之所致疏注承前不恤民之所致○解云即上三年大雩之下注云成公幼少六臣秉政先是作丘甲爲鞌之戰伐鄭圍棘不恤民之所生是也○衛孫林父出奔晉

八年春晉侯使韓穿來言汶陽之田歸之于齊來言者何內辭也脅我使我歸之也以此經加之知見使即闕晉語自歸之但當言歸疏來言者何○解云語言見經於例未有今而書之故執不知問○注

以此經加之至當言歸○解云其自歸言歸者哀八年夏歸邾婁子益于邾婁注云善魯能悔過歸之然則若自歸當言歸汝陽之田于齊今乃如此作文而又言之則知被晉使之非其本情曷爲使我歸之据本魯邑疏注据本魯邑解云正以莊十三年曹子劫齊侯反其所取侵地之時管子曰然則君何求曹子曰願請汝陽之田又上二年傳曰反魯衛之侵地之下其經云取汝陽田以此言之汝陽之田本是魯物明矣鞌之戰齊師大敗齊侯歸弔死視疾七年不飲酒不食肉晉侯聞之曰嘻奈何使人之君七年不飲酒不食肉請皆反其所取侵地晉侯聞齊侯悔過自責高其義畏其德使諸侯還鞌之所喪邑魯見使卑有恥故諱不言使者因兩爲其義諸侯不得相奪土地晉適可來議語之魯宜聞義自歸之爾不得使也主書者善晉之義齊○嘻許其反喪息浪反語魚據反○晉欒書帥師侵蔡○公孫嬰齊如莒○宋公使華元

來聘○夏，宋公使公孫壽來納幣。納幣不書，此何以書？据紀履緰來逆女不書納幣。○緰音須。疏注据紀履至納幣。解云：隱二年九月，紀履緰來逆女是也。錄伯姬也。伯姬守節逮火而死，賢，故詳錄其禮，所以殊於衆女。疏注伯姬守節逮火死。○解云：即襄三十年夏五月甲午，宋災，伯姬卒；秋七月，叔弓如宋葬共姬。傳云：外夫人不書葬，此何以書？隱之也。何隱爾？宋災，伯姬卒焉。其稱謚何？賢也。何賢爾？宋災，伯姬存焉，有司復曰：火至矣，請出。伯姬曰：不可，吾聞之也，婦人夜出，不見傅母不下堂。傅至矣，母未至也，逮乎火而死是也。○晉殺其大夫趙同、趙括。○括，古活反。○秋七月，天子使召伯來錫公命。其稱天子何？据天王使毛伯來錫文公命不稱天子。疏注据天王使至稱天子。○解云：即文元年夏四月，天王使毛伯來錫公命是也。元年春王正月，正也。正者，文不變也。疏元年春王正月也。○解云：据始言之，其實二年、三年以下之經皆如是。其餘皆通矣。

其餘謂不繫于元年者或言王或言天王或言天子皆相通矣以見刺譏是非也王者號也德合元者稱皇孔子曰皇象元逍遥術無文字德明謚德合天者稱帝河洛受瑞可放仁義合者稱王符瑞應天下歸往天子者爵稱也聖人受命皆天所生故謂之天子此錫命稱天子者爲王者長愛幼少之義欲進勉幼君當勞來與賢師良傅如父教子不當賜也月者例也爲魯喜錄之○見賢徧反應應對之應爵稱尺證反爲王于僞反下爲魯爲下同少詩召反勞來力報反下力代反

疏 注其餘謂不繫于年○解云何氏亦順傳文是以獨言元年矣○注或言王○解云即莊元年冬王使榮叔來錫桓公命文公五年春王使榮叔歸含且賵三月王使召伯來會葬之屬是也○注或言天王○解云隱元年秋七月天王使宰咺來歸惠公仲子之賵之屬是也○注或言天子○解云此文是也莊元年榮叔之下何氏云不言天王者桓行實惡而乃追錫之尤悖天道故云爾文五年榮叔之下注云去天者含者臣子職以至尊行至卑事失尊之義也召伯之下何氏云去天者不及事刺比失喪禮也隱元年宰咺之下何氏云言天王者時吳楚上僭稱王王者不能正而上繫于天也春秋不正者因以廣是非然則王是舊名天王者春秋時稱耳但春秋見當時之王皆繫于天是以逐本不

追正見其是非何者若單稱王者是其舊號若繫于天者明非古禮矣作春秋既不追正遂以天王作其常稱是以春秋之内不言天者皆悉解之見其失所此注云皆相通矣以見刺譏是非也言皆相通矣者此三者皆是上之通稱但以天王者得當時之言王與天子者皆有所刺故曰以見刺譏是非也○注王者號也○解云言正是當時天子之號也○注德合元者稱皇○解云謂元氣是總三氣之名是故其德與之相合者謂之皇皇者美大之名○注孔子曰皇象至明諡解云皆春秋說文宋氏云言皇之德象合元矣逍遥猶勤動行其德術未有文字之教其德盛明者爲其諡矣○注德合天者至可放○解云天者二儀分散以後之稱故其德與之相合者謂之帝帝者諦也言審諦如天矣當爾之時河出圖洛出書可以受而行之則施于天下故曰河洛受瑞可放耳○注仁義合者稱王至歸往○解云二儀既分人乃生焉人之行也正直爲本行合於仁義者謂之王行合人道者符瑞應之而爲天下所歸往耳是以王字通於三才得爲歸往之義○注天子者爵稱也○解云案辨名記云天子無爵而言天子爲爵稱者言爵者醮也所以醮盡其材天子有聖德居無極之尊位謂之爵稱亦何傷而云天子無爵者謂無如諸侯以下九命之爵豈謂無尊美之爵乎禮記郊特牲云古者

生無爵死無謚天子有謚有爵明矣○注此錫命稱天子至不當賜也○解云如此注者決文元年天王使毛伯來錫公命言天王矣彼注云主書者惡天子也古者三載考績三考黜陟幽明文公新即位功未足施而錫之非也然則文公初受命而未有功而王錫之故見非也但文公年長故稱天王今成公幼少當須如父教子未當錫也是以爲之張義而言天子矣○注月者例也○解云正以此經書月故知例月然外來朝聘皆例書時天王錫命而書月魯人喜得王命而詳録之故也然則莊元年錫桓公命文元年錫文公命雖承上日不蒙上日亦可知矣○冬十月癸卯杞叔姬卒棄而曰卒者爲下脅杞歸其喪張本文使若尚爲杞夫人

疏注棄而日卒至杞夫人○解云外夫人之卒經例書日即襄三十年夏五月甲午宋災伯姬卒何氏云外災例時此日者爲伯姬卒日是也今此已棄而書日故解之其棄者即上五年春王正月杞叔姬來歸是也○注爲下脅杞歸其喪解云即下九年春杞伯來逆叔姬之喪以歸傳曰脅而歸之是也

○晉侯使士燮來聘○叔孫僑如會晉士燮齊人邾婁人伐鄭○衞人來

媵媵不書此何以書据逆女不書媵也言來媵者禮君不求媵諸侯自媵夫人○來媵以證反又繩證反 疏 注据逆女不書媵也○解云蓋通內外言之何者隱二年紀履緰來逆女桓三年公子翬如齊逆女之屬皆不書媵故也云媵例時者即下九年夏晉人來媵莊十九年秋公子結媵陳人之婦于鄄之屬是也然則此經文承日月之下不蒙日月明矣録伯姬也伯姬以賢聞諸侯諸侯爭欲媵之故善而詳録之媵例時

九年春王正月杞伯來逆叔姬之喪以歸杞伯曷爲來逆叔姬之喪以歸据已棄也内辭也脅而歸之也言以歸者與忿怒執人同辭而不得專其本意知其爲脅也已棄而脅歸其喪悖義恥深惡重故使若杞伯自來逆之○悖布內反 疏 注言以歸至爲脅○解云言忿怒執人同辭者即襄十六年春晉人執莒子邾婁子以歸昭十三年秋晉人執季孫隱如以歸之屬是也○注而不得專其本意○解云正以以者行其意之辭故也是以桓十四年冬宋人以齊人衛人蔡人陳人伐鄭傳云以者何行其意何氏云以已從人曰行言四國行宋意今

叔姬之喪言以歸不得專其本意明知杞伯有忿怒是以知○其被脅耳言知其爲脅者爲讀如子爲衛君乎之爲也

公會晉侯齊侯宋公衛侯鄭伯曹伯莒子杞伯同盟于蒲不日者已得鄭盟當以備楚而不以罪執之旋使離叛楚縁隙潰莒不能救禍由中國無信故諱爲信辭使若莒潰非盟失信所以甚中國因與下潰日相起

疏注不日者已至信辭○解云正以春秋之義不信者日故以不日爲信辭矣言已得鄭盟者有鄭伯也當以備楚者正以楚人數爲諸夏之患故也○注而不以罪執之○解云即下文秋晉人執鄭伯是也正以僖四年傳曰稱侯而執者伯討也稱人而執者非伯討也今經稱人故曰不以罪執矣○注旋使離叛者○解云即其下文云晉欒書帥師伐鄭是也○注楚縁隙潰莒○解云即下文冬楚公子嬰齊帥師伐莒庚申莒潰是也言楚人縁其有不和之隙來伐莒而潰之故曰縁隙潰莒矣知不能救者正見以下遂無救文故也○注所以甚中國○解云謂其作信辭也所以甚惡中國之無信矣○注因與下潰日相起者○解云其言因非正爲之辭矣言此盟不日非直甚中國之無信亦因欲起其下潰書日者乃是中國無信同盟不相救至爲夷狄

所潰矣言相者兩事相共之辭則下潰書日亦起此盟之不信矣

公至自會○二月伯姬歸于宋○夏季孫行父如宋致女未有言致女者此其言致女何録伯姬也

古者婦人三月而後廟見稱婦擇日而祭於禰成婦之義也父母使大夫操禮而致之必三月者取一時足以別貞信貞信著然後成婦禮書者與上納幣同義所以彰其絜且為父母安榮之言女者謙不敢自成禮婦人未廟見而死歸葬於女氏之黨○廟見賢徧反下同操七刀反別彼列反且為于僞反

〔疏〕未有言致女者○解云謂春秋無此經也○注古者婦人至之義也○解云此皆曾子問文也其文云孔子曰取婦之家三日不舉樂思嗣親也三月而廟見稱來婦也擇日而祭于禰成婦之義也鄭注云謂舅姑沒者也必祭成婦義者婦有共養之禮猶舅姑存時盥饋特豚於室是也○注書者與上納幣同義○解云即上八年夏宋公使公孫壽來納幣傳云納幣不書此何以書録伯姬也注云伯姬守節逮火而死賢故詳録其禮所以殊於衆女是也今此書其致女者義亦然故云書者與上納幣同義○注所以彰其絜至敢自成○解云

重得父母之命乃行婦道故曰所以彰其絜也其女當夫非禮不動光照九族父母得安故曰榮之○注禮婦人未至氏之黨○解云曾子問文也其文云曾子曰女未廟見而死則如之何孔子曰不遷於廟不祔於皇姑壻不杖不菲不次歸葬于女氏之黨示未成婦也鄭氏云遷朝廟也壻雖不備喪禮猶爲之服齊衰是也○晉人來媵

媵不書此何以書錄伯姬也義與上同復發傳者樂道人之善○復扶又反

疏注義與同上也○解云謂亦與上致女皆同書納幣矣

○秋七月丙子齊侯無野卒○晉人執鄭伯○晉欒書帥師伐鄭○冬十有一月葬齊頃公○楚公嬰齊帥師伐莒庚申莒潰日者錄責中國無信同盟不能相救至爲夷狄所潰○潰戶內反

疏注日者錄責至狄所潰○解云正以凡潰例月即僖四年春王正月蔡潰文三年春王正月沈潰之屬是也今而書日故如此解

○楚人入運○秦人白狄伐晉○鄭

人圍許○城中城

十年春衞侯之弟黑背率師侵鄭○夏四月五卜郊不從乃不郊其言乃不郊何据上不郊不言乃僖公不從言免牲也疏注据上不郊不言乃○解云即上七年夏不郊猶三望是也○注僖公不從言免牲○解云僖三十一年夏四卜郊不從乃免牲猶三望是也不免牲故言乃不郊也不免牲當坐盜天牲失事天之道故諱使若重難不得郊○難乃旦反疏注使若重難不得郊○解云宣八年傳云而者何難也乃者何難也曷爲或言而或言乃乃難乎而也何氏云言乃者內而深言而者外而淺下昃日昳久故言乃然則乃者難之深今經云乃不郊故云使若重難不得郊也重難之義皆出於乃字○五月公會晉侯齊侯宋公衞侯曹伯伐鄭不致者成公數卜郊不從怨懟故不免牲不但不免牲而已故奪臣子辭以起之○數所角反懟直類反疏注不致者至牲而已○解云莊六年傳云得意

致會不得意致伐注云此謂公與二國以上也然則此經公會晉侯宋公以下伐鄭亦是二國以上若得意宜致會不得意宜致伐今全不致故如此解也言成公數卜郊不從者即此上文五卜郊不從是也五卜郊卜之多者故言數云不但不免牲而已者謂成公意卒竟而不復郊知如此者正以不免牲上文已有說今此仍不致故知更有罪也○注故奪臣子辭以起之○解云謂不致也奪其臣子之辭以起見其罪矣所以不致得謂之奪臣子辭者桓二年注云凡致者臣子喜其君父脫危而至今不書至以若不得脫危然故曰奪臣子辭也桓元年注云不致之者至而凡奪臣子辭成誅文也者義亦通于此○**齊人來媵媵不書此何以書錄伯姬也三國來媵非禮也曷爲皆以錄伯姬之辭言之婦人以衆多爲侈也**侈大也朝廷侈於妬上婦人侈於妬下伯姬以至賢爲三國所爭媵故侈大其能容之唯天子娶十二女○侈昌氏反大也妬子故反取十七住反本或作娶

疏注朝廷侈於妬上○解云言妬其有賢才而居於已上位者是朝廷侈之妬也○注婦人侈於妬下○解云言

不能容衆妾而妬惡之者，是婦人妬也。○故侈大其能容之。解云：考諸舊本，大上無侈字。○注唯天子娶十二女。解云：保乾圖文。孔子爲後王，非古禮也。

○丙午，晉侯獳卒。不書葬者，殺大夫趙同等。○獳，乃侯反。

〔疏〕注不書葬至同等。○解云：春秋之義，君殺無罪大夫，例不書其葬，見其合絕之。是以僖九年晉侯詭諸卒，何氏云不書葬者，沒世子也，是也。其殺趙同等，即上八年晉殺其大夫趙同、趙括是也。

○秋，七月。

○公如晉。如晉者，冬也。去冬者，惡成公前既怨懟不免牲，今復如晉，過郊乃反，遂怨懟無事天之意，當絕之。○去，起呂反。惡，烏路反。復，扶又反。

〔疏〕注過郊乃反至天之意。○解云：謂明年三月公至自晉，是過郊乃反，是其無事天之意。○注當絕之者。解云：當合絕之，不可爲魯侯矣。

監本附音春秋公羊注疏成公卷第十七

秦盦盧氏宣旬校定

皇清嘉慶二十年重栞宋本用文選樓藏本校

江南蘇松督糧道方體栞

公羊注疏卷十七挍勘記

阮元撰盧宣旬摘錄

公羊注疏成公卷十七 唐石經成公第八卷七

周二月夏十二月 此本原刻周二之二缺上畫翻刻本遂改爲周正月夏十一月閩監毛本承其誤

舒恒燠若 閩監毛本同釋文舒恒尚書作豫奧若本又作燠經義雜記曰尚書厥民奧今文尚書厥民隩五帝本紀作其民燠蓋古文尚書厥民奧今文尚書厥民燠釋文引馬云煖也是馬從今文讀按何氏今文之學也引尚書作恒奧若是今文燠亦作奧○按段玉裁云僞孔本作豫鄭王本作舒羣經音辨引作舒常奧若云何休讀今本作燠按音辨恒作常避宋諱也

當寒而温例賞也 諸本同按例當作倒字之誤也此本疏云凡爲賞罰宜出君門而臣下行之故曰倒賞也可證閩監毛本亦誤作例賞矣襄廿八年疏引作倒置置字誤倒字不誤

故曰例賞也　按例者倒之誤

通財貨曰商　閩監毛本作通財粥貨曰商釋文粥貨羊六反此脱

二年

帥師會晉郤克衛孫良夫曹公子手　唐石經諸本同釋文手一本作午左氏作首經義雜記曰春秋正義云沈氏引穀梁傳曹公子首偪今本作曹公子手僂大射儀相者皆左何瑟後首注古文後首爲後手則手爲假借字首爲正字一作午者手字形近之誤

不從內言敗之者　此本敗誤敵今訂正

楚師敗績郎傳云　浦鏜云郎當衍字是也

郎知宣十二年　閩監本同毛本郎改則

持外故從外也　按持爲恃之誤

君不使乎大夫　唐石經諸本同按君不下似脫行字當補正解云春秋謹於別尊卑理嫌疑故絕去使文以起事張例則所謂君不行使乎大夫也者是則疏本有行字又隱六年疏兩引皆作君不行使乎大夫閔元年疏引同

佚獲也　唐石經諸本同釋文佚音逸下同一本作失九經古義云古佚字皆作失佚又與逸同尚書無逸漢石經作佚春秋經曰肆大眚穀梁曰肆失也失猶佚也佚與逸同謂逸四○按漢石經無逸之逸作劮

晉郤克投戟　唐石經鄂本戟作戟

逢丑父者　唐石經諸本同鄂本逢作逄誤○按逢姓之逢从夆不从夅諸家說多誤

故特異丑父備急正　閩監本同盖誤宋本毛本異作選當據

不知頃公將欲堅敵意邪　閩監毛本同鄂本將欲作欲將

樊光云斮斫也　毛本斫誤砍

非王法所當貴　閩監毛本同誤也當作非王法所得貴按疏標起訖云注如以至得貴解云但春秋

爲王法是以不得貴耳 則疏本作得字今毛本疏標起訖亦改作當貴矣

賢季子則賢君許使臣有大夫故宜有君矣 何校本作賢季子則吳何以有君有大夫以季子爲臣則宜有君者也共廿三字與襄廿九年傳合當據正

丑父權以免齊侯 監本父誤公

同時而聘于齊 毛本于誤與

不書恥之 據疏此下有臧孫許眕也五字一句今各本脫夫則疏文無所系

按此一句註宜在不書恥之下今定本無疑脫誤也 此二十字當是按書者札記語非作疏者本文也作疏時注固不脫且疏內少言定本者定本乃唐初顏師古所爲則知公羊疏出唐以前人矣

踊于棓而窺客 鄂本及漢制考作踊于掊而窺客注同棓字從手非閩監毛本窺作闚唐石經缺釋文作

闚云本又作窺

踊上也 鄂本上作止非也

於是使跛者迓跛者 唐石經諸本同釋文迓本又作訝周禮秋官掌訝注鄭司農云訝讀爲跛者訝跛者之訝釋日此公羊傳文時晉使郤克聘齊郤克跛齊使跛者往御御亦訝也按鄭司農所據公羊傳作跛者訝跛者賈公彥所據公羊傳作跛者御跛者皆與今本異訝正字御假借字迓俗字

卿主迎者也 鄂本無也字

大夫率至于館 盧文弨曰至當作迓按儀禮率作帥

宰夫朝服致飧腍厥明至于館 閩監毛本同誤也鄂本至作訝當據正盧文弨曰儀禮腍作飪音義同

賂以紀甗玉磬 左傳磬作磬

是則土齊也唐石經諸本同解云一本云是則土齊曰不可也者

郤克眣魯衛之使唐石經同葉鈔釋文亦作眣音舜閩監毛本誤作跌

汲追與之盟鄂本疊汲字此脫

公及楚人秦人宋人陳人衛人鄭人齊人唐石經諸本同解云一本無齊人者誤也

得一貶焉爾唐石經一作壹蓋因何注作一貶轉改也

三年

以無新宮知宣公之宮廟○按當作以無新公乃合魯桓公廟謂之桓宮僖公廟謂之僖宮煬公廟謂之煬宮魯無新公故疑之而問也

未有新公之名閩本同監毛本作新宮誤○按謂魯君無謚新公者也

以無新宮　何挍本宮作公是也

隱公攝位久不還　閩監本同毛本位誤政

夏之正月　毛本正誤五

桓宮僖宮災者　毛本宮誤公

四年

鄭伯堅卒　唐石經諸本同釋文作伯臤云本或作堅解云左氏作堅字穀梁作賢字今定本亦作堅字按云定本亦作堅與左氏同然則疏本作臤與釋文同也九經古義云臤與賢本一字說文臤古文以爲賢字漢潘乾校官碑云親臤寶智國三老袁良碑云優臤之寵堅又與賢通東觀漢紀云陰城公主名賢得續漢書天文志作堅得疑古賢字堅字皆省作臤公羊從古文作臤穀梁以爲賢左氏以爲堅師讀各異故也

鄭伯堅卒者　閩監毛本刪者字按段挍本堅作臤

冬城運 唐石經諸本同五年秋大水注作城鄆

五年

河上之山也 唐石經鄂本閩本同監毛本河作江誤也

壅河三日不㳅 唐石經諸本同釋文壅河於勇反㳅音流按釋文當本作雍今從土當後人所加

與正道同 閩監毛本同鄂本正作王

攸溴梁之盟 監毛本同誤也鄂本閩本溴作湨釋文湨古闃反當據正疏同

昭四年遂滅瑕 浦鏜云厲誤瑕按浦說是也

十三年滅蔡 浦鏜云一誤三按是也

六年

未有武公之文 毛本公誤宮

立者不宜立也　唐石經諸本同解云亦有直云不宜立無在上立者二字也

有二祧享嘗乃止　浦鏜云下脫注是也有字上何校本有遠廟爲祧四字與祭法合

而此傳也及注譏其立者　浦鏜云也衍字是也

春秋時魯國君弑　浦鏜云三誤國浦說是也作三字與彼注合彼正義詳之

秋仲孫蔑叔孫僑如率師侵宋　唐石經鄂本閩監本同毛本脫率師二字

晉欒書率師侵鄭　唐石經諸本同按左氏穀梁皆作救鄭上書楚公子嬰齊率師伐鄭故晉欒書率師救之也侵字誤嚴杰曰上文鄭伯費卒注云楚伐鄭喪不能救晉又侵之然則公羊作侵鄭與左穀異也

七年

重錄魯不覺寤　解云重讀如煩重之重也

食牛者未必故鼠　左傳正義引注食上有後字

又有咎在人君取已有災而不云改更者浦鏜云又有當又食之誤

按云疑衍

故因始見以漸進鄂本閩監本同毛本因誤言

何氏不言楚言荆者浦鏜云何氏下脫云

六臣秉政浦鏜云大誤六

八年

今而書之閩監本同毛本今誤經

願請汝陽之田毛本請誤取

元年春王正月也也上當有正字

其實二年三年以下之經皆如是毛本三年誤三月

何氏云不言天王者　閩監毛本氏下衍注

而上繫於天也　浦鏜云上下脱自字浦説是也隱元年注有自字毛本於改于

功未足施而錫之非也　浦鏜云非下脱禮字按文元年注有禮字

棄而日卒者　閩監毛本同鄂本棄作弃

晉侯使士燮來聘　唐石經鄂本閩本同監毛本燮作爕非下同

紀履緰來逆女　閩監毛本紀誤杞

九年

知其爲脅也　解云爲讀如子爲衛君乎之爲

注義與上同也　閩監毛本删也字毛本義誤議此本上同誤倒今訂正

十年

下昃曰昳久　閩本同監毛本昃誤吳昳誤眣

公會晉侯齊侯宋公衛侯曹伯伐鄭　諸本同唐石經缺解云此經公會晉侯宋公以下伐鄭與今本異

故如此解也　閩本同監毛本如誤以

以若不得脫危然　浦鏜云似誤以浦說是也與桓二年注合

至而凡奪臣子辭　浦鏜云故復誤而凡是也

故侈大其能容之　解云考諸舊本大上無侈字按上云侈大也故此云大其能容之舊本是今衍

唯天子娶十二女　鄂本同閩監毛本娶作取按釋文作取云七住反本或作娶疏本標注作娶

孔子爲後王　浦鏜云下當脫立制二字是也

沒世子也是也　浦鏜云殺誤沒是也

當絕之　疏及諸本同鄂本絕作詔

冬十月　此文鄂本閩監毛本皆脫唯唐石經有之嚴杰曰左穀皆有此三字與公羊經異錢大昕云何注云去冬者惡成公然則石經有此三字非何意也故知唐石經未必是歷來版本未必非也

公羊注疏卷十七挍勘記終

工部屯田司員外郎胡祖謙挍

傳古樓景印